我国综合交通运输体系
构建的理论与实践

徐宪平 主编

人民出版社

本书编委名单

主　　编　徐宪平
副主编　黄　民

编　　委（按姓氏笔画排序）

于　强	王东明	王　非	王杨堃	尹　震
冯　浩	兰桂茹	田艳杰	刘　斌	刘明君
刘智荣	吕立新	任　虹	向爱兵	李国勇
李连成	李欠标	陆成云	邱具埤	木朝义
汪　鸣	吴文化	吴　晓	肖昭升	杨　杰
杨文捷	罗　萍	罗仁坚	赵丽珍	郑　剑
周小棋	郭文龙	郭小碚	贾玉良	崔　鹏
戚爱华	宿凤鸣	程世东	葛晓鹏	谢雨蓉
蔡奕奕	樊　桦	樊一江	薛　敏	魏　东

前 言

改革开放三十多年来,我国综合交通运输体系建设取得巨大成就,综合交通运输基础设施、技术装备、运输服务等方面的能力和水平显著提高,对经济社会发展的保障和支持作用不断增强,为我国区域经济协调发展、社会繁荣进步作出了重大贡献。尤其是"十一五"时期以来,我国综合交通运输体系中各种运输方式的整体面貌发生了根本性改变,有利于各种运输方式技术经济优势充分发挥,布局日趋合理、结构不断优化、系统不断完善,有效满足客货运输需求,且能力不断提升的一体化交通运输有机整体正在形成,综合交通运输体系正朝着总体适应经济社会发展的方向迈进。

"十二五"期间,在贯彻落实科学发展观,推进经济发展方式转变,构建两型社会和全面建设小康社会的战略背景下,我国初具规模的综合交通运输体系正面临在更高层级和更高质量上发展的新的历史任务,既要更好地适应经济社会发展的多样化、高质量、高水平的运输服务需求,又要在土地、能源、生态环境等资源约束越来越强的条件下实现适度超前发展,交通运输将进入有效整合资源,实现各种运输方式从分散、独立发展转向一体化发展阶段,既是综合交通运输体系的构建关键期,更是交通运输综合发展的战略机遇期,实现各种运输方式在构建综合交通运输体系总体目标下的综合发展,是"十二五"时期必须解决的重大发展问题。为编制好国家《"十二五"综合交通运输体系规划》,使其符合新的形势要求,国家发展和改革委员会组织科研力量,对涉及综合交通运输体系建设与发展的诸多理论和实践问题进行系统、深入的研究。

《"十二五"综合交通运输体系规划》前期研究始于2009年,历经思路研究、规划研究等阶段。2010年1月,在国家发展和改革委员会基础产业司的组织下,由基础产业司和综合运输研究所共同组成研究攻关课题组,通过设立"十一五"时期综合交通运输发展评估研究、"十二五"时期经济社会发展对交通的影响和要求研究、发展规划思路研究、发展规划目标研究、区际交通运输发展规划研究、城际交通运输发展规划研究、城市交通运输发展规划研究、农村交通运输发展规划研究、国际通道问题研究、油气管道运输发展规划研究、综合交通运输枢纽发展规划研究、运输装备发展规划研究、运输服务发展规划研究、交通安全问题研究、交通应急问题研究、综合交通运输发展政策研究、发展规划环境影响评价研究17个专题,对"十二五"综合交通运输体系规划编制所需要的基础性支撑问题进行了系统研究,全部研究工作于2010年年底完成。在各个专题研究过程中,对全国不同地区和不同运输方式进行了广泛调研,掌握了大量第一手资料。同时,为使课题研究与实际需要之间紧密衔接配合,2009年10月至2010年10月,课题组分别在广州、沈阳、昆明、大连、包头等地召开东中西部片区座谈会、部委座谈会、企业座谈会等多种形式调研座谈会,并就"十二五"时期综合交通运输体系发展问题征求各省(自治区、直辖市)及相关部委和企业的意见。此外,课题组还对研究的思路、重点和难点问题进行了多次内部讨论与专家咨询。专题设计的系统性和调研的深入性,为提高研究成果的质量提供了保障。

由于综合交通运输体系研究是一项非常复杂的系统工程,既涉及概念体系构建等具有较大难度的理论问题研究,也涉及在现实中推进综合交通运输体系建设的实践问题探索,且无现成的经验和模式可以借鉴。为使专题研究对规划的编制具有较好的支撑，课题研究过程中对综合交通运输体系的规划内容和布局层次等进行了创新。按照综合交通运输体系的基础设施、技术装备和运输服务三大构成，通过对区际、城际、城市、城乡等不同层次的运输通道、网络系统以及运输枢纽的划分，形成了基础设施的布局和建设思路；通过对技术装备问题等的研究，明确了适应综合交通运输发展的技术装备发展方向；通过对各个需求层次、各种运输方式和一体化的运输服务等的研究，提升了运输服务发展的地位。呈现在读者面前的本书，就是这些研究工作的成果。

本书由国家发展改革委副主任徐宪平同志担任主编，基础产业司黄民司长任副主编，参与编写的人员达四十余人。综合交通运输体系理论与实践在不断发展，参与研究和编写人员的认识也在不断提升，限于研究水平，本书中肯定存在诸多不足之处，有些观点可能也存在一定的争议，敬请行业内外的专家、学者和领导批评指正。

编 者

2012 年 7 月于北京

目 录

"十二五"综合交通运输体系规划 …………………………… 1

导　论　明确方向　突出重点　进一步提升交通
　　　　可持续发展能力 ………………………… 徐宪平 1

第一章　综合交通运输体系规划理论与方法 ………………… 19
　　一、综合交通运输体系基本概念及发展内涵 …………… 19
　　二、综合交通运输体系发展方向与建设要求 …………… 34
　　三、综合交通运输体系规划研究方法与思路 …………… 48

第二章　"十一五"时期综合交通运输发展状况评估 ………… 65
　　一、"十一五"期末我国综合交通运输发展水平 ………… 65
　　二、"十一五"时期综合交通体系发展规划实施情况 …… 97
　　三、"十一五"时期综合交通运输发展的适应性评估 …… 111

第三章　"十二五"时期经济社会发展面临的交通要求 …… 143
　　一、工业化发展对交通运输的影响和要求 ……………… 143
　　二、城镇化发展对交通运输的影响和要求 ……………… 153
　　三、农业现代化对交通运输的影响和要求 ……………… 160
　　四、国际化发展对交通运输的影响和要求 ……………… 166
　　五、收入及消费对交通运输的影响和要求 ……………… 174
　　六、社会的公平对交通运输的影响和要求 ……………… 183
　　七、资源和环境对交通运输的影响和要求 ……………… 192
　　八、"十二五"时期运输需求趋势分析及预测 …………… 204

第四章 "十二五"时期综合交通运输体系发展思路 ········ 213
一、"十二五"时期综合交通运输体系发展阶段和特点 ············ 213
二、"十二五"时期综合交通运输体系发展的指导思想 ············ 217
三、"十二五"时期综合交通运输体系发展的基本原则 ············ 219
四、"十二五"时期综合交通运输体系发展的总体思路 ············ 226

第五章 "十二五"时期综合交通运输体系发展目标 ········ 239
一、综合交通运输体系发展目标研究思路与方法 ············ 239
二、"十二五"时期综合交通运输体系描述性发展目标 ············ 250
三、"十二五"时期综合交通运输体系数量性发展目标 ············ 254

第六章 优化完善区际综合运输大通道 ············ 270
一、区际综合运输通道的基本内涵 ············ 270
二、区际综合运输通道的发展现状 ············ 273
三、区际综合运输通道存在的问题 ············ 287
四、区际运输影响因素与趋势分析 ············ 291
五、区际综合运输通道的布局思路 ············ 303
六、区际综合运输通道的布局方案 ············ 306
七、区际综合运输通道的建设重点 ············ 320

第七章 加快建设城市群快速交通系统 ············ 327
一、交通在城市群形成和发展中的重要作用 ············ 327
二、城际交通与城市群发展的适应状况分析 ············ 337
三、我国未来城镇化发展对城际交通的要求 ············ 351
四、我国城际交通需求特点和发展趋势分析 ············ 354
五、我国城际交通的发展理念和思路 ············ 358
六、我国城际交通的规划目标及原则 ············ 366
七、我国城际交通分类布局规划建议 ············ 368
八、"十二五"时期城际交通发展重点任务 ············ 377

第八章 大力构建可持续城市交通系统 ············ 381
一、研究范畴及研究方法 ············ 381

二、发展现状分析及评价 …………………………… 388
　　三、发展形势和基本要求 …………………………… 395
　　四、指导思想和发展目标 …………………………… 402
　　五、发展思路和规划重点 …………………………… 410

第九章　着力改善农村交通运输条件 …………………… 425
　　一、农村交通运输服务属性及发展意义 …………… 425
　　二、我国农村交通运输发展的状况评价 …………… 430
　　三、我国农村交通运输需求及发展趋势 …………… 440
　　四、"十二五"时期农村交通运输发展重点 ………… 444
　　五、我国农村交通运输发展的主要任务 …………… 448

第十章　全面推进综合交通枢纽建设 …………………… 456
　　一、综合交通枢纽研究范畴及必要性 ……………… 456
　　二、综合交通枢纽相关规划研究现状 ……………… 459
　　三、我国综合交通枢纽发展现状评价 ……………… 466
　　四、我国综合交通枢纽发展形势要求 ……………… 475
　　五、"十二五"时期综合交通枢纽发展思路 ………… 477
　　六、"十二五"时期综合交通枢纽建设任务 ………… 478

第十一章　提高交通运输装备发展水平 ………………… 497
　　一、交通运输装备研究思路方法 …………………… 497
　　二、我国交通运输装备发展现状 …………………… 501
　　三、交通运输装备发展存在问题 …………………… 508
　　四、"十二五"时期运输装备发展思路 ……………… 511

第十二章　提升综合交通运输服务能力 ………………… 519
　　一、综合交通运输服务内涵分析 …………………… 519
　　二、综合交通运输服务发展现状 …………………… 537
　　三、综合交通运输服务发展思路 …………………… 559

第十三章　坚持综合交通运输安全发展 ………………… 577
　　一、交通运输安全问题主要研究内容 ……………… 577

二、"十一五"时期交通运输安全发展回顾 ················ 579
三、我国交通运输安全发展面临形势 ·················· 594
四、"十二五"时期交通运输安全发展目标 ················ 608
五、"十二五"时期交通运输安全建设重点 ················ 610

第十四章　切实推进绿色交通系统建设 ················ 629
一、绿色交通基本内涵及其构成 ····················· 629
二、我国绿色交通发展现状评价 ····················· 632
三、我国绿色交通发展基本思路 ····················· 636
四、"十二五"时期绿色交通发展目标 ·················· 639

第十五章　健全综合交通运输发展政策 ················ 646
一、政策的主要功能及政策制定的环境因素 ··············· 646
二、综合交通运输发展政策研究的基本内容 ··············· 651
三、"十二五"时期综合交通运输发展政策目标 ············· 657
四、"十二五"时期综合交通运输发展政策措施 ············· 659

参考文献 ································· 678
后　记 ·································· 693

"十二五"综合交通运输体系规划

交通运输是国民经济和社会发展的重要基础。构建网络设施配套衔接、技术装备先进适用、运输服务安全高效的综合交通运输体系,是交通运输领域落实科学发展观的重要举措,对促进经济长期平稳较快发展、全面建设小康社会具有十分重要的意义。"十二五"时期是我国构建综合交通运输体系的关键时期,根据《中华人民共和国国民经济和社会发展第十二个五年规划纲要》,并与《综合交通网中长期发展规划》等衔接,制定《"十二五"综合交通运输体系规划》(以下简称《规划》)。

一、发展形势

"十二五"时期是我国全面建设小康社会的关键时期,是深化改革、加快转变经济发展方式的攻坚时期,也是构建综合交通运输体系的重要时期,必须抓住机遇,迎接挑战,努力开创交通运输科学发展的新局面。

(一)现实基础

"十一五"时期,交通运输发展取得了重大成就,完成固定资产投资7.97万亿元,比"十五"时期增长171%,运输能力紧张状况总体缓解,为服务经济社会发展发挥了重要作用。

专栏1 "十一五"时期交通固定资产完成投资

指　标	单　位	"十五"时期	"十一五"时期
总投资	万亿元	2.94	7.97
铁路	万亿元	0.48	2.42
公路	万亿元	1.98	4.08
水路	万亿元	0.18	0.50
民航	万亿元	0.09	0.25
管道	万亿元	0.08	0.22
城市轨道交通及其他	万亿元	0.13	0.50

注：铁路总投资含机车车辆购置和更新改造费。

1.基础设施建设成绩显著。由铁路、公路、水路、民航和管道共同组成的"五纵五横"综合交通运输网络建设进程加快。铁路客运专线、区际干线及西部铁路大规模开工建设；"五纵七横"国道主干线、西部开发八条公路干线建成通车，农村公路通达和通畅水平显著提升；一批专业化煤炭、原油、铁矿石、集装箱码头投入运营；以长江、珠江等水系和京杭运河为主体的内河水运格局基本形成；枢纽和干、支线机场建设有序推进；跨区域油气骨干管网初具规模；北京、上海等特大城市轨道交通初步成网；综合交通枢纽起步建设；国防交通保障能力明显提高。

专栏2 "十一五"时期交通基础设施建设成就

指　标	单　位	2005年	2010年
综合交通网总里程	万公里	361	432
铁路营业里程	万公里	7.5	9.1

续表

指　　标	单　位	2005年	2010年
复线率	%	34	41
电气化率	%	27	46
公路通车里程	万公里	334.5	400.8
国家高速公路	万公里	—	5.8
乡镇通沥青(水泥)路率	%	80.4	96.6
建制村通沥青(水泥)路率	%	52.9	81.7
内河高等级航道里程	万公里	0.82	1.02
管道输油(气)里程	万公里	4.4	7.85
城市轨道交通营运里程	公里	430	1400
沿海港口深水泊位数	个	1113	1774
民用运输机场数	个	142	175

注：①综合交通网总里程不含民航航线、国际海运航线里程。
②2005年尚没有国家高速公路里程的统计数据。
③沿海港口深水泊位数含长江南京以下港口。

2. 技术装备实现跨越发展。掌握了高速铁路成套技术，铁路重载运输技术达到世界一流水平；部分地区实现高速公路联网电子不停车收费；超大型油轮、集装箱船舶的建造水平大幅提升；空管新技术推广应用；铁路、公路、机场等建造技术达到国际先进水平；深水筑港、河口航道治理等关键技术取得重大突破。

3. 运输服务水平整体提升。运输能力显著提高，覆盖范围持续扩大，选择性不断增加。围绕中心城市的快速交通圈逐步形成，城际运输的时效性和便捷性明显提升；城市公共交通覆盖面逐步扩大；农村运输条件得到很大改善；交通安全监控措施不断完善，运输安全性不断提高；多种运输方式协调配合，在应对重大自然灾害和突发事件中发挥了重要作用。

专栏 3　"十一五"时期全社会完成交通运输量

指　　标	单　　位	2005 年	2010 年	年均增长（%）
客运量	亿人	185	327	12.1
旅客周转量	亿人公里	17467	27894	9.8
货运量	亿吨	186	324	11.7
货物周转量	亿吨公里	80258	141838	12.1

4.节能环保初见成效。加快发展轨道交通、水路等运输方式，促进资源的优化配置和集约利用。积极发展电气化铁路和重载技术，实施港口机械油改电，淘汰老旧车船，优化航路航线等，着力推进节能环保技术与装备的应用。颁布交通运输节能减排和集约用地等政策、规范及标准，完善交通运输行业节能环保管理制度。

5.体制改革不断深化。推进以合资方式为主的铁路建设投融资模式。实施成品油价格和税费改革，逐步有序取消政府还贷二级公路收费。完善运输市场运行机制，改善国有大型交通运输企业法人治理结构。组建交通运输部，在建立综合运输管理机构上进行了探索。

存在的主要问题是：交通运输能力不足，难以有效适应经济社会发展需要；交通基础设施网络尚不完善，技术等级、网络覆盖广度与通达深度有待提高，区域间、方式间、方式内等结构性矛盾仍然突出，存量设施系统效率偏低；各种运输方式之间的有效衔接尚未完全形成，综合交通枢纽和一体化服务发展滞后；运输装备和整体技术与世界先进水平仍有差距，自主创新及产业化发展能力不强；运输服务总体水平不高，基本公共服务能力薄弱；交通运输安全保障能力亟须提升；能耗与排放水平仍未得到有效控制；交通运输综合管理体制改革滞后，运输市场环境有待优化，政策、法规、标准、人才结构等仍需健全和完善。

(二)发展要求

从国际看,金融危机后,世界经济格局正经历着深度调整,经济增长速度减缓,全球需求结构出现明显变化,对我国现有的经济结构和庞大的生产能力构成严峻挑战。从国内看,工业化、城镇化和农业现代化不断推进,人均国民收入稳步增加,经济结构转型加快,科技水平整体提升,经济社会发展和综合国力将再上新台阶。内、外部形势要求交通运输既要为拓展外部发展空间提供支撑,又要为扩大内需提供保障。

经过改革开放特别是近十余年来大规模、高速度的建设,各种运输方式的网络框架基本形成,技术装备水平得到较大提升,初步具备了构建综合交通运输体系的基础条件。综合判断,"十二五"时期是我国交通基础设施网络完善的关键时期,是构建综合交通运输体系的重要时期,也是深化交通运输体制改革的攻坚时期。

1. 适应经济社会发展需要。"十二五"时期,随着扩大内需战略的实施、工业结构调整和城镇化的深入推进,客货运输需求将持续稳定增长,结构将不断升级。煤炭运输维持西煤东运、北煤南运格局,石油、铁矿石等大宗货物运输需求稳步增长,小批量、高价值、多频次货物运输需求快速增长。旅客运输需求将呈现多样化、多层次特征,国际、城际和城市客运需求迅速扩张,对运输的安全性、便捷性、舒适性、时效性提出了更高的要求。综合交通运输体系必须适度超前建设,提高客货运输能力,促进各种运输方式的有效衔接,推进一体化运输服务,强化并完善政府在基本公共服务中的主导作用,不断提高运输效率和服务水平,以适应货物优质运输、及时送达和旅客购票方便、出行安全、换乘便捷等需要,逐步发挥交通运输在产业优化布局、人口合理分布、城市空间有序拓展等方面的引导作用。

专栏4 "十二五"时期全社会交通运输量预测

指　标	单　位	2010年	2015年	年均增长(%)
客运量	亿人	327	470	7.5
旅客周转量	亿人公里	27894	39500	7.2
货运量	亿吨	324	455	7.0
货物周转量	亿吨公里	141838	201000	7.2

2.促进城乡区域协调发展。"十二五"时期,国家继续促进区域协调发展,实施区域发展总体战略和主体功能区战略,完善城镇化布局和建设;加大对革命老区、民族地区、边疆地区、贫困地区的扶持力度,促进民族团结、领土完整、边疆巩固。综合交通运输体系要充分发挥引导区域空间布局和促进城乡协调发展的作用,优化东部地区交通网络结构,加强中部地区东引西联通道建设,扩大西部地区基础设施路网规模,统筹优化开发等区域的通道建设;统筹城乡交通协调发展,继续加大农村公路建设力度,逐步提高覆盖城乡的基本公共运输服务能力。

3.强化节约资源保护环境。"十二五"时期及今后时期,我国的土地、线位、岸线、空域等资源将日益紧缺,石油对外依存度将不断提高,应对气候变化的责任压力越来越大。与此同时,交通运输领域的基础设施建设需求持续增长,能源消费快速增加,资源环境约束不断加大,节能减排任务艰巨,要求加快转变交通运输发展方式,优化运输结构,提升装备技术水平,改善运输组织,实现节约集约发展。

二、指导思想

以邓小平理论和"三个代表"重要思想为指导,深入贯彻落实科学发展观,加快转变交通发展方式,实现各种运输方式从分散、独立发展转向一体化发展,初步形成网络设施配套衔接、技术装备先进适用、运输服务安全高效的综合交通运输体系,总体适应经济社会发展和人民群众出行需要。

"十二五"时期,综合交通运输体系发展要坚持以下原则:

——安全质量。牢固树立以人为本、安全第一的理念,建立严格的安全监管和质量管理制度,并贯穿于交通运输规划、设计、建设、运营的各阶段,着力提升技术和装备水平,全面提高运输的安全性、可靠性和应对自然灾害、突发事件的保障能力。

——合理布局。按照主体功能区战略要求,与区域经济发展和城镇化格局、资源分布和产业布局等要求相适应,合理布局不同区域、不同层次的运输网络,实现通道畅通、枢纽高效。

——优化结构。因地制宜,发挥各种运输方式优势,强化铁路和国省干线公路作用,优化运输结构,促进各种运输方式在区域间、城市间、城乡间、城市内的协调发展。

——适度超前。按照全面建设小康社会的总体部署、互利共赢的开放战略、扩大内需的长效机制和经济长期平稳较快发展的要求,着眼于综合交通运输体系的建立,在满足现阶段客货运输需求的基础上,使基础设施能力适度超前。

——讲求效益。坚持以市场为导向,统筹经济效益与社会效益,合理配置和整合交通运输资源,发挥各种运输方式技术经济优势和交通网络效能,提升服务水平、物流效率和整体效益。

——绿色发展。从国家战略和基本国情出发,把积极应对气候变化、节约集约利用资源和保护环境落实在基础设施、技术装备和运输服务中,推进综合交通运输体系的绿色发展。

——多元投入。引入市场竞争机制,推进投资主体多元化,营造公平、有序的市场环境,鼓励民间资本参与交通基础设施建设,拓宽社会资本进入交通运输领域的渠道和途径。

——改革创新。深化改革,积极创新,完善政府运输监管,按照综合发展的要求,建立发挥政府和市场各自职能的高效的体制机制,依托科技进步和管理创新,充分发掘存量潜能,全面发挥增量效能,增强综合交通运输体系健康发展的内生动力。

三、发展目标

"十二五"时期,综合交通运输体系发展的主要目标是:

——初步形成以"五纵五横"为主骨架的综合交通运输网络,总里程达490万公里。

——基本建成国家快速铁路网,营业里程达4万公里以上,运输服务基本覆盖50万以上人口城市;加强煤运通道建设,强化重载货运网,煤炭年运输能力达到30亿吨;建设以西部地区为重点的开发性铁路;全国铁路运输服务基本覆盖大宗货物集散地和20万以上人口城市。

——基本建成国家高速公路网,通车里程达8.3万公里,运输服务基本覆盖20万以上人口城市;国道中二级及以上公路里程比重达到70%以上;农村公路基本覆盖乡镇和建制村,乡镇通班车率达到100%、建制村通班车率达到92%。

专栏5 "十二五"时期交通基础设施发展目标

指　　标	单　　位	2010年	2015年
综合交通网总里程	万公里	432	490
铁路营业里程	万公里	9.1	12
复线率	%	41	50
电气化率	%	46	60

续表

指　　标	单　位	2010年	2015年
公路通车里程	万公里	400.8	450
国家高速公路	万公里	5.8	8.3
乡镇通沥青(水泥)路率	%	96.6	98
建制村通沥青(水泥)路率	%	81.7	90
内河高等级航道里程	万公里	1.02	1.3
管道输油(气)里程	万公里	7.85	15
城市轨道交通营运里程	公里	1400	3000
沿海港口深水泊位数	个	1774	2214
民用运输机场数	个	175	230

注：①综合交通网总里程不含民航航线、国际海运航线里程。
②沿海港口深水泊位数含长江南京以下港口。

——完善煤炭、进口油气和铁矿石、集装箱、粮食运输系统，海运服务通达全球；70%以上的内河高等级航道达到规划标准，运输效率和服务水平显著提升。

——扩大和优化民用航空网络，80%以上的人口在直线距离100公里内能够享受到航空服务。

——形成跨区域、与周边国家和地区紧密相连的原油、成品油和天然气运输网络。

——强化城市公共交通网络，市区人口100万以上的城市实现中心城区500米范围内公交站点全覆盖。

——基本建成42个全国性综合交通枢纽。

——增强邮政普遍服务能力，发展农村邮政，实现乡乡设所、村村通邮。

四、主要任务

(一)基础设施

建设以连通县城、通达建制村的普通公路为基础,以铁路、国家高速公路为骨干,与水路、民航和管道共同组成覆盖全国的综合交通网络,发挥运输的整体优势和集约效能。

1. 完善区际交通网络。统筹各种运输方式发展,建设黑河至三亚、北京至上海、满洲里至港澳台、包头至广州、临河至防城港等5条南北向综合运输通道,建设天津至喀什、青岛至拉萨、连云港至阿拉山口、上海至成都、上海至瑞丽5条东西向综合运输通道,优化结构、提升能力,形成覆盖全国的区际运输网络。

(1)铁路

科学推进铁路建设。加快构建大能力运输通道,形成快速客运网,强化重载货运网。

发展高速铁路,基本建成国家快速铁路网。贯通北京至哈尔滨(大连)、北京至上海、上海至深圳、北京至深圳及青岛至太原、徐州至兰州、上海至成都、上海至昆明等"四纵四横"客运专线,建设相关辅助线、延伸线和联络线。强化区际干线,新线建设与既有线改造相结合,扩大快速铁路客运服务覆盖范围。

专栏6 区际交通网络重点工程(铁路)

01 快速铁路
建设兰新铁路第二双线、京沈客专、北京至呼和浩特、哈尔滨至佳木斯、郑州至重庆、银川至西安、深圳至茂名、长春至白城、杭州至黄山、上海至南通、商丘至合肥至杭州、青岛至连云港、九景衢、黔张常、怀邵衡、海南西环、拉萨至林芝等快速铁路,实施成都至昆明、兰州至银川、重庆至怀化、哈尔滨至牡丹江、南昌至赣州、广州至梅州至汕头铁路提速扩能,扩大快速列车开行范围。研究建设琼州海峡跨海通道工程、川藏铁路。

02	煤运通道
	建设"三西"(山西、蒙西、陕西)地区至唐山港曹妃甸港区、山西中南部至山东沿海港口的煤炭运输通道。加快建设鄂尔多斯盆地、陕西等综合能源基地至湖北、湖南、江西等中部地区的煤炭运输新通道。强化白音华至锦州等蒙东地区煤炭运输通道。实施神朔黄铁路部分路段三、四线扩能工程。加快推进新疆地区煤炭运输通道建设,提高外运能力。
03	其他铁路
	建成拉萨至日喀则铁路,建设格尔木至库尔勒、格尔木至敦煌、额济纳至哈密、将军庙至哈密、北屯至准东、白河至东京城等区际干线,实施宝鸡至中卫、干塘至武威、阳平关至安康等铁路扩能改造。

加快西部干线建设,强化煤炭运输等重载货运通道,尽快形成功能布局完善、覆盖范围广、通道能力强、技术结构合理的运输网络;建设港口后方铁路集疏运系统,推进集装箱运输通道建设。加强改造既有线,配套建设客货运设施。

(2)公路

有序推进公路建设。贯通国家高速公路网,加强国省干线公路改扩建,发挥高等级公路快速通达的效益。

专栏7 区际交通网络重点工程(公路)

加快国家高速公路网剩余路段、"瓶颈"路段建设。加强G103(北京至塘沽)、G104(北京至福州)、G105(北京至珠海)、G107(北京至深圳)、G108(北京至昆明)、G204(烟台至上海)、G205(山海关至深圳)、G212(兰州至重庆)、G213(兰州至磨憨)、G214(西宁至景洪)、G219(叶城至拉孜)、G317(成都至那曲)、G322(衡阳至友谊关)、G323(瑞金至临沧)、G326(秀山至河口)15条国省干线公路及其他交通拥堵路段的改扩建。

基本建成国家高速公路网。基本贯通北京至上海等7条首都放射线、沈阳至海口等9条南北纵向线、连云港至霍尔果斯等18条东西横向线,形成由中心城市向外放射、横贯东西、纵贯南北的

11

高速公路大通道。适度建设地方高速公路。

加大国省干线公路改造力度,提升技术等级和通行能力。重点改造"五射、六纵、四横"15条国道及其他瓶颈路段;实施县通二级公路工程,基本实现具备条件的县城通二级及以上标准公路;加强省际通道和连接重要口岸、旅游景区、矿产资源基地等的公路建设。

(3)水路

专栏8 区际交通网络重点工程(水路)

01　**沿海港口**
建设锦州、唐山、黄骅、天津等港口煤炭装船码头工程及华东、华南地区煤炭中转储运基地。建设大连、日照、宁波—舟山、湛江等港口大型原油接卸码头工程,结合石油石化企业扩能与布局、原油管道建设及油品储备需要,配套建设接卸和转运码头。建设唐山、青岛、日照、宁波—舟山等港口大型铁矿石接卸码头工程,结合沿海大型钢铁基地布局和铁路新通道,配套建设铁矿石码头。建设天津、上海、宁波—舟山、广州、深圳等干线港及支线港集装箱码头工程。

02　**内河水运**
加快整治上游、中游荆江河段等长江干线及其支流高等级航道,稳步推进长江口12.5米深水航道向上延伸。实施京杭运河山东段、苏南段、浙江段等航道升级改造工程。推进红水河龙滩、右江百色等枢纽通航设施建设工程,嘉陵江的利泽、湘江的土谷塘、赣江的永泰、松花江的依兰和悦来及岷江等航电枢纽工程。

积极发展水路运输。完善港口布局,提升沿海港口群现代化水平,推进航运中心建设,加快实施长江等内河高等级航道工程。

推进环渤海、长江三角洲、东南沿海、珠江三角洲、西南沿海港口群规模化、专业化协调发展。推进与区域规划、产业布局相关的新港区开发和老港区迁建。加强港口深水航道、防波堤等公共基础设施和集疏运系统建设。完善1000人以上岛屿客货运交通设施。

加快上海国际航运中心、天津北方国际航运中心、大连东北亚国际航运中心建设，推进重庆长江上游航运中心和武汉长江中游航运中心建设，促进物流、信息、金融、保险、代理等现代航运服务业发展。

加快长江干线航道系统治理，推进西江航运干线扩能和京杭运河航道建设工程，加快建设长江三角洲和珠江三角洲高等级航道网，相应建设其他地区航道。加快内河主要港口规模化港区建设，发展专业、环保港区。

(4) 民航

推进民用航空发展。优化空域资源配置，提升空中交通网络运行能力。加强机场建设，形成层次清晰、功能完善、结构合理的机场布局。

通过建设平行航线、利用新技术等方式，扩能改造北京至上海、北京至广州、北京至大连、北京至昆明、上海至广州、上海至大连、上海至西安、上海至成都、广州至成都9条国家骨干航路。加快雷达管制建设，完善以哈尔滨、沈阳、西安、成都、昆明、武汉、长沙、乌鲁木齐等为节点的区域航路航线。以支线机场和通勤机场为支撑，改善通信导航和航空气象服务，扩大支线航线网络。推进机场密集地区终端区建设，增加繁忙机场进离场航线运行容量。加快新一代空管系统建设，提高保障水平。优化低空空域运行管理，合理布局和建设飞行服务网点。

专栏9　区际交通网络重点工程（民航）

新建北京新机场，扩建广州、上海（浦东）、深圳、重庆、武汉、南京、长沙、三亚、乌鲁木齐、海口、沈阳、郑州、哈尔滨、天津、南宁、桂林、长春、宁波、兰州、银川、石家庄等机场，研究建设成都、青岛、厦门、大连新机场。新建苏中、三明、抚远、白城、五台山、衡阳、巫山、泸沽湖、毕节、夏河、德令哈、石河子、那曲等支线机场，研究建设甘孜、朔州、塔中、亳州、巴中支线机场。建成一批通用机场。建设民航运行管理中心，成都、西安、乌鲁木齐、沈阳等区域管制中心以及上海、广州等终端管制中心。

加快推进北京、上海、广州机场建设,完善国际枢纽功能。改扩建繁忙干线机场,积极发展支线机场,调整布局、优化结构,支持有条件的中西部干线机场发展成为内陆航空枢纽。加快通勤和其他通用机场布点,积极稳妥建设通勤机场,促进通用航空产业发展。加强边远地区和交通不便地区机场建设。

(5)管道

合理布局管网设施。统筹油气进口运输通道和国内储备系统建设,加快形成跨区域、与周边国家和地区紧密相连的油气运输通道。

加快西北、东北和西南三大陆路进口原油干线管道以及连接沿海炼化基地与原油接卸码头之间的管道建设。

完善环渤海、长江三角洲、西南、东南沿海向内陆地区和沿江向腹地辐射的成品油输送管道,加强西北、东北成品油外输管道建设,加快区域互联互通。

专栏10　区际交通网络重点工程(管道)

建设中哈原油二期、独山子至乌鲁木齐、大庆至铁岭、中缅原油管道等陆路原油进口通道及配套干支线工程,建设王家沟至乌鲁木齐复线、兰州至成都、长庆至呼和浩特等原油管道工程。建设天津港至华北石化、仪征至长岭复线等海陆联运原油管道工程。建设西气东输三线和四线工程、中亚天然气管道二期、中缅天然气管道、东北天然气管网、陕京四线、青藏输气管道、煤制气外输管道等天然气管道重点工程。以已有液化天然气接收站扩建为主,在江苏、广东、浙江、山东等沿海省新增站址。重点建设和完善华北、华东、华南、华中、西南等主要消费地区域性成品油管网。

加快西北、东北和西南三大陆路进口天然气干线管道建设,合理布局沿海液化天然气接收站,加快接收站配套管网与主干管网联接,完善川渝、环渤海、珠三角、中南、长三角等区域性管网,大力推动储气调峰设施建设,初步形成包括进口气、国产气、煤层气、煤

制气等多种气源,连接主产区、消费地和储气点的全国基干管网。

2.建设城际快速网络。以轨道交通和高速公路为骨干,以国省干线公路、通勤航空为补充,加快推进城市群(圈、带)多层次城际快速交通网络建设,适应城市群发展需要。

建设京津冀、长江三角洲、珠江三角洲三大城市群以轨道交通为主的城际交通网络。在城市群内主要城市之间,加快高速公路改扩建。在中小城市与城镇之间及城镇分布较为密集的走廊经济带上,视运输需求,加密高等级公路网络、提升省道技术等级或以城市快速路的形式建设相对开放的快捷通道,并注重与区际交通网络的衔接。

专栏11　城际快速网络重点工程

01	城际轨道交通 优化京津冀地区、长江三角洲地区、珠江三角洲地区城际轨道交通布局和建设,加快建设基本骨架,逐步推进部分路网加密线、外围延长线及内部联络线的建设,基本形成网络,提高轨道交通区域一体化和同城化程度。在山东半岛地区、江淮地区、中原城市群、武汉城市圈、长株潭城市群、关中—天水地区、辽中南地区、重庆经济区和成都经济区,规划建设以中心城市为依托、周边中小城市为重点、有效发挥辐射作用的骨干线路,拓展发展空间,提高产业和人口承载能力。在哈大齐工业走廊和牡绥地区、长吉图经济区、海峡西岸经济区、北部湾地区,以充分利用既有铁路资源与建设新线相结合,实现城际轨道交通快速服务,强化城市间经济联系和功能分工。根据冀中南地区、太原城市群、鄱阳湖生态经济区、呼包鄂榆地区、兰州—西宁地区、宁夏沿黄经济区、黔中地区、滇中地区、藏中南地区和天山北坡地区等区域的城镇化发展趋势和要求,适时规划建设城际轨道交通。
02	公路 改扩建京哈线山海关至长春段、京港澳线北京至安阳段、京昆线石家庄至太原段、京藏线呼和浩特至包头段、珲乌线长春至吉林段、沪蓉线南京至合肥段等国家高速公路。建设杭州至宁波高速公路复线、北京大外环、沈阳绕城高速公路、福州绕城高速公路东南段、泉州环城公路、泉州湾跨海通道、兰州南绕城高速公路、西宁南绕城高速公路、乌鲁木齐绕城高速公路。建设六横梅山、太仓港等疏港高速公路。

推进重点开发区域城市群的城际干线建设,构建都市交通圈。加快中心城市到区域主要城市的城际快速通道建设,发展较快的城市群区域,以轨道交通和高速公路为主;尚处于形成初期的城市群区域,以高等级公路为主。进一步完善区域中小城市及城镇间公路网络。

充分利用区际通道运输能力,服务城际交通。优先考虑利用新建铁路客运专线和既有铁路开行城际列车,提高综合交通运输的效率和效益。城际交通与区际以及城市交通在通道布局、服务范围、运营组织等方面需合理分工、有机衔接。准确把握城际轨道交通功能定位和技术标准,线路、车站应尽量覆盖规划人口在10万以上的城镇,最大限度拓展吸引范围和辐射半径。

3. 强化城市公共交通。实施公共交通优先发展战略,满足市民基本出行和生活需求。逐步建设规模合理、网络通畅、结构优化、有效衔接的城市综合交通系统。完善城市公共交通基础设施,科学优化城市交通各子系统关系,统筹区域交通、城市对外交通、市区交通以及各种交通方式协调发展。加快智能交通建设,合理引导需求,提升城市综合交通承载力,支撑城市可持续发展。

优先发展公共交通,提高公共交通出行分担比例。积极发展多种形式的大容量公共交通,提高线网密度和站点覆盖率,构建安全可靠、方便快捷、经济适用的公共交通系统。根据不同城市规模和特点,制定差别化的轨道交通发展目标,有序推进轻轨、地铁、有轨电车等城市轨道交通网络建设。市区人口超过1000万的城市,逐步完善轨道交通网络。市区人口超过300万的城市,初步形成轨道交通网络主骨架。市区人口超过100万的城市,结合自身条件建设大容量地面公共交通系统。

旧城改造和新城开发必须坚持交通基础设施同步规划和建设,发挥大容量公共交通在引导城市功能布局、土地综合开发和利用等方面的作用。统筹规划,优化城市道路网结构,改善城市交通微循环。保障公共交通设施用地,鼓励公共交通用地的综合开发,增强公共交通可持续发展能力。合理分配城市道路资源,落实地面公共交通路权优先政策,加快公共交通专用道建设,规范出租车健康、有序、合理发展。完善机动车等停车系统及与公共交通设施的接驳系统。有效引导机动车的合理使用,推进自行车、步行等交通系统建设,方便换乘,倡导绿色出行。

统筹考虑城市内多种轨道交通方式的衔接协调发展。充分利用既有铁路资源,结合铁路新线建设和枢纽功能优化调整,统一规划和布局,鼓励有条件的大城市发展市郊铁路,以解决中心城区与郊区、卫星城镇、郊区与郊区、城市带及城市圈内大运量城市交通需求问题。加快城市及其综合客运枢纽周边道路的建设,大、中城市可推进绕城高速公路建设。优化城市货运通道、枢纽场站和物流园区的布局,缓解城市出入口和枢纽周边交通压力。

专栏12　城市轨道交通重点工程

建设北京、上海、广州、深圳等城市轨道交通网络化系统,建成天津、重庆、成都、沈阳、长春、武汉、西安、南京、杭州、福州、南昌、昆明、大连、青岛、宁波、哈尔滨、苏州、无锡、长沙、郑州、东莞、南宁等城市轨道交通主骨架,规划建设合肥、贵阳、石家庄、太原、厦门、兰州、济南、乌鲁木齐、佛山、常州、温州等城市轨道交通骨干线路。

4.推进农村交通建设。统筹城乡交通一体化发展,加快农村交通基础设施建设,提高农村公路的通达深度、覆盖广度和技术标准。

继续实施以通沥青(水泥)路为重点的通达、通畅工程,形成以县城为中心,覆盖乡镇、村的公路网络。加快集中连片特殊困难地区农村公路建设。新建和改造农村公路100万公里,实现具备条件的乡镇、东中部地区建制村、西部地区80%以上的建制村通沥青(水泥)路。实施县乡道改造和连通工程,提高农村公路网络水平。

> **专栏 13　集中连片特殊困难地区农村交通重点工程**
>
> 重点实施六盘山区、秦巴山区、武陵山区、乌蒙山区、滇桂黔石漠化区、滇西边境山区、大兴安岭南麓山区、燕山—太行山区、吕梁山区、大别山区、罗霄山区、西藏、四省藏区、新疆南疆三地州14个集中连片特殊困难地区乡镇、建制村农村公路建设工程。

实施农村公路的桥涵建设、危桥改造以及客运场站等公交配套工程,加强农村公路的标识、标线、护栏等安全设施建设,切实落实农村公路的养护和管理。

开发利用偏远农村地区水运资源,加快推进重要支流和库区的航运开发,延伸航道通达和覆盖范围,加强乡镇渡船渡口设施的更新改造。

5.发展综合交通枢纽。按照零距离换乘和无缝化衔接的要求,全面推进综合交通枢纽建设。

加强以铁路、公路客运站和机场等为主的综合客运枢纽建设,完善客运枢纽布局和功能。依托客运枢纽,加强干线铁路、城际轨道、干线公路、机场等与城市轨道交通、地面公共交通、私人交通、市郊铁路等的有机衔接,强化枢纽和配套设施建设,促进枢纽与干线协调发展,形成城市内外和不同方式之间便捷、安全、顺畅换乘,提高综合客运枢纽的一体化水平和集散效率。完善邮轮、游艇、陆岛等客运码头与其他运输方式的衔接。适时开展多式联运示范工程。

加强以铁路和公路货运场站、主要港口和机场等为主的综合货运枢纽建设,完善货运枢纽布局和功能。依托货运枢纽,加强各种运输方式的有机衔接,建立和完善能力匹配的铁路、公路等集疏运系统与邮政、城市配送系统,实现货物运输的无缝化衔接。加大铁路在港口货物集散中的比重,减少公路集疏运对城市交通的影响。推进集装箱中转站建设。

加快综合交通枢纽规划工作,做好与城乡规划、城市总体规划、土地利用总体规划等的衔接与协调。统筹综合交通枢纽与产业布局、城市功能布局的关系,以综合交通枢纽为核心,协调枢纽与通道的发展。城市人民政府要建立综合交通枢纽发展稳定的资金渠道,探索以市场为主体的综合交通枢纽建设与运营机制。研究提出相关扶持政策,引导综合交通枢纽健康发展。

专栏14　全国性综合交通枢纽(节点城市)

重点建设北京、天津、哈尔滨、长春、沈阳、大连、石家庄、秦皇岛、唐山、青岛、济南、上海、南京、连云港、徐州、合肥、杭州、宁波、福州、厦门、广州、深圳、湛江、海口、太原、大同、郑州、武汉、长沙、南昌、重庆、成都、昆明、贵阳、南宁、西安、兰州、乌鲁木齐、呼和浩特、银川、西宁、拉萨42个全国性综合交通枢纽。

6.衔接内地港澳交通。坚定不移贯彻"一国两制"、"港人治港"、"澳人治澳"、高度自治的方针,严格按照特别行政区基本法办事。加强规划协调,完善珠江三角洲地区与港澳地区的交通运输体系,促进香港澳门长期繁荣稳定。

支持香港发展航运业,巩固和提升香港国际航运中心地位。建立粤港两地航运更紧密协作关系,支持香港增强港口转口业务,发展与航运关联的业务以及现代物流业。按照优势互补、互利共赢原则,统筹规划珠江三角洲地区港口布局,有序发展集装箱码头,支持和鼓励内地香港港航企业加强合作,促进形成以香港为中心,与珠江三角洲港口共同发展的格局。

深化内地与香港、澳门大型基础设施合作,研究探索建立新型管理模式,促进珠江三角洲地区与港澳交通一体化。加快建设港珠澳大桥,实现香港、珠海、澳门三地高速公路连通。建成广深港客运专线并与武广、杭福深客运专线接驳。研究建设港深西部快速轨道线。支持香港航空业界与珠江三角洲及内地机场间的合作,进一步协调珠江三角洲与港澳空域,完善内地与港澳空管协作机制,提升航空运输能力。

(二)技术装备

按照安全可靠、先进高效、经济适用、绿色环保的要求,依托重大工程项目,通过消化、吸收再创新和系统集成创新以及原始创新,增强自主发展能力与核心竞争力,进一步提升技术和装备水平。加大交通运输新技术、新装备的开发和应用,加快推进具有我国自主知识产权的技术与装备的市场化和产业化,带动相关产业升级和壮大。研究设置能耗和排放限值标准,研究制定装备技术政策,促进技术装备的现代化。

推进先进、适用的轨道交通技术与装备的研发和应用,全面实现现代化。提升铁路高速动车组、大功率电力机车、重载货车等先进装备的安全性和可靠性,提高空调客车比例和专用货车比例,推进高速动车组谱系化,以及城际列车与城市轨道交通车辆等先进技术装备的研制与应用。通过工程应用带动技术研发,突破轨道交通通信信号、牵引制动、运行控制等关键核心技术,系统掌握高速磁悬浮技术,优化完善中低速磁悬浮技术。

积极发展公路专用运输车辆、大型厢式货车、多轴重载大型车辆和城市配送车辆,推进客货运车辆结构升级和节能化进程,加快老旧车辆更新。

继续发展大型干散货船、大型油轮、集装箱船、滚装船和液化气船,鼓励发展邮轮、游艇,加快推进内河运输船舶标准化,加速淘汰老旧船舶,提升远洋、沿海和内河运输船舶的整体技术水平,优化船队结构,船队总体上达到国际先进水平。提高港口现代化装备水平。

继续完善和优化我国民用机队结构,积极发展支线飞机和通用飞机,国产干、支线飞机研制取得突破,推进地空通信、空管自动化系统建设。

加强管道运输关键设备和技术的研发及应用,研制 X100 和 X120 高强度管线钢,实现天然气长输管线大型球阀等关键设备自主制造,掌握系统集成技术和压缩机、电机(汽轮机)、变频控制系统的设计制造技术。

提高交通运输的信息化、智能化水平。加强协调,推进综合交通运输公共信息平台建设,逐步建立各种运输方式之间的信息采集、交换和共享机制。积极推动客货运输票务、单证等的联程联网系统建设,推进条码、射频、全球定位系统、行包和邮件自动分拣系统等先进技术的研发及应用。逐步建立高速公路全国监控、公路联网和不停车收费系统,提高运营安全与效率。

(三)运输服务

按照建立综合、高效交通运输服务系统要求,实现运输服务能力与质量的同步提升。加快运输市场建设,完善政府运输监管和公共服务职能,着力提高运输服务水平和物流效率,提升运输服务对国民经济和社会发展的支撑作用。

加快运输市场建设。进一步完善运输市场准入制度,规范市场行为与经营秩序,积极推动运输市场全面开放,加快构建公平开放、竞争有序的运输市场。深化运输价格改革,加强运输价格监管,建立健全国家宏观调控下灵活反映市场供求状况的铁路运价形成机制,完善公路收费政策,稳步推进民航运价市场化改革。优化企业经营环境,加强对交通运输企业"走出去"的宏观指导和服务,加快培育具有较强国际竞争力的运输企业。加快发展运输代理、交通工具维修检测和租赁、物资供应、劳务、运输咨询和信息传播等运输辅助服务,培育行业协会及中介组织,建立和完善行业的行为规范、服务标准及自律机制。

完善政府运输监管。强化综合交通运输政策,运用经济、法律手段和必要的行政手段,加强政府对运输市场的监管,促进公平竞争。加强政策引导,促进运输市场结构合理化,着力提高运输服务集中度和组织化水平。

强化公共服务职能。转变政府职能,加大政府对公共运输服务的供给力度。建设信息服务平台,推动各种运输方式信息系统的互联互通,为社会和公众提供全方位、立体化的出行服务信息平台。加大公共财政对城市公共交通、农村客运、支线航空服务和邮政普遍服务的扶持力度,逐步推进基本公共运输服务均等化。

提升运输服务水平。加强各种运输服务之间的无缝衔接与合作,提高客货运输服务效率,降低社会物流成本。鼓励运输企业开展一体化运输服务,加强运输服务中的线路、能力、运营时间、票制、管理的衔接。优化运输组织,创新服务方式,推进客票一体联程、货物多式联运,大力发展现代物流服务、快递等先进一体化运输服务方式以及汽车租赁等交通服务业,有效延伸运输服务链。加强高速铁路市场开发与培育,优化产品结构。积极发展集装箱运输服务网络,逐步满足市场多样化需求。积极发展公路甩挂运输。建立农产品、农资、农村消费品的货运系统。提高普遍服务能力与水平,适应低收入人群和偏远地区运输需求。

依托综合交通运输体系,完善邮政和快递服务网络,提升传递速度。加强邮政设施建设,积极发展农村邮政,实现普遍服务覆盖城乡。同时,充分发挥邮政综合服务平台作用,拓展邮政物流、代理代办等业务。加快发展电子商务配送等新兴业务,推进航空快件等绿色通道建设。大力发展便捷、高效快递服务。健全保障和监督机制,提高邮政业服务能力和水平。

(四)安全保障

坚持安全第一、预防为主的方针,正确处理好安全与发展、速度、效率、质量的关系。

强化交通安全理念。坚持预防为主、安全为本的方针,减少交通安全隐患。建立政府主导的交通安全长效教育机制,制订交通安全公共教育计划,形成专业教育、职业教育和企业教育相结合的交通运输安全生产培训和宣传教育体系。树立交通安全终身教育理念,提升交通参与者安全意识。

完善安全管理体制。健全完善交通运输安全管理体制机制,探索建立交通运输安全监管机构,加强交通安全管理部门之间的沟通协作。完善国家、省、市、县四级交通运输安全生产和应急管理体制,成立乡镇交通运输安全监管部门。

健全安全管理制度。完善交通运输设施、装备安全标准和安全认证规范以及安全法律法规制度,加强高速公路安全监管系统建设,推行交通建设工程安全审计、安全生产责任考核和责任追究制度。建设交通运输安全生产和应急综合信息系统,完善落实安全评估机制。

加强安全监督管理。将安全监管贯穿于交通基础设施规划、设计、建设、运营全过程。强化重点时段、重点地区、重点领域和重点环节的安全监管,落实监管机构和监管责任,提高安全生产监管覆盖面。深入开展安全隐患排查和治理,强化危险品运输的市场准入和监控,规范危险品及特种货物运输。加快交通安全监管网络建设,加强道路交通安全监管。基本建成重点运营车辆 GPS(全球定位系统)联网联控系统和道路交通动态监控平台。

加大安全设施投入。加大高速铁路运营安全投入,攻克控制系统等关键环节和薄弱环节,提高通信信号及运输调度指挥安全保障水平。建立铁路安全监控、防灾预警系统;推进公路交通线网灾害防治工程、安保工程建设,实现交通安全设施与道路建设主体工程同时规划、同时设计、同时施工、同时验收和同时使用;推进水路安全设施建设,加强引航设备、消防设施和防台风设施建设;加快推进农村公路渡口改造和渡改桥工程;完善机场空管、安保、消防救援等设施设备,确保民航通航安全。

增强安全科研力量。加大智能交通技术、车辆安全技术、交通执法设备装备、交通应急系统研究以及科研成果转化力度。加强交通事故分析与研究,完善交通运输事故管理信息系统,从技术上保证综合交通运输体系安全。

推进安全队伍建设。加强安全监管人员编制管理,制定交通运输管理人员准入条件与标准,不断优化队伍结构,规范队伍建设,提升行政执法装备水平,确保安全监管需要。开展有针对性的交通运输安全保障演练,提高交通运输从业人员现场应对能力。依托重点骨干运输企业,建立交通安全保障队伍。

提升应急保障能力。构建国家和地方交通应急保障机制,制定交通应急能力建设规划,建立交通运输自身和交通环境污染突发事件应急预案和处置机制,形成跨区域交通应急信息报送和区域联动协调机制。增强交通设施抗御自然灾害的能力,提高保障水平。建立健全灾害易发区域和重点区域预测预警机制,加强迂回通道、直升机起降点等应急设施建设,积极储备可替代运输方式的能力。加快安全救助系统建设,提高应急反应速度和救援成功率。

(五)节约环保

大力发展循环经济,切实推进绿色交通系统建设,加大节能减排力度,努力控制交通运输领域温室气体排放,全面提高综合交通运输体系可持续发展能力。

节约利用资源。在规划、建设、运营、养护等各个环节集约利用土地、线位、岸线、空域等资源,提高资源的综合利用水平。加快发展轨道交通、水路等节约型运输方式,提高资源利用效率。加强交通基础设施建设中废旧建材等再生资源的循环利用。

提高用能效率。加强节能新技术、新工艺、新装备的研发与推广应用工作,提高节能环保型车船、铁路机车车辆、民用航空器、港站节能环保技术和工艺的应用水平。提高铁路电气化比重,鼓励港口使用电力驱动的装卸设施,淘汰高耗能交通设施设备和工艺。强化交通基础设施建设节能降耗。合理引导运输需求,提高运输组织水平,降低单位运输量的能源消耗。

保护生态环境。增强交通规划阶段环保意识,加强交通基础设施建设的环境影响评价工作,对建设全过程实行环境影响动态监测。鼓励应用清洁环保交通技术和装备,降低污染物和二氧化碳排放水平,有效控制噪声污染。

五、政策措施

(一)深化体制改革

深化管理体制改革,加快建立综合交通运输管理体制。建立跨区域、跨行业的综合交通运输规划、建设、运营管理新机制,提高综合交通运输体系发展的质量与水平。推进铁路体制改革,实现政企分开、政资分开,理顺资产管理关系,完善行业管理体制,构建现代企业制度,塑造真正的市场主体。推进公路管理体制改革,明晰事权、分清职责,逐步理顺各级政府在公路建设、运营和养护管理中的关系。改革空域管理体制,建立和完善空域动态管理、灵活使用机制,推进低空空域开放。深化邮政主业改革,完善邮政普遍服务和竞争性业务分业经营制度,健全普遍服务保障和监督机制。推进交通运输行业国有企业改革。

(二)加强法制建设

按照市场经济要求,根据我国综合交通运输体系建设新形势需要,研究修订铁路法、公路法、收费公路管理条例、铁路运输安全保护条例、海上交通安全法、水路运输管理条例、通用航空飞行管制条例,加快推动制定"航道法"、"航空法"、"空域使用管理条例"、"天然气基础设施建设与运营管理条例"、"邮政企业专营业务范围的规定"、"国防交通法"等法律法规。研究提出促进综合交通运输发展的意见。

(三) 推动科技创新

健全科技创新体系,完善科技创新机制,提高交通运输设施、装备、管理等技术创新能力。加大资金投入力度,支持交通运输关键技术、核心装备的研发应用和重大问题的研究。强化交通运输领域人才队伍建设,加强技能型、管理型人才培养,完善人才教育培训体系,提高从业人员素质。鼓励交通运输企业作为创新主体,通过系统创新、集成创新,推动新技术的转化应用,促进产学研一体化发展。

(四) 拓宽融资渠道

积极探索综合交通运输体系发展的新型投融资模式,形成"国家投资、地方筹资、社会融资、利用外资"的投融资机制。加大各级政府财政性资金投入,支持西部干线铁路、普通国省干线公路、农村公路、内河航道、中西部支线机场、西部干线机场和农村邮政网点等基础设施建设和养护,向老少边穷地区及生态功能区倾斜。支持用于交通基础设施建设和运输技术装备更新改造等的债券发行。鼓励包括民间资本在内的社会资本参与铁路、公路、水路、民航、管道等交通基础设施建设,形成多渠道、多层次、多元化的投入格局。建立中央、地方财政支持交通运输基本公共服务和邮政普遍服务的稳定资金来源。加强监管,防范基础设施建设可能的债务风险。

(五)健全标准体系

加强基础设施领域技术标准体系建设,根据综合交通运输体系发展需要,修订基础设施建设领域的已有标准,制定城际轨道交通、城市轨道交通、中低速磁悬浮交通、港口吞吐能力、通用机场和综合交通枢纽等建设标准体系。按照"安全、高效、节能、环保"的要求,加强装备领域技术标准体系的建设。加快信息化标准建设,建立具有自主知识产权的信息平台及物联网在交通运输领域应用中的标准。积极参与相关国际标准的制定,增强我国在国际标准制定上的话语权。

(六)完善规划体系

强化《规划》对交通建设项目等的指导,增强《规划》的执行力和约束力。编制、完善铁路、公路、水路、民航等行业规划,加强其与《规划》和国家其他相关规划的衔接与协调。开展《规划》实施的评估工作,根据经济社会发展需要,按照规定程序适时调整。根据《综合交通网中长期发展规划》,把综合交通枢纽规划作为项目审核的重要依据,加快推进全国性综合交通枢纽和部分区域性综合交通枢纽的规划工作。

附件:1. 综合运输大通道和全国性综合交通枢纽示意图
   2. 国家快速和普通铁路网示意图
   3. 国家高速公路网示意图
   4. 沿海港口和内河航道网示意图
   5. 民用运输机场布局和主要航线示意图

附件1

综合运输大通道和全国性综合交通枢纽示意图

28

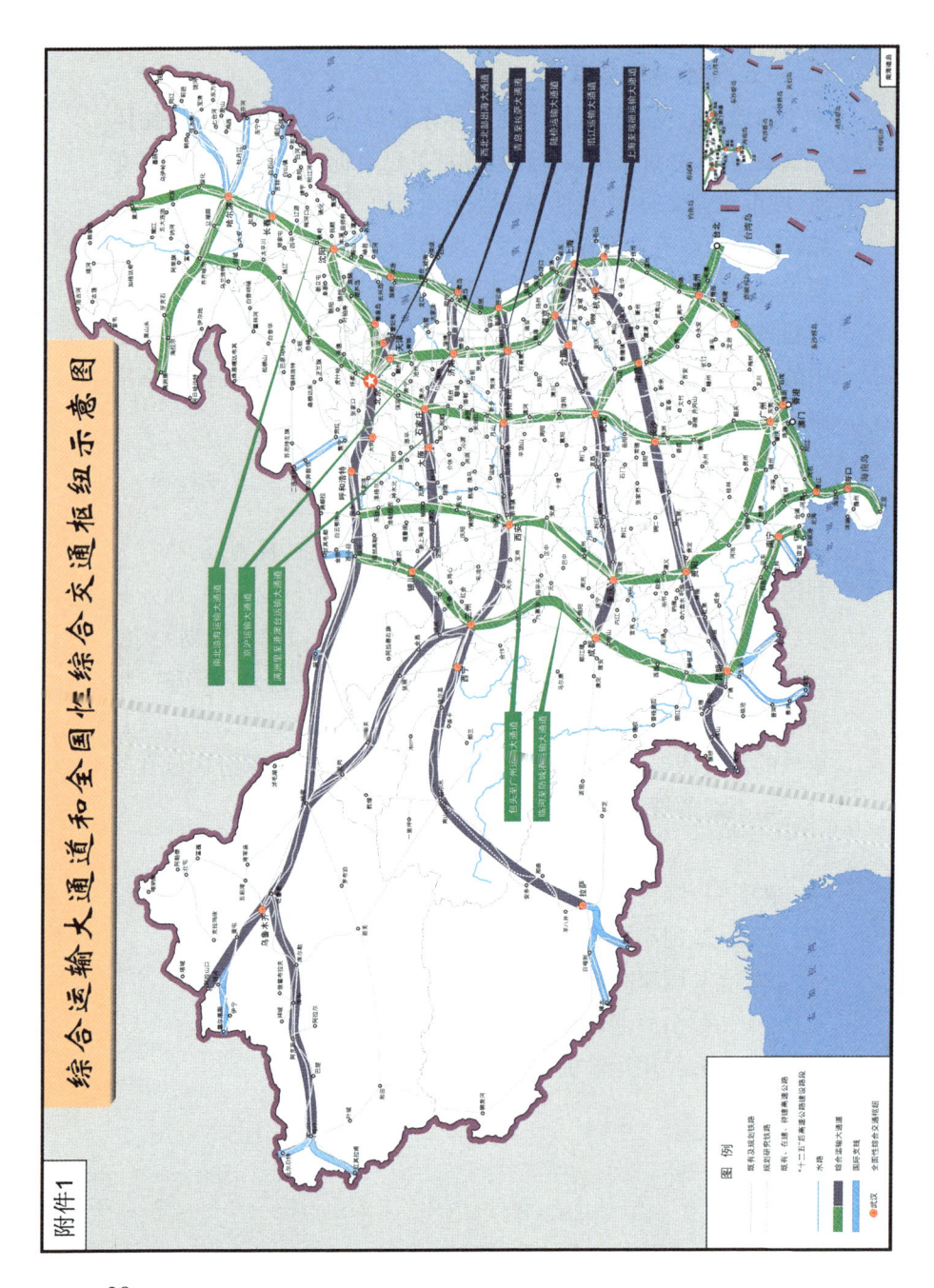

附件2

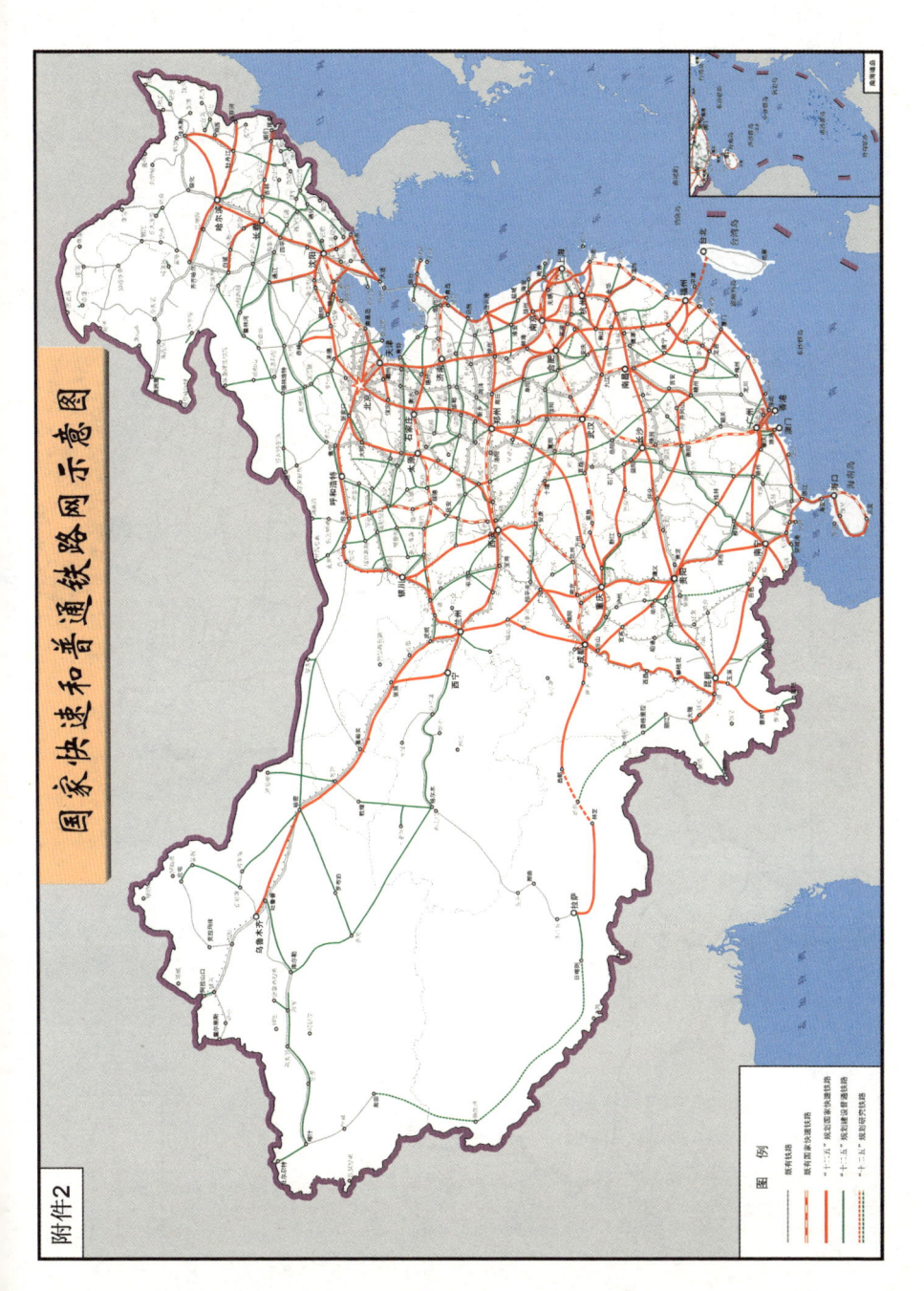

国家快速和普通铁路网示意图

29

附件3

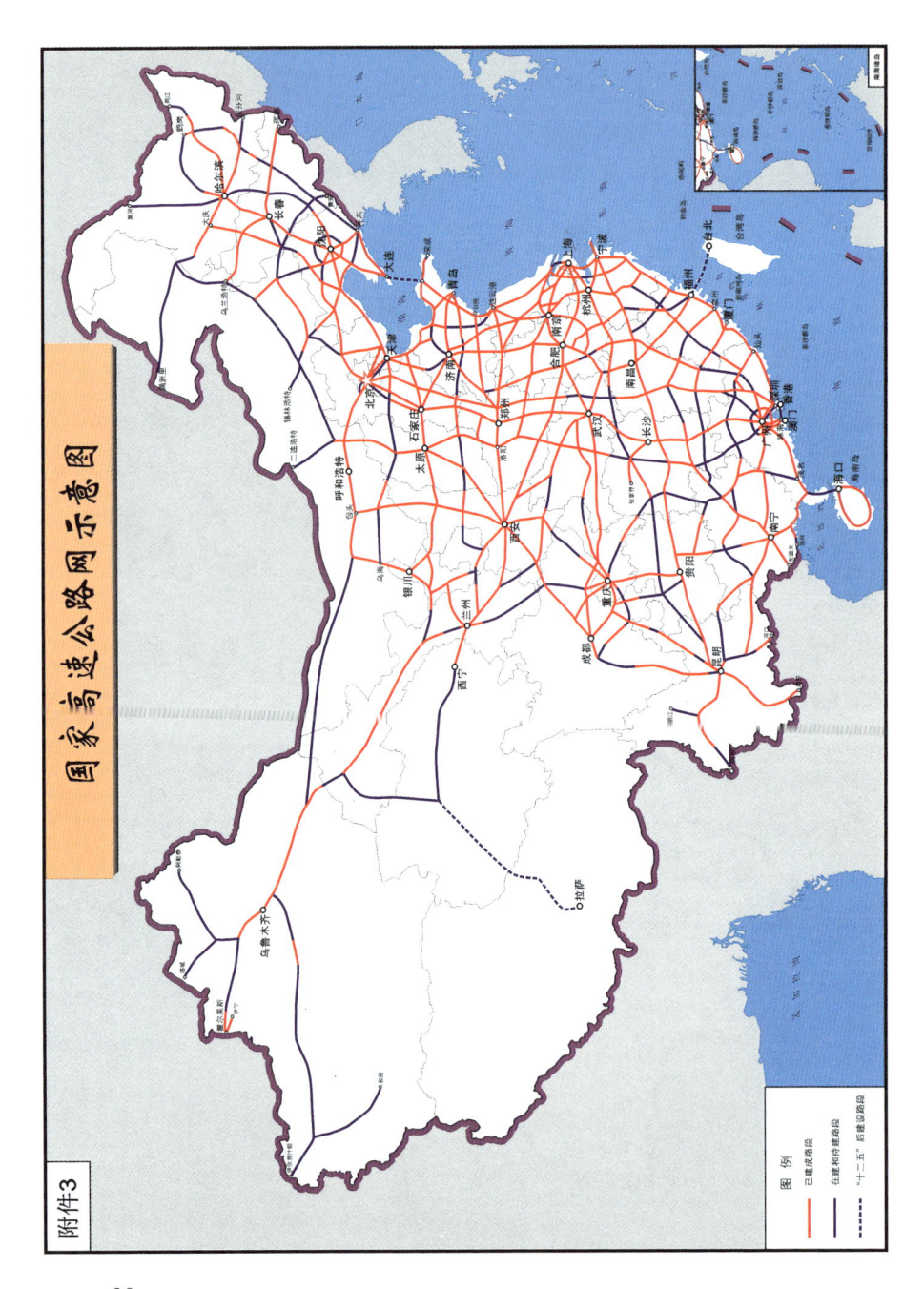

国家高速公路网示意图

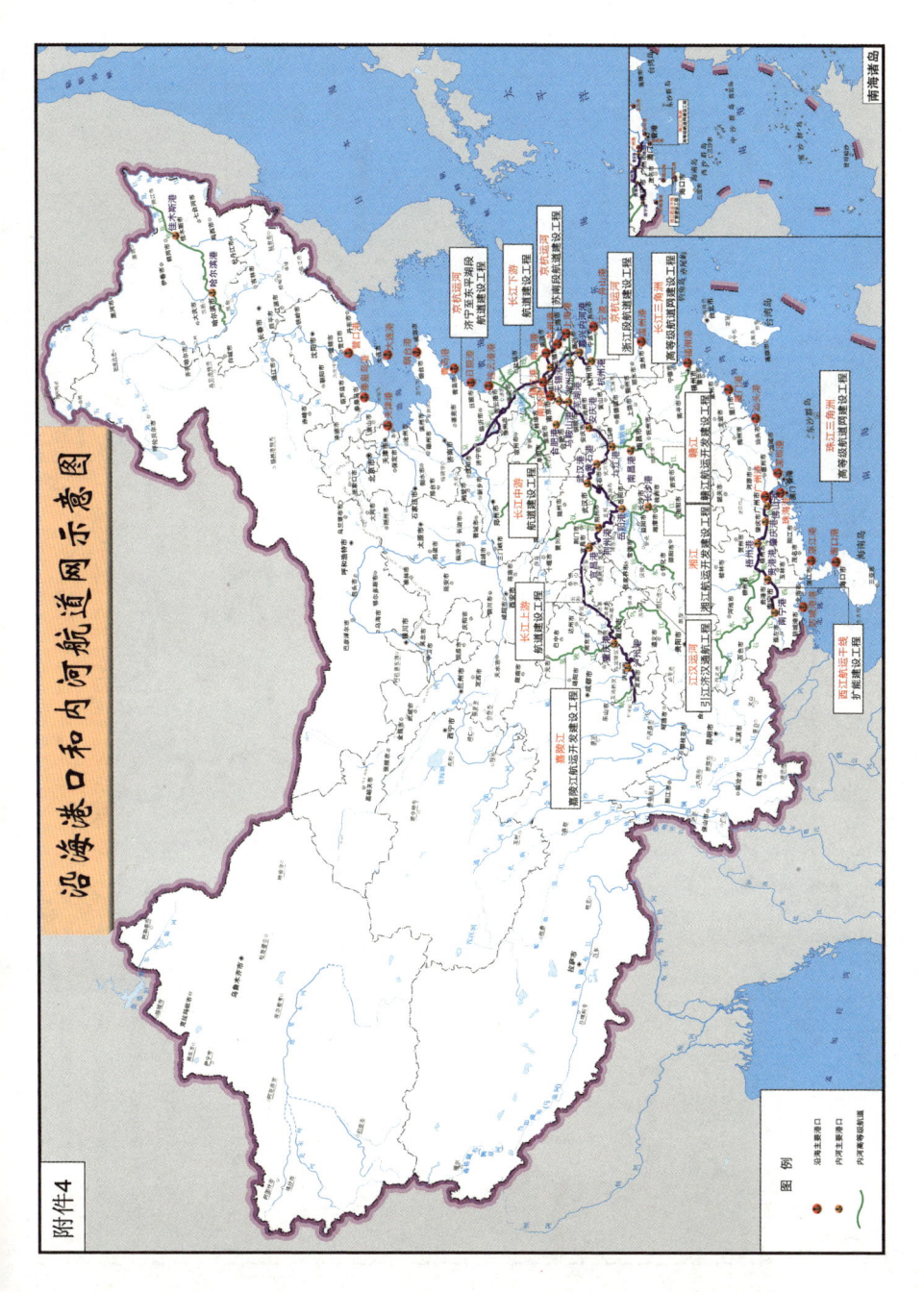

附件4 沿海港口和内河航道网示意图

附件5

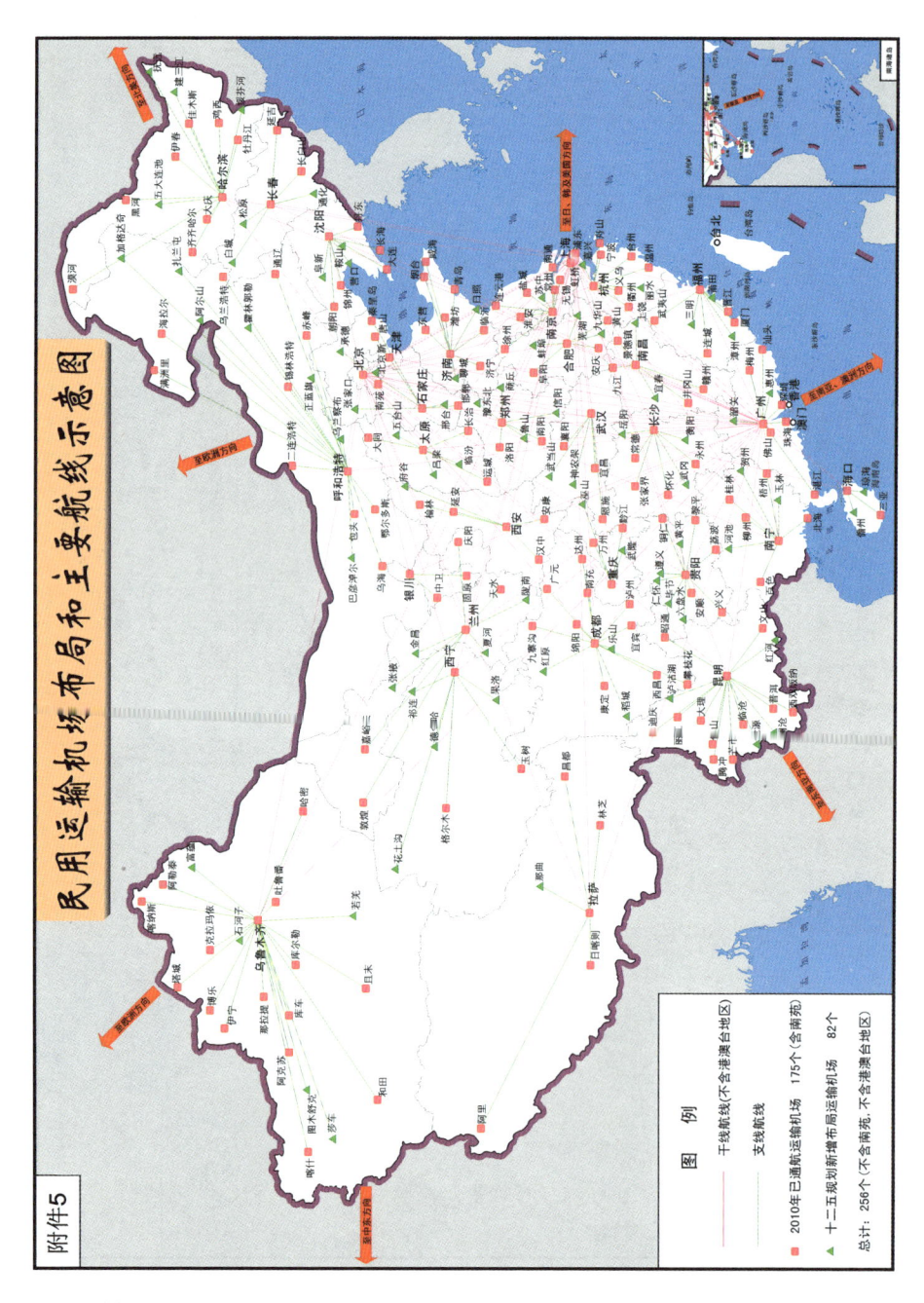

民用运输机场布局和主要航线示意图

图 例
- 干线航线(不含港澳台地区)
- 支线航线
- 2010年已通航运输机场 175个(含南苑)
- 十二五规划新增布局运输机场 82个
- 总计: 256个(不含南苑, 不含港澳台地区)

导 论

明确方向 突出重点
进一步提升交通可持续发展能力

国家发展和改革委员会副主任 徐宪平

"十二五"时期是我国交通基础设施网络完善的关键时期,是构建综合交通运输体系的重要时期,也是深化交通运输体制改革的攻坚时期。要实现这些目标任务,必须加快转变交通发展方式,提升交通可持续发展能力。

一、统筹协调,着力构建综合交通运输体系

"十二五"时期,我国交通行业已经进入通过有效整合交通资源,实现各种运输方式从分散、独立发展向综合、一体发展的新阶段。构建综合交通运输体系,是交通领域落实科学发展观、转变交通发展方式的重要举措,也是实现稳增长、控物价、调结构、惠民生、抓改革、促和谐的宏观调控要求,保持经济平稳较快发展的重要保障。

(一)构建综合交通运输体系的基础条件已经具备

改革开放以来,特别是近十多年来大规模、高强度的建设,交通行业发展成就斐然。截至2011年年底,交通基础设施网络总规模达到440万公里,铁路营业里程9.3万公里,其中快速铁路里程2.2万公里;公路通车里程408万公里,其中高速公路8.5万公里;沿海港口深水泊位1876个,内河高等级航道1.09万公里;民用运输机场180个;管道输油气里程8.3万公里;城市轨道交通运营里程1630公里。"十一五"时期是交通投资力度最大,运输能力增加最多的五年。"十一五"时期交通领域完成固定资产投资7.97万亿,比"十五"时期增长171%;"十一五"期末完成客运量、货运量、旅客周转量、货物周转量分别比"十五"期末增长了77%、74%、60%、77%。这些成就体现在运输能力紧张状况总体缓解、运输服务水平得到较大提高、技术装备实现跨越发展,为构建综合交通运输体系奠定了坚实的基础。

但是,当前交通发展仍然面临三大问题:一是我国交通基础设施网络尚未完善,技术等级、覆盖广度和通达深度亟待提高;二是运输装备和整体技术与世界先进水平尚有差距,自主创新能力与产业发展能力还不够强;三是各种运输方式之间的有效衔接尚未形成,综合交通枢纽和一体化服务发展滞后。因此,应当立足现有基础,更加注重交通运输资源的优化配置,更加注重交通运输安全性、便捷性、舒适性、时效性的有机统一,更加注重在更高层次上来统筹综合交通运输体系建设,以适应经济社会发展和人民群众出行的需要。

(二)构建综合交通运输体系的总体目标已经明确

国务院印发的《"十二五"综合交通运输体系规划》明确了"十二五"时期综合交通运输体系发展的主要目标:

——初步形成以"五纵五横"为主骨架的综合交通运输网络,总里程达490万公里。

——基本建成国家快速铁路网,营业里程达4万公里以上,运输服务基本覆盖50万以上人口城市;加强煤运通道建设,强化重载货运网,煤炭年运输能力达到30亿吨;建设以西部地区为重点的开发性铁路;全国铁路运输服务基本覆盖大宗货物集散地和20万以上人口城市。

——基本建成国家高速公路网,通车里程达8.3万公里,运输服务基本覆盖20万以上人口城市;国道中二级及以上公路里程比重达到70%以上;农村公路基本覆盖乡镇和建制村,乡镇通班车率达到100%、建制村通班车率达到92%。

——完善煤炭、进口油气和铁矿石、集装箱、粮食运输系统,海运服务通达全球;70%以上的内河高等级航道达到规划标准,运输效率和服务水平显著提升。

——扩大和优化民用航空网络,80%以上的人口在直线距离100公里内能够享受到航空服务。

——形成跨区域、与周边国家和地区紧密相连的原油、成品油和天然气运输网络。

——强化城市公共交通网络,市区人口100万以上的城市实现中心城区500米范围内公交站点全覆盖。

——基本建成42个全国性综合交通枢纽。

——增强邮政普遍服务能力,发展农村邮政,实现乡乡设所、村村通邮。

(三)构建综合交通运输体系必须加强统筹协调

实现"十二五"时期的主要目标,综合交通运输体系建设无论是从总量还是从质量都将迈上一个新的台阶。这不仅需要各地区、各部门、各方面共同努力,同时必须加强统筹协调。从面临的任务看,要统筹推进三个方面的工作:

一是加强基础设施建设。基础设施建设仍然是各项工作的重中之重。要建成"一个网络",搞好"三个统筹"。"一个网络"是建成以连通县城、通达建制村的普通公路为基础,以铁路、国家高速公路、国省道干线公路为骨干,与水路、民航和管道共同组成覆盖全国的综合交通网;"三个统筹"是要统筹区际、城际、城乡和城市内交通网络的协调发展,统筹各种运输方式的协调发展,统筹主要通道与综合交通枢纽的协调发展。

二是提高技术装备水平。按照安全可靠、先进高效、经济适用、绿色环保的要求,依托重大工程项目,通过消化、吸收再创新和系统集成创新以及原始创新,增强自主发展能力与核心竞争力,提升技术和装备整体水平。特别要注重加大交通运输新技术、新装备的开发和应用,加快推进具有我国自主知识产权的技术与装备的市场化和产业化,切实提高交通运输的信息化、智能化水平。

三是提升运输服务质量。要按照建立高效综合交通运输服务系统、提高运输服务能力与质量的总体要求,加强运输市场建设,完善政府运输监管和公共服务职能,提高运输服务水平和物流效率,降低社会物流成本。要按照客运零距离换乘、货运无缝化衔接的要求,加强以铁路客运站、公路客运站、机场等为主的综合客运枢纽建设,加强以铁路和公路货运站场、港口等为主的综合货运枢纽建设,强化综合交通枢纽的衔接作用。

为此,要从规划、项目、政策上加强统筹协调。各地区和有关部门在编制和实施交通规划中,要把构建综合交通运输体系摆到重要位置,把发展综合交通枢纽落到具体项目;对于交通建设项目要严格把关,充分考虑铁路、公路、水运、航空、地铁等多种运输方式的衔接和联运,凡是具备条件的应将其纳入建设内容;对于综合交通枢纽建设项目,要研究制定相关政策,给予积极支持。

总之,综合交通发展到目前阶段,构建综合交通运输体系已经成为交通运输发展的主题主线和交通运输领域落实科学发展观的基本要求,同时也是转变交通发展方式的重要内涵。

二、突出重点,着力优化交通运输结构

目前交通运输结构主要存在五个方面的问题:一是铁路运输能力不足,特别是主要干线能力紧张,大量大宗散货调运由公路承担;二是国省干线公路技术等级和通达程度亟须提高;三是内河水运投入少,发展慢,优势未能充分发挥;四是干线机场发展与需求不相适应,支线机场数量不够;五是城市公共交通发展滞后,交通拥堵问题日益突出。这些结构性问题不仅影响综合交通运输体系建设,也不利于交通行业可持续发展。

优化交通运输结构,是交通可持续发展的一个重要问题,也是"十二五"时期的一项重要任务。"十二五"时期,优化交通运输结构要突出"五个重点":

(一)提升铁路运输能力,促进铁路科学发展

铁路担负着中长距离旅客运输、大宗货物运输、国防战备和应急救援等多项任务,既是综合交通运输体系的重要组成部分,也是当前的薄弱环节。

这些年来,尽管铁路投入很大,发展很快,但铁路运输市场份额却在减少。"十一五"期末与"九五"期末比较,铁路客运量占比由7.6%下降到5.1%,旅客周转量占比由36.5%下降到31.4%;货运量占比由13.2%下降到11.2%,货物周转量由35.8%下降到19%。与国际比较,目前我国铁路网密度仅为美国的38%、日本的8%、德国的17%。美国铁路承担了32%的货物周转量,是公路的1.4倍,而我国恰恰相反,公路货物周转量是铁路的1.6倍。大量煤炭运输由公路承担,造成京藏高速公路等路段严重拥堵。以上情况都说明铁路发展不能放松。当然铁路在快速发展中出现了一些安全、管理上的突出问题,这些问题在认真总结经验教训的基础上,是可以解决的,是发展中的问题,不应该影响和动摇促进

铁路科学发展的信心。

要促进铁路科学发展、提升铁路竞争能力,必须做好两个方面的工作:

第一,切实抓好重点项目。综合考虑资金、设计、施工、安全、管理等因素,"十二五"时期铁路固定资产投资规模预计3万亿元,保持了适度增长。按照这样的投资强度,有把握实现"十二五"时期基本建成国家快速铁路网和铁路营业里程12万公里的目标。

铁路投资要突出两个重点:一是客运专线建设。我国城镇人口密集,铁路客运专线运量大、效率高,是中长途旅客运输的骨干方式,"四纵四横"客运专线是快速铁路网的骨架。截至2010年年底,客运专线仅8368公里,里程占比9.2%,但承担的铁路旅客运输量占比约14%。二是重载货运网建设。要把货运建设与客运建设摆到同等位置,完善西煤东运、北煤南运、北粮南运的货运通道,尽快形成功能布局合理、技术结构优化、覆盖范围广、通道能力强的运输网络,发挥铁路"大动脉"作用,提高铁路运输市场份额。

第二,积极发展城际铁路。我国幅员辽阔、人口众多,随着城镇化进程加快,人口、经济逐步高度集聚,一批城市群已经崛起或正在形成。环渤海、长三角、珠三角三大城市群已经崛起,将逐步跻身世界都市圈。按照国务院批准的主体功能区规划,未来要在18个重点开发区域培育新的城市群。目前城市群之间、城市群内部的交通联结主要依靠公路、干线铁路。借鉴世界发达国家城市群发展经验,建设占地省、能耗低、容量大、效率高的城际铁路已经成为一种战略选择。城际铁路可以优化区域内产业布局、空间结构和资源配置,提高土地开发利用效率,带动沿线城镇经济发展;可以满足区域内旅客运输要求,形成快速交通圈,缩短城市之间的时空距离,促进区域经济一体化和城镇化发展。

导论　明确方向　突出重点　进一步提升交通可持续发展能力

"十二五"规划纲要提出,要建设城际快速交通网络。国家将从建设规划、技术标准、换乘衔接等方面对城际铁路发展给予支持,各地也要充分发挥企业积极性,积极鼓励社会资本投资,认真研究推进建设的具体措施。在国家批复的规划基础上,切实做好项目审批、建设方案、资金筹措等各项工作。城市轨道交通建设要坚持安全便捷、经济适用、普遍服务的原则,要合理确定城际铁路功能定位和技术标准,线路、车站应尽可能覆盖沿线城镇,最大限度扩展辐射带动的范围。

(二)突出国省干线改扩建,有序推进公路建设

公路是我国覆盖面积最广、通达程度最深、公益属性最强的交通方式,目前承担了全社会70%以上的货运量和90%以上的客运量。这些年来,我国高速公路快速发展,对提高交通服务水平、增强经济发展活力、提升人民生活质量作出了重要贡献。到2011年年底,高速公路通车里程达到8.5万公里,2012年年底将达到9.4万公里,与美国高速公路总规模相当。此外,在建的高速公路还有2万多公里。到"十二五"期末国家高速公路网将基本建成,再加上地方建设的高速公路,总里程将接近11万公里。

国家发展改革委在会同交通运输部编制《国家公路网规划》的过程中,征求各方意见,不少部门认为,从我国国情、交通特点、资金筹措、土地供给、环境保护等多方面考虑,应当合理确定高速公路建设总规模。同时,高速公路的收费规模、标准、期限等问题,也成为社会公众和新闻媒体关注的热点。过去我国公路建设采取的"贷款修路、收费还贷"无疑是个非常成功的模式,但发展到今天必须根据新时期新形势的要求进行适当调整。自2009年开始,我们加快取消政府还贷二级公路收费,18个省取消了9.4万多公里。

为促进公路可持续发展,要建设为公众提供基本出行服务的非收费普通公路,建设低收费标准、为公众提供高品质、高效率出

行服务的高速公路,未来的公路架构将以非收费公路为主体。国省干线公路是非收费公路的主体,从"十二五"时期开始,应当把公路发展重点转到国省干线公路建设上来,在规划、项目、资金安排上,向国省干线公路倾斜。这既是公路可持续发展的需要,也是经济发展和改善民生的需要。

"十二五"期间,国家将对"五射、六纵、四横"15条国道及其他瓶颈路段实施重点改造,提高技术标准和通行能力;实施县通二级公路工程,基本实现具备条件的县城通二级及以上标准公路;加强省际通道和连接重要口岸、开发区、矿产资源基地等的公路建设;加强拥堵路段的升级改造。要加强旅游公路建设,因为旅游公路对于开发旅游资源、创造就业机会、促进城乡居民增收、带动区域经济发展具有重要的现实意义,所以要把旅游公路建设列入国省道干线改扩建的重点。同时要继续推进农村公路建设。"十一五"时期,农村公路建设成绩巨大,全社会投入到农村建设资金9500亿,新建和改造约186万公里。"十二五"时期要加大力度继续推进,计划新建和改造农村公路100万公里,而且未来提出100%的乡镇和92%的建制村要通班车,所以要特别注意建养并重,在加强建设的同时要切实落实农村公路的养护和管理。

对于普通公路资金保障问题,国务院办公厅转发国家发展改革委、财政部、交通运输部《关于进一步完善投融资政策促进普通公路持续健康发展的若干意见》中明确提出:新增成品油消费税收入中每年安排各地用于政府还贷二级收费公路撤站债务偿还的专项资金,在债务偿还完毕后,全额用于普通公路养护管理和建设。加大成品油价格和税费改革新增税收收入增量资金对普通公路养护管理和建设的转移支付力度。继续安排中央预算内投资用于普通公路的建设。调整车购税支出结构,提高用于普通干线公路的支出比重。在规范政府性债务管理和风险可控的条件下,在现行中央代理发行地方政府债券制度框架内,考虑普通公路建设发展需求因素,适当扩大发行债券规模,由地方政府安排用于普通公路发展。各地也应加强加大安排其他财政性资金用于普通公路发展。

(三)加快发展内河水运,完善沿海港口布局

与其他运输方式比较,内河水运具有运能大、能耗低、污染少等优势,是最具资源节约、环境保护特点的交通运输方式。加快发展内河水运,有利于转变交通发展方式,降低能源资源消耗,减少污染物排放;有利于实现水运与公路、铁路等运输方式的多式联运,促进沿江经济布局和产业结构的优化。目前我国内河航道通航里程12.4万公里,等级航道仅6.23万公里,只占总里程的50.1%,其中国家规划的以千吨级航道为主的高等级航道网里程约1.9万公里,达到规划标准的只占53.7%。"十二五"时期,我们要围绕建设畅通、高效、平安、绿色的现代内河水运体系目标,重点推进长江、西江、京杭运河等高等级航道建设,加快形成长江三角洲、珠江三角洲高等级航道网,提升内河航运服务水平。同时,推进重庆长江上游航运中心、武汉长江中游航运中心发展,建设专业化、高效率的内河港口;推行内河船型标准化,鼓励淘汰老旧运输船舶,推动内河产业升级,带动流域经济社会发展。

完善沿海港口布局,提升沿海港口群现代化水平,是构建综合交通运输体系的一项重要任务。目前,我国沿海已初步形成以24个主要港口为核心的五大港口群,货物吞吐量超亿吨的港口有22个,港口货物吞吐量和集装箱吞吐量排名世界前10位中我国分别有8个和6个。"十二五"时期,要进一步优化配置港口资源,推进环渤海、长江三角洲、东南沿海、珠江三角洲、西南沿海港口群规模化、专业化发展;推进与区域规划、产业布局相关的新港区开发和老港区迁建;加强港口深水航道、防波堤等公共基础设施和集疏运系统建设;加快上海国际航运中心、天津北方国际航运中心和大连东北亚国际航运中心建设,促进物流、信息、金融、保险、代理等

现代航运服务业发展。

(四)加强航空网络建设,提高民航服务水平

民用航空在改善投资环境、促进区域交流、扩大对外开放等方面发挥了积极而重要作用,在应对突发事件和抢险救援,以及解决复杂地形和边远地区交通运输等方面优势明显。例如,玉树机场刚刚建成便在抢险救灾中发挥了重要作用,成为一个运输抢险最快的通道。有质疑的声音认为我国支线机场是不是太多了,但在现实中,支线机场确实发挥了重要作用。2011年全国180个机场中,有44个是干线机场,其他都是支线机场,支线机场90%以上是亏损的,但是综合效益显著,干线带支线整体也是盈利的。随着经济社会发展和人们生活水平提高,民航需求将保持持续增长。围绕完善民航网络,提高服务水平,要着重做好三个方面的工作:

一是增强运输机场能力。2011年年底,我国民用运输机场180个(不含港澳台),数量只是美国的30%,其中干线机场44个,支线机场136个;我国机场密度每万平方公里仅有0.18个机场,不但低于美国(0.57个)、日本(2.59个)等发达国家,也低于印度(0.38个)和巴西(0.85个)等新兴发展中国家。"十二五"时期,重点要完善国际枢纽机场功能,改扩建繁忙干线机场,积极发展支线机场,支持有条件的中西部干线机场发展成为内陆航空枢纽。

二是推进通用航空发展。在我国,通用航空是一个新兴产业,产业链条长、辐射带动面广、发展前景广阔。通勤航空是通用航空的重要组成部分,其特点是小飞机、小机场、小航线、低门槛、运输组织灵活。"十二五"时期,要积极推进低空空域开放,加快通勤和其他通用机场布点,在抓好内蒙古阿拉善盟通勤航空试点的基础上,选择条件适宜的地区扩大试点,开展小规模、多样化的航空运输和工农业飞行、航空培训、应急救援等活动,促进通用航空产业发展。

三是加强机队和空管建设。"十二五"时期,要根据企业需要和市场形势,逐步有序扩大航空公司机队规模;要扶持支线航空和货运航空发展;鼓励退出老旧飞机,支持使用国产飞机;支持国内飞机租赁业和航空运输业协同发展;加强飞行、空管、空乘、机务等专业人才培养。"十二五"期间规划净增运输飞机1200架左右,到2015年年末总数达到2800架左右。要把空管建设作为重点,建立健全空域灵活使用机制,优化空域资源配置,提高空域资源利用效率,加快现代空管系统建设,提升空中交通网络运行能力。

(五)实施公交优先发展战略,改善城市公共交通

城市公共交通既是重要的社会公益性事业,又是重大的民生工程。目前我国城市公共交通远不能适应经济社会发展和群众出行需要,突出表现在基础设施落后,服务质量不高,私人汽车快速增长,公共交通出行比例下降,造成城市交通日益拥堵,环境污染日益严重,城市可持续发展面临挑战。全国20多个城市机动车超过100万辆,堵车现象已从一线城市蔓延到二、三线城市。

要实施城市公共交通优先发展战略,满足市民基本出行和生活需求。逐步建设规模合理、网络通畅、结构优化、有效衔接的城市综合交通系统。完善城市公共交通基础设施,科学优化城市交通各子系统关系,统筹区域交通、城市对外交通、市区交通以及各种交通方式协调发展,加快智能交通建设,合理引导需求,提升城市综合交通承载力,支撑城市可持续发展。

要把城市公共交通优先发展战略贯穿于城市发展战略、规划布局、建设管理、政策法规、体制机制、舆论导向等各个层面、各个环节,落实优先发展的措施,建立优先发展的机制。要根据常住人口和流动人口规模、经济发展水平和城市发展需求等因素,合理确定城市公共交通发展模式和发展目标。各城市要结合实际情况,推进城市轨道交通网络化运营系统或网络主骨架建设;推进快速公共汽车、现代有轨电车等地面公共交通系统建设。特大城市、大

城市要构建以公共交通为主的机动化出行系统,改善步行、自行车出行环境,发展多种形式的大容量公共交通工具,建设综合交通枢纽,优化城市公共交通换乘中心功能和布局,提高站点覆盖率,提升公共交通出行分担比例。

三、以人为本,着力保障交通运输安全发展

随着经济社会的发展,交通基础设施规模和客货运输总量迅速扩大,交通事故频繁发生。要实现交通的可持续发展,必须保障安全发展。如何保障交通安全发展,维护人民群众生命财产安全,已经成为必须高度重视、认真面对的一个重大问题。

(一)充分认识交通运输安全的重要性和紧迫性

根据世界卫生组织公布的数据,全球每年出生人口为 8000 多万人,而每年死于道路交通事故的人数约 120 万人,受伤者多达 5000 余万人。2011 年发生的"7·23"甬温线特别重大铁路事故、河北滨保高速公路特别重大事故、京珠高速公路河南信阳段特别重大事故、湖南邵阳沉船事故以及多起地铁事故,不仅造成众多的人员伤亡和巨大的经济损失,而且对交通行业自身发展带来极为不利的影响。

这些年来,在交通跨越式发展的过程中,"安全第一"的意识有些淡薄,与交通发展密切相关的安全理念、建设方式、管理水平、科技支撑、人员素质等未能跟上建设的速度和规模。存在的突出问题是:前期工作缺乏深度,甚至随意变更建设方案,项目建设压缩工期。例如京沪高铁原定工期 5 年,结果 3 年半就完工了。此外,还存在运营管理经验不足,安全监管存在漏洞,人才培养和储备不够等问题。上述问题都是发展中的问题,都是可以解决的问题。但是如果不加以积极、妥善地解决,安全发展就难以保障。

（二）大力提升我国交通运输安全发展水平

面对交通安全的严峻形势,针对交通安全存在和出现的问题,必须深刻认识到安全发展是交通发展的重要前提。正确处理好安全与发展、安全与速度、安全与效率、安全与质量的关系,切实做到"三个强化,一个加大"。

一是强化安全理念。在交通规划、设计、建设、运营全过程中,牢固树立"以人为本"、"安全第一"的思想,始终坚持以安全为核心。要把安全发展的理念融化在血液中,落实在行动上。特别是要建立政府主导的交通安全长效教育机制,制订交通安全公共教育计划,形成专业教育、职业教育、企业教育相结合的交通运输安全生产培训和宣传教育体系,树立交通安全终身教育理念,提升交通参与者安全意识。

二是强化安全管理。完善交通运输安全管理体制机制,健全安全管理制度,探索建立交通运输安全监管机构,加强交通安全管理部门之间的沟通协作;完善国家、省、市、县四级交通运输安全生产管理体制,包括建立和完善交通安全评估机制,强化对运营安全生产的监督、对安全隐患的整治,落实企业安全生产主体责任以及政府的监管责任,健全考核制度和责任追究制度,加强设备设施状态监测和养护维修,以"精细化、标准化"为原则,规范现场作业流程、操作规程;加强交通安全人才培养和队伍建设,完善从业资格管理制度,适应交通安全发展的需要,开展有针对性的交通运输安全保障演练,提高交通运输从业人员的业务素质,依托重点骨干运输企业,建立交通安全保障队伍。

三要强化应急保障。我国是世界上受自然灾害影响最为严重的国家之一,灾害发生频率高、种类多,时而造成铁路、公路、机场、港口、桥梁、隧道损毁阻断;运输中的危险货物也可能形成流动的潜在危险源等,这些都要求建立健全灾害易发区域和重点区域交通预测预警机制;加强迂回通道、直升机起降点等应急设施建设,

13

积极储备可替代运输方式能力,发挥交通抢险救灾的基础性保障作用;加快安全救助系统建设,提高应急反应速度和救援成功率;构建国家和地方交通应急保障机制体系,形成跨区域交通应急信息报送和区域联动协调机制。

四要加大安全投入。加大各种交通方式与安全相关的基础设施投入,实现交通安全设施与工程建设的主体工程同时规划、同时设计、同时施工、同时验收、同时使用。要加大投入,舍得投入,建立铁路安全监控、防灾预警系统;推进交通线网灾害防治工程、安保工程建设,加快农村公路渡口改造和渡改桥工程;加强引航设备、消防设施、防台风等水路安全设施建设;完善重点机场空管、安保、消防救援等设施设备,确保民航通航安全;加大交通科研及成果转化,完善交通运输事故管理信息系统,从技术上保证综合交通运输体系安全。

此外,要正确看待安全问题。不能因为安全事故频发,引起社会的议论,就影响了整个交通建设的步伐。只要牢固树立了安全理念,把各项安全措施落实到位,就能够同步实现交通事业的健康发展与安全发展。

四、绿色发展,着力强化交通运输节约环保

交通运输作为国民经济的重要支撑,在促进增长、服务发展的同时,不仅消耗了大量的能源资源,也排放了大量的二氧化碳以及其他有害污染物。"十二五"时期及未来发展,我国的土地、岸线、空域等资源日益紧缺,石油对外依存度不断提高,应对气候变化的压力越来越大。与此同时,交通基础设施建设需求持续增长,能源消费快速增加,资源环境约束加大,节能减排任务艰巨。因此,必须全面提高可持续发展能力,切实推进绿色交通体系建设。

导论　明确方向　突出重点　进一步提升交通可持续发展能力

(一)节约资源是交通可持续发展的根本举措

在当前资源约束趋紧和环境容量限制的条件下,单纯依靠大量资源投入来换取交通基础设施的快速增长已经难以为继,这就要求交通发展必须考虑资源承载能力和约束条件。

一是集约节约利用资源。要把提高资源综合利用水平摆到突出位置。当务之急是合理利用土地资源,提高土地利用效率。"十二五"时期有一个重要的限制,耕地保有量要保持在18.18亿亩,必须做到"占补平衡",因此交通建设必须珍惜土地。所以要从线路规划做起,根据经济社会发展需要和未来交通需求,以减少占用土地、避免占用耕地为原则,科学确定建设规模和建设标准;加快发展水运、轨道交通等资源节约型运输方式;鼓励建设公用码头,合理利用岸线资源。为此,"十二五"时期,改扩建项目应优先于新建项目。要积极探索交通运输资源循环利用的模式,加强基础设施建设、运营和养护等过程中废水、废气、废旧建材等再生资源的循环利用,推广使用交通废弃物循环利用的新材料、新工艺,倡导交通运输标准化设计,提高资源再利用水平。

二是提高能源利用效率。交通行业要改变粗放式的发展模式,加强节能新技术、新装备的研发与推广应用,提高节能环保型车船、铁路机车车辆、民用航空器、港站节能环保技术和工艺的应用水平。提高铁路电气化比重,鼓励港口使用电力驱动的装卸设施,淘汰高耗能交通设施设备和工艺。强化交通基础设施建设节能降耗。合理引导运输需求,提高运输组织水平,降低单位运输量的能源消耗。

(二)保护环境是交通可持续发展的有效途径

从污染排放看,全球交通业的二氧化碳排放所占比重不断增加,因此交通行业减排任务十分艰巨。交通行业要预防和减缓对环境的不良影响,实现绿色发展,就要做到五个方面:一是树立保护环境理念,从规划、建设到运营,从技术、装备到服务,将其贯穿于交通运输领域的方方面面。二是坚持从规划做起,合理规划项目线路走向和场站选址,避绕水源地、湿地等生态环境敏感区域。三是严格执行法律法规,落实规划环评制度,重视事先防范,源头控制;加强基础设施建设项目可行性研究阶段的环境影响评价工作。四是强化实施阶段监管,切实做好地形、地貌、生态环境恢复和土地复垦等各项工程措施;对建设全过程实行环境影响的动态监测、检测跟踪,发现问题及时处置。五是鼓励应用新技术,鼓励推广应用清洁环保交通技术和装备,积极开展运输工具的烟气脱硫除尘和尾气净化工作,对运输工具实施燃料排放消耗限值标准,以降低污染物排放水平,同时需有效控制噪声污染。

五、科学谋划,着力深化交通重大问题研究

"十二五"综合交通运输体系规划目标宏伟,任务艰巨。要落实"十二五"综合交通运输体系规划,破解影响交通可持续发展的难题,必须深化交通重大问题的研究,从长计议,顶层设计,宏观着眼,微观着手,用发展的思路解决发展中的问题。重视并做好具有全局性、前瞻性重大问题的研究,对于科学谋划、科学决策具有重要意义。今后一个时期要加强以下四个方面的研究:

(一)深化交通管理体制改革

"十二五"时期是深化交通运输管理体制改革的攻坚时期。要构建综合交通运输体系,就要构建与之适应的管理体制。改革是发展的动力,构建综合交通运输体系客观上要求突破行政区划、行业的条框,逐步建立跨区域、跨行业的包括政策、规划、建设以及运营等诸多方面的管理机制,为综合交通运输体系的协调发展提供体制机制保障。一是研究综合交通运输宏观调控与协调机制,为交通运输发展创造良好的体制机制环境,包括:研究规划机制,如何实现交通运输战略、规划、政策的统一、协调和实施;二是研究

对运输及市场的有效行政管理,理顺政府部门之间、中央与地方之间的职能和边界,调动各方积极性;三是研究交通运输的监管制度的建立,推进对运输市场准入和运行监管,营造公平、有序的市场环境,突出对运输安全、基本公共交通服务等的监管功能。

(二)推进交通投融资机制创新

不断扩大的资金需求和不断上升的债务风险,使交通建设资金筹措面临新的挑战,迫切要求以开拓的思路研究交通投融资机制创新问题。国家未来的政策取向是要加强基本公共服务建设,用于交通领域的政府投资必然减少,很重要的一条对策就是打开大门放开市场,鼓励民间投资进入铁路等领域,吸引民营资本参与交通建设。以蒙西至华中煤运通道和城际铁路建设的投融资模式创新为突破口,给予一定支持政策,引导社会资本、民营资本进入,积极探索、闯出新路。一是研究既适度超前,又实事求是、量力而行、科学合理的交通发展规模下的资金需求,有效防范和降低可能的金融和财政风险;二是研究充分发挥政府和市场作用,调动各方积极性,发挥社会资本作用,形成多元投资格局;三是打破传统主要依靠政府财政性资金支撑模式,探索交通产品的盈利机制,研究交通产业基金发展等新型融资模式;四是改变过去一刀切、粗放的管理方式,区分不同地区经济发展水平、需求和财力可能,研究差异化的投融资政策,使投资管理更加科学精细、符合实际。

(三)完善交通技术标准体系

技术标准也是一种"基础设施",也是一种无形资产。技术标准本身就是科研成果转化为生产力进而促进质量、安全的一座桥梁。制定和完善标准,是为了更好地规范行业发展。

加快完善先进适用的交通技术标准体系,一是修订基础设施建设领域的已有标准,研究尚未制定而在实践中又迫切需要的相关领域建设标准和规则;如城际铁路、城市轨道交通、中低速磁悬浮交通、通用航空等,完善技术标准体系,推进技术标准基础性研究;二是研究既科学先进,又符合我国国情、经济适用的交通运输技术标准,要考虑交通运输发展的实际,避免贪大求洋,造成浪费;三是按照安全、高效、节能、环保的要求,从使用者的角度研究技术装备领域技术标准体系,为综合交通运输体系的建设发展提供基础支撑。

(四)健全交通法律法规体系

法律法规建设是交通运输发展的重要保障,纵观发达国家交通运输的发展历程,每个发展阶段和历史时期都伴随着法律法规的制定、实施和完善,给我们许多可以借鉴的经验。目前,我国交通运输领域法律法规体系建设要以打破壁垒性制约,充分发挥市场的积极作用和政府的引导作用,服务于构建综合交通运输体系为目标,按照市场经济的要求,针对交通行业的实际,逐步完善形成适合我国交通运输行业发展的法律法规体系。加快研究修订或制定《铁路法》、《公路法》、《收费公路管理条例》、《航道法》、《海上交通安全法》、《通用航空飞行管制条例》、《天然气基础设施建设与运营管理条例》、《国防交通法》等法律法规,并在实践中不断总结和完善。

第一章 综合交通运输体系规划理论与方法

一、综合交通运输体系基本概念及发展内涵

综合交通运输体系是指实现旅客和货物位移所需要的交通基础设施、技术装备和运输服务构成的有机整体,是具有各种运输方式既独立又综合发展特征的交通运输系统的总和。在我国交通运输整体能力逐步适应经济社会发展需求,各种运输方式综合发展进入关键期,构建综合交通运输体系进入战略机遇期的大背景下,提出综合交通运输体系的概念,目的在于通过理论创新和实践探索,寻求交通运输实现综合发展的有效途径,提高我国"十二五"时期及更长远时期交通运输的发展质量和水平,充分体现科学发展观的战略要求。

在我国交通运输发展进程中,理论研究和探索对提高交通运输发展质量和水平发挥了重要作用,尤其是关于综合运输、综合运输体系的理论研究,对更新传统的交通运输发展观念,促进布局合理、分工协作、协调发展、连接贯通、服务高效的现代化交通运输系统的形成,产生了积极影响。"十二五"规划研究中提出综合交通运输体系的概念,就是在综合运输和综合运输体系等理论的基础上,更好地推进交通运输的综合发展理论探索和实践丰富。

(一)交通运输发展理论研究综述

在推动交通运输不断发展的进程中,交通运输发展理论发挥了重要作用,同时,针对不同时期交通运输的发展特点,我国在实现交通运输综合发展方面也进行了积极的实践,并通过总结实践经验和解决遇到的问题,在发展规划、资源整合、运输一体化服务等方面,对实现交通运输在更高水平上的综合发展进行了较长时间的理论探索,取得了理论上的进展。

1. 交通运输发展的理论

现代交通运输的发展理论,是在交通运输与经济社会发展关系的演进中逐渐产生和发展的,不同时期经济社会发展的特点和需求差异,决定了交通运输发展作用不同,交通运输理论的概念和内涵不断发生变化。

(1)交通运输对经济社会发展的保障作用

工业革命以来,人类借助机械动力驱动的交通运输工具,开始了大规模的产业开发和经济扩张,现代交通运输为人类社会的发展带来了翻天覆地的变化。同时,为适应经济社会的不断发展,以及寻求能力更强大、服务更便捷、效率更高的运输服务的支持,现代铁路、公路、水运、航空和管道等运输方式逐渐进入服务经济社会发展的行列之中,对经济社会的发展发挥了重要的保障作用。经济社会发展与交通运输发展之间建立起日益紧密的关系,人类经济社会活动范围的扩大越来越需要得到交通运输的支持。交通运输的不断发展,也不断克服空间上的阻隔,使人类的经济社会活动渗透到地球的每一个角落。

(2)交通运输对经济社会发展的引导作用

在各种运输方式交替出现和交通运输的不断发展进程中,交通运输逐渐从适应经济社会发展的保障者角色,向引导发展的方面转变,成为有目的地引导产业布局与开发、经济社会发展、区域之间经济社会交往等的先导性条件,交通运输已经不再单纯是经济社会发展需求的承载者,而成为经济社会发展的重要基础性产业。这种发展关系的建立,使人类不仅可以通过交通运输基础设施的投资、建设和运营获得产业发展利益,同时,可以按照区域经济、城市经济、农村经济,以及现代大生产条件下的产业布局、产业组织对交通运输服务的需求规律,有目的地超前进行交通运输布局,将经济社会发展纳入更为合理的轨道。

(3)经济社会发展对交通运输发展要求的改变

交通运输对经济社会发展形成了支撑和引导的密切关系,人类经济社会活动在现代交通运输技术进步的支持下,以往几乎可以不受限制地进行扩张。但是,由于土地、能源、环境等的约束越来越强,人类一方面需要审视经济社会扩张中的可持续发展问题,另一方面,作为可持续发展的重要组成部分的交通运输,也需要考虑如何用更小的资源代价来适应经济社会发展的问题。经济社会的发展不再一味强调交通运输的保障和引导,而是需要交通运输发展能体现人类经济社会发展观念的改变。20世纪50年代以来,指导交通运输发展的理论和方法开始发生一些积极的变化,在强调各种交通运输方式在能力上适应经济社会发展需要的基础上,注重发挥各种运输方式的优势,降低资源消耗和成本,提高运输服务效率和水平。

(4)综合运输概念的提出及应用

正是由于经济社会发展与交通运输发展关系的演进,以及对交通运输发展提出了新的要求,综合运输概念随之产生,并在交通运输发展中不断应用。综合运输强调交通运输在发展中要更好发挥各自和整体功能,通过相应具有综合特点的系统建设,实现各种运输方式各自和组合的功能和作用。综合运输概念的产生,是交通运输发展历史上具有里程碑意义的事件。由于交通运输在经济社会发展中一直扮演的是基础保障和辅助的角色,作为一门学科一直被各种层出不穷的经济、产业发展方面的理论、方法所淹没,研究的力度和进展较为缓慢。至今,关于综合运输的概念,未有统一、明确的表述,不同国家甚至同一国家学者给出的表述也不尽相同。

国外相关概念。国外机构和学者提出综合运输相关概念,以美国和欧盟最具代表性,这些概念的形成与发展,与其所在国家交通运输的发展背景和条件紧密相关。美国国家综合中心认为,综合运输是一种对运输系统进行规划、建设和运营的方法,它强调运输资源的有效利用和方式间的衔接。欧盟对综合运输的定义是,各种运输方式能够整合到门到门的运输链中,并显示出各自合理的内在经济特性和运营特性,以提高运输系统的整体效率。美国学者认为,对于货物运输,综合运输是货物在两种以上运输方式上进行的无缝和连续的门到门运输。发达国家的综合运输研究,是在交通基础设施规模基本稳定,整体交通运输达到相对较高的发展水平,各种运输方式形成较强竞争的环境下提出或形成的。因此,对综合运输的研究主要侧重于运输过程中运输方式的合理利用和运输环节的有效衔接。

国内相关概念。在改革开放之前及之后相当长一段时期内,我国交通运输在能力上长期制约经济社会的发展,为解决交通运输能力不足问题,同时又最大限度发挥既有能力的效能,我国学者在综合运输理论研究中,提出了具有中国现实特点的相关概念,使得20世纪末以来综合运输概念在交通运输的发展中得到较广泛地应用。20世纪90年代初,在充分发挥各种运输方式功能和作用的综合运输概念总结的基础上,归纳和形成了综合运输体系的概念,即"综合运输体系是指在社会化的运输范围内和统一的运输过程中,按照各种运输方式的技术经济特点,形成分工协作、有机结合、布局合理、联结贯通的交通运输综合体"[1]。该概念的中

---

[1] 杨洪年:《发展我国的综合运输体系》,《技术经济》1991年第2期。

心思想主要是,根据全国或区域经济地理特征和各种运输方式的技术经济特点,经济合理地发展各种运输方式,并使之有机结合形成一个完整的、高效的交通运输系统,为经济社会发展服务。这一概念的提出,将各种运输方式的建设发展与存量的交通运输资源放到一个统一的系统中进行综合考量,形成了新的交通运输发展思路,但仍以较为笼统的运输系统为研究对象,实施上立足于建设覆盖全国和区域的运输网络系统。在可持续发展和转变经济发展方式的背景下,我国交通运输的发展逐步转向较多地关注交通资源配置和运输效率上来,一些专家学者对综合运输体系的定义更多地体现在"无缝衔接"、"一体化"上,将综合运输体系定义为实现一体化交通运输的设施、技术、经济和制度系统,核心是运输方式之间的有机衔接和一体化。① 但是有些专家认为"一体化"仅仅是综合运输体系的表征,而并非是要义,原因在于无法得到具体的发展规划方案的支撑,或无法转变为具有可实施性的规划方案。

综合的内容和作用发挥途径。无论国际、国内哪种关于综合的观点,总的来看,综合的作用或目的都是为了提高整个交通运输系统的建设与运行效率。由于交通运输是由具有不同技术经济特征和优势的铁路、公路、水路、航空和管道等运输方式组成,在交通运输发展的初始阶段,各种运输方式基本上都是单独、孤立地发展起来的,即每一种运输方式都有其特定需求支持的基础设施和运输工具的发展空间和过程,并按照各自的运输管理方式进行运输生产活动,从而形成各自独立的单一运输系统。这种发展过程决定了"综合"只可能在两个层面上分别发挥作用:

——各种运输方式的基础设施和运输服务系统形成后,从发

---

① 参见荣朝和:《综合运输:到了从制度层面根本解决的时刻》,《综合运输》2008年第1期;罗仁坚:《现代综合运输体系的发展思路》,《宏观经济管理》2004年第2期。

挥各自及整体功能的角度,实现不同运输方式之间的"无缝衔接"和"一体化",使综合成为解决各种运输系统之间的衔接问题,以及为完善衔接而进行的有限度的衔接设施和功能发挥方面的建设。

——在各种运输方式的规划阶段即考虑综合问题,使形成同样数量的运输能力,对不同运输方式的选择,以及新增能力与既有能力等之间的匹配吻合,在一个统一的系统中进行综合谋划。

由于这种"综合"并非来自各种运输方式发展的内在需求驱动,而更多来自交通运输发展政策和管理者根据资源约束的决策与管理,因此,"综合"在现实中应用并不常见,或者多见于经济发达国家各种交通运输方式的系统建设已相对完善的状态下。况且,泛泛地在较为宏观的规划层面提出综合发展要求,由于缺乏具体项目实施和运输服务系统运行的支撑,也很难实现真正意义上的综合发展,需要深入研究具体的区域层次范围的交通运输系统的构成与发展问题。

(5)综合运输体系的构成和内涵

针对上述问题,为使综合发展在交通运输发展进程中得到体现,国内学者对综合运输体系的构成和发展内涵等进行了进一步的研究和探索。对综合运输体系的构成,专家学者给出了两系统论、三系统论、四系统论和五圈层论等多种结构,即使同为三系统论,也有不同的分类边界。这些构成分类虽未获得普遍认可,但是大体上将综合运输体系分为硬件系统(包括交通线路和枢纽在内的基础设施系统)和软件系统(除基础设施之外的其他部分),并且各种分类基本上都将交通基础设施系统作为一个独立的子系统,而将综合运输体系的软件系统按照不同的视角分为不同的子系统。

基本概念。目前,综合运输体系的概念是指符合于一个国家或地区的经济地理特征,适应社会经济发展和人们生活水平提高的要求,各种运输方式分工协作、优势互补、结构优化,在现代装备技术和信息技术的支持下,实现物理上和逻辑上一体化衔接的现代化交通运输系统的有机整体。① 该系统具有以下发展特征:发挥比较优势、合理利用资源;各种运输方式之间、基础设施与使用系统之间协调发展和有机配合;连续、无缝衔接和一体化运输;现代先进技术装备的应用以及智能化。

系统构成。从发展的实践看,在近些年的各种综合运输体系规划中,应用较多的是将综合运输体系分为综合交通运输网络与装备系统、运营与管理系统和运输服务系统三大系统。② 对于综合运输网络与装备系统,主要是多种运输方式统筹协调配置、合理布局、连接贯通、有机衔接,建立起综合协调的交通网络和通达顺畅的运输枢纽,配备先进适用的技术装备,体现综合发展;对于综合交通运营与管理系统,主要是对各种交通网络和运输生产过程进行统筹规划、协调发展、市场运作、政策调控、法规监管等;对于运输服务系统,主要是各种交通工具运行组成的运输全过程,承载各种运输方式横向合理分工和纵向有效联合。

发展内涵。根据目前交通运输发展的实践,综合运输体系概念所包含的内涵比较丰富,主要包括以下内容:一是发挥比较优势,优化组合,合理利用资源,引导运输需求。不同运输方式具有不同的技术经济特征和适应不同层次的需求,交通运输的发展应根据资源条件和需求引导的要求,充分发挥各种运输方式的比较优势,进行规划布局和优化组合,在有效满足运输需求的情况下,实现资源的最合理利用和节约。二是各种运输方式之间、基础设施与使用系统之间协调发展和有机配合。各种运输方式在布局和

---

① 参见罗仁坚:《中国综合运输体系理论与实践》,人民交通出版社 2009 年版。

② 参见王庆云:《综合运输体系的建设与发展》,《交通运输系统工程与信息》2002 年第 3 期。

能力衔接上要协调发展,同时,各种运输方式的运行系统与交通网络系统要形成有机匹配,实现系统整体高效用和高效率。三是连续、无缝衔接和一体化运输服务。交通基础设施网络在物理上要形成一体化连接,运行系统在运输服务、市场开放、经营合作、技术标准、运营规则、运输价格、清算机制、信息以及票据等方面要形成一体化的逻辑连接,运输全过程实现一体化的运输组织和服务。四是现代先进技术的应用。以先进技术、信息化、智能化提高系统整体发展水平和管理及服务水平,实现能力供给增加、安全保障性提高以及经济、环保等。五是提高人们生活质量与统筹协调、可持续发展的平衡。一方面,要建立发达的、完善的现代化交通运输系统,适应经济发展和人们生活质量提高的需要;另一方面,综合运输体系的发展结构和规模要坚持和贯彻可持续发展的理念和战略,与经济、社会、环境发展相协调,要通过供给系统和使用政策以及宣传教育等引导人们树立更加注重资源节约的交通消费观念和交通行为。[①]

2.交通运输发展的实践

综合运输体系理论自产生起,就对我国交通运输的发展起到了积极的推动作用,在较长时期引导了我国交通运输的发展实践。

(1)实践所产生的效果

从综合运输体系建设与发展的实践看,我国更多的是以具有综合性的"前端"规划和宏观管理来整合各种运输方式,推进其综合发展,取得了一定的效果。主要体现在,既从构成综合运输体系的不同运输方式总体推进中获得了各种运输方式的加快发展,同时,也在空间布局、设施关系等层面推进各种运输方式的合理分工与有机衔接,使交通运输系统的内在发展关系更加紧密。从综合

[①] 参见罗仁坚:《中国综合运输体系理论与实践》,人民交通出版社2009年版。

运输体系的构成层面分析,系统结构在不断完善。但从现实的发展效果分析,在我国交通运输基础设施总体能力不足的大背景下,各种运输方式均存在独立发展空间,综合发展的要求不甚突出,综合的效果也不甚明显,各种运输方式发展的内在驱动力相对较强,使一体化运输发展明显不够,突出反映在具有衔接和换乘功能的运输枢纽设施的服务效能较低,运输通道中不同运输方式的能力结构不合理。反观西方经济发达国家,综合运输体系建设的理论出现在基础设施大规模建设之后,其在基础设施建设与发展中未体现太多的综合,基本循着各种运输方式适应经济和产业发展阶段的自然发展,即先建设后综合,浪费较为严重,存在弃用曾经发挥过重要作用的铁路、机场、公路等问题。但在运输服务领域则不然,经济发达国家普遍较为强调不同运输方式在运输服务环节的有效衔接,并通过功能和布局合理的运输枢纽、场站等运输服务设施,以及物流园区、物流中心、配送中心等物流设施,将不同运输环节有机衔接在一起,使得运输效率和客货的换乘效率不断提高,综合运输成本不断降低,通过一体化的运输服务较好地体现了综合运输的内涵。尤其是具有多种运输方式快速衔接和换乘的客运枢纽,以及具有运输服务模式创新的物流设施的出现和应用,对推进综合运输体系的建设发挥了很好的作用。

(2)实践中遇到的问题

综合运输和综合运输体系的理论越来越为国内外发展交通运输时所接受,但西方经济发达国家与我国的实践环境和条件存在较大差异。我国是在交通运输的大规模建设与发展进程中开展综合运输体系的实践,是试图将各种运输方式的发展纳入整体综合框架下的发展。在当前阶段,综合运输体系建设区别于西方经济发达国家,很大程度上是宏观领域的问题,即基础设施网络、通道和枢纽的布局规划和建设问题。西方经济发达国家是在运输基础设施大发展阶段完成之后进行综合运输体系的实践,是希望发展具有综合特征的运输服务,即一体化运输服务。因此,我国进行综合运输体系建设的实践,遇到了发展与综合同时进行的理论指导滞后的问题,需要对发展理论和相应的方法等进行创新,以便在既有综合发展成效的基础上,加快推进交通运输的综合发展。

3. 交通运输发展的理论探索

鉴于上述关于交通运输发展的理论与实践,在我国交通运输基础设施规模不断扩大和完善的条件下,应在交通运输建设与发展的理论方面进行积极探索,以便解决综合运输体系建设中存在的问题,并为交通运输综合发展提供理论支持。从我国交通运输发展的现实环境和条件出发,借鉴发达国家在实现综合发展上的经验,理论探索主要集中在规划、资源和服务三个方面。

(1)发展规划

现代交通运输系统由具有各自技术经济特征和优势的铁路、公路、水路、航空和管道等运输方式组成,在适应经济社会发展对交通运输提出的各种需求中,不同运输方式因具有各自的发展空间而得到发展。但是,也应看到,由于市场竞争的存在和技术水平的不断提升,以及装备设施的改善,不同运输方式之间也存在较强的替代性。如何正确引导各种运输方式的发展,使各种运输方式既能很好地发挥各自作用,同时又能保持相应的竞争,使运输服务在满足经济社会发展要求时具有足够的活力,是理论上应进一步探索的问题。

在一定时期的运输系统中,要解决各种运输方式的发展问题,实际上是在交通运输基础设施建设的"前端"进行的,即在建设之前就应当明确发展哪种运输方式,以什么规模来发展,以及各种运输方式在什么范围更能发挥其效能,综合性地解决这些问题。从目前的国际、国内经验分析,发展规划是解决此类问题较为有效的手段。为了使规划真正能起到这种作用,需要在规划的理论、方法上进行积极的探索,否则以政府为主导进行的决定各种运输方式发展方向、规模、水平等的规划,不仅不能促进综合发展,反而有可能会对其形成制约。为此,应继续深入对发展规划理论和方法的研究。

(2)资源整合

对各种运输方式的发展进行综合规划,很重要的途径和手段就是整合各种交通运输资源,以便发挥运输资源的最大效用,或者在提供同等规模的运输服务过程中,使用尽量少的资源。在土地、能源等资源日益紧缺和环境污染不断加重的大背景下,更突显资源整合的重要性,如果在各种运输方式发展前期,以及运输系统建成后,均能寻求到进行合理资源整合的方法,无疑对提高资源利用效率具有重要意义和作用。

随着经济社会发展的复杂性和多样性不断增强,对交通运输发展的要求也越来越复杂,单纯以资源利用作为各种交通运输领域发展的控制手段,在需求、竞争、投资等市场因素对交通运输发展影响力不断提高的前提下,很难达到理想效果。必须在资源约束和满足运输需求之间,寻求科学的发展调控和管理方法以及政策等方面的支持,对这些问题进行综合性的理论探索。

(3)运输服务

现代运输服务具有明显的适应市场需求的多样性,无论是满足个体需求的私人交通,还是适应大流量、低成本需求的公共交通,以及零星货物和大宗货物的运输服务与物流组织,都具有服务形式多样、服务内容丰富、服务组织复杂、服务手段创新等特征。如何使各种服务不断拓展,质量不断提升,成为经济社会发展的基本保障,并在适应的基础上引导经济社会不断发展,需要对运输发展的环境、条件等进行理论探索,以便将运输服务的发展纳入有序轨道。

由于各种运输方式在提供运输服务上往往存在自成系统的特点,在运输能力短缺情况下,相互间更具有排斥性倾向。同时,在运输服务的实现过程中,总有某种运输方式居于相对主动地位,而其他运输方式处于配合和跟随发展的相对被动地位。因此,要实现运输服务的多样化,需要一定的市场发育环境和条件,既涉及政府管理政策方面,也涉及企业服务创新与技术装备进步层面。如何使经济社会发展所需要的高质量、高效率和高效益的运输服务,在具有前瞻性政策和良好政府管理下得到发展,特别是实现各种运输方式基于市场机制而非在某种运输方式支配下,提供具有有机衔接、一体化特征的服务,需要在理论上认真研究。

(二)综合交通运输体系概念及意义

1. 概念的含义

在我国交通运输现代化发展过程中,无论是各种运输方式的增量建设,还是既有运输方式的存量发展,均需要很好地体现综合发展的要求,需要在既有关于交通运输、综合运输和综合运输体系的理论基础上,对概念的内涵和外延进行扩展,为此,提出综合交通运输体系的概念,以便在实践中更好地指导交通运输的综合发展。

(1)概念内涵

综合交通运输体系由基础设施、技术装备和运输服务三大部分构成,较综合运输体系概念而言,综合交通运输体系对各种运输方式的各自和综合发展上进行了双重考虑,既强调各种运输方式在经济社会所提出的需求下自成体系发展,更强调综合运输体系概念提出的"各种运输方式分工协作、优势互补,采用现代先进技术在物理上和逻辑上实现一体化"发展,还强调了将基础设施、技术装备和运输服务三大组成部分作为一个有机整体,全面(国家综合交通运输系统)和分不同层次(区际、城际、城市和农村综合交通运输系统)推进其发展。

(2)概念外延

综合交通运输体系扩大了交通运输、综合运输和综合运输体系的概念外延。

发展关系上,在保持目前已经形成的关于交通运输与经济社会环境的关系、各种运输方式的发展及相互之间的关系基础上,将外延扩大到充分考虑各种运输方式的发展阶段性和综合发展的阶段性,是实现各种运输方式的各自发展与综合发展的有机结合。

发展方式上,各种运输方式按照经济社会发展要求和经济发展方式转变要求实现自身发展方式转变的同时,交通运输整体也要按照综合发展的要求实现发展方式的转变,是各种方式转变与整合转变的有机结合。

发展形态上,是按照现代交通运输的发展要求,实现各种运输方式分工协作、优势互补,在物理和逻辑上实现一体化的同时,从基础设施、技术装备和运输服务,以及不同区域层次上分别实现各自和综合发展。

发展层次上,是从交通运输服务的空间布局区域范围角度,实现区际、城际、城市、农村交通运输系统的各自和综合发展。

通过上述四个维度,交通运输及综合运输体系的外延得到更为充分的、符合时代对交通运输发展要求的扩展。

(3)体系结构

综合交通运输体系概念在体系结构上除继承了以往综合运输体系的基本结构部分、体现综合发展外,还站在实现运输全过程的角度进行体系表述,把各种运输方式各自及综合的基础设施、技术装备、运输服务作为整个交通运输体系的发展框架,使"综合"能通过基础设施、技术装备和运输服务分别进行规划、政策和实施层面的落实,最终通过结构的综合实现交通运输整体的综合发展,从而改变了在整体基础上进行的两系统论、三系统论、四系统论和五圈层论等综合而缺乏操作支撑的情况。

2. 发展的目标

综合交通运输体系理论探索的任务,就是寻求通过不同途径,实现各种运输方式构成的各个层次交通运输系统的综合发展,其基本的发展目标在于需要既解决各种运输方式的发展问题,加快形成各种运输方式的基础能力,又需要在每一种方式的发展中充分考虑综合发展,形成具有综合协调性的不同层次的综合交通运输系统。具体而言,就是要在统筹规划下,充分发挥各种运输方式的技术经济和资源利用优势,形成布局合理、结构优化、分工协作、层次清晰、协调匹配、连接贯通、服务高效的现代化交通运输系统。综合交通运输体系概念下的交通运输发展是整体发展,是各种运输方式全面、系统、协调、优化发展,基本表征包括基础设施网络化、运输结构最优化、运输技术现代化、运输过程一体化和运输管理制度化,是交通运输基础设施存量与增量,基础设施、技术装备与运输服务等全方位的综合发展。

(1) 全面发展

尽管我国交通运输发展取得了重大成就,但我国仍处于需要建设全面适应小康社会要求的现代交通运输系统的阶段,需要在更高层次和更高效率上实现各种运输方式的全面发展。在综合交通运输体系的概念下,就是建设更能发挥综合效能和各种运输方式优势的交通运输系统,各种运输方式全面发展是构建综合交通运输体系的基础,也是综合交通运输体系的建设目标,其中包括适应区域经济发展和主体功能区建设的区际交通系统的全面发展,适应城镇化发展的城际、城市内、城乡间发展需要的城市化交通的全面发展,适应我国提升外向型经济发展质量和提升资源获取能力的国际交通的全面发展,以及属于交通运输薄弱环节的相关领域的全面发展。

(2) 系统发展

即从适应我国未来经济社会发展总体要求的角度,从构成综合交通运输体系的基本建设内容的角度,系统推进各个方面的发展,是在综合运输问题"前置"的基础上,从既有和新建两个大的层面上,推进交通运输的基础设施网络系统、运输技术装备系统、运输服务系统等各个系统的建设,使各种运输方式在综合交通运输体系中从发展关系、运作联系上体现综合的基本要求,符合从单一到综合发展的模式转变的基本逻辑,成为综合交通运输体系建设和发展的系统性支撑和重要发展形态。

(3)协调发展

无论是全面发展还是系统发展,均存在发展的先后、发展的规模、交通运输与经济社会之间的发展关系,以及资金、土地等资源的合理利用问题,而单一方式和各个系统的发展,是实现综合交通运输发展的基本切入点和前提,为此,需要加强涉及综合交通运输体系建设与发展中的各个方面的协调发展。实现各个要素和系统要件之间的发展协调,是构建综合交通运输体系的关键环节和基本要求,也是建设综合交通运输体系的精髓所在。因此,需要对包括交通运输系统与经济社会系统间的协调发展、各种运输方式之间的协调发展、各种运输方式内部的协调发展、交通运输各类要素(包括运输通道、运输枢纽等)的协调发展,以及各种运输服务方式在运行中的协调配合等,纳入协调发展的范畴,以保证运输生产和建设的协调发展,从协调发展的角度和层次,推进综合交通运输体系发展目标的实现。

(4)优化发展

从综合交通运输体系概念所表达的交通运输发展要求的角度,为实现各个层次的协调发展,需要对各种运输资源在不同领域进行合理配置和有效利用,既包括对各种运输方式,特别是运输线位、运输技术、运输管理资源等的优化配置,也包括对运输供给结构和运输需求(消费)结构进行优化调整。通过优化发展,集约利用资源、节约利用能源,保护生态环境,实现交通运输的可持续发展,以便在发展方式上体现综合交通运输体系建设的核心理念,提升运输服务质量。

3. 理论与实践意义

(1) 理论意义

在交通运输、综合运输与综合运输体系等概念的基础上提出综合交通运输体系的概念,虽然发展的核心实质未作更大的改变,但发展概念所表达的含义和目标发生了较大的变化,这种变化有利于在发展内容、发展手段和发展途径上进行更为深入和细致的规划、政策和管理等方面的研究,对拓展关于交通运输发展的理论研究方向和途径具有重要意义。同时,对进一步完善各种运输方式发展和综合发展的理论研究具有指导意义。从各种运输方式的发展阶段、发展条件出发考虑综合发展,继而研究不同阶段和条件下的综合交通运输体系的发展方式和实现途径,对最终形成综合发展理念下的各种运输方式的发展理论和方法,以及综合的实现理论和方法,探索综合协调发展道路,解决交通运输的合理结构和不同运输方式之间一体衔接的问题,也将具有积极意义。

(2) 实践意义

由于综合交通运输体系从"基础设施、技术装备、运输服务"三大覆盖运输全过程的交通运输系统,以及从交通运输"发展关系、发展方式、发展形态和发展层次"四个维度进行各种运输方式各自和综合发展目标的表述,其实践意义将超越一般性的设施加运输管理的系统和发展要求上的"一体化",理论表述更为系统和全面,也更有利于在发展过程中进行规划、政策操作,有利于在推进各种运输方式按照综合发展理念进行自系统完善的同时,实现交通运输整体和各个层次的综合发展。

二、综合交通运输体系发展方向与建设要求

(一) 发展方向

为全面贯彻落实科学发展观,我国未来交通运输发展中,既需

要在服务理念、能力和形态上适应经济持续增长、社会繁荣进步的要求，又需要在基础设施网络布局和运输服务组织上，适应区域经济协调和统筹发展的要求，还需要在基础设施建设、技术装备和运输服务上，体现集约利用资源和保护环境的要求。为此，加快转变交通运输发展方式，优化交通运输结构，注重交通运输安全，实现交通运输绿色发展，将成为"十二五"时期我国交通运输发展的总体战略要求。

1. 转变发展方式

"十二五"时期，发展方式的转变已成为经济社会各领域发展的必然趋势和根本要求。作为国民经济重要的基础性、先导性产业，交通运输业必须加快转变发展方式。

(1) 实现发展特征上的转变

在发展特征上，主要体现在四大方面的转变，即发展形态的转变、驱动的转变、重点的转变、任务的转变。前两个转变实质上属于交通运输发展思路范畴的内容，以此为抓手着力推进交通运输发展思路的切实转变；后两个转变实质上属于交通运输发展重点范畴的内容，以此为抓手着力推进交通运输发展重点的切实转变。

形态的转变。即实现交通运输由单一方式各自发展，向各种方式协同综合发展转变。由单一向综合的发展转变，既是各种运输方式发展到一定阶段，具备一定的综合发展基础和条件时的发展要求，也是外部资源、环境条件变化对交通运输发展的客观要求。

驱动的转变。即实现交通运输由依赖单一要素投入的发展，向依靠科技进步和机制创新为动力的发展转变。要素驱动动力的转变，是突破交通运输发展资源要素投入"边际效用"下降，实现交通运输持续发展的重要途径，也是交通运输发展方式转变的重要思路和依托。

重点的转变。即实现交通运输建设重点从通道向通道、枢纽并重转变。由于历史的原因,通道能力不足一直是制约我国经济社会发展和产业布局的"瓶颈",长期以来,交通运输建设的重心也自然偏向于通道的建设与布局。随着通道网络规模与功能结构的不断完善,枢纽"短板"问题逐步凸显,已成为影响通道功能发挥和交通运输效能提升的重要问题。新的发展阶段,加强枢纽的建设力度,统筹枢纽与通道协调发展,已成为交通运输发展的必然要求。

任务的转变。即实现交通运输由建设为主向建管并重转变。发展任务的转变充分反映了我国交通运输发展的阶段变迁,随着交通运输基础设施达到一定规模、总体能力显著提升之后,如何充分通过有效的管理与组织,发挥已有"存量"的功能作用,提升运输服务的整体效率和水平,逐步成为交通运输发展中更为现实和迫切的任务及需要。

(2)实现发展路径上的转变

为实现交通运输发展特征上的转变,必须寻求具有创新性的发展新路径,加快构建综合交通运输体系。从综合运输的理论和方法角度,从综合交通运输体系发展结构与内容要求出发,体现在以下五个方面的转变:

发挥比较优势,合理利用资源。各种运输方式具有速度、能力、舒适性、经济性、安全性等方面不同的技术经济特征,具有适应城市、城间、城乡、快速、经济、规模等不同层次的运输服务需求特点。同时,各种运输方式还具有土地占用、能源消耗和投资需求等方面的差异性,转变交通运输发展方式,就是从提高综合效能的角度,以发挥比较优势为基础,满足不同层次运输服务需求,以有效利用资源为宗旨,引导运输需求的合理发展,并通过基础设施布局的优化组合和服务的合理组织,实现资源的集约利用。

凸显以人为本,关注平衡发展。在交通运输与经济社会发展的适应性逐渐改善的前提下,交通运输的发展要从关注基础设施能力向各个环节和层次的服务能力转变。一方面,要凸显以人为本的和谐发展理念,建立发达、完善、高效的现代交通运输服务系统,适应各种群体在不同范围和功能上对运输服务的需求,尤其是普遍运输服务的需求,并从提供具有良好安全性、衔接性、经济性运输服务的层面,以及引导人们树立更加注重资源节约、环境保护的交通消费观念和交通行为,使运输服务能力与合理的运输需求相协调,使全体人民共享交通运输发展的成果;另一方面,交通运输的发展要与区域、城市、城乡的经济、社会、环境发展相协调,并通过科学布局和发展,关注不同地区与层次交通运输的平衡发展,使所有地区得到适应其发展要求的交通运输服务。

提高协调能力,提升运输效率。按照各种运输方式布局、能力和服务的发展需要,以及加快各种运输方式向充分发挥其作用和功能的方向发展的基本要求,通过宏观引导和统筹规划,合理安排建设时序,形成交通运输综合发展的局面,提高协调发展能力;同时,在运输服务的运行系统中,充分体现一体化运作的特点,不断降低提供单位运输服务能力所付出的资源和成本代价,提高整个运输服务系统的效率与效益。

突出衔接效应,改善服务质量。从交通运输服务需求的基本特征出发,提供具有"无缝衔接"和"零距离"换乘、换装的运输服务是发展的总体趋势。因此,要实现交通运输的综合发展,交通基础设施网络在物理上要形成具有整体性的有机连接,运行使用系统在运输服务、市场开放、经营合作、技术标准、运营规则、运输价格、清算机制、信息以及票据等方面也要形成一体化的逻辑连接,要突出各种运输方式的设施、管理、服务等层次的衔接效应,实现运输全过程的一体化,不断改善运输服务质量。

创新发展动力,体现技术进步。为实现交通运输基础设施与服务的一体化发展,必须在既有发展模式的基础上,以先进的运输装备、运输技术,以及运输管理与服务环节的信息化、智能化等为依托和基本发展方向,创新交通运输在综合层面上的内在发展动力,体现技术进步对提高交通运输系统整体发展质量和管理及服务水平的有力支持,使内涵能力提升与外延能力增加相匹配,确保在更高水平上的安全优质服务,同时体现经济性、环保性、低碳性等时代要求。

2. 优化发展结构

按照综合交通运输体系的发展内涵,为加快交通运输发展方式转变,必须加快交通运输发展结构的优化与调整。

(1)运输方式结构优化

我国幅员广阔,各区域、地方及功能区发展交通运输的条件差异较大,对交通运输能力的要求也有所不同,必须因地制宜,从合理有效发挥各种运输方式比较优势出发,形成一定区域范围内有利于扩大综合交通运输能力、降低整体运输成本、减少环境污染和节约使用土地等资源的运输方式结构,做到"宜路则路、宜水则水、宜空则空",实现综合交通运输体系的结构优化。

(2)运输功能结构优化

我国资源、产业、人员流动和消费市场空间分布不均衡,跨区域运输需求旺盛,既需要强大的通道能力,又需要在重要的交通运输节点上具备高效的集散能力,必须强化区际运输通道的作用,加强综合交通枢纽的建设,形成通过能力强、集散效率高、组织功能全的综合交通运输网络,优化综合交通运输体系的功能结构,为运输服务效率与品质的提高奠定功能基础。

(3)运输布局结构优化

由于运输方式结构与运输功能结构最终需要通过不同层次的交通运输系统建设来体现,在我国交通运输整体逐步适应经济社会发展的背景下,对交通运输发展的要求发生了一定改变,除按照国家规划继续推进各种运输方式及整体发展外,必须按照区域间、城市间、城乡间、城市内部等不同空间布局层次对交通运输发展的不同要求,优化交通运输布局,形成不同层次交通运输协调发展。

(4)运输服务结构优化

在各个不同层次的综合交通运输系统结构优化的同时,必须按照运输服务的发展规律,推进以城市和城市群为依托,与区域开发和产业布局相衔接,以综合交通运输企业为主体的运输服务的发展,并优化综合交通运输体系的运输服务结构,提高各种运输服务系统的效率,为交通运输系统方式优化、功能优化、布局优化提供服务支撑,满足经济社会发展需求。

3. 推进绿色发展

为切实体现新时期交通运输发展特征,寻求交通运输综合发展路径,必须实现发展理念上的根本转变,按照保护环境、节约资源的要求,促进交通运输绿色发展。

(1)保护环境

要将保护我们赖以生存的环境,作为交通运输发展的重要前提,积极寻求经济、社会效益与环境保护相统一的发展路径。在我国处于工业化、城镇化、农业现代化、区域经济一体化发展的战略机遇期,必须确保交通运输的适度超前发展,使交通运输适应经济社会发展所派生的各种需求。但交通运输基础设施建设会对区域的生态环境,以及人们居住、生活环境与人文景观环境带来影响,交通运输施工、运输过程产生的废渣、废气、噪声等,会造成水、大气、噪声环境污染,影响人们的生活。因此,必须采取切实措施,加强对环境的保护。

对于旅客运输,一方面,随着人们生活水平的提高,外出旅行次数的增加,人们对交通运输服务能力与质量的要求日益提升,安全、舒适、便捷已成为未来交通运输发展的基本需要,必须积极进行运输能力建设和为不同运输方式的发展提供空间;另一方面,各种运输方式在满足不同层次、不同区间旅客运输需求的过程中,存在客观的环境影响差异,也存在通过方式间的合理分工和运输服务的有机衔接实现节能减排、保护环境的巨大空间。因此,必须从降低环境压力的角度出发,在合理发展各种旅客运输方式的同时,使绿色出行成为旅客运输的主导发展方向。

对于货物运输,我国完成同等数量的货物运输所付出的成本代价高于西方经济发达国家,2010年,我国社会物流成本与GDP的比率为17.8%,与欧美等发达国家同口径相比高一倍左右,即便考虑产业结构不同所带来的运输成本结构差异等因素,我国货物运输组织与分工也存在较大的不合理性,突出表现在未按照不同货物特点进行合理的运输方式选择和服务组织,如采用公路长距离运输煤炭、矿石等大宗物资,不仅推高了运输成本,也增加了能源消耗和环境影响。因此,应在满足经济社会发展产生的货物运输需求的同时,积极进行短缺领域和薄弱环节的货物运输能力建设,为不同方式之间的合理分工创造条件,通过优化运输结构,减少对环境的负面影响。

(2)节约资源

目前,我国交通运输发展全要素生产率较低,粗放型发展方式特征明显,主要依靠资源投入来维持较高的发展速度,缺乏可持续性。秉承集约理念,高效利用各类资源,对于促进交通运输的绿色发展意义重大。

集约使用土地。近十年来,我国交通基础设施建设占用土地规模不断增长,随着城镇化进程的加快和区域经济的平衡发展,交通用地还将大幅度增长,土地资源的缺口将更大,土地资源对未来我国交通运输发展将构成严重制约,必须寻求集约使用土地的交通发展方式,实现交通运输的可持续发展。

降低能源消耗。交通运输是我国耗能大户之一,也是能源消费增长最快的行业之一。2000年,我国交通运输业(含仓储和邮政业)能源消费量为11242万吨标准煤,到2010年迅速上升到26068万吨标准煤,年均增长8.7%。随着我国能源对外依存度的不断提高,交通运输发展的能源瓶颈将更加突出,必须采取有效的节能措施,提高能源使用效率。

理顺资源价格。通过资源节约途径转变交通运输发展方式,必须理顺资源价格,改变目前资源价格结构,在运输价格中充分考虑交通的外部性成本,改变目前交通基础设施建设价格"一刀切"的政策,鼓励和支持资源占用较少和能源消耗较低的交通运输方式的发展。

(3)引导消费

作为落实环境理念的具体举措,合理引导消费、发展绿色交通应成为实现交通运输发展方式转变的重要路径。

调整消费方式。由于目前私人机动化导致汽车数量快速增长,汽车尾气已成为我国大中城市的污染源之一,对环境的负面影响不容忽视。积极调整人们的交通消费方式,合理引导小汽车交通的发展,促进交通出行方式的转变,同时加快车辆技术进步,是消费和技术环节降低污染物排放水平,发展绿色交通的重要途径。

优化交通结构。不同运输方式完成单位运输量的碳排放水平存在较大差异,碳排放水平最高的航空运输是排放水平最低的水路运输的10倍以上,说明在各种运输方式建设和发展过程中,存在合理的低碳运输结构性选择条件。在适应经济社会发展对运输的需求基础上,随着运输服务规模的不断扩大,总体碳排放水平还将进一步提高。因此,必须通过交通运输方式结构的调整,在整体上降低碳排放水平,实现交通运输发展方式的转变。

优先发展公交。大运量的公共交通对降低污染物排放具有积极作用,在我国城镇化水平不断提高和城市群的发育过程中,通过积极推进城市内部及城市之间公共交通的优先发展,提高公共交通分担的运输量在总运输量中的比重,不断优化运输服务结构,将有利于交通运输的绿色发展。

建立评价体系。绿色交通作为可持续发展理念下的交通发展方式,需要通过建立科学的考评指标体系,科学、合理、准确地评价和考核交通规划、运输服务系统的排放水平,为绿色交通的发展提供宏观调控和管理依据。

4. 探索综合途径

为加快转变交通运输发展方式,不断优化交通运输结构,实现交通运输绿色发展,探索交通运输综合发展途径,成为综合交通运输体系发展需要解决的重要问题。从目前发展经验看,实现交通运输综合发展,应解决两个大的问题:一是发展规划引导。按照资源合理配置的机制要求,制定综合交通运输体系和运输通道、运输枢纽、城市交通系统等的发展规划,通过规划引导交通运输向综合协调方向发展。确立规划引导思路,目的在于解决资源配置缺乏统一性的问题,以及缺乏针对具体运输方式发展的可操作性综合规划和实施手段等问题。二是资源配置政策。主要是在国家交通运输整体发展战略下,明确资源在不同运输方式之间、运输方式内部的配置原则和政策,以政府管理和政策机制为手段,确保资源在大方向上的配置合理性。

(1) 发展规划引导

规划层次。按照交通运输宏观层面的总体资源配置方向和政策要求,制定科学、权威的综合交通运输体系规划,使规划置于国民经济和社会发展规划之下和指导单一运输方式发展的行业规划之上,既不失规划的权威性,又通过规划体现宏观调控层面的意图,实现综合发展的目标,改变过去虽有各个层次的规划,但实际上还是先发展后优化的缺乏综合发展能力的发展模式。

规划引导内容和手段。利用各个层次的规划对交通运输发展进行管理,在不同的规划层面,对综合交通运输体系、各种运输方式的发展等进行总体布局和发展内容、发展形态与规模的控制,并按照交通运输发展目标、政策等要求,使资源向更需要的方向、领域进行配置。如使资源更多向城市公共交通、运输枢纽和综合大通道进行配置;在铁路运输领域,要通过改善体制和机制,利用市场吸引更多的社会资本,不断增加该领域的资源投入;对于公路运输领域,注重和加大对农村公路和农村运输服务的投入,提高农村居民出行和涉农产品运输的服务水平,缩小城乡差距;在沿海港口方面,切实加强对各港口功能提升的宏观调控,优化岸线资源,促进港口合理分工,并针对性加大航道等基础设施的建设投入;在航空运输领域,加大对西部偏远地区的支线机场建设、运营和支线民航运输服务的支持和投入;在城市交通方面,加大对公共交通的投入,提高公共交通资源配置比重,以便提高城市交通资源分配的公平性。在运输方式的衔接和运输枢纽场站的建设上,通过编制专项规划,更合理地配置资源。

(2)资源配置引导

促进资源优化配置,涉及两个层面和四个领域。两个层面即针对综合交通运输体系建设过程的资源配置,包括新建过程中的资源配置和建成后的服务资源配置。按照上述两个层次,具体的配置调控主要体现在投资、土地、能源和服务四个领域。

投资资源优化配置。调整资源配置关系,不再任由配置资源能力强的运输方式优先发展,而是通过对交通运输相关领域的体制、机制的改革,达到交通运输综合发展所需要的资源配置能力与效率。改革的目的不是解决某种运输方式自身的问题,而是综合发展的实施能力问题。调控的内容是站在国民经济、交通运输发展需要和相互关系层面,以及中央和地方政府投资管理等的宏观角度,对涉及交通运输的整体投资和重大项目投资进行总量控制和风险控制。调控的基本手段是交通投融资政策和风险评估、预警与控制机制等。

土地资源优化配置。要逐步确立交通运输发展总体占用土地规模合理性的理念,改变交通运输发展占用土地的粗放性。要从节约和集约使用土地的总原则出发,明确各运输方式及衔接设施的土地使用标准,包括线路土地使用标准、运输方式衔接的土地占用标准和运输枢纽的用地标准。从引导提高土地利用率的角度,将运输方式之间的衔接与运输枢纽的布局等纳入土地配置的范畴,避免土地资源的不合理占用所导致的资源浪费。

能源资源优化配置。要以节能和环保为核心,提高交通运输系统的能源整体利用效率,鼓励发展节能环保的运输技术装备和运输组织形式,建立与能源节约目标相匹配、与低碳发展要求相适应的交通技术装备标准与服务标准体系,以及配套的发展政策,通过标准和政策调控手段,加快交通运输装备的现代化、节能化和低碳化;推进各种运输方式基础设施建设以及相应的运输组织与服务环节等的节能,通过相关标准和政策,提高运输全过程的节能水平与能力。

服务资源优化配置。发挥政府和市场的作用,提高运输服务资源配置的公平性与效率。包括保证运输服务资源向农村、城市公共交通的优先配置,确保提供高效、优质的公共运输服务;加强对提供公共服务具有积极作用的交通运输枢纽在服务资源上的配置,提高运输系统的服务效率和资源利用水平。服务资源配置调控的主要手段是公共财政政策,通过建立针对不同规模城市公共交通优先发展、农村交通普遍服务和交通枢纽运营的财政支持和运营补贴政策,以及适度的私人小客车保有与使用政策等,实现运输服务资源的合理和有效配置。

(二)建设要求

1. 基本要求

(1)推进综合建设

长期以来,我国各种运输方式相对独立建设,运输通道和枢纽场站等基础设施基本自成体系,运输服务自行组织,制约了整体建设发展与运输服务效率、效益的提升。推进综合交通运输体系的建设,有利于各种运输方式统筹协调、相互配合、有机衔接和一体化服务。

基础设施。充分发挥各种运输方式的比较优势,做到"宜路则路、宜水则水、宜空则空",提高交通基础设施网络建设的整体效率,最大限度地降低交通运输发展中的资源代价,并通过比较优势的发挥,提高已占用资源的使用效率。

技术装备。促进交通领域信息技术的开发与应用,并通过信息平台的建设,为综合服务提供技术与管理手段、环境支撑,以及加快有利于多式联运发展的装备的开发与利用,为运输的无缝衔接和零距离换乘提供支撑,加快运输服务的一体化进程。

运输服务。加强各种运输方式之间在服务上的衔接和配合,以及引导各种运输方式在最能发挥效能的领域,提供用户所需要的服务,通过各种运输方式之间的合理分工调整运输服务结构,降低综合运输成本,提高整体运输效率。

(2)实现创新建设

与发达国家相比,我国交通运输新技术、新材料、新工艺的开发应用不足,智能交通技术应用仍处于探索阶段,交通现代化技术和管理水平还存在较大差距。因此,通过提高创新建设能力,实现交通运输的创新建设,成为转变交通运输发展方式的重要途径。

基础设施。虽然目前我国高速公路总里程位列世界第二,高速铁路从无到有发展迅速,但我国各种运输方式的基础设施均存在较为落后的一面,总体技术标准偏低,高水平设施与低端设施之间的差距过于悬殊,既严重影响了基础设施整体效率的发挥,也不利于综合交通运输服务系统的构建,必须紧紧抓住交通运输发展的战略机遇,在基础设施的规划、建设、运营、维护等环节和材料、工艺、技术等方面实现创新发展,提高基础设施的总体发展水平。

技术装备。我国先进交通运输装备的总体自主研发能力不足,研发和技术积累机制缺乏,导致对外依存度较高,加上部分技术装备型号老、能耗高,影响了运输效率和服务水平的提升。必须充分利用我国市场广阔等比较优势,通过原始创新、系统集成创新、消化、吸收再创新等多种创新模式,提高运输装备的创新发展能力与水平,包括研发、设计、制造能力,以及节能、环保、信息化、智能化、安全性等水平。

运输服务。运输服务的创新对加快设施、装备的技术进步具有积极的促进作用,我国长期以来各种交通运输方式的分部门发展特征,严重制约了运输服务的创新发展,特别是多方式联运服务模式的发展滞后,阻碍了运输效率的提升,必须通过运输服务全领域的创新,加快发展方式的转变步伐。

管理控制。由于交通运输涉及建设、运营等的管理与控制环节较多,因此,导致我国交通运输系统管理控制的总体效能偏低。特别是在大城市,交通控制管理和交通安全管理的水平还不高,管理手段和技术较为落后,影响了运输服务效率的提升,以及基础设施功能的有效发挥。必须强化创新管理和控制能力,为提高效率、提升效益和提高发展水平创造条件。

建设模式。客观来看,我国资源、环境对交通运输的发展制约总体上具有长期性,不可能复制西方经济发达国家历史上大规模发展交通运输的粗放模式;同时,我国还必须建设适应全面小康社会发展要求的现代化交通运输系统。因此,从转变发展方式的根本目标出发,必须寻求资源节约、环境友好、服务优质、运行安全的交通运输可持续发展道路,创新中国特色的综合交通运输体系的建设模式和交通运输现代化的实现模式。

(3)深化体制改革

近年来,我国交通运输领域的改革虽然不断深化,但整体而言,在不同运输方式和同一方式的不同层面仍存在着政企不分、行业垄断和各自为政等体制性障碍,制约了交通运输发展方式的转变。

第一章　综合交通运输体系规划理论与方法

完善宏观调控机制。为提高推进交通运输发展方式转变的决策层次和能力，必须加强对发展方式转变的宏观调控，从路径导向和总体发展控制的角度，将发展方式转变涉及的绿色发展、综合发展和创新发展等重要内容纳入宏观调控范畴，加强对发展方式转变的目标控制和政策引导。为此，对交通运输发展决策具有宏观调控功能的相关部门，应在项目审批中，贯彻转变方式的理念，强化转变方式的内容，并增加转变方式的管制措施，从而加快发展方式的转变步伐。

理顺行业管理体制。交通运输的多头管理体制，造成各种运输方式在网络形成过程中的相斥性，不同运输方式之间难以衔接和协调，严重制约着我国交通运输在市场经济条件下一体化运输系统的形成和发展，束缚着交通运输业的制度创新和技术创新，难以适应交通运输发展方式转变的要求。通过合理界定政府与市场、各级政府之间、部门之间的职能范围，充分发挥市场配置交通资源的作用，以及政府的政策引导作用，营造有利于技术进步、服务创新，企业充满发展活力的交通运输发展方式转变的大环境。

2. 建设内容

（1）基础设施

按照综合交通运输体系的概念和体系结构，基础设施的建设发展内容包括两个方面：一是符合综合发展要求和不同空间层次（区际、城际、城市、农村等）的基础设施建设，解决各种运输方式在空间布局上的合理分工和有机组合，形成强大的设施能力和网络覆盖能力，支撑区域开发与发展、城市建设与发展、产业布局与发展；二是在综合的基础设施空间布局和资源整合条件下，形成各种运输方式适应运输需求的科学发展格局，解决不同运输方式在相应发展阶段，形成运输能力的系统建设和布局发展问题，形成不制约经济社会发展的单方式能力，防止单方式能力"瓶颈"的出现，为综合发展奠定基础条件。

（2）技术装备

在基础设施条件不断改善的情况下,运输技术装备的提升与发展成为符合发展逻辑的必然要求,否则,再好的基础设施也很难发挥其功能和作用,建设综合交通运输体系的效能也将无法体现。运输技术装备的发展内容主要涉及三个方面：一是与基础设施发展相匹配的技术装备的发展,使技术装备在水平与功能上与基础设施的数量、质量和网络化同步提升；二是一体化服务和各种运输方式衔接发展相匹配的各类联运技术装备的发展,为交通运输的综合发展和开展高效率的运输服务创造条件；三是形成有利于技术装备提升发展的内在动力机制,营造创新型的运输技术装备发展环境,不断推进技术装备的提升发展。

（3）运输服务

运输服务是交通运输发展的根本目的所在,交通运输基础设施建设和技术装备的发展,均是为了创造良好的运输服务条件,为经济社会发展提供所需要的运输服务。运输服务发展的核心内容是建设具有综合服务能力的运输服务系统。一是建设适应旅客和货物运输需求的各种运输方式单个方式和不同运输方式组合的运输服务系统,并通过服务方式、手段的创新,营造不断提高服务效率和服务质量的发展环境；二是建设对区域经济发展、城市群及城市建设、社会主义新农村建设具有重要支撑作用的运输服务系统,形成不同空间层次的运输服务能力,并不断提高各个层次的运输服务质量与水平。

三、综合交通运输体系规划研究方法与思路

（一）规划方法

综合交通运输体系规划研究的基本方法是从系统构成的层面,既针对综合交通运输整体、又从各子系统的视角,以经济学、管

理学和工程技术科学等为理论依据,根据规划的对象和系统构建的不同要求与内容,综合使用在各种类型和各个层次交通运输规划中应用较多、较为成熟的多种方法。

本规划研究主要使用了系统分析法、综合法、比较法、数学模拟法等。尤其是针对综合交通运输体系,采用系统分析法进行发展结构与内容的分解,以便在综合发展要求下,完成相关的系统问题分析,并对各子系统进行深入剖析研究。在此基础上,再结合采用综合法,对上述研究结果进行整合,形成完整的综合交通运输体系发展框架,以及在发展上具有创新性的区际、城际、城市、农村等层次的既具有综合性、又兼顾各种运输方式发展要求的子系统的构造,并应用比较法、数学模拟法等进行具有研究支撑作用定性与定量分析研究。因此,综合交通运输体系的规划方法,总体上是具有分层次、分结构递进关系,以系统分析方法为主体的综合性分析研究方法。

1. 系统分析法

综合交通运输系统是包含基础设施、技术装备和运输服务三大组成部分和由这些部分构成不同层次交通运输子系统的庞大系统,也是复杂的经济社会系统的子系统。为保证这种系统的整体性、相关性、动态性、层次性与环境适应性,发挥交通运输的作用和体现综合发展的特征,综合交通运输体系规划采用系统分析方法,即从系统的观点出发,着重从整体与局部、整体与外部环境的相互联系、相互作用和相互制约的关系中综合地考察研究对象,寻求问题的解决方案。

(1)系统分析方法的基本框架

系统分析是从系统长远和总体的最优结果出发,在选定系统目标和评价准则的基础上,分析组成系统的各个层次分系统的功能和相互关系,以及系统与环境的相互影响;在调查研究、收集资料和系统思维推理的基础上,作出对系统的输入、输出及转换过程的种种假设;在确定和不确定的条件下利用定性和定量方法,探讨若干可能代替的方案,并建立模型或用模型方法分析对比各个不同方案,同时研究探讨可能产生的效果,综合资源配置的最佳方案所需的信息和资料。

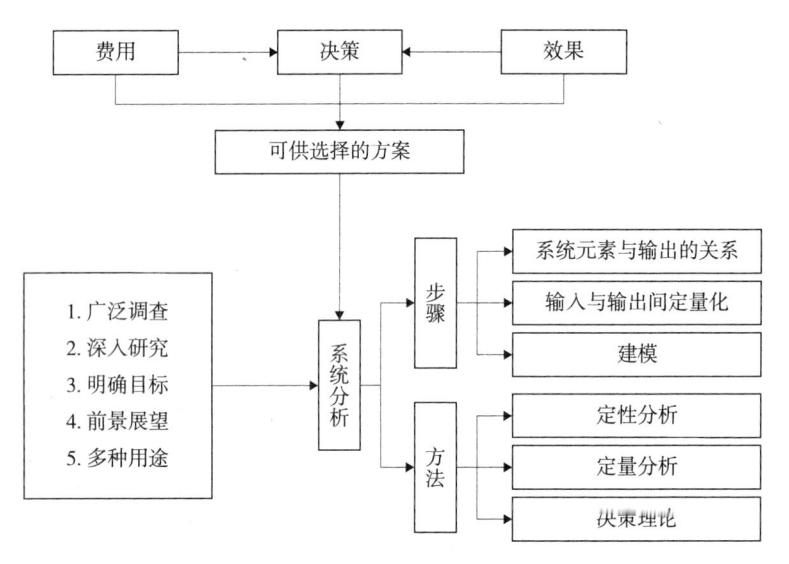

图 1-1 系统分析定义框图

（2）系统分析方法的要素

根据交通运输系统的特征,从综合交通运输规划体现的内涵和实质角度出发,系统分析方法①包括目标、备选方案、标准、模型和效果等系统分析的五要素。

目标。指为了解决公共问题所要达到的目的和指标。

备选方案。指为实现目标设计的具体措施方案,并对备选方案做可行性论证。

---

① 由美国学者 E.S.奎德提出的系统分析方法。

标准。用来评估备选方案取得目标或效果的尺度。

模型。指按照政策方案设想建构政策模型。

效果。指政策方案实施在社会环境里产生的反应和结果。

综合交通运输体系规划中的系统分析是一项目标导向的活动,它的目标非常明确,就是要在资源环境的约束下,实现各种运输方式自系统完善和综合发展,以提高运输服务能力与水平。系统分析把综合交通运输体系作为一个整体系统,根据上述分析目的,将系统分解成不同层次和不同部分,以认识系统的组成要素、组成方式、要素间的关系、系统与外界之间的关系,在此基础上采用科学的方法确定规划方案,并依据相应的指标进行考核和效果评估。

(3)系统分析方法的范畴

综合交通运输体系规划是交通运输发展宏观政策的一种具体形式,适用于政策系统分析三个相互关联的基本范畴[①],即行为分析、价值分析和规范分析。

行为分析。即现状研究,就是要对综合交通运输体系规划所涉及的事物和各种关系进行描述、观察、计数和测度,以发现综合交通运输体系各方行为的实际状态与期望状态之间的差距。

价值分析。价值规定着政治进程和管理进程,是资源分配指导原则的核心,针对综合交通运输体系,必须进行相关环节和领域、对象的价值分析,以便构筑共赢的大系统。

规范分析。主要解决公共政策目标实现的行为和手段问题,并在规范分析中创造出备选方案。交通运输作为支撑国民经济和社会发展的基础性产业,政策作用具有较为明显的交叉和融合特点,进行这种范围分析,将提高综合交通运输体系发展的整体性,以及取得良好的预期效果。

---

① 由美国著名政策学家克朗·R.M提出的政策系统分析框架。

(4) 系统分析方法的程序

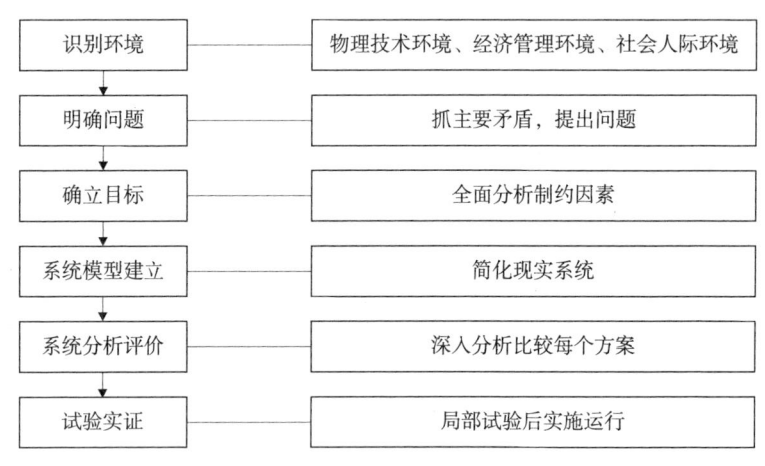

```
识别环境  ——  物理技术环境、经济管理环境、社会人际环境
明确问题  ——  抓主要矛盾，提出问题
确立目标  ——  全面分析制约因素
系统模型建立 ——  简化现实系统
系统分析评价 ——  深入分析比较每个方案
试验实证  ——  局部试验后实施运行
```

图 1-2 系统分析方法的程序

根据系统分析的要素和范畴，综合交通运输体系规划总体上可以遵循系统分析的一般性程序。即识别环境、明确问题、确立目标、系统模型建立、系统分析评价和试验实证。

2. 综合法

(1) 方法的特点

传统综合方法是与系统分析相反的逆向思维方法。它是在系统分析的基础上不断将系统分析结果加以综合，以便形成整体认识的一种科学方法。这种方法的特点是，始终在系统思想的指导下完成综合过程，故亦可称为系统综合方法。它是按照系统整体化的要求，把各个要素综合成相应的小系统，再将各个小系统综合成一个大系统。这种方法的另一个特点是创造性。它不是将已经分解了的要素再按照原来的联系机械地重新拼接起来恢复到原来的系统，而是根据系统分析的结果，把各个要素按照要素与要素、要素与系统、系统与外界环境之间的新联系，形成整体优化的新结构，创造出更符合总体目标要求的新系统。

(2)方法适用性

在系统分析方法的程序中,针对综合交通运输体系的特点,为提高系统分析的适用性,实际上已经涉及了综合分析的问题,但总体上,分析的方法仍侧重于系统分析。对于综合分析法,由于是按照系统原理进行的归纳分析,特别适合综合交通运输体系这种较为复杂的系统,从目前规划方法的应用情况来看,也非常具有成效。但是必须注意的是,由于综合交通运输体系架构庞大,层次较多,内部关联关系复杂,系统目标具有总体统一性和各个子系统目标具有非同一性的特征,应用综合法进行综合交通运输体系规划,对分析者的系统认识能力、利益分析与协调经验的要求较高,而综合交通运输体系自身的理论和方法在这些方面还在不断发展,因此,要取得理想的规划效果,仍存在较大困难,必须配合适应其他的辅助分析方法。

3. 比较法

(1)特点及步骤

比较法是规划学进行方案论证、择优方案的基本方法之一,它的一般工作步骤是:

选择比较对象。比较的对象应具有内在的联系性,具有可比性。必须注意不同时代、不同国家、不同地区和不同时期客观条件的差异,切忌生搬硬套。

确定比较标准。针对比较对象和设定比较内容,确定相应的比较标准,使比较的结论有据可依。比较标准一般应从社会效益、经济效益和环境效益方面进行综合。有时政治因素也会成为比较标准的首选条件。

开展分析评价。即目标和方案的优选。规划工作中通常要对所选的方案或目标在一定的时间尺度内作纵向比较,并在一定的空间尺度上进行横向比较。

(2)方法适用性

比较法在进行方案论证时具有很好的系统性,在开展综合交通运输体系规划研究时,对于区际、城际等不同层次的交通运输系统的规划,可根据现实基础和约束条件,制订不同的发展和运作方案,按照选择比较对象、确定比较标准和开展分析评价三步骤进行不同方案之间的比较分析,通过该方法的应用,形成更具有指导作用和相对完善的综合交通运输体系。

4. 数学模拟法

数学模拟法通过建立相应的分析模型,比较有效地对掌握的多方面、大容量信息进行整理和分析,是用于解决多目标、多方案、多种结构复杂问题的可靠方法。对于规划研究中涉及的相关问题,也具有定性描述、定性分析的补充和验证作用,使分析更加准确,论证更加充分,结论更加确切。建立模型是数学模拟法的关键,通过模型的建立,使分析和研究的结论具有推广应用价值。综合交通运输体系具有跨行业、跨方式的交叉融合特征,不同层次、不同方式的交通运输子系统具有明显的多目标性和复杂结构,数学模拟法是较为有效的分析方法和手段。按照功能和应用范畴的不同,规划模型大致可分为以下几类:

(1) 系统结构功能分析模型

着重对综合交通运输体系组成要素的作用、功能进行结构分析,以分析系统发展变化的内因,并通过对系统的规划,组建起未来合理的结构,如基础设施系统、技术装备系统、运输服务系统等的投入产出模型、判别分析模型、神经网络模型等。

(2) 预测模型

根据经济发展的历史轨迹预测未来,或者根据经济发展过程中各要素变化的相互关系预测总体变化。这类模型如时间序列模型、回归预测模型等。综合交通运输体系发展中需要预测的指标具有多样性特征,既包括规模指标,也包括运行效率和效益指标,还包括服务水平指标等,这些指标数据的相互关系和内在联系虽然较强,但预测的方法却存在较大差异性,因此,建立不同的模型进行预测分析是非常必要的。

(3)决策分析模型

经过详尽的预测分析,虽然能够为规划决策方案提供参考,但预测的结果不一定符合发展目标,预测也不能等同于决策。因此,决策需要在预测结果的基础上拟订方案,并对方案可能产生的效果进行评价。用于拟订和评价方案的决策分析模型可分为两类:单目标决策分析模型,如线性规划、非线性规划模型,求极值的模型等;多目标决策分析模型,如线性加权模型、成本效益分析模型、模糊分析模型等。在综合交通运输体系规划研究中,应对各个子系统进行有针对性的分析,根据规划对象的特点和规划工作的具体要求,建立科学的决策分析模型,辅助决策工作。

(二)研究内容

按照综合交通运输体系的概念内涵外延及其要素构成,综合交通运输体系规划的主要内容,包括基础设施的空间布局与组织、运输技术与装备、综合运输服务三大方面。这三者之间存在着紧密的内在逻辑关联。基础设施的空间布局与组织、运输技术与装备,是综合运输服务供给的先决条件和重要基础,而综合的运输服务供给又是综合交通运输体系基础设施空间布局与组织、运输技术与装备更新改进的本质归宿和根本目标。此外,在三大系统的功能形成过程中,还需要考虑发展的战略环境要求(如节能环保)与自身的运行质量(如运输安全与应急保障)等因素。

1.基础设施

交通运输基础设施空间布局与组织,特别是通道和枢纽的布局与组织,历来是各类交通运输规划的主要内容。传统交通运输规划所涉及的基础设施空间布局与组织方面的内容,主要是基于不同运输方式层次的关于要素的空间布局与组织,如铁路通道和枢纽的布局与组织、公路通道和枢纽的布局与组织等。此类规划关于交通运输基础设施的空间布局与组织,尽管也体现有规模总量控制、结构等级配套、方式分工衔接等理念,但更多还是停留在各种运输方式自身层面,真正从国家地域空间和产业布局等角度综合考虑得相对较为欠缺,布局缺乏整体发展的系统性。

综合交通运输体系规划,其核心就是要从国家战略高度,立足于国家地域形态、产业空间布局、区域协调联动、城市群发育等客观实际和发展要求,统筹考虑各种运输方式基础设施在区域空间范围的综合布局、集约配置、资源共享、优化组织,特别是不同运输方式通道资源分层次的线位共享、共同建设,以及枢纽设施的一体衔接等。

基于上述分析,本规划突破了传统的按运输方式的规划思路,根据综合交通运输体系发展的时代特征和趋势要求,探索性地提出了基于不同区域空间范围的基础设施布局与组织规划理念,即区际、城际、城市和农村四大空间范畴下的通道和枢纽等规划布局与组织。这既是本规划的重点内容,也是本规划有别于传统规划的主要特点。

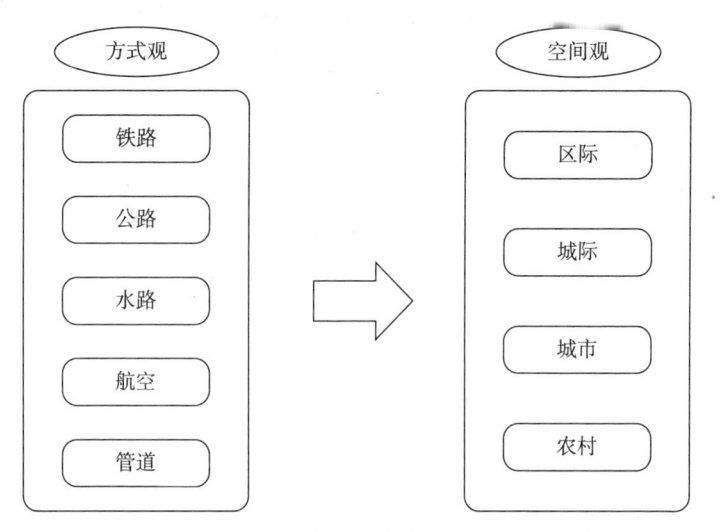

图1-3 综合交通运输基础设施空间布局规划思路转变

(1)区际交通

区际交通研究的核心是区际综合交通运输通道的布局与配置问题。区际综合交通运输通道作为综合交通运输体系最重要的组成部分之一,是国家跨区域间最重要的交通连接,是国家综合交通运输通道网络的主骨架,也是实现国家资源要素区域间流动的主动脉。其研究重点在于明确新的发展形势和新的区域经济格局背景下,区际综合交通运输通道的发展方向与思路,具体包括通道的布局、结构以及衔接组织等。它是从运输对象的角度,系统梳理关于旅客、货物(重点为煤炭、油气、铁矿石、集装箱等)的区际综合交通运输通道的布局情况及其配置要求,并明确"十二五"时期发展的方向、思路和重点。主要内容包括区际交通的概念内涵、区际交通的发展现状及存在的问题、"十二五"时期间区际交通的发展需求、区际交通的发展目标与布局思路、区际交通规划布局方案以及建设重点等。

(2)城际交通

城际交通研究的核心是城市群区域范围内城市与城市之间的综合交通运输通道的布局与配置问题。研究重点在于明确新的时代背景下,特别是城镇化快速推进的过程中,如何通过资源的优化配置和合理布局等,以尽可能小的经济社会和资源环境代价,用尽可能短的时间,满足日益提升的多样化的运输需求。具体内容包括:城际交通的概念内涵、我国城际交通的发展现状及存在问题、"十二五"时期城际交通的发展需求、城际交通的发展目标与布局思路、城际交通规划布局方案以及建设重点等。

(3)城市交通

随着我国经济社会的发展以及城市规模的不断扩大,城市交通问题已经成为我国城市运行乃至经济社会发展的重要问题。城市交通的研究重点在于如何通过科学的基础设施布局与配置,以及多方面的组织、衔接与协调,不断提高城市交通的服务保障能力,有效降低城市的运行成本,全面提升城市的综合实力以及人们的生活舒适度。具体内容包括:我国城市交通的发展现状及存在问题、"十二五"时期城市交通的发展需求、城市交通的发展目标与思路、城市交通发展重点等。

(4) 农村交通

农村交通问题是保障农村经济社会健康发展,惠及广大民生,实现全社会和谐进步的重大问题,也是未来长远时期必须着力改善农村发展环境与条件的关键性问题。农村交通的研究重点在于,在城乡统筹发展的大形势下,如何通过有效的规划安排、空间布局以及组织衔接,更好地满足日益多样的农村运输需求,为农村经济社会发展和人们出行提供普遍化、均等化的综合交通运输服务供给。具体内容包括:我国农村交通的发展现状及存在的问题、"十二五"时期农村交通的发展需求、农村交通的发展目标与思路、农村交通发展重点和相配套的政策支持等。

(5) 综合交通枢纽

枢纽作为综合交通运输网络的重要衔接与组织节点,是各种运输方式实现一体化发展的重要设施,也是综合交通运输体系得以"综合"的关键环节。与综合交通运输通道相比,综合交通枢纽的发展一直是综合交通运输体系中的薄弱环节,影响并制约着综合交通运输体系整体效能的充分发挥。本书将区际、城际、城市、农村交通中涉及的枢纽问题进行综合考虑,单列章节开展专门研究。综合交通枢纽研究的重点,首先在于从综合交通运输体系整体发展的角度,确定不同层面综合交通枢纽(包括枢纽城市与枢纽站场)的功能定位与发展要求,进而针对不同的枢纽类别,系统性地研究其发展思路与重点等。具体内容包括:综合交通枢纽的概念内涵、我国综合交通枢纽发展现状及存在的问题、"十二五"时期综合交通枢纽的发展需求、综合交通枢纽的发展目标与思路、综合交通枢纽的任务和重点等。

2. 技术装备

运输技术与装备是实现综合交通运输服务的核心载体,也是综合交通运输体系构建必须高度关注的重要内容。交通运输技术与装备是涉及多部门、多领域的系统工程。就综合交通运输体系构建层面而言,运输技术与装备研究的核心是基于需求导向的技术与装备的应用问题,根本目标是要明确在新的时代背景下,如何按照安全可靠、先进高效、经济适用、绿色环保的基本要求,实现先进技术与装备在交通运输领域的推广和应用,不断提升交通运输领域技术和装备的整体水平,以技术与装备的进步升级为重要依托,推进交通运输的"综合"发展,并为基础设施效能的发挥创造条件。

研究的主要内容包括:交通运输技术与装备的系统构成、我国交通运输技术与装备的发展现状及存在问题、"十二五"时期运输技术与装备的发展需求、运输技术与装备的发展目标与思路、运输技术与装备的发展任务和重点等。可细分为技术与装备两大部分,其中技术主要包括工程技术、载运技术、信息化技术等;装备主要包括运载装备(车、船、飞机等)以及其他配套装备(装卸设备)等。

3. 运输服务

对于综合运输服务的系统研究,也是本规划区别于以往规划的一个明显特征。综合运输服务是将各种运输方式的运输服务进行系统整合而形成的一种"综合化"的服务形态,其有别于各种方式的运输服务,但又不独立于各种运输方式的运输服务。综合运输服务集中体现在"一体化"的服务理念,是综合交通运输体系构建的根本目标和最终归宿。综合运输服务的实现,既要求在运输的服务与管理方面有坚实的支撑,也要求在基础设施与技术装备的保障方面有优越的基础和条件。因此,综合运输服务研究的核心,便是如何通过有效的方法和手段,促进基础设施、技术装备、组织管理、制度安排、市场培育等之间的有机协调,实现运输服务的综合化和一体化,而这其中,如何实现组织管理、制度安排、市场培育之间的良性发展,则又是综合运输服务研究的重中之重。

综合运输服务的主要研究内容包括:运输服务概念内涵及系统构成、我国综合运输服务发展现状及存在的问题、"十二五"时期综合运输服务的发展需求、综合运输服务的发展目标与思路、综合运输服务的发展任务和重点等。在各种运输服务方式通过一体化和有机衔接实现综合运输服务方面,其主要内容包括:政府监管和公共服务能力提升、一体化运输企业培育、运输市场建设、不同运输服务的衔接配套、服务组织与模式创新、运输安全和应急救援保障、运输发展政策支持等多个方面。

4. 发展环境与质量

基础设施、技术装备和运输服务三大部分内容是从综合交通运输体系构成方面进行的系统性研究,是综合交通运输体系建设的骨架部分。在交通运输的发展中,从转变发展方式的层面看,除涉及三大部分内容外,还需要对节能环保等绿色交通发展问题,以及安全应急等交通运输发展质量问题进行系统研究,以便既体现综合交通运输体系的建设与现代经济社会发展的战略与理念相融合,又为交通运输发展方式的转变提供现实支撑。节能环保和安全应急等作为综合交通运输体系建设与发展的基本要求和重要任务,涉及综合交通运输体系建设与发展的各个方面和环节,本规划对相关重要内容进行了系统深入的分析与阐述。

(三)研究思路

1. 规划研究的逻辑关系

基于上述分析,为形成综合交通运输体系概念下较为系统和完整的规划研究成果,在规划研究中形成并遵循了关于概念、方法和内容等的基本研究逻辑,以便既体现规划研究的科学性,使规划研究建立在科学的理论和方法论的基础上,又能形成较为完整的规划研究体系,诠释综合交通运输体系的发展架构、内容与实现途径。

(1) 概念体系的基本逻辑

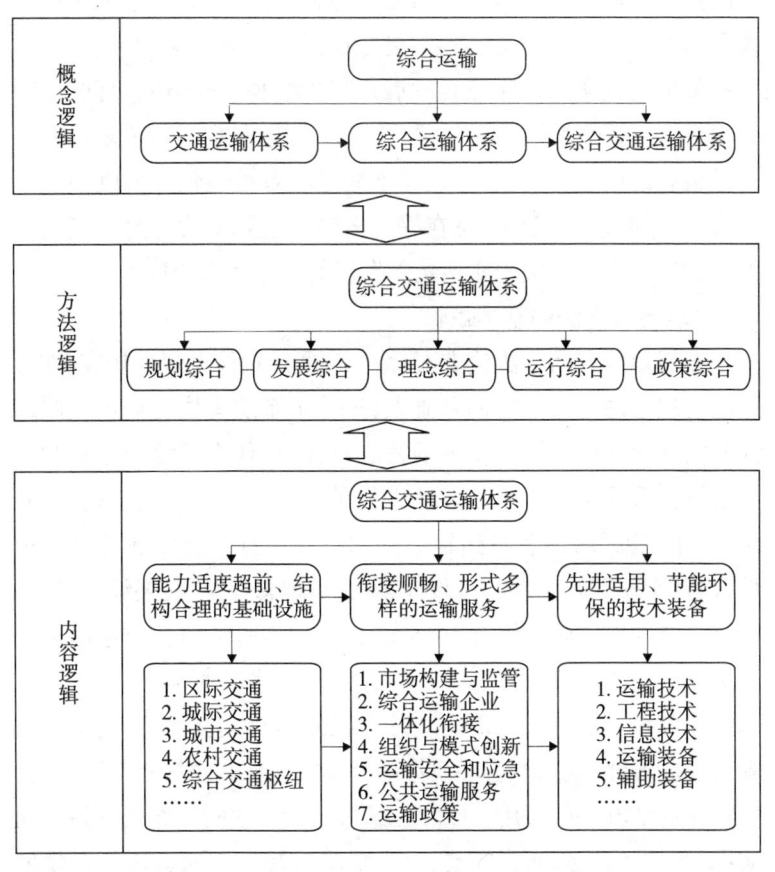

图 1-4　综合交通运输体系规划逻辑关系图

随着对交通运输发展环境以及发展方式认知程度的变迁演进,在综合运输概念下,对相关发展问题的研究,先后出现过交通运输体系、综合运输体系、综合交通运输体系等多个概念。尽管不同的概念在表述形式以及内涵、外延等方面存在着一定的差异,但

61

从形成概念的背景和本质逻辑上看,都是基于经济社会与交通运输自身发展阶段和环境条件的差异,以及两者之间关系的变化所致,具有较为鲜明的阶段性。围绕综合运输发展理念和要求所作出的具有阶段性的发展内容与方式诠释,旨在通过概念的创新和发展内容与方式的丰富、完善,更好地指导交通运输的综合发展,更有效地处理交通运输综合发展过程中各种运输方式之间、交通运输与经济社会发展之间的关系,以及出现的新发展问题。因此,不同概念的形成和演进,体现了不断寻求各种运输方式既独立又综合发展的过程和逻辑,是在综合运输理念到实现综合发展途径的探索中逐步形成关于交通运输发展的概念体系的过程。

(2) 规划方法的基本逻辑

在规划研究的方法论方面,综合交通运输体系规划研究,在继承已有规划理论与方法的基础上,进行了系统集成与创新。围绕如何实现交通运输综合发展的核心目标,对什么是综合运输和综合运输体系为基础的规划方法进行了创新探索。在此基础上,立足于"十二五"时期各种运输方式的阶段特点及其发展的可实现性,以及实现综合发展的可行性,着力从理念综合、发展综合、运行综合、规划综合、政策综合五个方面,进一步明晰综合交通运输体系规划研究的思路重点和方法途径。从方法论的逻辑角度来看,理念综合是规划方法应用的基础,发展综合和运行综合是规划内容的构成要件,规划综合和政策综合是实现综合的核心手段,五者之间在规划方法的应用上既相互递进、相互关联,支撑概念体系的演进逻辑下的规划研究需要,又形成具有综合交通运输体系规划自身特点的方法论上的逻辑框架。

(3) 研究内容的基本逻辑

在概念体系和方法论的逻辑下,综合交通运输体系规划研究主要围绕体系的核心组成部分,立足于交通运输的综合发展,重点研究了基础设施、技术装备、运输服务三个领域的主要内容。基础设施和技术装备是综合运输服务得以实现的先决条件和重要基础,而综合的运输服务供给又是基础设施、技术装备完善和提升的最终归宿之所在,两者效率的不断提升,又是整个综合交通运输体系发展的重要特征和方向,形成三大构成要素在发展内容上的基本逻辑关系,是对关于综合交通运输发展的概念体系演进的具体诠释。同时,在基础设施规划研究方面,按照要素类别,细分为通道与枢纽,并且按照区际、城际、城市、农村的四大区域空间范围进行规划布局和组织安排,形成了新的经济社会发展形势下,基础设施功能布局分层次满足交通运输需求的内容逻辑;在运输装备与技术规划研究方面,将运输装备与技术的提升与基础设施的改善、服务的创新等有机结合,形成了与上下紧密关联的发展逻辑;在运输服务规划研究方面,充分考虑市场、政策等多方面因素,既在服务的内容方面进行系统研究,也在服务的支撑保障方面进行深入探索,形成服务的发展与设施效率及功能的提升、装备与技术的创新紧密结合的发展关系。综上所述,综合交通运输体系的规划在研究内容方面具备了从各个层面体现综合发展的基本理念,是对发展内容的创新。

2. 规划研究的基本思路

鉴于综合交通运输体系规划研究目的和内容构成,本规划研究的基本思路可以概括为:综合运用系统工程学、交通运输规划学、经济学、管理学等多学科理论与方法,在深入剖析综合交通运输体系概念内涵、系统评估"十一五"时期综合交通运输体系发展情况、准确把握"十二五"时期经济社会发展对综合交通运输体系的需求等基础上,科学制定"十二五"时期综合交通运输体系建设与发展的思路和总体目标,进而明确"十二五"时期综合交通运输体系建设与发展的主要任务,包括基础设施、技术装备、运输服务、安全保障、节约环保等多个方面,并相应地提出促进综合交通运输体系建设与发展的政策保障。

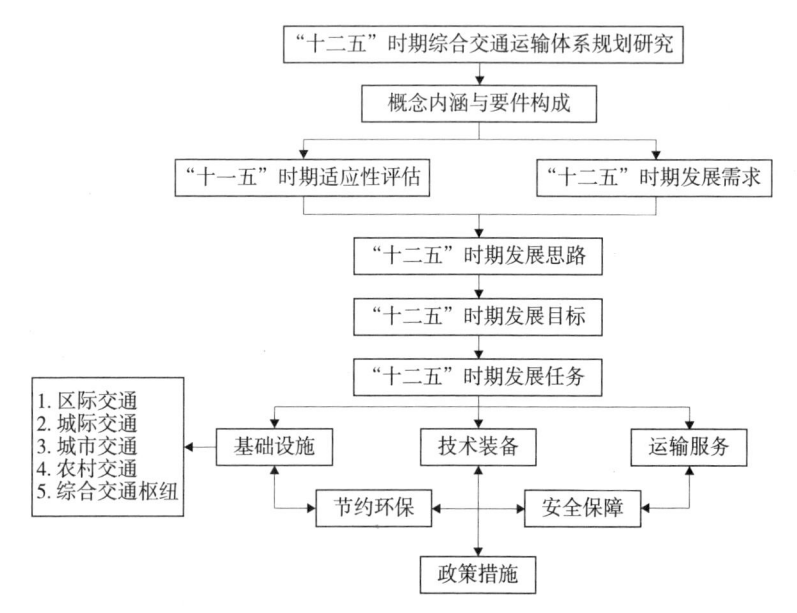

图 1-5　综合交通运输体系规划研究思路

第二章　"十一五"时期综合交通运输发展状况评估

一、"十一五"期末我国综合交通运输发展水平

通过"十一五"时期的加快发展,我国交通运输事业取得了举世瞩目的成就,初步形成了包括铁路、公路、水路、航空、管道五种运输方式的综合交通运输基础设施网络骨架,综合交通运输体系的结构功能进一步完善,基础设施、运输装备和技术等水平不断提升,综合交通运输服务能力、质量和效率显著提高,运输安全及应急保障能力不断增强,运输管理体制改革取得重大进展,运输节能和环保工作迈上了一个新台阶。

截至2010年年底,我国综合交通运输线路网络密度达到45公里/百平方公里,基本形成了覆盖主要人口和产业聚集地、有效连接东中西部地区、城市与农村地区的综合交通运输"硬件"网络和"软件"服务,逐步构建了东部沿海、沿长江、陆桥、京沪、京广等客货运输大通道及南北能源运输大通道为主的"五纵五横"综合交通运输通道主骨架,形成了围绕环渤海、长江三角洲、东南沿海、珠江三角洲和西南沿海地区五大港口群,以及以北京、上海、广州等枢纽机场为中心的机场布局等综合交通运输枢纽系统。综合交通运输通道主骨架与综合交通运输枢纽承载着我国主要的客货运输任务,在保障社会经济发展方面发挥着重要作用。

"十一五"期末,我国已基本形成点、线、面相衔接,干线网络与支线网络层次清晰、高等级网络与普通网络功能明确、各种运输方式分工日趋合理、集疏运衔接配套不断完善的交通基础设施网络和基本运输服务与增值运输服务有序组合的客货运输服务系统,五种运输方式的各自优势得到进一步发挥,综合交通运输服务的机动性、时效性、可靠性、舒适性、普遍性以及承载能力等得到明显提高。

随着我国交通运输管理体制及相关改革的逐步推进,交通运输的市场化、规范化程度和水平不断提高,以政府宏观调控和市场调节相结合的投融资机制、价格形成机制、市场准入机制等初步形成并逐步完善。

(一)基础设施

基础设施是综合交通运输体系正常运行的基础性载体和保障。在基础设施层面,综合交通运输基础设施网络的最终形态,是通过五种运输方式(铁路、公路、水路、航空和管道)自身设施和衔接设施得以体现的,主要包括路网基础设施和枢纽基础设施。

1. 路网设施

截至 2010 年年底,我国综合交通运输基础设施线路网络总里程达到 432 万公里(不含民航航线、国际海运航线里程),综合交通运输基础设施线路网络密度达到 45 公里/百平方公里,分别是 1949 年的 22.1 倍和 1978 年的 3.4 倍。其中,东部地区路网密度约为 91 公里/百平方公里,中部地区路网密度约为 49 公里/百平方公里,西部地区路网密度约为 28 公里/百平方公里,分别比 2005 年增长了 50%、30% 和 130%。初步形成了以"五纵五横"综合交通运输大通道为主骨架,由铁路、公路、水路、民航和管道共同组成的综合交通运输网络框架。

表2-1 新中国成立以来我国主要交通线路基础设施发展情况

单位:万公里

年份	铁路	公路 合计	公路 高速公路	内河航道	管道
1949	2.2	8.1	—	7.4	—
1978	5.2	89.0	—	13.6	0.8
1992	5.8	105.7	0.1	11.0	1.6
1998	6.6	127.9	0.9	11.0	2.3
2001	7.0	169.8	1.9	12.2	2.8
2002	7.2	176.5	2.5	12.2	3.0
2003	7.3	181.0	3.0	12.4	3.3
2004	7.4	187.1	3.4	12.3	3.8
2005	7.5	334.5	4.1	12.3	4.4
2006	7.7	345.7	4.5	12.3	4.8
2007	7.8	358.4	5.4	12.4	5.4
2008	8.0	373.0	6.0	12.3	5.9
2009	8.6	386.1	6.5	12.4	6.9
2010	9.1	400.8	7.4	12.4	7.9

资料来源:《中国统计年鉴》(2011)。

注:公路总里程数据统计2005年开始包含农村公路。

(1) 铁路

随着铁路建设进程的加快、路网的完善以及等级的提高,铁路在综合交通网络中的骨干地位日益突出。"十一五"时期,铁路客运专线、区际干线及西部铁路大规模开工建设。截至2010年年底,我国铁路线路网络总里程9.1万公里,居世界第二位,铁路网络密度达到94.79公里/万平方公里,铁路线路网络总里程分别是1949年和1978年的4倍和近2倍。西部地区铁路营业里程达到3.6万公里,占线路网络总里程的39.56%。铁路复线率达到

41%,电气化率达到 46%,如图 2-1 所示。铁路线路网络中,快速铁路运营里程已达到 2 万公里(含既有线路改造里程),占线路总里程的 21.98%。按照国家中长期铁路网规划,"四纵四横"快速客运网络正在加速构建,北京—天津、武汉—广州、郑州—西安、上海—南京、上海—杭州、北京—上海等一批时速 300 公里左右的线路投入运营,其中,全长 1318 公里的京沪高铁,是世界上一次建成、线路最长、标准最高的高速铁路,对我国铁路建设具有"里程碑"式的重要意义。"十一五"期末,铁路在建项目总里程达到 3 万多公里,其中客运专线超过 1 万公里,所占比重 35% 左右。

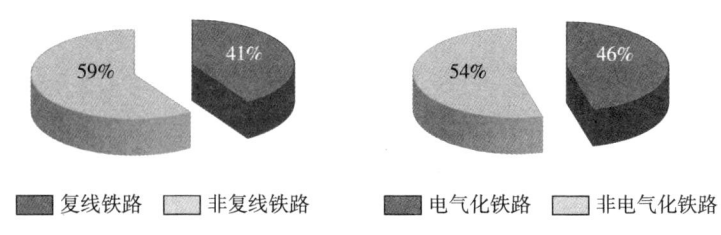

图 2-1 2010 年我国铁路复线率、电气化率情况

(2)公路

综合交通运输网络框架中,公路网络规模最大、覆盖范围最广、通达程度最高。我国正在构建以国家高速公路为骨干,以普通公路为基础的覆盖全国的公路网络,目前,国家高速公路网主骨架已初具形态,国省干线与农村公路构成的基础网络也正在形成之中,"五纵七横"国道主干线、西部开发八条公路干线建成通车,农村公路通达和通畅水平显著提升。截至 2010 年年底,我国公路网络总里程达到 400.8 万公里,分别超过 1949 年 49 倍和 1978 年 4 倍,其中,高速公路总里程达到 7.4 万公里,居世界第二位。公路网密度 41.75 公里/百平方公里,高速公路网密度 76.46 公里/万平方公里,部分省份公路网密度和高速公路网密度以达到或超过发达国家水平(如表 2-2 和表 2-3 所示)。公路网络中,二级及以

上公路里程44.73万公里,占公路总里程的11.2%。农村公路里程350.7公里,占公路总里程的87.5%。乡镇和建制村的通公路率分别达到99.9%和99.2%,乡镇和建制村通沥青(水泥)路比例分别达到96.6%和81.7%。公路网等级结构情况如图2-2所示。

表2-2 我国部分地区公路网密度与其他国家对比情况

地 区	密度值 (公里/百平方公里)	地 区	密度值 (公里/百平方公里)
全国平均	41.75(2010年)	日 本	316.8(2006年)
上 海	190.5(2010年)	德 国	180.6(2006年)
山 东	149.5(2010年)	法 国	172.5(2006年)
河 南	146.8(2010年)	英 国	163.2(2006年)
江 苏	146.5(2010年)	意大利	161.1(2006年)
重 庆	139.6(2010年)	西班牙	134.7(2006年)
天 津	134.5(2010年)	印 度	101.4(2006年)
北 京	125.6(2010年)	美 国	69.0(2007年)
湖 北	110.9(2010年)	巴 西	20.5(2004年)
浙 江	108.0(2010年)	澳大利亚	10.6(2004年)
安 徽	106.9(2010年)	加拿大	10.5(2006年)
广 东	105.6(2010年)	俄罗斯	5.5(2006年)

资料来源:根据《中国统计年鉴》(2011)、《2008中国道路运输发展报告》、《综合运输》2009年第3期、交通运输部李盛霖部长2011年全国交通运输工作会议讲话等中的数据计算而得。

(3)内河航道

以长江、珠江等水系和京杭运河为主体的内河水运格局基本形成,"两横一纵两网十八线"的高等级航道网络框架建设快步推进,对沿江产业布局与发展发挥重要的引导、支撑作用。截至2010年年底,内河航道通航总里程达到12.4万公里,通航里程位居世界第一位。等级航道6.23万公里,占总里程的50.1%,三级及以上航道1.02万公里,占航道总里程的8.2%。

表2-3 我国部分地区高速公路网密度与其他国家对比情况

地 区	密度值 (公里/万平方公里)	地 区	密度值 (公里/万平方公里)
全国平均	76.46(2010年)	德 国	322.7(2007年)
江 苏	395.6(2010年)	意大利	229.8(2007年)
浙 江	331.7(2010年)	法 国	186.7(2007年)
河 南	300.4(2010年)	西班牙	179.2(2007年)
山 东	278.6(2010年)	日 本	170.9(2007年)
广 东	268.8(2010年)	英 国	135.3(2007年)
河 北	229.5(2010年)	美 国	94.7(2007年)

资料来源:根据《中国统计年鉴》(2011)、《2010年公路水路交通运输行业发展统计公报》、世界主要国家交通统计资料等数据计算。

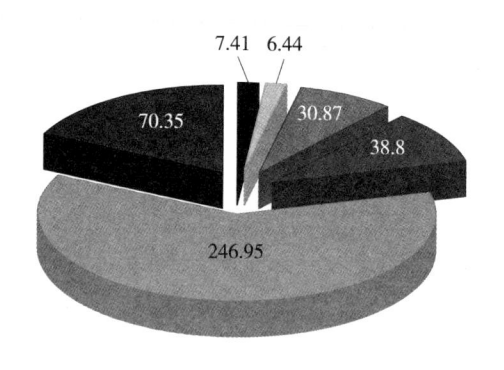

图2-2 2010年我国公路网络等级结构情况　单位:万公里

(高速 7.41；一级 6.44；二级 246.95；三级 38.8；四级 30.87；等外 70.35)

(4)管道

随着西气东输等干线管道的加快建设,我国跨区域油气骨干管网已初具规模,管道在能源运输中的骨干地位日益凸显。目前,原油管道已经在东北、西北、华北、华东和中部地区形成了区域性的输油管网;成品油管道已在西北、西南和珠江三角洲地区建成骨干管网,形成了"西油东运、北油南下"的总体格局;天然气管道在西气东输(一线)投产后加速发展,横跨东西、纵贯南北、连通海外的全国输气管网已初步形成。截至2010年年末,全国管道总里程达到7.85万公里。

(5)城市轨道

轨道交通在城市公共交通网络中的作用初步显现,北京、上海、广州等城市轨道交通初步成网,网络效应逐步显现;天津、深圳等城市轨道交通已建成骨干线路。截至2010年年底,我国大陆地区已有北京、上海、天津、广州、长春、大连、武汉、深圳、重庆、南京等12个城市陆续建成地铁及轻轨线路,并投入运营,此外,上海还建成我国第一条磁悬浮线路。截至2010年年底,我国轨道交通线路(含磁悬浮线路)运营及试运营通车总里程为1400公里,比2005年增长225.58%。其中,上海城市轨道交通运营里程达到420公里,北京城市轨道交通运营里程336公里,广州城市轨道交通运营里程236公里。

2.枢纽设施

运输枢纽是综合交通运输基础设施网络体系中的重要组成部分,是各种运输方式有效衔接,以及一体化运输服务效用得以充分体现的关键设施。综合交通运输层面的枢纽,既包括处于综合交通运输宏观网络层面的重要枢纽城市,也包括承载旅客与货物换乘换装、中转集疏服务的实体枢纽站场。"十一五"期间,我国运输枢纽建设继续推进,大型综合交通枢纽起步建设。按照国务院批准的《综合交通网中长期发展规划》,我国42个全国性综合交通枢纽(节点城市)的建设布局正在推进,其中,武汉等先行试点城市已完成规划,后续工作正在展开。枢纽站场方面,以港口、机场、铁路车站、公路客货运站等为重点的枢纽站场的发展取得显著成绩,特别是以上海虹桥枢纽为代表的我国第一个综合交通枢纽的投入运营,是"一体化"、"无缝化"综合交通枢纽发展理念付诸实践的有益探索。截至2010年年底,我国各类枢纽站场数量超过17万个。

表2-4 2010年我国货物吞吐量超过亿吨的港口 单位:亿吨

排名	港 口	吞吐量	排名	港 口	吞吐量
沿海港口					
1	宁波—舟山港	6.33	9	日照港	2.26
2	上海港	5.63	9	营口港	2.26
3	天津港	4.13	11	深圳港	2.21
4	广州港	4.11	12	烟台港	1.50
5	青岛港	3.50	13	湛江港	1.36
6	大连港	3.14	14	连云港港	1.27
7	秦皇岛港	2.63	14	厦门港	1.27
8	唐山港	2.46	16	北部湾港	1.19
内河港口					
1	苏州港	3.29	4	湖州港	1.44
2	南通港	1.51	5	江阴港	1.25
3	南京港	1.47	6	镇江港	1.06

资料来源:《2010年公路水路交通运输行业发展统计公报》。

(1)港口

"十一五"时期,煤炭、原油、铁矿石、集装箱等一批专业化码头相继投入运营。截至2010年年底,我国港口数量已超过400个,其中,规模以上港口数量为96个。全国港口共拥有生产用码头泊位31634个,分别超过1949年和1978年的196倍和43倍,其中,沿海港口生产用码头5453个(包括深水泊位1774个),内河港口生产用码头泊位26181个。沿海港口总通过能力达到55亿吨,集装箱泊位能力达到1.48亿标准箱,远远超过新中国成立初期和改革开放初期的港口规模。货物吞吐量超过亿吨的港口达到22个,其中,沿海亿吨港口16个,内河亿吨港口6个。

(2)机场

"十一五"期间,我国枢纽和干、支线机场建设有序推进,截至2010年年底,民用航空机场达到175个(不含香港和澳门,下同),比1978年翻了两番多,其中,定期航班通航机场175个,定期航班通航城市172个。这些机场覆盖了全国91%的经济总量、76%的人口和70%的县级行政单元,其中,北京首都国际机场旅客吞吐量和上海浦东国际机场货物吞吐量排名分别位居世界前2名和前3名。2010年,我国通航机场中,年旅客吞吐量超过100万人次的机场有51个,完成旅客吞吐量占全部机场旅客吞吐量的95.2%;年旅客吞吐量超过1000万人次的机场达到16个,完成旅客吞吐量占全部机场旅客吞吐量的67.7%;年货邮吞吐量在10000吨以上的有47个,完成量占全部机场货邮吞吐量的98.8%。

(3)铁路站场

截至2010年年底,我国铁路客运站约2000个,铁路货运站约3400个。目前,多种运输方式有效衔接的6大铁路枢纽客运中心、10大区域性客运中心和18个集装箱中心站建设正在快步推进,北京南站、上海南站、广州南站等一大批现代化、高标准、一体化的铁路客运枢纽以及上海、重庆等多个铁路集装箱中心站投入运营。

(4)公路站场

依据《国家公路运输枢纽布局规划》确定的179个公路主枢纽,加快了公路运输枢纽的建设步伐,公路站场进入新一轮建设完善期。截至2010年年底,我国共拥有各类公路客运站20万个左右,其中,四级以上客运站超过9000个,所占比重约为5%;共拥有公路货运站(场)超过3000个,其中二级以上货运站超过500

个,所占比重约为17%。

(5)内河枢纽设施

截至2010年年底,我国内河航道共有4177处枢纽,其中,具有通航功能的枢纽2352处。

表2-5 新中国成立以来我国主要运输枢纽
基础设施(港口和机场)发展情况　　　单位:个

年份	港口泊位					民用运输机场
^	共计	沿海港口		内河港口		
^	^	合计	万吨级	合计	万吨级	^
1949	161	161	0	—	0	—
1978	735	311	133	424	0	78
1992	4318	1007	342	3311	30	98
1998	9814	1321	468	8493	47	144
2005	35242	4298	847	30944	187	142
2008	31050	5119	1157	25931	259	158
2009	31429	5320	1261	26109	293	166
2010	31634	5453	1774	26181	318	175

资料来源:《新中国交通五十年统计资料汇编》、《全国交通统计资料汇编》,2006—2010、《从统计看民航》,1983—2010。

(二)技术装备

近年来,依托重点工程,我国铁路、公路、机场等建造技术快速提高,已达到国际先进水平,深水筑港、河口航道治理等关键技术取得重大突破,运输装备和技术不断创新发展,一方面提高了运输效率,有力地支持了综合交通运输体系服务能力与水平的大幅提升,降低了经济社会发展的综合成本;另一方面也使各种运输方式的比较优势得到拓展,相互间的竞争空间更加广阔,联系也更加紧密,为综合交通运输体系的构建、发展和完善创造了条件并提供了新的动力。

1. 运输装备

"十一五"时期以来,我国运输装备总量与水平有了很大提升,运输装备的数量不断增加,装备结构进一步优化,技术性能与装备档次明显改善。截至2010年年底,我国共拥有各类铁路运输车辆约70万辆、民用汽车7802万辆、民用机动船15.6万艘、民用飞机2405架,分别是改革开放之初的1980年的2.38倍、43.83倍、2.42倍和11.17倍。

(1) 铁路运输装备

近年来,铁路运输装备整体水平的提升步伐十分迅速,特别是随着高速铁路以及重载铁路的运营,铁路运输装备等级档次与技术性能等得到显著改善,我国铁路主要干线已全部实现内燃、电力机车牵引。截至2010年年底,全国铁路机车拥有量达到1.94万台,其中"和谐型"大功率电力机车3372台,内燃机车占56.6%,电力机车占43.1%。全国铁路客车拥有量达到5.21万辆,其中空调车3.66万辆,所占比例为70.3%,"和谐号"动车组480组。全国铁路货车(不含企业自备车)拥有量达到62.23万辆,其中提速货车比重超过94%。

(2) 公路运输装备

截至2010年年底,我国民用汽车数量达到7801.8万辆,是改革开放初期的40多倍。民用汽车总量中,私人汽车5938.7万辆,所占比重为76.17%,公路营运汽车1133.3万辆,所占比重为14.54%。私人汽车数量和公路营运汽车数量分别达到改革开放初期的210倍以上和55倍以上。

公路营运汽车中,载客汽车83.13万辆、2017.09万客位,平均客位24.26客位/辆,其中,大型客车24.78万辆,所占比重为29.81%,大型客车客位1031.79万客位,所占比重为51.15%,大型客车平均客位41.65客位/辆。营运客车总量、结构、性能等均比改革开放之初有了大幅改善。

75

表 2-6 我国主要运输装备数量统计表

类别		单位	1980年	1990年	2000年	2005年	2010年
铁路	机车	台	10665	13981	15253	17473	19431
	客车	台	16367	27538	37249	41974	52130
	货车	台	270253	368561	443902	548368	622284
公路	民用汽车	万辆	178	551	1609	3160	7802
	客车	万辆	35	162	854	2132	6124
	其中:营运客车	万辆	4	11	99	128	83*
	货车	万辆	130	368	716	956	1598
	其中:营运货车	万辆	16	20	436	587	1050
水运	民用运输机动船	艘	64307	325858	185018	165900	155624
	净载重量	万吨	1278.94	2909.11	4264.06	9075.64	16898.57
	民用运输驳船	艘	119464	82482	44658	41394	22783
	净载重量	万吨	595.14	906.07	864.05	1103.01	1142.29
民航	民用飞机总数	架	—	503	982	1386	2405
	运输飞机	架	143	204	527	863	1597
	通用航空飞机	架		217	301	383	606

资料来源:《中国交通年鉴》(2010),《2010年铁道统计公报》,《全国交通统计资料汇编》(1980、1990、2000、2010),《中国统计年鉴》(2011)等。

注:* 2010年营运客车统计口径发生变化,不含城市公共交通车辆、出租车等。

载货汽车1050.19万辆、5999.82万吨位,其中,普通载货汽车996.43万辆,所占比重为94.88%,吨位数5223.23万吨,所占比重为87.06%;专用载货汽车53.77万辆,所占比重为5.12%,吨位数776.59万吨,所占比重为12.94%。营运载货汽车平均吨位不断上升,已经达到5.71吨/辆。

表 2-7 近年来我国营运客车结构变化情况

年份	营运客车 数量 万辆	营运客车 客位 万个	高级 数量 万辆	高级 客位 万个	中级 数量 万辆	中级 客位 万个	卧铺 数量 万辆	卧铺 客位 万个
2005	152.2	1957.6	14.4	346.6	40.7	560.3	2.8	96.0
2006	162.0	2309.4	11.6	414.4	23.6	596.7	2.6	91.6
2007	164.6	2426.5	16.4	556.6	27.1	735.0	2.7	93.3
2008	169.6	2560.4	18.4	651.2	26.8	732.9	2.7	96.4
2009	180.8	2799.7	19.6	751.0	30.4	791.5	2.7	96.7
2010	83.1*	2017.1	18.6	694.3	30.0	748.3	3.0	107.6

资料来源:《2010 年中国道路运输发展报告》等。

注:* 2010 年营运客车统计口径发生变化,不含城市公共交通车辆、出租车等。

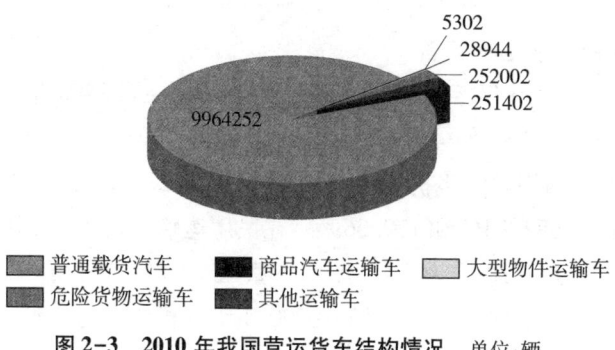

图 2-3 2010 年我国营运货车结构情况 单位:辆

(3)水路运输装备

截至 2010 年年底,我国拥有各类民用运输船舶 17.84 万艘,其中机动船 15.56 万艘,所占比重为 87.22%,驳船 2.28 万艘,所占比重为 12.78%。民用运输船舶净载重量和平均净载重不断上升,分别达到 18040.86 万吨和 1011.22 吨/艘,分别比改革开放之初增长了 862.65% 和 891.59%。民用运输船舶集装箱箱位达到 132.44 万标准箱,载客量达到 100.37 万客位,船舶功率 5330.44 万千瓦,均比改革开放之初有了大幅提升。

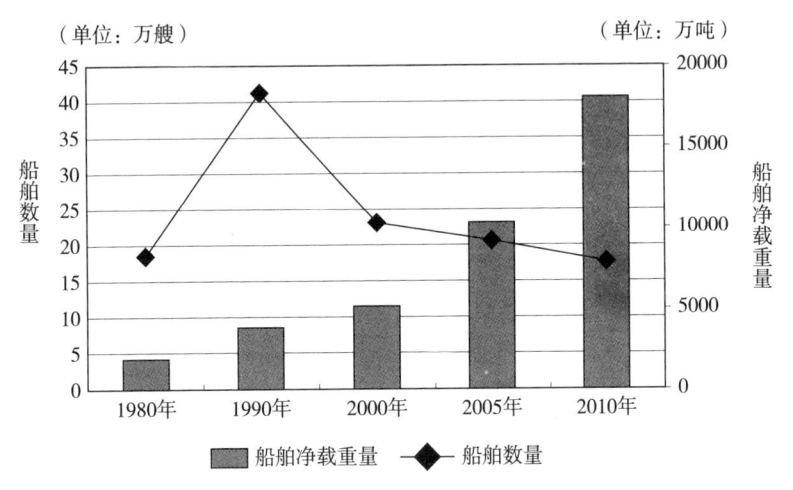

图 2-4 改革开放以来我国船舶数量及净载重量变化情况

(4) 民航运输装备

截至 2010 年年底，我国共拥有各类民用飞机 2405 架，比 1990 年增长了 3.78 倍。其中，民用运输飞机 1597 架，所占比重为 72.49%，通用航空飞机 808 架，所占比重为 27.51%，分别比 1990 年增长了 682.84% 和 179.26%。在民用运输飞机中，大中型飞机 1453 架，所占比重为 90.98%，小型飞机 144 架，所占比重为 9.02%。大中型飞机中以 100—200 座级客机为主力机型，所占比例超过 80%。通用航空飞机中教学校验飞机 202 架，所占比重为 33.33%。

2. 技术创新

交通运输领域历来是先进技术的"萌发基地"和"试验炼场"。近年来，我国紧跟世界科技发展潮流，交通运输领域的技术创新能力显著提升，运输装备研发以及交通运输基础设施建设等方面的众多关键技术得到突破。

(1) 铁路运输领域

以高速铁路为核心，在工程建造、高速列车、列车控制、客站建

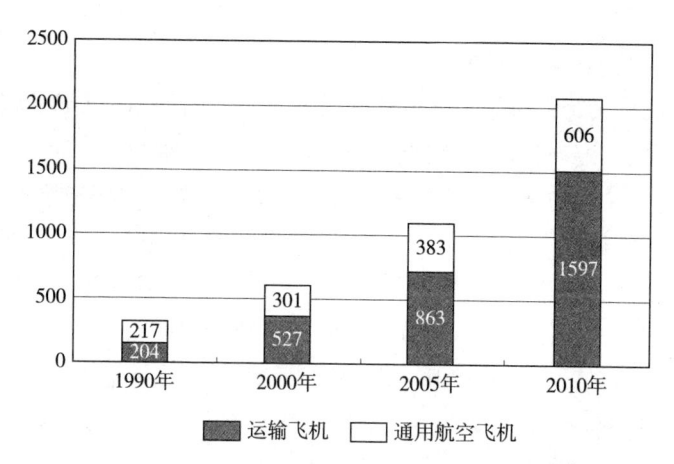

第二章 "十一五"时期综合交通运输发展状况评估

图 2-5　20 世纪 90 年代以来我国民用飞机数量及其构成情况　单位：架

设、系统集成、运营管理、调度指挥等领域形成了一批具有自主知识产权的高铁技术，成功搭建了处于世界铁路领先水平的时速 350 公里动车组技术平台，并于 2010 年创造了时速 486.1 公里的当今世界最高运营铁路运行速度。车体外型优化、转向架、牵引传动、制动系统、弓网关系、智能化、气密性、减振、降噪、舒适性十大技术创新成果已在高速列车上成功应用。

在货运方面，重载技术得到了进一步提升，达到世界一流水平，6 轴 9600 千瓦大功率交流传动电力机车已自主研制成功，载重 80 吨煤车和 100 吨矿石车批量投入运用，和谐型大功率电力机车牵引 2 万吨重载组合列车已成功应用于大秦铁路，6000 马力大功率内燃机车实现大批量生产。

除此之外，大修列车等大型养路机械成功研制，铁路筑路工程技术（高原冻土青藏铁路无砟整体道床、大吨位桥隧工程等）取得创新性发展，基本实现列车调度指挥系统（TDCS）全覆盖，新一代分散自律调度集中系统（CTC）开始应用于繁忙干线及煤运通道，集成列车运行控制系统、客票系统、货运实时信息系统等也得到提升和发展。

(2)公路运输领域

公路大跨径桥梁和隧道建筑关键技术[目前我国已成功建成世界最长的双洞单向公路隧道——西(安)柞(水)终南山公路隧道、世界最长的跨海大桥——杭州湾跨海大桥等]、沙漠公路与冻土公路修建技术、智能交通技术、动态交通信息导航系统、道路客运综合信息服务系统、新能源运输车辆的研发、危险品运输和长途客车的全球定位系统(GPS)联网联控系统等,都有很大发展并取得显著成效。20个省(区、市)实现高速公路联网监控,28个省(区、市)实现高速公路联网收费,已开通电子不停车收费系统的车道数约为1300个。

(3)水路运输领域

在港航工程建设领域,我国依托重大工程项目进行科技攻关,深水筑港、外海施工、河口航道治理等技术已跻身世界先进行列。通过引进先进技术与自主开发相结合,我国船舶现代化水平大大提高,修造能力大大增强,围绕油船、散货船、集装箱船三大主流产品,加强船型优化升级换代,逐步形成国际化、大型化、系列化、批量化和专业化的生产能力,30万吨级超大型油船、超大型液化石油气(LNG)船、1.3万标准箱级"新巴拿马"大型集装箱船自主研发成功,标志着我国船舶建造技术达到世界先进水平,使我国海运技术装备登上了一个新台阶。全国初步建设了52个重点水域船舶交通管理系统,实现了所辖水域内船舶的跟踪监控;"数字航道"示范工程在长江三角洲、珠江三角洲、长江干线和京杭大运河逐步开展。

(4)民航运输领域

我国已有16个民航机场应用RNP(Required Navigation Performance)精密导航技术,在技术标准和实际运营方面都处于世界领先水平,特别是在西部高原机场的应用极大地提高了飞行的精确度和安全水平。具有完全自主知识产权的"翔凤"支线喷气客机已开始批量生产,大飞机制造项目已经启动。在 8500 米至 12500 米空域间缩小飞行高度层垂直间隔,飞机的巡航高度层增加了一倍左右,由过去 7 个增加到目前的十多个,空域容量和利用率明显提高。随着我国第三代(3G)网络全面推进和发展成熟,信息移动化为航空业注入全新活力,以"云计算"为代表的一系列高端技术也逐渐被应用于航空领域,使航空信息化趋于快速化和全面化。

(三)运输服务

1. 运输规模

新中国成立以来,特别是改革开放以来,我国交通运输服务能力大幅提升,完成的客货运输量逐年递增。2010 年全社会完成客运量 327 亿人、旅客周转量 27894 亿人公里、货运量 324 亿吨、货物周转量 141838 亿吨公里,分别是 1978 年的 13 倍、16 倍、13 倍、14 倍。"十一五"期间,我国客运量年均增长率 12.1%、旅客周转量年均增长率 9.8%、货运量年均增长率 11.7%、货物周转量年均增长率 12.1%。公路、水路货物周转量高居世界第一位。

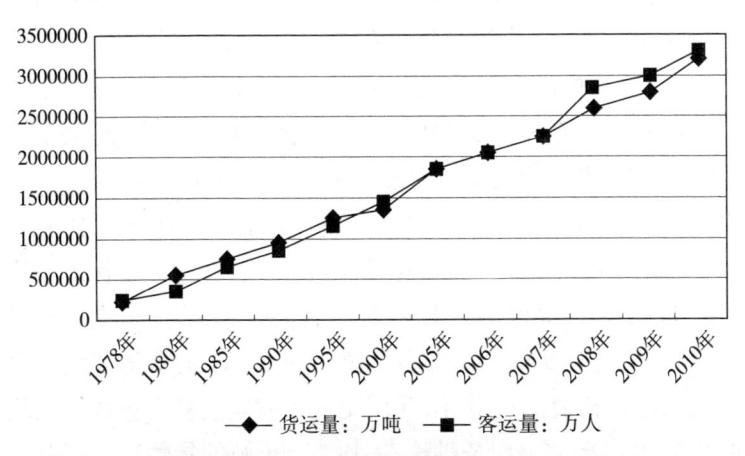

图 2-6 改革开放以来我国全社会完成的客运量、货运量变化情况

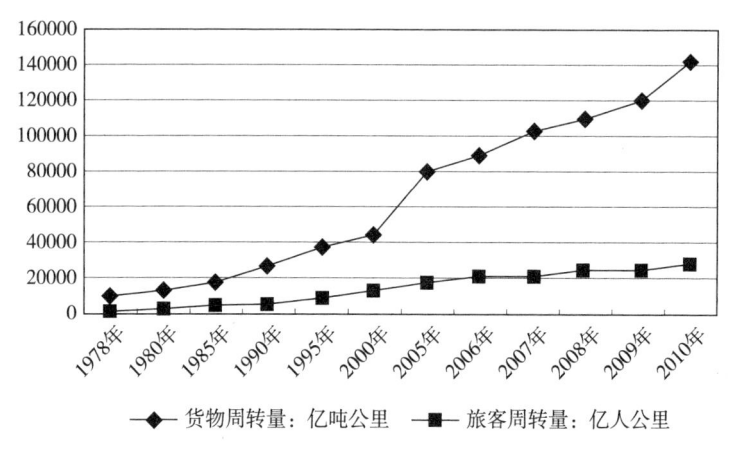

图 2-7 改革开放以来我国全社会完成的旅客周转量、货物周转量变化情况

2010年,我国港口共完成货物吞吐量89.32亿吨,完成集装箱吞吐量1.46亿标准箱,连续多年稳居世界第一位。其中,沿海港口(含长江下游8港)以55亿吨的综合货物通过能力(含集装箱),完成了65.1亿吨(含集装箱泊位吞吐量1.38亿标准箱)的货物吞吐量,货物吞吐完成量是2000年的4.58倍,港口能力适应率为0.85,低于1.2—1.3的码头泊位合理能力适应率的国际通用标准。近十年来,沿海港口货物吞吐量年均增长率保持在16%左右,明显高于近十年码头泊位年综合通过能力11%左右的年均增长速度。

我国综合交通运输体系以不断提升的服务能力和服务品质,全力支撑着我国工业化、城镇化、国际化大发展的步伐,保障着我国40.12万亿GDP经济总量、2.97万亿美元的进出口贸易、13.41亿人口生产生活以及47%左右城镇化发展水平的资源要素流通(人流、物流)需要。2010年,我国交通运输向全社会提供了人均24.38次的出行需求服务供给、人均24.18吨的货物运输服务供给,分别比1978年(2.63次/人和2.59吨/人)增长了8.27倍和

8.34倍,分别比2000年增长(11.67次/人和10.72吨/人)了108.91%和125.56%。

表2-8 近年来我国经济发展与交通运输生产完成情况

年 份	GDP（亿元）	客运 运量（万人）	客运 周转量（亿人公里）	货运 运量（万吨）	货运 周转量（亿吨公里）
1995	60793.7	1172596	9001.9	1234938	35909
1996	71176.6	1245357	9164.8	1298421	36590
2000	99214.6	1478573	12261.1	1358682	44321
2001	109655.2	1534122	13155.1	1401786	47710
2002	120332.7	1608150	14125.6	1483447	50686
2003	135822.8	1587497	13810.5	1564492	53859
2004	159878.3	1767453	16309.1	1706412	69445
2005	184937.4	1847018	17466.7	1862066	80258
2006	216314.4	2024158	19197.2	2037060	88840
2007	265810.3	2227761	21592.6	2275822	101419
2008	314045.4	2867892	23196.7	2587413	110301
2009	340902.8	2976898	24834.9	2825222	122133
2010	401202.0	3269508	27894.3	3241807	141838
"九五"时期年均增速	8.63%	4.75%	6.37%	1.93%	4.30%
"十五"时期年均增速	9.76%	5.72%	9.25%	8.20%	16.00%
"十一五"时期年均增速	11.21%	12.10%	9.81%	11.73%	12.06%

资料来源:《中国统计年鉴》(2011)等。

注:"九五"时期、"十五"时期GDP增速按不变价计算,"十一五"时期按当年价计算后修正。

2.运输结构

(1)旅客运输结构

2010年,在我国全社会完成的客运量中,铁路完成16.8亿人次,所占比重为5.13%;公路完成305.3亿人次(不含私人汽车运输量),所占比重为93.37%;水运完成2.2亿人次,所占重分别为0.68%;民航完成2.7亿人次,所占比重为0.82%。自"九五"时期以来,公路运输完成的客运量继续保持在高位上的增长,客运量的比重由"九五"初期的90.10%增长到"十一五"期末的93.37%,增长了3.27个百分点;铁路完成的客运量比重在下降,由"九五"初期的7.61%下降到"十一五"期末的5.13%。具体变化情况如表2-9所示。

表2-9 "九五"时期以来我国客运量结构比重变化情况　　单位:%

年　份	铁　路	公　路	水　路	航　空
1996	7.61	90.1	1.84	0.446
2000	7.11	91.13	1.31	0.455
2005	6.25	91.90	1.10	0.75
2010	5.13	93.37	0.68	0.82

资料来源:根据《中国统计年鉴》(2011)中数据计算而得。

旅客周转量方面,2010年铁路完成旅客周转量8762亿人公里,所占比重为31.41%;公路完成旅客周转量15021亿人公里,所占比重为53.85%;水运完成旅客周转量72亿人公里,所占比重为0.26%;航空完成旅客周转量4039亿人公里,所占比重为14.48%。其中,民航客运所占比重的增幅最为明显,由"九五"初期的8.16%上升到"十一五"期末的14.48%,增长了6.32个百分点;公路周转量所占比重相对平稳,基本保持在53%左右;铁路在旅客周转量比重方面下降明显,由"九五"初期的36.53%下降到了"十一五"期末的 31.41%,下降了 5.12 个百分点。具体变化情况如表 2-10 所示。

表 2-10 "九五"时期以来我国旅客周转量结构比重变化情况

单位:%

年 份	铁 路	公 路	水 路	航 空
1996	36.53	53.56	1.75	8.16
2000	36.97	54.30	0.82	7.91
2005	34.71	53.20	0.39	11.70
2010	31.41	53.85	0.26	14.48

资料来源:根据《中国统计年鉴》(2011)中数据计算而得。

不同运输方式旅客运输服务结构的变化,客观地反映出人们出行需求的变化,随着各种运输方式的不断发展完善和服务模式的创新,运输服务的可选择性也在不断增加。自"九五"时期以来,我国居民年平均出行距离增长了 1.77 倍,由"九五"初期的 749 公里增长到"十一五"时期的 2080 公里,人们出行的次数大幅增加,出行的范围显著扩大。在各种运输方式中,铁路的平均运距增长幅度最大,由"九五"初期的 345.1 公里增加至"十一五"期末的 522.8 公里,增幅高达 51.5%,铁路在区际长途旅客运输中的作用逐步发挥;同期水运平均运距大幅下降,由 71.8 公里降至 31.8 公里,在中长距离旅客运输中的作用已明显降低;公路平均运距略有上升,由 44.2 公里增加至 49.2 公里,主要仍以短途运输为主;民航运平均距由 1331.4 公里增长至 1508.8 公里,在长距离旅客运输中的速度优势进一步显现,特别是国际旅客运输需求的大幅增加,使民航平均运距快速上升。同时,人们对运输服务需求的品质日益提升,更青睐于具有机动性、灵活性、时效性、舒适性和安全性等优势的运输方式。因此,民航、公路等能够很好满足人们

"优质性"需求的运输方式发展十分迅速,在综合客运体系中的地位和比重迅速攀升。近几年我国居民出行距离变化趋势如图2-8所示。

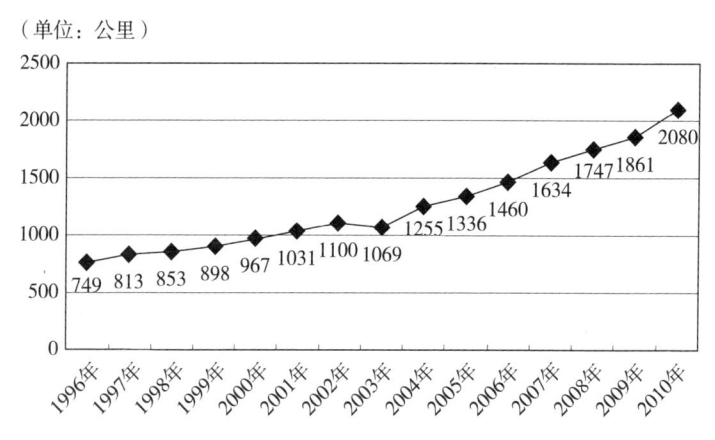

(单位:公里)

年份	距离
1996年	749
1997年	813
1998年	853
1999年	898
2000年	967
2001年	1031
2002年	1100
2003年	1069
2004年	1255
2005年	1336
2006年	1460
2007年	1634
2008年	1747
2009年	1861
2010年	2080

图2-8 "九五"时期以来我国居民出行距离变化趋势图

(2)货物运输结构

2010年,我国全社会完成的货运量中,铁路完成36.4亿吨,所占比重为11.24%;公路完成244.8亿吨,所占比重75.52%,水运完成37.9亿吨,所占比重为11.69%(远洋完成的比重为1.79%);民航完成0.056亿吨,所占比重为0.02%;管道完成5.00亿吨,所占比重为1.54%。具体而言,"九五"时期以来,公路货运所占的比重基本保持在75%左右;铁路货运所占比重有所下降,由"九五"初期的13.17%下降到"十一五"期末的11.24%;水路货运所占比重呈现上升趋势,由"九五"初期的9.81%上升到"十一五"期末的11.69%。目前我国水运承担了全国90%以上的外贸货物运输量,港口接卸了90%的进口原油和99%的进口铁矿石;在内贸运输方面,海运承担了80%以上的"北煤外运"量和50%的"北粮南运"量,形成了与其他运输(特别是铁路、公路)协调发展的良好态势。管道运输和航空运输在综合货运体系中所占的比重也呈现不断上升的趋势。具体情况如表2-11所示。

表2-11 "九五"时期以来我国货运量结构比重变化情况　　单位:%

年 份	铁 路	公 路	水 路 总 体	水 路 其中:远洋	管 道	航 空
1996	13.17	75.77	9.81	1.09	1.23	—
2000	13.14	76.46	9.01	1.69	1.38	0.015
2005	14.46	72.06	11.79	2.61	1.67	0.017
2007	13.81	72.04	12.36	2.59	1.78	0.018
2008	12.77	74.08	11.38	1.64	1.75	0.016
2009	11.80	75.73	11.29	1.83	1.58	0.02
2010	11.24	75.52	11.69	1.79	1.54	0.02

资料来源:根据《中国统计年鉴》(2011)中数据计算而得。

在货物周转量结构方面,2010年铁路完成27644亿吨公里,所占比重为19.49%;公路完成43390亿吨公里,所占比重为30.59%;水运完成68428亿吨公里,所占比重为46.24%(远洋占总周转量的比重为32.43%左右);航空完成179亿吨,所占比重为0.13%;管道完成2197亿吨公里,所占比重为1.55%。自"九五"时期以来,公路货物周转量所占比重快速增长,由"九五"初期的13.69%增长到"十一五"期末的30.59%;铁路完成的货物周转量则不断下降,由"九五"初期的35.82%下降到"十一五"期末的29.49%;水路货物周转量所占比重整体呈现出"先增后减"的倒"V"字变动趋势;管道和航空运输的货物周转量所占比重总体呈现上升势头。

"九五"时期以来,我国货物运输的平均运距显著增加,由290.8公里增加至437.5公里。其中,铁路由786.2公里变为758.9公里,变化并不明显,反映铁路货运的服务范围变化不大;

公路平均运距由49.9公里大幅增长至177.2公里,一是由于城市经济活动范围的扩大导致公路承担的城际货物运输需求快速增长,二是高速公路基本成网后,跨区域农产品和工业品运输大量采用汽车运输方式,三是公路在中长距离大宗物资调运与集散中发挥了重要作用;水运也有较大幅度的增长,由1550.6公里增至1805.7公里,主要源于外贸进出口货物远洋运输量的不断增长;民航运距增长趋势也十分明显,由2205.7公里增至3177.6公里,主要是长距离、多批次、小批量航空货物和国际国内快递货物的增长迅速;管道平均运距由386.3公里变为439.6公里,略有增加,与产业布局和管道运输的使用范围关系密切。总之,各种运输方式在合理运距范围之内基本发挥了自身功能和作用,水运和民航在国际货物运输中的作用十分突出,铁路依然是国内大宗物资长距离运输的主导方式,公路货运支撑和加强了区域内城市间经济的密切交往,运输范围随之快速拓展,管道则在跨区域油气运输中发挥了重要作用。

表2-12 "九五"时期以来我国货物周转量结构比重变化情况

单位:%

年 份	铁 路	公 路	水路 总体	水路 其中:远洋	管 道	航 空
1996	35.82	13.69	48.82	30.76	1.60	0.068
2000	31.07	13.83	53.55	38.52	1.44	0.11
2005	25.82	10.83	61.89	48.04	1.36	0.098
2007	23.46	11.20	63.39	48.01	1.84	0.11
2008	22.76	29.79	45.57	29.78	1.76	0.11
2009	20.67	30.45	47.13	32.36	1.66	0.10
2010	19.49	30.59	48.24	32.43	1.55	0.13

资料来源:根据《中国统计年鉴》(2011)中数据计算而得。

从上述分析可以看出,目前我国综合货物运输体系结构还不尽合理,由于铁路基础设施建设相对缓慢,以及其他因素的影响,铁路在综合货运体系中的比重不断下降,其在陆路大宗货物运输中的比较优势未能充分发挥,影响着货物运输的整体效率和全社会的物流成本等。

总体而言,目前我国还处于综合交通运输结构的大调整时期,相对稳定的运输格局尚未最终成形,各种运输方式正在根据自身技术经济特性以及自身发展程度,探寻合理的运营范围和空间,特别是由于新的运输技术的发展和应用(比如,高速公路、高速铁路、集装箱技术、GPS 等),整体运输格局调整进程将会进一步深化。

3.服务质量

(1)普遍性

随着综合交通运输基础设施网络体系区域布局的完善以及结构等级的提升,特别是城市公交的优先发展,农村公路的重点建设与农村客运的大力发展,支线机场的加快建设,以及具有国土开发意义的重要通道(如青藏铁路、西部高等级公路等)建设,我国综合交通运输普遍服务的深度、广度以及服务的品质有了较大提高,城市公共交通覆盖面逐步扩大,农村运输条件得到极大改善。以农村客运为例,截至 2010 年年底,全国农村客运班线数量已达 8.5 万条,乡镇、建制村通班车率分别达到 98% 和 88%。

(2)时效性

随着高速公路、高速铁路、高等级航道以及航空运输等代表综合交通运输先进生产力的基础设施的建设和不断完善,以我国重要区域性中心城市为核心的"1 小时交通圈"、"2 小时交通圈"等正在快速形成,特别是随着京津、武广、郑西、京沪等时速 300 公里、大能力、高频率、现代化高速铁路的建成运营,标志着我国铁路也进入了"高速时代",极大地提升了我国综合交通运输在时效性、舒适性、便捷性等方面的服务品质,缩短了我国区域之间,特别是城市群、城市带之间的时空距离,密切了区域(城市)之间的交流与合作,促进了区域内部的经贸活动,提高了人们生活品质。

表2-13 2008年我国国道网速度水平

类别	国道网情况			高速公路
	平均	国道主干线	一般国道	
速度(公里/小时)	65.1	99.3	56.8	102.4

资料来源:《2008中国道路运输发展报告》。

表2-14 2009年我国快速铁路网规模

类别	300公里/小时	200公里/小时及以上	160公里/小时及以上	120公里/小时及以上
里程(公里)	>1600	>6500	>1.6万	>2.4万

资料来源:根据铁道部相关资料汇总计算。
注:300公里/小时线路里程为营运里程,其余为延展里程。

(3)满意度

随着基础设施网络等级的完善提升、信息化技术手段的应用、先进组织管理的推广以及服务意识的强化,各种运输方式之间的衔接程度有了很大提高,人们出行时间、换乘时间有了较大节约,交通运输的效率水平不断提高,同时运输服务的准确性、旅客(货主)满意度明显改善。在铁路方面,目前货车周转时间为4.48天,比2005年缩短0.44天。在民航方面,目前我国正班客座率达到76%,其中国内航线正班客座率达到77%,国际航线正班客座率达到71%;正班载运率达到67%,其中国内航线正班载运率达到69%,国际航线正班载运率达到63%。运输飞机的平均利用率达到了9.30小时,处于较高水平。航班正常率、旅客投诉率、货物/行李差错率等指标也有了较大改善。

表 2-15 近年来我国航空运输服务质量

年 度	航班正常率	旅客投诉率	货物/行李差错率
2006	81.48%	0.022%	0.32%/1.94%
2007	83.19%	0.018%	0.10%/0.54%
2008	82.65%	0.021%	0.21%/0.34%
2009	81.31%	0.011%	0.25%/0.04%

资料来源:民航局数据。

(4)运输成本

随着运输服务质量的提升,特别是运输效率的提高,我国综合交通运输服务的总体成本也有了一定的下降。以物流成本为例,2010年我国全社会物流成本与GDP的比率为17.7%,比1996年下降了16.11%。

表 2-16 近年来我国物流总成本占 GDP 比重变化情况

年 份	社会物流总成本(亿元)	GDP(亿元)	物流成本所占比重(%)
1996	14993	71177	21.1
2000	19230	99215	19.4
2005	33860	184937	18.3
2006	38957	216314	18.0
2007	48266	265810	18.2
2008	56741	314045	18.1
2009	60826	340903	17.8
2010	70984	401202	17.7

资料来源:《中国第三产业统计年鉴》(2010)、《中国统计年鉴》(2011)等。

4. 运输安全

运输安全一直是我国交通运输领域和社会关注的重要问题，"十一五"时期，我国加强了交通安全监管系统建设，随着基础设施网络规模等级的提高、运输工具技术性能的提升以及现代化引导装置和信息化设施设备的较广泛应用等，综合交通运输服务的"安全性"也得到了显著增强。以公路运输为例，近年来，我国公路运输事故率呈现显著下降趋势。2010年，全国道路运输行业一次死亡3人以上交通事故起数127起、死亡人数756人和受伤人数1301人，处于2004年以来最低水平。其中，一次死亡10人以上的交通事故起数下降幅度较大，共发生17起，造成249人死亡、276人受伤，分别比2005年下降45.2%、53.9%和46.6%。在民航方面，我国近十年来运输飞行百万小时平均事故率约为0.11，远远低于世界0.29的平均水平。在水运方面，至今已保持了我国管辖海域连续6年中国籍交通运输船舶人员"零死亡"的纪录。

表2-17　近年来我国公路运输行业一次死亡3人以上交通事故统计

名　称	2004年	2005年	2006年	2007年	2008年	2009年	2010年
事故起数（起）	173	184	161	160	133	133	127
死亡人数（人）	1255	1261	1034	904	854	745	756
受伤人数（人）	1804	1915	1817	1663	1173	1445	1301

资料来源：《2010中国道路运输发展报告》等。

5. 应急保障

"十一五"时期以来，我国综合交通运输的应急保障能力也得到了极大提升，通过建立各类应急联动机制（如重点物资运输保障机制、环渤海湾水域陆岛空中救援网络、水上交通安全监管和救助系统、海洋灾害信息监测预警预防制度等），促进各种运输方式协调配合、紧密衔接，有力地应对了频频发生的暴风雨、暴风雪、强台风、重干旱、地震、海啸等极端气候和重大自然灾害的抢险救灾工作,也有力地保障了奥运会、世博会、国庆60周年庆典、海外紧急撤侨以及"春运"、"十一"黄金周等的应急运力组织和运输安全服务等。此外,根据国家安全形势需要和国防、军队建设要求,我国不断加强国防交通建设,国防交通保障能力明显提高。

(四)节能环保

目前,我国综合交通运输领域的能源消耗已超过3亿吨标准煤,占全社会总能耗的10%左右,其中,汽油、柴油、煤油等石化燃料的消耗量占全社会总消耗量的比重均超过了50%。根据能源增长推算,目前我国综合交通运输领域二氧化碳排放量约为6.3亿吨,占全国二氧化碳排放比例的10%左右。

近年来,为全面贯彻落实科学发展观,建设资源节约型和环境友好型社会,交通运输领域"低碳"发展问题受到广泛关注。"十一五"时期,我国加快发展轨道交通、水运等运输方式,推进综合交通运输大通道建设,优先发展大中城市公共交通等,促进了资源优化配置和集约利用。积极发展电气化铁路和重载技术,实施港口机械油改电,淘汰老旧车船,优化航路航线等,着力推进节能环保技术与装备的应用。颁布交通运输节能减排和集约用地等政策、规范和标准,完善交通运输行业节能环保管理体系。上述工作促进了我国交通运输资源的优化配置,使交通运输领域的节能减排取得了较为明显的效果。

在能耗方面,近年来交通运输领域的整体能耗虽然以10%左右的年均速度不断增长,但单位运输工作量的综合能耗却在不断下降。2010年,国家铁路(不含控股合资铁路)运输企业能源消耗折算标准煤1615.73万吨,单位运输工作量综合能耗4.9吨标准煤/百万换算吨公里,比"十五"期末下降1.58吨标准煤/百万换算吨公里,下降了24.38%。全国营运车、船的单位运输周转量能耗以及港口生产综合单耗分别比"十五"期末下降了5%、7%和4%。民航运输换算吨公里能耗年均降速达到4%左右,生产飞行小时能耗年均降速2%左右。

表 2-18　近年来我国交通运输领域能源消费情况

单位:万吨标准煤

项　　目	1995 年	2000 年	2005 年	2007 年	2008 年	2009 年
能源消费总量	133176	130297	223319	265583	291448	306647
交通运输、仓储和邮政业	5863	9916	16672	20643	22917	23692

资料来源:《中国统计年鉴》,1997—2011。
注:交通运输领域能源消耗量不包括私人机动车等。

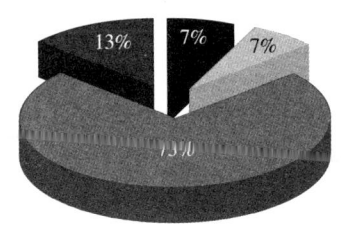

图 2-9　目前我国交通运输领域不同运输方式能耗结构情况

表 2-19　主要运输方式能耗效率情况

飞机油耗效率(2009 年)		铁路能耗效率(2010 年)	
吨公里油耗	飞行小时能耗	单位运输量综合能耗	单位运输量主营能耗
0.31 千克/换算吨公里	2.95 吨/生产飞行小时	4.94 吨标准煤/百万换算吨公里	4.00 吨标准煤/百万换算吨公里

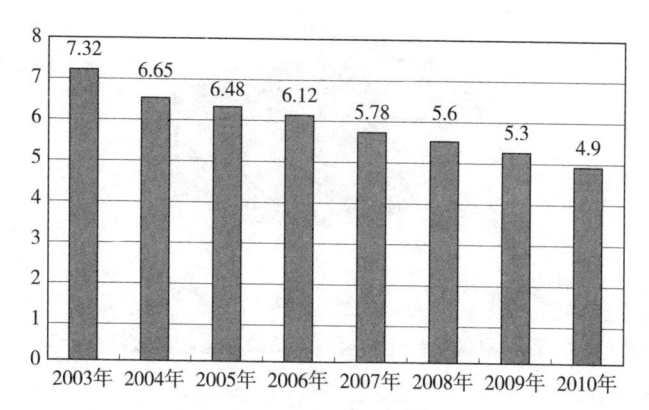

图 2-10　近年来铁路运输工作量单耗变化情况

单位：吨标准煤/百万换算吨公里

在排放方面，交通运输领域总体排放得到一定控制，特别是主要污染物的排放量呈现出下降趋势。2010 年，我国国家铁路运输企业（不含控股合资铁路）化学需氧量排放量为 2169.2 吨，比上年减少排放 45.18 吨、降低 2.0%；二氧化硫排放量为 3.92 万吨，比上年减少排放 0.10 万吨、降低 2.4%。但在综合交通运输领域，由于运输服务总量，特别是公路运输和航空运输服务总量的快速增加，碳化合物排放总量呈现出上升态势。航空温室气体的排放量由 2000 年的不到 2000 万吨增长到 2005 年的 3000 万吨，年均增长 15%；在公路运输领域，按照目前汽车产量和消费量的增长速度，考虑高能耗、高排放车辆的淘汰以及清洁汽车的逐步推广，保守估计其碳化合物排放量的增长速度也将超过 18%。

（五）管理体制

为了加快构建综合交通运输体系，提升综合交通运输服务供给能力与品质，促进综合交通运输体系的健康持续发展，更好地服务于经济社会发展需要，我国十分重视通过管理体制和运行机制层面的改革和创新，不断改善综合交通运输体系构建与发展的制

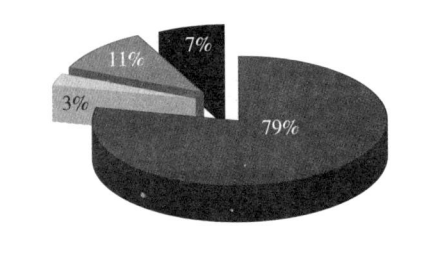

■ 公路　□ 铁路　■ 水运　■ 民航

图2-11　目前我国综合交通运输领域二氧化碳排放结构示意图

度环境。

　　近年来,我国在综合交通运输的制度构建方面取得了重大进展,突出表现在以下几个方面。一是铁路领域的投融资改革迈出新步伐,以合资方式为主的铁路建设投融资模式得到积极推进。二是实施了成品油价格和税费改革,取消了养路费等公路水路领域的六项收费,逐步有序取消了17个省市政府还贷二级公路收费,建立了"油价联动"的运行机制,进一步完善了国家宏观财政税费体系、价格机制和交通税费机制,是从宏观经济整体运行角度以及综合交通运输体系的整体功能定位角度作出的重要举措,为构建综合交通运输体系创造了一定的有利条件,也在一定程度上有利于交通运输领域的节能减排。三是民航空管体制改革取得突破,低空空域开始实行分类管理。四是完善了运输市场运行机制,改善了国有大型交通运输企业法人治理结构。五是于2008年年底实行了"大部制"改革,由原交通部、原中国民用航空总局、国家邮政局组建成立交通运输部,整合了原建设部指导城市客运的职责。交通运输部的成立是我国在建立综合交通运输管理机构上进行的探索,交通运输管理体制朝着深化改革的方向迈出一步。

二、"十一五"时期综合交通体系发展规划实施情况

(一) 总体评价

"十一五"时期是我国综合交通运输体系构建的重要时期，在科学的规划指导、强有力的政策和资金支持下，使得"十一五"时期成为我国综合交通运输基础设施建设力度最大、发展速度最快、成绩最为显著的时期，也是运输服务水平和能力提升最快的阶段，综合交通运输体系中各种运输方式及整体发展面貌发生了巨大的变化，充分体现了发展作为第一要务，优化、衔接、协调作为发展指导的思路与理念，不仅加快了综合交通运输体系中的薄弱环节铁路的发展，还进一步完善了高质量的公路网络，以及积极发展水路运输、优化民用机场布局，在落实"十一五"规划的任务目标，促进交通运输全面协调可持续发展上取得成效。

交通运输的运力紧张状况总体缓解，交通运输与经济社会发展的适应能力显著增强。与此同时，伴随着交通运输基础设施的大力建设与发展，交通运输业也成为国民经济各部门中对经济和就业拉动最为显著的行业之一，对于促进经济增长、扩大内需、稳定就业发挥着重要的作用。

(二) "十一五"时期综合交通运输发展特点

"十一五"期间，我国交通运输基础设施建设布局、运输服务能力与品质提升、技术装备创新与改善以及综合交通运输管理体制机制改革等方面都取得了显著成就，为综合交通运输体系构建及进一步发展奠定了坚实基础。总体来看，这一时期我国综合交通运输体系的发展特点主要有：

表 2-20 2010年我国综合交通运输体系部分领域发展情况

	类 别	单 位	水 平	世界排名
基础设施	铁路运营里程	万公里	9.1	2
	高速铁路运营里程	公里	8358	1
	公路通车里程	万公里	400.8	2
	高速公路通车里程	万公里	7.4	2
	内河航道通航里程	万公里	12.4	1
	内河高等级航道通航里程	万公里	1.02	3
运输装备	民用汽车	万辆	7802	2
	海运船队规模	万载重吨	10605	3
运输服务	港口货物吞吐量	亿吨	89.3	1
	港口集装箱吞吐量	亿TEU	1.46	1
	水运货物周转量	亿吨公里	68428	1
	公路货物周转量	亿吨公里	43390	1
	北京首都机场年旅客吞吐量	万人	7394.8	2
	上海浦东机场年货邮吞吐量	万吨	322.8	3
港口货物吞吐量排名世界前10位的中国港口(8个)		宁波—舟山港、上海港、天津港、广州港、青岛港、大连港、秦皇岛港、苏州港		
港口集装箱吞吐量排名世界前10位的中国港口(6个)		上海港、深圳港、广州港、宁波—舟山港、青岛港、天津港		

1. 以综合与专项规划为支撑,综合发展有了相对明确的方向

发展规划是一个行业发展或者一个系统发展的"引航灯"和"指路标"。"十一五"时期,我国除了通过颁布《"十一五"综合交通体系发展规划》以指导交通运输健康持续发展之外,还系统性地研究、制定并颁布了《综合交通网中长期发展规划》、《中长期铁路网规划》、《全国沿海港口布局规划》、《全国内河航道与港口布局规划》、《国家水上交通安全监管和救助系统布局规划》、《全国民用机场布局规划》等,与先前颁布的《国家高速公路网规划》、

《农村公路建设规划》等,形成了较为系统的指导我国交通运输综合发展及各种运输方式自身发展的中长期规划体系,为我国综合交通运输体系建设提供了依据和支撑。

2.以资金和政策为保障,交通运输基础设施网络规模总量快速扩张

为应对受国际金融危机的影响,2008年国家采取了扩大内需的积极财政政策,出台了10大产业调整和振兴规划。作为基础设施投资重点的交通运输领域,获得了新的发展机遇。"十一五"时期,我国交通运输领域完成投资7.97万亿元,比"十五"时期增长了171%,其中,铁路基础设施投资约为2.42万亿元,是"十五"时期的5.04倍;公路基础设施投资约为4.08万亿元,是"十五"时期的2.06倍;水运基础设施投资约为0.50万亿元,是"十五"时期的2.78倍;民航基础设施投资约为0.25万亿元,是"十五"时期的2.78倍;管道基础设施投资约为0.22万亿元,是"十五"时期的2.75倍;城市轨道交通及其他投资约为0.50万亿元,是"十五"时期的3.85倍。在强有力的资金和政策的支持下,我国交通运输基础设施建设进程加快,设施网络规模以及质量得到了显著提升,交通运输路网新增里程69万公里,迈上400万公里总量规模的较高水平。

3.以高等级基础设施为重点,综合交通运输体系的结构升级步伐加快

"十一五"时期,我国高等级基础设施建设取得了举世瞩目的成就,铁路客运专线、高速公路、专业化深水码头、长江口-12.5米深水航道、内河高等级航道、大型综合型枢纽机场等实现跨步发展,极大地改变了我国交通运输基础设施整体水平落后的旧貌,在为运输服务提供更好支撑和保障的同时,也加速推进了综合交通运输体系结构调整的步伐,促进了综合交通运输体系整体能力和品质的提升。特别是高速铁路、客运专线的快速发展,京津、武广、郑西等一批具有先进水平的高速铁路建成运营,对于我国综合交

通运输的提升发展和结构调整具有重要意义。

4. 以突显农村交通为亮点,交通运输在民生保障方面的功能和作用得到加强

"十一五"时期,随着建设和谐社会和社会主义新农村等任务的进一步推进,民生保障、公共服务等问题成为我国经济社会发展的重点问题而被广泛关注。以农村交通运输服务供给能力的提升和改善为亮点,全面推进交通运输的民生保障能力和普遍服务能力。"十一五"时期,农村公路建设以及农村客运发展力度显著增强,农村公路通达率和通班车率进一步提高,从根本上改善了农村落后的交通面貌与运输条件,极大地提高了交通运输的普遍服务能力。这一时期,农村公路被列入交通基础设施建设的范畴,并纳入公路里程统计,这是我国综合交通运输发展理念与思路上的一项重大转变,更是推进综合交通运输体系服务能级提升、推进社会主义新农村建设的一项实际举措与突破,具有十分重要的战略意义。

除此之外,我国在区域运输通道建设、运输应急保障体制机制等方面的大力投入和积极探索,也是切实推进民生保障、完善普遍服务所取得的重要成绩。

(三)"十一五"规划执行情况

总体而言,"十一五"时期我国综合交通运输体系整体发展态势良好,基本按照《"十一五"综合交通体系发展规划》既定的目标有序推进,到"十一五"期末,交通基础设施建设、技术装备、运输服务、区域协调、安全保障、资源节约等方面大部分指标得以完成,但个别指标由于多因素影响,尚未达到"十一五"规划目标要求。

1. 基础设施建设目标完成情况

(1)基础设施投资

"十一五"时期是我国交通运输领域基础设施投资规模最大的时期,是"九五"时期(1.36万亿元)和"十五"时期(2.94万亿

元)投资总额的 1.85 倍。① 这一时期,交通运输行业投资占全社会固定资产投资总额的平均比重达到 8.63%。

表 2-21 近年来我国交通运输基础设施投资变化情况表

单位:亿元,%

年 份		全社会固定资产投资 总 额	交通运输基础设施投资*	
			总 额	比 重
"九五"时期	1996	22913.5	1851	8.1
	1997	24941.1	2137	8.6
	1998	28406.2	3121	11.0
	1999	29854.7	3273	11.0
	2000	32917.7	3267	9.9
	合计	139033.2	13648	9.8
"十五"时期	2001	37213.5	3672	9.9
	2002	43499.9	4110	9.4
	2003	55566.6	4668	8.4
	2004	70477.4	7063	10.0
	2005	88773.6	8844	10.0
	合计	295531	28357	9.6
"十一五"时期	2006	109998.2	11203	10.2
	2007	137323.9	12950	9.4
	2008	172828.4	15552	9.0
	2009	224846	19700	8.8
	2010	278140	20294	7.3
	合计	923136	79700	8.6

资料来源:《中国统计年鉴》(2010)、《中国交通运输发展改革之路——改革开放30年综合运输体系建设发展回顾》、《公路水路交通运输行业发展统计公报》等。

注:* 2008 年以前数据不含城市轨道交通投资。

① "十五"时期与"十一五"时期的投资总额中包括城市轨道交通建设投资。

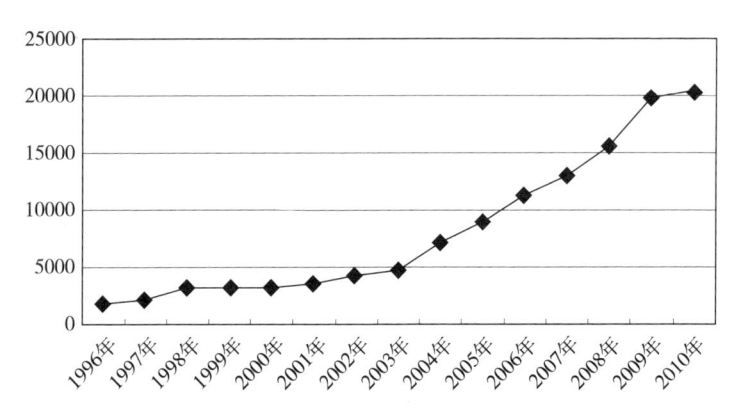

图 2-12 近年来我国交通运输基础设施投资额变化情况　单位:亿元

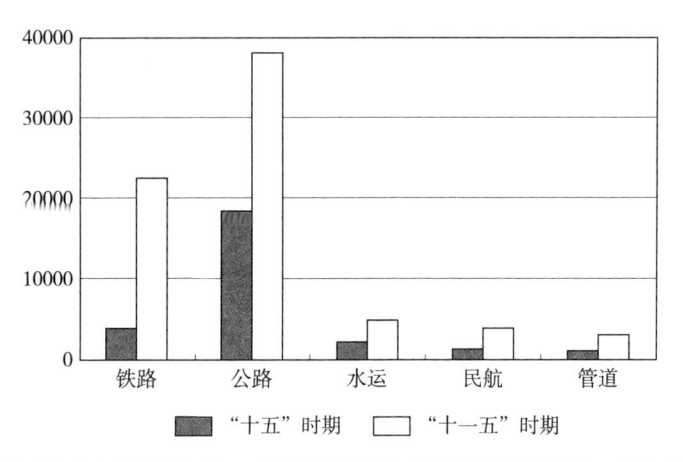

图 2-13 "十五"时期、"十一五"时期主要方式基础设施投资对比　单位:亿元

（2）基础设施建设目标完成情况

"十一五"时期我国综合交通运输基础设施建设执行情况良好,比较圆满完成"十一五"规划的既定目标。

在铁路方面,得益于 2008 年我国"扩大内需"政策,"十一五"时期铁路建设步伐显著加快,已开工建设的线路里程已达到 3.3 万公里,其中客运专线在建里程达到 1.3 万公里。截至 2010 年年底,铁路营业总里程达到9.1万公里,其中客运专线8368公里,铁路重载网络里程达到1.2万公里左右,煤运和重载能力突破17亿吨/年。在运输枢纽建设方面,"十一五"期间,铁路约有160个新客运站投入运营,其中一大批集多种运输方式为一体的综合交通运输枢纽进一步发挥其整体效能,例如北京南站、上海南站、天津站、广州南站、武汉站、南京站等;在货运枢纽方面,10个集装箱中心站(上海、昆明、武汉、郑州、西安、成都、重庆、天津、大连、青岛)基本建成,一大批货运编组站投入运营。

公路建设领域全面完成"十一五"规划目标。截至2010年年底,公路总里程突破400万公里("十一五"时期新增超过66万公里),完成"十一五"规划目标的108%,其中,高速公路7.4万公里("十一五"时期新增3.3万公里),完成规划目标的108%,基本实现了高速公路连接首都至所有省会城市(除拉萨外);二级以上公路达到44.7万公里("十一五"时期新增约12万公里);农村公路超过350万公里,乡镇和建制村油路通畅率分别达96.6%和81.7%。

港口建设方面,截至2010年年底,全国港口共拥有生产用码头泊位31634个,其中沿海港口生产用码头5453个;沿海港口中深水泊位达到1774个,货物吞吐能力达到55亿吨,集装箱能力达到1.48亿TEU,煤炭、原油、铁矿石、集装箱四大货类大型专业化泊位通过能力占沿海港口总能力的比重超过40%,主要货类运输系统布局基本形成,通过能力、生产效率以及大型、专业化泊位水平都将达到世界先进水平,完成"十一五"规划既定目标。

内河航道建设和改善方面,截至2010年年底,内河航道改善里程约为5900公里,其中三级及以上航道改善约为2800公里,分别超过"十一五"规划目标的114%和140%,三级及以上航道里程达到1.02万公里,基本实现"十一五"规划既定目标。

民航机场、管道线路等领域也基本按照"十一五"规划既定目标建设发展,但相对而言,民航机场和输油(气)管道建设步伐稍显滞后,尚难完成"十一五"规划目标。

城市轨道交通建设方面,截至2010年年底,轨道交通营业总里程突破1400公里,将完成"十一五"规划目标的140%,远远超过"十一五"规划既定目标。

表2-22 "十一五"时期综合交通运输基础设施建设规划目标完成情况

指 标		单 位	2005年实际值	2010年目标值	2010年完成值	规划执行情况
铁路	线路总里程	万公里	7.5	9	9.1	超额完成
	内:客专	公里	0	7000	8358	超额完成
公路	总里程	万公里	334.5	371.5	400.8	超额完成
	内:高速	万公里	4.1	6.5	7.4	超额完成
水运	沿海港口深水泊位数	个	847	1750	1774	超额完成
	深水泊位能力	亿吨	25	45	55	超额完成
	集装箱能力	亿TEU	0.56	1.36	1.48	超额完成
	三级及以上航道里程	万公里	0.86	1	1.02	完成
航空	民用机场	个	142	190	175	稍有差距
管道	输油气里程	万公里	4.4	8	7.9	稍有差距
城市轨道	营运线路里程	公里	430	1000	1400	超额完成

2.技术装备发展目标完成情况

《"十一五"综合交通体系发展规划》中,按照不同运输方式,选取了运行速度、载重能力、装备结构等多项指标对运输装备进行规划。按照目前情况来看,技术装备层面总体完成情况良好,大部分领域按照"十一五"规划预期目标稳步推进。例如,铁路运输方面,初步形成了我国时速350公里高速铁路技术研发、应用和维护等产业标准体系,成功搭建了时速350公里动车组技术平台;2万吨重载货运列车已在大秦线投入运行,2010年大秦线重载运输能力已经突破4亿吨/年;机车信号、行车安全、公务工程和信息化主要技术有了显著提高,已经完成"十一五"规划既定目标。

表2-23 "十一五"时期交通运输技术装备水平目标执行情况

方式	规划目标	目前规划执行情况	规划执行情况
铁路	基本掌握重载装备制造技术和300公里/小时等级高速铁路成套技术,形成研发、应用等产业化体系	350公里高速铁路技术研发	基本完成
	铁路客运专线列车运行速度达到200公里/小时以上,重载货物列车总重2万吨	客专运行速度250公里以上,重载2万吨	基本完成
	机车信号、行车安全、公务工程和信息化主要技术接近国际先进水平	已基本达到	基本完成
	东部发达地区铁路初步实现现代化	已基本达到	完成
公路	重型载货汽车、专用汽车、厢式货车占商用车比例分别达到30%、30%和20%	17.9%、5.4%、19.2%	未能实现
	高速公路全程监控系统、应急救援系统、联网收费系统基本建立	联网收费相对较慢,其他基本实现	基本完成
水运	海运船队总载重吨和集装箱船队运力规模居世界前列	已基本达到	基本完成
	集装箱、液体化工和汽车滚装等船舶基本专业化	已基本达到	基本完成
	长江、西江和京杭运河货运船舶基本实现标准化和系列化	已基本达到	基本完成
	内河货运船舶平均吨位达到350吨以上	480吨	完成
航空	运输飞机1600架左右,建立比较完善的飞行保障和维护体系	1597架	基本完成
	雷达管制、卫星导航和自动相关监视技术得到广泛应用,形成较为完善的空管运行、系统保障和技术支持体系	不断完善	基本完成

105

但部分领域由于各种因素影响,距离"十一五"规划预期目标有一定差距,例如,公路运输方面,重型载货汽车、专用汽车、厢式货车占商用车比重分别达到17.9%、5.4%、19.2%,虽然比2005年有所改观,但距离"十一五"规划30%、30%和20%的目标还存在较大差距。

3.运输服务发展目标完成情况

(1)服务总量目标完成情况

表2-24 "十一五"时期综合客运服务规划执行情况

指　　标		2005年实际值	2010年目标值	2010年完成值	规划执行情况
客运量(亿人)	总量	185	259.9	327	超额完成
	铁路	11.6	15	17	超额完成
	公路	170	240	305	超额完成
	水运	2.0	2.2	2.2	完　成
	民航	1.4	2.7	2.7	完　成
周转量(亿人公里)	总量	17467	26913	27894	超额完成
	铁路	6062	8000	8762	超额完成
	公路	9292	15000	15021	完　成
	水运	68	68	72	超额完成
	民航	2045	3845	4039	超额完成

从总量角度来看,"十一五"时期交通运输服务均已超额完成《"十一五"综合交通体系发展规划》的既定目标。在客运方面,各项指标均已完满完成既定目标。在货运方面,除民航的货运量完成水平与"十一五"规划目标稍有差距外,其余指标均已圆满完成既定目标。

表 2-25 "十一五"时期综合货运服务规划执行情况

指标		2005年实际值	2010年目标值	2010年完成值	规划执行情况
货运量（亿吨）	总量	186	232.1	324	超额完成
	铁路	26.9	35	36	完成
	公路	134	168	245	超额完成
	水运	22	29	38	超额完成
	民航	0.0397	0.057	0.056	稍有差距
周转量（亿吨公里）	总量	80257	105154	141838	超额完成
	铁路	20726	27000	27644	完成
	公路	8693	12000	43390	超额完成
	水运	49672	66000	68428	超额完成
	民航	78.9	154	179	超额完成

（2）服务质量目标完成情况

《"十一五"综合交通体系发展规划》主要提出了准确性、时效性、异质性、信息化、网络化、运输效率、普遍服务七大方面的定量或定性目标。

从执行情况来看，上述指标大部分达到"十一五"规划要求，但部分领域还尚有差距。例如，准确性方面，随着铁路六次大提速的完成以及高速铁路、客运专线等投入运营，铁路旅客列车始发正点率和到达正点率分别达到99.8%和99.0%，其中动车组列车的始发正点率为99.5%、到达正点率为98%，超过了"十一五"规划的98%的基本要求；而"十一五"时期民航航班平均正点率约为83%，距离"十一五"规划的85%的要求，还有一定的差距。在信息化建设方面，虽然取得了一定进展，如公路同城、异地客运联网售票系统和港口客运联网售票系统在部分城市已得到应用，但总体而言交通信息化水平还难以满足需求，尤其是在综合交通运输服务方面，目前仍存在较大差距。

表 2-26 "十一五"时期综合交通运输服务质量方面的规划目标

指标类别	规划目标
准确性	提高旅行时间准确性。铁路旅客列车运行正点率达到98%,民航航班正常率达到85%左右
异质性	初步建立运输产品、价格多样化,多方式相协调、点线面相衔接、集疏运相配套的客货运输服务体系,满足不同货种、不同层次旅客运输需求
信息化	建立全国性综合交通公众信息平台,及基于卫星导航和地理信息技术的大城市交通诱导系统;建立比较完善的货运代理、客货营销等运输服务中介体系
运输效率	提高运输效率。以多式联运为基础的内陆集装箱运输得到较大发展,铁路集装箱承运量达到10%左右。厢式汽车运输比重较大提高,零担和快递业务网络初步形成
普遍服务	高速公路连接90%人口在20万以上的城市;实现所有具备条件的乡镇和行政村通公路,通班车率分别达到100%和90%以上
网络化	基本建立起干线机场、高速公路网、快速铁路线路组成的城际快速客货运输网络
时效性	实现京津冀、长江三角洲和珠江三角洲三大经济圈内一日交通

注:根据《"十一五"综合交通体系发展规划》整理而得。

表 2-27 "十一五"时期综合交通运输服务质量目标执行情况

指标类别	目前情况	规划执行情况
准确性	★★★★★	基本完成
异质性	★★★	基本完成
信息化	★	仍有差距
运输效率	★★	有所改观
普遍服务	★★★★	基本完成
网络化	★★★★★	基本完成
时效性	★★★★★	基本完成

注:执行情况中★越多越好。

4.区域协调发展目标完成情况

《"十一五"综合交通体系发展规划》从西部、中部、东部三个区域提出了综合交通发展的具体目标,执行具体情况来看,东中西部"十一五"规划执行情况良好,均已完成"十一五"规划既定目标。以高速公路为例,截至2010年年底,东部地区高速公路建设里程已达到3.2万公里,超额完成"十一五"规划目标;中部地区高速公路建设里程已达到2.6万公里,超额完成"十一五"规划目标;西部地区高速公路建设里程已达到1.6万公里,完成"十一五"规划目标。再如,在农村公路方面,截至2010年年底,96%以上的乡镇、94%以上的东中部建制村通沥青(水泥)路,98%以上的西部建制村通公路,基本实现"十一五"规划目标。

表2-28 "十一五"时期综合交通运输区域协调目标执行情况

区域	规划目标	规划执行情况
东部	基本形成多方式相协调、点线面相衔接、集疏运相配套的客货运输网络,发达区域现代化综合交通体系初步建立	有所改观
中部	形成具有高度可靠性和应变能力的综合交通运输骨架网络,贯通南北、横联东西的运输纽带作用充分发挥	有所改观
西部	交通设施实现质的转变,整体水平显著提高;路网覆盖面进一步扩大,实现所有具备条件的乡镇和建制村通公路,基本形成连接中东部和周围国家的综合交通运输大通道	有所改观

5.安全保障发展目标完成情况

《"十一五"综合交通体系发展规划》从两个方面设置了安全保障目标,一是交通安全方面的目标,另一个是国家经济安全方面的目标。从目前情况来看,航空、水运以及应急保障体系等方面完成得较好,而道路运输安全方面还亟待加强。

表2-29 "十一五"时期综合交通运输安全保障目标执行情况

类别	规划目标	目前情况	规划执行情况
交通安全	基本建立起跨行业的交通安全预防监控体系,控制交通事故发生率,降低交通事故死亡率,减少经济损失	完成良好	基本完成
	道路万车死亡人数下降到5.0人/万车以下	3.2	实现
	民航运输每百万飞行小时重大事故率低于0.29	0.11	实现
	万艘运输船舶重大事故率较目前下降10%	4.23次/万艘	基本完成
国家经济安全	基本建立交通应急反应体系,应对重大灾害及突发事件的能力明显提高,保障紧急状态下的机动性	完成良好	基本完成

6. 资源节约发展目标完成情况

"十一五"时期,综合交通运输领域十分重视资源节约问题,按照《"十一五"综合交通体系发展规划》预期目标,切实推进交通运输"资源节约"与"环境友好"工作,取得了显著成绩。主要指标完成情况见表2-30所示。

表2-30 "十一五"时期交通运输资源节约目标执行情况

规划目标	2010年情况	规划执行情况
铁路实现单位运输量降耗20%	24.38%	完成
公路营业性车辆单位运输量能耗下降20%	5%	未能实现
内河运输船舶单位运输量能耗下降20%	7%	未能实现
航空燃油吨公里消耗下降10%左右	9.41%（2009年）	基本完成

三、"十一五"时期综合交通运输
发展的适应性评估

(一)"十一五"时期综合交通运输发展的宏观背景

1. 经济社会发展总体形势

(1) 经济总量保持快速增长

"十一五"期间,我国克服了自然灾害、国际金融危机等一系列内部与外部不利因素影响,实现了国民经济平稳较快增长,经济总量大幅提升,综合国力显著增强,"十一五"时期经济增长目标提前完成。2005年,我国国内生产总值为18.4万亿元,人均国内生产总值1700美元左右。2010年,我国国内生产总值达到40.1万亿元,人均国内生产总值已超过4000美元。

(2) 拉动经济增长的因素出现结构性变化

"十五"期间,投资成为我国GDP增长的最主要动力,消费对GDP增长的贡献率则呈现逐年下降趋势,出口对GDP增长的贡献作用在"十五"期末异军突起。2005年,我国最终消费支出、资本形成总额及货物和服务净出口三大需求对国内生产总值增长的贡献率依次为37.9%、39.0%和23.1%,分别拉动经济增长4.3个、4.4个和2.6个百分点。"十一五"前期,出口依然保持强劲增长势头,投资与消费也稳步增长,但随后受国际金融危机和国家经济刺激计划等重大事件的影响,经济结构发生了明显变化,呈现出较大波动。2010年,最终消费支出、资本形成总额及货物和服务净出口三大需求对国内生产总值增长的贡献率变动分别为36.8%、54.0%和9.2%,分别拉动经济增长3.8个、5.6个和0.9个百分点,随着扩大内需计划稳步实施和对外贸易的逐渐回暖,经济结构还将进一步调整。总体而言,"十一五"期间,投资与出口较有力地拉动了我国经济的增长,消费对经济增长贡献率急速下降的趋势亦有所缓和,潜力正在得到释放。

(3)重化工业在产业格局中的主导地位突出

重化工业是我国工业化和经济发展的必经阶段。2000年以来,我国产业发展明显转向以重化工业为主导的格局,以钢铁、化工等行业为代表的重化工业为我国国民经济持续快速增长作出了重要贡献,并推动我国进入当前新一轮的经济增长周期。"十一五"期间,我国重化工业发展步伐不断加快,4万亿元经济刺激方案释放出的巨大投资需求更进一步带动了重化工业的发展,使其在产业格局中的主导地位更加强化,规模以上工业企业轻、重工业的比重由2005年的31.1∶68.9变化为2010年的28.6∶71.4。2010年,我国规模以上工业增加值比上年增长15.7%,其中轻工业增长13.6%,重工业增长16.5%,重化工业显然是这一时期我国经济增长的重要支撑力量。

(4)城镇化加速推进

城镇化与重化工业发展是一个相互促进、相辅相成的进程。一方面重化工业发展对专业化分工的要求需要通过产业聚集来实现,而城市是产业聚集的空间依托,城镇化进程为重化工业取得聚集效益和规模经济创造了基础条件;另一方面重化工业的崛起为城市的发展提供了产业支撑和就业机会。因此,近年来伴随我国重化工业发展步伐的加快,城镇化也在加速推进。2010年,全国城镇化率已达到49.95%,其中,北京、上海、天津等地的城镇化率已超过80%,达到甚至超过欧美一些发达地区的城镇化水平。[①] 与"十五"期末相比,我国城市人口已净增约1亿人,总数超过6.6亿人。国际金融危机之后,随着出口的逐渐回暖和经济的探底回升,大批返乡农民工回流城市,加之不断扩大的

---

① 据《国际统计年鉴》(2010),2008年美国、英国、法国、德国的城市化率分别为82.0%、90.0%、77.6%、73.7%。

城乡差距也加速了农村人口向城市的流动,这其中蕴含着大规模的城乡之间的人口迁移。

(5)居民总体收入水平与消费能力提高,收入分配差距拉大

"十一五"时期是自20世纪90年代以来,我国城乡居民总体收入水平增长最快的时期,扣除价格因素,五年间农村居民人均纯收入和城镇居民人均可支配收入分别增长52.8%和58.9%,达到5919元和19109元。伴随收入的增加,城乡居民的消费能力也不断提高,消费结构明显升级,中央扩大消费需求政策的实施更进一步开拓了城乡消费市场。2010年,我国社会消费品零售总额15.7万亿元,比2005年翻一番以上,其中,耐用消费品与奢侈品消费额增长速度较快,如2010年汽车类和金银珠宝类零售额分别比2005年翻了约两番,在零售总额中的比重分别由17.6%和1.4%提高到21.9%和1.9%。

在城乡居民收入与消费快速增长的同时,居民之间收入与实际生活水平的差距也在进一步扩大,城乡二元结构、行业两极分化、地区发展不平衡等问题日益突出。"十一五"期间,城市居民收入增长速度总体高于农村居民,两者收入差距继续拉大;城市中最高收入户与最低收入户的可支配收入比为8.5∶1,农村高收入户与低收入户的收入比为7.5∶1;金融、电力、电信等垄断行业与其他行业职工的实际收入差距在5—10倍之间。

2.区域协调发展基本情况

(1)各区域均实现经济快速增长

"十一五"期间,在"推进西部大开发,振兴东北地区等老工业基地,促进中部地区崛起,鼓励东部地区率先发展的区域发展总体战略"的指导下,我国向着区域协调发展的方向迈进,东、中、西及东北地区根据各自的发展基础和潜力,发挥比较优势,加强薄弱环节,在明确定位、找准方向的基础上,共同加快了发展步伐。"十一五"时期,东部地区在发展和改革中完善社会主义市场经济体

制,提高对外开放程度,并以应对国际金融危机为契机,加快了经济结构优化升级和发展方式转变;中部地区夯实农业基础,加速产业化进程,各省因地制宜、改善环境,积极承接沿海地区产业转移;西部地区在国家的大力支持下,加强了基础设施和生态环境建设,发展所需的基础性问题开始得到解决;东北地区继续推进国有企业改革和振兴,扶持资源枯竭型城市转型,强化优势产业,带动老工业基地的整体振兴。2010年,我国东部、中部、西部和东北地区的地区生产总值分别为23.20万亿元、8.61万亿元、8.14万亿元和3.75万亿元,分别比2005年增长了81.4%、85.8%、90.8%和88.8%,其中,中部、西部和东北地区的经济增速均高于同期东部地区平均水平。"十一五"期间,各地区对外贸易、国内贸易、投资等领域也呈现总体稳步上升的良好态势,中部、西部和东北地区发展速度相对快于全国平均水平,各项经济总量指标与东部地区的差距正在缩小。

(2)不同区域经济发展差距拉大

受资源禀赋、发展基础和长期区域发展政策等因素影响,我国区域之间发展水平差距仍十分显著,区域发展不平衡问题依然突出。2010年,我国中、西部地区人均地区生产总值分别是全国平均水平的74.0%和69.2%,是东部地区的52.7%和49.3%。东部地区地方财政收入占全国地方财政的近六成,超过中部、西部和东北地区的总和。中部、西部与东北地区城镇居民家庭人均可支配收入不到东部地区的70%,而西部地区农村居民家庭人均纯收入则只有东部地区的一半左右。"十一五"期间,区域经济社会发展也遇到了一些不确定因素,如部分外贸依存度较高的省市,受国际金融危机不利影响,经济下滑,东南沿海地区出现"民工荒",部分地区生态环境恶化,安全与污染事故频发,全国多个省市遭遇严重自然灾害,等等,暴露出不同地区发展中存在着不容忽视的问题,对我国区域协调发展提出了更加严峻的考验。

3. 资源环境的约束与压力

(1)发展的资源环境约束日益加剧

我国是一个人口众多、资源相对匮乏的发展中国家,一边是经济尚不发达,人民生活水平亟待提高,另一边却是紧张的资源供给和有限的环境容量。随着经济规模的扩张、人口数量的增长和发展速度的加快,对资源消耗和环境的影响还在不断增加。2010年,全国国有建设用地已达3380.5万公顷,占全国土地面积已达3.5%;全年水资源总量30906.4亿立方米,人均水资源2310.4立方米,比2005年增加7.4%;全年能源消费总量32.5亿吨标准煤,单位国内生产总值能耗比"十五"期末降低19.1%;近岸海域四类、劣四类海水占23.2%;在监测的330个城市中,空气质量未达到二级以上(含二级)标准的占17.3%。

从上述各项指标来看,我国经济社会发展所面临的资源环境强约束已初步显现。尽管"十一五"期间,我国在建设"资源节约型、环境友好型"社会这一战略方针的指引下,努力提高资源利用效率,加强生态环境保护,取得了一些积极成果,但依旧粗放的发展模式和重化工为主的产业结构造成的高消耗与高污染状况并未得到彻底改观,甚至还在日趋恶化。转变发展方式、实现资源环境承载力范围内的经济社会可持续发展,是当前我们面对的巨大挑战。

(2)资源环境问题的国际压力不断增大

"十一五"期间,我国不断扩大对外开放,坚持全球化道路,充分利用国内国际两个市场、两种资源,有效改善了国内要素结构失衡状况,为经济社会的快速发展提供了强用力支持。然而,在国际环境日趋开放、全球联系日益紧密的今天,我国经济发展对资源的巨大需求和环境的显著影响已经引起全球的广泛关注,来自国际社会的压力为我国的发展设置了重重阻力,也增加了全社会成本。

我国已成为石油净进口国,是仅次于美国的全球第二大石油消费国。2005年至2010年,我国石油进口由1.7亿吨增至2.6亿吨,期间国际油价曾由每桶50美元飙升至147美元的历史高位,国际油价高企与巨大波动影响着国内经济生活的方方面面,成为影响我国经济社会发展重要的不确定因素之一。"十一五"期间,我国在新一轮投资热潮的带动下,对铁矿石、氧化铝、铜等大宗物资与原材料的需求也快速上升,相关产品进口量大幅增长。但与此同时,我国在这些战略物资的国际市场上缺乏定价权,巨大和刚性需求使我国在国际贸易中受制于人,提高了国内产业发展与经济建设的成本,同时也威胁着国家的经济安全。另外,我国是全球最大的发展中国家,当前正处于发展的快车道,碳排放总量与增长速度日益攀升。在全球节能减排、发展低碳经济、共同应对气候变化的大背景下,我国的发展正面临着来自国际社会的强大压力,并受到各种制约和限制。总之,"十一五"时期,来自外部的资源供给约束和节能减排压力已经凸显,对我国转变发展方式形成了"倒逼"机制。

(二)"十一五"时期客货运输需求特征

1. 客运需求特征

(1)客运需求规模特征——加速扩张

在经济总量快速增长、区域间交往日益密切、城镇化进程加速推进、城乡居民生活质量持续改善的背景下,我国旅客运输需求在"十一五"时期迅猛增加,旺盛的市场需求推动了旅客运输总体规模的迅速扩张,运输量出现爆发式增长,客运市场步入加速扩张期。五年间,全社会客运量年均增长率12.1%,比"十五"时期提高近8个百分点,并高出同期GDP增速0.9个百分点;年人均出行次数由2005年的14.1次跃升至2010年的24.4次,增幅显著。

(2)客运需求结构特征——不均衡、多元化

目前,我国正行驶在发展的快车道上,国民经济与社会发展日新月异,对运输服务的需求结构也在不断调整变化。"十一五"期间,旅客运输在总体需求快速上升的同时,各种运输方式呈现不均衡的发展态势。民航与公路客运需求迅速提高,运量年增长率均超过12%;铁路客运需求与以往相比也呈现较快增长,年均增速明显高于"十五"时期,但低于同期民航与公路增长速度;水路客运需求基本保持稳定,总量较"十五"期间略有上升。尽管由于我国综合交通运输体系还处于发展完善阶段,部分运输方式运量完成情况在很大程度上与供给状况密切相关,而非真实市场需求的完全反映,但从经济社会发展的整体形势与宏观背景判断,速度快、机动化程度较高的运输服务需求快速增长、比例提高,已经成为"十一五"时期客运需求结构调整的基本趋势和显著特点。

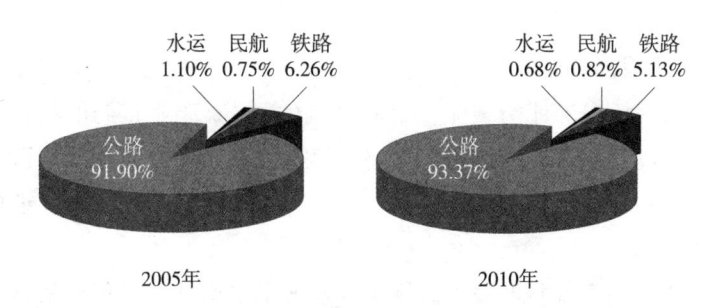

	水运	民航	铁路		水运	民航	铁路
	1.10%	0.75%	6.26%		0.68%	0.82%	5.13%
公路	91.90%			公路	93.37%		
	2005年				2010年		

图 2-14 "十一五"时期各种运输方式需求结构变动情况
资料来源:《中国统计年鉴》(2011)。

运输方式间的结构变动也反映出我国客运需求层次的变化趋势,在经济快速发展、人们收入水平大幅提高的背景下,旅客运输的总体需求层次近年来稳步提高,并在这一基础上呈现多元化发展态势。"十一五"时期,受整个经济社会活动和旅客群体多样化的影响,我国居民出行对客运服务的要求也变得复杂多样,既有高

品质、个性化的需求,也有合理性价比、日常性的需求,还有低成本、保障性的需求,等等。在需求结构多样化的总体趋势中,居民收入水平差距拉大等原因造成的高端服务与普遍服务需求的快速增长最为引人注目,两极分化的运输需求结构变动趋势初现端倪。一方面,随着经贸往来日益频繁和人民生活水平不断提高,商务会议、休闲旅游等出行开始增多,对安全可靠、舒适便捷的运输服务需求显著增加,带动了航空运输、高速铁路的发展,私人机动化的步伐也明显加快;另一方面,城镇化、区域一体化进程加速,城乡居民生产、生活活动范围逐步扩大,城市与城市群内部工作、务工等大众化出行需求、城乡之间的客运服务需求大幅增加,对公交化、普遍化的运输服务需求迫切且增长迅速。上述两方面构成了"十一五"时期客运需求增长最快的两大市场,进一步凸显客运需求结构不均衡与多元化的发展特征。

(3)客运需求分布特征——向大通道内集中和区域内快速增长

我国幅员辽阔、人口众多,各地区人口构成与经济结构差异较大,客流分布十分复杂。近年来,随着国家产业布局的优化调整和区域经济的快速发展,以产业集聚为导向,围绕全国与区域经济中心形成了主要的客源生成地,客流分布开始由分散走向集中。

"十一五"时期,我国区域经济发展不平衡状况未得到根本改善,差距拉大的趋势依然存在。长江三角洲、珠江三角洲与环渤海地区作为我国经济增长的三大引擎,相互间联系更加紧密,各自辐射带动范围也进一步向外拓展。与此同时,随着产业发展和对外开放由沿海向内陆的梯级推进,以及城镇化进程的加快,内陆与沿海经济中心城市之间的人员交往也日益频繁。因此,建立在经贸往来、劳务输出、异地求学和就业等基础上的跨区域商旅、务工、探亲等客流在这一时期快速增长、相互叠加。而且,随着我国综合交通运输体系骨架网络的逐步形成,客流受供给引导向经济中心城市之间的干线聚集,形成高密度、大流量的客运通道,显示出客运需求分布向跨区域大通道集中的较明显特征。从全国来看,客流密度较大且增长较快的通道主要集中于东部沿海地区,无论是客运总量还是人均出行次数,东部地区都远远高于其他地区。

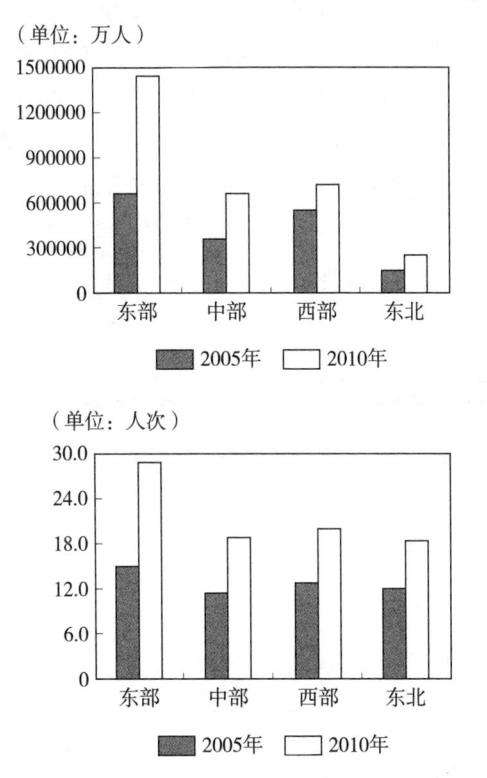

图 2-15 "十一五"时期客运需求分布状况

资料来源:根据《中国统计年鉴》(2006)、《中国统计年鉴》(2011)中相关数据计算得出。

"十一五"时期,区域间客运需求增长较快,而区域内客运需求增长则更加迅猛。随着区域经济一体化进程的加快,区域内部产生了更多的经贸活动和人员交往需求,加之城市群快速客运系统在"十一五"时期发展步伐明显加快,传统城市内部通勤交通流和假日休闲游客流开始扩展到城市群地域范围上,在交通的紧密联系下,区域内同城化趋势已经显现。从旅客出行距离的变化也能够看出这一趋势。"九五"时期以来,除水运以外,我国各种运输方式的旅客平均运距均保持稳步增长态势,而"十一五"期间这一趋势发生转变,公路、铁路等运输方式的平均运距转增为减,说明我国居民在这一时期的短途出行明显增加。由此看出,"十一五"时期,我国城际客运需求大幅上升,表现出客流在主要城市为中心的区域内快速增长的分布特征。城市群同城化发展与区域内客流的增长对方便、快捷的城际旅客运输产生迫切需求,同时也对运输服务的大众化提出要求。

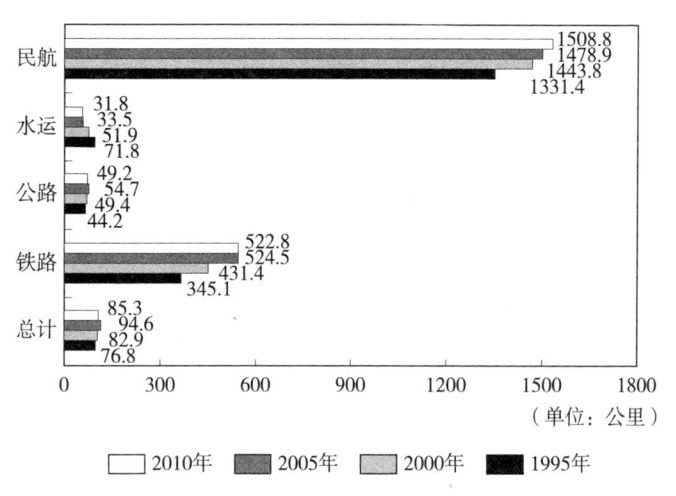

图 2-16 近年来我国旅客运输平均运距变化趋势

资料来源:根据《中国统计年鉴》(2011)中相关数据计算得出。

2. 货运需求特征

(1)货运需求规模特征——总量大、增长快、货运强度高

我国资源分布极不均衡,产业布局相对集中,而消费市场较为分散,经济社会发展对交通运输高度依赖。当前我国总体处于工业化中期向中后期发展的阶段,第二产业增加值占 GDP 比重高,工业结构以重化工为主,能源、石油化工、钢铁、汽车、机械制造等产业是国民经济的支柱产业,在整个经济体系中占据着举足轻重的地位。这些产业的发展主要依靠原材料、资金等要素投入,产成品数量多、重量大,因此,这一时期我国经济社会发展对货物运输的需求必然十分旺盛。"十一五"时期,经济的高增长率、大规模的投资与基础设施建设、加速推进的城镇化进程与城乡建设,对货运产生巨大需求,使经济社会发展继续保持较高的货运强度。"十一五"期间,全社会货运量年均增长率为 11.7%,略高于同期经济增长速度,每万元 GDP 的平均货运强度达到 8.1 吨。

(2)货运需求结构特征——总体比较单一,但多元化趋势已经显现

投资拉动为主的经济增长方式、重化工与制造业为主的产业结构,以及全面推进中的基础设施与城乡建设,是"十一五"时期我国经济运行与社会发展的显著特征。因此,这一阶段货物运输的主要任务是服务于工业生产和工程建设,从原料供给、能源供应到产成品分销,运输活动围绕生产活动展开,由此决定了"十一五"时期我国以大宗物资和工业产品为主的货种结构和大批量、长距离、点对点为主的运输需求形式,而在各种运输方式中,这些物资的运输需求相对集中于铁路和水运,因此,货物运输从各个方面均表现出较为单一的结构特征。"十一五"期间,在全国铁路运量与港口吞吐量中,煤炭、石油、矿石、钢铁、化工等重工业原料和产品以及水泥、钢材、石料等建材物资所占比重一直保持在 60%以上,构成铁路与水路运输的主要货种。从全社会的货运结构来

看,工业原料与产品的运输在近年来始终占据绝对主导地位,"十一五"时期,其比重还在进一步提高。2010年,在全国社会物流总额中,工业品物流额已经占到90.2%,几乎形成一枝独秀的单调格局。

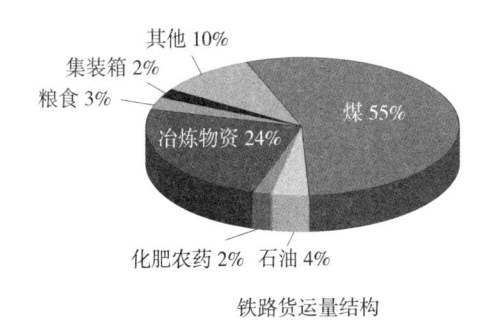

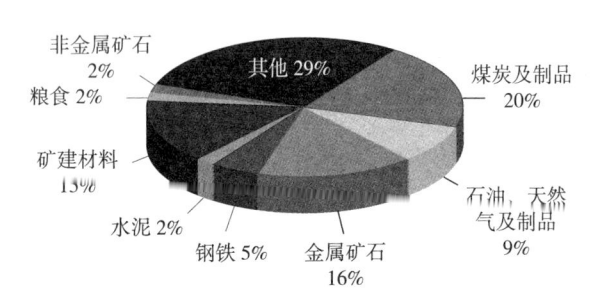

铁路货运量结构:煤55%、冶炼物资24%、其他10%、石油4%、粮食3%、集装箱2%、化肥农药2%

规模以上港口吞吐量结构:其他29%、煤炭及制品20%、金属矿石16%、矿建材料13%、石油,天然气及制品9%、钢铁5%、粮食2%、非金属矿石2%、水泥2%

图2-17 2010年我国铁路和水路运输货类结构

资料来源:根据铁道部《2010年铁道统计公报》、《2010年全国交通运输统计资料汇编》等数据计算。

货运需求结构的简单化也反映在社会运输成本上。自"九五"时期以来,全社会货物运输费用占GDP的比重一直维持在10%左右。近年来,我国通过交通科技创新和管理方式改进,货物运输的组织化水平与运输效率均有明显提升,但运输成本却始终居高不下,难以有效压缩,这在一定程度上说明,大量低附加值的产品构成我国货运需求的主体,运输成本在最终产值中占有较高比例。

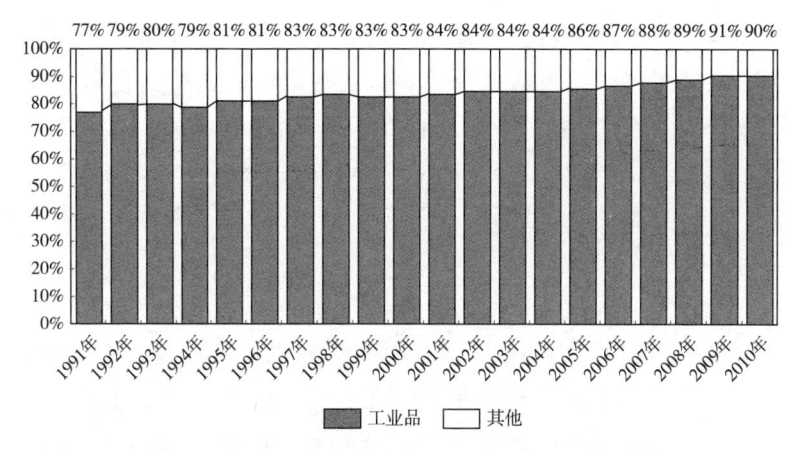

77% 79% 80% 79% 81% 81% 83% 83% 83% 84% 84% 84% 84% 86% 87% 88% 89% 91% 90%

图 2-18　近年来我国社会物流总额结构变动状况

资料来源:《中国物流统计年鉴》,2007—2011。

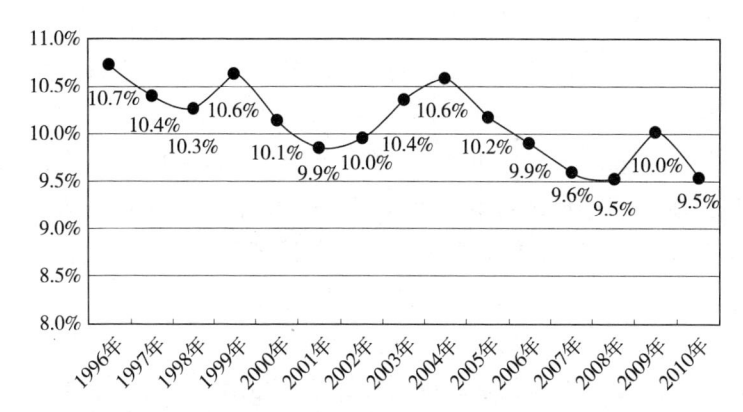

图 2-19　近年来我国社会货运成本占 GDP 比重的变动状况

资料来源:根据《中国物流统计年鉴》,2007—2011,相关数据计算得出。

但是,促进产业结构优化升级和扩大消费内需,是今后我国经济社会发展的必然趋势,而 2008 年应对国际金融危机也为我国转变发展方式提供了机遇。"十一五"中后期,第二产业增加值在三次产业中的比重出现下降,消费对经济增长的贡献率逐渐回升,说明我国经济结构正在渐进调整。经济结构调整必然带来货运需求结构的变动,表现为消费品运输需求的增加,对运输服务提出小批量、多批次、分散、灵活的要求等。这些货运需求的变化趋势在"十一五"期间已经初步显现,而在未来较长一段时期,这一变化趋势将成为我国货物运输需求结构调整的主导方向。

(3) 货运需求分布特征——点对点的中长距离调运与城市群内频繁的物资交流

重化工业发展所依赖的能源、矿产等资源主要分布于我国的西部、北部与中原内陆地区,而我国的投资聚集区与产业密集区则集中于东部与东南沿海地带,特别是长江三角洲、珠江三角洲与环渤海地区是人口与产业最为密集、资源消费最为集中的地区,由此产生了我国东西之间、南北之间高密度的大宗物资点对点跨区域集中调运需求,形成北煤南运、西气东输、北粮南运等为主体的货运基本格局。

从铁路运输情况来看,煤炭、石油、矿石和钢铁四大货种的跨省到发量占各自总到发量的比重均超过50%,而到发量分别排在前几位的省市区,上述四类大宗物资的跨省发送/到达量占本省总发送/到达量的比重基本在70%以上。水路方面,随着全球化进程的加快和对外开放程度的加深,我国经济发展对外依存度日益提高,从全球获取资源和开拓国际市场的需要,也带动了外贸运输需求的快速上升,突出体现在我国沿海港口外贸大宗物资与集装箱吞吐量的大幅增长,加之国内资源性产品南北之间大规模的运输需求,形成了我国以大型港口为中心,沿海岸线延展和向内陆延伸的货流分布形态。综上所述,"十一五"时期,我国货物运输对铁路、水路以及管道组成的长距离、大能力运输通道的需求特点十分突出。

"十一五"时期,城镇化进程的加快促进了以城市、城市群、城市带为依托的产业群或产业带的形成以及规模扩张,产业的聚集和较大规模发展带来区域内原材料、产成品的频繁交流,诱发城市

第二章 "十一五"时期综合交通运输发展状况评估

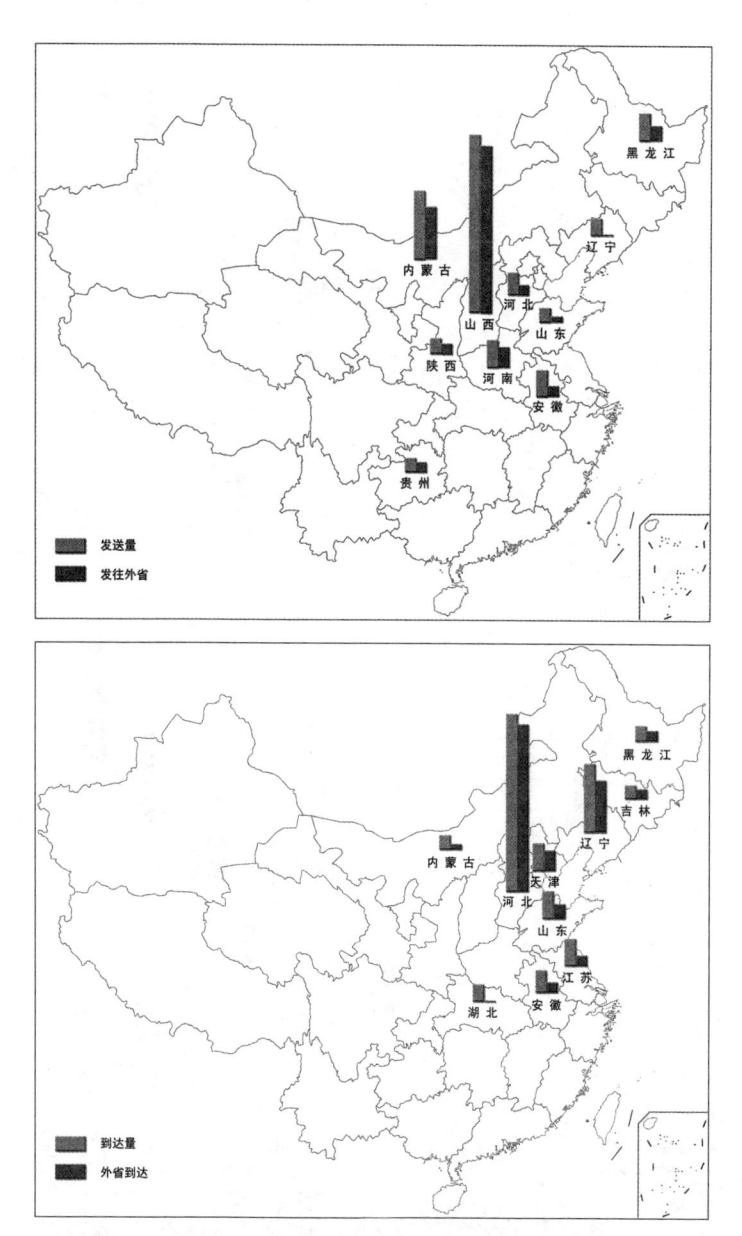

图 2-20 2008 年主要省市区铁路煤炭发送量与到达量分布

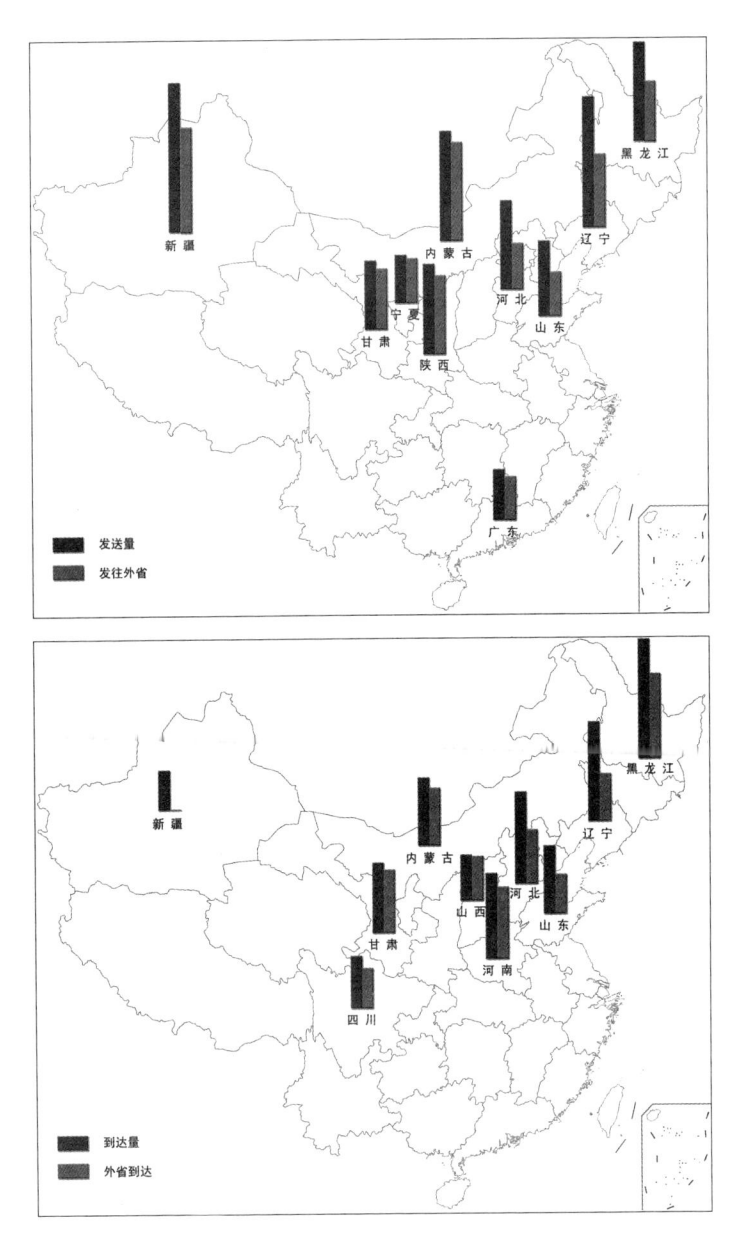

图 2-21 2008年主要省市区铁路石油发送量与到达量分布

第二章 "十一五"时期综合交通运输发展状况评估

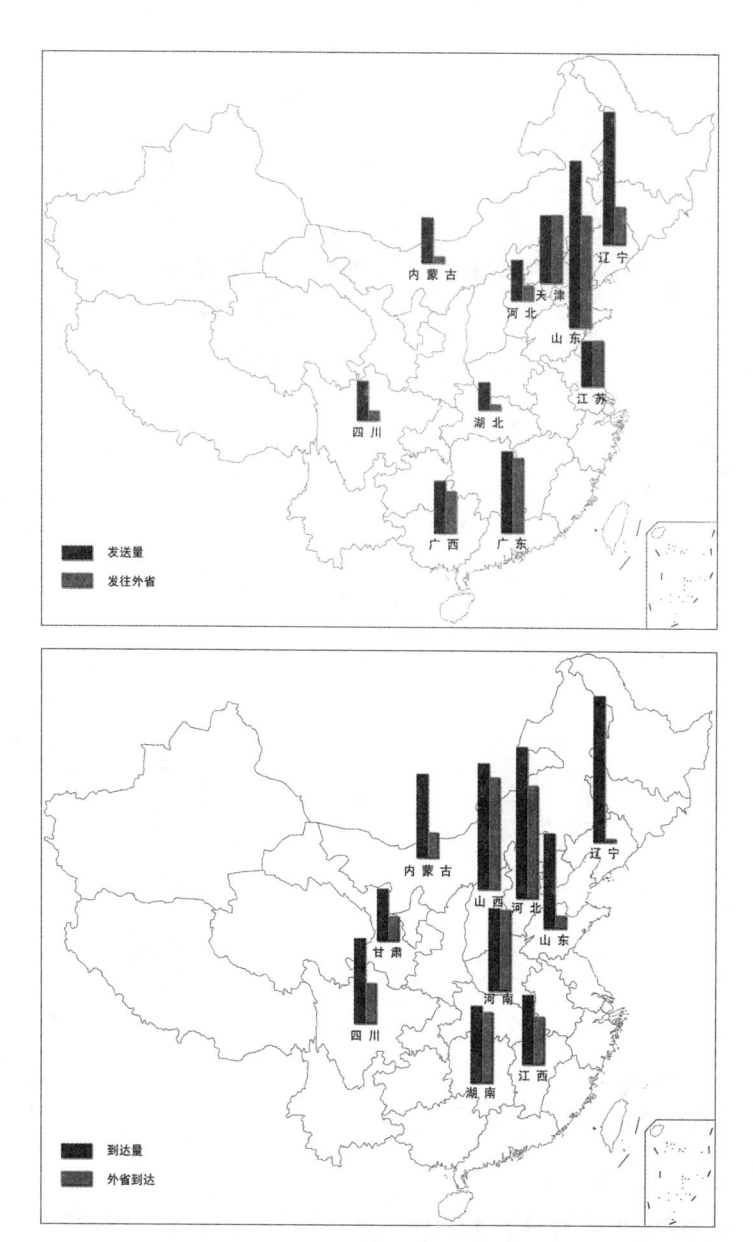

图 2-22 2008 年主要省市区铁路金属矿石发送量与到达量分布

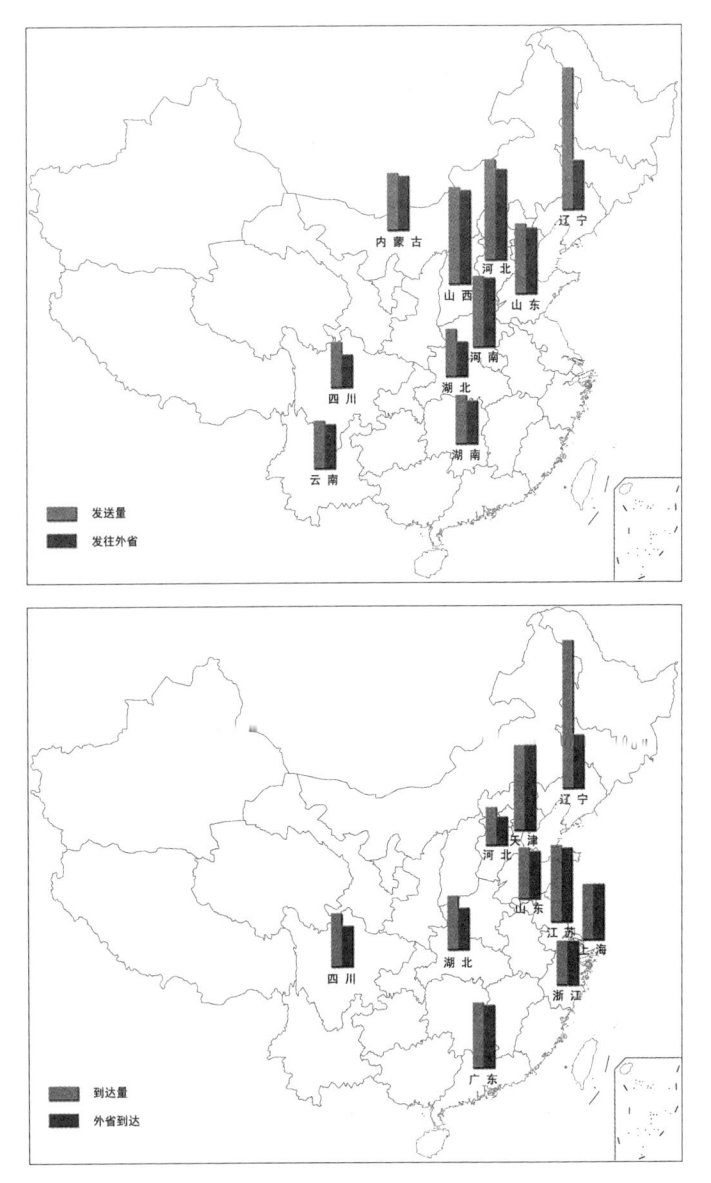

图 2-23 2008 年主要省市区铁路钢铁及有色金属发送量与到达量分布

资料来源:《2008 年全国铁路统计资料汇编》。

群内货物运输量的大幅增长。而且,随着城市及周围地区人口的增多,各种物资消耗量水涨船高,零售消费性物品的运输需求也明显增多。而"十一五"时期,城间高速公路的快速发展,使得公路运输在城市群内部的货物交流中发挥了重要作用。这一时期,公路货运量比重由72.06%提高至75.52%,平均运距增加了112.4公里,而同期公路在长距离大宗物资运输领域的份额并未明显增加,其货运量的增长和运距的增加一部分源于长距离农产品运输需求的大幅增长,还有相当一部分用于满足城市与周边地区之间工业品和日用消费品的运输需求,在一定程度上反映出我国城市群内货运需求的快速增长。

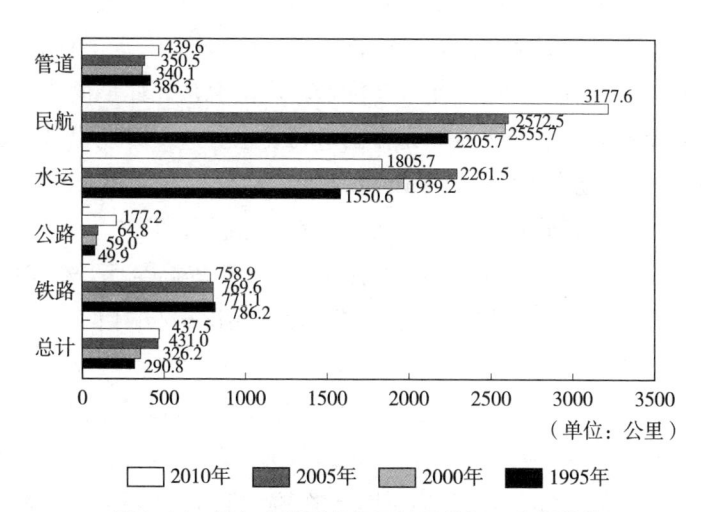

运输方式	2010年	2005年	2000年	1995年
管道	439.6	350.5	340.1	386.3
民航	3177.6	2572.5	2205.7	2555.7
水运	1805.7	2261.5	1550.6	1939.2
公路	177.2	64.8	59.0	49.9
铁路	758.9	769.6	721.1	786.2
总计	437.5	431.0	326.2	290.8

(单位:公里)

图2-24 近年来我国货物运输平均运距变化趋势

资料来源:根据《中国统计年鉴》(2011)数据计算得出。

(三)"十一五"时期综合交通运输发展的适应性

综合交通运输发展的适应性主要反映的是交通运输总供给与总需求的匹配程度。由于"十一五"时期我国交通运输还处于大发展时期,从总体运输能力而言还存在相当程度的紧张状况,交通运输总需求并未完全释放,统计的运输量更多的是反映当前的运输供给能力,或者是能够被满足的运输需求,许多潜在需求难以度量。因此,对综合交通运输发展适应性的判断只能比较当前的运输供给能力和相关方面对运输的要求是否匹配。基于当前我国的基本国情和发展阶段,"十一五"时期综合交通运输发展的适应性主要分析这一时期交通运输发展水平与经济社会、区域协调、资源环境和自身可持续发展要求的适应性。

1. 与经济社会发展的适应性

(1)综合交通运输的较快发展,一定程度缓解了运输能力紧张状况,但既有能力还不足以全面支撑经济社会发展需求

"十一五"时期是我国经济高速增长,经济规模迅速扩张的发展阶段,GDP年均增长11.2%,高于"十五"时期1.4个百分点。在经济增长的带动下,全社会客货运输需求总量在此期间快速上升,对交通运输系统能力扩充提出迫切要求。这一时期也是我国交通基础设施大规模投资建设期,各类交通项目密集开工、快速推进,五年累计完成投资7.97万亿元,是"九五"时期和"十五"时期投资总额的1.85倍,占GDP的比重由4.9%提高至5.2%,对国民经济的支撑作用明显增强。从能力增长情况看,五年间,我国综合交通路网总里程增长了19.9%(见表2-31),且新建设施标准高,能力大,加上既有设施挖潜和大批老旧设施更新改造,以及设施装备利用率和运营组织效率的提高,推算此期间我国综合交通运输体系总体能力增长了70%—80%,略高于同期国民经济70.1%的增幅。从客货运输实际完成情况看,五年间客、货运量分别增长了77.0%和74.1%,与此前的能力增长情况推算结果基本吻合。根据以上分析,"十一五"时期,我国综合交通运输体系相对较高和超前的能力供给增量,是确保运输紧张状况有所缓解的基本前提,交通运输对国民经济与社会发展的总体适应状况得到改善。

"十一五"时期以前,我国交通运输总体处于能力不足、供不

应求状态,对经济社会发展形成"瓶颈"制约,而交通设施能力的形成相比于投资与项目建设存在一个滞后期,发展的滞后对经济社会发展的制约更为明显。虽然经历了"十一五"期间一轮大规模的建设周期,基本未出现"十一五"时期之前的高度煤电油运紧张状况,但目前我国综合交通路网总里程也只达到了432万公里,路网密度仅为45公里/百平方公里,每5.5万平方公里才拥有1个机场,设施总量和布局密度依然较低。铁路主要干线利用率偏高,能力缺乏弹性,部分路段运能紧张。东部城镇密集区的国省干线公路承载的交通压力较大,拥堵情况时有发生。不同运输方式短板的存在,使得综合交通运输体系的整体功能很难得到充分发挥。因此,从现有交通设施存量和系统运输能力来看,我国综合交通运输体系还不能完全适应当前庞大的经济总量规模与未来经济快速增长的需要。

表2-31 "十一五"期间我国交通运输业部分指标变动情况

指标	GDP	路网里程	高速公路	快速铁路	机场	城市轨道	客运量	货运量	港口吞吐量
单位	亿元	万公里	万公里	万公里	个	公里	亿人	亿吨	亿吨
2005	184937	361	4.1	0.16	142	430	184.7	186.2	48.5
2010	401202	432	7.4	2	175	1400	327.0	324.2	89.3
增幅	70.1%	19.7%	80.5%	1150%	23.2%	225.6%	77.0%	74.1%	84%

资料来源:《中国统计年鉴》(2011)等。

(2)综合交通运输发展重点保障了工业化进程,但对经济结构调整和发展方式转变的适应性不足

从整个"十一五"时期来看,投资需求无疑是支撑经济增长的最有力因素,而基础设施建设、房地产和重化工产业是投资进入的最主要领域,也是当前我国国民经济的支柱产业,这些产业的发展,对货物运输高度依赖。因此,这一时期全社会货运需求增长迅

猛,尤其是大宗物资中长距离运输需求旺盛。为了应对需求,保障经济平稳运行与健康发展,"十一五"时期,我国加大了对大能力运输系统的投入和建设力度,特别是对铁路、港口和管道等组成的运输大通道和重要枢纽节点,加快了建设与扩能改造步伐,使大宗能源、原材料和重要工业产品等关系国计民生的战略性物资的中长距离调运得到了重点保障,有力地支持了我国当前以重化工为主导、以城市建设为重点的工业化进程。按照可比价格计算,2010年,我国货运强度比2005年增加了0.236吨/万元,工业品物流总额在全社会物流总额中的比重提高了4.5个百分点,体现出"十一五"期间综合交通运输体系对投资需求和重化工产业发展较以往更加强有力的支撑作用。

尽管"十一五"时期我国交通运输业总体偏粗放的发展模式与我国当前经济增长方式和产业结构所决定的货运需求结构密切相关,是适应性的体现。但是也应该看到,随着全球经济格局的深度调整和我国发展方式的不断转变,货运需求结构也正在由简单粗放走向多元化,需求分布也由点对点通道聚集式,向多中心网络辐射式发展。由于当前我国综合交通运输体系在总体能力上还不能满足需求,在优先保障干线通道建设和重点物资运输能力的前提下,对其他运输系统的发展则相对滞后,如铁路集装箱运输、国省干线公路、城市与城市群物流配送、通用航空与应急交通以及综合交通运输枢纽等。因此,"十一五"期间,综合交通运输体系功能的发挥,虽然较好地完成了主要和重要货物的运输任务,但综合能力与服务水平对于结构调整中的整个国民经济体系仍存在诸多不适应。

(3)交通运输发展更好地满足了客运多元化的需求,但基本公共服务领域相对薄弱

我国正处于城镇化进程的加速期,城市规模的扩张和城市人口比例的提高,是"十一五"时期经济社会发展的突出特点之一。

随着大量农村剩余劳动力由产值较低的第一产业转向产值更高的第二、三产业,农村家庭的总体收入水平逐步提高,我国经济社会也得益于人口红利而快速发展,带动了城乡居民整体生活水平的提高和生活方式的改变,进而诱发了大量的交通出行需求。面对日益旺盛和多元化的旅客运输需求,我国在提高综合客运能力和改善服务质量方面进行了重点投入,并取得了丰硕成果,突出体现在铁路完成了以开行时速 200 公里以上动车组为主要标志的第六次大提速,投产运营的快速铁路已达 2 万公里;公路省际客运班线网络进一步加密和完善;民航新增机场 33 个,大批机场完成改扩建;上海虹桥综合交通枢纽落成;等等。"十一五"期间,我国客运量呈现年均 12.1%的快速增长,这是客运服务供给能力显著增加后,客运需求的集中释放。相比过去,"十一五"时期我国城乡居民交通出行拥有更多选择,变得更加便利,多元化的客运需求也得到了更大程度的满足。

由于我国城镇化进程伴随着区域发展不均衡和城乡二元结构,且城乡居民、城市富裕居民与低收入居民的收入水平差距在近年来逐渐加大,使得我国居民的旅客运输服务需求呈现两级分化。总体而言,我国人口基数大,国民整体富裕程度不高,庞大的中低收入群体和农村居民构成我国目前乃至今后一段时期客运服务需求的主体。随着生产生活方式的改变,交通出行已经成为人们生存发展的基本需要,客运基本公共服务成为更加迫切的需求。而就当前我国综合交通运输发展状况而言,对这一要求显然还不能很好地适应。"十一五"期间,我国交通基础设施的建设标准显著提高,高端旅客运输服务市场得到较快发展。尽管与此同时我国也加大了对落后地区的交通投入,通村公路和农村客运市场建设等领域也取得了很大成就,但是与庞大且增长迅速的需求总体规模相比,仍存在巨大差距,且交通资源在高端服务与基本公共服务之间的分配不尽合理,高端市场对低端市场存在挤压和替代,城市公交、城乡客运、城际与区际大众化旅客运输服务等基础性客运服务发展滞后,相关问题和矛盾较为突出。因此,大众交通的发展完善和客运基本公共服务的均等化,是"十一五"时期我国综合交通运输发展的薄弱环节之一。

2. 与区域协调发展的适应性

"十一五"时期,我国综合交通运输为促进区域协调发展发挥了先导作用,但有效引导作用和支持保障作用仍然较为薄弱。

"十一五"时期,我国区域协调发展战略全面实施,初见成效。由于我国区域之间存在资源分布的不均衡和发展基础的较大差距,因此,我国区域协调发展战略首先在资源综合开发利用和产业基础建立等方面着手突破。在战略推进过程中,交通运输发挥了重要的先导作用。"十一五"时期,我国重点加强了中西部地区的交通基础设施建设,中西部地区铁路与高速公路骨干网络基本形成,农村公路网进一步完善,西煤东运、西气东输等一批交通项目相继建成投产,为落后地区的发展奠定了重要基础,也为发达地区的发展提供了有力支持。

我国区域之间发展的不平衡,也同样存在于交通运输领域。与东部地区相比,中西部地区运输整体服务方面还较为落后,交通运输不便、服务能力不足依然是制约中西部地区发展的主要因素之一。同时,东西部地区运输服务方面的非均等化,也进一步拉大了各地居民实际收入与生活水平的差距,加大了区域发展的不平衡。另外,区域间的协调发展不仅要加快各地区自身发展,也要加强区域之间的分工协作与相互合作。但由于我国交通运输管理体制仍有待理顺,区域之间的市场准入壁垒还未消除,造成我国各种运输方式发展的各自为政和衔接不畅,网络功能难以有效发挥,以及运输市场分割,管理缺乏协调等。当前,我国正在着力推进主体功能区规划及实施,但是与规划相配套的交通投融资与财税体制尚未建立,相关政策还不完善,对于不同功能区交通以及交通所带来的其他利益如何协调缺乏明确指导。因此,我国综合交通运输体系还未适应主体功能区发展的要求,交通运输作为基础性产业对我国区域协调发展的支撑性与保障性作用仍有待提高。

3. 与资源环境发展的适应性

"十一五"时期,我国交通运输在资源环境强约束下向综合交通运输方向发展,但更多属于被动性反应,系统的主动适应性依然不足。

"十一五"时期,经济社会发展的资源环境约束更加突出。尽管我国采取了一系列节能减排和保护生态环境的积极举措,"十一五"规划中也明确提出了"资源利用效率"、"可持续发展能力"等约束性指标,但由于我国正处于高速发展阶段,高消耗、高排放是这一阶段的重要特征,使得当前资源环境情况依然不容乐观。与此同时,国际市场上资源性产品价格飙升、国际社会对人类低碳发展的呼吁和强制措施也使我国倍感压力。资源环境问题已经成为制约我国长期可持续发展的重要因素。交通运输业具有占用资源、消耗能源、污染环境等负面效应,并且随着我国运输总量的持续增长,这些问题越来越受到各方关注。"十一五"期间,受资源环境的强约束,我国开始寻求交通运输发展方式的转变,加快了综合交通运输体系建设步伐,通过优化运输结构、加强运输衔接、改善运营组织、鼓励科技创新等,促进了交通用地的集约化利用,降低了单位运输量综合能耗,并在一定程度上控制了交通碳排放,资源节约型与环境友好型的综合交通运输发展取得初步成效。

受管理体制、发展惯性以及当前经济社会发展阶段等因素影响,"十一五"时期,我国交通运输总体上依然维持较为粗放的发展模式。各种运输方式从自身行业角度出发加快了发展步伐,相互之间缺乏比选与整合,而在遭遇资源环境瓶颈制约、各自发展成本不断上升之后,才转而寻求优化组合、分工协作,向综合交通运输发展方向迈进。而且,与发达国家相比,当前我国的运输管理水平还较为落后,部分领域的技术装备与世界先进水平仍有较大差距,运输生产效率偏低、能耗与排放偏高,交通运输与资源环境尚未形成和谐的发展关系,发展过程中对资源环境的强约束仍缺乏主动适应性。

4. 自身可持续发展的适应性分析

(1)交通运输在综合与专项规划指导下得到较快发展,但适应自身可持续发展要求的综合交通运输体系尚未建立起来

"十一五"期间,随着《综合交通网中长期发展规划》、《中长期铁路网规划》(2008年调整)等一批综合与专项规划的颁布,我国正在形成层次分明的指导综合及各种运输方式发展的中长期交通发展战略规划体系,为我国交通运输持续稳定发展奠定了基础和提供了保障。"十一五"时期,在上述规划的规范和指导下,我国综合交通运输体系建设得到有力推动,交通运输发展速度明显加快,发展质量进一步提高。

由于我国综合交通规划的制定和出台晚于各专项规划,很难完全从综合发展的角度制定战略、构建体系和描绘发展蓝图。而且,各种运输方式已经在缺乏顶层系统设计和统一规划的状态下发展多年,许多问题是长期积累而难以改变的,综合交通规划的制定也因此受到诸多限制。另外,由于我国交通运输业仍处于分散管理体制下,尽管2008年年底的"大部制"改革有所突破,但改革尚不彻底,相关管理职能仍缺乏有效整合,各地方的交通管理体制还在理顺之中,使得综合交通规划的实施面临很多体制层面的现实问题,具体落实中存在各种障碍和困难,突出体现在枢纽发展滞后于通道发展,各种运输方式对资源的竞争性使用缺乏合理引导和规范,有序竞争的市场环境尚未建立,方式之间衔接不畅。因此,我国尚未建立起适应交通运输自身可持续发展要求的综合交通运输体系,交通运输发展方式还有待转变。

(2)投资大幅增加有力推动了交通运输的发展,但长期可持

续发展仍面临政策与资金瓶颈

交通运输业是一个资金需求量较大的行业,投资多、沉没成本大、网络化规模经济效益显著。随着市场经济体制的逐步确立和完善,我国交通运输业改变了过去由政府主导投资建设与运营的局面,各领域逐渐向市场开放,吸引社会资金进入,为快速发展寻找到强大支撑。"十一五"时期,我国交通运输绝大多数领域已完成市场化改革,各类企业(含政府融资平台企业)和民间资本成为这些领域发展资金的重要来源,为这一时期交通运输的快速发展提供了重要资金保障。

为尽快适应经济社会发展要求,我国交通运输仍将持续一段时期的快速发展,投入仍将维持高位运行,且受到越来越严格的资源环境约束,发展成本显著增加,使得这一时期资金需求量空前巨大。而且,由于我国交通网络已形成一定规模,"五纵五横"综合交通运输大通道初具形态,其中工程难度相对较小、投资回报相对较高的项目大多已经或将要建成,新建项目虽然国民经济与社会效益较为显著,但盈利能力弱,财务效益较差,而税费改革又对交通领域原有的融资平台造成了影响,资金筹措难度进一步加大。

从"十一五"时期各地交通发展的实际来看,地方政府出于本地区经济社会发展考虑,对交通项目的投资热情高涨,并为此大量举债,但有些交通项目投产后运营成本较高,收益水平偏低,难以获得合理的投资回报,造成较大债务风险,且后续运营和维护资金不足,为交通运输可持续发展埋下隐患。另外,由于我国铁路等领域的改革还不彻底,市场进入壁垒依然较高,公路建设、运营与养护体制机制尚不健全,西部与农村公路缺乏经济效益,上述相关领域的发展也得不到可靠的资金保障。总的来说,"十一五"时期,我国交通运输发展虽然获得了大量投资,但资金瓶颈已开始凸显,财力、物力对交通运输可持续发展的支撑作用不足。近十年是我国交通大发展时期,投资规模较大,形成了大量存量债务,运营养护资金需求量大,一些为国土开发和路网完整性需要建成的交通项目运营成本较高,收益水平低。

(3)继续深化的市场化改革,为交通运输发展注入活力,但长期可持续发展还需更加完善的市场体系的保障和支持

改革开放以来,我国交通运输业的市场化进程一直在稳步推进,围绕着政企分开、国企改革、对内对外开放、市场规范整顿与结构调整等方面循序渐进展开,取得显著成效。"十一五"时期以前,我国公路和水路、民航等领域已基本实现政企分开和市场化经营,为相关行业的自我积累、壮大发展创造了条件。"十五"期末至"十一五"初期,我国又先后出台多项政策,允许并鼓励民营资本进入铁路、民航等领域,使我国交通运输市场化进程取得新的进展。"十一五"时期,在市场力量的推动下,我国综合交通运输总体得到了较快发展,运输供给能力大幅增加,服务质量显著提升。

然而,我国交通领域的改革并未完成,一方面管理体制还有待理顺,政府职能亟待规范,另一方面铁路领域依旧政企不分。由于各种运输方式市场化进程的不一致,阻碍了市场机制在综合交通运输体系构建中积极效能的有效发挥,运输企业之间存在无序竞争,市场秩序还不规范,不利于开放、公平、有序市场环境的形成。为了实现交通运输可持续发展,我国应尽快建立适应综合交通运输发展要求的市场机制,加快一体化运输市场建设,充分发挥市场配置资源的作用,维护市场的繁荣稳定,从而推动交通运输业的又好又快发展。

(四)"十一五"时期综合交通运输发展总体判断

1.发展阶段判断

"十一五"时期,我国国民经济继续保持平稳较快增长,综合国力大幅提升,人民生活显著改善。在坚持"发展是第一要务"的理念指导下,加快经济建设仍然是这一时期的主要任务,但更加注

重结构调整与发展方式转变,并且在发展经济的同时开始关注人与自然的关系,强调以人为本,追求经济、社会与环境和谐发展。宏观环境的大趋势与新变化,决定了客货运输需求的基本特征与发展态势,我国交通运输也顺应需求不断地发展完善,努力适应内外部环境变化与各方面发展要求。"十一五"时期,我国交通运输业发展以扩大规模为主,兼顾结构调整、网络衔接和服务一体化,并把构建综合交通运输体系作为发展目标和努力方向,发展步伐正在加快。

总体而言,在经历了"十一五"时期的快速发展之后,我国综合交通运输体系的整体面貌发生了巨大改观,运力紧张状况总体缓解,一些薄弱环节得到加强,部分领域实现了技术跨越,与经济社会发展的适应能力显著增强,综合交通运输体系已经总体上进入趋近于适应经济社会与其他各方面发展要求的新阶段。构建布局合理、能力充分、衔接顺畅、高效便捷、集约环保的现代化综合交通运输体系的基础条件虽然已经具备,但任务仍然较为艰巨。

2. 存在的主要问题

综合交通运输发展的适应性是针对特定发展阶段的内外部环境与发展要求而言的,无论其表现为适应还是不适应,都是相对的,并且会随着时代与背景的变化而变化,但目标是向着更加适应的方向努力。通过"十一五"时期综合交通运输体系建设与发展的适应性评估,可以看出,五年来,我国综合交通运输在许多领域取得了很大进展,总体较以往表现出更好的适应性,但仍然存在一定的问题。

(1)宏观层面存在的主要问题

总体供需存在结构性矛盾。综合交通运输体系的运力紧张状况得到总体缓解,但对我国经济规模提升、结构调整、方式转变的支撑力仍然不足,人民群众不断增加和日益丰富的运输需求尚未得到全面满足,特别是基本公共服务的运输供给能力尚显薄弱。

区域之间发展不协调。综合交通运输体系对加快区域开发、缩小地区差距的先导作用初步显现,但由于自身发展尚不完善,对区域协调发展的保障和引导作用依然薄弱,特别是在引导区域合理开发、产业有序布局、城市空间拓展与功能安排、城镇化良性发展等方面作用发挥不够。

资源环境产生强约束。交通运输在资源环境的倒逼机制下谋求发展方式的转变,开始注重综合发展,但就目前而言,对资源环境的强约束还未形成主动适应。

综合发展环境不完善。交通运输已经朝着多领域统筹协调的"综合"方向发展,但制度保障、资金支持和市场建设等方面的制约依然存在,综合交通运输体系可持续发展仍面临严峻挑战。

(2)自身层面存在的主要问题

交通运输网络总体规模依然偏小,技术等级偏低,网络覆盖广度与通达深度有待提高。目前,我国运输网络密度远低于发达国家,铁路网密度仅为美国的38%、日本的8%、德国的17%;公路网密度和高速公路网密度分别只有美国的60.5%和80.7%、日本的13.2%和44.7%、德国的23.1%和23.7%;港口适应度为0.85,低于1.2—1.3国际公认的合理标准;民用机场数量只有美国的30%,北京、上海、广州、深圳等繁忙机场已经满负荷运行,杭州、昆明等二十多个机场以及京沪、京广、沪广等航路的保障容量已经全部饱和。此外,我国铁路复线率和电气化率不到50%;二级以上公路的比重仅为11.2%,仍有3.4%和18.3%左右的乡镇和建制村未通油(水泥)路;三级及以上内河航道比重只有8.2%;尚有45%的地级市享受不到民航服务。

交通运输结构性矛盾依旧十分突出,区域间、方式间、方式内、要素间发展不协调,且这些差距仍有进一步扩大之势。区域层面,区域间、城际间、城乡间发展不平衡,东部地区交通运输基础设施相对完善,而中西部地区各类设施仍相对缺乏;部分跨区域通道能力短缺问题十分突出,"一票难求"问题仍然存在,煤炭等大宗物资运输在局部区域存在制约;城市交通拥堵日趋严重,公共交通发展滞后;农村运输较为薄弱,城乡运输服务一体化推进进展缓慢。在方式层面,铁路、内河、民航与公路运输相比发展较为落后。目前,在我国国土范围内的客、货运输中(不含远洋运输),公路均占据绝对主导地位,2010年全社会完成的客运量中93%依靠公路、5%依靠铁路、0.8%依靠民航;完成的旅客周转量中,54%依靠公路、31%依靠铁路、14%依靠航空;完成的货运量中,76%依靠公路、12%依靠水运、11%依靠铁路。除此之外,铁路客运发达而货运滞后,高速公路发展迅速而国省干线公路能力不足,沿海港口发达而内河航道滞后,这些方式内部发展不协调问题十分突出。系统要素层面,综合交通运输通道建设成绩显著,而综合交通运输枢纽发展滞后,各种运输方式衔接能力十分不足。

运输装备和技术水平不高,自主创新及其产业化发展能力相对落后,科技进步对交通运输综合发展的贡献有限。一方面,先进与落后装备技术差距十分明显,运输装备和技术整体水平仍然偏低,信息化与智能化对交通运输发展的贡献不大。另一方面,运输装备和技术的研发创新水平不高,特别是高端与前沿领域核心技术的自主化率较低,对安全、可靠、节能、环保等新趋势的把握引领能力有限,技术成果转化及其产业化发展能力不足,与发达国家存在明显差距。

运输服务总体水平不高,各种运输方式衔接不畅,"一体化"服务能力相对有限,基本公共服务供给依然薄弱,安全保障能力亟待提升。目前,我国交通运输服务尚难有效满足随经济社会快速发展而日益提升的多样性运输需求。运输服务在时效性、便捷性、安全性、舒适性与经济性、普遍性之间的合理均衡点难以准确把握。符合旅客"零距离换乘"和货物"无缝化衔接"理念要求的运输服务供给能力相对不足,运输整体效率偏低,运输成本偏高。缺乏真正意义的"一体化"运输服务企业,运输企业的国际竞争力与话语权有待提升,应急保障服务体系尚未建立完善。

管理体制与协调机制不完善,运输市场体系有待健全。管理体制改革有待深入,特别是交通运输综合管理体制改革稍显滞后,适应综合交通运输体系建设发展要求的管理体制和协调机制尚未建立。运输市场环境尚不完善,法律法规、规范标准、行业统计、人才培训等有待健全。

交通运输可持续发展能力仍然不足。一方面,交通运输与资源、环境之间的矛盾日益突出,土地资源十分紧缺,节能减排压力较大。另一方面,交通运输自身的财务可持续也面临着严峻挑战,建设、养护、维修、运营中的资金瓶颈问题日益凸显,基础设施存量债务偿还与增量再融资之间的矛盾逐步加深,交通运输发展中的财务、经营风险不断增加。

第三章 "十二五"时期经济社会发展面临的交通要求

一、工业化发展对交通运输的影响和要求

(一)我国工业化阶段的判断及"十二五"时期工业化特点

1. 我国所处工业化阶段的判断

工业化泛指一国从农业社会向工业社会的转化,以及工业社会自身的发展过程。在这个过程中,经济发展水平不断提高,产业结构逐渐从以农业为主体转化为以工业为主体,并向第三产业过渡,以制造业为代表的第二产业,产值和就业人数都超过第一产业,制造业增加值占总商品增加值的比重不断上升。

关于工业化发展阶段,存在着不同的标准和划分方法,每种方法都有其相应的优点和局限性。例如,钱纳里等的基于人均收入水平的划分,将工业化划分为3个阶段6个时期,即前工业化阶段、工业化阶段(工业化初期、工业化中期、工业化后期)和后工业化阶段(发达经济初级阶段、发达经济高级阶段);库兹涅茨等按照三次产业结构(包括产值结构和就业结构)的变化将工业化阶段划分为工业化前期、工业化初期、工业化中期、工业化后期和后工业化社会;联合国基于制造业增加值占总商品生产增加值比重的划分,把工业化水平分为非工业化、正在工业化、半工业化、工业化4类。由于依据的理论和标准不同,结论往往不尽一致。

中国特有的国情和时代特点,要求不能完全照搬国外的经验理论。根据中国社会科学研究院的研究,[①]2005年各项指标的综合判定,我国整体处于工业化中期的后半阶段,进入重化工业化发展阶段。而以2010年的经济社会发展指标来衡量,我国人均GDP达到29762元;三次产业结构比重为10.18∶46.86∶42.96;人口城镇化率49.68%;第一产业就业人口比重为36.70%;制造业增加值占总商品增加值的比重在2004年已经超过44%。除城镇化率指标之外,已经完全符合工业化中期的判断。

表3-1 工业化不同阶段的标志值

基本指标	前工业化阶段(1)	工业化初期(2)	工业化中期(3)	工业化后期(4)	后工业化阶段(5)
1.2005年人均GDP/美元(经济发展水平)	745—1490	1490—2980	2980—5960	5960—11170	11170以上
2.三次产业产值结构(产业结构)(%)	A>I	A>20,且A>I	A<20,且A>S	A<10,I>S	A<10,I<S
3.制造业增加值占总商品增加值比重(工业结构)(%)	20以下	20—40	40—50	50—60	60以上
4.人口城市化率(%)	30以下	30—50	50—60	60—75	75以上
5.第一产业就业人员占比(就业结构)(%)	60以上	45—60	30—45	10—30	10以下

资料来源:《中国工业化进程报告——1995—2005年中国省域工业化水平评价与研究》。

注:A代表第一产业;I代表第二产业;S代表第三产业。

---

① 参见陈佳贵、黄群慧、钟宏武、王延中等:《中国工业化进程报告——1995—2005年中国省域工业化水平评价与研究》,中国科学文献出版社2007年版。

第三章 "十二五"时期经济社会发展面临的交通要求

重化工业化发展阶段是工业化进程的关键时期,这个阶段将持续到2020年前后。根据国际经验及工业化发展规律,重化工业化发展阶段经济发展的主导部门将由传统的以纺织、轻工为主的轻工业向汽车、钢铁、化工等重化工业和电子信息等产业转型升级。我国重化工业化发展阶段的主导产业与发达国家相似,但发展环境相差很大,尤其是资源及环境约束加强,对环境承载能力和经济发展方式提出了新的更高要求。

2."十二五"时期处于工业化中期向工业化后期转变的过渡时期,工业比重已处于较高水平[①]

"十二五"时期,工业化继续推进,工业结构将实现由以能源、原材料型重化工业为主导向以重加工业和技术密集型产业为主导的转变,服务业也将明显提升。从要素方面,技术进步贡献显著增加。"十二五"时期虽然就工业化的质量、水平、资源利用效率、更好地满足消费需求而言,还有很长一段路要走。从"工业比重"——工业产出占GDP的比重来看,已经处于较高水平,"十二五"时期可能会有一定幅度的下降。

(1)后来的经济体不可能重复先行者的结构演变路径

1970—2008年(近四十年)期间数据表明,全球经济经历了从人均收入水平为998美元(1970年当年价)到9000美元(2006年当年价)的变化,全球工业比重居然是自始至终持续单边向下,从38.4%下降到28%,下降了10个百分点(见图3-1)。如果真的存在所谓具有"普世"意义的标准结构演变路径的话,那么全球结构变动本应是最精确地沿着该路径变动,但现实显然并非如此。

---

① 参见程选、岳国强:《"十二五"国内外发展环境的变化和经济可实现的增长水平》,《中国投资》2010年第2期。

(2) 后来的经济体不可能达到早期工业国曾经达到的"工业比重"

英国、日本、德国等国的工业比重曾经达到过50%甚至60%，但这些早期工业国均曾借助在国际工业品市场上的垄断或寡头垄断地位，凭借国际工业品市场高份额占有来提高工业在本国经济中的比重。而后来的工业国则是只能分享早期工业国由于生产成本上升"让出"的市场份额（目前经合组织国家占有的全球工业品市场份额仍高达66.4%），不再可能有机会获得寡头垄断地位，因而不太可能普遍地达到早期工业国曾经达到的工业比重。事实上，韩国是制造业贸易立国的典型后来者，曾提出"一切为了出口"的举国口号，其工业比重的峰值也仅达到过40%（见图3-2）。

(3) 我国目前工业比重形成于严重的全球贸易失衡背景之下

2006年我国工业产出占全球工业产出的9.44%，2008年已超过10%以上。国际金融危机前我国净出口占GDP的8%—9%，几乎全部由工业所创造（服务贸易是净进口）。这也就意味着，我国生产的工业产品除供应国内需求消费之外，还有相当比例依赖于国际市场。2000年以来我国工业增加值占GDP的比例约为40%，由此可以推算不少于20%的工业增加值是通过国际市场实现的。由于国际金融危机导致的外需下降是突发性的，而内需的增长是渐进性的，由此可能导致"十二五"时期工业比重的下降。

鉴于以上分析，我国工业产出占国内总产出的比重已经很难再提高。至少在"十二五"时期全球贸易重新趋于平衡、国内经济内外需结构调整的背景下，我国工业产出比重将发生较明显的向下调整。所谓"工业化加速期"的判断及表述，或将（至少）不适用于"十二五"时期。

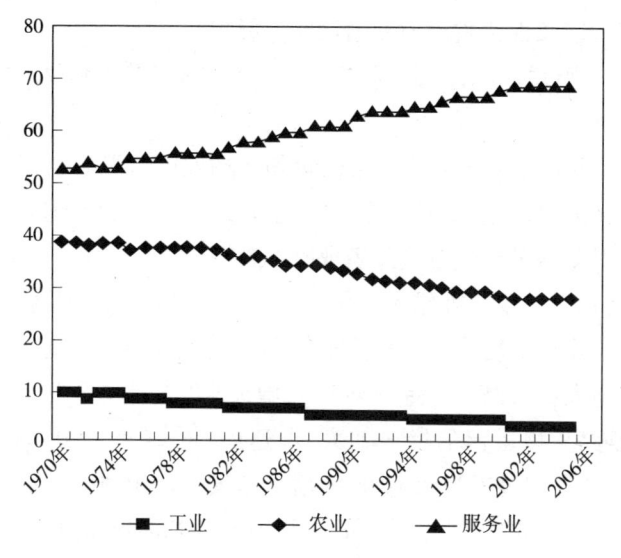

第三章 "十二五"时期经济社会发展面临的交通要求

图 3-1 全球产业比重变动

资料来源：世界银行数据库。

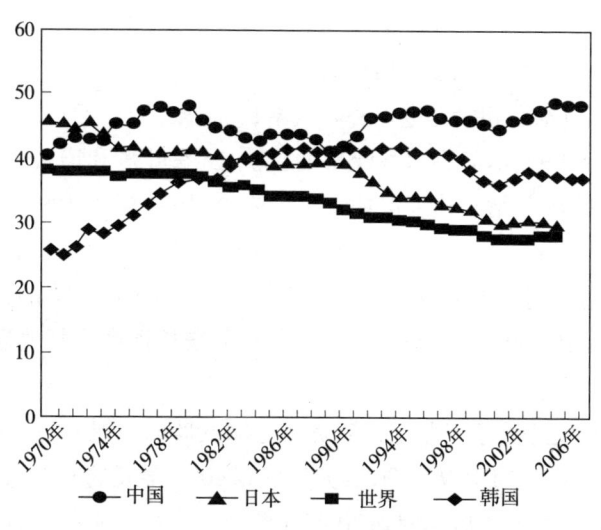

图 3-2 中日韩工业比重变动

资料来源：世界银行数据库。

(二)工业化发展对交通运输的影响

1. 货运规模总量上,我国货物运输需求仍将保持快速增长,但增速减缓

从我国不同工业化阶段的货物运输发展情况看,自我国进入工业化中期以来,我国的货物运输始终处于较高增速(见表3-2)。其中各种运输方式又表现出不同特征:

(1)铁路受工业结构重化工化的影响很大,增速明显

工业化中期阶段之前,铁路运输一直是比较平稳地小幅增长,波动不大。从1991年到1999年,增长速度最高为3%,2000年开始,铁路货物运输的增速加大,增速超过了6%,2004年达到了11%,已经超过了当年GDP的增长速度。从1990年到2000年,年均增速为2%以下,2001年至2010年年均增速超过了8%。

(2)公路运输的增长不是很明显

工业结构重化工化对公路货运量和货物周转量增长不显著,在2000年前后的增长幅度没有呈现明显的差异性,只是在2006年、2007年增长幅度有所增大。

(3)水运和沿海港口吞吐量增长加快

近年来,沿海港口吞吐量增长快,从吞吐量和增长率看,1990年到1993年增长速度保持在10%左右,1994年到1998年增速趋缓,降低到6%—9%。从1999年沿海港口吞吐量开始加速增长,增长速度超过了14%,最高年份达到22%以上。水运的突然加速增长是在2003年、2004年之后,每年的增长幅度为其他运输方式的2倍左右。

从发达国家工业化中期货物运输发展的情况看,大多数工业化国家人均GDP从1000美元发展到4000美元的时期,大致处于20世纪50年代后半期到70年代前半期。在工业化中期,每个国家各种运输方式货物周转量的年均增长速度与国民经济的增长速度差别很小(原联邦德国偏低),货物周转量对国内生产总值的

表3-2 "九五"时期以来我国货物运输完成情况

年份	货运指标 运量(万吨)	周转量(亿吨公里)
1995	1234938	35909
2000	1358682	44321
2005	1862066	80258
2006	2037060	88840
2007	2275822	101419
2008	2585937	110300
2009	2825222	122133
2010	3241807	141838
"九五"增速	1.93%	4.30%
"十五"增速	6.51%	12.61%
"十一五"增速	11.73%	12.10%

资料来源:《中国统计年鉴》,1996—2011。

弹性系数在0.57—1.13之间,平均为0.914。我国"十一五"期间货运量的弹性系数为1.025,货物周转量的弹性系数为1.040,参照工业化国家的货物周转量弹性系数,我国"十二五"期间货物周转量与经济增长的弹性系数将在0.9以上。

表3-3 部分国家1955—1974年国民经济与货物运输需求发展速度比较

序号		苏联	日本	联邦德国	英国	法国
1	国内生产总值年均增长率(%)	7.5	9.2	4.9	2.6	5.2
2	各种运输方式货运周转量年均增长率(%)	7.9	8.3	2.8	2.4	5.9
3	弹性系数	1.05	0.90	0.57	0.92	1.13

资料来源:根据《国际统计年鉴》计算。

根据"十二五"期间我国仍处于工业化中期阶段的分析,国民经济发展所需的煤炭、石油、金属矿石、非金属矿石、建材等大宗物资的生产和运输量将保持稳定增长,但由于基数变大,其增速将有所减缓。

2. 运输货类结构上,能源和基础原材料仍然是运输的重点领域,高附加值产品的运输需求大幅增加

"十二五"期间,长距离、大运量、跨区域的能源运输、基础原材料运输以及外贸运输,仍然是我国货物运输的重点领域。但随着"十二五"期间工业结构将实现由以能源、原材料型重化工业为主导,向以重加工业和技术密集型产业为主导的转变,服务业也将明显提升。资金密集型和技术密集型产业的产品会较大幅度增加,产品价值和附加值提高,并且市场竞争对运输生产组织提出更高要求。小批量多批次的运输需求会大幅增加。门到门的运输优势,将使对公路运输需求继续保持增长态势。

3. 运输方式结构上,货物运输市场格局基本保持稳定

工业化中期向后期转变阶段,由于工业结构的调整也使得各种运输方式的市场份额发生变化。根据交通先行国家,如德国、法国、日本、美国等20世纪70年代初期货物运输发展的方式市场份额演变情况,铁路货运市场份额呈现下降趋势。2000年以来,我国货运市场上铁路份额也一直呈现下降趋势,至2010年货运量铁路比重由13.14%降至11.44%,货物周转量铁路份额由31.07%降至19.49%,这种变化既源于类似西方国家交通运输结构伴随工业化发展的一般规律,也有我国铁路运输能力紧张的原因。按照上述规律和当前发展趋势,我国货运市场上,铁路份额还将继续下降,但对"十二五"时期货物运输市场的总体格局而言,不会发生大的变化。

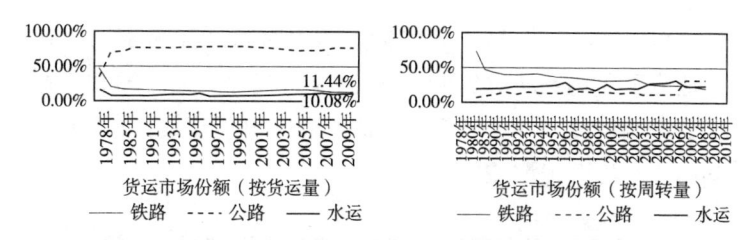

图 3-3 我国货运市场（不含远洋）各种运输方式份额的演变

表 3-4 主要国家各种运输方式在货运总量中的比重

单位：%

	年份	铁路	公路	水运	管道
美国	1970	32.1	34.2	17.6	16.2
	1975	29.5	35.8	17.2	17.5
日本	1970	4.9	88	7.2	
	1976	3.7	87.1	9.2	
西德	1970	12.8	75.7	8.4	3.1
	1976	11.1	77.6	8.2	3.1
英国	1970	10.5	87.9	0.4	1.2
	1976	10.1	84.8	0.2	4.8
法国	1970	12.9	77.7	5.5	3.9
	1976	12.6	76.8	5	5.6

资料来源：《国际统计年鉴》。

（三）"十二五"工业化发展对交通运输的要求

工业化的快速发展，对交通空间布局和系统规划提出更高要求。"十二五"期间，我国工业化发展使交通运输需求在数量上有较大增长，在运输质量方面也将有较高要求。

1.适度超前建设交通基础设施

目前，我国已经进入工业化中期阶段，"十二五"时期我国工业化的发展速度将保持稳定增长。根据西方国家工业化的发展经验，这个阶段的发展特征是以重化工业为主导。作为重化工业发展基础的煤炭、电力、冶金、化工等能源和原材料的需求非常旺盛，将带动对煤炭、石油、铁矿石等能源和原材料运输需求的迅速增长。适应工业化发展对货物运输的要求，统筹交通运输和工业化进程的协调发展，"十二五"时期必须适度超前建设，继续增加交通基础设施投资规模。

表3-5 主要国家各种运输方式在货物周转量中的比重

单位:%

	年 份	铁 路	公 路	水 运	管 道
美 国	1970	39.8	21.3	16.5	22.4
	1975	38.9	22.4	15.8	23.1
日 本	1970	18.1	38.8	43.1	—
	1976	12.4	35.5	52.0	—
西 德	1970	33.4	36.3	22.5	7.8
	1976	26.8	45.8	20.3	7.1
英 国	1970	22.2	75.2	0.1	2.4
	1976	20.3	75.1	0.1	4.6
法 国	1970	39.8	36.9	7.8	15.5
	1976	34.3	41.7	6.4	17.3

资料来源:《国际统计年鉴》。

2. 加快铁路建设和发展，充分发挥铁路运输能力

近年来，铁路的发展明显滞后于其他运输方式，这也是目前铁路运输比其他运输方式更为紧张的原因。不仅旅客运输紧张，随着重化工业的发展，能源运输紧张问题更加突出。铁路运量大、运行成本低，是最适合我国能源、原材料长距离运输的方式。我国正处于工业化过程中重化工业发展时期，对能源、原材料的需求处于上升阶段，运输需求强劲。由于我国区域经济发展存在很大不平衡，城市与区域间的产业布局也存在差异性，为了满足这种快速工

业化过程中派生出的对基础能源和原材料的运输需求,需要加强区域间和城市群间的运输通道建设。铁路的发展重点是要突出区域间的运输大通道和煤炭运输通道的建设,建设客运专线和高速铁路,实现客货分流,为经济生产所需的能源、原材料的及时运输提供保障。

3. 加强沿海港口大型专业化码头建设

"十二五"期间,能源、原材料工业在国民经济中仍然处于重要地位,能源和铁矿石等原材料进口主要依靠海上运输通道。因此,要结合未来布局,完善沿海港口专业化泊位的建设,并要贯彻一体化运输理念,从提高港口系统的服务能力出发,完善港口后方集疏运系统。

4. 加强城市群的城际间高速公路和现代物流系统建设

我国工业化进程具有较为明显的区域特征。随着产业集群的发展,在同一城市群一般出现产业集中布局、各城市差异发展的趋势,导致城际间的商品流动规模加大、频率加快,并且带动人员加速流动。因此,要加强城市群的城际交通体系和物流系统建设,为旅客运输需求和小批量多批次的货物运输需求提供保障。

二、城镇化发展对交通运输的影响和要求

(一)"十二五"时期城镇化发展趋势及其特点

1. 我国城镇化发展现状

"九五"期间,我国城镇化率年均增加 1.44 个百分点,城市人口年均增加 2146 万人;"十五"期间城镇化率年均增加 1.35 个百分点,城市人口年均增加 2061 万人;"十一五"期间城镇化率年均增加 1.34 个百分点,城市人口年均增加 2069 万人。2010 年,我国城镇化率达到 49.68%。

表 3-6 我国城镇化进程

年 份	总人口数（万人）	城镇人口数（万人）	所占比重（万人）	比上年增加（万人）	比上年增加（%）
1996	122389	37304	30.48	2130	6.06
1997	123626	39449	31.91	2145	5.75
1998	124761	41608	33.35	2159	5.47
1999	125786	43748	34.78	2140	5.14
2000	126743	45906	36.22	2158	4.93
2001	127627	48064	37.66	2158	4.70
2002	128453	50212	39.09	2148	4.47
2003	129227	52376	40.53	2164	4.31
2004	129988	54283	41.76	1907	3.64
2005	130756	56212	42.99	1929	3.55
2006	131448	57706	43.90	1494	2.66
2007	132129	59379	44.94	1673	2.90
2008	132802	60667	45.68	1288	2.17
2009	133474	62186	46.59	1519	2.50
2010	133972	66557	49.68	4371	7.03
"九五"期间年均			2146	5.47
"十五"期间年均			2061	4.13
"十一五"期间年均			2069	3.44

资料来源：《中国统计年鉴》，2010年数据来自第六次全国人口普查主要数据公报。

2010年，我国拥有城市653个，其中全国地级及以上城市中，人口200万以上的超大城市44个，占6.3%。100万—200万人口的特大城市81个。2010年，全国建制镇建成区面积4.01万平方公里，较2005年增长了23%。

2."十二五"时期城镇化发展趋势

(1)城镇化率过半

"十二五"期间,我国城镇人口将保持快速增长势头,预计2015年城镇化率将达到53%以上,2020年达到58%—65%。

(2)城镇化发展最终形成主体功能区规划的"3+18"城市群格局

珠江三角洲、长江三角洲和京津冀三大城市群,将形成能够容纳5000万到1亿人口的具有国际影响力的特大城市群。哈长、海峡西岸、中原、长江中游、北部湾、成渝、关中等地区,将形成一批3000万—5000万人口的大城市群。

3.我国城镇化发展的特点

(1)城镇居民存在差异化

按户籍的非农业人口统计,2007年我国城镇化率只有32.5%(统计口径为44.9%),1.6亿农业户籍人口统计为城镇人口,占城镇人口的27%,其收入水平、生活方式、消费模式等与一般意义上的城镇居民有显著差别,交通出行意愿也有较大差别。

(2)农民工是城镇化进程的主体

在制造业、服务业等行业农民工所占比重超过50%,在建筑业等部分行业已经超过80%。2007年进城农民工占城镇人口的比重达到27%,举家迁徙的农民工2990万,占外出农民工的比重接近20%。第二代农民工代表着城镇的未来。据第二次农业普查数据,20岁以下农村外出劳动力占16.1%。

(二)城镇化发展对交通运输的影响

1.旅客运输的总量规模上,客运需求将继续保持较快增长趋势

人口规模增加、城镇人口比重提高、城市居民交通消费比重加大等推动旅客运输需求保持较快增长。据2006年统计局调查数

据显示,农民工平均消费水平是农民平均消费水平的1.96倍。2007年我国城镇居民(包括统计为城镇人口的进城农民工)平均消费水平是农民平均消费水平的3.6倍,城镇居民占总消费的比重已达74.5%,比2000年提高了6.7个百分点。

按照预测,我国2015年城镇化率将达到53%以上。由于我国特有的城镇化率统计的国情,与国外难以进行对比分析。2008年我国吉林省、江苏省、黑龙江省和浙江省城镇化率已达到53%—57%。

表3-7 部分省份城镇化发展现状

省 份	总人口(万人)	城镇人口(万人)	城镇化率(%)
吉 林	2734	1455	53.21
江 苏	7677	4169	54.30
黑龙江	3825	2119	55.40
浙 江	5120	2949	57.60

资料来源:《中国统计年鉴》(2010)。

我国各地区之间的相似性,应该高于我国与发达国家同一阶段旅客运输的相似性,参考我国目前城镇化率在53%—57%地区的旅客运输需求特征,似乎可以推断"十二五"时期我国城镇化推进过程中旅客运输的特征。但是却发现这一命题与实际情况有较大差距(见图3-4),城镇化率与居民出行次数和出行距离之间无显著的相关关系。例如,上海是全国城镇化率水平最高的地区之一,也是人均收入最高的省级行政单元,但是,无论居民出行距离还是出行次数,都位居倒数第一。差距的原因可能不是上述假设命题的错误,而是在于各地区旅客交通运输量的统计缺陷造成各省市区的交通量统计口径不可比。根据相关研究,各地区旅客交

第三章 "十二五"时期经济社会发展面临的交通要求

通量的统计数据并不能完全反映实际的交通量,并且差距很大。①

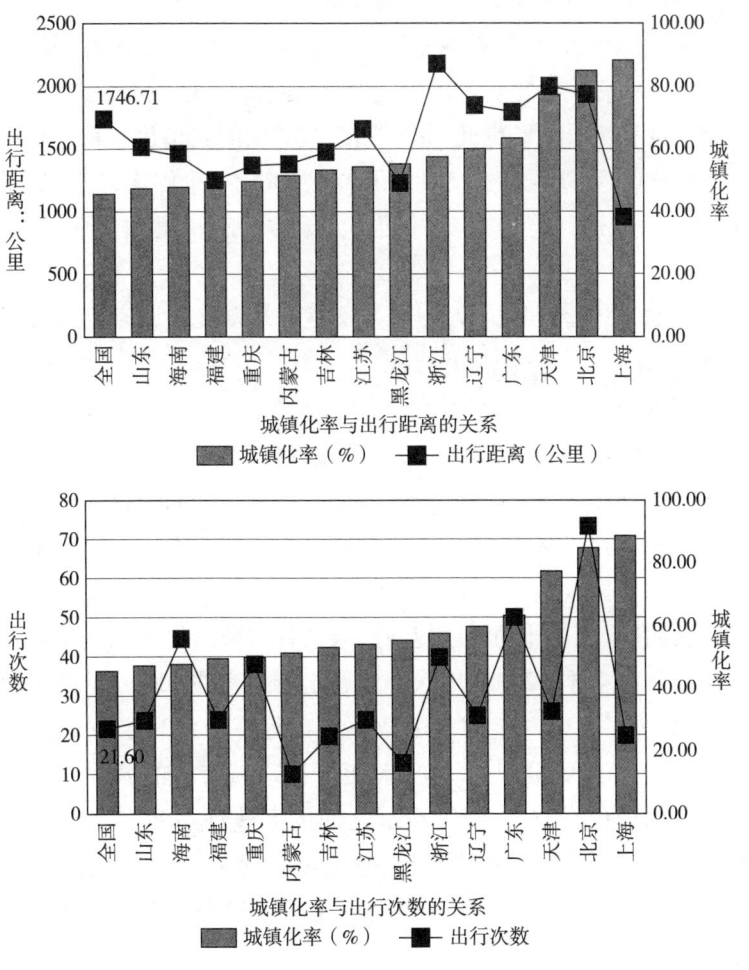

图 3-4 城镇化率与出行距离、出行次数的关系

---

① 参见崔凤安、祝昭:《区域交通网承载运输量的推算方法研究》,《综合运输》2006 年第 5 期;谢雨蓉、罗仁坚:《公路水路运输量统计数据存在的问题及对策》,《综合运输》2009 年第 10 期。

从全国历年城镇化率与旅客运输量的实证计量经济分析,城镇化率与旅客运输量之间存在显著的线性相关关系:我国城镇化率每提高1个百分点,旅客运输量增加7.21亿人次,旅客周转量增加698.9亿人公里。2010年全国客运量327亿人次、旅客周转量27894亿人公里。据此,如果"十二五"期间城镇化率每年提高1个百分点,可以预测仅仅城镇化水平提高这一个因素,"十二五"期间我国客运量将增加36亿人次,旅客周转量增加3500亿人公里。

2. 旅客运输的结构方面,城市交通和城际交通需求发展最为显著

目前,我国已经达到城镇化中期水平,正进入快速城镇化阶段。按照国际惯例,当城镇人口占比超过45%或50%时,城镇化发展的主要特征是人口从小城市进入大城市,大城市优先发展;这一比例若达到70%左右后,城镇化进程将稳定下来。因此,"十二五"期间,我国大城市的城市交通出行面临较大压力。

按照《全国主体功能区规划》,未来我国城镇化的发展将以若干城市群为主体。2008年,公路旅客出行距离在100公里以下的占到90.2%[①],2010年,铁路旅客平均出行距离523公里,各方式旅客平均运距85公里,基本上都处于同一城市群的城际交通范围。目前,我国正在加强城市群之间的高速铁路和客运专线的建设,"十二五"期间初步成网,这必将促进城际旅客交通的发展。由此,"十二五"期间,我国城际旅客交通需求将会出现较快增长。

3. 新增城镇人口与农村千丝万缕的联系,促进城乡交通需求,特别是重大节假日的出行需求增长

我国城镇化基本是以工业化来推动的,因此,工业化吸引了大

---

① 2008年交通部专项调查数据。

量人口就业。我国人口转移与就业基本是同步的,也出现了世界上独一无二的"候鸟式"人口迁移现象,如每年春节,大批农民工返乡,春节过后,又有大批农民工回到城里工作。

从空间的集中度看,我国大中小城市发展基本均衡,一半以上进城人口集中在小城市和小城镇,也就是说,小城市和小城镇分流了一半以上的非劳动力。这些地区的人口与农村有着密切联系,增加了城镇和农村的客货交流。

(三)"十二五"城镇化发展对交通运输的要求①

1. 优先建设综合运输通道、枢纽以及快速客运网络

根据"两横三纵"为主体的城镇化战略格局和城市群分布特点,构建以现代化先进适用技术为支撑,以区域中心城市为枢纽、沿线主要城市为重要节点、辐射区域的立体化、大能力、快速化的国家级综合运输大通道,形成网络连接和相适应的运输组织模式。

2. 加快发展城际交通运输系统

在京津冀、长江三角洲、珠江三角洲特大城市群,逐步建立覆盖区域内的地级城市、比较完善的城际轨道交通系统;加快建设哈长、海峡西岸、中原、长江中游、北部湾、成渝和关中等大城市群和区域性城市群城际轨道交通系统;新建或利用既有铁路在中心城市与周边城镇建立快捷运输系统;加强城市群公路建设,实现城市群内各城镇高等级公路全覆盖。

3. 大力发展城市公共交通网络

加快城市轨道交通和地面公共交通建设,通过差别化的交通基础设施建设和使用政策,对城市交通需求实施结构性引导,建立

---

① 参见国家发展改革委基础产业司编制的《"十二五"促进城镇化交通运输发展规划思路》。

以公共交通为主导,其他方式相协调的城市交通发展模式,实现资源节约与可持续发展。

4. 进一步提高城乡交通覆盖面

加大城市与乡村交通基础设施建设力度,提高中心城市与周边农村的交通网络通达度和公共交通覆盖面,实现城乡交通一体化发展,实现以城带乡、以乡促城,充分发挥交通运输在统筹城乡发展、促进农村城镇化的作用。

5. 积极推进交通运输一体化

统筹综合交通枢纽建设,加强各种运输方式之间、城市交通与对外交通之间的一体化有效衔接与便捷换乘,建设全程一体化服务的综合交通运输体系。

6. 倡导发展绿色城镇化交通

加大技术创新,节约能源,积极发展新能源交通工具,适应低碳经济发展要求,营造良好的城市环境。

三、农业现代化对交通运输的影响和要求

(一)"十二五"我国农业现代化发展趋势[①]

1. 农业现代化的内涵和发展阶段

农业现代化(Agricultural Modernization)是农业从低的发展阶段进入新的高的发展阶段的动态变化过程。国内对农业现代化的认识随着实践发展不断深化,大体经历了三个阶段:在20世纪50—60年代,各界主要从生产手段和生产条件的角度来理解农业现代化,将农业现代化概括成机械化、电气化、水利化和化学化。改革开放后至20世纪90年代中期,随着农业和农村的快速发展

---

① 参见国家发展改革委宏观经济研究院:《中国特色农业现代化的特征要求、发展评价及对策》,2011年。

以及市场经济体制的逐步建立,农业现代化的基本内涵有了新的发展,拓展至生产方式、经营管理、组织制度等领域,即生产技术科学化、生产工具机械化、生产组织社会化、管理多功能系列化。90年代后期以来,理论界对农业现代化的内涵和外延有了更为深入的表述,不再局限于农业现代化本身,而是从国民经济整体来理解农业现代化,将农业现代化视为一个包括经济、社会、技术、生态在内的复杂的系统工程。

2."十二五"时期农业现代化发展趋势

坚持"大农业、大资源、全链条"的理念,以保障粮食等主要农产品有效供给和促进农民持续增收为主要目标,以农村制度改革为突破口,以科技进步和技术创新为引领,加大农业投入力度,改善农业生产条件,提高土地产出率、资源利用率和劳动生产率,分地区、分层次、有区别推进农业现代化。

(1)建立健全城乡要素平等交换机制

一方面,要以深化农村土地制度、金融制度、户籍制度改革为核心,逐步减少要素流动和要素价格形成机制的不合理干预,促进各种生产要素在城乡之间自由流动。当前要加快探索现代资本进入农业的扶持和管理办法。另一方面,加大对农业和农村发展的支持和保护,提高生产要素从农业获得的报酬率或降低收益风险。

(2)创新农业生产经营组织制度

在稳定家庭承包经营制度的基础上,加快推进农业经营体制机制创新,大力发展农户联合和合作的统一经营。着力培育壮大一批起点高、规模大、带动力强的骨干龙头企业,鼓励和引导龙头企业与农民通过合同联结、服务联结和资产联结等方式,建立紧密的利益联结关系,不断提高生产的组织化程度。

(3)建立现代农业产业技术体系

充分考虑我国农业资源特点和农业科技发展状况,坚持科技创新与技术应用并举,强化农业科技在产业上中下游的贯通,探索建立农业科技进步新模式,推进农业科技创新的多元化和服务生产的多样化。

(4)加快培育现代农业经营主体

一是加快培育新型农民,加强对农民的科技培训和技术服务,切实提高农民职业技能。二是重点探索建立对农业专业大户、农民专业合作社、农业企业、家庭农场等新型经营主体的扶持机制,充分发挥它们在现代农业建设中的引领和带动作用。三是采取各种优惠措施,吸引新生代农民工、高校毕业生等充实农业劳动者队伍,提高农业生产经营者的整体素质。

(5)重建农村社会组织动员机制

积极探索集体经济有效实现形式,夯实村级组织物质基础,增强村委会资源动员能力。加快完善村级组织运转经费保障机制,因地制宜大力发展村级集体经济,增强村级组织服务群众、凝聚民心的物质基础。

(6)健全农业支持保护体系

推进农业现代化,必须进一步扩大农业对外开放,充分利用国际市场、国外资本和资源,坚持"引进来"和"走出去"相结合,提升我国农业的综合素质和国际竞争力。

(二)"十二五"时期我国农业现代化对交通运输的影响

1. 运输需求的数量规模稳定增长

由于农业技术进步和人们生活条件改善对农产品的需求增长,近年我国主要农牧渔业产品产量稳定增长(见表3-8)。此外,农产品依托资源优势地区进行生产和供应,在产品需求具有跨区域性特点的情况下,因供应范围的扩大而导致运输量的增长。预计"十二五"时期我国主要农产品产量及其运输量继续保持稳定增长态势。

表3-8 主要农牧渔业生产情况　　　　　　　　单位：万吨

指　标	2005年	2006年	2007年	2008年	2009年	2010年
粮　食	48402.2	49804.2	50160.3	52870.9	53082.1	54647.7
油　料	3077.1	2640.3	2568.7	2952.8	3154.3	3230.1
棉　花	571.4	753.3	762.4	749.2	637.7	596.1
甘　蔗	8663.8	9709.2	11295.1	12415.2	11558.7	11078.9
甜　菜	788.1	750.8	893.1	1004.4	717.9	929.6
水　果	16120.1	17102.0	18136.3	19220.2	20395.5	21401.4
肉类产量	6938.9	7089.0	6865.7	7278.7	7649.7	7925.8
奶　类	2864.8	3302.5	3633.4	3781.5	3677.7	3748.0
水产品总产量	4419.9	4583.6	4747.5	4895.6	5116.4	5373.0

资料来源：《中国统计年鉴》。

2.运输需求的空间格局稳中有变

需要构建适应农业生产力布局的交通运输网络系统，特别是粮食生产和消费布局将推进南北运输通道的建设和发展。粮食是我国跨区域运输的主要农产品，由于我国粮食生产重心北移、东南沿海地位下降（小麦生产向华北区集中、水稻种植重心北移，但南方水稻的绝对优势没有动摇、玉米向东北、华北和西北地区集中、大豆向东北地区集中）。因此，东北、华北地区通往南方各省的包括铁路、沿海水运、长江水运等运输通道的建设必将在适应这种趋势中获得发展。同时，从大宗粮食的优质高效、低成本运输需求出发，围绕运输通道在粮食生产和消费需求较大的经济中心城市，建设配套的运输枢纽设施，也将成为重要的交通运输能力需求的发展趋势。

3.农产品进口需求促进农产品外贸运输需求增长

农业生产的世界比较优势，使我国成为主要农产品进出口大国。2000年以来我国主要农产品进口量见表3-9，其中大豆年进口超过5000万吨。农产品进出口需求将刺激外贸运输需求增长，并要求相应港口基础设施及疏港通道建设。

表3-9 我国主要农产品进口量

指　标	单　位	2000年	2005年	2010年
稻　米	万　吨	24	52	39
玉　米	万　吨	0	0	157.3
小　麦	万　吨	203	479	123
大　麦	万　吨	—	217.6	235.5
大　豆	万　吨	1042	2659	5479
菜　籽	万　吨	197	30	160
菜　油	万　吨	7.8	19	98.5
棉　花	万　吨	5	257	284
食　糖	万　吨	60	128	163

资料来源：国家海关总署。

（三）"十二五"时期我国农业现代化对交通运输的要求

1. 加快以粮食为主的农产品运输大通道及枢纽节点的建设

结合全国"五纵五横"综合运输大通道建设，加快东北主产区玉米、大豆和稻谷流出通道，黄淮海主产区小麦流出通道，长江中下游稻谷流出和玉米流入通道，华东沿海主销区粮食流入通道，华南主销区粮食流入通道，以及京津主销区粮食流入通道等主要跨省散粮运输通道的建设。在主要粮食集散地和交通枢纽，建成一批适应散装散卸的全国主要粮食物流节点，完善集疏运网络，实现铁路、水路和公路的有效衔接、跨省和省内长短途运输方式的合理转换，提高粮食快速中转能力。完善我国粮食等农产品进口重要地理位置的沿海港口专用泊位建设，同时重视其通往腹地的由铁路、公路、长江等内河水运构成疏运体系建设。

2. 加强农村公路的建设和养护，完善农产品运输补贴

继续推进以西部建制村通沥青（水泥）路为重点的全国通达、

通畅建设任务,满足农民群众的基本出行需求;完善农村公路基础设施,包括桥梁新改建工程、安保工程等,提高农村公路的抗灾能力和安全水平;改善农村公路网络状况,包括县乡道改造、连通工程等,提高农村公路的网络化水平和整体服务能力;建立健全农村公路养护管理机制,深化农村公路管理养护体制改革;加大政府财政投入,建立长期稳定的农村公路养护资金渠道和政策,力争实现农村公路"有路必养"。对重要农产品、农用物资的运输,国家应采取针对不同农产品特点进行价格补贴的政策,提高运输企业承担运输服务的积极性,保证农产品市场销售的及时性和合理的价格,提高农产品竞争力和切实保障农民收益。

3. 完善城乡间交通基础设施,统筹城乡交通一体化发展

统筹城乡运输资源配置,着力解决城乡客运协调发展中的突出问题,加快完善资源共享、相互衔接、标准规范、布局合理、方便快捷的城乡交通运输网络,鼓励城市公交向周边延伸覆盖,加大农村客运支持力度,完善农村客运线网布局,稳步提升农村客运班车通达率,基本实现村村通,支持有条件的地区进一步推进农村客运公交化改造,推进城乡客运一体化进程,促进基本公共服务均等化。

4. 加快完善农业物流体系,降低运输成本提升运输效率

大力推广散粮运输方式,在粮食主产区开通并逐步增加大宗散粮的火车定点定向班列,在有条件的地区积极推动粮食铁海联运、江海联运、公铁联运等先进运输组织形式,推动形成多种运输方式高效衔接,贯穿收纳、集并、中转、运输、储存、发放各个环节一体化的粮食物流系统。进一步改善种子、化肥、农药、农用机械等农用物资的运输效率。结合国家收费公路政策的调整,进一步扩大农产品"绿色通道"的范围,规范并完善相关扶持政策。同时,进一步打破地方行政壁垒,实现运输资源在区域内的优化配置,构建区域一体化、服务现代化的区域运输服务网络,完善农业物流体

系,努力实现农用物资、农副产品的便利高效运输,降低农业物流成本,以综合交通运输体系发展支撑现代农业建设。

四、国际化发展对交通运输的影响和要求

国际化既是我国对外开放的结果,又是进一步拓展对外开放广度和深度、提高对外开放水平的基本要求,随着全球经济一体化的深入发展,国际化将是未来我国经济社会发展的重要趋势。国际化的体现形式涵盖了经济、文化、政治等多重领域,其中经济国际化是核心,重点体现在外贸领域。

(一)"十二五"时期我国外贸发展趋势

"十二五"时期将是我国内外需结构调整、发展模式转换和经济增长引擎更替的重要转折点,外贸发展将总体呈现以下趋势:

1. 外贸增长趋势将发生变化

"十二五"时期,我国外贸增长将逐步趋缓,内贸比重将稳步上升。国际金融危机导致全球贸易保护主义重新抬头,美国、欧盟等发达国家目前尚看不到新的经济增长前景,我国近年来过分依赖外需带来的负面效应逐渐显现,这些因素都将在未来较长一段时期内制约我国出口贸易的增长。

2. 外贸产品结构将进行调整

出口贸易的比较优势将逐步提升,出口产品结构将逐步升级,在保持传统的劳动密集型产品出口优势的基础上,"十二五"时期,我国资本和技术密集型产品的出口优势将进一步提升,资源密集型产品的出口比重将下降。"十二五"期间,出口比重将明显提升的产品主要有:机械设备、运输设备、家电、高新技术产品、汽车制造、船舶制造、大型航空设备制造等。

3. 外贸地区结构和关系将发生变化

我国对外贸易地区结构中,北美的地位将下降,周边陆上邻国和各大洲发展中国家的地位将提升。国际金融危机以后,欧美发达国家经济增速将放缓,特别是美国将面临重大结构调整,因此中美、中欧贸易将受到一定影响。与此同时,随着金砖国家的崛起和国际经济新秩序的调整,中国与新兴经济体之间的贸易将日益活跃,包括中国与俄罗斯、巴西、印度、东盟等国双边贸易。受"十二五"时期中国城镇化和工业化带动的强劲内需增长,中国对主要能源原材料进口国的贸易也将持续活跃,中国与澳大利亚、巴西、俄罗斯、中东等国家和地区的进口贸易将保持较快增长。"十二五"时期,在欧美出口市场萎缩的情况下,中国企业将开拓新的出口市场,因此,中国与发展中国家的经贸往来也将较"十一五"时期更为频繁,中国与非洲、南美、中东等国家和地区的出口贸易将保持较快增长。

4. 外贸产业布局出现一定程度的转移

外贸产业的区域布局上,沿海区域仍将继续发挥技术和产业优势,在全国外贸体系份额中维持较高比重,但随着区域经济的一体化发展和产业转移的深入推进,内陆区域的外贸比重将有所提高。

(二)"十二五"时期外贸发展对交通运输的影响

1. 我国外贸运输发展现状

我国外贸运输的特点与我国所处地理位置、外贸主要方向以及外贸货种结构和外贸产业布局结构密切相关。

(1)外贸运输方式的现状

外贸运输的方式包括海运、铁路、航空、公路运输等,由于各种运输方式的经济技术特征及外贸运输特征等原因,各运输方式在外贸运输中的所占份额结构不同。各运输方式承担的外贸运输总量具体数据见表3-10,各运输方式承担的外贸运输金额数据见表3-11。

表3-10 我国历年不同运输方式承担的外贸运输量

单位:万吨

	2005年		2006年		2008年		2009年		2010年	
	货运量	比重	货运量	比重	货运量	比重	货运量	比重	货运量	比重
远洋	48549		54413		42352		51733		58054	
远洋(修正)	136661	96.72%	161421	96.90%	198578	97.52%	199398	97.51%	228810	97.70%
铁路	4552	3.22%	5071	3.04%	4934	2.42%	4966	2.43%	5197	2.22%
航空	77	0.05%	92	0.06%	119	0.06%	126	0.06%	193	0.08%

资料来源:《中国交通年鉴》。

表3-11 我国历年不同运输方式承担的外贸运输金额

单位:亿美元

	2005年		2007年		2009年		2010年	
	运输金额	占比	运输金额	占比	运输金额	占比	运输金额	占比
水运	8716.2	61.3%	13675.4	62.9%	14363.5	65.1%	19514.5	65.6%
铁路	156.1	1.1%	248.6	1.1%	217.2	1.0%	303.5	1.0%
公路	2582.4	18.2%	3797.1	17.5%	3669.0	16.6%	4824.4	16.2%
航空	2707.1	19.0%	3886.2	17.9%	3707.1	16.8%	4867.4	16.4%
其他	56.3	0.4%	129.9	0.6%	118.6	0.6%	230.1	0.7%
合计	14218.1	—	21737.2	—	22075.4		29740.0	100%

资料来源:《中国海关统计年鉴》。

海运是外贸运输的主要方式。海运具有大运量、低成本等经济技术特征,且不受地域接壤限制,历来在世界外贸运输中发挥着重要的作用,世界外贸海运量占世界总外贸总量的比重超过80%。我国幅员辽阔,具有丰富的岸线资源,且我国对外贸易主要发生国与我国大都不接壤,因此,海运也是我国外贸的主要方式。据表3-8统计数据所示,在我国外贸货运中,有超过95%的货运量是通过远洋运输承担的。

民航外贸运输量比重持续稳定增长。民航外贸运输与海运相类似,基本不受地域接壤的限制,但受到运量和成本的经济技术限制,民航外贸总量相对较小。我国航空外贸运输总量仅占外贸总量的不到0.2%。但需要注意的是,近年来,民航承担的外贸运输量增长速度较快,2005年以来,年均增速超过20%,高于外贸运输总量的增长速度,在外贸运输总量中的比重也在不断上升,民航在外贸运输中的重要性日益显现。

铁路、公路外贸运输量比重相对稳定。铁路运输具有大运量和低成本的经济技术特征,公路具有运输直达的运行特征,两种运输方式在外贸运输中都受到必须与贸易国接壤以及线路的限制,贸易方向具有一定的局限性。基于我国周边的经济政治环境和外贸开展的主要方向,近年来这两种运输方式在外贸运输中均承担了一定份额,在外贸运输中的比重相对稳定。

(2) 外贸运输的形态结构

外贸产品结构有原材料性产品和工业制成品两大类,反映在外贸运输过程中的形态,基本由干散货外贸运输、集装箱外贸运输、件杂货外贸运输,以及液体货物运输等几类构成。其中,具有较高附加值的产品一般采用集装箱进行外贸运输,因此,集装箱化率是反映外贸运输产品结构的重要指标。

近年来,我国外贸产品结构中,工业制成品维持较高比重,且具有较高附加值的商品比重不断增加,与之相对应,我国外贸集装箱占外贸总量的比重也持续上升,从1999年至今,我国外贸增长速度约为年均增长22%,而外贸集装箱的增长速度约为26%,外贸集装箱的增长速度高于外贸总量的增长速度,体现了我国外贸集装箱化水平的不断提高,2010年,我国外贸航运的集装箱运输比重超过90%。

2."十二五"时期我国外贸发展对交通运输的影响

(1)外贸总量发展对交通运输的影响

未来我国外贸总量的增速放缓趋势,将降低对外贸运输服务的需求强度,在近年来为我国外贸服务的交通基础设施和服务设施快速增长的背景下,需求的减缓,尤其是基础性原材料产品和低附加值产品的外贸运输需求减缓,将对外贸运输从基础设施到市场运行产生一定的影响。

从外贸运输基础设施角度看,港口等基础设施能力近年来的快速增长模式,可能将不适用于未来外贸总量增长趋缓的发展特征,应及时调整思路,避免基础设施能力出现过剩的可能性。受当前金融危机的影响,我国沿海港口的外贸吞吐量已出现持续下降,这种下降虽然具有一定的阶段特殊性,但总体来看,总量的增速趋缓将成为"十二五"时期的趋势。

从外贸运输市场运行的角度分析,外贸总量的增速放缓,将对外贸运输市场造成消极影响,外贸运输市场将面临较为严酷的竞争压力,外贸运输企业生存难度加大,迫切需要依据外贸发展的特征,进行市场整合和服务结构调整。

(2)外贸产品结构变化对交通运输的影响

在外贸总量增速放缓的基础上,外贸产品结构将由低附加值向高附加值转变,这一变化,对交通运输内在结构将产生深远影响。

从外贸运输方式的角度分析,外贸产品结构的变化,将改变外贸运输方式的比重结构。高附加值产品的比重增加,尤其是高新技术产品的比重增加,将提高航空外贸运输在外贸运输总量中的比重。当前,我国航空外贸运输能力和服务水平还处在相对较低水平,为改变这一状况,需要加快航空基础设施以及运输能力的建设发展。

从外贸运输的服务质量角度分析,一方面,外贸运输产品结构的变化,将对运输需求的质量提出新的要求。外贸运输中高附加值产品比重的提高,对运输质量、运输速度以及运输服务功能拓展的要求日益提高,将促使运输服务向精细化方向发展,并促进外贸运输服务企业的服务功能进一步拓展,向提供多式联运以及供应链管理服务的具备现代物流特征的服务方向发展。另一方面,外贸产品结构的变化,进一步提高我国外贸产品集装箱化的水平,对我国运输服务的一体化提出要求,也为一体化服务的运作提供了基础。

(3)外贸产业布局调整对交通运输的影响

目前,沿海区域是我国外贸的集中区域。我国沿海区域,尤其是具备良好港口环境的长江三角洲、珠江三角洲等区域,历来具有较强的外向型经济基础,是我国主要的外贸发生集中区域。近年来,我国沿海12省市的外贸进出口总额占全国进出口总额的比重一直超过90%,是我国外贸运输发生的集中区域,其中,长江三角洲区域和珠江三角洲区域的地位尤为突出,外贸总额占全国外贸总额的比重达到65%以上。近年来,内陆区域外贸总额发展迅速。随着我国产业布局的调整和区域经济的联动发展,我国内陆省份外向型经济也获得了快速发展,外贸进出口总额的比重逐年上升。

"十二五"时期,我国外贸服务的布局将出现沿海区域比重略有下降,内陆区域比重略有上升的趋势。外贸产业区域布局的调整,将对我国外贸运输的组织水平提出新的要求,将导致外贸运输服务延伸至内陆区域的比重加大,从而在运输中增加区域间交通服务的要求,而这种运输服务往往是跨运输方式的多式联运。因此,对我国外贸运输服务提出了跨区域衔接、多式联运的运输组织要求。

(三)"十二五"时期外贸对交通运输发展的要求

1. "十二五"时期我国外贸对交通运输总体发展要求

在我国综合交通运输体系的总体框架下,结合"十二五"时期外贸发展趋势及对我国外贸运输的影响,我国外贸对交通运输总体上提出了以下发展要求。

以构建与外贸发展总量、结构发展趋势相匹配的外贸综合运输服务体系为目标,以调整外贸基础设施发展思路为基础,构建设施能力匹配、设施结构合理的外贸交通运输基础设施系统,并以推进外贸运输服务运行水平提升为重点,构建市场运行规范、组织水平高、服务功能拓展的外贸运输服务系统。

2. "十二五"时期我国外贸发展对交通运输基础设施的要求

"十二五"时期,应针对我国外贸总量和结构的变化,调整各种运输方式外贸运输服务基础设施的发展思路。

(1) 港口发展

在港口中,沿海港口是我国对外贸易运输的主要基础设施,经过"十五"和"十一五"时期的快速发展,通过能力大幅度提升,"十二五"时期,针对外贸运输总量增长放缓,尤其是原材料性产品和低附加值产品的外贸增长放缓的发展趋势,港口基础设施的发展应从以能力和规模建设为核心,向提升港口服务质量为核心转变,其中,港口集疏运设施系统的建设,以及运用现代物流技术进行港口集疏运组织和服务功能的拓展,均应成为港口发展的重点。相关管理部门应通过加强规划管理和政策引导,优化资源配置,避免港口间的盲目竞争,推动港口服务的转型,促进港口健康发展。

(2) 机场发展

针对"十二五"时期,我国外贸产品附加值提高,高新技术产业比重提升的外贸发展趋势,应充分考虑到航空外贸货运的增长潜力,相关管理部门应通过规划管理和政策引导,在航空外贸增长需求相对集中的区域,促进机场航空货物运输能力的建设,其中,引导的重点方向是要加强对机场物流组织能力和货运集疏运能力的建设。

(3)铁路、公路口岸发展

由于铁路、公路外贸运输受到外贸国接壤和线路连接的限制,其口岸的发展应结合地缘政治经济发展的具体要求,灵活进行发展。

3."十二五"时期我国外贸发展对运输服务的要求

重基础设施建设,轻运输服务,是我国交通运输发展中存在的一大问题,在当前我国外贸交通基础设施建设已具备一定规模和能力的条件下,提高我国外贸运输服务水平,成为"十二五"时期我国外贸发展对运输服务的基本要求。

(1)推进外贸运输服务的区域衔接和多式联运发展

我国外贸运输以远洋航运为主要方式,未来航空运输也将成为重要的运输形式,而这两种运输方式都具有一定的集中性特征。

"十二五"时期,我国外贸发展将呈现内陆区域比重逐步提升的趋势,内陆区域与沿海港口的外贸转运运输服务需求将持续增长,要求加强内陆区域与沿海港口的运输衔接。同时,随着外贸产品结构向高附加值品种发展,外贸运输服务在质量和速度方面的要求也将逐步提高。未来的运输服务应加强推进外贸运输服务的区域衔接和多式联运的开展,以适应外贸区域布局结构变化需要。

(2)鼓励外贸运输服务的功能拓展

外贸产品结构的变化,产品附加值的提高,将使产品的服务需求由单纯的运输服务向提供多种服务的现代物流服务转型,为适应这种变化的趋势,应通过政策引导和经济性的财税手段,鼓励运输企业集约化发展,拓展自身服务功能,在国际化的竞争环境中,培育自身核心竞争力的同时,为我国外贸竞争力的提升提供相匹配的多功能运输服务。

五、收入及消费对交通运输的影响和要求

(一)"十二五"时期我国收入水平及消费模式的变化

1. 我国居民收入水平及消费模式分析

无论是城镇居民还是农村居民,自"九五"时期以来,人均收入增长速度均保持较高水平,且呈加速趋势(见表3-12)。按照指数计算,城镇居民家庭人均可支配收入"九五"期间年均增长5.74%,"十五"期间年均增长9.62%,"十一五"期间年均增长9.71%;农村居民家庭人均纯收入"九五"期间年均增长4.73%,"十五"期间年均增长5.26%,"十一五"期间年均增长8.85%。

从消费结构看,2010年,我国城镇居民家庭恩格尔系数35.7%,比1995年降低了14.4个百分点;2010年农村居民家庭恩格尔系数41.1%,比1995年降低了17.5个百分点,按照联合国粮农组织的划分标准,分别处于富裕和小康状态。

但是,我国城乡居民间的收入和消费结构存在巨大差异。2010年,农村居民家庭人均纯收入大致相当于1999年城镇居民人均可支配收入水平(未考虑物价因素),2010年,农村居民家庭恩格尔系数相当于1999—2000年城镇居民家庭的恩格尔系数水平。总体上,农村居民生活水平落后于城镇居民生活水平整整10年以上。

2. 我国居民交通消费倾向分析

我国城乡二元经济结构,使得在交通消费倾向上,也存在着城镇居民和农村居民之间的较大差别。结合城镇居民和农村居民两种人口类型分析,我国居民交通消费倾向具有以下主要特点:

(1)农村居民交通通信消费倾向要低于城镇居民交通通信消费倾向。从时间上分析,一般滞后约五年。

表 3-12 我国城乡居民收入及恩格尔系数情况

年 份	城镇居民家庭人均可支配收入（元）	农村居民家庭人均纯收入（元）	城镇居民家庭恩格尔系数（%）	农村居民家庭恩格尔系数（%）
1995	4283.0	1577.7	50.1	58.6
1996	4838.9	1926.1	48.8	56.3
1997	5160.3	2090.1	46.6	55.1
1998	5425.1	2162.0	44.7	53.4
1999	5854.0	2210.3	42.1	52.6
2000	6280.0	2253.4	39.4	49.1
2001	6859.6	2366.4	38.2	47.7
2002	7702.8	2475.6	37.7	46.2
2003	8472.2	2622.2	37.1	45.6
2004	9421.6	2936.4	37.7	47.2
2005	10493.0	3254.9	36.7	45.5
2006	11759.5	3587.0	35.8	43.0
2007	13785.8	4140.4	36.3	43.1
2008	15780.8	4760.6	37.9	43.7
2009	17174.7	5153.2	36.5	41.0
2010	19109.4	5919.0	35.7	41.1
"九五"期间年均增长	7.95%	7.39%	—	—
"十五"期间年均增长	10.81%	7.63%	—	—
"十一五"期间年均增长	12.74%	12.70%	—	—

城镇居民和农村居民在收入水平、消费模式等方面存在较大差别。从历史统计数据分析,农村居民的交通通信消费倾向一般滞后于城镇居民交通通信消费倾向约五年时间(见图3-5)。如1990年城镇居民交通通信消费比重为3.17%,1995年农村居民交通通信消费比重为2.58%;1995年城镇居民交通通信消费比重为5.18%,2000年农村居民交通通信消费比重为5.58%;2000年城镇居民交通通信消费比重为8.54%,2005年农村居民交通通信消费比重为9.59%。

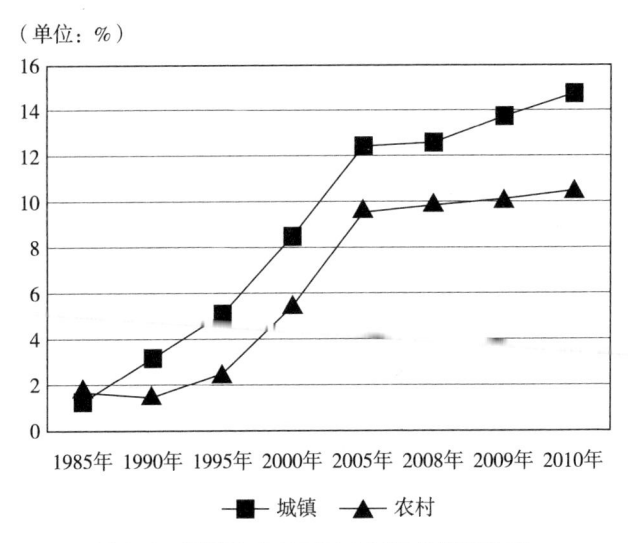

图3-5 城镇和农村居民交通通信消费比重

(2)无论是城镇居民,还是农村居民,随着收入水平的提高,交通通信消费倾向都有较为明显的提高。

2010年,我国城镇居民低收入户消费性支出6416元/人,交通通信比重为8.71%;高收入户消费性支出26381元/人,交通通信比重为19.71%。

2010年,农村居民低收入户消费性支出2535元/人,交通通信比重为8.23%;高收入户消费性支出8190元/人,交通通信比重为13.11%。

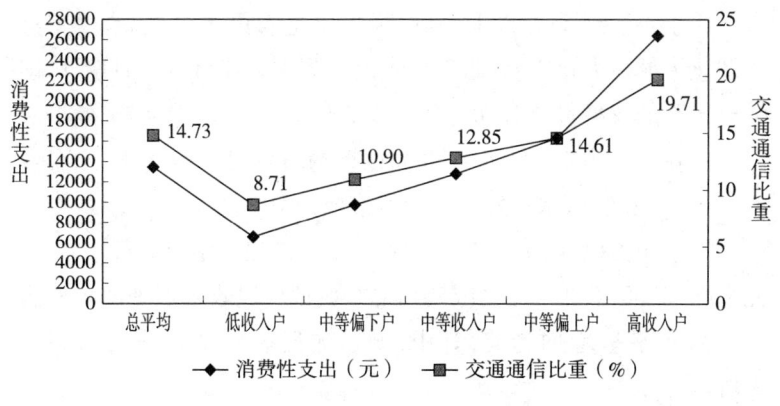

图3-6 2010年城镇居民交通消费倾向

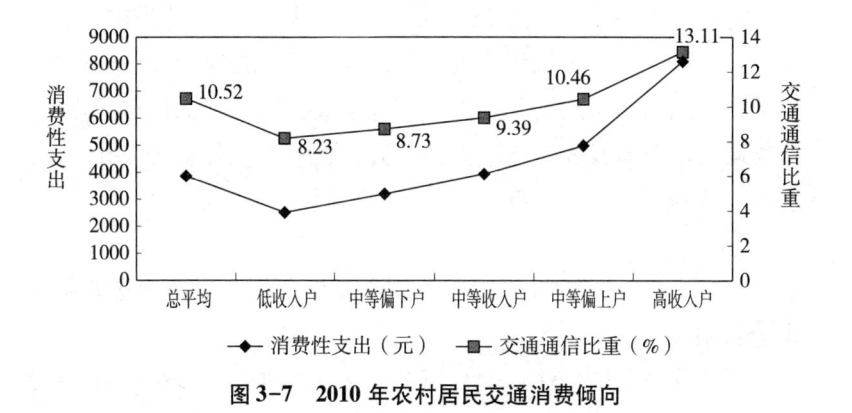

图3-7 2010年农村居民交通消费倾向

3."十二五"时期我国居民收入水平及其消费结构趋势分析
(1)人口及其结构变化趋势

1990—2010年,我国人口增速经历了一个逐渐降低的过程,1991年人口增速为1.3%,到2010年降低至0.48%,增速年均下降5.4%。若按此趋势推算,到2020年,人口增速为0.26%,人口总规模将达到138689万人。预计到2030年,我国人口将达到峰值。

从人口的城乡结构趋势分析,人口向城镇集中,2015年,城镇人口比重将达到53%以上,其途径主要是农民工进城,农民工进城转化为城市人口中,以新生代农民工为主。今后一个时期,中国需要转移的农村富余劳动力还有1.2亿人以上。近年来,外出农民工以新生代为主,2009年30岁以下的新生代占61.6%。

(2)居民收入水平发展及消费模式趋势

根据相关研究,2020年,我国人均GDP估计在52771—56331元之间(2008年价)。与此趋势相同,城镇居民收入水平和农村居民收入水平呈增加趋势,其中,城镇居民收入增长速度略高于农村。

随着我国人均收入水平的提高,低层次需求比重逐渐下降,高层次需求比重逐渐增加;物质性需求比重下降,精神文化需求比重上升。"十二五"时期消费模式的结构变化具体表现为:以恩格尔系数为代表的食品比重下降;物质类消费即工农业产品比重下降,非物质类消费即服务业比重上升;物质类消费中,"衣、食、用"比重下降,"住、行"比重上升。

(二)"十二五"时期居民收入水平及消费模式对交通运输需求的影响

1.人口向城镇集中,将对交通运输需求及其结构产生影响,而新生代农民工出现将是"十二五"时期城镇化交通运输需求新变化的重要影响因素

(1)新生代农民工转化为市民,将增加对大城市交通运输的服务需求

从农民工务工的城市结构分析,根据国家统计局中国农村劳动力调研,2006年,65%的农民工在直辖市、省会城市和地级市工

作,这些城市基本上都是50万人口以上的大城市。目前,我国城市交通问题主要集中在大城市,2001年以来,农民工务工日益向大城市集中(2001年比重为57.2%),而"十二五"期间还会延续农民工集中于大城市的趋势,势必加剧对这些地区的城市交通压力。从消费模式上分析,随着第一代农民工年龄的增大和逐步返回农村,新生代农民工已经陆续进入城市并成为农民工的主体,特点是"三高一低"——受教育程度高、职业期望高、物质和精神享受要求高,工作耐受力低。新生代农民工和父辈的最大区别是,他们根本不愿意回到农村去。从消费模式看,与父辈的区别有:消费结构转向复杂,不再满足于"吃"的层面;消费工具转向现代,不再局限于现金交易;消费心理转向前卫,对高档商品和休闲消费有追求;消费额度转向高费,边际消费倾向高。

(2)农民工进城可能减少统计的交通量,但将增加重大节假日区域间交通出行的规模,从而加大全年出行峰谷差值

被统计为城镇人口的农民工,由于其收入水平、消费模式与城镇户籍人口存在较大差异,而对交通运输需求的影响也起到不可忽视的作用。一是增加城市交通量而减少区域交通量。按照目前的统计,城市之外的出行被统计为交通量,而农民工在城市务工期间,出行绝大部分仅限于城市内部,因而主要增加的是城市交通量。由于统计规则,农村农民出行几公里即可被统计为交通量。如按中国农村住户调查数据,2008年农村居民客运费用66元,参照农村公路客运每人0.1元/公里的费率和2008年公路客运46.5公里的平均运距计算,人均年出行14次。二是农民工区域交通出行主要集中在重大节假日的回乡出行。根据对建筑业、住宿餐饮、服务业等行业从业人员的访谈,大多数务工人员每年只在节假日返乡1次,而且这种出行一般是刚性需求。随着农民工进程规模的不断增加,重大节假日的返乡出行规模会越来越大。从时间跨

度上,这一趋势将持续到我国城镇化稳定下来,需要15—20年时间。

2. 高收入户的消费结构中交通比重,可能成为"十二五"期末全国城乡居民的交通消费比重

判断未来交通消费在总消费中的比重,可以依据两种方法分析:一是依据目前消费结构及其演变规律,对未来消费结构的分析;二是对未来居民收入水平预测,并参照目前相同收入水平群体的交通消费比重。

从消费结构分析,2010年全国城镇居民和农村居民的总平均消费结构,与按五等分组的中等偏上户的消费结构最为相近。其中,食品、衣着、交通通信和教育文化娱乐四类消费品(约占全部消费的75%),总平均的消费结构与中等偏上户的消费结构非常接近。因此有理由认为,比中等偏上户高一个台阶的高收入户的消费结构,很可能成为未来全国居民的消费结构。即2010年城镇居民高收入户的交通通信消费比重和农村居民高收入户的交通通信消费比重,成为"十二五"期末全国城镇居民和农村居民的平均交通通信消费比重。

从收入水平分析,2010年城镇居民家庭高收入户人均收入41238元;农村居民家庭高收入户人均收入14050元。按照可比价格,城镇居民家庭人均可支配收入"十一五"时期年均增长9.70%;农村居民家庭人均纯收入"十一五"时期年均增长8.84%。"九五"时期以来城镇和农村居民的收入都呈现加速增长趋势,即使按可比价格对"十一五"时期年平均增速的保守计算,2015年城镇居民家庭人均可支配收入可达30360元,农村居民家庭人均纯收入可达9042元,处于2010年城镇居民中等偏上与高收入户之间和农村居民中等偏上户与高收入户之间的收入水平。

表 3-13　2010 年与 2015 年城镇居民和农村居民收入水平比较

单位：元

	城镇居民	农村居民
中等偏上户	23189	7441
高收入户	41238	14050
2010 年全国水平	19109	5919
2015 年全国水平（按"十一五"增速计算）	30360	9042

资料来源：根据《中国统计年鉴》(2011)及有关数据计算。

由以上分析，2015 年城镇居民和农村居民的交通通信消费比重可能比较接近目前高收入户的交通消费比重，即城镇居民交通通信消费比重 16.98%，农村居民交通通信消费比重 12.17%。

3. 无论城镇居民还是农村居民的收入水平提高，都将加速提高交通消费边际倾向

按照不同收入区段划分，目前，城镇居民年人均收入 35000 元以下、农村居民年纯收入 11300 元以下，我国城乡居民的边际交通消费倾向表现出来随着收入增加而增加的趋势（见表 3-14）。按照目前城乡居民收入增长趋势，"十二五"期间，我国城镇居民和农

表 3-14　我国城乡居民不同收入区段边际交通通信消费倾向

城镇居民边际交通通信消费倾向				
收入区段(元)	6058—10196	10196—13894	13894—19254	19254—34932
边际交通通信消费（元/千元）	78.59	83.08	105.26	138.78
农村居民边际交通通信消费倾向				
收入区段(元)	2500—2935	2935—4203	4203—5929	5929—11290
边际交通通信消费（元/千元）	38.95	61.59	62.80	73.75

资料来源：根据相关资料计算。

村居民的收入水平应该处于 2010 年中等偏上户至高收入户的水平上,由此判断,城镇居民边际交通通信消费将增加约 30 元/千元,农村居民边际交通通信消费将增加约 10 元/千元。

另外,国家发展改革委宏观经济研究院《"十二五"时期扩大消费需求的思路和对策研究》课题组研究表明 2008 年高收入户各类消费品的消费弹性系数中,交通通信属于较高的消费类别(1.7),并且主要是交通消费弹性系数比较高(2.5)。通信消费的弹性系数已经低于 1.0,以手机为代表的通信类消费已经接近尾声。

(三)"十二五"时期居民收入水平和消费模式变化对交通运输发展的要求

1. 增加运输服务供给能力

无论是人口由农村向城市集中,还是城乡居民边际交通通信消费随着收入水平提高而增加,都会客观上增加人们的出行需求规模,必须重视和加强相应的运输服务能力建设。

2. 提高交通运输服务质量

居民收入提高后,边际交通消费倾向的提高,不仅仅是增加交通出行次数,也会对交通运输服务质量提出更高要求。一是时间价值提升后对于出行速度和舒适度有更高追求,进而促进高端运输方式及其市场的发展。二是对于一体化运输等的要求也会更加迫切,要求提供一体化的交通基础设施和一体化的运输服务。

3. 改善交通运输管理水平

一方面,人们对交通工具的支出越来越大(根据农村住户抽样调查结果,2008 年农民交通工具支出是 2003 年的 2.195 倍),机动化水平越来越高,应对机动化对交通的挑战更多要依靠交通运输管理水平的提升;另一方面,农民工成为中国城镇化的主体这一中国特色城镇化的途径,使得重大节假日客流与平时客流的差值越来越大。2005年铁路日均客运量为春运日最高旅客发送量的79.28%,到2010年铁路日均客运量仅为春运日最高旅客发送量的72.09%。交通基础设施不可能按照高峰需求进行建设,必须提高交通运输管理水平,特别是加强需求侧管理。

表3-15　我国春运铁路运量与日均铁路运量的比较

		2006年	2007年	2008年	2009年	2010年
日均铁路运量	万人	344.26	371.70	400.53	417.67	459.20
春运铁路运量	万人	14400	15600	19600	19200	20400
春运日均运量与全年日均运量差值	万人	360 15.74	390 18.30	426.09 25.56	480 62.33	510 50.80
最高日发送量与全年日均运量差值	万人	434.26 90	490.4 118.7	588.3 187.77	592.9 175.21	636.9 177.70

注:2008年春运由计划的40天调整到实际的46天(2008年1月18日—2008年3月2日)
资料来源:《中国统计年鉴》、《铁道统计公报》、www.gov.cn 等。

六、社会的公平对交通运输的影响和要求

(一)科学发展观对社会公平提出更高要求

1. 发展观的演变与社会公平

在不同的经济社会发展阶段,由于生产力水平的不同,有着不同的社会发展观。传统发展观的核心是经济增长,将GDP作为衡量经济发展水平的主要指标,强调经济资源的优化配置和社会福利的改善。传统发展观最大的缺陷在于忽略了经济、资源、环境以及文化多样性、人口等非经济因素之间的互动关系。经济增长过程中,不可再生资源的消耗、环境污染等问题逐步凸显,最终成为对经济可持续发展产生阻碍的普遍现象,迫使人们把资源和环境等社会发展资源纳入传统发展观,使发展观产生了第一次飞跃。

人的需求是有层次的,当低层次需求得到满足后便会追求更

高的层次;人的需求是多样性的,除了生理、物质利益需求外,还存在许多非物质的非经济的利益需求。社会发展到物质需求得到基本或充分满足的阶段后,开始关注非经济方面和发展利益的公平分配,由此发展观又一次得到重要飞跃,形成了以人为本的发展观。以人为本的发展观把人的发展看作社会发展的根本目的,认为发展的中心和最终目的是人而不是物,不能以损害人的非经济需求而片面追逐物的增长。

党的十六大以来,中央作出了一系列重要决定和战略部署,为全面建设小康社会战略任务的完成提供了保障。2003年,党的十六届三中全会通过《中共中央关于完善社会主义市场经济体制若干问题的决定》,首次提出"科学发展观",要求"坚持以人为本,树立全面、协调、可持续的发展观,促进经济社会和人的全面发展。"2004年,十六届四中全会通过《中共中央关于加强党的执政能力建设的决定》,第一次正式提出"构建社会主义和谐社会",明确提出要"注重社会公平",改变了1993年以来"效率优先,兼顾公平"的提法。2005年,十六届五中全会通过的《中共中央关于制定国民经济和社会发展第十一个五年规划的建议》,要求"全面贯彻落实科学发展观","加强和谐社会建设",并进一步指出要"更加注重社会公平,使全体人民共享改革发展成果。"2006年,十六届六中全会通过《中共中央关于构建社会主义和谐社会若干重大问题的决定》,完整阐释了"构建社会主义和谐社会"的基本任务。这一系列重要文件和基本理论构成了从"科学发展观"到"社会主义和谐社会"的系统理论体系,成为我国经济社会发展新的战略指导思想。

2. 社会公平的基本内容

实现社会公平正义是构建和谐社会的重要内容。在现代社会,社会公平首先意味着社会权利上的公平,它承认并保证社会主体具有平等的生存、发展权,也就是要求社会的制度安排和非制度

```
社会发展观的演变                   关注点
  ┌─────────────────┐           视人的发展为
  │ 以人为本的发展观 │           社会发展的根本目
  └─────────────────┘           的,更加注重社会公
          ↑                      平
  ┌─────────────────┐           经济和资源、环
  │环境经济可持续的发展观│        境的友好协调
  └─────────────────┘
          ↑
  ┌─────────────────┐           以经济增长为
  │   传统发展观    │           核心,关注投资回报
  └─────────────────┘           和经济资源的优化
                                 配置
```

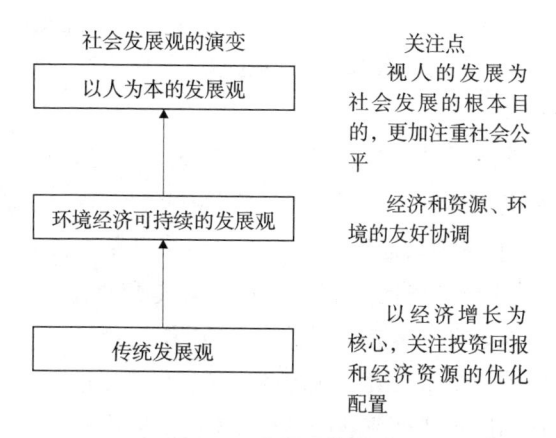

图 3-8 发展观的演变

安排给每个社会主体的生存、发展的机会是平等的。分配公平也是社会公平的重要体现,分配是否公平,不仅关系效率的高低,对社会制度的变革和社会秩序的维护与稳定也起着决定性作用。实现分配公平,有赖于合理的社会分配机制的建立,其中分配制度和分配政策起着极为重要的、直接的作用。社会公平,从横向来看,包括各个社会群体之间的公平;从纵向来看,包括数代社会成员之间的公平。

(二)我国交通运输体现社会公平的要求和主要内容

1.交通运输领域体现社会公平的基本要求

(1)树立改革发展成果共享和基本公共服务均等化的基本理念

提供更加完善的交通公共服务,是社会成员共享成果的重要内容。它具有维护和保障公民基本权利的效果,具有提高社会成员生活质量、提高整个社会满意度的作用。《中华人民共和国国民经济和社会发展第十二个五年规划的纲要》充分体现了更加注重基本公共服务的思想,强调要推进基本公共服务均等化,努力使

发展成果惠及全体人民。

(2) 把实现人人享有基本公共运输服务作为交通运输发展的近期目标

公共运输服务是公共服务的重要组成部分,基本公共服务均等化思想在交通运输领域的具体化就是基本公共运输服务均等化,或者称为基本公共运输普遍化。逐步推进基本公共运输服务均等化,是共享改革发展成果的必然要求,是交通公平的最主要内容。实现人人享有基本公共运输服务,应作为新时期交通运输发展的目标之一。基本公共运输服务包括提供基本的交通基础设施和基本的运输服务两种公共产品(服务),是运输普遍化服务的底线,应着眼于两个方面:一是满足全体公民生产生活最基本的公共运输服务需要,使人人都享有最基本的交通条件和出行服务;二是满足特定弱势群体出行的合理需要,包括对残疾人、老年人、儿童和贫困者的出行保障和便利服务。为此,要研究制定更加明确的基本公共运输服务底线标准。当然,实现基本公共运输服务仅仅是公共运输服务的最低层次目标,随着经济发展水平的提高、国力的增强,公共运输服务的质量标准也应相应提高,逐步实现更高层次的目标。

(3) 提供全体公民平等享受基本公共运输服务是政府的重要职责

提供全体公民平等享受的公共运输服务是政府的重要职责。按照有限责任政府的理念,服务型政府实际上应该是公共服务型政府。要强化各级政府交通主管部门对公共运输服务规划和管理的职能,加强各级交通主管部门的相关能力建设。要完善公共运输服务的供给体系和制度,建立适应我国国情的公共运输服务模式,加大政府投入,有步骤地扩大、提高基本公共运输服务的覆盖面和服务水平。

2. 交通运输领域体现社会公平的主要内容

关于交通公平包含的内容有不同的看法,归纳起来包括不同运输方式之间、不同群体之间、不同地区之间、不同代际之间、城乡之间等的交通公平。① 其中,现阶段不同群体的交通公平问题中最大的群体划分是城市居民和农村居民间的交通公平问题。"十二五"期间,应主要从区域间交通公平、城乡间交通公平、不同类型间交通公平和不同群体间交通公平四个方面进行分析社会公平对交通运输发展的要求。

(三)社会公平对交通运输发展的要求

1. 社会公平对区域交通运输的发展要求

(1)基本公共服务均等化,要求加快中西部民族地区、贫困地区、边疆地区等农村公路的发展

2007年10月,党的十七大报告提出,缩小区域发展差距必须重视实现基本公共服务均等化。基本交通出行是保障基本公共服务均等化的重要支撑,也是重要的民生建设内容。截至2010年年底,全国通公路的乡(镇)占全国乡(镇)总数的99.9%,通公路的建制村占全国建制村总数的99.2%;通硬化路面的乡(镇)占全国乡(镇)总数的96.6%,通硬化路面的建制村占全国建制村总数的81.7%。不同区域的基本运输需求满足程度还存在差距,其中2009年公路通建制村率最低的省份仅为67.6%;从路面质量上看,东部地区建制村通硬化路面的比率在90%以上,而西部地区很多省份建制村通硬化路面的比率仅仅在30%左右。作为基本交通出行,区域间应该实现基本均等化。按照建设规划,到2010

---

① 参见谢雨蓉:《交通运输发展中应着力解决的公平性问题》,《综合运输》2008年第4期;石京:《交通公平的衡量角度与模型描述》,《铁道工程学报》2009年第1期。

年,东部地区全面实现"油路到村",中部地区全面实现"油路到乡"、基本实现"油路到村",西部地区基本实现"油路到乡"、"公路到村",基本运输需求的满足和基本交通出行条件的均等化进程远未完成。"十二五"期间推进农村公路建设,提高交通覆盖率重在中西部地区,国家应该继续支持中部地区和西部地区的农村公路建设,提高通达率和设施的质量。

(2)中西部地区经济快速发展和支持中西部地区经济发展的政策,要求加大中西部交通基础设施国家投资力度,拓展基础设施路网规模

"十二五"期间,区域经济发展差异将初步缩小,中部地区和西部地区将成为我国四大区域中经济发展速度最快的区域,预计2015年,中部地区和西部地区GDP占全国的比重分别比2007年提高3.1个和1.6个百分点。从区域产业结构看,制造业和重化工业逐步向中西部地区转移。"十二五"时期中西部地区经济发展相对提速和产业结构的升级,要求相对其他地区更快速度的运输需求增长,内在要求交通建设向中西部地区倾斜。此外,2000年开始实施的西部大开发政策期截至2010年,但无论是从国外区域开发的历史,还是我国东部沿海地区优先发展的20年历程看,西部大开发政策还需要延续10—20年时间。中西部地区的交通运输干线和重要枢纽的建设需求,不应仅仅以交通流量来衡量,它对西部优势资源开发和优势产业的培育,对稳边固疆和促进民族团结等,有着重要的不可替代意义。西部地区经济发展落后,交通运输需求相对较少,导致交通基础设施社会筹融资能力弱,自我发展能力差。"十二五"时期国家对中西部地区交通运输发展的支持应该继续体现在国家财政建设投入上,继续提高中央资金用于中西部交通建设投入的比重,推进中西部地区综合交通运输网络主骨架的建设,降低中西部地区物流成本。

(3)东部沿海城市群发展加剧交通供需矛盾,要求加快区域

间和城市群快速交通发展,完善交通路网结构

在市场机制作用下,我国经济活动的空间集聚度不断提高,东部地区仍是我国人口和经济分布的重要地带,2010年东部沿海地区(含辽宁)聚集了约40%的人口和60%的地区生产总值。长江三角洲、珠江三角洲和京津冀三大城市群成为我国经济发展的领头羊,其GDP占全国总量的约40%。按照党的十七大关于"遵循市场经济规律,突破行政区划界限,形成若干带动力强、联系紧密的经济圈和经济带"要求以及现实基础,"十二五"时期我国东部沿海地区城市群继续率先发展。城市群及城市群之间人员出行密集,货物交流频繁,给交通基础设施带来巨大压力。虽然东部地区交通基础设施的密度和质量高于全国其他地区,但是相对于区域的自身运输需求而言,东部地区是交通供给与需求矛盾最为突出的区域,表现为东部地区的国省干线交通拥挤度远高于其他地区。根据统计,2010年东部地区的北京、天津、河北、上海、浙江、广东的国道年平均拥挤度均超过0.60,大大高于全国国道网年平均交通拥挤度0.41的水平;2010年东部地区省道年平均拥挤度也远高于东北地区、中部地区和西部地区省道的年平均拥挤度。繁忙铁路干线和繁忙机场基本上也是分布于东部地区。与西部地区交通基础设施需要加大国家投资力度不同,"十二五"时期,东部地区交通发展重在加快和提效,要通过中央、地方政府和社会融资等多元化投资,加快城市群间和城市群内城际间的快速交通运输通道以及连接城市交通和城外交通的一体化综合交通枢纽建设;要提高运输生产系统的组织效率,推进综合交通运输管理系统的完善,共同推进综合交通运输体系的效率提高。

2. 社会公平对城乡交通发展的要求

我国城乡之间存在较大的发展差距,缩小城乡差距,实现城乡间社会公平是一项长期的任务。从2004年到2010年中央连续七年发布的中央"1号文件",坚持把解决"三农"问题作为工作的重

中之重,坚持统筹城乡发展,指导方针上体现了"多予少取放活",着力点上体现了"解决农村民生"。就交通运输领域而言,农村交通设施和运输服务水平与城市相比都存在较大差距。造成农村交通基础设施供给不足和农村客运市场发展滞后的原因是多方面的、复杂的。既有历史的原因,也有现实的原因;既有农村自身的原因,也有农村外部的原因;既有宏观层面的原因,也有微观层面的原因;既有制度、体制原因,也有非制度、非体制原因。因此,为实现农村基础设施与运输服务长效筹资、实现可持续供给的目标,除了创造环境和条件、促进农民增收、增加农业部门自身积累之外,应从以下几方面进行制度创新和政策选择。

(1) 宏观层面要改革城乡二元结构体制

城乡二元结构体制是影响社会主义和谐社会与新农村建设的重要体制障碍,也是城乡交通差距的制度根源。为缩小城乡交通差距,实现城乡交通协调发展,应按照城乡统筹发展原则,加快推进城乡交通基础设施与运输服务供给制度的改革与完善,构建协调平衡、公平合理的机制,促进城乡交通公平发展。

(2) 建立多元投资体系,拓宽融资渠道

农村基础设施虽从总体上来看,政府投资应发挥主导性作用,但在政府财力有限的情况下,还应逐步形成以政府宏观政策为引导的政府投资、民间投资和外商投资共同参与的多渠道、多元化投资格局。对于农村交通运输基础设施中非经营性或关系国计民生、社会效益大的项目,仍应以政府投资为主体,除此之外的建设项目,都要允许或鼓励社会民间资本进入。从西方国家经验以及我国各级政府的财力来看,农村基础设施长效筹资机制应由财政投资和市场融资两方面构成。

3. 社会公平对不同类型交通方式发展的要求

交通可以分为公共型交通和私人交通两大类型。土地资源、能源、环境等对交通的制约越来越大,而公共型交通方式与私人交通方式相比,具有集约节约资源利用的优势,优先发展公共交通,不仅是解决城市交通问题的最佳选择,同时又是资源约束下交通运输发展的客观要求。公共交通优先发展,不仅体现了落实科学发展观的客观要求,也是建设资源节约型、环境友好型社会的重要举措。

(1)在区域中要大力发展公共型交通,在城市实施优先发展公共交通战略

在区域交通方面,要大力发展铁路等具有显著公共型特征的运输方式,以较少的资源支撑较大的运输需求。在城市交通发展中实施公交优先战略,鼓励自行车、步行等绿色出行方式,引导小汽车等交通方式的合理有序发展,充分发挥不同交通方式的组合优势,提高城市交通的效率。

(2)加大城市公共交通基础设施建设的资金投入

城市公共交通的投入要坚持以政府投入为主。城市公共交通是与人民群众生产生活息息相关的重要基础设施,是关系国计民生的社会公益事业。城市公共交通发展要纳入公共财政体系,建立健全城市公共交通投入、补贴和补偿机制,统筹安排,重点扶持。政府要加大对城市公共交通事业的资金投入力度,要对轨道交通、综合换乘枢纽、场站建设,以及车辆和设施装备的配置、更新给予必要的资金和政策扶持。特大城市应重点发展轨道交通,同时要对公共交通企业予以财政补偿,提高公共交通服务水平,并有效控制与诱导城市私人交通需求的发展。

4.社会公平对不同群体间交通权利的要求

(1)将满足社会各群体的交通需求作为交通发展的战略目标

当今世界,维护不同群体公平参与交通的权利,成为许多国家交通发展的基本要求。比如,美国运输部2000—2005年战略计划中提出的战略目标之一是,提高所有美国公民的机动性和易接近性,尤其要重视残疾人、老年人以及边远部落民族等社会弱势群体

的交通需求;1998年英国政府运输白皮书提出,政府要确保人们出行的便利性,要注重妇女、残疾人、乡村家庭和低收入家庭对公共交通的依赖和需求,以体现社会公益,保障社会公平。国际社会对于交通公平的重视值得我国政府借鉴。从战略层面看,公平应成为我国新时期交通发展新的价值取向,并同安全、高效、便利、经济、可持续等共同构成一个完整的交通科学发展价值体系。

(2)降低弱势群体的交通成本

政府要加大对弱势群体的转移支付力度,由财政为收入较低的弱势群体提供交通补贴,保障大多数人的出行权利。例如,对老人、学生、小孩等低收入或无收入人群给予特殊优惠票价。

(3)为弱势群体创造无障碍交通环境

采取有效的技术、经济、管理措施,为老年人、残疾人等特殊弱势群体提供较为便利的交通条件,逐步实现交通无障碍化。如在车站码头,消除地面高度差异,做到步行空间无障碍化;修建盲道,增添残疾人卫生设施;在人口较为密集地区的普通道路上增设过路用交通信号与标志;在交通工具方面,消除上下公共汽车和客船的障碍;在基础设施设计、建设和运营与运输工具研发中充分考虑伤残人士、老年人和儿童等特殊人群的出行要求等。

七、资源和环境对交通运输的影响和要求

(一)交通运输领域资源利用现状分析

1. 交通运输领域能源消费情况

随着我国客货运输量的增长,交通运输业能源消耗的规模逐年上升,能源消耗的增速高于全社会能源消耗的增速,成为我国用能增长最快的行业之一。据统计数据显示,2010年,我国交通运输邮政业共消费能源26068万吨标准煤,占全社会能源消耗量的8.02%。

需要特别说明的是,在我国国家统计体系中,交通运输业的能源消费统计量也只包括其运输工具的燃料消费,并不包括非运营的企事业单位和私人所拥有的交通工具能源消费统计,这与国外能源消费统计中对交通运输用能部门的定义差别较大。如果考虑上述因素,中国以国际通用口径计算的交通用能将高于国家统计局所公布的数据,参考综合运输研究所课题组、北京交通大学等测算,2008年交通运输领域能源消费量约占全国用能总量的10%,占终端能源消费量的14%。

交通运输领域消耗的能源包括汽油、柴油、煤油、燃料油等成品油、电力、天然气和煤炭等。其中,成品油是运输领域最主要的能源,2008年,运输领域成品油消耗占交通运输用能的比重约为94%。交通运输领域也是最大的石油资源消耗部门,其石油消耗量占全国石油消耗量的50%左右,其中大约95%的汽油、60%的柴油和90%的煤油被各类交通工具所消耗。

在各种运输方式中,公路运输(包括道路营业性运输和私人运输)是能源消耗最多的方式,2008年约占运输业总用能的75%;其次是水运用能,约占14%;铁路运输用能占交通运输领域总用能的7%;民航用能占4%。从能源消费增速看,民航运输和公路运输能源消费增速最快,2000—2008年民航运输能源消费年均增速超过11%,公路运输能耗年增速在9%左右。从此意义上,公路运输和民航运输是交通运输行业节能的重点领域。

2. 交通运输领域土地利用情况

国土资源部每年进行土地利用变更调查,其中包括对交通运输用地的统计数据。但是,由于土地利用现状的分类,在不同时期有着不同的标准,其中对"交通用地"含义的界定也有变化。根据国土资源部的土地利用变更调查,2000年全国交通用地面积为576.15万公顷(0.86亿亩),占土地总面积的0.6%,其中铁路用地34.57万公顷(518.55万亩),公路用地152.1万公顷(2281.5

万亩),农村道路用地384.29万公顷(5764.35万亩),民用机场用地4.03万公顷(60.45万亩),港口码头用地1.15万公顷(17.25万亩)。公路和农村道路两者合计536.39万公顷(8045.85万亩)。铁路、公路、机场和港口分别占交通用地面积的6.0%、93.1%、0.7%和0.2%。

2001年以后国土资源部在土地利用变更调查中的"交通用地"界定发生变化,对乡镇公路以下的农村道路不再予以统计。按照建设部、国土资源部《公路建设项目用地指标》(1999年),建设部、国家土地局《新建铁路工程项目建设用地指标》(1996年)的建设用地指标,结合公路和铁路基础设施规模,测算2006年公路和铁路建设用地总规模为876万公顷,约占我国国土面积的0.91%,低于欧盟国家交通用地占国土面积的比重。

(二)"十二五"时期交通发展面临的资源环境形势

未来一段时期,加快发展仍是我国交通运输业发展的主线之一,特别是国家提出扩大内需的政策措施后,交通运输作为扩大内需的重点领域,交通基础设施建设规模扩大,机动化进程加快。交通的大发展势必会导致能源需求、土地占用和污染物排放量的持续快速增长。资源环境对发展的制约,节能减排的国际责任,以及交通运输在资源占用和大气污染物排放中的高份额,意味着节能节地减排的社会责任成为影响"十二五"时期交通运输发展的重要因素。

1. 石油供需缺口加大,对外依存度继续提高

我国经济持续快速发展带动了石油消费的增长,自1993年我国成为石油净进口国以来,石油进口规模不断攀升,呈现加速增长态势。"九五"期间,全国石油消费量年均增长约1200万吨。自2000年以来,我国石油消费总量以每年2000万吨以上的规模增长,2010年石油消费总量达到43245万吨,是2000年的1.92倍。

而受制于资源约束,我国的石油生产总量增幅不大,进入"十一五"时期,年石油产量维持在1.8亿吨至1.9亿吨,远不能满足石油消费需求,对进口石油的依赖越来越大,目前石油进口主要来自中东、非洲、亚太地区和俄罗斯及中亚地区,2010年进口石油29437万吨,石油消费对外依存度由1995年的7.58%快速提高至2010年的58.64%。1995—2010年我国石油生产、消费和对外依存度情况见图3-9。

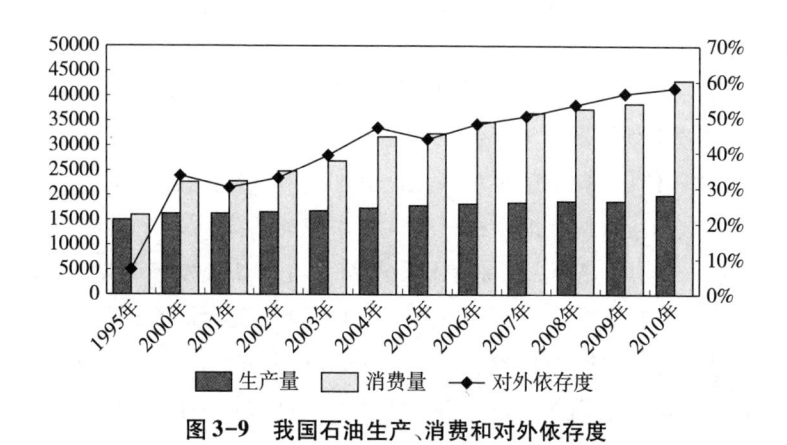

图3-9 我国石油生产、消费和对外依存度

目前,我国正处于工业化中期阶段,未来石油生产供应和消费需求发展的不平衡会继续加剧,对外依存度继续提高。截至2005年年底,中国已累计发现油气田850个,已累计探明石油地质储量258.0亿吨,累计探明可采储量69.6亿吨,剩余可采储量24.9亿吨,占世界石油剩余探明储量的1.4%,居世界第十二位。石油资源集中分布在渤海湾、松辽、塔里木、鄂尔多斯、准噶尔、珠江口、柴达木和东海陆架八大盆地中。根据我国石油资源和开采情况,未来我国石油产量将长期处在1.9亿—2.0亿吨。

未来我国城镇化进程加速,居民生活消费结构不断升级、高耗能消费行为日益突出,产业结构调整远未到位、经济发展仍处于重化工业阶段等因素决定,"十二五"时期,我国石油消费仍处于高速增长阶段。根据国家发展改革委能源所的预测,未来全国石油消费需求继续保持增长态势,2020年可望达到6.2亿吨,2030年石油消费7.4亿吨,即2020年和2030年石油缺口将分别超过4.4亿吨和5.5亿吨。

国内石油短缺将成为我国一个长期的重要战略问题,对经济社会发展产生重要影响。交通运输领域以石油为主的能源消耗结构将长期保持,交通运输发展所必须高度重视的石油短缺这一基本资源约束。

2. 地少人多发展任务重的国情决定土地供应趋紧

(1) 土地资源紧缺是我国的基本国情

我国的国情是地少人多,以占世界5%的耕地养育着世界20%的人口,人均土地面积只有世界水平的1/3,人均耕地面积不足世界人均的43%。特别是我国经济正处于快速发展时期,城镇化进程加快,工业化不断向前推进,这些都需要土地资源的支撑,土地资源短缺的矛盾日益突出。根据近年来的全国土地利用变更调查,我国耕地面积不断减少,建设用地持续增加。调查结果表明,"十五"期间全国耕地减少616万公顷,人均耕地已经不足1.4亩。同期新增建设用地219万公顷,其中占用耕地109.4万公顷。在耕地减少总量中相当部分是交通基础设施建设用地。"十二五"期间乃至更远时期,是需要交通设施建设继续发展的重要战略期,也是土地资源约束加剧、供需矛盾凸显的时期。这一阶段是处理交通发展中土地资源可持续利用的关键时期。

(2) 建设用地政策日益严格,土地有偿使用制度不断完善

为保障社会经济的可持续发展,必须正确处理经济社会发展与保护土地资源的关系,我国实施符合国情的最为严格的土地管理制度,实施从紧的土地供应政策,严格控制包括交通在内的建设用地增量。

2004年，国务院颁发《国务院关于深化改革严格土地管理的决定》，根据决定，今后从严从紧控制农用地转为建设用地的总量和速度。加强建设项目用地预审管理，凡不符合规划、没有农用地转用年度计划指标的，不得批准用地。该决定要求改进农用地转用年度计划下达和考核办法，对国家批准的能源、交通、水利、矿山、军事设施等重点建设项目用地和城、镇、村的建设用地实行分类下达，并按照定额指标、利用效益等分别考核。2006年，《国务院关于加强土地调控有关问题的通知》要求，要切实保障被征地农民的长远生计。征地补偿安置必须以确保被征地农民原有生活水平不降低、长远生计有保障为原则。被征地农民的社会保障费用，按有关规定纳入征地补偿安置费用，不足部分由当地政府从国有土地有偿使用收入中解决。同时，明确了调整建设用地有关税费政策。2008年，《国务院关于促进节约集约用地的通知》提出，要切实保护耕地，大力促进节约集约用地。要求"统筹协调各类交通、能源、水利等基础设施和基础产业建设规划，避免盲目投资、过度超前和低水平重复建设浪费土地资源"。要严格土地使用标准，"在满足功能和安全要求的前提下，重新审改现有各类工程项目建设用地标准。凡与土地使用标准不一致的建设标准和设计规范，要及时修订。建设项目设计、施工和建设用地审批，必须严格执行用地标准，对超标准用地的，要核减用地面积"。该通知提出深入推进土地有偿使用制度，严格限定划拨用地范围。

根据以上文件的要求，我国2007年新增建设用地有偿使用费提高1倍，2008年起大幅度提高耕地占用税。此外，对征地补偿费、安置补助费等的标准亦大幅提高。国土资源部门开始重新修订各类交通基础设施建设用地指标，总体思路是减少建设用地面积。

3. 可持续经济社会发展对环境的要求日益紧迫

(1) 从国际环境看，我国承担节能减排责任的国际压力越来越大

《京都议定书》是1997年12月由160个国家在日本京都召开的气候变化框架公约第三次缔约方大会上通过的,于2005年2月16日正式生效。《京都议定书》要求2008—2012年的温室气体排放量要在1990年的基础上减排5.2%,其中减排的温室气体包括二氧化碳、甲烷、一氧化二氮、氢氟烃、全氟化碳、六氟化硫6种气体。《京都议定书》规定了欧盟、日本等发达国家的温室气体减排指标,其中欧盟国家应该减少8%,美国减少7%,日本减排6%等。《京都议定书》只规定了到2012年的温室气体排放限制目标,并且我国并未承担强制减排责任。从短期看其并没有给我国经济社会发展带来切实的压力,但是随着这一期限的到来,关于控制温室气体排放的第二承诺期的谈判也即将开始。目前世界发达国家对我国、印度等承担量化减排指标的呼声越来越高,我国将不可避免地成为谈判的焦点,将来会承当更多更明确的责任。根据国外相关研究成果,运输业排放的二氧化碳约占全社会的22%,交通运输对氮氧化合物排放的贡献率在50%以上,80%—90%的一氧化碳来自交通部门。① 在减排社会责任中,运输业首当其冲。

（2）从国内环境看,保护环境是我国经济社会发展的重要战略任务之一

随着经济的快速增长和人口的不断增加,我国土地、能源、矿产等资源不足的矛盾更加突出,环境压力日益增大。科学发展观要求统筹协调经济社会发展与人口、资源、环境的关系,增强可持续发展能力。"十二五"规划纲要中明确提出节能减排的目标,即以2010年为基期,到2015年单位国内生产总值能源消耗降低16%、主要污染物减排17%,并且将这两个指标作为约束性指标。

---

① David Banister, Kenneth Button, *Transport, the Environment and Sustainable Development*, E&FN Spon, 1993.

2007年9月8日,胡锦涛主席在APEC(亚太经合组织)第15次领导人会议上郑重提出四项建议,明确主张"发展低碳经济",令世人瞩目。2009年11月25日国务院常务会议提出我国碳排放强度到2020年比2005年降低40%—45%。预计资源环境对经济增长和社会发展的制约作用越来越大,经济发展与资源环境的矛盾越来越突出,国家对加强环境保护的政策力度也会加大。节能减排成为各行各业发展的约束性条件之一。

(三)"十二五"时期资源环境对交通运输发展的影响和要求

1. 石油对外依存度和交通能源消耗的双加速,迫切要求加快交通节能建设

首先,在运输需求增长拉动下交通运输能源需求呈加速态势。从数量规模看,据国家统计局数据,"十五"期间,交通运输邮政业能源消耗由11242万吨标准煤增长到18391万吨标准煤,年均能源消费增加1430万吨标准煤。2010年我国交通运输邮政业共消费能源26068万吨标准煤,比2005年能耗18391万吨标准煤增加7677万吨,"十一五"时期年均能耗增加1535万吨标准煤,是"十五"时期的1.07倍。从增速比较看,交通运输业能源消耗增速高于全社会能源消耗的增速。其中"十五"期间交通、仓储和邮政业用能年增长10.35%,比全社会平均增长率高0.20个百分点;"十一五"时期交通、仓储和邮政业用能年增长7.23%,比全社会增长率高0.62个百分点。

表3-16 我国交通业、仓储和邮政能源消耗情况

	2000—2010年	2000—2005年	2005—2010年
交通运输能源消费年增长率	8.77%	10.35%	7.23%
全国能源消费年增长率	8.36%	10.15%	6.61%

资料来源:根据《中国能源统计年鉴》(2011)计算。

其次,从比重结构变化的国际经验分析,未来交通运输发展需要更多的能源支撑。2000年以来交通运输业用能占全国用能的比重不断提高(见图3-10),2010年占全社会能源消耗量的8.02%。

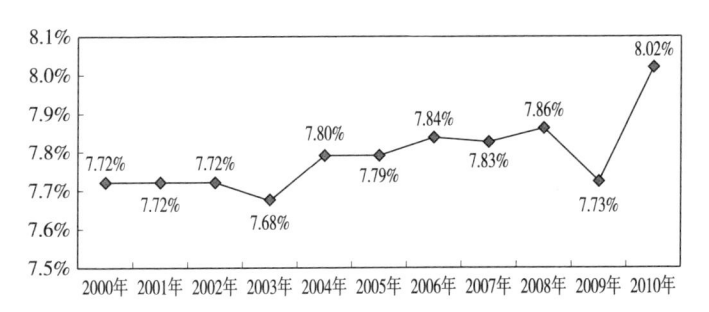

图3-10 我国交通、仓储和邮政业能耗占全国用能情况

我国目前交通运输能源消耗占终端用能的比重与重视节能的日本20世纪70年代初交通运输能耗占终端用能比重相近。目前世界经济发达国家交通能源消耗一般占到终端能源消费的25%以上。国际比较表明,"十二五"期间及相当长的时期,我国交通运输用能将保持快速增长势头。如果以日本20世纪80年代交通运输能源消耗占终端用能的比重为2015年我国交通能耗的目标,到2015年我国交通运输能源消耗占终端能耗的比重还要提高约8个百分点,约为22%。

再次,旅客运输需求层次的提升对交通节能提出巨大挑战。随着人民生活水平和消费水准的提高,人们出行越来越追求快速、个性化出行方式。一方面,人均收入水平提高使社会时间价值提升,人们对高效快捷出行的要求使得民航运输量激增,由2000年的971亿人公里增至2010年的4039亿人公里,同期民航飞机煤油消耗年均增幅为11.98%,是各种运输方式中能源消费增长最快的。高速铁路运输的增加、乘车环境的改善等都是能源消耗增加的因素。另一方面,私人汽车等个性化出行方式能耗水平比较高,其数量的快速增长成为交通节能的巨大压力。在我国东部沿海的大城市,汽车已经逐步进入家庭。2000年我国私人汽车仅为625万辆,到2010年增至5939万辆,10年期间新增了5314万辆。随着我国开始进入汽车社会,个性化出行对石油消费将大大增加。

结合对石油供需缺口的分析,可以得出,"十二五"时期交通发展面临着能源需求快速增长和我国石油对外依存度不断提高的双重压力。如果按照2015年交通运输石油消费占全国石油消费的50%,石油消费5.1亿吨、对外依存度55%保守考虑,"十二五"期间需要进口石油6亿吨以上来满足交通运输石油需求。

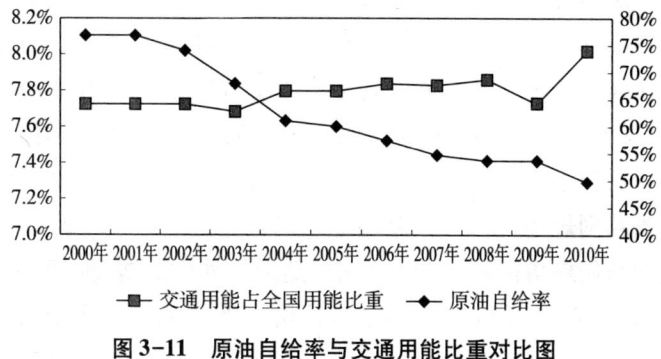

图3-11 原油自给率与交通用能比重对比图

2. 交通建设用地不足和紧缩的土地政策,将对交通建设规模和速度产生影响

多年以来,国家在交通建设项目上的土地倾斜政策促进了交通发展。例如,我国的供地政策分为划拨供地和有偿供地。在国家《划拨用地目录》中规定,对国家重点扶持的能源、交通、水利等基础设施用地项目,可以以划拨方式提供土地使用权。在税费方面,国家对于交通基础设施有减免规定。如耕地占用税有减免,即铁路线路、公路线路、飞机场跑道、停机坪、港口、航道占用耕地,减按每平方米2元的税额征收耕地占用税;城镇土地使用税规定了

免税范围,其中由财政部另行规定免税的能源、交通、水利设施用地和其他用地等纳入了免税范围。在土地补偿费用方面,实际上为推动交通发展,各地政府一直执行的是低限标准,只是在近几年才提高了补偿安置标准。

确保 2020 年 18 亿亩耕地是我国确定的经济社会可持续发展的"红线",国家建设用地政策越来越严格,对于交通建设用地还表现为优惠政策逐步减少等。因此土地资源对"十二五"期间交通发展将产生重要影响。

首先,交通土地供应与交通用地需求矛盾加剧。根据 2008 年发布的《全国土地利用总体规划(2006—2020 年)》,国家规划在 2006—2020 年新增铁路用地指标 26 万公顷(390 万亩)、新增公路用地指标 145 万公顷(2175 万亩)、新增港口码头用地 3 万公顷(45 万亩)、新增民用机场用地 5 万公顷(75 万亩)。规划的交通用地指标占基础设施用地指标的 65%,但是我国未来交通用地需求与国家给予的土地指标之间仍然存在很大缺口。其中,以《中长期铁路网规划》推算,铁路用地缺口在 4 万公顷以上;以《公路建设项目用地指标》(1999 年)和公路网规划为依据,测算 2006—2020 年公路用地(不含村道)需求新增约 290 万公顷,用地指标和需求之间缺口高达 145 万公顷。虽然由于交通部门和国土部门对公路用地的界定存在出入,但从各地的调研情况看,目前许多省份公路建设受制于土地指标,从一个侧面反映了公路建设用地需求与用地指标存在缺口。

其次,交通用地成本大幅增加和严把土地"闸门",影响交通建设速度。交通建设用地中,在取得环节主要的税费有耕地占用税、耕地开垦费、土地复垦费、新增建设用地土地有偿使用费、征地管理费、土地登记费(初始)、教育附加费等。根据对河北、河南、重庆等地的调查,交通征地拆迁、税费等成本约占全部建设投资的 20% 左右,近年交通建设的土地成本与"十五"初期相比,基本上翻了一番。随着国家土地税费政策的调整,"十二五"时期交通建设成本继续加大。自 2007 年新增建设用地土地有偿使用费由 5—70 元提高到 10—140 元,耕地占用税自 2008 年 1 月 1 日起提高了约 4 倍。最近几年的国务院文件反复要求严格执行土地管理法律法规,加强建设项目用地预审和审批管理,严把土地"闸门",并严肃惩处土地违法违规行为。因此,公路建设项目用地批复,也已成为建设前期工作中制约进度的关键因素。此外,在项目建设的实施过程中,拆迁问题和线外工程用地补偿问题是推进交通建设速度中的难点。

再次,交通用地的供地政策改革,会对交通建设产生深远影响。国家重点扶持的交通基础设施用地长期以来是采用划拨方式取得。2008 年国务院下发《国务院关于促进节约集约用地的通知》,提出深入推进土地有偿使用制度,严格限定划拨用地范围。今后除军事、社会保障性住房和特殊用地等可以继续以划拨方式取得土地外,对交通用地等原有划拨方式取得土地的领域积极探索实行有偿使用。交通用地的供地政策改变,即由划拨方式转为有偿方式,不会一步到位,可能逐步推进,预计对于交通用地中的经营性用地会先行实施有偿供地政策。

3. 交通运输将成为减排的重要领域

一是温室气体排放引起全球气候变化已经在各国达成共识。根据欧洲环境署(EEA)研究,[1]欧盟 15 国 1990 年至 2004 年交通温室气体排放量增加了 26%,快速增长的交通运输业被视为欧盟国家实现《京都议定书》减排目标的最关键因素之一。二是为了应对气候变化,各国均将承担减排义务,发达国家承担绝对减排义务,我国是最大的碳排放国,面临越来越大的减排压力。我国政府

---

[1] EEA, *Transport and Environment: on the Way to a New Common Transport Policy*, 2007.

已经制定到2020年碳排放强度下降40%—45%的目标。三是考虑到我国是最大的发展中国家,累计二氧化碳排放较低,按照共同但有区别的原则,我国在进入发达国家行业前,可以按照相对减排思路承担减缓温室气体排放的责任。但按照目前经济发展速度、再考虑价格上涨和汇率升值因素,我国保留在发展中国家的时间可能只有10年,这意味着在今后10年内,我国必须改变经济发展方式,走低碳绿色发展道路,争取发展空间。

据北京华协交通咨询公司(2011)研究,2008年中国二氧化碳排放量约为66.03亿吨/年,其中交通运输、仓储和邮政业二氧化碳排放量约为6.55亿吨/年,占全国二氧化碳排放量的9.92%。在一些城市,汽车排放平均占CO总排放的85%,NO_x排放的45%—60%,汽车尾气排放已成为我国城市大气的主要污染源。《京都议定书》虽然没有确定发展中国家的减排量化责任,但是也主张发展中国家通过促进可持续发展为应对气候变化作出努力。中国、印度等新兴经济体由于其排放总量、经济社会发展趋势以及地区重要性等关键因素,尤其受到国际社会关注。我国已经明确提出到2020年碳排放强度比2005年降低40%—45%。在发展低碳经济的大趋势下,高能耗、高污染、高排放的交通发展模式已难以为继,推进交通运输系统节能减排势在必行。

八、"十二五"时期运输需求趋势分析及预测

(一)"十二五"时期运输需求基本特点

根据经济社会对交通运输的影响分析,"十二五"时期,我国仍处于工业化中期阶段,将实现以能源、矿石、原材料等重化工业为主导,向重加工业、技术密集型产业等为主导转变的关键时期,货物运输需求仍将保持较快速度增长,但不同运输方式的分担率发生变化。

第三章 "十二五"时期经济社会发展面临的交通要求

"十二五"时期,我国城镇人口将保持快速增长势头,2015年城镇化率将达到53%以上,旅客运输需求量将保持较快增长趋势,特别是城市交通和城际交通需求更加旺盛。

"十二五"时期,我国将进入调整产业发展结构,转变经济发展模式的关键时期,预计我国外贸增长将逐步趋缓,内需比重将稳步上升,外贸产品结构将进一步调整,资本和技术密集型产品的出口优势进一步提升。要求进一步加强交通服务能力建设,加快服务水平提升。

"十二五"时期,随着居民收入水平不断提高,居民出行对交通服务质量、运输管理水平提出更高要求。因此,在重视运输能力建设时,要不断提升交通运输服务质量,提高交通运输管理水平,确保基础设施硬件系统和软件系统相协调。

"十二五"时期,能源、资源不足对我国经济社会发展的制约影响更加明显,在可持续发展要求下,交通领域的节能减排工作将更加繁重,同时受到土地资源匮乏的制约,交通基础设施建设规模和速度将会受到影响。

为了考虑以上因素,定量预测客货运量和周转量,这里引入国内生产总值(GDP)指标。GDP是指一定时期内,一个国家或地区经济中所产生的全部最终产品和劳务价值的总和,是衡量国家或地区经济状况的最佳指标,能够综合反映以上因素的状态变化。以往的数据也表明运量与GDP具有很强的联动关系。因此,这里选择GDP作为运量预测的自变量。"十二五"时期,根据规划纲要,我国年均GDP增幅为7%,将明显下降。

(二)客货运输需求增长趋势分析

1. 货物运输需求趋势分析

根据我国经济发展现状和"十二五"时期经济社会发展趋势分析,未来我国货运需求增长势头比"十一五"时期稍减,但仍然强劲。一是我国仍然处于工业化中期阶段,重化工业加速发展,并且大规模的基础设施建设还将持续相当一段时间;二是虽然受国际金融危机影响,但作为世界加工制造业基地的地位,在经济全球化激烈竞争的环境下,将在实现产业升级和高新技术比例提高的过程中,继续巩固和发展,以解决就业为出路的劳动密集型产业,将在很长一段时间不会衰退,原材料和重化工业产品的大进大出,以及国内资源的配套供给所产生的运输量,还将继续保持增长趋势;三是"十二五"期间继续扩大内需,人民生活水平继续改善和城镇化进程加速,房地产等建设产生的货物运输需求继续保持相对旺盛的增长。我国仍处于工业化中期阶段决定了"十二五"期间货物运输总量仍将保持相对较高的增长,而产业结构战略性调整将使得增速比"十一五"时期有所减缓,并影响货运市场结构。在各种运输方式中,公路货物运输量增速相对加快,并在中短途运输中承担更多的运输量,货运量增速可能大于货物周转量增速。

2. 旅客运输需求趋势分析

旅客出行规模与人们的收入水平、消费模式、市场发育程度、产业人口结构等密切相关,目前,我国人均出行次数与发达国家相比还处于较低水平,2010年人均出行次数为24.4次。"十二五"时期推动客运需求增长的各项经济社会因素继续保持发展态势,预计我国旅客出行继续保持较快增长速度,可能略高于货运增速。其内在原因,一是城镇化深入发展,人民收入继续提高,交通消费倾向增加。人们的经济承担能力提高后,出行次数和出行距离会持续增加;收入提高后拥有私人交通工具增加,出行的方便性和出行欲望的增加会推动客运需求增加,无论是城市还是农村,旅游、休闲、探亲等私人出行需求会迅速增加。二是我国城镇化进程加速,农村人口将会继续大幅度向城镇转移,消费理念和模式发生变化,交通消费的比重提高。农村人口转移到城镇后出行次数会发生较大增长,此外和家乡的还会保持较为密切的交往。三是随着经济的发展、企业数量的增加、市场范围和规模的扩大,各种公务、商务出行的数量也会大幅度提高。

(三)预测方法

定量预测是根据比较完备的历史统计数据,运用一定的数学方法进行科学的加工整理,借以揭示有关变量之间的规律性联系,用于预测和推测未来发展变化情况的一类预测方法。运量预测方法主要有趋势分析和相关因素分析两大类型。

由于客货运量与GDP数据间有明显的相关性,这里选择相关分析为主,考虑到客货运量的发展趋势,预测"十二五"时期的客货运输量。

结合以上预测方法,本次运量预测以社会经济历史数据(以GDP为主)、客货运量历史数据为基础,对原始数据进行预处理,选择不同的预测方法进行试算,确定采用回归预测法,并建立预测模型;根据"十二五"时期经济社会发展对交通的影响,通过运量发展趋势定性检验模型的有效性,如果模型符合运量发展趋势,则进行客货总运量和总周转量,及分方式运量和周转量预测。如果模型不符合运量发展趋势,则重新标定模型。预测过程见图3-12。

(四)主要运输量指标预测

"十二五"时期,我国运量预测主要考虑因素有:一是运输量与GDP的关系,通过弹性系数衡量,由于我国"十二五"规划GDP增幅比较明确,只要能够把握弹性系数,就可以比较好地预测运量。二是"十二五"时期我国经济结构、产业布局、人口分布情况。三是各种运输方式已经在建和将建设的项目规模,"十二五"时期形成的运输能力。四是各种运输方式分工情况,反映为平均运距的变化趋势。

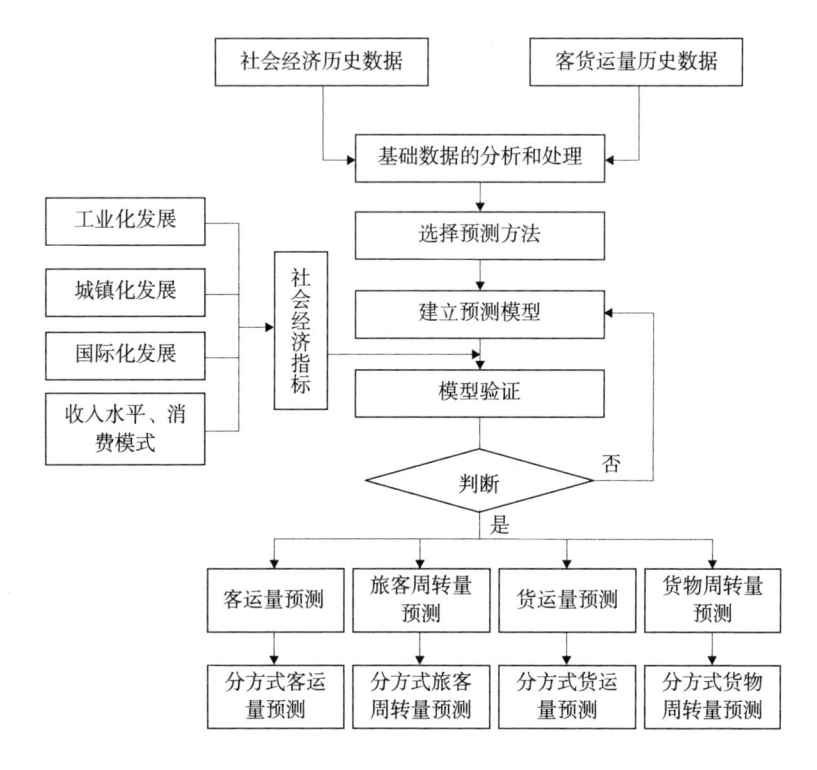

图 3-12 运输需求预测流程

1. 货运量预测

货运量在 2000 年后进入了一个较快发展的时期；根据 2000—2010 年数据对货运量按自回归法进行了预测，选取了两种预测模型，并结合"十一五"期间货运量实际增长率和交通运输相关行业管理部门的预测值，对"十二五"期间货运量的年均增长率作了预测。

其中铁路货运需求多年来受制于供给紧张，其市场份额若按当前发展趋势将会继续下降，但随着近年来铁路大规模建设形成的能力在"十二五"时期逐步释放，其货运需求将会出现 8.2% 左右的较快增长，铁路在货物运输中比重逐年下降的趋势有望放缓并发生转变。民航和管道货运量增长将脱离原有的发展趋势,出现跳跃式增长。民航主要是因为目前的货运量很少,在"十二五"时期不能够按照"十一五"时期发展趋势来考虑,预计货运量将有大的发展,将达到 15.1%,货物周转量到达 17.5%;"十二五"时期,我国管道重点项目建成以后,管道规模大幅提高,运量必然大幅度增长,预计货运量达到 12.0%,货物周转量 18.7%。

表 3-17 货运量预测方案

货运量	预测模型	相关度 R^2	"十二五"时期年均增长率预测	推荐方案
铁路	$y=0.067x^2+1.322x+16.31$ $y=16.43e^{0.08x}$	0.9980 0.9970	7% 8%	8.2%
公路	$y=13.34x+69.97$ $y=86.01e^{0.086x}$	0.9020 0.9450	5% 8%	6.9%
水运	$y=0.091x^2+1.359x+10.05$ $y=2.453x+7.682$	0.9890 0.9834	8% 6%	6.1%
民航	$y=37.019x+195.76$ $y=212.86e^{0.1134x}$	0.977 0.9485	5% 11%	15.1%
管道	$y=0.3455x+1.1141$ $y=0.0257x^2+0.0631x+1.6788$	0.9422 0.9755	6% 10%	12.0%

2. 货物周转量预测

以货物周转量与 GDP 回归预测结果为主,自回归预测结果为辅,结合前几个五个计划中货物周转量增长率,以及弹性系数值,报告给出"十二五"时期货物周转量年均增长率见表 3-18。

其中"十二五"时期我国铁路运输能力有较大幅度增长,压抑的铁路货运需求将有一个释放过程,货物周转量也将出现快速增长,突破以往的发展趋势,预计达到 8.8%。

表 3-18 货物周转量预测方案

货物周转量	预测模型	相关度 R^2	"十二五"时期年均增长率预测	推荐方案
铁路	$y=12676e^{0.078x}$ $Y=0.159GDP+5980$	0.9910 0.9860	8% 7%	8.8%
公路	$y=991.1x+3763$ $Y=0.09GDP+1556$	0.9940 0.9890	6% 8%	7.2%
水运	$y=2661.8x+1410.8$ $Y=0.54GDP-780$	0.9178 0.85	4% 9%	6.1%
民航	$y=0.1765x^2+9.4674x+31.567$ $Y=0.001GDP-18$	0.9791 0.9895	8% 10%	17.5%
管道	$y=245.93x+448.48$ $Y=0.015GDP+62$	0.9448 0.8243	8% 9%	18.7%

3. 客运量预测

客运量经过了 2003 年前较平缓的发展,在 2004 年后进入了快速发展的时期;其中 2008 年,公路客运量"突变",增长了 30.79%,主要原因是统计口径变化。因此,根据 2004—2010 年数据对客运量按自回归法进行了预测,选取了两种预测模型,并结合"十一五"期间客运量实际增长率和交通运输相关行业主管部门的预测值,以及重大项目的建设进度,对"十二五"时期客运量的年均增长率作了预测。

其中,在"十二五"时期,由于大量高铁项目建成通车,铁路客运量将突破以往的发展趋势,出现大幅度增长,预计将达到 10.0%。

4. 旅客周转量预测

根据旅客周转量自回归预测及其与 GDP 回归预测结果,结合前期增长情况,以及弹性系数,给出旅客周转量预测方案见表 3-20。

表 3-19 客运量预测方案

客运量	预测模型	相关度 R^2	"十二五"时期年均增长率预测	推荐方案
铁路	$y=0.019x^2+0.799x+9.105$ $y=9.286e^{0.075x}$	0.9830 0.9890	7% 8%	10.0%
公路	$y=25.491x+122.37$ $y=136.54e^{0.1187x}$	0.9113 0.9359	7% 12%	7.4%
水运	$y=0.0455x+1.949$ $y=1.9397x^{0.0741}$	0.3508 0.5118	2% 0.8%	1.4%
民航	$y=0.2093x+0.9798$ $y=1.084e^{0.1242x}$	0.9787 0.9841	7% 12%	9.4%

表 3-20 旅客周转量预测方案

客运量	预测模型	相关度 R^2	"十二五"时期年均增长率预测	推荐方案
铁路	$y=473.65x+5220.6$ $y=5349.3e^{0.0698x}$ $y=0.054GDP+1729$	0.9771 0.9738 0.9826	5% 7% 7.5%	6.8%
公路	$y=983.99x+7490.2$ $y=7875e^{0.0903x}$ $y=0.105GDP+1065$	0.9875 0.9913 0.9931	6% 9% 8%	6.0%
水运	平稳			0.2%
民航	$y=311.36x+1451.5$ $y=1601.8e^{0.1253x}$ $y=0.031GDP-428$	0.9831 0.9816 0.9821	7% 12.5% 10%	12.0%

(五)"十二五"时期运输量预测汇总

预测"十二五"时期,客运量年均增长约 7.5%,旅客周转量年均增长 7.2%;货运量年均增长 7%,货物周转量年均增长 7.2%。根据预测推荐方案,汇总"十二五"时期运输量预测见表 3-21。

表 3-21 "十二五"时期运输量预测汇总表

指 标	单 位	2015 年	年均增长率
货运量	亿吨	455	7.0%
铁路	亿吨	54	8.2%
公路	亿吨	341	6.9%
水运	亿吨	51	6.1%
民航	万吨	1137	15.1%
管道	亿吨	8.8	12.0%
货物周转量	亿吨公里	201000	7.2%
铁路	亿吨公里	42170	8.8%
公路	亿吨公里	61350	7.2%
水运	亿吨公里	91900	6.1%
民航	亿吨公里	400	17.5%
管道	亿吨公里	5180	18.7%
客运量	亿人	470	7.5%
铁路	亿人	27	10.0%
公路	亿人	436	7.4%
水运	亿人	2.4	1.4%
民航	亿人	4.2	9.4%
旅客周转量	亿人公里	39500	7.2%
铁路	亿人公里	12190	6.8%
公路	亿人公里	20120	6.0%
水运	亿人公里	72	0.2%
民航	亿人公里	7120	12.0%

第四章 "十二五"时期综合交通运输体系发展思路

一、"十二五"时期综合交通运输体系发展阶段和特点

(一)"十二五"时期我国综合交通运输体系发展所处的阶段

根据"十一五"时期综合交通运输体系发展评价,以及"十二五"时期综合交通运输体系发展环境专题所做的研究和分析,"十二五"时期,我国交通运输发展总体仍然处于综合交通运输体系构建形成阶段。在综合交通运输体系理念指导下,各种运输方式根据各自的布局规划,积极地进行大规模建设,交通网络不断扩张并初步形成,交通运输发展开始注重各种运输方式之间网络的有效衔接和资源的合理配置,但整体上交通运输供需矛盾尚未解决,一体化运输服务还没有实现。因此,"十二五"时期是我国交通基础设施网络完善的关键时期,是构建综合交通运输体系的重要时期,也是深化交通运输体制改革的攻坚时期。

1. 交通基础设施网络完善的关键时期

从我国交通运输发展现状来看,"十一五"时期是新中国成立以来我国交通运输基础设施建设力度最大、发展速度最快、成绩最为显著的时期,初步形成了"五纵五横"综合运输大通道为主骨架的综合交通网。截至2010年年底,我国综合交通网络规模达到了432万公里(不含民航航线及国际海运航线),但与我国的国土面

积、人口规模、经济和社会发展需求相比,数量方面仍然存在较大的差距;与我国的空间区域结构、产业结构、资源分布、城乡结构发展需求相比,结构方面仍然需要进一步提高网络的增量,进而优化网络结构;从综合交通网自身发展来看,全国性的综合运输大通道主骨架综合交通网仅初步形成,还需要进一步完善,区域性的综合运输大通道骨架综合交通网处于关键的形成过程中,需要加快建设,并彼此衔接协调,共同提高综合运输能力。因此,"十二五"时期,我国交通基础设施建设将延续上一个五年规划期的建设步伐,综合交通网络规模将不断扩张,并快速形成基本满足经济社会发展需要、衔接畅通的综合交通网络。

2. 构建综合交通运输体系的重要时期

从交通运输发展历程来看,目前,我国交通运输发展仍然处于各种运输方式大发展时期。经过改革开放三十多年的快速建设与发展,我国各种运输方式已具备了相当规模,交通运输供给严重短缺的状况得到了根本性改善,各种运输方式的基础条件和实力大为增强。但是总体来看,各种运输方式尚未完成大发展过程,综合交通运输体系及其形态正在形成和发展过程中。"十一五"期间,我国交通运输在基础设施建设、运输服务和交通运输管理体制改革上取得了很大成就,交通运输业整体面貌发生了巨大变化。交通基础设施建设规模的不断扩大、运输生产和服务水平的大幅度提高,以及交通运输管理体制改革的不断推进,为"十二五"时期继续提升交通运输的综合发展水平创造了条件。

3. 深化交通运输体制改革的攻坚时期

"十一五"时期,我国综合交通运输体制改革方面取得了重大进展,铁路投融资改革进一步深化,成品油价格和税费改革正式实施,低空空域推进分类管理,"大部制"改革迈出重要步伐等。但客观而言,适应我国综合交通运输体系建设发展要求的管理体制和协调机制尚未建立,运输市场环境尚不完善。改革是发展的动力,从我国交通运输发展面临的环境和未来发展形势分析,"十二五"时期是深化交通运输体制改革的攻坚时期,需要突破行政区划、行业条框,逐步建立跨区域、跨行业的涵盖规划、建设、运营等诸多方面的体制机制,以更好地支撑和保障综合交通运输体系的构建及其可持续发展。

"十二五"时期,我国交通运输基础设施建设规模将继续保持持续增长态势,运输服务水平及能力将快速提升,交通运输发展方式逐步由单一方式独立发展向各种方式协同、综合发展转变;交通运输发展重点也将由通道建设为主逐步向通道和枢纽建设并重转变;交通运输建设重点也由基础设施建设为主向基础设施建设与运输服务并重转变;交通运输能力增加也由要素投入为主向要素投入、科技创新和体制创新并重转变。在这个时期,迫切需要综合交通运输体系的顶层设计来顺应交通运输发展需求,引导各种运输方式的合理发展,是综合交通运输体系的构建形成和发展的关键时期。

(二)"十二五"时期综合交通运输体系发展阶段性特征

基于我国综合交通运输发展阶段的分析和判断,"十二五"时期,我国综合交通运输体系发展总体上呈现出稳步发展的趋势和特征。一是综合发展、协调发展和可持续发展理念在交通运输发展中进一步体现,综合交通运输体系发展的方向和价值取向进一步明确。各种运输方式在规划制定和实施过程中,更多地考虑综合交通运输体系的总体目标和与其他运输方式的衔接,更加重视资源和环境约束条件下交通运输发展方式的转变和交通消费选择的合理引导;二是各种运输方式在继续加快建设发展的同时,更加注重方式之间、基础设施与运输系统之间的协调和有机配合;三是交通运输供需矛盾得到明显缓解,交通运输对经济、社会、环境发展的适应能力显著增强。从交通运输体系构成视角看,综合交通运输体系发展还呈现出以下四大特征：

1. 交通运输网络规模扩张呈现一定延续性

我国经济规模的进一步扩大，需要足够的交通设施能力作为支撑，而完善交通运输网络是提高交通基础设施供给能力的基础。因此，"十二五"时期需要延续"十一五"时期交通运输网络建设的发展趋势，并在综合交通运输体系发展理念下，促使各种运输方式在规划制定和实施过程中，更多地考虑自身发展与其他运输方式的衔接，实现总体网络规模的扩大。

2. 交通运输网络结构调整突出功能协调性

伴随着工业化和城镇化进程的加快，城市群交通、区际交通、城乡交通和城市交通问题显得格外突出，与交通运输系统整体功能提升之间的协调更加迫切，区域范围内交通网络结构和运输方式结构需要得到进一步调整和优化，要求交通运输网络结构和功能更加协调。与其同时，伴随着我国与世界的互动和交流逐步加强，对外开放格局的进一步扩大，国际对外通道和国际多式联运的建设将越来越受到关注，需要大幅度提高交通运输的国际连通度，全面支撑参与全球经济一体化和国家拓展外部发展空间战略的实施。

3. 交通运输技术装备发展突出先进适用性

随着我国交通运输技术装备水平的不断提高，我国交通运输的快速发展将更加注重技术装备的自主创新性和普及应用。"十二五"期间，我国将进一步加快先进装备技术的研发和应用，努力提高交通运输装备和技术的国产化水平；鼓励关键制造技术与装备的科研攻关与推广，促进交通运输装备和辅助装备制造业的发展。

4. 运输服务水平和品质提升突出高效安全性

"十二五"期间，随着经济社会的快速发展，人民生活水平的不断提高，以及交通基础设施网络快速化趋势的不断凸显，人们对运输的安全性、时效性、便捷性和可达性等运输服务品质提出了越来越高的要求。综合交通运输体系的健康发展,要求在运输能力上实现"又通又畅",运输服务品质上实现"又好又快"。

二、"十二五"时期综合交通运输体系发展的指导思想

"十二五"时期,我国综合交通运输体系发展的内外环境发生重大变化。从外部环境来看,"十二五"时期是我国经济摆脱全球金融危机影响,实现稳步增长和加大结构调整,为"后金融危机时代"经济的新一轮大发展奠定基础的重要发展时期;从交通运输内部来看,"十二五"时期是大规模高技术等级项目建设与投入使用、结构层次大幅提升,从总体缓解迈向基本适应的重要发展期;是实施战略引导、加大结构优化力度,构建综合交通运输体系的关键期;是加快城市群综合交通运输体系发展的机遇期;是基础设施发展水平和运输服务质量的提升期。

(一)发展思想和要求

"十二五"时期综合交通运输体系发展,应充分体现以下思想和要求:

1. 要基本适应国民经济和社会发展需要。综合交通运输体系的规模、结构和质量,以充分满足国民经济和社会发展、区域规划、产业布局、城镇发展和国土开发等需要作为根本目标。

2. 要全面支持我国进一步对外开放格局。综合交通运输体系规划要与我国国际化发展水平相适应,充分提高交通运输的国际连通度。

3. 要有利于综合交通运输体系的长期健康发展。充分发挥政府在宏观层面对推进综合交通运输体系建设中的主导作用,同

时,充分发挥市场在提高交通运输效率和效益的基础性作用。

4. 要有利于引导交通基础设施布局和结构优化。各种运输方式构成的一体化网络系统要充分发挥各种运输方式优势。

5. 要体现运输过程的无缝、连续化。各种运输方式之间和运输方式内部在基础设施、运输装备、运输组织与管理等方面实现物理和逻辑上的紧密连接和一体性。

6. 要有助于技术水平的不断提高。通过硬件和软件先进技术的使用,达到生产效率和服务质量层次的提高,以及使整个系统更加符合人性化的特点。

7. 要适应人们生活质量不断提高的要求。要体现安全性、便捷化、舒适性和个性化的特点。

8. 要有利于可持续发展。要根据资源的分布合理有效地利用资源和积极发展低资源消耗的运输方式,引导运输需求,以节约资源和减少环境污染等。

(二)指导思想

"十二五"时期综合交通运输体系规划的指导思想:以邓小平理论和"三个代表"重要思想为指导,深入贯彻落实科学发展观,加快转变交通发展方式,实现各种运输方式从分散、独立发展转向一体化发展,构建网络设施配套衔接、技术装备先进适用、运输服务安全高效的综合交通运输体系,总体适应经济社会发展和人民群众出行需要。

按照加快转变交通运输发展方式的要求,逐步实现由各种运输方式独立发展向综合协调发展转变,由以交通建设为主向交通建设与运输服务并重转变,由依赖要素投入发展向要素投入、科技进步、体制机制创新并举转变,由通道建设为主向通道与枢纽建设并举转变。

抓住新一轮发展机遇,统筹国内与国际两个大局,利用政府与市场两种手段,全面推进综合交通运输体系的协调和可持续发展。

三、"十二五"时期综合交通运输体系发展的基本原则

根据"十二五"时期我国综合交通运输体系发展环境和自身发展的要求,综合交通运输体系健康发展应遵循"十项"基本原则:安全发展、合理布局、结构优化、适度超前、讲求效益、绿色发展、多元投入、改革创新、公平发展、一体化发展。

(一)安全发展

交通运输的安全保障能力和应急保障能力,对国家经济和社会稳定发展起着越来越重要的作用。在交通基础设施系统、技术装备系统、运输服务系统的不同环节和不同层次的安全保障能力方面,尽管有比较大的提高,但仍然满足不了形势发展的要求,需要进一步加强工作,通过加强交通运输各行业领域的安全意识、贯彻落实安全法规政策、明确安全责任,加强运输安全事故责任追究,全面减少交通事故隐患,降低交通事故发生率。

同时,制定交通应急保障能力建设规划,建立交通运输跨区域的联动机制和预案,全面提高应对自然灾害、突发事件的交通保障能力,对社会稳定发展起到更加重要的作用。

因此,"十二五"时期,我国综合交通运输发展必须坚持以人为本,牢固树立"安全第一"的理念,建立严格的安全监管和质量管理制度,并贯穿于交通运输规划、设计、建设、运营的各阶段,全面提高运输的安全性、可靠性和应对自然灾害、突发事件的保障能力。

(二)合理布局

"十二五"时期,我国产业将进一步向优先开发区域、重点开发区域布局,区域分工日益明确,区域经济集中度进一步提高,人口和经济的分布与生态环境协调发展关系愈加密切。进一步优化发展环渤海、长江三角洲和珠江三角洲地区区域性基础设施,完善体制机制,提高资源配置和利用效率;重点发展冀中南地区、哈长地区、海峡西岸经济区、成渝地区、关中—天水地区等18个区域,提高经济增长质量和效率,培育区域性经济活动核心区。区域经济的快速、协调发展和优化布局,需要得到不同方式、不同范围、不同功能的交通运输网络布局支持。

同时,随着我国城镇化进程的快速推进,城市群发育、城镇发展和城乡一体化发展格局将发生巨大变化,对交通运输网络合理布局提出了新的要求。城市群内部各城市之间、城市内部、城市与农村之间的交通基础设施功能匹配和运输服务的衔接要求不断增强,必须通过交通运输通道和枢纽合理布局提供保障。

(三)结构优化

进入21世纪后,国家进一步加大了对交通运输发展的政策支持力度和投资力度,各种运输方式自我发展能力不断提高,交通运输紧张状况总体缓解,能够基本支撑当前水平下的国民经济和社会发展。同时,各种运输方式的快速发展,为进行多种运输方式的合理配置、组合结构优化、合理调整空间布局、发挥总体优势创造了有利条件和基础。

从运输网络结构看,目前基本形成了点、线、面相衔接,干支层次清晰,分工日趋明确,集疏运衔接配套的客货运输系统;在网络规模进一步扩大的同时,干线网络布局和建设将获得巨大发展,交通网络布局以及结构不断成型和固化,我国交通运输发展进入了结构形态不断固化的关键时期。

因此,"十二五"时期是我国进行综合交通运输体系结构优化的有利时机,通过合理布局网络,提高网络增量和优化网络存量相结合的方式,进一步推动综合交通运输体系空间结构、方式结构、技术结构整体水平的提高。

(四)适度超前

伴随全球制造业中心向国内转移和国内经济结构的战略调整,"十二五"时期,我国全球制造业中心的地位更加稳固,工业化、城镇化进程将明显加快,将由农业大国转变为新兴工业化国家,城镇人口将超过农村人口。

随着工业化与城镇化的快速推进,我国的工业产品产量与消费量快速增长,能源资源消耗量迅速上升,新兴产业大量涌现,高新技术广泛应用,劳动生产率大幅提高,新的城市群不断形成,农村人口大规模向城镇转移,国民消费层次得到全面提升,整个经济社会环境发生巨大改变。交通运输作为经济社会发展的主要支撑条件,也是经济社会发展的派生需求,工业化与城镇化进程的加快诱发了全社会旅客与货物运输需求的急剧变化。产业的集中布局与生产的规模化推动了运输需求总量快速上升,大宗物资的长距离运输进一步向重要结点之间的运输通道汇集;城市规模的扩张、生活方式的改变促使居民出行需求总量增加,出行方式改变,新的需求形式不断出现,多样化的需求层次逐步形成。

同时,伴随着国家对外开放格局的进一步扩大,国际化程度的进一步提高,与世界各国的贸易往来仍然会稳步增加,尤其对周边国家的贸易将呈快速增加的趋势,迫切需要加快建设大能力的国际运输通道,提高我国交通的国际连通水平,增强我国参与全球经济一体化的能力。

因此,"十二五"时期,我国构建综合交通运输体系必须适应工业化、城镇化、国际化进程加快的发展要求,坚持适度超前发展这一基本原则,既保证交通运输系统能力支持和促进中国工业化、城镇化、国际化的加速实现,又保证交通运输系统发展的稳定性和连续性。

(五)讲求效益

随着我国综合交通运输发展规模的不断扩大,以及企业经营和公共服务的不断发展,交通运输作为准公共产品的特性不断显现,要求交通运输领域不断提高经济效益和社会效益。

改革开放以来,我国在交通运输基础设施建设与运营领域,以及各种运输方式的运输服务领域,坚持以市场为导向,推进了企业化经营与发展,形成了庞大的企业队伍和经营规模。企业经营的效率与效益,对交通运输的整体发展水平与质量,具有重要的影响。为贯彻国家转变经济发展方式的战略要求,交通运输的经营必须实现从粗放向集约的转变,讲求经济效益,不断挖掘内涵式增长潜力,提高全行业的经营效益。同时,随着以人为本和使改革开放成果惠及民生的理念不断深入人心,交通运输必须不断发挥在公共服务、普遍服务等方面的社会效益,并通过城市公共交通、农村交通和城乡衔接交通的高质量发展,充分体现这种社会效益。

由于交通运输的经济效益与社会效益在实现层面存在一定的矛盾和冲突,必须从体制和机制层面,统筹经济效益与社会效益之间的关系,实现经济效益与社会效益的统一。要通过合理配置和整合交通运输经营资源,发挥各种运输方式技术经济优势和交通网络效能,提升服务水平、物流效率和整体效益;要通过政府投资和市场化运作,增加公共服务和普遍服务的有效供给能力,提高交通运输的社会效益。

(六)绿色发展

我国是一个人口多、底子薄,资源相对紧缺,环境承载弱的发展中大国。交通运输在促进经济发展的同时,具有高度的资源依赖性,占用土地和消耗能源,同时也带来比较严重的环境污染。我国的现实国情不允许按无限制的模式去重复西方国家交通发展的老路,而应在确保交通供求总量均衡、结构优化、普遍服务的总体目标前提下,优化运输资源配置,建立资源节约型和环境保护型的适应性综合交通运输体系,以最小的资源和环境代价满足经济社会的运输总需求。

坚持交通发展与资源节约、环境保护的问题相协调,在发展中贯彻可持续的思想。绿色发展并不是不能开发和利用资源,而是强调合理和有效利用资源,即交通运输必须以较优的组合方式、较高的效率满足社会经济发展和人们生活质量提高的需要,交通运输的规模与活动水平必须与经济发展的规模和资源合理开发与配置的需求相适应。

因此,"十二五"时期,我国构建综合交通运输体系应借鉴发达国家经验并吸取其教训,避免走"先建设、后浪费"的弯路。必须从我国的基本国情与资源禀赋出发,全面分析综合交通体系中各种运输方式的比较优势及交通运输系统的整体及综合效益,以占地少、能耗低、运能大、科技含量高、环保型的现代交通方式为战略重点,不断实现和完善各种运输方式的合理分工和协调发展,使运输结构在系统构建过程中就得到不断优化,实现资源的合理利用和系统的较高效率,推动综合交通运输体系的绿色发展。

(七)多元投入

建立稳定有效的资金筹措机制,是交通建设的重要保障,也是实现规划目标的关键。改革开放以来,我国逐步在不同交通运输方式的基础设施建设与运输服务经营领域建立了市场化的投资机制,加快了交通运输发展步伐,取得了巨大成就,但投融资体制和机制依然不完善。

"十二五"时期,我国交通运输领域的投资规模将继续扩大,从既有投融资渠道和能力分析,投资缺口将较大。为保证交通运输快速发展对投资的需求,应积极消除既有投资渠道扩大投资的障碍,并努力开拓新的投融资渠道,通过完善市场竞争机制,营造公平、有序的市场环境,推进投资主体多元化。

要鼓励社会各方面积极参与交通基础设施建设与运营,尽快建立健全符合交通运输业发展内在规律的交通运输基础设施建设与运输服务发展的市场投融资机制。要通过投融资模式的创新,加快组建交通投融资平台,营造有利于社会资本进入交通建设市场的良好环境,积极探索交通建设经营模式,推动多元投资主体格局的形成。除明确政府投资领域增加财政投入外,积极争取社会投资,探索发行企业债券、开展土地合作等多种投融资方式,鼓励民间资本参与交通基础设施建设,拓宽社会资本进入交通运输领域的渠道和途径。

(八)改革创新

创新发展是我国交通运输建设取得巨大成就的成功经验之一。改革开放以来,为改变交通运输的落后状况,从体制、机制、政策到技术都在不断创新。目前除铁路部门外,已全部实现了"政企分开",对交通运输的持续快速发展提供了有效的制度保障;为解决交通建设资金的瓶颈,打破了单纯依靠国家投资的局面,形成"国家投资、地方筹资、社会融资、利用外资"的投融资机制,有效地缓解了交通建设资金严重不足的状况。创新成就了中国交通运输的巨大发展,成功地开创了一条具有中国特色的交通运输发展道路。

"十二五"时期是我国交通设施和服务水平的提升期,综合交通运输体系的构建要立足我国国情,更要放眼世界、面向未来,以交通运输的现代化来促进和保障经济社会现代化的实现,以创新发展来引领交通运输的现代化。

因此,"十二五"时期,交通运输的发展必须充分发挥后发优势,按照综合交通运输体系的理念,从技术到管理体制、机制、政策等方面不断创新,推进各种运输方式的网络规模化与现代化,全面提升运输服务水平,提高运输效率,提高我国在经济全球化中的竞争能力。

(九)公平发展

交通运输作为基础产业,对经济发展具有较强的带动作用,必须综合考虑我国资源分布、工业布局、城市分布、人口分布的特点,以及未来可能形成的经济区划及经济中心,以交通基础设施引导和促进国土均衡开发。目前,我国东西方向主要表现为东部沿海、中部和西部三大地带经济发展水平的差异,南北方向主要表现为资源分布与产业结构的差异。从我国经济地理特征分析,东西向和南北向大运量、长距离的资源和产品运输将长期存在。同时,在我国广大农村地区也普遍存在着交通基础设施少、等级低、质量差,运输服务供给总量不足、服务水平较低的问题,制约了农村经济社会的发展,阻碍了农村居民生活方式的改变和生活质量的提高,导致城乡二元结构持续得不到解决,迫切需要把提供均等化服务、满足人们有效需求摆在十分重要的位置。

因此,"十二五"时期,我国综合交通运输体系发展必须坚持与国家经济地理相适应,以人为本,把注重不同阶层、不同群体、不同地域的所有社会成员创造均等化的生存条件和公平的发展机会放在更加突出的位置。

(十)一体化发展

目前,在我国交通运输能力普遍紧张状况总体缓解,交通基础设施总量仍然不足,各种运输方式的交通网络仍然不完善的情况下,各种运输方式的自主发展具有合理性。但同时也暴露出一些问题,主要表现在由于缺乏统一的总体规划及交通发展政策的指导和调控,导致不同运输方式难以进行合理的分工协作和有效的衔接配套。在各种运输方式经过较长时期以各自的规模扩张为主的外延式增长后,交通运输的进一步发展,客观上要求回到注重综合性、系统性和整体性的发展轨道;需要以体系框架结构优化为目标进行各种运输方式交通运输资源的优化配置,发挥各自的比较优势,实现系统的整体高效用和高效率;需要各种运输方式在提供运输服务和运输组织过程中分工协作、联合发展,通过合理、有序、高效的市场竞争,建立一体化运输服务系统。

因此,"十二五"时期是我国推进综合交通运输体系一体化建设的关键期,关系未来我国交通运输的层次水平和结构模式,必须以一体化发展的思想来建设和发展我国的综合交通运输体系。要坚持以市场为导向,合理配置和整合交通运输资源,统筹各种运输方式发展,促进各种运输方式的有效衔接,发展一体运输服务,实现运输的便捷换乘和安全高效。

四、"十二五"时期综合交通运输体系发展的总体思路

(一)总体要求

"十二五"时期,是我国综合交通运输体系构建的关键时期,通过适度超前发展与创新发展,初步形成规模更适当、布局更合理、结构更优化、功能衔接更完善,能力更充分、服务质量更高、安全更可靠的综合交通运输体系。

1. 总体能力适度超前是经济社会发展和人们生活水平不断提高的需要

通过"十二五"时期建设,我国综合交通运输体系得到较快发展,一方面应提供适度超前于国民经济和社会发展的客货运输总

体服务能力,基本消除"瓶颈"现象;另一方面适应机动化快速化发展的趋势,提高机动化快速化交通方式的供给水平和保障能力,基本满足经济社会高效运行和人们生活水平不断提高的需要。

2. 进一步优化综合交通运输网络结构,全面提高运输系统的组合效率

通过"十二五"时期建设,综合交通运输网络结构更加优化,一方面应在综合交通运输体系理念的总体框架下,促进各种运输方式的充分发展,并保证其各自网络形态的完整性;另一方面加强不同运输方式之间良好的衔接配合,大力发展综合交通枢纽,实现不同运输方式在枢纽站点的功能集成,以及城间交通与城市交通的无缝衔接,全面提高运输系统的组合效率。

3. 有效满足运输需求和适当增加可选择性,全面提高运输服务质量

通过"十二五"时期建设,我国综合交通运输体系更好地满足科学发展观的基本要求,一方面,交通运输的发展要充分着眼于满足不同类型和不同层次的客货运输需求,货运服务贯彻"客户至上"的理念,客运服务应从"走得了"向"走得好"转变,并保证公民享受基本的交通服务和出行选择权;另一方面,综合交通运输体系的发展必须按照"宜陆则陆、宜水则水、宜空则空"的原则来配置交通方式,实现交通运输可持续发展。

4. 集约利用社会资源,发挥各种运输方式的技术经济优势

通过"十二五"时期建设,不同运输方式的技术经济特征得到发挥,各种运输方式通过功能互补和优势互补,共同为经济社会运行提供交通运输支撑。一方面,综合交通运输网络结构模式应充分考虑各种运输方式的技术经济特征,满足需求并能集约利用资源,合理确定网络布局规模;另一方面,应根据构成网络的不同交通设施的功能,确定不同的技术标准结构,即合理确定干线和支线网络设施的技术标准,避免不适当标准造成社会资源利用的低效。

5.广泛应用先进适用技术,全面提高技术的国际化水平

通过"十二五"时期建设,综合交通运输体系中技术现代化和国际化发展水平明显提高,充分体现技术的先进性与主流技术的发展方向。一是信息技术在交通运输领域的广泛应用,使交通服务一体化水平得到大幅度提高;二是高速交通技术将得到广泛应用,特别是推进高速铁路技术在我国的快速发展将改变既有的客运结构模式;三是在低碳发展理念主导下,清洁新能源交通工具得到较大发展。

(二)发展思路

以基本适应经济社会发展要求为目标,以引导各种运输方式和各区域运输能力协调发展为依据,全面提高交通运输供给能力和服务水平,缓解各种结构性矛盾,缩小城乡差距和地区差距,推进交通运输发展方式转变,推进运输一体化进程。根据综合交通运输体系规划的指导思想和原则,提出"五个继续和五个重点"的发展思路,即在继续完善"十二五"时期的重点内容外,应突出"十二五"时期的重点发展内容,实现"十二五"时期综合交通运输体系发展目标。

1.以稳健发展为主题,继续扩大交通基础设施规模

稳健发展是我国综合交通运输体系贯彻落实科学发展观的具体体现,是阶段发展的客观要求,扩大交通设施规模是形势发展的要求。由于目前交通运输供需矛盾的总体缓解是在我国社会经济发展水平和人民生活水平较低情况下实现的,是一种低水平的、暂时的、非全面性的缓解。从总体上分析,我国各种运输方式的交通基础设施依然薄弱,交通基础网络规模不适应。

因此,"十二五"时期还需要继续以稳健发展为主题,通过扩大增量和优化存量相结合,继续扩大交通基础设施规模,全面提高交通供给能力,支持各种运输方式完成大发展过程。一是通过扩

大交通基础设施增量规模,完善交通基础设施网络布局,提高我国交通运输的机动性和通达性,提高对未来社会经济发展的支持能力;二是通过对既有线路、场站改扩建和技术等级的提高,挖掘并释放交通基础设施存量资源的供给潜在能力,增加交通基础设施的总量规模,有效地解决交通运输供需矛盾问题。

2. 以转变交通发展方式为主线,继续推进"四个转变"

转变交通发展方式是国家战略的需要,也是综合交通运输体系发展的需要,在"十二五"时期应得到更好的体现。

(1)从各种运输方式相对独立发展向综合、协调发展转变

目前我国还处在综合交通运输体系构建形成阶段,各种运输方式独立发展缺乏统筹协调和有机衔接,一体化运输服务程度不高。因此,"十二五"时期应充分发挥各种运输方式的比较优势,促进从各种运输方式网络规模扩张向综合交通网络集成转变,着力提高综合交通运输网络的整体效率,实现各种运输方式的有效衔接和一体化运输,从而形成符合我国经济特征、适应社会经济发展要求的现代综合交通运输体系。

(2)从资源消耗、环境污染型向资源节约、环境友好型转变

交通运输是能源消耗和温室气体排放的重要行业之一,也是节能减排的重点领域。在我国经济发展方式还比较粗放,单位GDP能耗水平比较高的情况下,交通运输行业进一步集约节约利用资源、保护生态环境的潜力还很大。"十二五"时期应以加快调整交通结构为主线,通过交通结构优化升级促进结构性节能减排;以提高科技创新与进步为核心,加强节能减排科技研发及成果推广应用;以建立健全制度体系为保障,推进节能减排统计监测考核体系和标准体系建设。

(3)从以交通建设为重向交通建设与运输服务并重方向转变

"十二五"时期,大力建设和完善一体化运输服务体系,已成为我国交通运输发展必须着力完成的主要任务,这就要求在继续

扩大交通基础设施建设的同时,切实注重运输服务与基础设施的充分衔接和有效匹配,注重交通运输服务供给能力的提升和服务品质的改善,从而构建形成能够真正体现安全性、时效性、便捷等并实现"客运零距离换乘"和"货运无缝化衔接"的一体化交通运输服务体系。

(4)从依赖要素投入发展向要素投入、科技进步和机制创新方向转变

过去交通运输发展主要依赖土地、资金等要素的投入来驱动。"十二五"时期,应注重现代信息技术、新材料、新能源、新工艺的不断创新和普及应用,充分考虑交通技术现代化和实用性,充分体现技术对提高运输供给能力的作用,全面提高交通运输运营水平和管理水平,逐步实现交通运输发展方式的转变。

3. 以结构调整为重点,继续优化综合交通运输网络结构

结构问题是综合交通运输体系构建和发展中的核心问题,长期以来,"优化交通运输结构"始终作为政府调控交通发展的政策导向和切入点,也是交通运输发展不断追求的目标。

综合交通运输体系结构包含的内容很多,但这些结构类型均从不同的角度或范围反映着综合交通运输体系构成要素之间的比例关系,其中最重要的结构是综合运输网路空间结构、区域间综合运输大通道中各种运输方式的组成结构,以及大城市群(带)区域城际交通结构,这些应为"十二五"时期我国综合交通运输结构优化的重点。

(1)优化交通运输网络结构,加快区域间综合运输大通道中各种运输方式组成结构调整

一是加大交通运输网络空间结构调整。在网络空间结构上,注重不同区域的均衡发展,并加强不同区域的衔接,尤其是我国东部、中部、西部地区交通网络的衔接,形成适应区域经济社会发展的网络结构。

二是加大区域间综合运输大通道中各种运输方式结构调整。充分考虑不同方式的资源能源利用特征，按照"宜陆则陆、宜水则水、宜空则空"的原则，在有条件的通道上优先发展水运方式，加强对大运量的公共运输方式配置力度，统筹协调各种运输方式干线网布局需要，通过供给引导需求，提升交通运输的结构层次，进而提高运输系统整体效率。

三是合理配置各运输方式的干支结构，提高网络覆盖率。各种运输方式合理的结构层次是整个交通运输系统结构优化的基础。在综合交通运输体系的建设中，既要避免"重干线、轻支线"的问题，也要防止对支线采取超技术标准配置所导致的"支线干线化"的倾向，从而实现运输网络结构的优化。

(2)优化城市群交通结构，加快交通运输一体化发展

一是以大通道干线为主轴，实现高密度、较高技术层次的综合交通网络化布局。随着我国城市群空间扩张的加快，郊区城区化趋势十分明显，这些发展趋势对交通运输条件提出了数量与质量方面的新要求。在交通基础设施配置方面，一方面，交通基础设施的配置要及时适应城市及城市群扩张对交通流变化的需求，既要重点加强城际大通道的轴线交通供给能力建设，又要使交通服务随着城市空间功能的扩张随之覆盖，避免由于出现交通"瓶颈"或"盲区"而对生产生活造成不利影响；另一方面，由于城市或城市群地域结构形态的变化，新的铁路、公路线及其客货运场站的规划建设应前瞻性地考虑未来城市的扩张，及时加密网络，根据功能变化对原有设施升级改造，实现高密度、较高技术层次的综合交通网络化。在交通运输服务质量方面，一方面，应按照"零距离换乘"和"无缝衔接"的要求，优化衔接各种运输方式；另一方面，在城市群内充分发挥各种交通资源的效能，特别是提高公共交通工具的效率，促进交通运输一体化发展，实现交通服务的"同城效应"。

二是积极发展城市中心区连接卫星城、主要工业区、旅游景区

的市郊铁路网络。随着城市群的发展,在中心城市间将形成大量的卫星城,这些卫星城成为相对独立的居住生活、工作、旅游或休闲区域单元,并与中心城区形成一定流量的规律性客流。此外,在一些城市的郊区旅游景点与城区间也形成大批常态性的往返客流。这些定点间规律性的客流达到一定规模后,单靠道路交通来承担就会形成拥堵现象,可考虑发展与城市轨道交通相衔接的市郊铁路网来满足交通需求。

4. 以政府配置为引导、市场配置为基础,继续推动交通资源的合理配置、引导运输需求

综合交通运输体系的构建与发展是从国家层面对组成交通运输系统诸要素的有机整合,是政府和市场共同配置资源的结果,是综合交通运输体系整体效率和效益提高的需要。在"十二五"时期综合交通运输体系规划中应得到更充分的体现。

(1)以有效的宏观调控措施,实现交通资源的合理配置,引导运输需求

一是通过交通运输发展战略、规划和相关政策的制定,引导交通运输的发展方向。使交通运输的发展按照政府的引导,朝着综合交通运输体系所要求的"结构优化、布局合理、分工协作、连接贯通、协调衔接、运输高效"方向发展。

二是通过经济手段和必要的行政手段,提供与经济社会发展水平相适应的交通基础设施和运输服务,有效满足不同层次和不同类型的运输需求。

三是政府在主要运输通道或运输走廊上不同运输方式的配置上,发挥协调或指导作用。政府对运输通道上交通资源的配置更应该发挥先导性作用,积极引导资源占用少、环境影响小的运输方式发展,实现交通运输的可持续发展。

四是政府在不同运输方式的衔接方面发挥重要的协调或指导作用。要打破既有的运输方式间衔接不畅的弊端,必须通过政府

从规划、政策、标准等方面进行约束或引导,实现不同运输方式在结合部的无缝衔接,使运输系统的组合效率得到充分的发挥。

(2)充分发挥市场机制的基础性作用,推进一体化的运输服务体系发展

一是要充分发挥市场配置交通运输资源的基础性作用。建立有利于各种运输方式充分发挥其技术经济优势的市场体系,保证市场配置资源的基础性作用得到充分发挥。

二是建立和完善一体化的运输服务体系。打破不同运输领域或环节的垄断或区域壁垒,为市场发挥作用消除障碍,同时,政府要建立完善和具有约束力的市场规则体系,规范市场秩序,为各类市场主体提供公平的竞争环境,推进不同方式和不同区域间运输组织的衔接,加快一体化运输服务体系建设。

5.以政策、机制和体制创新发展为动力,继续加强各种运输方式间的紧密融合和推进统一的运输大市场形成

我国交通运输发展历程表明,政策、机制和体制创新是交通快速发展的成功经验,也是各种运输方式间的紧密融合和推进统一的运输大市场形成的根本保证。"十二五"时期,应继续加强创新,推进运输一体化进程。

(1)推进综合运输服务系统的相关制度建设

构建和完善综合运输服务系统的系统构成、各部分之间的相互关系以及需要建立的外部环境条件等,在此基础上进行相关制度、法规建设,逐步完善外部环境。

(2)破除运输市场的地域分割

全面推进运输市场中的运营主体成为真正的市场主体,逐步打破市场垄断、运输市场地区保护的政策和规则,消除运输市场的地域分割,以便形成完善的统一、开放、竞争、有序的运输市场。

(3)推进一体化运输组织和标准化工作

通过交通运输管理部门与相关政府部门的协作,推进运输企

业在运输组织、技术标准、信息系统等方面进行合作,逐步完善综合运输服务系统,以实现客货运输服务的一体化和高效化。

(4)推进各种运输方式信息资源共享制度和平台建设

进一步深化体制改革,完善协调与决策机制,打破部门分割,以方便使用者和提高系统效率及服务水平为目标,在继续推进各部门、企业信息化建设的同时,大力整合交通运输信息技术和信息资源的开发利用,建设综合交通运输信息平台和建立交通运输信息资源共享制度。

6. 以综合交通枢纽建设为重点,提高各种运输方式间的衔接水平

综合交通枢纽建设是目前综合交通运输体系发展的重点和难点之一,是提高运输一体化水平和效率的基础,因此,"十二五"时期,需要重点推进综合交通枢纽的建设。

(1)建立综合交通枢纽的建设协调机制

综合交通运输枢纽由于涉及多种运输方式,以及多个行业主管部门和地方城市政府,情况比较复杂,需要积极消除交通运输枢纽规划、建设、运营的体制、机制和技术等障碍,建立综合交通运输枢纽土地使用规划、多方投资、多方运营主体相协调的机制,从制度层面保障综合交通枢纽的健康发展。

(2)提高综合交通枢纽的衔接优化水平

枢纽布局应综合考虑各条线路的顺畅连接,遵循客运"零距离换乘"和货运"无缝衔接"的原则,统筹线路、场站以及信息传输等设施的有效衔接,充分体现客货流汇集、换乘/换装和疏散的承载性、顺畅性和兼容性,全面提高枢纽的衔接优化水平。

7. 以区际运输大通道的协调发展为重点,提高综合运输通道畅通水平

根据区际综合运输大通道的地位、作用以及发展的阶段性特征,"十二五"时期,应全面提高综合运输通道的畅通水平,重点突

出区际运输大通道的协调发展。

（1）提高综合运输通道的畅通水平，增强可选择性与机动性

在保障各种运输方式构建形成相对完整的基本网络布局形态以及主次合理的结构基础上，重点配置主导型运输方式的网络布局规模、覆盖密度以及方式间合理配比；在区域间运输大通道上，首先应保证充分的运输能力，避免出现运输瓶颈，要提供大运量的运输方式或高技术标准的方式配置，满足不同的运输需求，如干线铁路用于满足中长距离客货运输需求，高速公路或高等级公路满足中短途客货运输需求和个性化机动出行需求，民航则主要满足中长途点到点客运需求；其次在通道的方式结构上，要注重不同方式的均衡发展，并加强不同方式的衔接，充分发挥不同的组合效应，实现优势互补，避免出现"短板"效应。

（2）优先发展综合运输通道中节能型、大运输能力的运输方式，统筹协调各种运输方式干线网布局需要

坚持资源集约利用，提高能源利用效率，减少环境污染的原则。在主要运输通道上，要充分考虑不同方式的资源能源利用特征，在有条件的通道上优先发展水运方式，加强对大运量的公共运输方式配置力度，其他方式一般情况采取标配式布局发展，统筹协调各种运输方式干线网布局需要，通过供给引导需求提升交通运输的结构层次，进而提高运输系统整体效率。

（3）突出区际交通建设重点

加快建设"四纵四横"铁路客运专线、以客运为主的区际快速铁路，形成铁路区际快速客运网络。加强煤运通道、区域开发性新线、集装箱运输系统建设。以国家高速公路网为重点，推进高速公路"断头路"建设，尽快建成国家高速公路网，发挥整体网络效益。加强沿海北煤南运、集装箱运输系统建设，提高进口原油码头、铁矿石专业化码头能力，进一步推进长江、西江、京杭运河等干线航道建设工程。继续强化北京首都、上海浦东、广州新白云机场等枢

纽机场,以及昆明、成都、重庆、西安、乌鲁木齐等主要干线机场建设,构建并完善以枢纽和干线机场为骨干的机场网络。

8. 以城市群(带)交通功能衔接优化为重点,提高运输一体化水平

根据城市群交通的地位、作用以及发展需求特征,"十二五"时期,依托城市群(带)较好的交通设施条件,突出城市群(带)交通衔接功能的优化,全面提高运输一体化水平。

(1)合理配置轨道、公路等主导运输方式

根据区域城际间交通流量巨大和多频次的需求特点,在城市群内城市点对点的主导运输方式配置中,具有大通行能力的高速公路、大运量的城际铁路应该成为城际通道的主导运输方式,采用"轨道+高速公路"的模式。其中在核心城市之间需要建设大通行能力的高速公路,用于满足巨量客货机动车的通行需求。在大城市群内城市点对点之间配置城际铁路,用于满足巨量和多频次的旅客需求,但城际铁路的建设技术速度不宜过高。

(2)鼓励发展快速化、便捷化的公共交通,合理引导私人交通

城际通道交通流具有明显的高密度、周期性、高频率特点,而受土地、线位/桥位等资源所限,城际间通道不可能不受约束地扩张,这就要求在城际通道上配置集约型、快速便捷的公共运输工具,如城际快速轨道线、公共汽车和长途客车优先行驶通道等,引导客流选择公共运输方式。由于私人机动交通的快速发展,在鼓励公共运输发展的同时,合理引导私人机动交通工具的出行。

(3)合理确定城际干线与城市辐射线之间结构关系与功能

在城市群交通发展中,城际干线主要解决城市点对轴线上的大流量、高频次的运输需求,而城市群内的各中心城市的经济功能和社会影响力均具有向周边辐射的特点,由此形成的客货运输需求具有"点多面广"和"递远递减"的特征,这就要求主导型运输方式合理配置各方式的结构,并实现功能互补。公路主要解决城市

功能辐射和空间拓展的主要承载方式,一些特大城市也已逐步建成由环状线和辐射线组成的城市快速路网络,高速公路与城市快速路连在一起构成未来城市群高速客运系统的重要组成部分,在功能上应合理确定城际干线、城市快速辐射线、城市环线以及城区道路之间的功能定位。城际铁路则主要考虑与城市轨道系统、道路公共交通系统的一体化衔接,提高换乘效率,对于超大、特大中心城市,城际铁路可考虑连接城市内主要枢纽站点(如区域铁路干线站、机场、公路客运站等),提升其集散功能;在经济联系紧密的大城市群,需要建设连接中心城市与次中心城市以及卫星城的城际客运铁路网络。

(4) 合理发挥主轴通道中城际铁路系统与干线铁路系统的功能

主轴通道通常是城市群交通网络中同时具有城际和区域间运输通道的功能,运输流非常大。在城际铁路与区域间运输通道干线铁路之间,两者的功能和运输组织模式存在明显的不同,城际铁路主要解决城市群内城市点对点之间的大众化公共客运需求,通常采用高频次、多站点停靠的运输组织模式,并与城市客运枢纽紧密衔接;区域间运输通道干线铁路主要满足跨区域中长距离到发或过境客货流,在城际区段也可以发挥部分城际客运功能,其运营组织特点决定了它可以兼顾城际铁路的功能,但只能作为城际铁路功能的补充。因此,在城市群主轴通道上,应合理发挥城际铁路系统与区域间干线铁路系统的各自功能。

9. 以农村运输网络密度和通达深度为重点,提高农村交通服务水平

我国农村交通建设对保持城乡的经济社会均衡发展,对完善综合交通运输体系都具有重要作用。"十二五"时期,必须从推进城乡交通一体化和建设和谐社会的高度,继续提高农村运输网络密度和通达深度。

(1)加强城乡客运一体化衔接

构建城乡道路客运"三级网络",加强城乡客运枢纽建设,推进城乡道路客运一体化进程。

(2)突出农村运输网络密度和通达深度

加强农村公路建设与养护;加强衔接公路、农村公路与运输干线的顺畅衔接,全面提高农村运输网络密度和通达深度。

10. 以国际运输通道能力建设为重点,提高国际交通连通水平

国际性运输通道是我国进一步适应区域经济一体化、双边和多边贸易和自由贸易区发展的交通基础设施,与周边国家和地区紧密连接,利用交通运输网络的连接与辐射作用,我国与通道沿线各国可以加强区域经济合作,促进发展和互利合作关系,对保障国家经济安全,促进国内外经济合作,尤其是西部地区的开发开放具有重要作用。"十二五"时期,需要重点提高交通运输的国际连通水平。

(1)增强陆路国际运输能力

陆路国际运输通道主要包括东北亚运输通道、中亚运输通道、东南亚和南亚运输通道。要与周边国家共同合作,使主要国际通道的各种运输方式结构配置基本合理,形成大能力运输通道。

(2)增强国际运输竞争力

为适应我国国际贸易运输发展和国际运输竞争加剧的趋势,要重点加强以香港、上海国际航运中心集装箱深水港为主的沿海大型枢纽港口建设,增强与周边国家和地区的竞争能力;重点完善以北京、上海、广州等航空枢纽的建设,增强适应国际航空运输发展趋势的能力;加强海、陆、空口岸设施与通道建设,增强国际竞争能力。

第五章 "十二五"时期综合交通运输体系发展目标

一、综合交通运输体系发展目标研究思路与方法

综合交通运输体系建设与发展涉及三个构成要素和两个发展层次的问题。三个构成要素即基础设施、运输装备与技术、运输服务;两个发展层次是:各种运输方式自成体系的发展和各种运输方式的综合发展。对于这种较为复杂的系统,要对未来的发展目标进行研究和规划设计,不仅缺乏现成的理论和方法论指导,也存在很大的研究难度,主要在于目标与发展现实衔接,体现发展意图与思路的困难。因此,必须在已有研究成果和国家、行业相关规划目标的基础上,按照综合交通运输体系的建设要求和特点,有针对性地解决"十二五"时期发展目标体系框架的构建和指标的设定问题。

(一)基本方法与思路
1. 确立分析方法

"十二五"期间,建设综合交通运输体系,是在既有发展战略、规划和政策基础上进行的,是已经实施的中长期发展规划思路的延续过程,因此,虽然综合交通运输体系的目标较为复杂,但可以借鉴管理学、系统工程学的方法,通过对已往目标值的比较分析,

确定"十二五"特征年的目标值。根据项目管理中进度管理的方法,通过设立特征年目标值检查点,将各种运输方式整体及分方式实现规划目标的进度绘制在原计划的 S 曲线上,进行直观比较,分析实际目标的进展情况,通过对目标进度超前或拖延时间的分析,判断"十二五"发展的方向和进行相应目标的预测。

为研究设定"十二五"目标值,采用 S 曲线的分析方法,在分析思路上主要是结合历史数据和"十一五"规划、中长期规划目标值,将"十一五"期末、"十二五"期末和 2020 年设定为三个目标值检查点,对相关目标值进行分类分析的对比。由于"十二五"的目标值处于当前与 2020 年的中间点,在对比分析中,通过参照"十一五"实施情况和 2020 年长期目标值,按照规划与政策执行的惯性,以及"十二五"发展思路要求,相应确定"十二五"目标值,以便适应"十二五"发展需要,同时保证 2020 年目标值的完成。

2. 明确目标值类型

按照以上分析方法,从目标完成和未来目标可能出现的趋势性变化,将"十二五"期间规划目标值归纳为四种类型:

(1) 适应型

"十二五"期间延续"十一五"时期稳步发展势头,将可以顺利达成 2020 年中长期规划目标。交通运输发展目标与预期的运输量增长相适应,确定其"十二五"时期发展水平。如图 5-1(a)所示。

(2) 超前型

"十二五"期间加快发展速度。结合中长期目标,按照交通运输能力与运输需求相比有所富裕的要求制定发展目标,即为超前性。"十二五"时期按照适度超前的要求制定发展目标,即运输能力增长要快于运输需求的增长,能力适度超前,但不能过度超前,在此区间制定发展目标。如图 5-1(b)所示。

(3) 滞后型

"十二五"期间,发展速度放缓,参照中长期目标倒推确定"十二五"目标值不能够满足运输需求的增长。如图 5-1(c)所示。

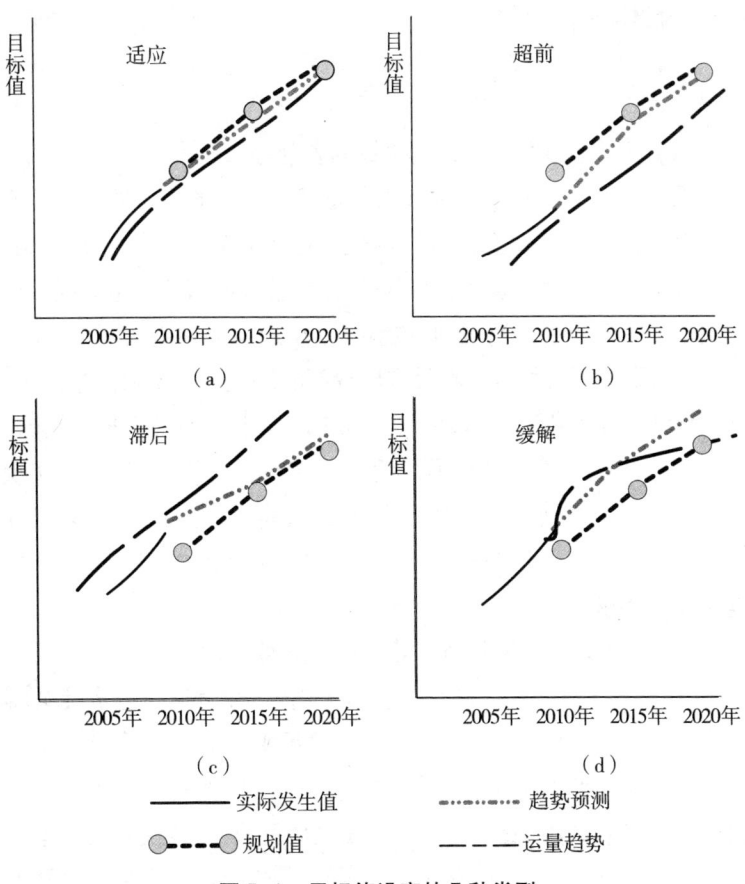

图 5-1 目标值设定的几种类型

(4)缓解型

在"十二五"初期,由于大规模投资,运输能力的增长较快,继续延续缓解的趋势,甚至短期还有所富余,但是由于制定发展目标未充分考虑运量未来发展的趋势,在经过一定阶段发展以后,运输能力又显不足。如图 5-1(d)所示。

（二）前提条件与研究方法

根据上述目标值的分析与分类方法,确定"十二五"时期综合交通运输体系规划目标,需要结合"十一五"时期综合交通运输发展状况和速度,以及结合中长期发展目标来确定。

1. 前提条件

(1)交通运输发展中长期目标的合理性

采用上述分析的基本前提条件是我国确定的中长期综合交通运输发展和各种运输方式发展的规划基本合理,能够适应未来我国经济社会发展对交通运输的需求,并可进行适当的调整。我国已经颁布了一系列中长期规划,包括综合交通运输规划、各种运输方式的中长期发展规划等。在没有出现新的调整规划要求的情况下,这些规划目标依然可以作为确立"十二五"目标的重要依据与基础。

"十二五"时期综合交通运输体系发展规划目标,是我国实现一大批中长期规划目标的分阶段目标,决定了"十二五"规划目标体系必须内含于中长期规划的范畴内,在目标值的设定上,体现建议叫序的要求。

(2)交通运输发展趋势和条件的延续性

首先,与"十一五"时期相比,"十二五"时期我国经济社会将继续保持平稳发展,与经济社会发展关系密切的运输需求的增长趋势不会在短期内发生方向性变化。其次,尽管我国经济发展方式转变和产业结构调整步伐加快,城乡居民收入将不断增长,但这种变化依然是渐进的,没有发生突变的可能,由此产生的运输需求的增长速度,将不会出现剧烈波动。再次,我国已有的融资渠道在支撑交通运输发展中发挥了重要作用,而且基本保持畅通,在政策环境未发生大的改变的情况下,已经形成的投融资体系和规模将会保持相对稳定,加上我国资金供给充裕,投融资体制与机制改革步伐不断加快,"十二五"期间存在扩大交通运输投资规模的空间,支持交通运输的适度超前发展。

2. 研究方法

按照上述对"十二五"时期交通运输目标分析研究的基本方法与思路,以及基本前提条件,针对不同类型的目标发展演进特征和目标值特点,对相关目标的确定将采取不同的研究方法,以便与上述分析方法相呼应,使我国"十二五"时期交通运输发展目标更具有科学性和可实施性。

(1) 时间序列趋势法

数据本身就可以说明发展速度,也基本可以反映交通运输发展的规划、政策、投资发展机制等方面的综合效果。利用时间序列函数模拟,可以反映在既有条件下的发展趋势和速度。这种方法得出的发展目标是实际情况不干预条件下的2015年发展状况。

(2) 系统控制论

交通运输发展规划和相关交通运输发展政策能够对未来交通运输发展的实际情况产生较大影响。通过规划、政策等手段,可以有效地改变交通运输发展的速度。2015年发展目标是保障中长期发展目标能够顺利完成的阶段性目标。

(3) 专家判断与调整

根据对现实发展速度与发展要求,在"十二五"发展思路的指导下,在发展可能与发展的要求之间进行分析与判断,确定"十二五"规划目标。由于有些发展目标可能会大大超过原来的预期,甚至有超过2020年发展目标的可能,"十二五"时期发展目标并非仅仅是原来确定的2020年发展过程的一个中间目标,需要根据实际情况,并借助专家的分析与判断进行必要调整。

(三) 目标体系确定的原则

1. 数量性目标和描述性指标相结合

(1) 数量性目标

要结合发展思路、发展重点和"十二五"时期发展的要求,发挥目标的导向作用。根据中长期规模的指标统计分析,做到基本覆盖,规模目标是基础指标。

(2)描述性目标

描述性目标主要包括交通运输发展的主要方向、需要解决的主要问题、发展的模式、途径、交通运输体系优化效果、交通与人、交通与社会经济的关系、交通与环境的关系等。具有概括性更强,体现交通的基础性、服务性、先导性特点。

2. 对接发展趋势和中长期规划目标

通过对各个中长期交通发展规划目标体系的分解和分析,以及对"十一五"规划目标的解析,做到承前启后,既有前后对比,又反映交通发展的新状况。

3. 优先使用已纳入统计范畴的指标

规划目标体系尤其是量化指标的选择,可从现有的统计指标中选取,以便分析、评价,跟踪量化指标的发展轨迹。

4. 目标的系统性、覆盖性和简明性相结合

目标体系作为一个有机整体,应从不同方面反映交通系统的动态变化及其与国民经济发展的协调性。应当条理清楚、层次分明、简单实用,反映综合交通运输规划和特点与要求。

(四)目标体系研究基础分析

1. 已颁布交通运输发展规划

已经实施和颁布的综合性交通运输规划和分行业交通运输规划是制定本次规划目标体系的主要依据,其中,以全国性综合规划为主,区域和行业交通运输规划为参考。主要规划汇总见表5-1。

表 5-1 已颁布的主要规划汇总表

综合性交通规划	行业性交通规划	区域性交通规划
综合交通网中长期发展规划 "十一五"综合交通体系发展规划	中长期铁路网规划 国家高速公路网规划 农村公路建设规划 全国内河航道与港口布局规划 全国沿海港口布局规划 全国民用机场布局规划 铁路"十一五"规划 公路水路交通"十一五"发展规划 国家水上交通安全监管和救助系统布局规划 中国民用航空发展第十一个五年规划 "十一五"油气管道建设规划	环渤海京津冀地区城际轨道交通网规划 长江三角洲地区城际轨道交通网规划 珠江三角洲地区城际轨道交通网规划 长江三角洲地区港口建设规划 珠江三角洲地区港口建设规划 渤海湾地区港口建设规划 长江三角洲、珠江三角洲、渤海湾三区域外沿海港口建设规划 泛珠江三角洲区域合作公路水路交通基础设施规划纲要 泛珠江三角洲区域综合交通运输体系合作专项规划纲要 促进中部地区崛起公路水路交通发展规划纲要 环渤海地区现代化公路水路交通基础设施规划纲要 长江三角洲地区现代化公路水路交通规划纲要 振兴东北老工业基地公路水路交通发展规划纲要 中原城市群城际轨道交通网规划 长株潭城市群城际轨道交通网规划 山东半岛城市群城际轨道交通网规划 武汉城市圈城际轨道交通网规划

2. 近年相关指标历史数据

根据近年(主要是"十一五"期间)相关指标的历史数据,预测规划目标的发展趋势,并结合"十二五"时期我国经济社会发展对交通运输的需求,确定"十二五"期间综合交通运输体系规划目标。资料来源包括:中国统计年鉴、中国交通统计年鉴、统计公报、统计资料汇编、国内外交通研究资料等。

(五)规划目标体系解析及选择

"十二五"综合交通运输体系的规划目标,可以通过解析的方法获得。所谓解析,是对以往交通运输规划目标体系及内容分解为各个目标单元。通过统计分析确定"十二五"规划目标体系,然后核定各个规划单元的目标值。

1."十一五"时期交通运输规划单元解析

"十一五"交通运输发展规划主要包括:"十一五"综合交通体系发展规划、铁路"十一五"规划、公路水路交通"十一五"发展规划、民航"十一五"规划、"十一五"油气管道建设规划等。对这些规划的描述性目标单元的具体解析见表5-2。

上述相关规划的数量性目标解析方法相同,以规模和运输能力为主,如表5-3所示,其他指标相同。

表5-2 "十一五"交通运输规划描述性指标汇总分析

规划目标	综合交通体系发展规划	铁路规划	公路水路交通发展规划	民航规划	油气管道建设规划
运输能力	Y		Y	Y	Y
技术装备	Y	Y		Y	
运输安全	Y	Y			
运输服务和效率	Y		Y	Y	
运输管理	Y	Y	Y	Y	
经济效益		Y			
区域和方式协调	Y	Y	Y	Y	Y

注:Y表示相关规划有该项规划目标或指标,表5-3、表5-4、表5-5相同。

表 5-3　运输能力指标分解表

分类	规划目标	综合交通体系发展规划	铁路规划	公路水路交通发展规划	民航规划	油气管道建设规划
综合	总规模	Y				
铁路	铁路网里程(万公里)	Y	Y			
	西部路网		Y			
	客运专线(公里)	Y				
	煤运通道能力(亿吨)	Y	Y			
	电气化里程(万公里)	Y	Y			
	复线里程(万公里)	Y				
公路	公路网总里程(万公里)	Y		Y		
	高速公路里程(万公里)	Y		Y		
	二级以上公路里程(万公里)			Y		
	县乡公路(万公里)			Y		
水运	沿海深水泊位(个)	Y		Y		
	沿海港口吞吐能力(亿吨)	Y		Y		
	集装箱吞吐能力(亿标准箱)	Y				
	内河三级以上航道(公里)	Y		Y		
	内河四级航道(公里)			Y		
	内河五级以上航道(公里)	Y				
	内河港口泊位(个)	Y		Y		
	内河港口吞吐能力(万吨)			Y		
航空	民用机场(个)	Y			Y	
	4E以上机场(个)				Y	
管道	输油气管道(万公里)					Y

2.中长期规划单元解析

近年来,已颁布的交通运输中长期发展基本思路的文件,对规划目标有所涉及。主要包括综合交通网中长期发展规划、中长期

247

铁路网规划、中长期铁路网规划(调整)、国家高速公路网规划、农村公路建设规划、全国内河航道与港口布局规划、全国沿海港口布局规划、全国民用机场布局规划。

表5-4　中长期交通发展规划涉及的规模和运输能力汇总分析(2020年)

量化指标	规划目标	综合交通网中长期发展规划	中长期铁路网规划(调整)	国家高速公路网规划、农村公路建设规划	全国内河航道与港口布局规划、沿海港口布局规划	全国民用机场布局规划
综合	总规模(不含空中、海上航线、城市内道路和村道里程)	Y				
铁路	铁路网里程(万公里)		Y			
	西部路网	Y				
	客运专线(万公里)		Y			
	城市轨道(万公里)	Y				
	煤运通道能力(亿吨)	Y				
	电气化里程(万公里)		Y			
	复线里程(万公里)		Y			
公路	公路网总里程(万公里)	Y				
	高速公路里程(万公里)	Y		Y		
	二级以上公路里程(万公里)	Y				
	农村公路里程(万公里)			Y		
水运	集装箱吞吐能力(亿标准箱)	Y				
	内河航道(万公里)	Y				
	国家高等级航道(公里)	Y			Y	
	三级以上航道(公里)	Y			Y	
	内河港口泊位(个)	Y				
航空	民用机场(个)	Y				Y
管道	油气管道(万公里)	Y				

表5-5 中长期交通运输发展规划描述性指标汇总分析(2020年)

规划目标	综合交通网中长期发展规划	中长期铁路网规划（调整）	国家高速公路网规划、农村公路建设规划	全国内河航道与港口布局规划、全国沿海港口布局规划	全国民用机场布局规划
运输能力	Y	Y	Y	Y	Y
技术装备		Y		Y	
运输服务和效率			Y	Y	Y
区域和方式协调				Y	Y

中长期交通发展规划目标主要是反映规模性的。描述性指标中，以战略思路为主，对安全、经济效益、技术装备等目标没有深入规划，如表5-4所示。根据综合交通运输体系发展的特点，中长期规划目标中也出现了城际轨道、城市轨道等近年来发展较快的交通基础设施的建设目标。

3."十二五"规划目标的基本结构

通过以上分析，可以把规划目标分为描述性目标和数量性目标两大类型，其中，描述性目标是对发展状况的概要描述，通过文字表述其发展水平和程度，是对规划目标的总体描述；数量性目标是通过指标的方式提出发展的数值，是对部分描述性目标的分解和深化，由此提出"十二五"规划目标结构如下：

(1)描述性目标

从功能、水平上描述"十二五"期末综合交通运输体系发展的状况，主要包括交通能力、技术装备、运输服务和效率、运输管理、综合协调五个方面。

(2)数量性目标

包括基础设施规模、运输服务和效率、技术装备、交通安全、节能环保五个方面。

二、"十二五"时期综合交通运输体系描述性发展目标

"十二五"时期描述性规划目标的设定,采取了模块化分解方法,以便对各个规划目标的描述性单元进行对比分析。

(一)基础设施规模和能力

按照综合、分运输方式对相应的交通运输基础设施发展规模、能力等指标进行了描述,并进行不同阶段的演变情况对比分析。

通过"十二五"时期大规模建设,我国初步形成以"五纵五横"为主骨架的综合交通运输网络,42个全国性综合交通枢纽基本建成。

表 5-6　运输规模与运输能力比较表

分类	描述性目标	"十一五"规划目标	"十二五"规划目标	2020年目标
综合	运输能力	大幅度提高	进一步提高	进一步扩大
铁路	布局合理、结构清晰、功能完善、衔接顺畅的铁路网络		运输服务基本覆盖大宗货物集散地和20万以上人口城市	基本形成
铁路	铁路运输能力	基本消除运输对经济增长的制约	基本满足经济和社会发展需要	满足国民经济和社会发展需要
公路	公路基础设施能力	明显增加	公路网基本形成	
公路	高速公路连接		基本覆盖20万以上人口的城市	所有目前城镇人口在20万以上的城市;首都与各省会、自治区首府和直辖市;各大经济区和相邻省会级城市
公路	高速公路"7918网"		基本建设完成	建设完成
公路	农村公路:通沥青(水泥)路		98%的乡镇、90%的建制村	具备条件的乡(镇)和建制村

续表

分类	描述性目标	"十一五"规划目标	"十二五"规划目标	2020年目标
水运	干支衔接、沟通海洋的内河高等级航道		70%以上内河高等级航道达规划标准	建成
	布局合理、功能完善、专业化和高效的港口体系			形成
民航	机场布局结构		推动三大机场;完善	优化
	机场数量规模		七大干线机场;扩大支线机场	增加
	航空网络覆盖		80%以上的人口在直线距离100公里内享受到航空服务	全国省会城市(自治区首府、直辖市)、主要开放城市、重要旅游地区、交通不便地区以及重要军事要地均有机场连接
	五大机场群			逐步形成

（二）运输装备与技术

技术创新是促进交通运输现代化的重要手段。"十二五"时期，我国通过引进吸收创新掌握核心技术，提升自主发展能力和核心竞争力，交通运输技术装备具备了快速提高的可能。重点是依托于客运专线、轨道交通建设，大力发展轨道交通装备，重点发展支线和通用飞机为主的航空装备，提升船舶整体技术水平，发展专用运输车辆，加强管道运输关键设备研发与应用，提高智能化、信息化水平，使我国技术装备水平接近国际先进水平。根据指标特性，对各种运输方式的"十二五"目标进行料设定和对比分析。

表 5-7 运输装备比较表

分类	描述性目标	"十一五"规划目标	"十二五"规划目标	2020年目标
铁路	铁路主要技术装备	基本实现现代化	接近国际先进水平	达到或接近国际先进水平
	铁路重载装备制造技术和300km/h高铁成套技术	基本掌握	掌握	
公路	公路全程监控、应急救援、联网收费系统	基本建立	建立	
水运	运输船舶大型化、标准化	长江、西江、京杭运河货运船舶基本实现	有条件的航道实现	促进
	水运船队总载重吨和集装箱船运力规模	位居世界前列	达到国际先进水平	
民航	大座级飞机的比重	适当提高	积极发展支线飞机	

（三）运输服务

从综合、各种运输两个层面，对涉及运输服务的相关指标，按照"十二五"时期发展要求和思路进行设定和比较。

（四）综合交通运输网络

为体现综合交通运输的整体发展，各种运输方式之间的协调发展，专门设定该领域的指标，并进行对比分析。

综合以上内容，"十二五"综合交通运输发展规划总体目标是：到2015年，基本形成具有较强服务能力和水平的综合交通运输体系，交通基础设施网络基本建成，运输能力不足的问题基本解决，运输装备与技术水平接近国际先进水平，综合交通运输质量和普遍服务覆盖面明显提高，运输结构进一步优化，交通衔接明显改善，资源利用效率和节能环保水平进一步提高，运输市场、管理体制和法制体制建设取得重大进展,形成空间布局合理、结构层次清晰,功能齐全,总体适应国民经济和社会发展的现代化综合交通运输体系。

表5-8 运输服务和效率比较表

分类	描述性目标	"十一五"规划目标	"十二五"规划目标	2020年目标
综合	运输质量、资源利用效率	明显提高	明显提高	
公路	农村公路的密度和服务水平		明显提高	全面提高
	具有较高服务水平的农村公路网		基本形成	形成
	符合社会主义市场经济要求的公路交通运输市场体系	基本形成	形成	
	公路运输服务能力和质量	大幅提升	大幅提升	
水运	内河水运运输服务			畅通、高效、安全、环保
	内河水运通达度		提高	进一步提高
	沿海5个港口群和8大运输系统		开始建设	建设
	符合社会主义市场经济要求的水路交通运输市场体系	基本形成	形成	
民航	空运服务范围和服务水平	运输质量有较大改善	明显改善运输质量,扩大服务范围	扩大服务范围和提高服务水平(全国80%以上的县级行政单元能够在直线距离100公里内享受到航空服务,所服务区域的人口数量占全国总人口的82%、GDP占全国总量的96%)

253

表 5-9 综合交通运输协调比较表

分类	描述性目标	"十一五"规划目标	"十二五"规划目标	2020年目标
综合	"五纵五横"综合运输大通道和与之相衔接的综合交通枢纽		基本建成	全面建成
	空间布局合理,结构层次清晰,能力负荷充分,功能衔接顺畅的现代综合交通网(便捷、畅通、高效、安全)	初步形成	基本建成	初步形成基本建成
	铁公机组成的城际快速客货运输网络	基本建立	建立	
	经济和社会发展需要	基本适应	适应	适应

二、"十二五"时期综合交通运输体系数量性发展目标

数量性目标主要包括:基础设施规模、运输服务水平和运输效率、技术装备、安全、资源节约等。所有数量性目标都是通过指标的形式表现,这些指标都可以通过统计年鉴、资料汇编等统计资料获得。

(一)基础设施规模

"十二五"时期,根据运输量增长预测情况,以及各种运输方式基础设施发展水平,按照适度超前、各种运输方式协调发展的要求,确定基础设施规模,支撑"十二五"时期初步形成综合交通运输体系的发展目标。

1. 铁路里程

（1）中长期发展规划依据

我国铁路里程规模作过多次调整，其中2007年综合交通网中长期发展规划：2020年铁路路网总规模达到12万公里以上；2008年中长期铁路网规划：2010年全国铁路营业里程达到9万公里以上，2020年达到12万公里以上。

（2）基础数据

近年来铁路里程增长较快，见表5-10中2005年到2010年数据，2020年数据参照综合交通网中长期发展规划。

表5-10 铁路里程数据表

指标	2005年	2006年	2007年	2008年	2009年	2010年	2020年
铁路总里程（万公里）	7.54	7.71	7.80	7.97	8.60	9.1	12以上

（3）"十二五"时期发展速度

趋势预测。根据2005年到2010年的铁路里程，对2010年后到2020年的发展速度进行预测，以现有的发展趋势，进行数据拟合，通过比选，二项式和指数趋势预测的相关度较高，但是对于2020年数据差异较大。见表5-11。考虑到预测时期过长，可信度较低，因此，2020年数据不作为2015年预测的判断依据。但是该表表明，如果保持既有的发展速度，最少完成10.8万公里，最后可能完成14.6万公里。

规划控制要求。如果考虑到2020年规划目标是12万公里以上，就增加了一个新的数据样本，根据2008年版调整后的规划项目汇总以后全国铁路总里程约达12.9万公里，可以作为"12万公里以上"的数量。

表 5-11 铁路里程发展趋势预测表

单位:里程(万公里)

预测模型	相关度 R^2	模型方程	2015年预测	2011—2015年增长率	2020年预测	2015—2020年增长率
二项式趋势	0.9852	$y=0.0772x^2-0.2221x+7.7419$	14.6	9.7%	24	10.5%
指数趋势	0.8888	$y=7.0942e^{0.0384x}$	10.8	3.3%	13	3.8%

表 5-12 铁路里程发展规划预测表

单位:里程(万公里)

预测模型	相关度 R^2	模型方程	2015年要求	2011—2015年增长率	2020年规划	2015—2020年增长率
二项式趋势	0.9897	$y=0.0062x^2+0.2625x+7.1196$	10.8	3.3%	12.9	3.6%
指数趋势	0.9847	$y=7.1222e^{0.0372x}$	10.7	3.1%	12.9	3.8%

(4)"十二五"时期指标分析与评价

"十二五"规划铁路总里程12万公里。上述预测都是在历史数据的基础上进行的,2010—2015年增长率较低,2015—2020年增长率较高。考虑到铁路近年来处于快速增长期和投资密集期,将在2010年和2013年形成大量新建线路,之后进入平稳增长期;虽然目前铁路发展面临一些困难,但需要克服困难,"十二五"期间的铁路里程增长率维持较高水平。因此,在近期加快铁路发展的总体思路下,将上面预测的后期增长率3.8%设为"十二五"期间增长率,到2015年,铁路总里程达到12万公里。提前完成铁路中长期规划(2008年修订)目标,考虑到铁路实际投资能力可能在2015年后大幅度下降,建设任务需要提前到"十二五"时期,因此,2015年铁路里程目标设定为12万公里比较适宜。

我国快速铁路里程2010年达到了2万公里。根据目前已经批复和开工的建设项目情况,预计2015年可以达到4.5万公里。"十二五"期末基本建成国家快速铁路网,运输服务基本覆盖50万人口以上城市。区际干线基本覆盖大宗货物集散地和20万人口以上城市。强化重载货运网,其中煤炭运输能力达到30亿吨。

2. 城市轨道交通

截至2010年年底,我国内地北京、上海、广州、深圳、武汉等城市开通的城市轨道交通运营里程为1400公里。已经批复25个城市轨道交通项目,总计87条线路,总里程达到2530公里,已经动工建设的有76条,总长度约为1600公里。考虑到近年来轨道交通发展速度,预计"十二五"时期年均建设完成300公里左右,预计2015年轨道交通里程达到3000公里。

3. 公路里程

(1) 中长期发展规划依据

2007年综合交通网中长期发展规划指出,2020年公路路网总规模达到300万公里以上(不含村道),其中二级以上高等级公路65万公里,高速公路10万公里左右;2005年国家高速公路网规划指出,2020年高速公路总规模约8.5万公里,其中主线6.8万公里,地区环线、联络线等其他路线约1.7万公里;2005年农村公路建设规划指出,2020年具备条件的乡(镇)和建制村通沥青(水泥)路,全国农村公路里程达370万公里。

(2) 基础数据

2005年到2010年数据,结合2020年数据参照综合交通网中长期发展规划,可以获得以下数据见表5-13。

(3) "十二五"时期发展速度

趋势预测。根据2005年到2010年的公路总里程、二级以上公路里程和高速公路里程,对2010年后到2020年的数据进行了预测,选取了相关度较高、发展趋势较符合实际情况的预测模型。

表 5-13　公路里程数据表　　　　　　　　　　单位：万公里

指　标	2005 年	2006 年	2007 年	2008 年	2009 年	2010 年	2020 年
公路里程	334.5	348	358.37	368	386.08	400.8	—
二级以上	32.58	35.33	38.04	39.97	42.52	45	65
高　速	4.10	4.53	5.39	6.03	6.50	7.4	10
农村公路	290	302	313	321	333	351	370

表 5-14　公路里程发展趋势预测表

单位：里程（万公里）

预测模型	相关度 R^2	模型方程	2015 年预测	2010—2015 年增长率	2020 年预测	2015—2020 年增长率
公路总里程	0.9940	$y=323.2e^{0.034x}$	470	3.4%	557	3.5%
二级以上公路里程	0.9977	$y=2.4524x+30.336$	57.3	5%	69.6	4%
高速公路里程	0.9465	$y=0.5298x+3.6552$	9.5	7.9%	12.1	5%
农村公路	0.9970	$y=10.74x+279.7$	390	2.0%	451	2.5%

规划控制要求。对历史数据及 2020 年规划公路里程进行了拟合，其中多项式趋势预测拟合度高。

表 5-15　公路里程发展规划预测表

单位：里程（万公里）

预测模型	相关度 R^2	模型方程	2015 年要求	2010—2015 年均增长率	2020 年规划	2015—2020 年增长率
二级以上公路里程	0.9998	$y=-0.0302x^2+2.6679x+30.046$	55.7	4.4%	65	3.1%
高速公路里程	0.9905	$y=-0.0147x^2+0.642x+3.4883$	8.8	6.2%	10	2.6%
农村公路	0.9740	$y=286.0x^{0.093}$	357	0.7%	370	—

(4)"十二五"时期指标分析与评价

公路里程总里程450万公里。公路总规模发展相对比较平稳,"十二五"时期依然保持既有的发展速度。

二级以上公路里程65万公里。到2015年达到中长期规划的2020年65万公里规划目标,国、省道中二级及以上公路比例达到70%以上,满足国省道发展需要。

高速公路里程10.8万公里。"十一五"时期,我国高速公路发展抓住应对金融危机,扩大内需,加大基础设施建设投入的机遇,实现了里程的快速增长,形成了较大存量规模。"十二五"时期,高速公路的增速将适当减缓,规划目标建议为10.8万公里,其中国家高速公路8.3万公里,基本建成国家高速公路网,运输服务基本覆盖20万以上人口城市。

农村公路390万公里。农村公路建设形势发生了比较大的变化,已经超出2005年农村公路建设规划提出的中长期发展目标。根据新情况,乡镇通沥青(水泥)路率从2010年的96%,达到2015年的98%;建制村通沥青(水泥)路率从2010年的75%,达到2015年的90%。农村公路基本覆盖乡镇和建制村,乡镇通班车率达到100%、建制村通班车率达到92%。

4.港口泊位和内河航道里程

(1)中长期发展规划依据

2007年综合交通网中长期发展规划:2020年内河航道里程达到13万公里,其中国家高等级航道1.9万公里,五级以上航道2.4万公里,沿海主要港口25个;2007年全国内河航道与港口布局规划:2020年规划内河高等级航道约1.9万公里(约占全国内河航道里程的15%),其中三级及以上航道14300公里,四级航道4800公里。

(2)基础数据

表5-16中,2005年到2010年数据为统计数据,2020年数据

参照综合交通网中长期发展规划和全国内河航道与港口布局规划。

表 5-16 水运数据表

指 标	2005 年	2006 年	2007 年	2008 年	2009 年	2010 年	2020 年
内河航道通航里程（万公里）	12.33	12.34	12.35	12.28	12.4	12.4	13
三级以上（公里）	8200	8687	8822	8822	9300	10200	14300
生产用码头泊位（个）	35200	35453	35947	31050	31431	31634	—
沿海港口深水泊位（个）	1113	978	1078	1157	1253	1774	—

（3）"十二五"时期发展速度

趋势预测。根据2005年到2010年的航道里程和泊位数，对2010年后到2020年的数据进行了预测。其中，三级以上航道近年发展较缓慢，如果按当前的速度，到2020年也无法完成既定目标。沿海深水港口近年发展也较缓慢且不稳定，预测模型相关度较差。"十二五"时期须强化内河水运投资，按年增长率为3.7%的情况下，到2015年，深水泊位可达到2098个。

规划控制要求。由于2020年中长期目标对港口泊位数没有具体规划目标，因此，这里仅就历史数据及2020年规划的航道里程及三级以上内河航道里程进行了拟合。

（4）"十二五"时期指标分析与评价

按照建设资源节约型、环境友好型社会要求，水运具有节能优势，需要加快发展。因此，在"十二五"时期发展目标不能够按照趋势预测，应该集中投资，发挥规划的指导作用。即内河航道里程13万公里，三级及以上内河航道里程1.3万公里，沿海深水泊位数2214个。沿海深水港口中通过能力满足港口吞吐量78亿吨，集装箱泊位能力达到1.7亿标准箱的预测要求。形成完善的运输体系,建成比较完善的煤炭、进口油气和铁矿石、集装箱、粮食运输系统。

表5-17 水运发展趋势预测表

预测模型	相关度R^2	模型方程	2015年预测	2010—2015年增长率	2020年预测	2015—2020年增长率
内河航道里程		近期发展不稳定,中长期规划目标适中				
三级以上内河航道	0.7844 0.9674	$y=262.2x+8153.4$ $y=80.423x^2-307.28x+8914.1$	11038公里 15317公里	2% 8.9%	12350公里 24480公里	2.3% 9.8%
港口泊位		近期发展不稳定,中长期规划没有给出具体目标值				
沿海深水泊位	0.6351	$y=116.83x+812.6$	2098个	3.7%	2682个	5%

表5-18 水运发展规划预测表

预测模型	相关度R^2	模型方程	2015年要求	2010—2015年增长率	2020年规划	2015—2020年增长率
航道里程(万公里)	0.9389 0.9931	$y=0.0479x+12.21$ $y=0.0047x^2-0.0372x+12.381$	12.7 12.5	0.6% 0.2%	13 13	0.5% 0.8%
三级以上内河航道(公里)	0.9917	$y=14.114x^2+148.43x+8327.9$	11668	2.3%	14316	3.1%

5.民用机场

(1)中长期发展规划依据

2007年综合交通网中长期发展规划提出,2020年民用机场数量达到244个;2008年全国民用机场布局规划提出,2020年布局规划民用机场总数达 244 个,其中新增机场 97 个。

(2)基础数据

2005—2010 年数据来自民航生产统计公报,2020 年数据来自综合交通网中长期发展规划和全国民用机场布局规划。

表 5-19 民用机场数据表

指 标	2005 年	2006 年	2007 年	2008 年	2009 年	2010 年	2020 年
民用机场(个)	142	142	148	158	166	175	244

(3)"十二五"时期发展速度

趋势预测。根据 2005 年到 2009 年的民用机场实际数,对 2010 年后到 2020 年的增长率进行了预测,其中线性和指数模型相关度较好。

表 5-20 民用机场发展趋势预测表

预测模型	相关度 R^2	模型方程	2015 年预测	2010—2015 年增长率	2020 年预测	2015—2020 年增长率
民用机场	0.9209 0.9255	$y=6.4x+132$ $y=133.08e^{0.0419x}$	202 个 211 个	3.3% 4.1%	234 个 260 个	3% 4.3%

规划控制要求。对 2005—2009 年历史数据及 2010 年、2020 年规划的民用机场数进行拟合,其中二项式与指数模型相关度较好。

(4)"十二五"时期指标分析与评价

民用机场数 230 个。近年民用机场增长平稳,速度不快。按照目前的发展趋势,到 2015 年机场数可望达到 210—215 个,考虑到我国需要加快机场建设,为实现民航强国奠定基础,"十二五"时期进一步提高机场建设规模,确定为 230 个才能够满足发展需要。使得80%以上的人口在直线距离100公里内能够便捷地享受到航空服务。

表5-21 民用机场发展规划预测表

预测模型	相关度 R^2	模型方程	2015年要求	2009—2015年增长率	2020年规划	2015—2020年增长率
民用机场	0.9694	$y=-0.1479x^2+9.8124x+125.47$	215个	4.4%↑	244个	2.6%
	0.9403	$y=136.75e^{0.0379x}$	207个	3.7%↑	250个	3.8%

6. 管道里程

(1) 中长期发展规划依据

2007年综合交通网中长期发展规划指出2020年输油气管道达到12万公里。

(2) 基础数据

表5-22中,2005—2010年数据为统计数,2020年数据来自综合交通网中长期发展规划。

表5-22 管道数据表

指 标	2005年	2006年	2007年	2008年	2009年	2010年	2020年
输油气管道里程（万公里）	4.40	4.81	5.45	5.83	6.2	7.85	12

(3) "十二五"时期发展速度

趋势预测。根据2005年到2008年的管道里程实际数,对2009年后到2020年的增长率进行了预测,其中线性和指数模型相关度较好。

表 5-23 管道发展趋势预测表

预测模型	相关度 R^2	模型方程	2015年预测	2008—2015年增长率	2020年预测	2015—2020年增长率
管道里程（万公里）	0.9911	y=0.4938x+3.8889	9.3	6.9%	11.8	4.9%

规划控制要求。对 2005—2008 年历史数据及 2010 年、2020 年规划的输油气管道里程进行拟合，其中二项式与线性模型相关度较好。

表 5-24 管道发展规划预测表

预测模型	相关度 R^2	模型方程	2015年要求（万公里）	2008—2015年增长率	2020年规划（万公里）	2015—2020年增长率
管道里程	0.9879	$y=-0.0163x^2+0.8037x+3.3366$ $R^2=0.9879$	10.2	8.3%	12	3.3%
管道里程	0.9754	$y=0.5137x+4.0094$ $R^2=0.9754$	9.7	7.5%	12	4.3%

（4）"十二五"时期指标分析与评价

输油气管道里程 15 万公里。2005—2008 年间，管道里程增长相对较平缓。从 2009 年开始，加快了管道的投资建设。"十二五"时期需要加快发展管道，形成跨区域、与周边国家和地区紧密相连的原油、成品油和天然气运输网络。根据近几年发展的态势，尤其是近年能源运输情况和重大项目进展，则 2015 年管道里程应达到 15 万公里，管道里程呈现加速趋势，有调整规划的要求。

（二）运输服务水平和运输效率

1. 正点率

铁路列车运行正点率和民航正点率是反映铁路和民航运输服

务水平的指标之一。近年来正点率情况如表 5-25 所示。

表 5-25 正点率基础数据表

指　标	2004 年	2005 年	2006 年	2007 年	2008 年	2009 年	2010 年
货运列车运行正点率(%)	96.2	96.9	97.3	97.0	96.8	97	98
客运列车运行正点率(%)	95.9	98.4	99.4	99.1	98.9	99	98
民航正点率(%)	79.9	82.1	81.59	83.12	82.14	83	85

总的来看,铁路货运和客运运行正点率及民航正点率都有上下浮动的情况,铁路列车运行正点率最高达到 99% 以上,最低在 96%;民航正点率最高达到 83% 以上,最低不足 80%。2010 年规划目标值是铁路正点率 98%,民航正点率 85%。2020 年中长期规划中没有具体给出这一目标值。考虑到正点率受到多种因素的影响,并与国外铁路及民航运行的情况相对照,建议 2015 年规划目标维持 2010 年的目标值,铁路运行正点率达到 98% 以上,民航正点率达到 85% 以上。由于该指标值已经较高,不必调整。

2. 载运率

客座率、载运率、静载重利用率、实载率等指标是反映运输效率的重要指标,也是合理安排运输班次、调整运输密度的重要依据。指标值越高,说明运输过程中能够有效地利用生产资源,生产效率高;但过高的载运率也反映出运输能力跟不上运输需求增长。

在以往的交通规划当中,载运率不作为发展目标提出。随着运输基础设施日趋完善,对运输经营服务水平、运输效率提高的要求更多受到关注,而且,载运率指标已经在统计范畴中,因此,将该指标也作为"十二五"交通规划的目标之一,用以反映对"十二五"期间对运输服务水平和运输效率的要求。

表 5-26　交通载运率基础数据表

指　标	2004 年	2005 年	2006 年	2007 年	2008 年	2009 年
航班平均载运率（%）	64	65	65.7	67.3	66.1	67.1
航班平均客座率（%）	69.9	71.5	73.4	76.4	74.5	75.5
铁路货车静载重利用率（%）	98	98.7	99.2	99.2	99.4	99.3
载货汽车实载率（%）	55	54	51	52	54.4	54.1
载客汽车实载率（%）	69.6	47.5	50.4	50.5	50.5	51.5

注:其中 2010 年运载率情况尚未公布,考虑到变动趋势波动不大。

近年来载运率波动不大,除铁路静载重利用率始终接近 100%外,民航和公路载运率/实载率相对较低。考虑到载运率需要进一步提升,建议"十二五"期间载运率目标值取近年国内已达到的较高水平,作为国内先进水平。即:航班平均载运率达到 67%以上,航班平均客座率达到 70%;铁路货车静载重利用率持续接近 100%,在"十二五"期间应扩大运输能力,解决运能与需求、运能结构与需求结构之间的矛盾,应该下降至 95%。汽车实载率达到 55%以上。

另外,由于邮政业纳入了综合交通运输体系规划,在"十二五"时期提出邮政服务实现乡乡设所,村村通邮。

(三)技术装备

技术装备包含的内容非常丰富,不能够对各个方面都通过指标来衡量,因此,只能够选取最具标志性指标。

(1)中长期发展规划依据

2007 年综合交通网中长期发展规划提出,2020 年铁路复线率和电气化率分别达到50%和60%。

(2)发展趋势及预测

表5-27中,2005—2008年数据根据复线里程、电气化里程和铁路总里程核算。另一种统计口径为复线/电气化里程与国家营业里程之比,统计值更高。为了更全面地反映全国铁路情况,本书采用铁路总里程作为核算基础。2010年和2020年数据来自综合交通网中长期发展规划和中长期铁路网规划。

专用载货汽车比率根据专用载货汽车数量与载货汽车总量核算。目前的规划中还没有将专用载货汽车比率作为规划目标("十一五"规划中提到:到2010年,重载、专用、厢式货车占商用车比重分别达30%、30%、20%),因此仅作参考。

表5-27 交通技术装备基础数据表

指　　标	2006年	2007年	2008年	2009年	2010年	2020年
复线率(%)	34.2	34.7	36.2	38.3	41	50
电气化率(%)	31.7	32.6	34.6	35.4	46	60
专用载货汽车比率(%)	2.7	5.3	5.4	5.4	5.4	—

(3)"十二五"时期指标分析与评价

复线率:复线率近年增长不明显,按照目前项目的建设情况,2015年可以达到中长期规划目标,即50%;电气化率:电气化率近年增长较快,到2015年可达到中长期规划目标即60%。

(四)交通安全

表5-28概括了各运输方式的安全性规划目标,其中,道路死亡人数和民航事故率2010年规划数来自"十一五"综合交通体系发展规划。中长期交通规划没有提出具体的安全目标值,但是我

国交通安全的重要性日益提升,需要在规划中提出安全指标,引导交通安全工作。

从历史数据来看,道路死亡人数和民航事故率近年有明显下降趋势,铁路每百万机车行走公里事故率波动较大。道路死亡率和民航事故率在国际上都是备受关注的安全指标。建议"十二五"规划目标参照国际安全水平制定。其余安全目标按近年历史数据中较好值修正确定。

表5-28 交通安全基础数据表

指 标	2006年	2007年	2008年	2009年	2010年
每百万机车行走公里事故率(%)	2.694	1.971	1.590	1.4	1.3
道路死亡率(人/万车)	6.16	5.11	4.30	3.6	3.15
民航事故率(次/百万小时)	0.60	0.52	0.51	0.5	0.29(重大事故率)
万艘船舶事故率(%)					下降10

铁路每百万机车行走公里事故率:"十二五"期间控制在1以内;

道路死亡率:美国、日本等发达国家的道路死亡率为1.5人/万车左右,我国道路死亡率历来较高,近年已有明显改善,建议"十二五"期间道路死亡率控制在3人/万车以内;

民航事故率:我国民航事故率在国际上属于较佳水平,建议"十二五"期间事故率控制在0.5次/百万小时以内,其中重大事故率控制在0.3次/百万小时以内。

(五)资源节约

根据2008年发布的"公路水路交通节能中长期规划纲要",2015年的目标为:"与2005年相比,营运货车单位运输周转量能耗下降12%左右,营运客车单位运输周转量能耗下降3%左右;营运船舶单位运输周转量能耗下降15%左右,其中海运船舶和内河船舶分别下降16%和14%左右;港口生产单位吞吐量综合能耗下降8%左右。"

交通运输业综合能耗下降10%,主要通过技术进步和装备更新等方式实现,另外,由于"十二五"时期,铁路客货运量增幅高于公路增幅,结构优化调整也有利于综合能耗的下降;单位周转量排放减少20%。

(六)数量性规划目标汇总表

根据上述对综合交通运输体系的数量性目标的分析,对相关指标汇总见表5-29。

表5-29 "十二五"时期综合交通运输体系发展指标推荐表

指 标	单位	2010年	2015年规划目标值
综合交通网总里程	万公里	432	490
铁路营业里程	万公里	9.1	12
城市轨道交通营业里程	公里	1400	3000
公路通车里程	万公里	400.8	450
乡镇通沥青(水泥)路率	%	96.6	98
建制村通沥青(水泥)路率	%	81.7	90
内河高等级航道里程	万公里	1.02	1.3
沿海港口深水泊位数	个	1774	2214
民用运输机场数	个	175	230
输油(气)管道里程	万公里	7.85	15
铁路复线率	%	41	50
铁路电气化率	%	46	60

第六章　优化完善区际综合运输大通道

一、区际综合运输通道的基本内涵

(一)综合运输通道与区际综合运输通道的演进

1. 运输通道理论的产生及发展

运输通道理论产生于20世纪60年代的西方发达国家,是交通运输综合协调发展到一定阶段的必然产物,我国从20世纪80年代开始运用,指导交通规划工作。运输通道理论系综合了产业经济学、运输地理学、运输经济学和交通规划理论而形成的理论体系。该理论最初以城市交通走廊的规划及其对土地开发和经济影响为主要研究内容,后随着城镇化、区域经济一体化和经济全球化的发展,逐步扩展为区域、国家、甚至国际范围的运输通道,研究内容主要为客货流产生的空间地理基础、通道运输网络及枢纽的合理布局、通道资源的合理配置等。

2. 运输通道与综合运输通道概念的演变

关于运输通道和综合运输通道的定义和内涵,国内外学者从各自研究角度有不同的表述,我国学术界也还没有统一的定义。目前,较为完整并具代表性的有:"国际公共运输联盟"主编的《公共运输词典》解释为,"某一区域内,连接主要交通流发源地,有共同流向,有几种运输方式线路可供选择的公共地带";美国加州大学教授 William L. Garriso 解释为,"在交通运输投资集中的延伸地带内,运输需求非常大,交通流非常密集,各种不同的运输方式在次地带内互相补充,提供服务"。我国交通系统工程专家张国伍教授解释为,"某两地之间具有已经达到一定规模的双向或单向交通流,为了承担此强大交通流而建设的交通运输线路的集合,称之为交通运输通道"。王庆云主编的《交通运输发展理论与实践》指出,"综合运输大通道是指综合交通网上在跨地区客货流集中的方向,由两种或两种以上运输方式组成的承担大量客货运输任务的运输走廊"。归纳以上各种观点,运输通道与综合运输通道在基本出发点上是一致的,而综合运输通道更加强调系统协调性,不仅仅是简单的"线路的集合";也不是纯粹的地理概念,而是经济与交通结合体。因此,综合运输通道的内涵应具备以下三个基本要素:一是客货流集中的经济走廊;二是两种或两种以上运输方式有机组成;三是具有通畅、高效、安全和可靠性。

3. 区际综合运输通道概念的形成

"区际"一词,在《辞海》中并没有解释,根据大量的相关文献资料,区际一词最多出现于阐述"区域",与其关联性最为密切。区际是在区域和经济区域概念与内涵下的一个重要组成部分,也是区域经济学研究的重要方面。区域经济学的一种重要观点和研究领域就是区际间相关关系的研究。中国人民大学教授高洪森教授认为,"区域经济学是研究区域经济活动的自组织和区际经济联系,以及与此相关的区域决策的科学"。在不同的视角下,区际可以是宏观层面上的,也可以是局部微观的。从一国角度来看,综合运输通道根据空间层次和交流性质,一般可以划分为:国际通道、区际通道、城际通道和城市内通道等。区际综合运输通道是一国跨区域间最重要的交通连接,是综合交通运输体系的重要组成部分,也是国家综合运输网络的主骨架。我国区际综合运输通道根据不同视角来审视:一是东中西三大区域之间的通道,二是我国大经济区域之间的通道,三是以省(区)为单位的行政区划间的通道。区际综合运输通道的发达程度既代表着一个国家交通运输的发展水平,也是区域经济发展规模和国土开发水平的重要影响因素。

(二)区际综合运输通道的内涵与特征

1. 我国区域经济发展格局

"十一五"时期以来,我国区域经济发展呈现出新的发展格局。《国民经济和社会发展第十一个五年规划纲要》提出将国土空间划分为优化开发、重点开发、限制开发、禁止开发四类主体功能区的总体发展思路。目前,我国主要经济区的发展已纳入国家战略,2008年以来,国家陆续批复了包括图们江、辽宁沿海、关中—天水、黄河三角洲、江苏沿海、皖江城市带、鄱阳湖生态经济区、海峡西岸经济区、珠江三角洲、北部湾经济区、长江三角洲、海南国际旅游岛在内的13个区域经济发展规划。根据统计资料显示,2010年,已经批复的13个经济区在占有全国13.6%的土地上,创造了全国70.1%的GDP、聚集全国人口的45.3%(不包括流动人口)。2010年12月,国家正式颁布了《全国主体功能区规划》,明确提出"推进形成主体功能区,根据不同区域的资源环境承载能力、现有开发强度和发展潜力,统筹谋划人口分布、经济布局、国土利用和城镇化格局……逐步形成人口、经济、资源环境相协调的国土空间开发格局",并将我国国土空间划分为优化开发区域、重点开发区域、限制开发区域和禁止开发区域四类主体功能区。随着《全国主体功能区规划》的实施和经济区的加快发展,我国还将形成成渝、呼包鄂榆、天山北麓等一批新经济区(城市群),我国经济和人口将进一步向经济区集中,实现集约化发展。预计到2020年,我国将形成一批规模较大、涵盖全国主要经济及人口密集区的经济区及城市群战略格局,经济区内人口占全国人口的

80%左右,占全国经济总量的85%以上。

2.区际综合运输通道的内涵与特征

区域经济发展的新格局,要求区际综合运输通道要以全新的视角谋求发展,即要将"区"落到经济区(城市群)这个经济社会综合体上,并以此为核心重新考量区际综合运输通道的布局、能力和结构等。

(1)概念及内涵

区际综合运输通道是指连接各主要新经济区域之间的通道,它连接着我国重要的经济区域和城市群,也是人口较为密集、经济较为发达、产业集聚的地区,更加强调新区域经济发展对区际综合运输通道的要求以及区际综合运输通道对区域经济的引导和促进作用。

(2)发展要求及特征

区际综合运输通道的发展,应该始终把握适应和促进区域经济发展、满足人们出行需求这一基本要求。区际综合运输通道连接主要经济区的特点也决定了区际综合运输通道需求总量大、集中度高及多样化的特征,要求以强化能力和满足多样化需求为建设目标,保障安全、提升效率、加强服务。具体体现为以下三个方面:一是连接我国重要的经济区域和城市群,对区域经济发展具有促进作用;二是客货需求总量大、集中度高及多样化,客货服务安全、优质、高效;三是运输通道本身及通道内各种运输方式具有一定的层次性,要整体最优化。

二、区际综合运输通道的发展现状

"十一五"时期以来,在"发展作为交通运输第一要务"的指导思想下,我国区际综合运输通道建设取得显著成就,各种运输方式都得到加强,干线骨架基本形成,连接主要经济区之间的区际综合运输通道已初具规模。

（一）区际综合运输通道能力大幅提升

"十一五"时期以来,随着铁路、公路、水路、民航和管道的大规模建设,连接我国主要区域的区际综合运输通道客货运输能力得到大幅提升。铁路发展举世瞩目,客运专线快速推进,复线率和电气化率显著提升,分别达到41%和46%,对提高我国区际综合运输能力、改善交通运输中的瓶颈制约产生关键性作用;公路"五纵七横"12条国道主干线基本建成,8.5万公里的"7918"国家高速路网已经建成5.77万公里,增强了战略物资和高密度客流运输能力;内河水运建设投入加大,内河运输量显著提高,长江已是世界第一大内河,2010年长江干线完成货运量15.12亿吨,占全国内河的80.2%,是美国密西西比河的2倍、欧洲莱茵河的3倍;沿海已形成以24个主要港口为核心的五大港口群,已经有22个港口货物吞吐量超亿吨;民航北京、上海、广州三大枢纽机场改扩建基本完成,省会及重要城市干线机场正在积极改扩建;管道发展迅速,达到7.85万公里,已初步形成我国西北、东北和西南陆上三大战略性油气进口通道、沿海海上进口通道和国内东北、西北向华东、西南的大能力油气干线管道。

主要经济区通道已基本形成以铁路或水路为主的大能力、快速客货运输通道:通道内主要铁路干线随着客运专线投入运营,逐步实现客货分离,沿线高速公路已经基本建成。

（二）区际综合运输通道结构趋于合理

从区域分布上看,"十一五"期间,通过政策倾斜和财政支持,加大了中西部地区的交通建设力度,缩小了地区间交通发展差距。西部地区兰成、兰渝、包西、兰新第二双线、南昆第二双线等正在加快建设,宝成、成昆等正在扩能改造,西部地区区际交通线路总量偏少、等级偏低、能力不足的状况逐步得到改善,西部地区主要城市群间的区际综合运输通道正在形成,如西北—成渝通道、珠江三角洲—西南等。

从运输方式构成上看,"十一五"期间,区际综合运输通道建设将铁路放在了更加突出的位置,加快了铁路客运专线(高速铁路)交通建设,充分体现了加快发展铁路运输、进一步完善公路网络、积极发展水路运输、优化民用机场布局的规划要求,交通运输结构得到优化。其中,京沪、京广、沿江、京哈、南北沿海、陇海通道以铁路或水路为主体的建设继续得到加强,多条运输线路和多种运输方式构成了区域间的便捷运输通道,通道结构趋于合理。

(三)区际客货流集中趋势明显

表6-1 2008年我国东中西部货运交流量(未含管道)

单位:万吨

货运	合计	铁路	公路	水路	民航
合计	328126	133919	158035	36046	126
东中小计	209405	81625	102031	25710	39
东部—中部	61585	15688	39522	6359	16
中部—东部	147820	65937	62509	19351	23
东西小计	74725	32974	34957	6719	75
东部—西部	25748	9262	14608	1856	22
西部—东部	48977	23712	20349	4863	53
中西小计	43996	19320	21047	3617	12
中部—西部	18477	6854	10051	1566	6
西部—中部	25519	12466	10996	2051	6

资料来源:根据《全国交通统计资料汇编》、《从统计看民航》、《全国铁路统计资料汇编》整理。

表 6-2　2008 年我国东中西部客运交流量　　单位:万人

客 运	合 计	铁 路	公 路	水 路	民 航
合 计	75993	41512	25718	196	8567
东中小计	48035	27191	17427	8	3409
东部—中部	22230	13818	6957	3	1452
中部—东部	25805	13373	10470	5	1957
东西小计	19092	8734	6018	23	4317
东部—西部	8436	4390	2666	11	1369
西部—东部	10656	4344	3352	12	2948
中西小计	8866	5587	2273	165	841
中部—西部	4610	2776	1323	79	432
西部—中部	4256	2811	950	86	409

资料来源:根据《全国交通统计资料汇编》、《从统计看民航》、《全国铁路统计资料汇编》整理。

"十一五"时期以来,随着国民经济的迅速发展和人民生活水平的不断提高,区际客货运输需求总量迅速增加。到 2008 年年底,东中西三大区域客货交流量分别达到 7.6 亿人和 32.8 亿吨。其中,铁路客货交流量分别达到 4.2 亿人和 13.4 亿吨,分别占到总客货交流量的 54.6% 和 40.8%;公路客货交流量分别达到 2.6 亿人和 15.8 亿吨,分别占到总客货交流量的 33.8% 和 48.2%。

统计数据显示,东中西三大区域客货流主要集中在东部与中部交流,客货交流分别占到三大区域交流量的 63.2% 和 63.8%。东中西区域间货流(不含港澳台和境外)方向特征明显,主要集中在西部向中部、西部向东部和中部向东部流向,占到总货运交流量的 2/3 左右;而反向流向量相对小、比重较低,约占 1/3。客流(不含港澳台和境外)基本平衡,双向客流分别占到 53.6% 和 46.4%。从通道角度来看,则主要集中京沪通道、京广通道、京哈通道以及"三西"外运煤炭通道等,其中京沪通道是运量最大的通道(详见图 6-1 至图 6-8)。

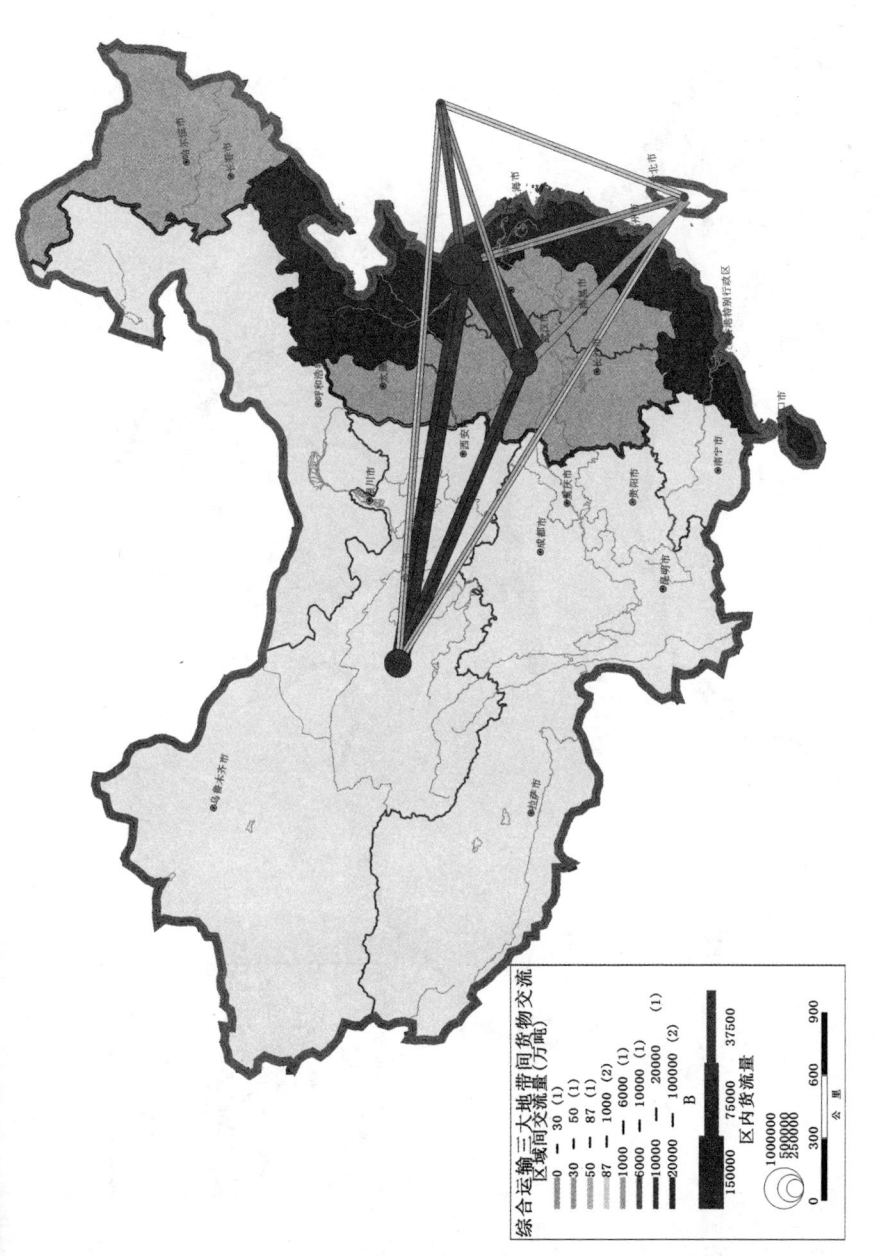

第六章　优化完善区际综合运输大通道

图6-1　2008年东中西区域货运交流量（未含管道）

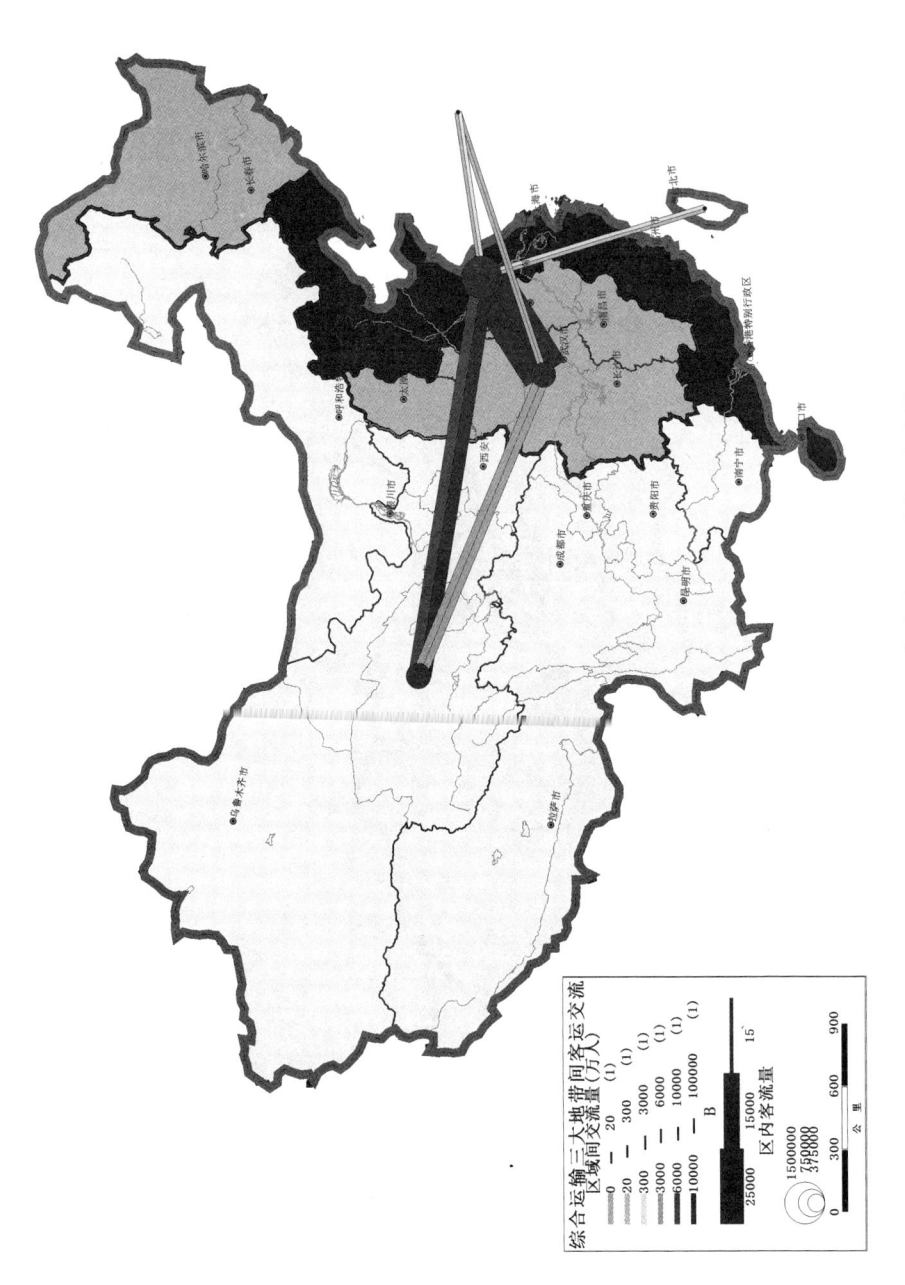

图6-2 2008年东中西区域客运交流量

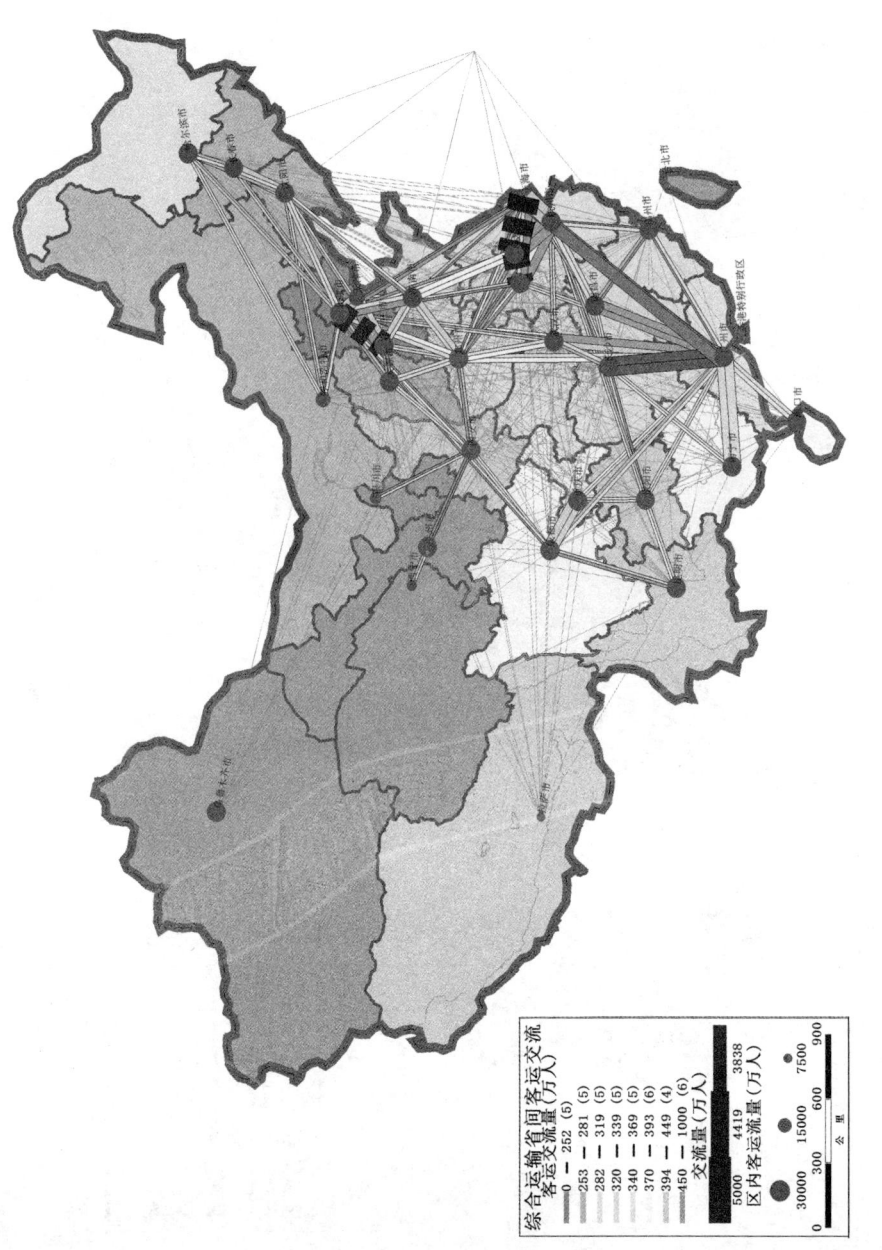

第六章 优化完善区际综合运输大通道

图6-3 2008年省间区域客运交流量

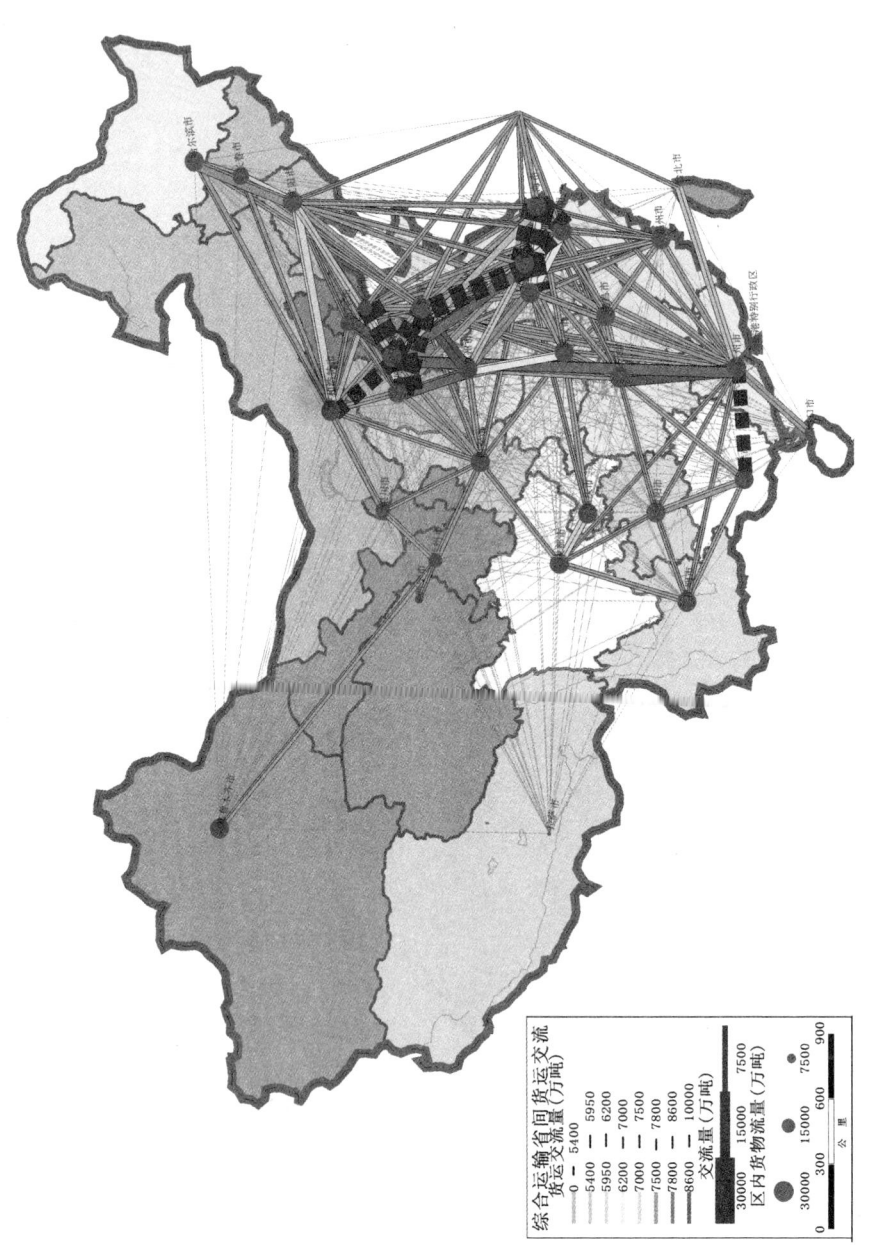

图6-4 2008年省间区域货运交流量(未含管道)

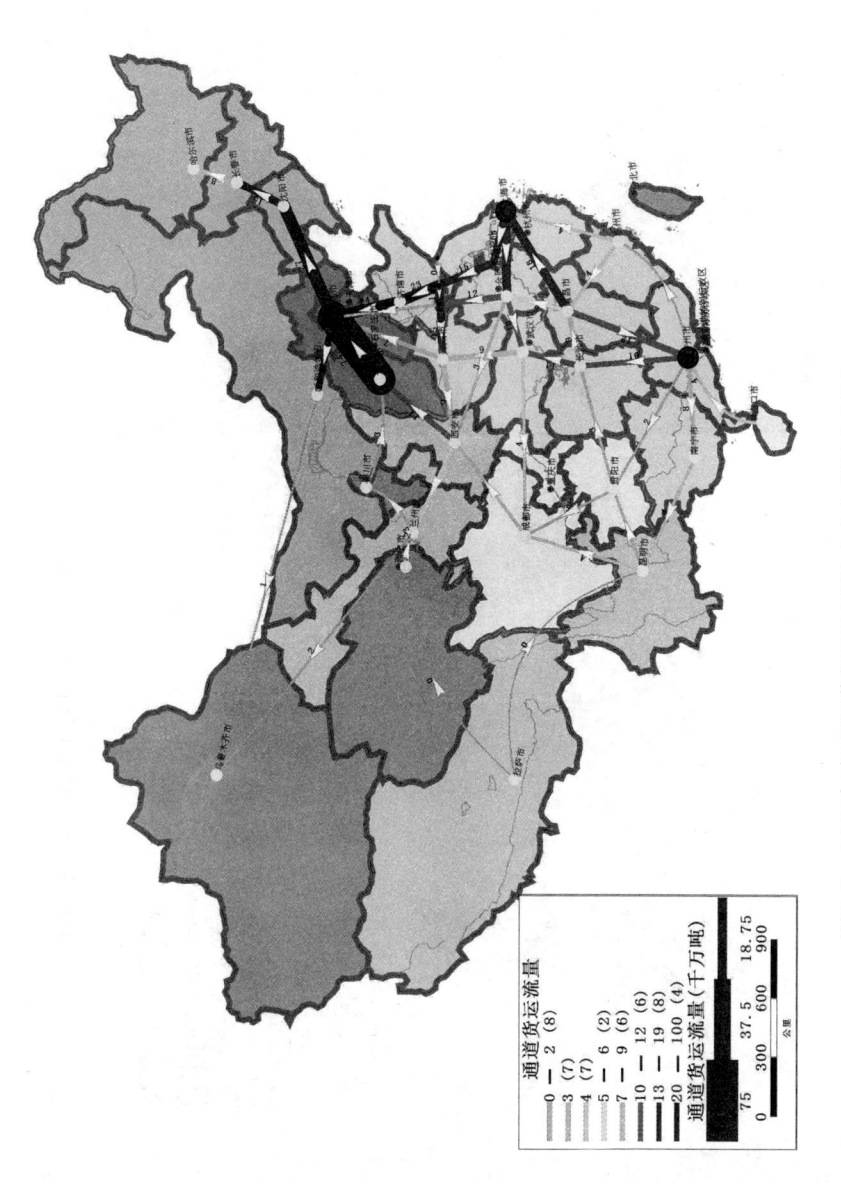

第六章 优化完善区际综合运输大通道

图6-5 2008年主要通道货运交流量（未含管道）AB向

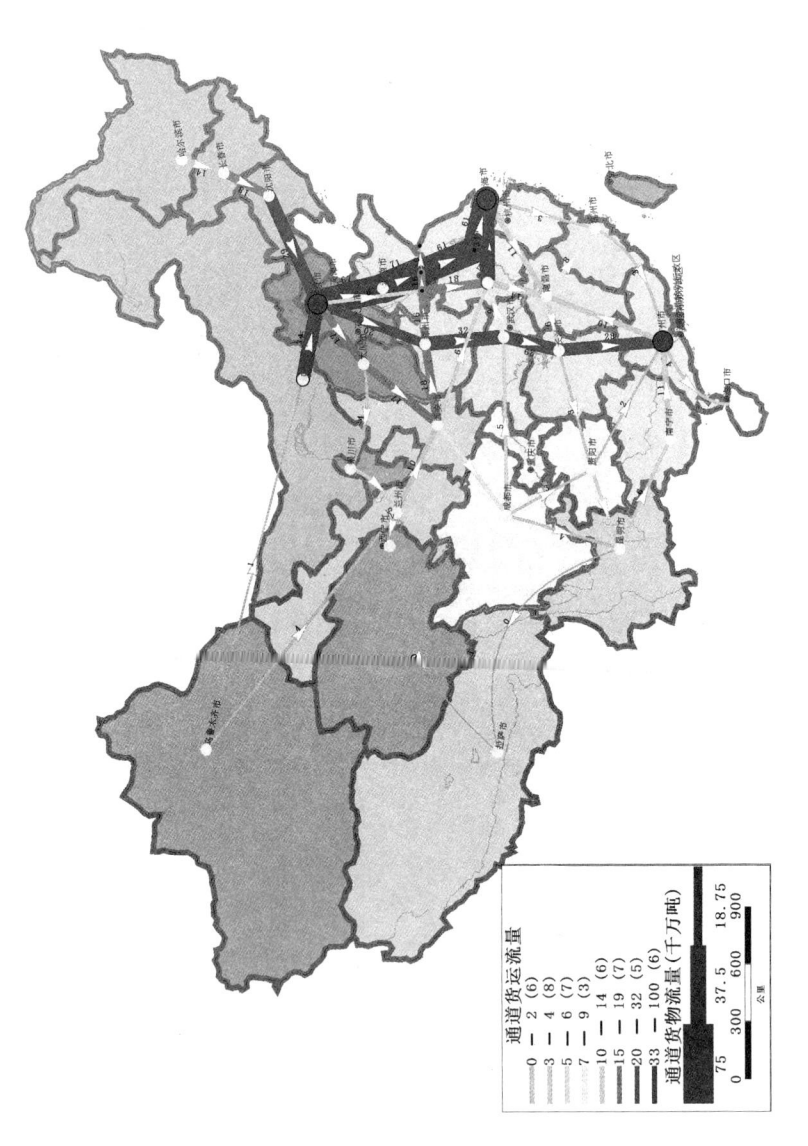

我国综合交通运输体系构建的理论与实践

图6-6 2008年主要通道货运交流量（未含管道）BA向

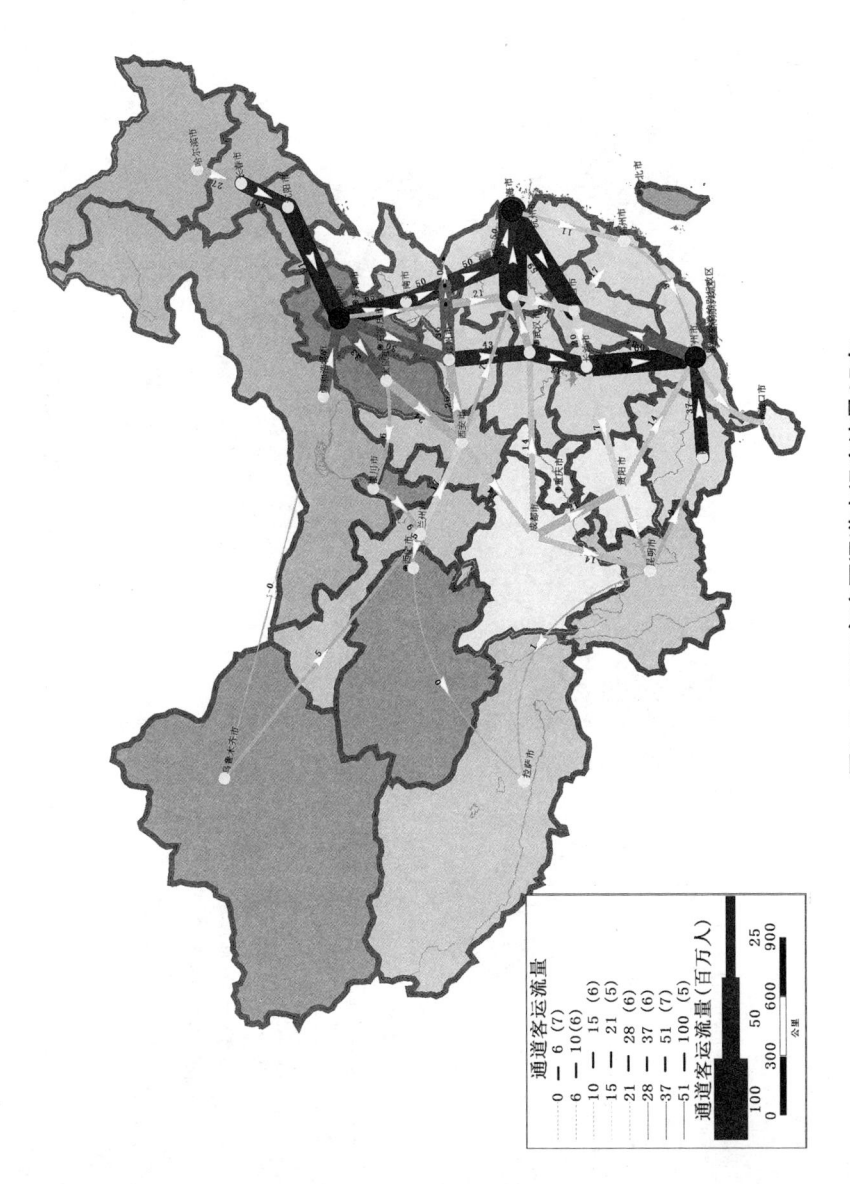

第六章 优化完善区际综合运输大通道

图6-7 2008年主要通道客运交流量AB向

我国综合交通运输体系构建的理论与实践

图6-8 2008年主要通道客运交流量BA向

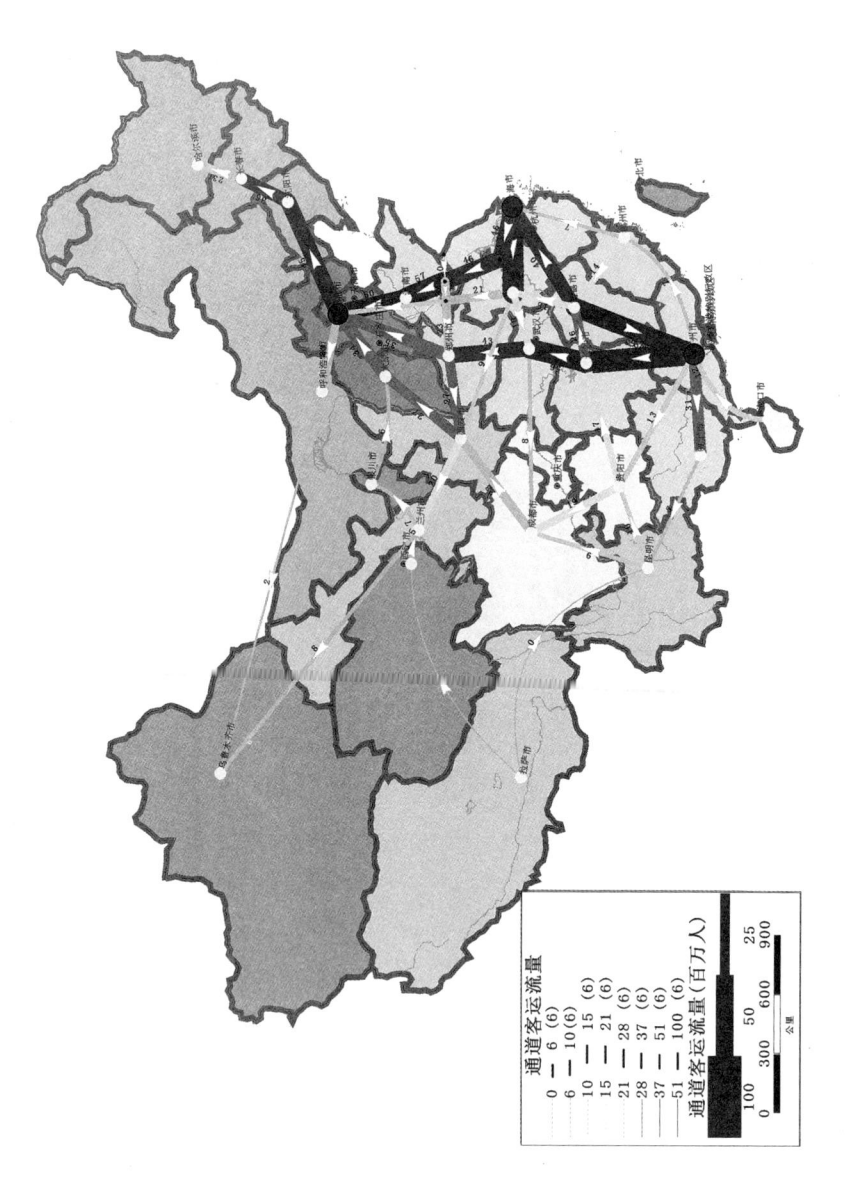

(四)快速客运系统正在加速发展

"十一五"时期以来,以铁路客运专线、高速公路和航空为主体的快速客运系统得到快速发展,尤其是铁路客运专线从无到有、取得突破性进展。截至 2010 年年底,"四纵四横"客运专线规划中的京津城际、石太客专、济青客专、南京—合肥、合肥—武汉、武广客专、郑州—西安、宁波—台州—温州、温州—福州、福州—厦门建成,快速铁路总里程达到 2 万公里;北京—上海、北京—石家庄、石家庄—武汉、哈尔滨—大连、上海—南京、上海—杭州、杭州—昆明、合肥—福州、哈尔滨—齐齐哈尔、成都—重庆等一批客运专线和城际铁路相继开工建设。

(五)四大货运系统逐步完善

表 6-3 2010 年四大货种情况

	消费量	外贸进口量	能　力	运　量
油气	原油 4.49 亿吨 天然气 1070 亿立方米	原油 2.39 亿吨 天然气 166 亿立方米	专业化泊位 4.2 亿吨 天然气专业化泊位大于 2 千万吨	海运原油外贸进口 2.29 亿吨 油气管输量 5.0 亿吨
煤炭	31.2 亿吨	1.65 亿吨	北方 7 港下水专业化泊位能力 5.2 亿吨	铁路运量 20.0 亿吨 北方 7 港下水量 5.2 亿吨
铁矿石	10.4 亿吨	6.19 亿吨	10 万吨级以上专业化泊位能力 4 亿吨	海运外贸进口 6.78 亿吨
集装箱	—	—	专业化泊位通过能力 1.3 亿 TEU	港口吞吐量 1.46 亿 TEU

资料来源:根据《全国经济统计年鉴》、《全国交通统计资料汇编》、《全国铁路统计资料汇编》整理。

我国正处于工业化中期阶段,决定了以能源和资源消耗为主的重化工业加快发展,煤油(气)矿消费量快速上升。2010年,煤炭、原油、天然气和铁矿石消费量分别达到31.2亿吨、4.49亿吨、1070亿立方米和10.4亿吨,比2005年分别增加了9.5亿吨、1.5亿吨、602亿立方米和5.2亿吨。我国资源禀赋决定了原油和铁矿石消费以外贸进口为主,2010年外贸进口量分别达到2.39亿吨和6.19亿吨,比2005年分别增加1.1亿吨和3.39亿吨。煤炭和天然气消费立足国内,加大利用国际市场资源力度,天然气进口从无到有、达到166亿立方米,煤炭进口量也达到1.65亿吨。这就相应地推动了我国煤油(气)矿运输基础设施的建设步伐,进一步完善了我国煤油矿运输系统,有效保障了我国经济发展对能源资源的需求。到2010年年底,我国铁路煤炭运量达到20.0亿吨,占全国铁路货运量的55.1%;北方7港煤炭专业化泊位能力达到5.2亿吨,煤炭下水量5.2亿吨;油气管输量达到5.0亿吨,15万吨级以上专业化原油泊位年接卸能力达到4.2亿吨、外贸海运进口原油2.39亿吨,LNG专业化泊位年接卸能力超过2000万吨;10万吨级以上铁矿石专业化泊位接卸能力近4亿吨,海运外贸进口量6.78亿吨,铁路集疏运运量超过1亿吨。

我国集装箱运输已经形成以沿海八大集装箱干线港口为主体,以公路和内河水运为主、铁路为辅的集疏运系统。随着经济全球化和国际分工合作的深入,"十一五"时期我国继续加强八大干线集装箱港口集装箱专业化泊位建设,到2010年全国集装箱专业化泊位通过能力超过1.3亿标准箱,当年完成集装箱吞吐量1.46亿标准箱;同时,加快港口后方集疏运系统的构建,重点强化港口后方铁路和高等级公路的建设和内河"两网"的等级提升。

> **专栏 6-1　三大系统"十一五"时期发展总结**
>
> "十一五"时期，我国油气运输系统得到快速发展，大连港、岙山、天津、曹妃甸、惠州等一批25(30)万吨级原油泊位和辽宁、上海、浙江、广东等沿海港口LNG泊位陆续建成；中哈、甬沪宁、仪长、西部原油、西气东输一期、陕京、忠武等油气管道陆续建成。我国原油运输已经基本形成以沿海港口一批20万吨以上专业化泊位和后方集疏运管道组成的外贸海运进口系统、以中哈、中俄和中缅管道组成的陆路进口系统以及国内以西北和东北原油基地为基点向外辐射的管道外运系统。成品油已在西北、西南和珠江三角洲地区建成骨干输油管道，形成了"西油东运、北油南下"格局。天然气也已基本形成以西北和四川为基点的天然气外运管道系统和以沿海港口LNG泊位为主体的天然气外贸海运进口系统。
>
> 我国煤炭消费和生产分布不平衡的状况，决定了我国"西煤东运"、"北煤南运"的煤炭运输总体格局。"十一五"时期，煤炭运输通道重点以能力提升为主。铁路重点进行了大秦、朔黄等铁路重载，并积极推动张曹、晋中南通道的建设；港口重点推动了北方7港秦皇岛煤五期、曹妃甸煤炭码头、神华天津、神华黄骅等一批煤炭下水泊位和南方主要沿海港口煤炭接卸泊位的建设。
>
> "十一五"时期，我国铁矿石运输系统得到长足进步，有效保障了铁矿石运输快速增长的需要。日照港25万吨级、连云港25万吨级、宁波—舟山马迹山二期等一批大型专业化泊位投产，天津25万吨级、日照30万吨级、宁波—舟山凉潭岛25万吨级泊位等也陆续开工建设；铁矿石铁路疏运与煤炭集运形成钟摆运输，提升了铁路利用效率。

三、区际综合运输通道存在的问题

（一）区际重要通道能力总体紧张，运输结构有待进一步优化

目前区际综合运输重要通道能力总体呈现紧张态势，不能适应区域经济社会发展的需要。主要表现在铁路能力紧张，与现有高速公路同线位的国道能力紧张两个方面。从通道方式角度来看，以铁路为主体的区际综合运输通道尚未形成，主要通道内铁路能力严重不足，需要加快区际铁路建设。京广通道北京至武汉段一直处于能力紧张状态；京沪通道因客货运输密度大，全线有多处

能力卡脖子区段；京九线九江至向塘段一直存在能力瓶颈；京哈通道京承线、京通线几乎全线能力饱和，京哈线部分区段能力利用率接近百分之百。西南地区南昆线能力已经完全饱和，严重影响西南地区和东南沿海地区的货物交流。在公路方面，高速公路与普通国道之间能力有待进一步优化。高速公路北京、天津、济南、上海、广州、武汉等大城市进出城及周边路段能力十分紧张。与高速公路同线位的 G101、G102、G106、G107、G108 等国道（二级及以下）能力十分紧张，部分路段能力严重超负荷。区域内部重要城市之间，诸如沪杭、杭甬、广深之间高速公路能力紧张。

（二）西部区际通道正在构建，主要通道布局需要完善

在区域分布上，西部地区尤其是西北地区的通道尚未成网，东中部地区与青海、新疆、西藏等经济区域的通道联系薄弱。而且，在西部区域内部，连接主要经济区之间的通道还未形成，例如西北地区与西南成渝地区的便捷通道还未形成。

（三）快速客运系统尚未建成，客运压力还未缓解

首先，随着我国经济水平的提高和人均收入的快速增长，高速客运需求增长迅速，在京沪、京广、京哈等主要通道上，高速客运增长需求与单一的民航方式供给难以满足，需要铁路加快客运专线进程。其次，目前，我国规模适当、布局合理、横连东西、纵贯南北的快速客运系统尚未形成，快速客运的规模效益还无法得到充分发挥。铁路在"四纵"方向上，仅有京广港通道部分（武广、广深）、沿海通道部分（甬台温、温福、福厦）、京哈通道部分（秦沈）线路建成；京沪、京武、哈大等重要线路仍在建设中。在"四横"方向上，也只有青太通道部分（胶济、石太）、徐兰通道部分（郑西）、沪汉蓉通道部分（南京—武汉、宜昌—利川）线路建成，整个沪昆通道以及石家庄—济南、西宝、宝兰、成渝等重要线路仍在建设中。一些

专栏6-2　主要通道能力紧张区段简析

京沪通道：京沪铁路全线能力十分紧张，94%的区段平图能力超过85%。其中，22%的区段平图能力利用率达到100%，主要集中在丰台—南仓、蚌埠—上海段；30%的区段超过90%，主要集中在天津—晏城、泰山—兖州，42%超过85%，主要集中在北京—丰台、兖州—徐州段。公路主要路段能力饱和。北京—上海高速济南段、103国道出京段和104国道南京段、浙江局部路段能力超负荷，北京—上海高速北京段和江苏段高邮—苏州、103国道天津城区段、104国道济南段接近饱和。

京哈通道：京哈铁路主要区段能力紧张，34%的区段平图能力超过85%。其中，主要集中在沈阳—长春段，其中虎石台—公主岭段达到100%；11%超过85%，主要集中在滦县—秦皇岛段；津山线，45%的区段平图能力超过85%，主要集中在天津—唐山段。沈山线，76%的区段能力超过85%，主要集中在山海关—大虎山段。

京广通道：京广线全线紧张，98%的区段平图能力超过85%，其中16.6%的区段平图能力利用率达到100%；京九线主要区段能力超负荷，30%的区段能力超过85%，主要集中在菏泽—商丘、九江—向塘段。北京—港澳高速在北京段至杜家坎能力严重超负荷，达到10万辆/日，湖北段市区九里关能力不足。

陇海通道：陇海铁路，主要区段能力紧张，46%的区段平图能力超过85%，主要集中在商丘—宝鸡段。

沿江通道：沪昆线，50%的区段平图能力超过85%，主要集中杭州—金华段、横峰—向西、双水—宣威段；上海—成都高速，主要在上海段能力超负荷；上海—瑞丽高速，主要是上海段和钱江二桥段能力超负荷。

西部南北区域通道：宝成线，50%的区段平图能力超过85%，主要集中在宝鸡—广元和绵羊—青白江段。襄渝线，98%的区段平图能力超过85%。成昆线，45%的区段平图能力超过85%，主要集中在成都—普雄和西昌—攀枝花段。

西北区域通道：京包线，50%的区段平图能力超过85%，主要集中在集宁—包头段；包兰线，45%的区段平图能力超过85%，主要集中在包头—白银段。

西南区域通道：南昆线，全线能力紧张，95%能力达到100%，湘桂线，45%的区段平图能力超过85%，主要集中在衡阳—永州和桂林—柳州段。

注：本专栏主要是解析现有主要通道的能力紧张情况。管道能力紧张基本体现在港口后方能力的问题。

相邻区域之间高速公路尚未贯通。民航主要干线机场能力紧张，主要航段航路及空域能力紧张。

（四）四大运输系统还需要进一步加强

从总体上看，四大运输系统还需要进一步加强，主要体现在以下几个方面：

1. 运输系统总体能力不足

煤炭铁路通道大秦线、朔黄线、石太线、宁西线、皖赣线、焦柳线、襄渝线、沈山线、哈大线和通霍线等主要干线能力均已饱和或接近饱和。北方沿海7个下水港煤炭泊位能力5.2亿吨，2010年实际下水煤炭5.2亿吨，总体上供需平衡。但是，秦皇岛港、唐山港煤炭泊位能力已经饱和，黄骅港煤炭专用泊位能力缺口超过2000万吨。

铁矿石港口接卸能力总体不足，2010年10万吨级以上铁矿石专业化泊位接卸能力4亿吨，而海运外贸进口量6.78亿吨，大量依靠通用散货泊位进行接卸。其中，尤以环渤海区域和长江三角洲区域最为突出。

油气管道总里程较少，覆盖范围小，总体运力不足。一方面陆上主要油气通道能力饱和，外输能力不能满足要求。另一方面沿海港口接卸原油和管输能力利用率较低。同时天然气储气库等配套设施薄弱，应急和调峰储备能力较差。

2. 煤炭通道区域布局不合理

"十一五"时期，随着蒙东地区煤炭开发加快，蒙东煤炭下水问题提上日程；同时，中部地区经济崛起对能源的需求快速增长，"三西"地区通往中部三省的煤炭通道建设亟待加强。

3. 铁路集装箱集疏运通道发展滞后

由于体制等诸多原因，集装箱铁水多式联运发展一直较为滞后，铁路在港口集装箱集疏运的比例仅有1.05%。铁路"十一五"

规划提出建设18个铁路集装箱中心站和集装箱双层通道，18个铁路集装箱中心站虽已建成，但集装箱双层通道建设基本上处于停滞状态。

四、区际运输影响因素与趋势分析

"十二五"时期是全面建设小康社会的关键时期，也是我国深化改革开放、加快转变经济发展方式的攻坚时期。这个时期，我国经济、产业、区域空间开发结构调整力度将加大，而经济发展与资源环境的矛盾也将更加突出。适应经济社会发展环境，我国的交通运输也将进入转变发展方式、调整优化结构、建设节能环保、绿色交通的关键时期。作为综合交通运输主骨架和主动脉的区际综合运输通道发展将面临我国经济发展方式的转变、区域空间开发结构调整的影响而发生变化。

（一）区际客货运输的影响因素

除传统的经济社会因素外，未来影响我国区际客货运输新的主要因素包括区域发展总体战略和主体功能区战略带来的区域空间开发格局变化，我国城镇化水平提高和居民生活水平提高引起的消费模式改变，而区际间货物运输还将受我国经济发展方式的转变，经济、产业结构调整的影响。

1. 经济和人口加速向区域空间集聚，形成区际客货运输增长点

（1）我国经济空间集聚日趋明显

改革开放以来，随着市场导向的逐步确立，我国经济总量开始向初始条件优越的特定区域集中。根据对现有主要城市群的统计分析，长江三角洲、珠江三角洲、京津冀、山东半岛、成渝、辽中南、中原城市群、长江中游、哈大齐、关中等十大城市群，1991

年的 GDP 占全国的 45%,1995 年提高到 51%,2000 年达到 55.3%,到 2010 年,进一步提高到 64%;其中三大经济区(长江三角洲、珠江三角洲、京津冀)GDP 占全国的比重由 2000 年的 32.1% 增加到 2007 年的 37.9%。随着"十一五"时期和党的十七大区域协调发展战略的深入实施,我国区域经济发展速度明显加快。到 2010 年年底已批复 13 个经济区,虽然仅占全国国土面积的 13.6%,但承载了全国 45.3% 的人口,创造了全国 70.1% 的 GDP。

表 6-4　13 个经济区 2010 年主要指标

	区域名称	国土面积（万平方公里）	人口（万人）	国内生产总值（亿元）	备注
	合　计	130.19	60692.34	279055.3	
1	京津冀	21.76	10441.14	43419.53	包括北京、天津、河北
2	长江三角洲经济区	10.96	10534.2	70381.76	包括上海市,江苏省的南京、苏州、无锡、常州、扬州、镇江、南通、泰州 8 个城市;浙江省的杭州、宁波、湖州、嘉兴、舟山、绍兴、台州 7 个城市
3	珠江三角洲经济区	5.47	5616.39	37673.26	珠江三角洲 9 个城市
4	图们江区域	9.15	1412	5663.78	长春、吉林市、延边
5	辽宁沿海经济带	5.76	1784.7	9259.9	大连、丹东、锦州、营口、盘锦、葫芦岛 6 个沿海市
6	山东半岛	15.67	9579	39169.92	山东省(含黄河三角洲高效生态经济区)

续表

	区域名称	国土面积（万平方公里）	人口（万人）	国内生产总值（亿元）	备注
7	关中—天水经济区	7.98	2902.34	6939.02	包括陕西省西安、铜川、宝鸡、咸阳、渭南、杨凌、商洛（部分区县：商州、洛南、丹凤、柞水一区三县）和甘肃省天水
8	江苏沿海地区	3.25	2076.78	6991.74	连云港、盐城、南通
9	皖江城市带示范区	7.6	3079	8046.8	包括合肥、芜湖、马鞍山、铜陵、安庆、池州、巢湖、滁州、宣城9市，以及六安市的金安区和舒城县
10	鄱阳湖生态经济区	5.12	2046.94	5508.59	包括南昌、景德镇、鹰潭3市，以及九江、新余、抚州、宜春、上饶、吉安市的部分县（市、区），共38个县（市、区）和鄱阳湖全部湖体在内
11	海峡西岸经济区	29.72	9159.01	40893.72	包括福建以及浙江温州、丽水、衢州、金华、台州；江西上饶、鹰潭、抚州、赣州；广东梅州、潮州、汕头、汕尾、揭阳
12	北部湾经济区	4.25	1214.75	3042.75	包括南宁、防城、钦州和北海
13	海南国际旅游岛	3.5	846.09	2064.5	海南省

资料来源：根据《全国经济统计年鉴》、《全国城市统计年鉴》整理。

（2）未来10—15年仍然是我国经济和人口加速集聚期

根据"十二五"规划,国家将实施区域发展总体战略和主体功能区战略,构筑区域经济优势互补、主体功能定位清晰、国土空间高效利用、人与自然和谐相处的区域发展格局。将优化国土空间开发格局,统筹谋划人口分布、经济布局、国土利用和城镇化格局,引导人口和经济向适宜开发的区域集聚,保护农业和生态发展空间,促进人口、经济与资源环境相协调。未来相当长一段时期,我国将加快调整区域经济结构和国土开发空间结构,实现国土开发由粗放型向集约化模式转变,将突破行政区的概念,采用新的发展理念与发展模式,遵循资源环境承载能力,合理引导人口与产业的集聚,促进产业与人口向条件适宜的主要经济区、城市群集聚,实现经济的集约化发展及人口的规模化集聚。预计到2020年,我国将形成多个规模较大、涵盖全国主要经济及人口的经济区及城市群战略格局,这些经济区及城市群将成为我国承载经济、产业及人口的主导区域,其人口和GDP均将占全国的85%以上。其中,京津冀、长江三角洲、珠江三角洲将继续发挥其在区域经济发展中的集聚及辐射作用,在引领我国经济发展、人口集聚、提升我国在经济全球化过程中的影响力及地位更加突出。

经济区及城市群间的客货运输是我国区际客货运输主体。区域经济的发展,经济及人口不断向主要经济区、城市群集聚,经济区间的经济合作及人员流动将更加活跃。这是促进我国区际客货运输需求增长的重要因素之一。

"十二五"时期,除经济发展、人口增长等因素推动旅客运输需求继续增长外,我国城镇化率的提高、城市群战略格局逐步形成,以及居民生活水平提高、收入增长、消费模式发生变化,对区际旅客运输的影响深远。

表6-5 未来我国经济区及城市群战略格局

优化开发区域	长江三角洲地区		黔中地区
	珠江三角洲地区		滇中地区
	环渤海地区		成渝地区
重点开发区域	哈长地区	重点开发区域	藏中南地区
	黄河三角洲地区		天山北坡地区
	东陇海地区		冀中南地区
	中原城市群地区		太原城市圈
	江淮地区		呼包鄂榆地区
	长江中游地区		关中—天水地区
	海峡西岸经济区		宁夏沿黄地区
	北部湾地区		兰州—西宁地区

资料来源:《全国主体功能区规划》。

2.城镇化及人们消费模式的变化,影响区际旅客运输的规模与质量

(1)城镇化发展以及城市群格局的形成,构成区际旅客运输的基础

城镇化是一个国家或地区实现人口集聚、产业集聚、财富集聚的过程,也是生活方式进步、生产方式进步、社会和文明方式进步的过程。统计表明,目前世界人口中城市人口已超过50%。根据国际城镇化发展的规律,人均 GDP 进入3000美元后,城镇化将进入加速发展阶段。2010年我国的人均 GDP 已达到29762元,表明我国的城镇化发展已进入到加快发展和由量变到质变转化的关键时期;2010年我国的城镇化率已达49.7%,同时,伴随着大量的农村人口向东南沿海城市、新兴都市圈、中西部中心城市流动,全国流动人口达2.1亿。随着我国城镇化的发展,"十二五"时期按每年增加0.8个百分点,2015年我国城镇化率将达到53.7%,城市社会将逐步占据主导地位。

城镇化水平的提高、城市群战略格局的形成将构成我国区际旅客运输的强大基础。城镇化发展战略不仅使越来越多的人们生活水平得到较大提高及改善,而且使我国人口更加集中在主要的城市群,其对区际旅客运输所带来的影响主要有:

城镇化及城市群的形成使人口分布更加集聚、规模化,从而将形成城市群间规模庞大、集中的客流,构成我国区际间旅客运输的基础。

城镇化加快的同时,也是人们生活水平及生活质量相应提高,有能力提高消费水平的时期,以休闲消费为主的旅客出行需求将快速增长,公务、商务旅行需求也稳定增长。

(2)消费模式变化对区际旅客运输的影响加大

根据国际经验,当人均 GDP 超过 3000 美元后,城镇化、工业化进程会加速发展,居民消费结构也将发生巨大转变。随着我国人均 GDP 进入 3000 美元以上,人们的消费将由以衣食住为主的生存型、温饱型,快速向享受型、发展型转变。消费模式变化对区际旅客运输的影响主要表现在:

随着人们收入水平的提高,在解决基本生活所需后,人们的出行也变得越来越频繁,空间活动范围不断拓展,集中表现在旅客平均旅行距离的增加,更长的出行距离意味着区际间的出行增加,从而推动区际间客运需求的较快增长。

随着人们收入水平的提高,物质生活得到满足后,将更加追求生活质量和个人幸福指数。除必要的出行以及生产所需的出行外,以满足医疗保健、教育、休闲、社会情感为目的的就医、就学、旅游度假、休闲娱乐、探亲访友等消费性出行将快速增长,进而带动我国区际旅客运输需求的较快增长。

3. 经济发展方式的转变及产业结构调整,影响区际货物运输的发展结构与布局

我国已进入经济结构战略性调整的关键时期。"十二五"时

期,将是加快转变经济发展方式的攻坚时期,我国将主攻经济结构战略性调整,构建扩大内需长效机制,促进经济增长向依靠消费、投资、出口协调拉动转变。将加强农业基础地位,提升制造业核心竞争力,发展战略性新兴产业,加快发展服务业,促进经济增长向依靠第一、第二、第三产业协同带动转变。"十二五"期间,我国区际间货物运输除受区域空间开发格局的变化、工业化的发展、能源、资源分布的不平衡性等因素影响外,还将主要来自经济发展方式的转变,以及产业结构调整、产业转移以及产业空间布局调整等的影响。

(1)经济发展方式转变的影响

"十二五"时期,我国将进入经济发展方式战略性转变的关键时期。在继续发展外向经济的同时扩大内需,将重点转向促进国内需求的增长,促进国内投资及消费的增长,促进国内各区域间经济的合作及互动,进而带来区际间货物运输需求的增加。促进消费将带来消费性货物将有更多发展空间与潜力,使区际货物运输结构发生较大变化,以集装箱运输为主的消费性货物的运输将有更快的发展。扩大内需、促进消费,将加快经济外向水平较高的东部沿海地区产业结构和产品结构调整,并将提高中西部地区特别是农村地区的收入水平和消费能力,从而促进东中西之间货物运输需求的增长及结构的变化。

(2)产业结构调整的影响

"十二五"时期,我国将加快推进产业转型升级。将着力调整原材料工业的产品结构和产业布局,加快技术密集、知识密集型产业的发展,积极培育发展新兴战略性产业,重点支持具有自主知识产权、自有品牌的装备制造以及新能源、信息技术、现代生物工程、新医药、新材料、航空航天等高技术产业,并将加快发展现代服务业。产业结构的优化升级带来货运强度的明显下降和对运输质量的明显提高,货物运输结构将发生巨大变化。

(3)产业转移及空间布局调整的影响

一是国外向国内的产业转移仍将继续。虽然经过世界性的金融危机冲击,贸易保护主义有所抬头,经济全球化的进程有些变缓,但"十二五"期间及未来更长时期,经济全球化的趋势将不可阻挡,我国仍将全方位、多层次、宽领域地加快对外开放步伐,积极利用国外的资源及市场,利用比较优势发展经济、承接产业转移。除东部沿海地区积极接受国际产业转移外,由于交通设施及投资环境的改善,中西部地区也将积极发挥比较优势,开展对外经济交流及合作。"十二五"期间,我国将着力提升制造业核心竞争力,发展战略性新兴产业,加快发展服务业,为此将继续积极争取国际上高技术密集型、高附加值、深度加工的行业以及第三产业向我国转移,而传统的劳动密集型及资源加工密集型为主的制造业将会逐渐向我国中西部地区转移。二是国内区域间产业转移也将趋于活跃。我国幅员辽阔、资源分布地域性差异明显,区域间经济发展仍具有较强的互补性,东、中、西部间经济发展梯度明显。随着国家继续实施深入推进西部大开发,全面振兴东北地区等老工业基地,大力促进中部地区崛起,积极支持东部地区率先发展的区域经济协调发展战略,中西部地区进一步加快开放,基础设施条件日趋完善,承接东部和境外产业转移的能力将增强,吸引产业转移步伐开始加快,将促进区域间经济更加协调发展。这不仅使各区域内部的经济更加活跃,而且使区域之间的经济交往更加紧密,必将促进东、中、西部区际之间的货物交流。三是产业空间布局调整对区际货物运输影响也很大。随着资源的不断开发利用,我国的资源环境已发生很大变化。通过充分利用国内外两种资源、两个市场,一些以国外资源和原材料为主的产业已向沿海地区集聚,尤其是钢铁和石化工业,将对铁矿石、钢铁、原油、成品油的区际运输流量及流向产生较大影响。

(二)区际客货运输趋势与特征

1. 区际旅客运输趋势及特征

我国区域经济发展格局发生变化和城镇化进程加快,将使我国区际旅客流量规模和流向发生改变,呈现出新的趋势和特征。因我国不同区域经济社会发展逐渐走向平衡,在区域经济总量、产业规模扩张和区域间经济合作不断加强的背景下,区域间的旅客流量将继续增长并趋向均衡;在城市群人口集聚能力日益提高、城镇规模快速增加的基础上,区域间出行旅客结构发生变化,城市群核心城市之间的客流将呈较快增长趋势。

(1)区际客运需求多元化、规模化特征更加明显

目前,我国日常的跨区域的长途旅客主要是公务、商务、旅游人员,此外,因区域经济发展的不平衡性,我国特有的因寻求工作而流动的人员在春运等传统节日期间的大量流动,以及学生的异地求学形成的客流,成为区域间特定时间段的重要的、具有规模的需求,我国区际客运的多元化、规模化特征明显。随着我国西部大开发战略的深入推进,以及东北老工业基地的振兴和中部经济的崛起,后发地区的经济将不断增长,加之区域之间的经济合作步伐加快,区际客运需求结构将发生变化。首先是公务、商务、旅游需求将不断增长,尤其是生活水平的提高及消费模式变化,将使跨区域的消费性出行需求快速增长,区际客运的总量规模在既有基础上会继续扩大,以就业、生活为目的区域间的大规模人员流动将会逐渐减少。

(2)区际客流在时间、方向上的不平衡局面将逐步改善

由于我国区域经济发展水平与资源禀赋差距的客观性,导致了我国区际客运在客流时间、方向上的不平衡。随着我国区域经济发展战略调整和城镇化不断加快,这种不平衡性在一定程度上会发生改变。由于区际旅客运输构成中的公务、商务、旅游人员,在区域经济快速、平衡和稳定发展中,将形成持续的客流需求,其所占比重将因区际经济合作规模的扩大而不断提高,从而促进区

际客流在时间上、方向上的均衡。虽然春节、清明、"五一"、暑期、国庆等重要节假日因流动性异地工作人员的需求而出现巨大波动,但随着城镇化步伐加快、后发地区经济发展,流动人员就近定居和工作的比重将提高,波动性会逐渐降低。未来,我国区际客运方向上、时间上的不平衡性总体不会进一步加剧。

(3)区际客运服务质量与效率要求不断提高

随着后发地区区域经济发展水平与质量的不断提升,我国发达地区已经出现的对高质量的运输服务需求将快速内移,带来区际间旅客运输整体将向舒适、快速、安全、方便、环保等多样化的运输服务转变。首先是对大能力、高速化的高速客运服务的需求,要求由高速铁路、高速公路、航空等运输方式组成的区际旅客运输系统,满足跨区域的大规模、高端旅客运输运输需求;其次是对快捷、高效、经济的普通客运服务需求,要求建设大能力、低成本的区际间旅客运输服务系统,提供普遍性、多样化、多层次的旅客运输服务;再次是对个性化交通服务的需求,通过区际运通道能力的建设,适应和引导个性化的私人汽车旅行需求。

2. 区际货物运输趋势及特征

随着区域经济格局的完善和产业布局的调整,未来区际货运运输总体上还将呈现平稳增长趋势,但增速会放缓。对未来区际运输影响较大的主要有煤炭、石油、矿石以及普通货物的集装箱化运输。未来区际货物运输将重点关注:一是我国煤炭区际运输的发展;二是随着区际消费品、产成品交流量的增加,区际间集装箱运输的发展。要继续加强以扩大能力为主体的能源、资源运输通道建设。强化铁路煤运通道建设、煤炭下水港和南方接卸港专业化泊位建设、铁矿石、原油大型深水接卸泊位建设和长距离油气管道建设;要加快推进区际间的集装箱运输通道建设,包括铁路双层集装箱通道,沿海、沿长江、沿西江的水上运输通道,并以高速公路及高等级公路作为区际间集装箱中短途运输及集装箱的集疏运输,实现区际间集装箱运输铁、公、水的多式联运。

(1)煤炭区际交流量将会继续增长

2010年,我国煤炭运输占铁路货物运输量的55.1%,达20.0亿吨,煤炭的铁路平均运输距离达到650多公里;在全国港口内贸货物吞吐量中,煤炭占22.6%,煤炭属典型的区际调运货物,并且是我国最大的区际间运输货种。总体来看,我国经济发展对煤炭的需求总量上仍将继续增加,煤炭区际长途调运将仍然存在并将继续增长。但消费规模及增长速度受产业结构调整、经济发展方式的转变、国际气候、环境保护力度的加大等因素的影响,增长速度将会下降。"十二五"时期,应更加密切关注区际间的煤炭运输,尤其是国家五大综合性能源基地的煤炭外运区际通道的建设,特别蒙西至华中地区的铁路煤炭运输通道建设。

(2)油气将主要通过管道实现区际间运输

由于我国油气资源储量相对不足,对国际资源依赖程度逐步提高,2010年石油进口量达到2.76亿吨,其中进口原油约2.39亿吨,石油对外依存度已经达到54.8%。随着经济的发展,未来我国油气消费量仍将继续增加,油气进口的比例也将会提高。总体判断,2015年我国能源需求总量为38.8亿—42.4亿吨标准煤,其中石油4.5亿—5.1亿吨,天然气2100亿—2700亿立方米;油气对外依存度将分别达到60%和40%左右。未来油气的区际交流将主要通过原油管道、成品油管道和天然气管道运输。沿海、沿江的石油加工设施布点将根据消费需求而在消费地均衡布局,原油主要通过水运进口。而内陆地区的炼厂主要由内陆油田以及内陆周边国家陆路进口,将主要通过管道运输。未来区际间的油气运输将主要关注东中西之间的成品油运输以及满足企业的调运便利和市场供需便利需求而进行的管道联网。

(3)铁矿石的区际交流量将维持现状或减少

随着国家对冶金等重点产业的结构调整、优化布局,将主要立足国内需求,严格控制总量扩张,优化品种结构,钢铁的对外出口将不会有大的增长,未来铁矿石的需求主要以满足国内经济发展对钢铁的需求为主。根据国家优化产业布局,主要依托国内矿产资源的将优先在中西部资源地布局,主要利用进口资源的将优先在沿海沿边地区布局。未来我国内地钢铁企业将主要利用周边矿山的铁矿资源,适当从沿海进口铁矿石的方式解决,生产规模将主要立足当地铁矿石的资源状况。进口的铁矿石将主要集中在沿海、沿江的钢厂需求。因此,钢铁产业布局将使铁矿石的区际交流量不会有大的增加,可能是维持现状或减少。未来从沿海地区进入中西部地区的铁矿石运输将主要通过江海联运、通过煤炭铁路运输的回程,实现钟摆式运输来解决。

(4)区际间集装箱货物运输将有较快增长

2010年,铁路集装箱货物占铁路货运量的2.4%;公路集装箱运输量占公路货运量的2.7%,且大多为距沿海集装箱港口距离在200公里范围的运输;港口货物吞吐量中,集装箱吞吐量约占港口货物吞吐量的17.2%。目前我国的集装箱运输主要是以外贸集装箱运输为主,区际间的内贸集装箱运输还有很大的发展空间。一是随着我国产业及产品结构的升级,区际间集装箱运输需求将会有较大增长;二是区域间增强合作及优势互补,尤其是对产业链比较长的产业的分工合作,会带来对生产环节的货物如零部件等的集装箱运输增加。

集装箱运输的结构也将发生明显的变化,一是未来集装箱运输将改变目前主要以外贸集装箱运输为主的局面,将实现内外贸集装箱运输并重;二是将改变目前的主要以港口为龙头辐射内陆腹地,从中西部地区与沿海港口之间流动的格局,逐渐转变为东西、南北之间等的多方向的流动;三是随着区际间比较优势的进一步发挥,产业分工的形成,区际间的互补性将增强,内陆长距离的集装箱运输也将会有较大发展。

五、区际综合运输通道的布局思路

（一）指导思想与目标

1. 指导思想

区际综合运输通道规划的指导思想是：以科学发展观为指导，根据我国国土开发空间结构优化、区域协调发展的要求，以优化发展区域和重点开发区域为核心，以区际客货交流为基础，构筑和拓展我国空间开发的轴线系统，建设能力充分、布局合理、集约高效、结构优化、绿色低碳的现代化区际综合运输通道，为全面提升城市群的要素积聚和整合能力、优化国土开发空间布局提供支撑和保障。

2. 发展目标

区际综合运输通道发展目标是：到2020年基本建成能力充分、布局合理、集约高效、结构优化、绿色低碳的现代化区际综合运输通道。便捷沟通全国主要城市群、经济区，形成国家综合运输主干通道，覆盖全国所有的直辖市、省会城市和计划单列城市及其他20万人口以上的城市，连接我国主要的陆路、海上和航空口岸。

（二）规划原则

1. 集约高效

配合国家区域协调发展的总体战略，统筹考虑国土开发、经济布局、人口和资源分布的影响，根据国家及区域生产要素集聚与整合的要求，为充分发挥重点经济区的集聚和辐射功能创造条件，建设集约高效的区际综合运输通道。

2. 布局合理

根据优化国土开发空间结构的要求，以优化发展区域和重点开发区域为节点，以既有的重要交通基础设施为依托，构筑国土空间开发的轴线系统，实现区际综合运输通道的合理布局。

3. 结构优化

根据区际客货运输要求，统筹兼顾各种运输方式的技术经济特征和比较优势，科学配置多层次、多样化的运输方式，优化综合交通运输结构，满足便捷通畅、优质高效、安全可靠的运输服务需求。

4. 绿色低碳

注重节约和集约利用资源，充分重视发挥铁路和内河水运在区际通道中的作用，倡导节能环保、低碳绿色交通方式。

(三) 规划思路

1. 规划总体思路

国土开发空间结构是经济要素在地理空间上的分布状态，反映了以地理空间为载体的经济事物的区位关系和空间组织形态。党的十七大报告明确提出，要遵循市场经济规律，突破行政区划界限，形成若干带动力强、联系紧密的经济圈和经济带。优化国土开发空间结构，有利于推动区域协调发展，加快经济发展方式转变，对于促进我国经济社会可持续发展具有重要意义。改革开放以来，我国实施了西部大开发、振兴东北地区等老工业基地、促进中部地区崛起战略、鼓励东部地区率先发展战略等，使各地区的比较优势得到了不同程度的发挥。《全国主体功能区规划》和"十二五"规划纲要进一步明确，未来区域协调发展仍是我国区域经济发展的战略重点，将进一步优化国土开发空间结构，深化落实区域协调发展战略。"十二五"时期，京津冀、长江三角洲和珠江三角洲在国土空间开发中仍然发挥着核心作用，是我国经济发展的重要引擎，同时我国多个经济区和城市群将逐步崛起，形成区域协调发展、多极带动的新局面，推进我国区域开发格局逐步从增长极集聚、主导轴集聚向网络化扩散的方向转变。

区际综合交通运输系统在支撑、协调和引导国土空间开发格局的优化和调整中具有基础性的地位和作用。2007年国务院批准了《综合交通网中长期发展规划》,不仅考虑了经济布局、人口和资源分布以及国土开发的要求,而且统筹考虑了对外开放、国防建设、经济安全和社会稳定等因素对交通运输的要求,将建设综合运输大通道与扩大交通网覆盖面相结合,构筑连通我国所有的直辖市、省会城市和计划单列城市及其他50万人口以上的城市,连接我国主要的陆路、海上和航空口岸,连接区域经济中心、重要工业和能源生产基地的综合运输大通道。本规划将依托《综合交通网中长期发展规划》提出的综合运输大通道思想,结合《全国主体功能区规划》和"十二五"规划纲要,全面适优化发展区域和重点开发区域发展的要求,形成连通主要经济区(城市群)、快速衔接东中西部地区的综合运输通道,充分发挥核心增长极和重点经济区的辐射带动能力,构筑国土开发的轴线系统。区际综合运输通道将更加强调从国土空间开发与区域经济发展的新格局出发;更加强调新区域经济发展对区际综合运输通道的要求;更加强调区际综合运输通道对区域经济的引导和促进作用。

2.节点选择与通道构建

到2010年年底,国家已将13个区域发展上升到了国家战略层次,多个经济区、城市群的发挥也在谋划之中,这些经济区将成为未来一段时期内我国国土开发空间优化的主要载体和重点开发的区域。在已批复的《全国主体功能区规划》中,提出3个优化开发区域和19个重点开发区域这些区域将成为我国未来经济增长的重要支撑和人口集聚的重要载体。本节将主要以这些区域为节点,开展区际综合运输通道框架规划。

区际综合运输通道的构建按照两种布局思路模式展开:一是考虑国土覆盖和通达性,采取横纵网格布局的模式;二是根据"十二五"时期国土开发模式和重点经济区的发展要求,采取点轴布局模式。

> **专栏6-3　全国主体功能区规划的优化及重点开发区域**
>
> 优化开发区域
> 　　国家优化开发区域即优化进行工业化城镇化开发的城市化地区。是指具备以下条件的城市化地区：综合实力较强，能体现国家竞争力；经济规模较大，能支撑并带动全国经济发展；城镇体系比较健全，有条件形成具有全球影响力的特大城市群；内在经济联系紧密，区域一体化基础较好；科学技术创新实力较强，能引领并带动全国自主创新和结构升级。
>
> 重点开发区域
> 　　重点开发区域即重点进行工业化城镇化开发的城市化地区。是指具备以下条件的城市化地区：具备较强的经济基础，具有一定的科技创新能力和较好的发展潜力；城镇体系初步形成，具备经济一体化的条件，中心城市有一定的辐射带动能力，有可能发展成为新的大城市群或区域性城市群；能够带动周边地区发展，且对促进区域协调发展意义重大。

六、区际综合运输通道的布局方案

区际运输通道是综合运输通道网络体系的主骨架和主动脉，是主要经济区域之间大流量、高密度、强时效、多样化资源要素流动的核心载体，对于促进国土资源空间开发和协调区域经济发展具有重要作用。本报告采取两种布局思路模式，形成了四组布局方案：一是横纵网格布局模式，形成"五纵五横"调整方案和"六纵六横"布局方案。二是点轴布局模式，形成"三极五轴十射"布局方案和"四极五轴"布局方案。

横纵线方案，按照《综合交通网中长期发展规划》，以及《全国主体功能区》和城镇化发展战略的新要求，重点对原有规划方案进行调整。点轴布局方案，从国土开发空间格局和经济布局的角度出发，按照核心轴线、主导轴线和联络线三个层次展开：首先，构建全面带动和促进我国区域发展和国土开发的核心轴线，重点依托《全国主体功能区》提出的"以陆桥通道、沿长江通道为两条横轴,以沿海、京哈京广、包昆通道为三条纵轴,以主要的城市群地区为支撑,以轴线上其他城市化地区和城市为重要组成的'两横三纵'城市化战略格局"形成;其次,构筑以核心增长极为中心的主导轴线,全面辐射和带动区域性经济增长极的发展;同时,建设必要的联络线,便捷沟通各经济区,全面加强东中西部地区的联系,优化完善路网布局,提高路网运输能力和效率。

表6-6 规划运输通道及功能

规划运输通道	功　能
连接京津冀、长江三角洲和珠江三角洲的运输通道	沟通京津冀、长江三角洲和珠江三角洲三个我国核心经济增长极和优化开发区,形成区域发展的核心轴线
连接东部及东北地区的运输通道	我国东部和东北地区,尤其是沿海地区,已经形成了较为密集的城市群和经济带。连接东部及东北地区的运输通道的建设,将进一步加强东部地区的经济联系,提高外向型经济水平,增强国际竞争力
中部地区连接东部地区的运输通道	发挥承东启西的作用,加强与东部地区尤其是与京津冀、长江三角洲和珠江三角洲地区的联系,连通重要港口,形成中部地区的出海通道
西部地区连接中部地区的运输通道	承接东部地区产业转移,加强与中东部地区连接的通道建设;连接资源富集区,加快资源优势转化为产业优势;巩固国防、促进西部地区经济社会发展,建设沿边运输通道
西部地区相互连通的运输通道	西部地区国土面积广阔,为充分发挥综合运输通道的辐射带动作用,提高西部地区的通达性,以西部成渝地区、关中天水地区为核心,以武汉城市圈为承接节点,建立西部地区相互连通的运输通道

(一)"五纵五横"调整方案

按照《综合交通网中长期发展规划》,结合区域经济发展新形势,重点适当对原"五纵五横"方案进行调整。

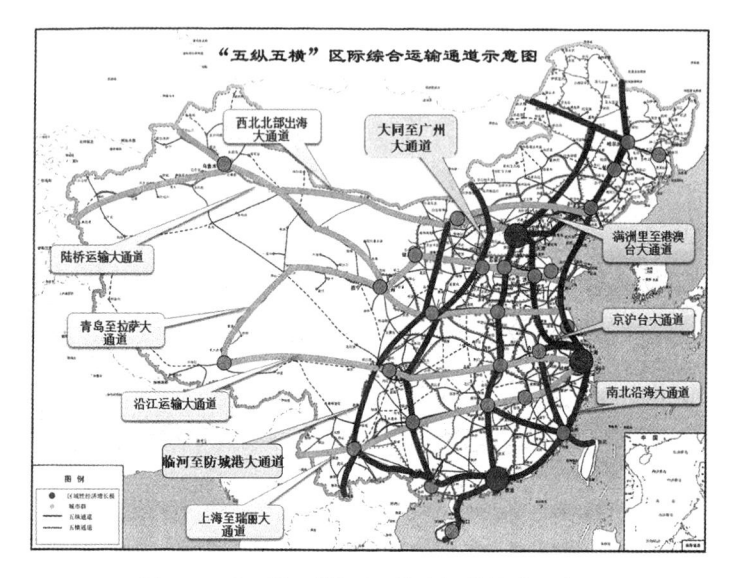

图 6-9 "五纵五横"区际综合运输通道示意图

1. "五纵"区际运输通道

(1) 南北沿海运输大通道

起自黑河和绥芬河,经哈尔滨、长春、沈阳、大连、烟台、上海、福州、广州、湛江、海口,止于三亚,包括北京至沈阳进出关通道。贯穿哈大齐工业走廊、牡绥地区、长吉图经济区、辽中南地区、京津冀地区、胶东半岛地区、东陇海地区、长江三角洲地区、海峡西岸经济区、珠江三角洲地区和海南国际旅游岛。

(2) 京沪台运输大通道

起自北京,经天津、济南到蚌埠,从蚌埠分支,一支经南京,止于上海;另一支经合肥、福州,止于台北。贯穿京津冀地区、冀中南地区、黄河三角洲地区、胶东半岛地区、长江三角洲地区、江淮地区和海峡西岸经济区。

(3) 满洲里至港澳台运输大通道

起自满洲里,经齐齐哈尔、通辽、北京、石家庄、郑州到武汉,从武汉分支,一支经长沙、广州,止于香港(澳门),另一支经南昌、福州,止于台北。贯穿哈大齐工业走廊、京津冀地区、冀中南地区、中原城市群地区、武汉城市圈、长株潭城市群、珠江三角洲地区、鄱阳湖生态经济区和海峡西岸经济区。

(4)包头至广州运输大通道

起自包头,经西安、重庆、贵阳到柳州,从柳州分支,一支止于广州,另一支止于湛江。贯穿呼包鄂榆地区、关中—天水地区、成渝地区、黔中地区和珠江三角洲地区。

(5)临河至防城港运输大通道

起自临河,经银川、兰州、成都、昆明、南宁,止于防城港。贯穿宁夏沿黄地区、兰州—西宁地区、成渝地区、滇中地区和北部湾地区。

2."五横"区际运输通道

(1)西北北部出海运输大通道

起自天津和唐山,经北京、呼和浩特、临河、哈密、吐鲁番、喀什,止于吐尔尕特。贯穿京津冀地区、呼包鄂榆地区和天山北坡地区。

(2)青岛至拉萨运输大通道

起自青岛,经济南、德州、石家庄、太原、银川、兰州、西宁、格尔木,止于拉萨。贯穿黄河三角洲地区、胶东半岛地区、冀中南地区、太原城市圈、宁夏沿黄地区、兰州—西宁地区和藏中南地区。

(3)陆桥运输大通道

起自连云港,经徐州、郑州、西安、兰州、乌鲁木齐,止于阿拉山口。贯穿东陇海地区、中原城市群地区、关中—天水地区、兰州—西宁地区和天山北坡地区。

(4)沿江运输大通道

起自上海,经南京、芜湖、九江、岳阳、武汉、重庆、成都、波密,止于拉萨。贯穿长江三角洲地区、江淮地区、武汉城市圈、成渝地区和藏中南地区。

(5)上海至瑞丽运输大通道

起自上海和宁波,经杭州、南昌、长沙、贵阳、昆明,止于瑞丽,贯穿长江三角洲地区、鄱阳湖生态经济区、长株潭城市群、黔中地区和滇中地区。

3. 方案调整分析

与《综合交通网中长期发展规划》中提出的"五纵五横"方案相比,本方案主要做了以下调整:一是将原第二纵京沪运输大通道调整为京沪台运输大通道,增加蚌埠经合肥、福州至台北的支线;二是将原四横沿江运输大通道延伸至拉萨。

(二)"六纵六横"布局方案

"六纵六横"综合运输大通道方案在"五纵五横"通道的基础上,重点考虑西部地区南北纵向联系较少和东南、西南地区联系的重要性,进行部分调整和重新组合。具体方案为:

1. "六纵"区际运输通道

(1)南北沿海运输大通道

从北至南依次连接哈大齐工业走廊、牡绥地区、长吉图地区、辽中南地区、京津冀地区、胶东半岛地区、东陇海地区、长江三角洲、海西经济区、珠江三角洲、海南国际旅游岛。经哈尔滨、长春、沈阳、大连、烟台、青岛、连云港、上海、宁波、温州、福州、厦门、汕头、广州、深圳、湛江、海口、三亚等主要节点城市。此外,还包括北京至沈阳进出关通道。

(2)京沪台运输大通道

从北至南依次连接京津冀地区、冀中南地区、黄河三角洲地区、胶东半岛地区、长江三角洲地区、江淮地区和海峡西岸经济区。起自北京,经天津、济南到蚌埠,从蚌埠分支,一支经南京,止于上海;另一支经合肥、福州,止于台北。

(3)满洲里至港澳台运输大通道

通道主线依次连接哈大齐工业走廊、京津冀区域、冀中南地区、中原城市群、武汉城市圈、长株潭城市群、鄱阳湖生态旅游区、珠江三角洲以及海西经济区。起自满洲里,经齐齐哈尔、通辽、北京、石家庄、郑州、武汉、长沙、广州,南至香港(澳门);支线从长沙分支,经福州至台北。

(4)大同至防城港运输大通道

从北至南依次连接呼包鄂榆地区、太原城市圈、关中—天水地区、成渝地区、黔中城市群、北部湾地区。主线北起二连浩特,经大同、太原、西安、重庆、贵阳、南宁至防城港、友谊关。

(5)包头至昆明运输大通道

从北至南依次连接呼包鄂榆、关中—天水地区、成渝地区以及滇中城市群。北起包头,经西安、成都、昆明,南至磨憨。

(6)策克至拉萨运输大通道

从北至南依次连接策克、嘉峪关、格尔木、拉萨、日喀则。

2. "六横"区际运输通道

(1)西北北部出海运输大通道

从东至西依次连接辽中南地区、京津冀区域、呼包鄂榆地区、天山北坡经济带,构筑了西北地区北部出海通道。东起秦皇岛和唐山,经北京、大同、呼和浩特、包头、临河、哈密、吐鲁番、乌鲁木齐、阿克苏、喀什,至红其拉甫;支线东起大连、营口、锦州,经蒙东地区,在呼和浩特与主线相连。

(2)青岛至格尔木运输大通道

从东至西依次连接胶东半岛地区、京津冀区域、太原城市圈、宁夏沿黄地区、兰州—西宁地区。东起青岛,经济南、石家庄、太原、银川、兰州、西宁、格尔木。

(3)陆桥运输大通道

从东至西依次连接东陇海地区、中原城市群、关中—天水地区、兰州—西宁地区、天山北坡经济带。主线东起连云港,经徐州、郑州、西安、兰州、乌鲁木齐,西至阿拉山口。

(4) 沿江运输大通道

从东至西依次连接长江三角洲、江淮地区、鄱阳湖生态旅游区、武汉城市圈、成渝地区和藏中南地区。东起上海，沿长江经南京、芜湖、九江、岳阳、武汉、重庆、成都，西至拉萨。

(5) 上海至瑞丽运输大通道

从东至西依次连接长江三角洲、鄱阳湖地区、长株潭地区、黔中城市群和滇中城市群。东起上海和宁波，经杭州、南昌、长沙、贵阳、昆明，西至瑞丽。

(6) 昆明至广州运输大通道

从东至西依次连接珠江三角洲、北部湾地区、滇中城市群。东起广州，经柳州、南宁、百色，西至昆明。

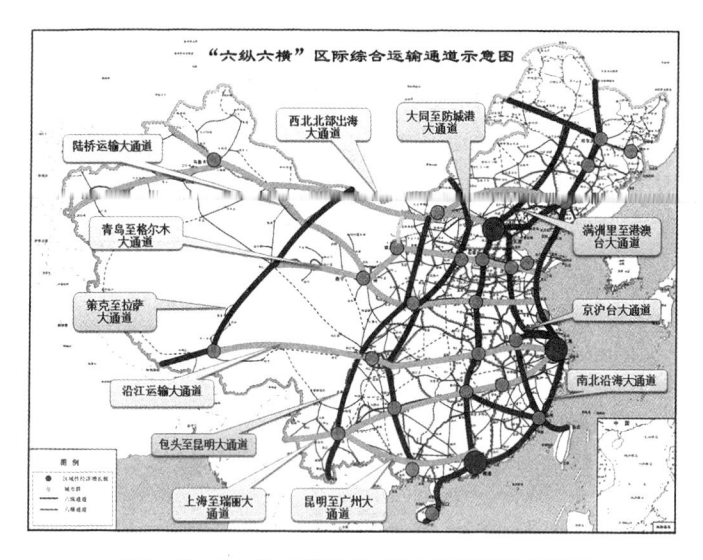

图6-10 "六纵六横"区际综合运输通道示意图

3. 方案调整分析

与《综合交通网中长期发展规划》中提出的五纵五横方案相比，本方案主要做了以下调整：一是将京沪运输大通道调整为京沪台运输大通道,增加蚌埠经合肥、福州至台北的支线;二是将包头至广州通道调整为大同至防城港运输通道;三是将临河至防城港运输通道调整为包头至昆明运输通道;四是增加策克至拉萨运输通道;五是西北北部出海运输大通道增加呼和浩特经蒙东地区至辽宁沿海的支线;六是青岛至拉萨运输大通道调整为青岛至格尔木运输大通道;七是增加昆明至广州运输大通道。

(三)"三中心辐射"布局方案

区际综合运输网将形成"三极五轴十射"的多中心辐射布局模式,即建立以核心增长极为核心点,全面辐射和覆盖区域经济增长极的区际综合交通运输网络。其中:三极是指京津冀、长江三角洲、珠江三角洲三大核心增长极,多中心是指以我国将重点发展的经济区作为区域性经济增长极。区际综合运输通道分为核心轴线、放射线、联络线三个层次,五条核心发展轴线指"三纵"(沿海轴线、京哈—京港澳轴线、包昆轴线)、"两横"(沿江轴线、陆桥通道轴线)。

表6-7 区际综合运输通道规划节点

		规划节点
核心增长极		京津冀地区、长江三角洲地区、珠江三角洲地区
区域性经济增长极	东部地区	冀中南地区、黄河三角洲地区、胶东半岛地区、东陇海地区、海峡西岸经济区、海南国际旅游岛
	东北地区	哈大齐工业走廊、牧绥地区、长吉图经济区、辽中南地区
	中部地区	武汉城市圈、太原城市圈、中原城市群、长株潭城市群、鄱阳湖生态旅游区、江淮地区
	西北地区	关中—天水地区、呼包鄂榆地区、宁夏沿黄地区、兰州—西宁地区、天山北坡地区
	西南地区	成渝地区、北部湾地区、黔中地区、滇中地区、藏中南地区

表6-8 "三极五轴十射"区际综合运输通道

综合运输通道	规划线路	
核心发展轴线——三纵两横	三纵： 沿海轴线：京津冀——黄河三角洲——胶东半岛——东陇海——长江三角洲——海西经济区——珠江三角洲 京哈—京港澳轴线：京津冀——辽中南——长吉图——哈大齐——牡绥；京津冀——冀中南城市圈——中原城市群——武汉城市圈——长株潭——珠江三角洲 包昆轴线：呼包鄂榆——关中——天水——成渝——滇中 两横： 陆桥运输轴线：东陇海——中原城市群——关中——天水——兰州——西宁——天山北坡 沿江轴线：长江三角洲——江淮地区——武汉城市圈——成渝	
放射线——十射	以京津冀区域为中心的辐射线	京津冀——哈大齐 京津冀——呼包鄂榆——天山北坡 京津冀——呼包鄂榆——宁夏沿黄地区——兰州——西宁——藏中南 京津冀——太原城市圈——关中——天水——成渝——黔中——北部湾 京津冀——冀中南地区——中原城市群——江淮地区——海西经济区——台湾
	以长江三角洲地区为中心的辐射线	长江三角洲——鄱阳湖——长株潭——黔中——滇中 长江三角洲——江淮地区——关中——天水
	以珠江三角洲地区为中心的辐射线	珠江三角洲——鄱阳湖——江淮地区 珠江三角洲——北部湾——滇中——藏中南 珠江三角洲——海南岛
联络线	哈大齐——牡绥 东陇海——黄河三角洲——胶东地区——辽宁沿海 宁夏沿黄——太原城市圈——冀中南地区——黄河三角洲——胶东地区 宁夏沿黄——关中—天水 北部湾地区——长株潭 呼包鄂榆——太原城市圈——中原城市群 成渝——藏中南 成渝——兰州——西宁 滇中——藏中南 成渝——长株潭——海西经济区	

表6-9 区际综合运输通道交通资源配置

	功　能	等级配置
核心发展轴线	沟通京津冀、长江三角洲、珠江三角洲三个我国核心经济增长极，连接我国东部、中部、东北、西北和西南地区，形成我国区域发展和国土开发的核心轴线	根据区际运输需求加快实现客货分离，全面实现多样化、多层次的运输服务体系；主要以客运专线、快速铁路、高速公路、高等级航道、航空、管道，辅以普通铁路、主干公路，满足客货运输需求；能够为区际运输联系提供多层次、多样化的运输方式和线路
放射线	分别以京津冀区域、长江三角洲地区、珠江三角洲地区为中心，构筑放射型的轴线，全面辐射和带动区域性经济增长极的发展	根据通道不同路段的需求，科学合理配置运力资源。在运输需求规模较大的路段，加快实现客货分离，以客运专线、快速铁路、高速公路、高等级航道、航空、管道等运输方式为主满足运输需求；在运输需求规模较小的路段，近期主要以普通铁路、高速公路、支线航空、管道等方式满足运输需求，中远期视发展需要，逐步提高通道等级配置
联络线	加强东中西部地区的联系，充分发挥综合运输通道的辐射带动功能以及承东启西、沟通南北的作用，提高路网运输能力和效率，优化完善路网布局，提高路网覆盖度	近期，主要以普通铁路、高速公路、支线航空、管道满足运输需求；远期，根据区域经济社会发展要求，逐步提高通道等级配置和现代化水平

（四）"四中心辐射"布局方案

考虑到未来成渝地区将可能成为西部、尤其是西南地区新的区域中心，区际综合交通运输网将形成"四极五轴"的多中心辐射布局模式，即建立以核心增长极为核心点，全面辐射和覆盖区域经济增长极的区际综合交通运输网络。其中："四极"是指京津冀、长江三角洲、珠江三角洲以及西部的成渝地区四大核心增长极，多中心是指以我国将重点发展的经济区作为区域性经济增长极。区际综合运输通道分为核心轴线、主导轴线两个层次。

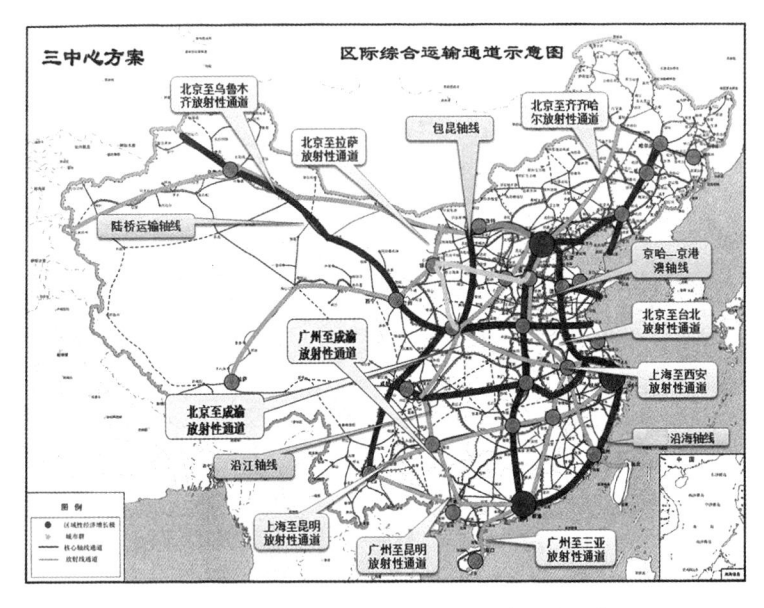

图 6-11 "三中心辐射"区际综合运输通道示意图

表 6-10 区际综合运输通道规划节点

		规划节点
核心增长极		京津冀地区、长江三角洲地区、珠江三角洲地区、成渝地区
区域性经济增长极	东部地区	冀中南地区、黄河三角洲地区、胶东半岛地区、东陇海地区、海峡西岸经济区、海南国际旅游岛
	东北地区	哈大齐工业走廊、牧绥地区、长吉图经济区、辽中南地区
	中部地区	武汉城市圈、太原城市圈、中原城市群、长株潭城市群、鄱阳湖生态旅游区、江淮地区
	西北地区	关中—天水地区、呼包鄂榆地区、宁夏沿黄地区、兰州—西宁地区、天山北坡地区
	西南地区	北部湾地区、黔中地区、滇中地区、藏中南地区

第六章　优化完善区际综合运输大通道

表6-11　综合运输通道:核心轴线、主导轴线

综合运输通道	规划线路		
核心发展轴线——三纵两横	三纵: 沿海轴线:京津冀——黄河三角洲——胶东半岛——东陇海——长江三角洲——海西经济区——珠江三角洲 京哈—京港澳轴线:京津冀——辽中南——长吉图——哈大齐——牡绥;京津冀——冀中南城市圈——中原城市群——武汉城市圈——长株潭——珠江三角洲 包昆轴线:呼包鄂榆——关中—天水——成渝——滇中 两横: 陆桥运输轴线:东陇海——中原城市群——关中—天水——兰州—西宁——天山北坡 沿江轴线:长江三角洲——江淮地区——武汉城市圈——成渝		
主导轴线	以京津冀区域为中心的辐射线	京津冀——哈大齐　京津冀——呼包鄂榆——天山北坡　京津冀——冀中南地区——太原城市圈——宁夏沿黄地区——兰州—西宁——藏中南　京津冀——冀中南地区——中原城市群——江淮地区——海西经济区——台湾	
	以长江三角洲地区为中心的辐射线	长江三角洲——中原城市圈——太原城市圈——呼包鄂榆　长江三角洲——武汉城市圈——关中—天水　长江三角洲——鄱阳湖——长株潭——北部湾　长江三角洲——鄱阳湖——长株潭——黔中——滇中　长江三角洲——江淮地区——鄱阳湖——珠江三角洲	
	以珠江三角洲地区为中心的辐射线	珠江三角洲——黔中——成渝　珠江三角洲——北部湾——滇中——藏中南　珠江三角洲——海南岛	
	以成渝地区为中心的辐射线	成渝——兰州—西宁——宁夏沿黄——呼包鄂榆　成渝——藏中南	

317

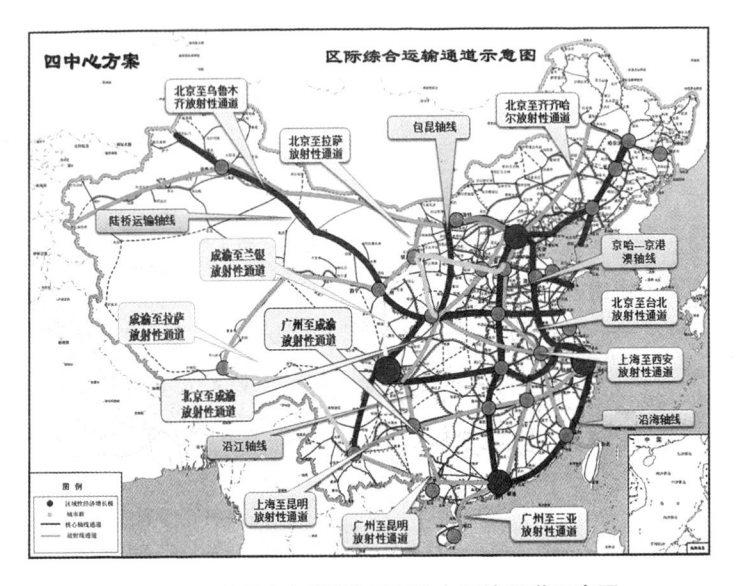

图 6-12 "四中心辐射"区际综合运输通道示意图

(五)布局方案比选和推荐

对区际综合运输通道规划方案进行比较分析,各方案主要有以下异同点:

1. 规划方案制定的经济社会发展背景及趋势发生变化

国家"十二五"时期区域开展战略思路的转变,是制定区际运输通道规划布局的重要依据。在这一背景下,必然要求区际运输通道规划体现新思路。同时,从交通运输业的发展来看,"十一五"时期以来,我国交通基础设施建设发展步伐很快,国家综合交通网发展规划也有必要做出调整,反映交通运输业发展的新趋势、新变化。

2. 规划方案制定的思路和考虑的主要影响因素不同

从规划的制定的思路和出发点来看,"五纵五横"的综合运输通道规划方案,主要从国土开发的角度,统筹考虑经济布局、人口和资源分布、对外开放,以及国防建设、经济安全和社会稳定对交通运输的要求,构筑连通我国所有的直辖市、省会城市和计划单城市及其他20万人口以上的城市,连接我国主要的陆路、海上和航空口岸,连接区域经济中心、重要工业和能源生产基地的综合运输大通道。中心辐射方案主要根据我国国土开发空间结构优化、区域协调发展的要求,以优化发展区域和重点开发区域为核心,强调服务于主要经济区之间的运输需求构筑和拓展我国空间开发的轴线系统,为全面提升城市群的要素积聚和整合能力、优化国土开发空间布局提供支撑和保障。

3. 规划方案强调的重点发生变化

从功能和作用来看,中心辐射方案注重综合运输通道在支撑、协调和引导国土空间开发格局的优化和调整中的基础性地位和作用,有利于适应重点经济区发展的要求,形成连通重点经济区、主要城市密集区,快速衔接东中西部地区的综合运输通道,发挥核心增长极和重点经济区的辐射带动能力,构筑国土开发的轴线系统。从布局效果来看,横纵网格式布局方案通达性和覆盖度较好,中心辐射式布局方案在节点连接效率方面具有优越性。同时,中心辐射方案根据综合运输通道的重要度,提出了通道的等级、能力配置,确定了核心发展轴线、放射线、联络线三个通道层次,能够更好地与我国东中西部、重点经济区之间的区际运输需求相匹配,体现通道建设发展的不同要求。从方案具体内容来看,虽然制定的思路和方法有较大差异,但是中心辐射方案基本包括了"五纵五横"综合运输通道的线路,并根据重点经济区间运输联系的要求加密了原有综合交通网络,网络规模得到了大幅度提高。

综上所述,横纵线方案和中心辐射方案各有优缺点,从各自角度体现交通对国土开发的支撑以及主动适应和引导新经济区域经济发展的功能。从"十二五"时期来看,既需要保持有原有规划的延续性,也需要适应区域经济发展的新思路以及区域经济发展实际水平。因此,本研究推荐横纵线的"五纵五横"调整方案。

七、区际综合运输通道的建设重点

(一)具体建设目标

到 2015 年区际综合运输通道的发展目标是:

区际综合运输通道的能力有较大提高,结构趋于合理,形成有效支撑和引导优化经济区发展的区际通道。其中,铁路区际线路里程 12 万公里以上,其中快速铁路网建成 4 万公里左右;国家高速公路网全部建成达到 8.3 万公里,高速公路可实现连接经济区(城市群);三大内河干流通过能力明显提升;基本建成以快速铁路网、高速公路和民航组成的区际间旅客快速运输系统;油气骨干管道网基本形成。

初步建成结构合理、系统完善的集装箱运输系统。除继续支持我国外经贸发展外,同时有效支撑国内产业、产品结构优化升级的需求,提高我国产成品运输的现代化水平。加快上海国际航运中心、天津北方国际航运中心、大连东北亚国际航运中心建设,推进重庆长江上游航运中心和武汉中游航运中心建设,积极完善中东部地区的集装箱运输系统,铁路集装箱运输取得较大进展,内陆港建设取得新进展。港口集装箱码头新增通过能力 5800 万标准箱。

基本完善煤炭、油气和矿石运输系统。铁路煤炭主要运输通道能力 30 亿吨,港口北方煤炭下水系统(含锦州)新增通过能力 3.1 亿吨;新增油气管道 7 万公里左右,原油大型泊位新增接卸能力 1.0 亿吨;矿石大型泊位新增接卸能力 3.9 亿吨。

(二)建设重点

1. 区际综合运输通道建设

"十二五"时期,按照《综合交通网中长期发展规划》以及《全国主体功能区规划(2010—2020年)》的要求,重点建设"五纵五横"区际综合交通运输通道,完善网络、提升能力、优化结构,建成纵贯南北、横贯东西的区际快速旅客运输通道和煤炭、石油、铁矿石、集装箱等重要物资运输通道。

2015年以前重点实施区际综合运输通道中的重要路段,完成以提高通道能力为主的布局性建设,主要是继续加快"四纵四横"铁路客运专线建设、尽早实现客货分运以及重点线路扩能改造和区域性开发新线建设;"7918"国家高速公路网全部贯通,强化"五射、六纵、四横"15条国道路段的等级提升;继续加强长江干线航道系统整治、推进西江航运干线扩能和京杭运河航道建设工程,加快建设长江三角洲和珠江三角洲等高等级航道网;优化空域资源配置、扩能改造9条国家骨干航路、提高空中交通网络运行能力,推进机场建设、形成层次清晰、功能完善、结构合理的机场布局;加快西北、东北、西南三大陆路进口原油管道建设,完善环渤海、长江三角洲、西南、东南沿海向内陆和沿江辐射的成品油输送管道和西北、东北成品油外输管道,加快西北、东北、西南三大陆路进口天然气管道建设,合理布局沿海天然气接收站,完善川渝、环渤海、珠江三角洲、长江三角洲、中南等区域性天然气管网。

(1)建成"五纵"区际运输通道

南北沿海运输通道。优先发展水上运输,大力提升铁路运输水平,增强机场枢纽功能,完善公路运输方式,积极发展管道运输。重点建设大连东北亚国际航运中心、天津北方国际航运中心和上海国际航运中心,沿海主要港口集装箱专业化泊位、铁矿石及原油大型深水专业化泊位、"北煤南运"中转装卸系统;重点建设北京至沈阳、沈阳至丹东、长春至吉林、哈尔滨至大连、哈尔滨至齐齐哈尔、厦门至深圳客运专线以及哈长地区、山东半岛地区至东陇海地区、长江三角洲地区、珠江三角洲地区至海南国际旅游岛等一批铁路工程;重点新改建京哈高速哈尔滨至沈阳段,鹤大高速佳木斯至丹东段、沈海高速浙江段等；重点改扩建哈尔滨、长春、沈阳、海口、三亚、天津、深圳机场，迁建厦门机场、新建秦皇岛机场，提升航路通过能力；重点建设中俄油气管道、日照至仪征原油管道、锦州至郑州成品油管道；形成以水运、铁路和高速公路为主体的南北沿海运输通道。

京沪台运输通道。优先发展铁路运输，扩大港口能力，增强机场枢纽功能，完善公路运输，积极发展管道运输。重点实施京沪高速铁路、合肥至福州铁路；重点建设京台高速公路北京段；提高京杭运河航道标准和通过能力，配套重点建设沿线主要港口；增强北京、上海机场国际枢纽功能，重点改扩建设南京机场、新建上饶机场、迁建合肥机场，提升北京至上海航路通过能力；形成以铁路、高速公路为主体的京沪台运输通道。

满洲里至港澳台运输通道。优先发展铁路运输，扩大港口能力，增强机场枢纽功能，完善公路运输，积极发展管道运输。重点建设北京至石家庄、石家庄至武汉、广深港铁路客运专线和向蒲铁路；重点改扩建京港澳高速公路河北段，建设大广高速公路吉林段、河北段、湖北段和广东段，济广高速公路江西段，二广高速公路湖南段，绥满高速公路大庆至满洲里段，晖乌高速公路长春至乌兰浩特段；增强北京、广州机场国际枢纽功能，重点改扩建石家庄、郑州、武汉、福州、长沙、深圳机场，提升航路通过能力；重点建设郑州至长沙成品油管道和西气东输二线南线管道；形成以铁路、高速公路和跨区域骨干管网为主体的满洲里至港澳台运输通道。

包头至广州运输通道。优先发展铁路运输，增强内河运输功能，完善公路、民航运输，积极发展管道运输。重点建设重庆至贵阳铁路扩能、贵阳至广州铁路；重点建设包茂高速公路陕西段、重庆段和湖南段，兰海高速公路都匀至河池段，厦成高速公路内江至贵阳段、都匀至瑞金段；重点实施西江干线航道整治工程和珠江三角洲高等级航道网工程，配套重点建设沿线内河主要港口；重点改扩建重庆江北、西安、贵阳、南宁机场,新建遵义机场;形成以铁路、高速公路和水运为主体的包头至广州运输通道。

临河至防城港运输通道。优先发展铁路和管道运输,完善公路、民航等运输方式。重点建设绵阳至成都至乐山客运专线、成昆铁路扩能、云桂铁路;重点建设福银高速公路甘肃段、兰海高速公路兰州至南充段,京昆高速公路雅安至西昌段、汕昆高速公路百色至昆明段;重点建设广西北部湾港口,实施左江、右江、北盘江—红水河航道整治工程,配套重点建设沿线内河重要港口;重点改扩建银川、兰州机场,迁建宜宾、昆明机场;重点建设昆明至重庆、兰州至成都(重庆)油气管道建设;形成以铁路和高速公路为主体的临河至防城港运输通道。

(2)建成"五横"区际运输通道

西北北部运输通道。优先发展铁路运输,扩大港口能力,增强机场枢纽功能,完善公路运输。重点实施北京至张家口铁路、呼和浩特至张家口铁路、哈密至策克铁路;建设和完善新疆、"三西"和蒙东煤炭外运通道和配套港口下水设施;重点建设京藏高速公路山西段;完善陕京天然气管道系统;形成以铁路和高速公路为主体的西北北部运输通道。

青岛至拉萨运输通道。优先发展铁路运输,扩大港口能力,增强机场枢纽功能,完善公路运输。重点建设胶济客运专线、石济客运专线、石家庄至太原客运专线和太中银铁路;重点建设荣乌高速公路山西段和内蒙古段,青兰高速公路长治至兰州段;建设和完善晋中南煤炭外运系统以及神华集团煤炭外运系统;重点改扩建拉萨、西宁机场;形成以铁路和高速公路为主体的青岛至拉萨运输通道。

陆桥运输通道。优先发展铁路和管道运输,完善公路、民航等运输方式。重点建设徐州至郑州、郑州至西安、西安至宝鸡至兰州客运专线、兰新第二双线、兰州至张掖四线铁路;重点建设连霍高速公路宝鸡至武威段、敦煌至吐鲁番段;积极拓展西气东输、中亚进口原油及天然气、新疆原油、天然气和成品油管道的输送能力；形成以铁路和高速公路为主体的陆桥运通通道。

沿江运输通道。优先发展长江内河水运,扩大铁路运输范围,完善公路、民航和管道等运输方式。重点实施长江"黄金水道"航道整治工程和长江三角洲高等级航道网建设,配套重点建设沿线主要港口；重点建设武汉至宜昌客运专线、成渝客运专线、川藏铁路；重点建设沪成高速公路安徽段和湖北段,沪蓉高速公路湖北段；形成以水运、铁路和高速公路为主体的沿长江运输通道。

上海至瑞丽运输通道。优先发展铁路运输,完善公路、民航、管道等运输方式。重点建设上海至杭州、杭州至长沙、长沙至昆明客运专线；重点建设杭瑞高速公路九江至常德段；形成以铁路和高速公路为主体的上海至瑞丽运输通道。

2. 快速客运系统建设

到2015年,基本建成以民航、快速铁路网为主,高速公路相辅组成的区际间旅客快速运输系统。

铁路重点加快建设沟通东西南北高速客运铁路,到2015年形成南方和北方、东中西部地区之间的大能力"四纵四横"客运通道,区际客专里程达到1.6万公里。拉通"四纵"：建成京沪高速铁路,京广港通道北京—武汉、广州—深圳客专,京哈通道天津—秦皇岛、哈尔滨—大连客专,沿海通道上海—杭州、杭州—宁波、厦门—深圳客专；开工建设京哈通道北京—沈阳客专；尽快拉通南北方区域之间的"四纵"客运主通道。建成"四横"：续建沪昆通道杭州—长沙、长沙—昆明客专,沪汉蓉通道武汉—宜昌、重庆—利川、成都—重庆客专,青太通道石家庄—济南客专,陆桥客运通道兰新第二双线、徐州—郑州、西安—宝鸡、宝鸡—兰州客专,努力建成东中西部地区之间的"四横"客运主通道。

机场形成以三大枢纽为核心、省会或重点城市机场为骨干以及其他城市支线机场相配合的基本格局。重点提高上海和广州机场能力,启动北京第二机场建设,增强国际枢纽功能;根据运输需求,提高通道内省会城市和重要城市的机场吞吐能力。

3. 四大货种运输系统建设

(1)继续完善煤炭运输系统

铁路。通过继续建设张家口—唐山、德州—大家洼、龙口—烟台、和顺—邢台—黄骅港、山西中南部通道等铁路,增加"三西"煤炭的下海通道;继续建设巴彦乌拉至阜新、赤峰至朝阳至锦州等铁路,为蒙东煤炭基地打造新的出海通路;依托焦柳线改造,启动蒙西至华中地区铁路煤炭运输通道建设;在继续建设兰新铁路第二双线的同时,对既有兰新线继续进行电化改造,形成大能力疆煤外运通道。

港口。通过建设唐山、黄骅等煤炭码头等工程,加强北方7港煤炭下水能力;配合蒙东煤炭铁路外运通道和蒙西至华中铁路煤炭通道建设,开辟新的煤炭下水港;相应配套建设南方煤炭专业化接卸港泊位,并筹备选点建设煤炭中转储备基地。

(2)大力推进铁矿石运输系统建设

以环渤海和长江三角洲为重点加快铁矿石大型深水专业化泊位建设,重点推进丹东、大连、唐山、青岛、日照、太仓、宁波—舟山等港口20万吨级以上矿石接卸码头建设;同步加强疏运系统建设,重点推进北方唐山、天津、黄骅、青岛、日照等港口铁路"钟摆"运输形成,长江三角洲南通、镇江等二程中转码头建设以及宁波—舟山、福州、湛江等港口后方铁路改扩建。

(3)有序推动油气运输系统建设

港口。结合炼油厂布局和消费需求分布,有序推动油气泊位建设。重点推进大连、日照、宁波—舟山、湛江等港25万吨级以上的原油接卸泊位建设;继续加快山东、江苏、浙江、广东等沿海港口的天然气专业化泊位建设。

管道。围绕进口资源,加快西北、东北和西南三大陆上战略性原油进口管道和港口配套原油外输管道建设。重点建成中缅油气管道工程项目,开工建设并完成中哈原油管道二期和中亚天然气管道二期工程项目,适时建设中俄天然气管道西线和东线;同时,加快西北、东北和西南三大陆路原油进口国内配套干线建设。建设和完善华北、华东、华南、西南等主要消费地区区域性成品油管网。重点建设西北、东北成品油外输管道,完善华北成品油管网、东北成品油管网、长江三角洲成品油管网、华南沿海成品油管网、西南成品油管网和沿江向内陆辐射网络等。天然气管网配合西北战略通道建设,重点建设西气东输管道系统;配合西南战略通道,建设中缅天然气管道境内管道;配合海上进口 LNG(液化天然气),加快建设山东、江苏、浙江、广东等沿海地区 LNG 接收站及其配套外输管网建设。

(4)加快发展集装箱运输系统

重点推进天津、上海、宁波—舟山、广州深圳等港口集装箱专业泊位建设,继续完善公路集疏运通道,加强铁路和水运衔接合作,形成合理布局、衔接优化的集装箱运输系统。铁路重点建设"四纵四横"集装箱双层通道和集装箱中心站;水运重点提升"两江、两网"的通航等级和通航能力。

第七章　加快建设城市群快速交通系统

一、交通在城市群形成和发展中的重要作用

（一）交通运输与城市群发展关系密切

1. 城市群概念

(1) 城镇化与城市群

城镇化是指人口由农村向城市聚集的过程,不仅是简单的城乡人口结构的变化,更重要的是产业结构及其空间分布结构的变化,是人们的生产、生活方式的变化,由农村型向城市型转化,由传统型向现代型转化。城镇化的实质就是随着经济的发展和工业化进程的推进,生产、生活要素和资源在地理空间上聚集的过程。伴随城镇化的发展,城市人口不断增加,城市规模扩大,城市的区域影响力增强,大城市和特大城市数量增加;而当城市的经济发展达到一定水平时,生产成本上升,要素开始向外扩散,大城市周围的中小城市和城镇发展加快,逐渐形成城市群。在这一过程中,城市间交通条件的改善,对降低生产成本、促进要素流动中发挥着重要作用。因此,交通基础设施是城市群形成和发展的重要条件。

(2) 城市群概念的形成与演进

国外关于城市群理论的研究已有近百年的历史,对于城市群

概念的理解和定义有多种说法。从"都市地区"到"组合城市"到"城镇密集区"再到"大都市圈或大都市带"。随着城镇化的发展，城市群理论不断深入。我国城镇化发展水平相对滞后，与发达国家相同经济发展水平时期的城镇化率相比较低。20世纪90年代以后，我国城镇化发展速度加快，这一时期国内关于城市群的理论研究也相应较多。尽管对于城市群概念的描述各有不同，但其共同点是认为城市群是由一定地域范围内的多个城市组成，相互间联系密切，形成连接一体的城市网络或城市地区，共同影响着区域经济的发展。城市群一般位于经济发展水平和城镇化水平较高地区。近年来，随着我国城镇化进程的快速推进，城市规模不断扩大，现代城市群发展不断体现出新的特点，为城市群相关问题的研究提供了新的依据，城市群理论也在不断发展和完善。

(3) 城市群的一般概念

目前，较为普遍的观点认为，城市群是由于科技进步和规模经济效益促使产业与人口在空间上集聚与扩散运动的结果，是城镇化发展到成熟阶段的城市地域空间组织形式，是城镇化进入高级阶段的标志。所谓城市群是指在相对紧凑的地域范围内有相当数量的不同规模和类型的城市，以一个或多个特大城市为中心，依托现代化运输工具和综合交通网络，实现相互间社会、经济、技术的紧密衔接，共同构成一个相对完整的城市集合体。本章即在此城市群概念基础上展开城市群区域城际交通问题的讨论。

2. 城市群形成机理

(1) 工业化催生了城镇化

在工业革命以前，经济发展以农业为主，农业是国民经济的基础，随着经济社会的发展，人类进入工业社会，农业活动比重逐渐减少，工业活动比重增加，越来越多农村人口开始从事工业生产活动，同时改变了原有的生活方式，逐渐向现代城市社会转化，于是乡村人口比重逐渐下降，城镇人口比重上升，这一过程即为城镇化。《中国大百科全书》将城市化描述为"人口向城市地域集中和农村地域转化为城市地域的过程"。城市化是人类社会发展的必经过程。

(2)工业化推动了城镇化发展进程

在工业发展中,为了提高生产效率,联动产业及配套服务业需要协同发展,劳动力需求进一步增加,相关产业的发展促使城市规模迅速扩大。同时,资源、财富、技术和信息不断向城市汇集,加速了城市的发展,优质的生活环境和更好的就业机会加速了农村人口向城市的流动,从而推动了城镇化发展进程。

(3)城市群是城镇化发展到高级阶段的产物

城镇化是要素不断向城市聚集的过程,随着城镇化的发展,已有的城市规模不断扩大,形成大城市、特大城市甚至超大型城市,当要素在城市的聚集达到一定规模后,就会出现成本的上升,当成本上升到一定程度后,要素开始向周围地区流动和扩散,于是在大型城市以外逐渐形成新的中小城市,这些城市之间存在着密不可分的内在联系,其结果就形成了城市群。城市群的形成和发展是产业空间分布不断发展变化的结果。

3. 交通运输与城市群发展的关系

(1)便利的交通条件是城市群形成和发展的基础

城市群的形成和发展是生产要素在开放的市场条件下充分流动,产业空间分布不断变化的结果。这一过程中,交通发挥了重要作用。

产业的集聚和扩散是城市群兴起的主要驱动因素,是建立在便利的交通条件基础上的。一些工业城市和港口城市凭借发达的交通网络以其传统产业的发展,影响和带动其前后关联产业和配套服务业在一定区域内集聚,导致了特定区域大量城镇的快速发展,由于这些城镇依托其中心城市而发展,因而相互之间以及与中心城市之间存在着极为密切的联系,进而形成城市群;还有一些距离在一定范围内的相邻城市之间,以多种运输方式设施形成的运输通道作为纽带,加强相互间的联系与合作,并在运输通道沿线进行产业布局,形成协调的地域分工体系,在产业集中布局的通道沿线形成了密集的城镇地带,随着这些城镇的逐步发展,就形成了城市群。在城市群形成过程中,正是发达的交通运输网络为生产要素的流动创造了条件,对降低企业成本和社会成本,促进产业空间布局不断优化发挥了重要的基础性作用。

要素的流动是企业追求利润、降低成本的结果,在城市群发展过程中,继续受这一规律的作用,当城市规模不断扩大,空间聚集程度升高,土地资源稀缺,要素投入成本增加;由于人口、产业的高度集中带来城市生态环境压力的增大,从而加大了社会成本;与此同时,也增加了交通、服务以及公共设施使用的拥挤成本。于是,出现了规模不经济现象,导致各种成本投入和支出的增加,要素开始向城市外围扩散,强化周边城市和城镇的发展,如此往复,城市群规模不断扩大,区域经济发展水平不断提高。

(2) 城市群的发展促进了城际交通的逐步完善

运输需求是交通发展的源泉和动力。城市群的形成和发展,产生了大量的运输需求。

城际交通是城市群结构的重要组成部分,城市群的社会活动和人们的出行规律影响和决定着城际交通的发展。在城市群区域,连接中心城市和主要大城市间的轴线两侧带状地区往往是新城发展较为集中的地区,沿轴带分布的城市和城镇越来越多,就形成了城市发展走廊,城市走廊地区的经济发展水平和旅客运输需求量必然高于其他地区,建设大能力快速运输通道的必要性和紧迫性更为显著,因此,一般成长较好的城市群主要通道上交通较为发达,设施比较完善。

随着城市群的不断发展壮大,城市间、城市与城镇间以及城镇之间的人流、物流总量规模不断扩大,对交通运输的需求量进一步增加，为交通运输的发展提供了运量基础，从而一定程度上保证了交通基础设施的收益。同时，随着城市群经济的发展以及社会、科学技术的进步，对运输质量和服务水平的追求逐步提高，这一切为交通运输产业的发展提供了机遇，促使城际交通在不断满足城市群客运需求的过程中实现了自身的发展和完善。

从世界较为发达的城市群城际交通发展过程来看，发达的城际交通是城市群不断发展和扩大的结果。城市群与城际交通是相互促进、共同发展的整体。

(3) 交通对城市群空间布局结构的优化发挥着引导性作用

交通可以带动沿线经济和城市的发展，反过来，城市的发展产生旺盛的运输需求，又促进了交通的发展，这是城市群与城际交通互动发展的一般规律，这一规律的结果表现为城市群发展总是沿着交通轴线拓展和延伸，从而强化或改变城市群的空间结构。交通条件的改善是城市群空间拓展的基础，是城市群空间形态的主要决定因素。

城际交通的发展改变了大城市"摊大饼"式的发展，促进了大城市周边卫星城的发展，推动了城市群城镇体系的形成和完善。纵横交错的城际交通网络构成了城市群空间发展的骨架，引导城市空间的拓展方向。国内外城市群形成和发展历程表明，每一次交通网络的优化都会带来城市群空间结构的进一步优化和完善。

我国目前所有城市群包括发育较为成熟的和正在形成的城市群，均位于南北向和东西向综合运输大通道交汇处，而且，多数城市群城际主轴与运输通道走向重合。正是由于便利的交通条件和优越的枢纽地位，孕育和促进了城市群的发展，同时，交通基础设施的布局和运输通道的建设对城市群空间布局结构发生着重要影响。

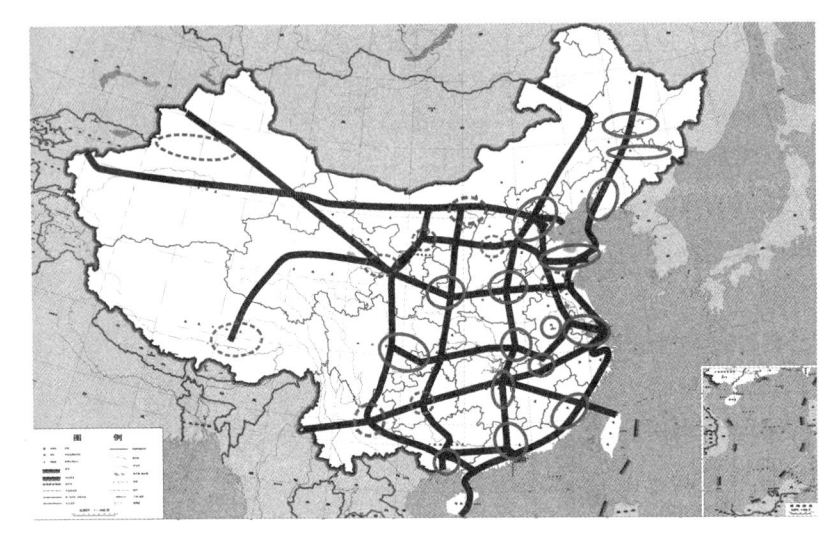

图7-1 我国"五纵五横"综合运输大通道布局与城市群分布关系示意图

(二)城市群区域城际交通系统的特征与构成

1. 对城市群区域城际交通的理解

(1)城际交通的类型

城际交通广义上是指城市与城市之间的交通,包括跨区域干线城际交通和区域城际交通,区域城际交通又分为城市群区域城际交通和非城市群区域城际交通。

跨区域干线城际交通,指全国省会城市及主要大城市之间,长距离、跨越行政区范围、形成干线通道的交通基础设施和运输服务系统。

区域城际交通,指为同一区域城市及城镇之间中短途旅客服务的基础设施和运输服务系统。包括城市群区域城际交通和非城市群区域城际交通。

城市群区域城际交通,包括跨省市范围的城市群区域内城市及城镇之间(如长江三角洲、京津冀、成渝经济区等)、同一省市行政范围内的城市群区域内城市及城镇之间(如珠江三角洲、长株潭、山东半岛城市群等),以及省会城市与周边大中城市之间(如郑州至洛阳、开封等,武汉至孝感、黄石等,昆明至曲靖、玉溪和楚雄等)的交通。

非城市群城际交通,包括同一省域范围内非城市群区域的主要城市之间(如昆明—大理、沈阳—锦州等)、相邻省非同一城市群区域的主要城市之间(如温州—福州等)的交通。

(2)城市群区域城际交通的范畴

干线城际交通和非城市群区域城际交通,都是以城市点对点间或沿途大城市间客货流为主,其交通特征主要体现为干线通道。非城市群城际交通可以利用干线通道兼顾城际功能,当运量达到一定规模时,以通道局部扩容的方式满足运量增长的需求。而城市群区域城际交通不同于上述两种城际交通,其服务对象不仅是主要城市点对点间的客货交流,更重要的是服务于区域内中心城市到中小城市及城镇,以及中小城市及城镇间的客货运输,交通网络密度和服务站点与干线路网相比要密得多,其规划布局的理念、目标和原则也不同于干线路网。在城市群发展初期,可以利用干线通道兼顾沿途主要城市间的城际交通,但必须尽早规划并适时建设主要服务于城市群区域内部大中小城市及城镇间旅客交流的城际交通网络,以满足城市群区域发展的需要。

(3)城市群区域城际交通的结构与研究内容

从城市群概念理解,城市群是由多个大小规模不同的城市组成的有机整体。既包含区域的概念,也强调了构成区域的个体——城市,不同城市之间通过交通系统实现联系,形成联结成片的区域。区域内各城市之间的交通即为城际交通,亦即城市群区域城际交通。

不同规模和形态的城市群,其城际交通的结构层次不完全相同,一般城市群区域城际交通包括三个层次,一是城市群区域中心城市之间的交通通道,即城际主通道;二是中心城市与其联系密切的周边城市或城镇相连接,构成的中心城市交通圈;三是覆盖城市群区域所有城市及城镇之间的交通网络。

研究城际交通问题必须从两方面进行分析:一是城市群发展对交通运输的需求,二是城际交通本身结构特点及其适应范围和发展条件。

2. 城市群区域城际交通特征

由于城市群区域城际交通是经济发达、人口稠密的城市群区域内部城市及城镇间的交通,其服务对象、客流结构、运输距离以及对运输能力、运输质量和运输组织方式的要求都不同于干线交通、城市交通和其他一般线路交通,有其鲜明的特征。

从运输距离来看,城际交通是服务于同一城市群区域内部城市及城镇间的旅客交流,包括中心城市之间、中心城市到中小城市和城镇之间,以及中小城市和城镇之间的旅客运输。其运输距离一般在 50—300 公里,为中短途运输。由于城市群区域城市及城镇分布较为密集,因此,城际交通网络和站点布局密度也相应较大,公路交通和轨道交通服务站点间距小。

从运输需求量及空间分布来看,城市群区域人口稠密,人均出行频率高,城际客运需求量大,客流主要集中在城市或城镇分布较为集中的城市走廊上,而且,由于城市群地区经济相对发达,人们的生活质量、时间价值相对较高,对于旅客运输的安全、快速、便捷、舒适和货物运输的经济性、时效性等方面的要求更强。一般在发育较为成熟的大城市群区域城际主要通道上,都以发展城际轨道交通来满足大运量城际客运需求。

从客流结构和旅客出行特点来看,由于城市群区域内各城市间关系密切,且相互连接成为都市连绵区,通勤客流在城际客流总量中所占比重较大,出行规律性强,出行时间集中在早晚高峰时段。因此,城际交通应具有快速、便捷、高频率服务的特征。

3.城市群区域城际交通运输系统构成

(1)城市群区域城际交通方式构成

主要包括轨道交通、公路、航空和水运四种运输方式。

轨道交通。高速铁路客运专线、常规普速铁路与城际轨道交通在城际交通中发挥的作用一定程度上是重叠和可替代的,在名称提法上有时也被混淆。在城际运输需求量不大,而干线铁路能力较为富余的情况下,干线铁路特别是客运专线可以一定程度上兼顾城际客运功能;城际轨道交通有时也被称为城际铁路,目前多数规划、在建和运营的城际轨道交通设计时速都超过了200公里/小时,甚至达到350公里/小时,就速度而言也可称为高速铁路。然而,城际轨道交通在建设目标、功能定位、设计标准,运营组织及管理等诸多方面均与高速铁路客运专线和普通铁路存在较大差别,有必要对其概念进行深入分析和清晰界定,以便准确分析轨道交通在城际交通中的功能和作用。

对于上述高速铁路和普通铁路与城际轨道交通概念的区分,研究认为,以承担大城市间运量为主的跨城市群区域的轨道线路为干线铁路,即高速铁路或常规普速铁路;为服务城市群区域而修建的,用于承担城市群区域城市间和中心城镇间旅客运输的轨道线路为城际轨道交通。由于干线铁路可以兼顾部分城际客运功能,同时,城际轨道交通可以为干线铁路集散客流,因此,城际轨道交通不仅是城际交通的主要方式,也是铁路客运系统的重要组成部分。

轨道交通以其大运力、安全舒适和节能环保等特征优势成为城际交通网络的骨干和支撑,特别是在运量需求大的城际主通道上发挥着不可替代的作用,成为城际主通道客运的主导运输方式,对城市群的形成和发展产生着重要的影响。其不仅是满足城市群日益增长的交通需求的重要保障,而且引导着城市群在发展过程中空间布局结构的优化。

公路。城际间的公路交通主要包括高速公路、国省干线公路。高速公路以其快速、灵活的运输方式拉近了城市及城镇间的时空距离，同时为私人交通提供了条件，为早期城市群的形成和发展打下了基础，但由于占地以及运输能力和成本等诸多因素，当城市群发展达到一定阶段，资源环境约束渐强，高速公路持续发展空间受到限制，难以继续独立承担繁重的城际交通负荷，必须与轨道交通配合，共同适应区域城市间的运输需求，高速公路一般建在城际主要通道上或大城市外环线上。国省道是城际交通的基础网络，高速公路必须与其衔接才能更大限度地发挥作用。轨道交通对沿线城镇的辐射也需要通过普通公路良好的通达性来实现。

水运。水运的优势在于货运而不在客运，在沿江沿海拥有水运条件的城市群中，快速水上客运结合旅游可发挥一定的作用，但对于商务、通勤等常态化客流将更多依靠轨道和公路，因此，水上客运在城市群城际交通中作用有限。由于城际货运对速度和快捷性要求高于普通货运，因此，水运方式受速度限制，一定程度上削弱了其在城际货运中的作用，但在水网密集的长江三角洲、珠江三角洲地区的货物运输中水运发挥着重要作用。

航空。航空运输的优势主要在于其长距离运输的时效性，随着距离的缩短其优势逐渐递减，但通勤航空在城际客运中可以发挥重要作用。通勤航空是通用航空的重要组成部分，尽管目前我国通用航空发展落后，但美国、澳大利亚、巴西等国的经验证明，通用航空以其小飞机、小机场、低成本和运输组织灵活的特点，在中短距离旅客运输中占据着重要地位。因此，通用航空是城际旅客运输的重要方式之一。

综上所述，以轨道交通和公路运输为主，以民航和水运为辅，发挥优势，互为补充，构成了城市群区域城际交通系统。

(2)城市群区域城际交通系统结构

城市群城际交通并非独立封闭的系统，它与区际干线交通，城乡交通、市域交通以及城市交通等均有重叠和交叉,相互间紧密衔接,构成一体化的综合交通运输网络。

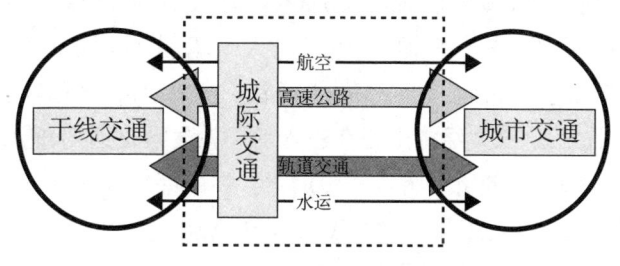

图7-2 城际交通系统构成示意图

二、城际交通与城市群发展的适应状况分析

(一)我国城市群发展情况概述

1. 我国城镇化发展现状及特点

随着我国城镇化进程的不断推进,城镇体系逐步形成和完善,

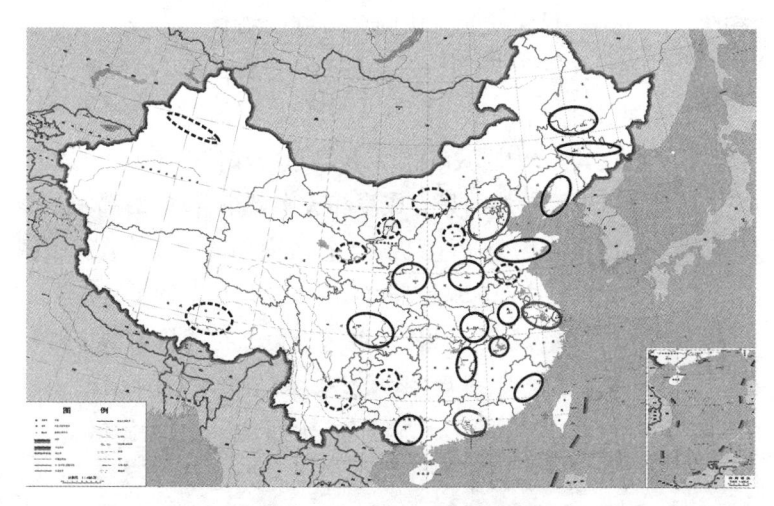

图7-3 我国城市群分布示意图

以大城市为中心,中小城市为骨干,小城镇为基础的多层次的城镇体系已经形成,城市群发展取得了积极成效,环渤海、长江三角洲、珠江三角洲三大城市群聚集经济和人口的能力不断增强,以不到4%的国土面积,聚集了全国近16%的人口,创造了全国40%左右的国内生产总值。目前,珠江三角洲、长江三角洲、环渤海已经展示了它们的活力,这三大经济圈正在进入新一轮发展机遇期,它们对中国总体经济实力的贡献将进一步增大。中西部地区一些密集的城市群地区也在迅速发展,中原、武汉、关中、成渝等城市群正在崛起。

2010年城镇人口已经超过6.6亿,城镇化率达到49.7%。

我国城镇化发展体现出以下特点:

一是城镇化发展速度加快,城镇化水平落后于工业化水平的局面已经大为改观。根据有关研究,过去很长时期,我国城镇化发展一直滞后于经济社会发展,主要是指滞后于工业化发展。近年来,城镇化进程加快,到2003年,我国的城镇化率第一次超过了工业化率。

二是区域差别较大,东部地区城镇化率大大高于西部地区。从城市群分布来看,目前发展较快的城市群中约有1/2分布于东部沿海地区,除长江三角洲、珠江三角洲和京津冀三大城市群外,还有辽中南城市群、山东半岛城市群以及海峡西岸城市群,其余位于中西部内陆地区,其中,中原城市群、武汉城市群和长株潭城市群位于中部,西部地区发展较快的只有成渝和关中城市群,中西部城市群发展规模小,城市数量少,而且多限于省域内部地区。随着我国城镇化的进一步推进,中西部城市群将成为未来城市群发展的亮点。

三是城市群发展较为缓慢,发展潜力大。我国目前城市群对经济增长的贡献率较小,发展较快的三大城市群对我国GDP贡献率只有40%左右,而美国三大城市群(大纽约区、五大湖区、大洛杉矶区)的GDP占美国全国的67%,日本三大城市群(大东京区、阪神区、名古屋区)的GDP占日本全国的70%。

2.城市群空间布局形态

(1)城市群的空间布局形态类型

关于我国城市群空间布局形态,《中国城市群》一书将其归纳为四种发展模式,即高度集中型、双核型、多中心分散型和交通走廊轴线型。

高度集中型是指城市群的发展以一个超级城市为核心形成一定的集中程度较高的发展区域。人口集中、物质要素集聚、环境开发利用集约程度高是其主要特征。

双核型是指发展规模和吸引、辐射能力相近的两个中心城市在城市群区域的发展过程中相互依存、相互制约,紧密关联,均处于主导地位,发挥着双核心的作用。在城市群区域经济发展中,双核心城市职能分工相对明确,分别具有各自的发展方向。

多中心分散型是指城市群的发展以多个城市为核心的分散型发展区域。这类城市群的中心城市规模不大,功能相对单一,相互之间互补性强,城市群区域经济发展较为均衡,城市群体发展呈现分散形式。

交通走廊轴线型是指城市发展与区域经济、产业的总体布局沿着交通条件比较优越的发展轴线展开。

实际上,从城市群的演进过程及与交通发展的关系可以看出,城市群的形成和扩展基本都是沿交通走廊分布的,交通越发达地段,城市或城镇经济发展越快,人口聚集程度越高。

(2)我国既有城市群的空间形态

我国长江三角洲城市群是以上海为中心,以南京、杭州为次中心的高度集中型城市群。武汉、中原和关中城市群也分别是以武汉、郑州和西安为中心的集中型城市群。京津冀、辽中南、山东半岛、海峡西岸和成渝城市群分别是以北京—天津、沈阳—大连、济南—青岛、福州—厦门和成都—重庆为中心的双核型城市群。珠江三角洲和长株潭城市群分别是以广州、深圳、珠海和长沙、株洲、湘潭为核心的多中心分散型城市群。

3. 主要城市群发育程度分析

研究城市群区域城际交通问题,重点是解决城市群区域主要城市及城镇间的客货运输,其中,更为重要的是旅客运输问题,其运量的产生和基础设施的建设规模、标准等与区域内城市及城镇的经济发展水平、居民出行量以及对交通费用的承受能力等密切相关,因此,城际交通的发展必须与城市群区域的经济总水平、城镇化水平、内部城市及城镇之间联系的密切程度,以及区域人均GDP 和人均出行次数等指标相适应。

城市群规模及发育程度标致性指标主要有城市群区域人口数量、密度、城镇化水平以及经济总量、人均地区生产总值和旅客运输总量等。

从我国城市群发育指标汇总情况来看,结合各城市群城镇化发展水平分析,除发育较为成熟的长江三角洲、珠江三角洲和京津冀三大城市群外,辽中南城市群、山东半岛城市群、长株潭城市群和成渝城市群发展较快,中原城市群、武汉城市群和海峡西岸城市群以及江淮、关中等城市群的发展也相对较快。

(二)三大城市群城际交通现状

我国三大城市群地处经济发展水平较高的东部地区,交通网络发达,三大城市群中心城市北京、天津、上海、南京、杭州、广州、深圳均为全国性枢纽城市,三大城市群主体均位于全国性综合运输大通道上,城际主轴通道与干线通道重合,拥有铁路、高速公路以及民航等多种运输方式,但专门服务于城市群区域的城际交通设施不足,尽管部分城际轨道交通项目已经建成,但以城市群区域内部城市及城镇间旅客运输为主的城际交通系统尚待完善,城际客运服务水平和出行保障能力仍显不足,城际交通总体上未能适应和引领城市群的发展。

表 7-1 我国城市群 2010 年主要指标

城市群	城市数量	人口（万人）	面积（平方公里）	人口密度（人/平方公里）	全市GDP（万元）	全市人均GDP(元)	固定资产投资（万元）	客运量（万人）	人均出行次数（次）
长江三角洲	15	7908	100704	785	682488708	68611	325101234	319291	40
珠江三角洲	9	3025	55034	550	376732572	78704	112646591	257001	85
京津冀	10	7405	182501	406	395986101	48320	236186124	232250	31
哈尔滨	5	2696	192303	140	89437826	33465	50652469	30018	11
长吉图	5	1277	65556	195	51296705	43041	42250967	23915	19
辽中南城市群	10	3130	96715	324	181714617	55107	141940484	86856	28
山东半岛城市群	8	4041	73855	547	252225671	58339	146034173	160130	40
海峡西岸城市群	7	2923	78936	370	127432041	40261	71313784	70991	24
呼包鄂	3	602	131744	46	69697516	100903	45801334	6939	12
中原城市群	9	4549	58719	775	130319850	32492	91606864	79086	17
武汉城市群	9	3190	57962	550	88346400	33198	62688263	51095	16
长株潭城市群	8	4221	96951	435	125587882	31756	74883292	120866	29
江淮	7	2164	46146	469	70066043	35299	71593794	62296	29
环鄱阳湖	5	2026	57826	350	49395601	25986	44746747	45329	22
关中城市群	5	2329	55404	420	63054180	27093	59958017	61651	26
成渝城市群	11	8712	178927	487	198630203	26237	158302550	314791	36
滇中城市群	4	1492	69503	215	38624018	26728	31869743	19846	13
北部湾	6	2203	65690	335	36421918	21530	36504327	30054	14

资料来源：根据《中国城市统计年鉴》（2011）计算得出。

1. 长江三角洲城市群

长江三角洲城市群由上海、南京、杭州、宁波、苏州、无锡、常州、镇江、扬州、泰州、南通、嘉兴、湖州、绍兴、舟山等城市组成。

长江三角洲地区凭借其地理位置和经济发展优势,成为我国对内、对外客货交流的重要地区,拥有多条国铁干线、高速公路干线、大型航空枢纽以及货物吞吐量世界第一的著名港口,已基本形成水、陆、空立体配置的综合交通网络。线网密度高于全国平均水平。铁路有京沪、沪杭、浙赣、萧甬、宣杭、新长、合宁、宁启、宁芜、甬台温等既有铁路和新建的京沪高速铁路、沪宁、沪杭城际铁路,在建杭长、宁杭、杭黄、杭甬等客运专线;高速公路已形成若干循环圈及连接线组成的高速公路网,有沪宁、沪杭、宁杭、乍嘉苏等高速公路;区域内有9个城市拥有办理航空业务的机场,并有多条国内、国际航线。水运有以上海、宁波、舟山、南京等枢纽港为主构成的港口群。区域内已形成了以上海为核心,以南京、杭州、宁波为中心城市的三个主要城际运输通道,即沪宁通道、沪杭通道和杭甬通道。

沪宁通道:上海至南京间有京沪既有铁路、京沪高速铁路、沪宁城际轨道交通、沪宁高速公路及312国道、京杭大运河苏南段。

沪杭通道:上海至杭州间有既有沪杭铁路、沪杭城际铁路、沪杭高速公路、杭浦高速公路、G320国道等。

杭甬通道:杭州至宁波间有萧甬铁路、在建杭甬铁路客运专线、G329国道等。

2. 珠江三角洲城市群

珠江三角洲城市群由广州、深圳、珠海、佛山、肇庆、江门、中山、东莞、惠州等城市组成。

珠江三角洲是我国经济发展水平和交通运输网络最为发达的地区之一,各种运输方式齐全,拥有沟通国际国内的综合交通网络。铁路有京广、广茂、广深和京九铁路等既有铁路、新建的武广高速铁路和广珠、广佛城际铁路以及即将建成的广深港高速铁路；公路有京珠、广深、广肇、广惠、莞深、中江、江珠以及在建的广深第二高速等高速公路和 G105、G106、G107、G205、G321、G324 等国道及多条省道；民航运输方面拥有三大 4E 级以上机场，即广州白云国际机场、深圳宝安国际机场和珠海三灶机场，国内航线航班密集并兼有多条国际航线。水运方面已建成较为发达的海运和河运体系，形成了以广州、深圳、珠海为主要港口，以惠州、虎门、中山、江门为地区性重要港口的珠江三角洲地区沿海城市港口群；各种运输方式共同发展，构成了珠江三角洲地区较为发达的综合交通运输网络。

目前已形成以广州为中心，空间布局呈十字形延伸的铁路、公路网络骨架。

横线主轴西起肇庆，经佛山、广州、东莞，分别至深圳和惠州，由广茂、广深、京九既有铁路、新建广佛城际铁路、即将建成的广深港高速铁路和广三、广茂、广惠、广深高速公路以及 G321、G324、G107 等国道组成。

纵向主轴北起花都，经广州、番禺、顺德，中山至珠海，由京广既有铁路、新建广珠城际铁路以及京珠高速公路和 G105 国道组成。

3. 京津冀城市群

京津冀城市群由北京、天津、廊坊、保定、石家庄、唐山、秦皇岛、沧州、承德、张家口等城市组成。

京津冀城市群是以北京为主中心，以天津为副中心的双核型布局，借助于首都的核心地位和优势，成为全国交通最发达地区，已形成陆海空立体综合交通运输网络。铁路网和高速公路网密度分别高达 3.16 公里/百平方公里和 2.35 公里/百平方公里，远高于全国平均水平。拥有通向全国各主要方向的铁路和高速公路，并在建京石、津秦、京沈等多条高速铁路客运专线；主要服务于区内城市的城际交通有时速达350公里/小时的京津城际铁路;航空运输有我国最大的航空枢纽港——首都国际机场,以及北京南苑、天津滨海和石家庄正定等机场,建立了直飞全国各地主要城市的航线网络及多条国际航线。水运方面拥有天津、秦皇岛、唐山和黄骅等大型港口组成的港口群,在"北煤南运"、铁矿石进口以及集装箱运输中发挥着重要作用。

由于京津冀城市群地处华北平原,是东北与华东、华南、西南乃至西北地区联系的交通要道,也是西北、华北地区重要的出海口。区域对外形成了通往华北西部、东北、华东和华南的陆路通道,通往沿海各省及对外贸易的出海通道,区域内部已建成京津、京石和京秦等主要运输通道,京承、京张等综合交通通道也正在形成。

京津通道:北京至天津间有既有京山铁路京津段、京津第三线铁路、京津城际高速铁路、京沪高速铁路京津段、京津塘高速公路、京津高速公路、G103国道、G104国道等。

京石通道:北京至石家庄间有既有京广铁路京石段、在建京石铁路客运专线、京石高速公路、京昆高速公路、G107国道等。

京秦通道:北京经唐山至秦皇岛间有既有京秦铁路、京沈高速公路、G102国道等。

京承通道:北京至承德间有既有京承铁路、G101国道、刚刚建成不久的京承高速公路和即将建成的京沈客运专线京承段。

京张通道:北京至张家口间有京包铁路京张段、京张高速公路、G110国道和即将修建的京张城际铁路。

(三)城际轨道交通建设总体情况

1. 既有城际轨道交通发展规划

2004年,经国务院审议通过的《中长期铁路网规划》,首次提出规划建设三个城际客运系统,即环渤海地区、长江三角洲地区、珠江三角洲地区城际客运系统,覆盖区域内主要城镇。

2005年3月,国务院审议并原则通过了《环渤海京津冀地区、长江三角洲地区、珠江三角洲地区城际轨道交通网规划》。

2008年10月,国家发展改革委批准的《中长期铁路网规划》中,对城际客运系统的规划调整为,"在环渤海、长江三角洲、珠江三角洲、长株潭、成渝以及中原城市群、武汉城市圈、关中城镇群、海峡西岸城镇群等经济发达和人口稠密地区建设城际客运系统,覆盖区域内主要城镇。"

2009年广东省对原有《珠江三角洲地区城际轨道交通规划》进行了修编,并获国家发改委批复。

三个城际轨道交通规划的主要内容为:

(1)环渤海京津冀地区

建设以北京为中心,以京津为主轴,以石家庄、秦皇岛为两翼的城际轨道交通网络,覆盖京津冀地区的主要城市,基本形成以北京、天津为中心的"两小时交通圈"。到2020年,京津冀地区城际轨道交通总里程达到710公里,线网布局满足区域经济社会发展要求,主要技术装备达到国际先进水平。建设内容为:北京—天津—塘沽城际轨道交通线,自北京南站至天津站,并延伸至塘沽,全长160公里;北京—石家庄城际轨道交通线,全长263公里;北京—唐山—秦皇岛城际轨道交通线,全长287公里。

(2)长江三角洲地区

建设以上海为中心,沪宁、沪杭(甬)为两翼的城际轨道交通主构架,覆盖区内主要城市,基本形成以上海、南京、杭州为中心的"1—2小时交通圈"。到2020年,长江三角洲地区城际轨道交通总里程达到815公里,线网布局满足区域经济社会发展要求,主要技术装备达到国际先进水平。建设内容为:南京—镇江—无锡—苏州—上海城际轨道交通线,全长295公里;上海—杭州城际轨道交通线,全长160公里;杭州—宁波城际轨道交通线,全长158公里;常州—江阴—常熟—苏州城际轨道交通线,全长124公里;苏州—嘉兴城际轨道交通线,全长78公里。

(3)珠江三角洲地区

建设以广州、深圳、珠海为主要枢纽,覆盖区内主要城镇,便捷、快速、安全、高效的城际轨道交通网络。实现以广州为中心,主要城市间1小时互通,以及珠江三角洲中部、东部和西部都市区内部1小时互通。规划期限为2009—2020年,远景展望2030年,规划里程达到1500公里,规划建设广州—珠海、广州—佛山、广州—东莞—深圳、东莞—惠州、广州—清远、佛山—肇庆、广州—佛山—江门—珠海、深圳—惠州、广州—增城—惠州等轨道交通线路,并预留进一步向港澳地区延伸和衔接的条件。

除上述三个城市群区域城际轨道交通网规划外,中原城市群、武汉城市群、长株潭城市群等多个区域城际轨道交通网规划也已通过国家发改委批复。

2. 实施项目情况

目前已建成运营的项目有京津、沪宁、沪杭、昌九、广珠、广佛、长吉、成灌等城际铁路。在建项目主要有:成渝、成绵乐、长株潭等城际铁路。

(1)京津城际铁路

京津城际铁路连接北京与天津两大直辖市,途经河北地级市廊坊。线路全长115公里,于2008年7月建成,8月1日正式运营,最高运行速度350公里/小时,全程运行时间30分钟。

(2)沪宁城际铁路

沪宁城际铁路连接上海与江苏省会南京,沿线经苏州、无锡、常州、镇江等地级市,长约300公里,于2008年7月开工,2010年7月1日建成运营。最高运行速度350公里/小时。

(3)沪杭城际铁路

沪杭城际铁路连接上海与杭州,沿线经上海市闵行、松江、金山区和浙江省嘉兴、杭州市,全长202公里,于2009年2月开工,2010年10月26日建成运营。最高运行速度350公里/小时,全程运行时间45分钟。

(4)广珠城际铁路

广珠城际轨道交通连接广东省会广州和经济特区珠海,途经佛山、江门和中山等城市,全长144公里,其中,广州至珠海主线长117公里,小榄至江门支线长27公里,设计速度目标值200公里/小时,目前已正式开通,广州到珠海直达列车运行最快41分钟左右。

(5)广佛城际轻轨

广州至佛山城际轻轨线路于2010年11月3日正式开通,设计时速80公里/小时。

(6)成渝城际铁路

成渝城际铁路连接四川省会成都和直辖市重庆,途经地级市内江,线路全长308公里,设计速度目标值250公里/小时以上,重庆段和四川段已分别于2010年3月和2010年11月分段开工,建设总工期4年。

(7)长株潭城际铁路

长株潭城际铁路连接长沙、株洲和湘潭,全长约96公里,设计时速200公里/小时,已于2010年7月开工,工期4年,将于2014年建成运营。

(8)成绵乐城际铁路

成绵乐城际铁路北起江油,经绵阳、成都、乐山至峨眉山,全长317公里,设计时速250公里/小时,目前正在建设,预计2012年建成运营。

(9)昌九城际铁路

昌九城际铁路起于九江庐山站,终至南昌北站,全长131公里,设计时速200公里/小时,南昌至九江最快运行40分钟,于2007年6月开工,2010年9月正式开通运营。

(10) 长吉城际铁路

长吉城际铁路自长春至吉林,全长110公里,设计时速250公里/小时,长春至吉林运行30分钟左右。于2007年5月开工建设,已于2010年12月底建成,2011年1月11日正式运营。

(11) 成灌城际铁路

成灌城际铁路起于成都北站,止于都江堰市青城山镇,线路总长67公里,设计最高时速200公里/小时,其中,中心城区至郫县段120公里/小时,于2008年11月开工建设,2010年5月开通运营。

此外,近期陆续开工建设的城际铁路还有郑州至开封、焦作、新郑,武汉至黄石、孝感、咸宁,沈阳至抚顺、哈尔滨至齐齐哈尔等。

(四) 我国城际交通发展总体情况评述

1. 我国城际交通发展总体缓慢,尚未形成与城镇化发展相适应的城际交通系统

以往的研究和规划多以城市为结点,以全国或某一行政区划范围为对象,进行研究和规划,城际之间的交通在研究结点城市交通时,被作为对外交通,在研究行政区交通时被作为省(市)域交通网络组成或对外交通。没有从城市群区域一体化角度对城际交通进行系统研究和规划。近年来随着我国城镇化发展进程的加快,以相邻主要城市协作为基础的城市群区域经济一体化发展优势突显,成为经济增长的主要驱动力,然而,主要服务于城市群区域的城际交通发展未能跟上城市群发展的步伐,城际交通对城市群区域发展的制约日益突出。

目前,我国多数城市群区域内部城市之间联系主要依靠高速公路、国家干线公路,只有三大城市群主通道上建成了城际轨道交通,多数城市群城际交通结构单一,旅客出行可选交通方式单一,主要通道运输需求与运输能力之间矛盾突出。尽管多个城市群区域轨道交通网规划已获得国家批准,但到目前为止,投入运营的线路不多,未来城际轨道交通建设任务十分繁重,由于城际轨道交通建设投资大、建设周期长,其发展完善还需要较长的时间。

我国长江三角洲、珠江三角洲和京津冀三大城市群发育已较为成熟,区域主要交通通道及对外通道已基本形成,但区域内部由多种运输方式构成的主要服务于城市群内部各城市及城镇间联系的城际交通系统尚不完善,要达到适应城市群区域经济社会发展质量进一步提升的目标要求还有一定距离。与此同时,多数城市群正处在形成期和发育期,是城市群空间布局结构形成的关键时期,而由于城际交通系统的发展滞后,难以对城市群的空间布局发挥引导作用。

2.轨道交通发展滞后,难以满足城市群大运量客运需求

城市群区域一般经济发展水平较高,人均出行次数高于其他地区,区域内部城市之间联系密切,城际出行量成为区域客流出行的主体,公务商务、通勤通学、假日休闲,探亲访友等客流大幅增加。而且,城市群区域社会现代化的生活方式使其对出行质量的需求日益提高,客运需求向着多样化、快速化方向发展。轨道交通以其大能力、快速、安全、舒适的技术特征成为解决城市群城际交通的最有效方式。

在发达国家,轨道交通在公共交通中发挥着重要作用,世界主要大城市大多有比较成熟与完整的轨道交通系统,轨道交通运量占公交运量的50%—70%。巴黎轨道交通承担70%的公交运量。日本东京大都市圈以轨道交通构成了公共交通的骨架体系,轨道交通系统每天运送旅客3000多万人次,担当了东京全部客运量的86%。德国在13个城市修建了城市快速铁路,承担了德国铁路总客运量和短途客运总量的66%和74%。美国三大城市群、日本三大都市圈以及巴黎都市圈等城市群发达地区,内部都建立了以轨道交通为骨干的完善的城际交通体系。特别是日本,在国土狭小、

人口密集的条件下,都市圈地区交通问题更为突出,采用发达的轨道交通有效解决了交通拥挤问题。世界主要城市群和经济区的发展经验证明,发达的轨道交通是现代化城市群发展的重要支撑。

然而,目前我国城市群区域城际轨道交通发展滞后,即使是经济最发达的长江三角洲、珠江三角洲和京津冀三大城市群地区,城际轨道交通系统建设也才起步不久,尽管主通道上的轨道交通线路陆续建成,但主通道以外的城际交通仍主要依靠公路,大量的城际客运需求难以得到满足。其他多数城市群城际轨道交通线路尚未建成,有些尚处于规划研究和制定阶段。

3. 公共交通保障能力不足,私人机动车快速增长

近年来,随着我国城镇化的快速发展以及支持汽车工业发展的政策带动下,私人机动车快速增长,私人汽车拥有量年均增速大大快于经济增速。2010年国民经济和社会发展统计公报显示,年末全国民用汽车保有量达到9086万辆,比上年末增长19.3%,其中私人汽车保有量6539万辆,增长25.3%。民用轿车保有量4029万辆,增长28.4%,其中私人轿车3443万辆,增长32.2%。

由于我国城际轨道交通网络化建设起步晚,未能与地面公交相互配合构成具有较强实力和整体功能的公共交通出行保障体系,目前城际交通多以道路运输为主,运输能力、服务范围和服务水平都难以满足城市群城际客运出行需求。一定程度上导致了私人交通快速增长,从而带来能耗增加、环境污染加剧、交通拥堵严重等一系列社会问题,给城市居民特别是人口密集的城市群区域交通出行造成很大的负面影响,更加突显出城市群区域发展公共交通的重要和迫切。

借鉴世界大都市和大城市群交通发展的经验,在城市群区域必须大力发展城际公共交通,提高公共交通保障能力,在保障城市群居民基本出行需求的同时,满足多样化客运需求,有效引导人们的出行选择。

4.城际交通发展尚未做到有效引导城市群空间布局结构的优化

交通条件的改变直接影响着城市群内部组织结构变化和空间形态的演变,交通联系的密切性是城市群空间整体性不断加强的基本条件,交通对城市群地域结构的基本单元起着制约和引导作用,使城市群形成沿交通走廊分布的空间结构。因此,要实现城市群空间的有序发展,建立城市群交通通道至关重要,这些重要的交通通道不仅能够有效满足城市间大运量、快速客运需求,而且为城市物流发展创造良好的货物运输条件,从而带动通道沿线城市的发展。

我国目前正处在城镇化快速发展阶段,是众多城市群空间结构形态形成和优化的关键时期,尽管部分城市群区域主要通道上开行了城际列车,有效改善了城市间的交通条件,方便了城市间的往来,但这些城际列车只能实现主要城市间点对点的服务,而对城镇服务覆盖明显不足;高速公路的功能设计和服务对象也主要是较长距离大点间的运输,为区域城镇服务的理念和功能比较薄弱;现有运营和在建的区域城际铁路由于过多追求速度标准和缩短城市点到点间时空距离的效果而减少了对沿线城镇的服务功能,因此,总体上,现有城际交通对主要城市间城镇带的形成和产业带的发展支持不够,难以对城市群空间布局结构的优化发挥有效的引导作用。

三、我国未来城镇化发展对城际交通的要求

(一)我国城镇化发展目标和形式

近年来,我国城镇化发展进程加快,2010年,我国城镇化水平已达到49.7%。当前和今后一段时期是我国城镇化发展的关键时期,未来10—15年,我国仍将处于城镇化快速发展阶段,预计

2015年城镇化率将达到53%以上,2020年达到58%—65%。

未来城市群将是我国推进城镇化快速发展的主体形态,也是区域重点开发及区域协调发展的主要形式。人口向大城市和超大城市聚集,城市规模不断扩大,大城市辐射范围内的城镇发展速度加快,形成连接成片的一体化、同城化的城市群是我国未来城镇化发展的必然趋势。

根据全国主体功能区规划,未来我国将把提高空间利用效率作为国土开发的重要任务,引导人口相对集中分布,经济相对集中布局,走空间集约发展道路。构建以陆桥通道和沿江通道为两条横轴,以沿海、京哈京广和包昆通道为三条纵轴,以国家优化开发和重点开发的城市群为支撑点,以轴线上其他城市化地区和城市为重要组成的城市化战略格局。推进长江三角洲、珠江三角洲和环渤海地区的优化开发,形成三个特大城市群,在北京、上海和广州培育国际大都市,提升参与全球分工与竞争的层次。推进哈长、海峡西岸、中原、长江中游、北部湾、成渝、关中等地区的重点开发,形成若干新的大城市群和区域性城市群,加强各城市群中心城市的建设,带动中小城市和小城镇协调发展。到2020年,实现全国重要城市群集中全国65%左右的人口和80%左右的经济总量,成为我国工业化城镇化的主体。

(二)城镇化发展对城际交通的要求

作为城市群发展重要支撑的城际交通系统的建设,必须符合科学发展的要求,体现综合交通运输理念,适应城市群区域经济社会发展,促进区域经济一体化和城市之间优势互补、资源共享,满足随城市群区域经济一体化发展而快速增长的城际交通运输需求。

1.适应城市群发展,满足大运量、高密度客运需求

城市群发展带来城市(城镇)人口增加,而且由于经济发展水

平提高,经济活动更加频繁,人均出行频率高。同时,由于城市间联系紧密,经济产业之间的关联度和分工协作不断增强,不仅人员往来增多,而且随着交通条件的改善,通勤出行量大幅增加,特别是在城市群主要城际通道上和中心城市都市圈范围内,城际交通应满足大运量、高密度的客运需求。

2.加强城市群区域内部联系,缩短城市间时空距离,实现城际运输快速化

随着区域经济一体化的发展,区域内部城市间的合作更加重要,特别是城市群中心城市之间的合作不仅能够在加快自身发展的同时,带动区域内中小城市及城镇的发展,而且对提高城市群区域整体竞争力至关重要,城际交通应从加强城市群区域内部联系,缩短主要城市间时空距离考虑,实现主要城市之间的城际客货运输的快速化,适应城市群同城化发展。

3.提供安全高效、便捷舒适以及多样化的运输服务

随着经济发展水平的提高,人们对运输质量的要求越来越高,包括快速、舒适、便捷的客运服务和安全、快捷、经济的货运条件,城际交通系统的构建应充分体现"以人为本",从基础设施建设到运输组织管理及信息服务,全面考虑城市群发展对"安全、舒适、便捷、高效"的客货运输系统要求,实现一体化运输服务,同时,提供多样化运输选择,适应城市群现代生活方式和生活节奏对客货运输的需求。

4.符合资源节约、环境友好和低碳发展方式

城市群区域是我国城镇化发展重点地区,人口密度大,资源约束强,环境压力更为突出,要求城际交通发展必须处理好与城市群经济、资源、环境的关系。一方面要支持和优先发展节约型、主导型运输方式;另一方面要以需求管理减少对交通设施的需求,强化节约型交通模式的发展。

5.城市群城际交通网布局要能够引导城市群区域城镇体系发展和空间布局结构进一步优化

交通是城市群发展的重要支撑,也是城市群空间形态的组成部分,城市群的发展具有沿交通走廊分布的特性。目前,我国除三大城市群以外的大部分城市群正处在形成初期,开始逐步进入快速成长期,城际交通网络的布局应充分考虑区域经济发展特点,与城市群区域城镇体系发展规划相衔接,加强区域内中心城市功能的发挥,辐射和带动区域中小城市及城镇的发展,促进城市群空间布局结构的整体优化。

四、我国城际交通需求特点和发展趋势分析

(一)城际运输需求结构

城市群区域城际运输是介于跨区域干线运输和城市运输之间的客货运输,其特点是:服务于区域内部城市及城镇间的客货流;运输距离一般在50—300公里,为中短途运输;在空间分布上,以区域中心城市及主要城市间的客货交流为主;在时间分布上,货运时间分布规律不明显,客运时间分布规律较强,即早晚高峰时间和节假日客流密集,其他时间客流分布均衡;从客流出行目的来看,主要是公务、商务和通勤客流,其次是旅游、休闲、购物及探亲访友客流,以下详细分析客流空间和时间分布结构。

1.空间分布结构

中心城市间点对点客流。在城市群区域,各中心城市功能定位不同,互补性强,经济社会联系密切。平时以公务、商务客流为主,早出晚归,周末及节假日以通勤通学和旅游、休闲购物客流为主。

中心城市都市圈客流。以主要大城市为中心的都市圈范围内,以通勤客流为主,客流量大,聚散特征明显,高峰时间客流量

集中。

中心城市与中小城市及城镇间、中小城市及城镇相互之间的客流。以公务商务客流为主,部分探亲访友客流,客流量不大,时间分布较为均匀。

2. 时间分布结构

高峰时段客流。以通勤、通学为主,部分公务、商务客流。

节假日客流。主要是中心城市居民在节假日期间到中小城市及其乡村旅游休闲客流,以及部分中小城市居民到中心城市参观购物等客流。还有部分工作、生活在同一城市群区域异地城市,节假日返乡客流。

平时客流。中小城市之间的探亲访友及其他普通客流。客流量较小,且时间分布无明显规律。

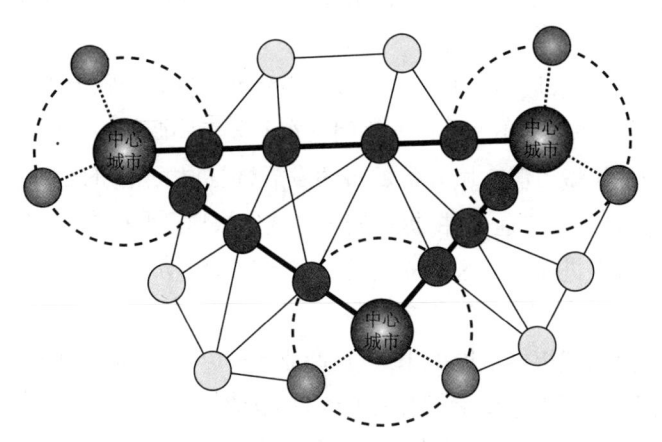

图 7-4 城际客流空间分布结构示意图

(二)城际交通需求特点

根据城际客运需求的空间分布结构和时间分布结构分析,城际客运交通需求具有以下特点:中心城市间点对点需要快速,大运量运输方式,适应城市群同城化发展;中心城市都市圈需要大运量、高频率、公交化服务;中心城市到各中小城市需要良好的公路客运服务和与城际主要通道间方便的衔接换乘条件;城市群区域需要路网密度高,覆盖范围大的公路客运基础网络,并与轨道交通和高速公路紧密衔接,发挥基础性作用,为城市群居民基本出行提供保障,为城际主干通道集疏车流和客流。

随着城市群区域经济一体化的发展,城市群内部城市间的分工协作进一步加强,城际货运越来越呈现出小批量、多批次、物流配送式的货物运输需求特点,对运输的经济性、时效性要求进一步提高。

尽管中小城市经济发展水平和居民收入水平低于中心城市,但城市群区域经济发展水平总体高于其他地区,人均出行次数和生产、生活用品需求量都远高于其他一般地区,因此城市群区域客货运输需求量水平较高,经济活动多,人员流动性大,交通设施网络密度应高于一般地区。

城市群区域中小城市的发展一定程度上依附于临近中心城市的发展,同时,中小城市产业之间存在着分工协调与相互合作的关系,为加快城市群区域各类城市的发展,促进相互间的合作,就必须创造良好的交通条件,提供安全、经济、快速、便捷的城际公共客运服务,促进城市群区域的人员交流和要素流动,为区域经济一体化发展提供支撑。

此外,城市群地区由于人口、产业集中分布,土地资源稀缺,环境压力大,客观上要求以发展大运力、节能环保的可持续发展的运输方式为主,因此,必须大力支持和优先发展城际轨道交通。

(三)需求量发展趋势

目前,我国正处在城镇化快速发展阶段,客货运输需求旺盛,特别是旅客运输,2000—2010年,全社会客运量已由147.86亿人增长到326.95亿人,年均增速达到8.2%,与"九五"和"十五"期间的4.7%和4.6%相比显著提高。未来一段时期,我国城镇化快速发展的态势仍将持续,城镇人口规模不断扩大,经济发展水平和人均收入水平不断提高,全社会客货运输总量仍将呈现快速增长的趋势。

从运距结构来看,中短途客流占客运总量的绝大部分,也是未来客运量增长的主力。有关研究分析得出,全社会旅客发送量中旅行距离在1000公里以上的长途旅客占总运量的比例在1.5%左右,旅行距离在200—1000公里之间的中程旅客占总运量的比例为3.5%,旅行距离在200公里以内的短途旅客占总运量的比例为95%左右。

从主要城市旅客发送量来看,其在全国客运总量中占比较大,也是未来客运量增长的主要源泉。2008年,全国省会城市和计划单列市客运量之和为65.7亿人,占全国客运总量的23%,2009年,为106.8亿人,占全国客运总量的35.9%,2010年,为115.3亿人,占全国客运总量的35.3%;国家铁路主要车站旅客发送量即全国主要城市旅客发送量2008年为4.96亿人,占国铁全部旅客发送量的34.3%,2009年为5.38亿人,占国铁全部旅客发送量的35.7%,2010年为5.8亿人,占国铁全部旅客发送量的35.2%。

从主要城市群区域客运发送量来看,其增速较高,从2000年到2010年,全国客运量由147.86亿人增长到326.95亿人,年均增速为8.2%,而京津地区客运量由2.1亿人增长到15.96亿人,年均增速达到22.4%,是全国平均增速的近3倍;珠江三角洲所在的广东省客运量由10.85亿人增长到45.61亿人,年均增速达到15.4%,是全国平均增速的近2倍。

未来,城际客运需求量将是我国旅客运输量最重要的增长点,城际客运需求量规模将大幅增长。

尽管主要城市群区域城际出行量在全社会总客运量中所占比重较大,但以往铁路承担的城际客运份额很小。有关研究显示,

2004年,长江三角洲地区城际出行总量为77026万人,占全社会客运量的36.7%。其中公路城际出行量为67659.7万人,占出行总量的87.8%,处于主导地位;铁路的城际出行量为7595万人,所占份额较低仅占总城际出行量的9.9%。城际轨道交通发展滞后是其承担份额小的主要原因,随着京津、沪宁、沪杭等一批城际轨道交通线路的陆续建成运营,轨道交通在城际客运中作用日益突出,未来,随着多个城市群区域城际轨道交通网规划的逐步实施,轨道交通客运量比重将有较大幅度的上升。

在货物运输方面,随着我国城镇化率的进一步提高和区域经济一体化的发展,将促使更多产业集群和产业带的加快形成和发展壮大,产业群内部相关企业分布在区域内不同城市或城镇,其间的原料及产成品的运输将大幅增加,同时,以消费拉动经济的战略也将促使与人们生产生活用品相关的货物运输量大幅增加,而人口分布较为集中的城市群区域货运量及增速都将大大高于其他地区,因此,未来城际货物运输需求量也将呈现快速增长的态势。

五、我国城际交通的发展理念和思路

(一)发展理念

任何事物都是矛盾的辩证统一,关键在于"度"的把握。城际交通发展必须把握好三个方面的"度",一是满足需求的"度",二是交通发展的"度",三是资源开发的"度"。城际交通发展的理念正是体现在对这三个方面"度"的把握上。

1. 有效满足城市群运输需求,促进人们生活质量提高

满足运输需求促进经济社会发展是交通运输发展的目标。城际交通的发展无疑应当适应人们生活质量不断提高的要求。但必须处理好以人为本与可持续发展的关系。由于客流结构不同、收入水平不同,出行目的不同以及生活理念不同等因素导致了人们

对交通运输不同方式、不同层次的运输需求,而交通运输的发展对于需求的满足程度不同,所消耗的资源也不相同。如果以追随需求为发展目标,无限制的满足人们追求物质生活享受对交通运输的需求,将会消耗更多的资源,同时造成运输结构比例不合理。因此,"有限满足"享受型需求,节制欲望的无限性,以引导的方式有效满足快速化客运需求,同时提供多样化出行选择,才是可持续交通发展应贯彻的理念。

2. 与城市群发展阶段相适应,既要经济合理又要适度超前

轨道交通虽然在能源消耗、土地占用以及污染排放等方面都优于公路运输,但其投资巨大,建设周期长,而且由于其具有一定的公共交通属性而致使盈利能力较弱,需要有相当的运量规模、一定的政府补贴以及相应的优惠政策作支撑,才能实现轨道交通的可持续发展。因此,在城际交通发展过程中,必须根据城市群所处发展阶段的运输需求特点及各种运输方式的技术经济特征,充分论证其建设的经济合理性,准确把握城际轨道交通发展节奏。

另外,城际交通是城市群形成的条件,也是城市群经济社会发展的支撑和保障,城际交通的发展不仅是为了满足相应时期城市群不断增长的客运需求,而且,担负着改善区域交通条件,为城市群长远可持续发展提供后续支持的重任,特别是轨道交通线网布局形态对城市群空间布局产生着重要影响,引导着城市空间的拓展方向,促使城市群空间布局结构进一步优化和完善。不仅如此,交通设施占用稀缺的土地资源,建成后使用年限久,适度超前规划和建设城际交通系统十分必要。

因此,在城际交通发展过程中,必须以综合交通运输思想为指导,结合城市群发展所处阶段及需求特点,正确处理好"经济合理"与"适度超前"的关系。

3. 体现资源节约,支持城市群可持续发展

城市群的发展离不开交通运输的支撑,交通发展是经济社会

发展必须先行投入的成本,交通发展所需要的资源开发和利用必不可少。然而,城市群是人口和城镇布局密集地区,资源环境压力远远高于其他一般地区,交通发展必须更加重视资源与环境承载能力的限制,统筹考虑城市群发展、交通支撑以及资源利用的关系,以尽可能少的资源占用和消耗来有效满足城市群经济社会发展对交通运输的需求。

(二)发展思路

1. 城际交通以发展高速公路和轨道交通为主,积极发展通用航空

城际交通运输方式有铁路、公路、水路以及航空四种,城际交通的功能定位和服务范围决定了各种运输方式在城际交通中所发挥的作用和重要性不同。

城际交通是为城市群区域经济社会发展服务的、满足区域内部城际间的客货运输需求的交通系统。城际交通服务范围包括城市群区域主要大城市之间、大城市与中小城市及城镇间,中小城市及城镇相互之间的旅客和货物运输。

由于城市群区域城际交通运输距离一般在50—300公里,最适合公路灵活机动、门到门运输优势的发挥,因此,公路运输在城际交通中始终发挥着基础性作用;同时,由于城市群区域内部城市之间客货运输对时间性要求较强,高速公路相对于普通公路更具有时间优势,因此,更能适应城际间的快速运输需求特点。

随着城市群规模的不断扩大,城际运输需求量快速增长,土地资源和环境约束日益突出,对于大能力、快速、安全、舒适同时又节能、环保的轨道交通方式的需求越来越迫切。因此,当城市群发展到一定规模,必须通过建立轨道交通来解决城市群区域高度集中的交通问题。

城际间的货物运输特点与干线货运不同,城际货运并不是大

宗物资的大运量货物运输，而是以物流配送方式为主的小批量、多批次的货物运输，同时，时间性要求较强，因此，城际货运是以高速公路运输为主，以国省干线为补充。

城际间的旅客运输同样与干线客运有所区别，城市群区域经济相对发达，居民出行频率和出行费用承受能力都相对较高，对时间性和舒适性要求也相对较强，同时，客运需求量的时间分布和空间分布不均衡性都较强，主要城市之间和早晚高峰时段的客流量较为集中。高速公路和轨道交通都具备快速、便捷、舒适等特征，因而成为城际客运的主要方式。

通用航空在城市群交通中不仅可以担当一定量的城际间旅客运输，同时，在各种事故、灾害的应急救援中发挥着不可替代的作用，我国目前通用航空发展严重滞后，市场需求和成长潜力巨大，因此，应加快发展通用航空。

水路受地域条件和运输时间的限制，只能成为城际交通中的辅助运输方式，承担少量城际货运。

综上所述，城际交通应以发展高速公路和轨道交通为主，同时，要积极发展通用航空。

2.根据城市群发展阶段把握城际交通发展重点

城际交通服务于城市群，其发展规模必须与城市群发展规模和发展阶段相适应。根据有关研究，城市群的发展过程可以分为初期、中期和成熟期。不同时期对于交通运输的需求特点各不相同。

城市群形成初期，中小城市发展相对落后，城镇体系尚未建立，运输需求量有限，需求结构和分布都较为简单，运量需求主要集中在大城市间，可利用干线交通（包括铁路和高速公路干线）兼顾城际功能，此时，城际交通发展应以公路为主，重点发展城际高速公路网络，实现城市群区域内主要城市及城镇间高速公路连接，以缩短主要城市及城镇间的时空距离，密切城市群区域内部城市及城镇之间的联系,促进城市群的发展。同时,做好城际轨道交通规划,并视运量增长情况起步建设主干线路。

当城市群发展进入中期以后,发展速度加快,城镇体系逐步建立。此时,城际间运量增速快、分布广、密度大、需求呈多样化特点,城际交通特征日益突出。由于干线交通主要服务于中长途旅客运输,无论从运行速度设计还是服务站点设置,都只能兼顾区域大城市点到点之间的客流,无法照顾中小城市及城镇间的客流,此时,必须构建主要服务于城市群区域的以轨道交通和高速公路为主的城际交通系统,来满足和适应城市群区域内部城市及城镇间不断增长的运输需求。

在构建城市群城际交通系统过程中,一要正确判断合理的运输结构,确保各种运输方式的协调发展。既要充分利用轨道交通作为节能环保快速高效的大能力运输方式的优势,满足人口高度集中、运输需求量大、出行时间和空间分布较为集中的城际主要通道上的运输需求;又要充分发挥公路短途运输灵活机动的特征优势,强化其在城际交通中的基础性作用;同时,在条件允许情况下积极发挥航空和水路在城际交通中的辅助作用,为城际间旅客出行提供多种选择的机会。二要正确把握"经济合理"与"适度超前"。城际交通的发展必须从长远考虑,结合城市群未来发展趋势及规模,统筹考虑,超前规划城际交通系统,但对于具体项目的建设,必须考虑城市群发展所处阶段及客流量因素,充分论证其经济合理性,正确把握项目建设时机。逐步完善主骨架和加密城际交通网络。

3. 根据城市群结构形态和运输需求特征分层布局城际交通网络

在城市群区域,交通与经济互动发展的结果形成城市群发展主轴地带,即中心城市之间或中心城市与区域主要大城市间的走廊经济带,沿走廊地区即为城市群区域经济和城镇体系发展的核心区域,运量需求本身就大,交通走廊上基础设施的建设和发展,在缓解交通压力的同时,也促进了沿线经济社会和城市的发展,从而进一步带动了运输需求量的快速上升。因此,城际主轴上的运输需求量是构成城市群区域运输需求量的主要部分,也是需求量增长的重要来源。

由于中心城市发展到一定规模后具有扩散效应,惠及周边城市及城镇的发展,形成围绕中心城市的都市圈,中心城市与周边城市的相互依附与合作产生大量交通往来,其中,城际客流最主要的是公务、通勤客流。通勤客流在城际交通中所占比重较大,也是城际交通需要重点考虑的问题。

在城市群形成发展过程中,交通设施对城市群布局结构的影响会逐步显现,为集约利用资源,促进城市周边城镇吸纳更多人口、提高城镇化水平,逐步分担中心城市的部分功能,在城市群区域中小城市之间,需要构建更加开放式的、便捷的运输通道,为通道沿线城镇提供快捷、通畅的交通条件和运输服务。

为适应城市群各类旅客运输需求,发挥中心城市的辐射带动作用,促进城市群一体化发展,城际交通应在分析城市群各类需求特征的基础上,采取分层布局的方法。本研究将城际交通分为三个层次,即城际主通道、中心城市都市圈和城际交通基本网络。

(1)城际主通道

在城际主通道上,客货运需求量大,空间分布特征明显,主要集中在两端和沿线城市结点上,客流结构主要为城市间旅客交流,对出行时间和服务质量要求较高,出行费用承受能力较强,货流结构主要为城市间物流配送,对经济性、时效性要求较高。交通发展应以缩短城市间时空距离,提供较高质量的快速客运和便捷高效的专业化货运服务为主要目标,在前期大力发展高速公路的基础上,建设快速大能力轨道交通,同时,适度发展航空运输,以提供多种运输选择,满足多样化运输需求。

在城市群发展初期,运量规模较小,以发展高速公路为主,通道上有干线铁路平行通过时,可利用干线铁路开行部分城际列车,兼顾城际轨道交通功能,但从长远发展考虑,从有效满足城市群城际客运需求和有利于城市群区域经济一体化发展以及完善城镇体系的角度来看,应提早规划、适时建设专门服务于城市群区域的城际轨道交通线路,以利通道资源的合理利用。

(2)中心城市都市圈

中心城市都市圈不仅覆盖市域范围,而且进一步扩大至周边城市及城镇。在中心城市都市圈范围内,客流量大,客流结构以通勤旅客为主,出行时间集中在早晚高峰时段,主要分布在中心城市周边的中小城市或城镇,出行距离相对较短,对于出行质量要求不高,但对于交通的畅通和出行的便捷性要求较为强烈,而且,由于出行频率高,对出行费用较为敏感。交通发展应以满足大运量需求,提供高密度、高频率服务的公共客运为主要目标,大力发展高等级公路,适时建设站点分布相对密集的大能力中低速轨道交通,适应都市圈同城化客运需求。

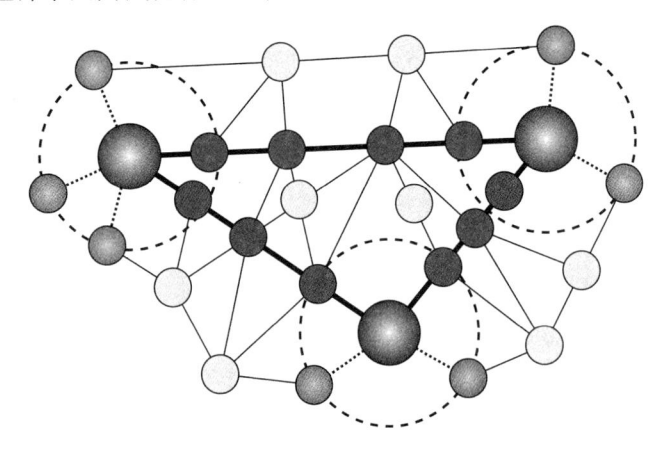

图 7-5 城际交通网络结构示意图

注:图中粗线为城际主通道,虚线为中心城市都市圈,细线为城际基础网络。

(3)城际交通基本网络

除上述两种时间、空间分布较为集中的典型运输需求外，在城市群区域中小城市间，分布着一般性客货运输需求，尽管运量相对不大，时间、空间分布都较分散，但中小城市是未来城市群发展的主力，其发展速度将进一步加快，这部分运输需求将成为未来城市群区域运输需求的主要增长点。因此，建立中小城市及城镇之间快捷、通畅的运输通道是城际交通建设的重要内容之一。满足中小城市及城镇之间的运输需求，必须建设较为发达的高等级公路网络，并提供更加开放、便利的进出条件。

4.充分考虑城际交通与干线交通和城市交通的衔接

城际交通与干线交通和城市交通并无明显界线，相互间既存在交叉重叠，又需要紧密衔接。例如，位于跨区域干线通道上的大城市间的部分运量可利用干线交通来承担，即干线交通兼顾了部分城际功能；某些城市交通随着城市的发展和辐射范围的扩大向其卫星城及周边中小城市延伸，形成市内外一体的都市交通圈，即城市交通扩展至城际。

随着城市群区域经济一体化的进一步发展，城市群区域内部城市之间的联系更加紧密，形成连绵一体的类似超大城市的集合体，此时的城际交通相当于城市交通，而整个城市群区域又成为干线交通的一个枢纽地带。

因此，城际交通的发展必须充分考虑与干线交通和城市交通的紧密衔接，构成协调一体的运输系统，即要保证城市群区域内部交通的畅通，又要保证城市群区域作为干线通道的枢纽与其各衔接方向的顺畅。为城市群区域内外提供便捷、通畅和一体化的运输服务。

六、我国城际交通的规划目标及原则

(一) 城际交通规划目标

城市群所处地区及发展特点不同,相应的城际交通系统建设目标不同。应根据具体城市群经济社会发展规划,结合既有交通发展情况,规划相应城市群城际交通发展目标,并制定分阶段实施步骤。

1. 发展总体目标

在全国主要城市群区域,构建以轨道交通和高速公路为骨架,以国省干线、内河水运、通勤航空为补充的功能完善的城际交通系统,包括基础设施和运输服务系统,有效满足城市群区域经济一体化发展对城际交通运输需求,实现城市群区域各城市间的紧密联系,引导城市群空间布局结构进一步优化,促进城市群健康发展。

2. 分层布局目标

在城市群区域发展主轴线上,建成以城际轨道交通和高速公路为主的大能力、快速城际综合运输通道;在中心城市都市圈范围,建成以轨道交通和高等级公路交通为主的通勤圈;在城市群区域中小城市之间,建成由高速公路和高等级公路组成的快捷、通畅的道路交通网络。

3. 各方式协调发展目标

在主要城市群省会城市与大城市之间,建成城际轨道交通网络;在区域所有大城市之间实现高速公路连接,其中,运量规模较大的省会城市至主要城市之间高速公路扩容或建设复线;在其他中小城市之间加密高等级公路网络;在区域内城镇分布较为密集的走廊经济带上以城市快速路的形式和标准建设部分开放式的快捷通道;在城市群区域规划布局通用机场。

(二)城际交通规划原则

1. 与城市群区域经济一体化发展目标一致

城际交通系统既是城市群经济社会发展的支撑,同时也是城市群区域空间结构的组成部分,城际交通的发展必须与城市群区域经济社会一体化发展目标相一致。区域经济一体化发展离不开城市间的紧密合作,城际交通是连接区域内各城市的纽带,要与城市群发展形态相一致,不仅要密切城市间的联系,有利于强化中心城市的辐射带动作用,同时,要引导城镇体系沿交通走廊分布,为区域经济一体化发展和完善城镇体系目标的实现发挥作用。

2. 坚持可持续发展理念,突出主导运输方式的发展

积极倡导低能耗、低污染、低成本运输方式的发展是未来我国交通运输可持续发展的方向。国外发达城市群发展的经验也充分证明了轨道交通是解决大流量通道旅客运输问题的最有效方式,在城市群发展过程中具有不可替代作用。我国在过去十多年以来,铁路发展明显滞后,城际轨道交通建设起步较晚。为适应未来城市群的发展及其所产生的大流量、高密度的城际旅客运输需求,必须以经济、节能、环保的轨道交通作为城际交通的主导运输方式,给予大力支持和优先发展。

3. 充分利用既有交通网络,与干线交通紧密衔接

城市群大多处在干线综合运输通道交汇点上,区域既有交通网络较为发达,干线交通网络不仅解决城市群对外交通问题,同时兼顾了部分城际交通功能,如干线铁路上城际列车的开行、高速公路上城际间车辆的通行。因此,城际交通系统的构建必须结合既有交通网络,以综合交通运输思想为指导,从城市群区域整体考虑,通过增量调整,优化城际交通运输结构。再通过城市群区域综合交通运输枢纽和物流园区的布局与建设,使城际交通与干线交通和城市交通有效衔接,再通过便捷的换装换乘实现高效一体化的运输服务。

4. 以发展城际公共交通为主，倡导节约型交通

城市群区域人口密集，人均出行频率高。随着我国工业化、城镇化的进一步推进，城市群规模不断扩大，城市群区域同城化发展趋势明显，交通运输需求持续大量增加，交通拥堵和环境污染问题日益突出，交通发展应从满足持续不断增长的运输需求向着实施需求管理、有效引导交通出行需求的方向发展。为避免私人交通过度发展带来的一系列环境和社会问题，集约利用资源，促进城市群健康发展，城际交通必须遵循以发展公共交通为主的原则，有效引导人们的出行选择。通过大力发展公共交通和专业化货运，减少私人交通出行和个体运输，从而减少对交通基础设施的需求数量。要在加快推进轨道交通建设的同时，进一步发展和完善道路公共交通运输服务系统。

七、我国城际交通分类布局规划建议

由于区位条件、资源禀赋和产业发展特点等多种因素的影响，城市群发展呈现出多种多样的特征，城际交通的发展必须根据城市群发展特点，结合未来发展趋势确定其发展方向和发展重点，与城市群发展规模和发展阶段相适应，科学合理的布局规划城市群交通网络。

城市群发展规模与发展阶段的判断不仅要根据城市群区域人口密度、城镇化水平和经济发展水平等指标，更重要的是决定于城市群区域内部主要城市之间联系的密切程度以及中心城市对周边城镇的辐射强度。因为，发展城际交通的目的是解决城市群区域内部城市及城镇间的互通往来，城际运量的产生源于这些城市及城镇之间的人员往来和产业关联，运量大小及发展趋势是决定城际交通发展的主要依据。因此，在研究城际交通问题过程中更多关注的是区域内部城市及城镇之间的客货运量，而非区域对外运量。因此,城市群区域内部城市及城镇之间联系的密切程度决定着城际交通的发展模式和建设规模。

根据城市群发育程度指标,结合城市群区域内部城市间联系的密切程度,将城市群分为不同类别,对其进行分析,确定各类城市群布局规划及建设重点。

(一)特大城市群

特大城市群是指综合实力较强,经济规模较大,城镇体系较为健全,区域内部城市间经济联系紧密,科技创新实力较强的城市群。目前,我国发育较为成熟的长江三角洲、珠江三角洲、京津冀三大城市群具备上述条件,并在全国的经济发展中发挥着龙头带动作用,称为特大城市群。

特大城市群城际交通规划的主要思路是:加快推进以轨道交通为主的城际交通系统建设,在加快建设基本骨架的前提下,逐步推进部分路网加密线、外围延长线及内部联络线的建设,基本形成城际轨道交通网络;进一步发展高速公路和高等级公路,满足城市群快速化和多样化的客货运输需求,在城市群主要通道上建设大能力高速公路,在中小城市及城镇之间加密高等级公路网络,在城镇分布较为密集的走廊经济带上,以城市快速路的形式建设相对开放的快捷通道。

1. 长江三角洲城市群

长江三角洲城市群形态属于高度集中型布局,上海为区域发展的核心,中心城市有南京、杭州、宁波,城际主通道为沪宁、沪杭、杭甬。城市群发展特点表现为中心城市辐射作用明显,沿沪宁、沪杭通道两侧城市发育较为完善,客运需求明显高于其他地区,因此,在长江三角洲城市群发展中,主要通道作用突出,应以大能力客运通道建设为重点。同时加强区域城际基本网络的建设。

沪宁通道自上海至南京,经苏州、无锡、常州、镇江等城市;

沪杭通道自上海至杭州,沿线经过嘉兴;
杭甬通道自杭州至宁波,沿线经过绍兴;
上海都市圈范围周边城市有苏州、嘉兴等;
南京都市圈范围周边城市有镇江、马鞍山等;
杭州都市圈范围周边城市有湖州、嘉兴、绍兴等;
宁波都市圈范围周边城市有绍兴、舟山等。

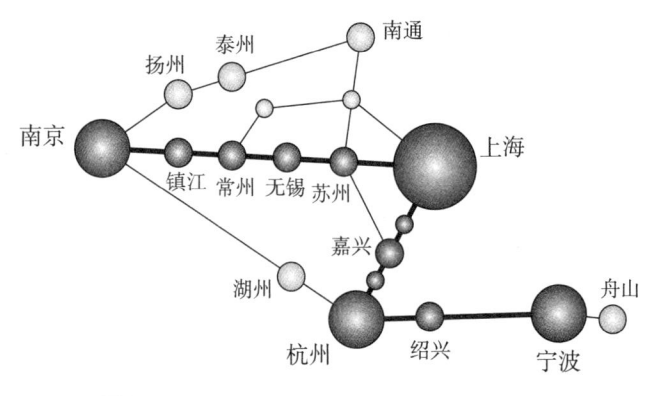

图 7-6 长江三角洲城际交通网络骨架示意图

长江三角洲城市群城际交通规划布局:以上海为核心,连接南京、杭州、宁波等中心城市的沪宁、沪杭、杭甬通道为城际主轴,构建以轨道交通为主,有高速公路、国、省道共同组成的城际大能力客运通道;以上海、南京、杭州、宁波为中心,连接相应周边主要城市,构建以轨道交通为主,有高速公路、国、省道共同组成的各城市交通通勤圈;以区域内所有城市为结点,以高速公路和国、省道为连线,构建覆盖整个长江三角洲城市群区域的城际交通基本网络。

2. 珠江三角洲城市群

珠江三角洲城市群空间形态属于多中心分散型布局,以广州、深圳、珠海为中心城市,以广深、广珠为主要通道,区域内中小城市较多,交通发展应以构建高密度网络,高频率服务的城际客运系统为目标。在既有高速公路较为发达的情况下,重点发展轨道交通。广深和广珠通道作为珠江三角洲通往香港和澳门两个特别行政区的重要通道,应建设大能力、快速客运通道。

由于区域所有各城市同属广东省域行政区范围,统一规划,分工协作、一体化发展的力度和程度会更大,相互间联系会更为紧密,而且城市分布密度和集中度较高,因此,应建设覆盖城市群区域主要城市的城际轨道交通,将区域内大部分城市以轨道交通连接在一起,加强区域内各城市间的联系,密切协作,实现整个区域经济社会的一体化发展。

广深通道自广州至深圳,途经东莞市。广珠通道自广州至珠海,沿线城市有佛山、江门、中山等城市。广深、广珠通道既是粤港、粤澳间联系的主要通道,也是内地通往香港和澳门的重要交通要道,目前,两通道均已拥有较高标准的快速铁路和高速公路,但通道现有设施基本都是大路网、大通道的组成部分,主要服务于大城市及区域对外交通,广深、广珠间点到点城际客运基本可以得到满足。沿线中小城市及区域其他城市之间缺乏便捷、顺畅的公共交通,居民出行方式单一,城际间出行需求受到抑制,必须构建以服务于珠江三角洲城市群区域为主,结点密度高、网络密度大的城际公共交通系统,建设覆盖珠江三角洲地区的中低速城际轨道交通网络,同时,在既有高速公路和国道组成的公路网络上,积极发展公路客运。以发达的城际公共客运为珠江三角洲城市群居民的出行提供方便,同时引导人们的出行选择。

3. 京津冀城市群

京津冀城市群是围绕北京、天津双核形态布局发展的,京津之间的运输通道是区域内最为重要的城际通道,对京津间的互补和一体化发展发挥着重要作用,同时以京津为核心向周边主要城市辐射,形成京石、京秦等区域内主要城际运输通道。根据城市群形

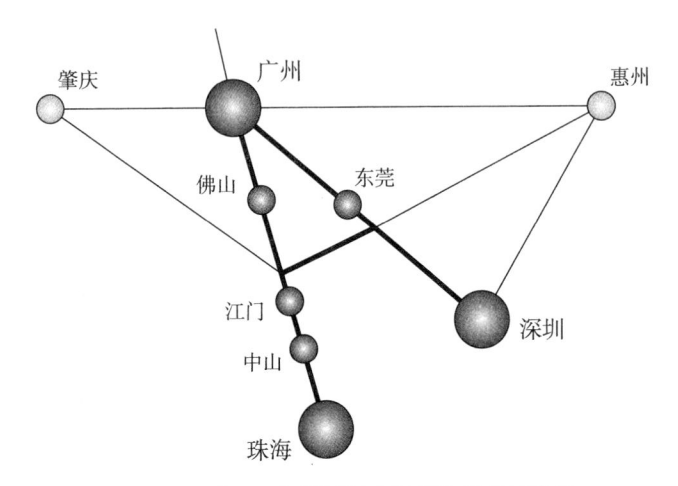

图 7-7 珠江三角洲城际交通网络骨架示意图

成机理和发展规律,城市规模达到一定程度后,继续发展将呈发散趋势,即产业、经济将向大城市周边扩散,形成新的中小城市或加快周边中小城市的发展。未来,随着京津城市的继续发展,一方面,郊区卫星城市规模将不断扩大,逐渐与周边城市连接成片;另一方面,京津城市的辐射能力也进一步加强,与周边城市的联系更加紧密,周边城市将因此而获得更多发展机会,如秦皇岛、唐山、承德、张家口、保定、沧州等。

京津通道:北京至天津,途经廊坊;

京石通道:北京至石家庄,途经保定;

京秦通道:北京至秦皇岛,途经唐山。

京津通道目前既有和在建设施有京山铁路、京津第三线、京津城际铁路和京沪高速铁路,以及两条高速公路,通道功能及设施布局已较为完善,未来的发展应以优化运输组织,提高通道使用效率为主要目标。京石、京秦等通道上尽管有多条干线铁路和高速公路,但干线服务的主要对象是沿线大城市间的旅客交流,难以满足沿线较为密集的城镇结点间的客运需求,因此,京石、京秦通道上还需建设城际轨道交通,由于京石、京秦通道长度均在300公里左右,需建立快速城际交通,以缩短城市间时空距离,推进京石、京秦经济带的发展。

未来,京津冀城市群城际交通应以北京、天津为中心,以京津、京石、京秦为主要通道,形成和强化更多城际通道,使其在城市群发展中的作用更加突出,如京承、京秦、京张等。构建以多条放射线和环线共同组成的覆盖整个区域的城际交通网络。

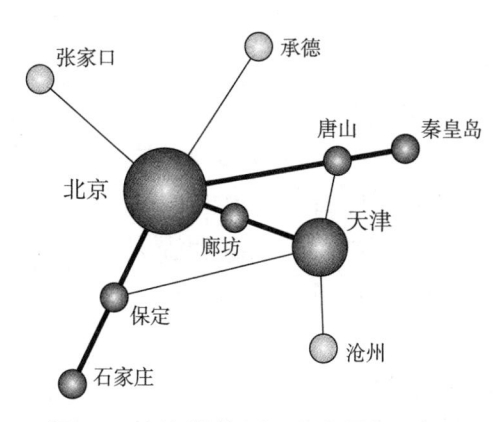

图7-8 京津冀城际交通网络骨架示意图

(二)大城市群

大城市群是指已初步形成并正在加快发展,人口密度和经济规模较大,区域内部城市间联系紧密,城镇体系正在逐步建立的城市群。如:山东半岛、辽中南、哈尔滨、长吉图、中原、武汉、长株潭、江淮、环鄱阳湖、海峡西岸、成渝、关中和北部湾城市群等。

大城市群城际交通规划的主要思路是适度发展城际轨道交通。在旅客运输需求规模较大的主要通道上规划建设城际轨道交通,有效发挥城市群中心城市对周边中小城市的辐射作用,同时,充分利用既有铁路资源和新线建设相结合,实现城际轨道交通快速服务;重视发展高速公路和高等级公路,进一步完善区域高速公路网络,加密区域内中小城市之间的高等级公路网络。

根据城市群结构形态、所处区位、经济发展水平等特点不同,对我国大城市群进行分类研究,确定其布局规划和发展重点。

1. 山东半岛、辽中南、长吉图、成渝、海峡西岸城市群

山东半岛城市群、辽中南城市群、长吉图城市带、成渝城市群以及海峡西岸城市群的共同特点是,都是以双核形空间布局形态发展,城市群区域覆盖范围大。其中,山东半岛城市群、辽中南城市群以及海峡西岸城市群都位于东部沿海地区,经济发展水平和城市群发展条件较好;长吉图城市带位于东北腹地,连接吉林省会与中朝边境口岸城市;成渝城市群虽地处西部,但人口相对集中,城镇化发展较快,是西部地区较为发达的城市群。山东半岛城市群是以济南、青岛为双中心,通道沿线及周边分布有淄博、潍坊、东营、烟台、威海、日照等城市;辽中南城市群是以沈阳和大连为双中心,包括鞍山、抚顺、本溪、丹东、辽阳、营口、盘锦、铁岭等城市;长吉图城市带是以长春、吉林为中心,包括敦化、图们和珲春等城市;成渝城市群是以成都和重庆为双中心,包括南充、绵阳、乐山、德阳、眉山、内江、遂宁、资阳、广安市等;海峡西岸城市群是以福州和厦门为双中心,包括漳州、泉州、莆田、宁德四市,辐射区域包括三明、南平、龙岩三市。

由于双核形态布局,通道构成和走向清晰,两个中心城市之间通道运量集中且对时间、舒适性等运输质量要求较高,多样化需求特征明显,需建设大能力、快速客运通道,包括城际轨道交通和高速公路。两中心城市各自的都市圈交通需求突出,需分别建设以两城市为中心的大能力、高密度、高服务频率的轨道交通及快速道路公交。同时,城市群区域覆盖范围内的所有中小城市之间需要建立相互连通的高等级公路交通网络,进一步密切城市间的联系。

2. 哈尔滨、中原、武汉、江淮、环鄱阳湖城市群

哈尔滨城市群、中原城市群、武汉城市群、江淮城市群和环鄱

阳湖城市群的共同特点是：都是以省会城市为中心，辐射周边中小城市，同样地处中部地区，位于南北与东西综合运输大通道交汇点上。哈尔滨城市群是以哈尔滨为中心，由齐齐哈尔、大庆、牡丹江、绥化等城市组成；中原城市群是以郑州为核心，由洛阳、开封、新乡、焦作、平顶山、许昌、漯河和济源等城市构成，位于南北方向上的满洲里至港澳台综合运输大通道与东西方向上的陆桥综合运输大通道交汇处；武汉城市群是以武汉为中心，包括黄冈、黄石、孝感、咸宁、鄂州、潜江、天门、仙桃等城市，位于南北方向上的满洲里至港澳台综合运输大通道与东西方向上的沿江综合运输大通道交汇处；江淮地区以合肥为中心，包括安庆、池州、铜陵、巢湖、芜湖、马鞍山等城市，位于沿江通道与京福（台）通道交汇处；环鄱阳湖城市群以南昌为中心，包括景德镇、九江、鹰潭、上饶等城市，位于沪瑞通道与京福（台）通道交汇处。

目前中部省会城市群发育水平和区域经济发展水平不高，但发展速度逐渐加快。近期，在利用干线交通兼顾城市群主要城市间的城际交通的同时，要尽快建设以省会为中心到主要城市的放射型快速运输通道，构建省会都市交通圈；在完善高速公路网络和加密高等级公路网络的同时，需要在流量较大的城际运输通道上建设城际轨道交通线路，并在区域内各城市及城镇间大力发展道路公共运输。远期，当城市群发育达到一定水平，可以建立连接区域主要城市间的轨道交通网络。

3. 关中、北部湾城市群

关中城市群和北部湾城市群都是位于我国西部地区，以省会城市为中心的城市群，城镇化发展相对缓慢，城市群发育水平和区域经济发展水平不高。关中城市群由分布在陕西关中地区的西安、宝鸡、咸阳、渭南、铜川等城市构成，其辐射区域包括运城、三门峡、天水、汉中、安康、商洛等城市，布局较为分散；北部湾城市群以南宁为中心，包括北海、钦州、防城港、贵港和梧州等城市。

与中部地区以省会为中心的城市群相比,西部省会城市群发育程度相对较低,成长速度相对缓慢。近期,应以发展高速公路和高等级公路网络为主,重点完善省会都市交通圈建设,同时,在区域大城市间建立快速运输网络,适时建设由省会城市到达区域主要城市的城际干线轨道交通。

4. 长株潭城市群

长株潭城市群是以长沙、株洲、湘潭三城市相连构成的连绵区域为中心,辐射周边相邻的岳阳、常德、益阳、娄底和衡阳等市,呈放射型布局形态发展,因此,称其为大中心区布局形态的城市群。长株潭城市群位于我国南北纵向综合运输大通道——满洲里至港澳台大通道与东西横向综合运输大通道——上海至瑞丽大通道交汇处,铁路和公路干线穿越中心城市之间,与城际主通道重合。正是由于交通条件的改善和枢纽地位的提升,促进了长株潭城市群中心城市的发展。为了充分发挥三个中心城市的辐射作用,促进长株潭城市群区域内各中小城市的发展,扩大城市群规模,带动整个区域经济的发展,需构建能够适应和引导长株潭城市群发展的城际交通系统。

长株潭城市群交通网络的构建需从两个层次考虑:一是长沙、株洲、湘潭三个中心城市之间的城际交通。长沙、湘潭和株洲三城市相邻,中心城区相互距离不过50公里左右,具有同城化发展趋势,城际间交通一定程度上可以理解为超大城市的城市交通,需要大能力、高密度、高频率的公交化运输系统来支撑,因此必须建立城市群中心区交通系统。三城市相互连接的通道上应以建设大能力中低速轨道交通为主,辅以道路公共交通,与各城市内部公交紧密相接,实现三城市间的交通一体化发展。二是以长株潭为整体核心区向周边城市辐射,形成放射型的多条城际运输通道。近期,以构建长株潭中心区城际交通通道为主,加快推进长沙—株洲—湘潭间的轨道交通建设,完善区域高速公路网络和高等级公路网络。远期,规划建设核心区至区域主要城市间的轨道交通线路。

(三)区域性城市群

除上述城市群外,还有很多尚未成型,但具有发展成为城市群潜力的城市分布较为密集地区。实际上,由于省会城市的辐射带动作用,各省、自治区的省会周边城市的密集程度和经济发展水平都相对高于其他一般地区,而且各主要的交通运输大通道也大多经过各行政区省会,为省会城市及周边地区的经济社会发展提供了有利条件,随着我国城镇化进程的推进和区域经济一体化的发展,城市间的联系日益紧密,在省会城市对周边城市的辐射和带动下,将形成更多以行政区省会为中心的城市群,成为区域经济发展的龙头,带动和促进地方经济的发展。我们将这类城市群定义为区域性城市群。如太原城市圈、呼包鄂榆地区、东陇海地区、兰州—西宁地区、宁夏沿黄地区、天山北坡地区、黔中地区、滇中地区和藏中南地区等。

区域性城市群人口集中度不高,居民收入水平和地区财政收入水平相对较低,城镇体系尚未建立。这类城市群区域运输需求量相对较小,对交通出行费用的承受能力也相对较低。城际交通规划思路是以发展公路运输为主,完善城际高速公路网络,适当加密中小城市间高等级公路网络;未来,视运量增长情况适时规划和建设城际干线轨道交通。

八、"十二五"时期城际交通发展重点任务

"十二五"时期是我国转变经济发展方式和产业结构升级的重要转型期,加快推进城镇化发展是促进消费、拉动内需以及集约利用资源的重要途径。这一时期,随着我国工业化、城镇化的进一步发展,以及在国家一系列政策措施的作用下,作为我国未来城镇

化发展重点区域的城市群将继续呈现快速发展态势。已有的城市群规模不断扩大,城市群区域内部城市之间联系更加紧密,更多城市群将逐步形成,并很快进入快速成长期,城市群区域经济的发展在国家经济发展中的作用更加突显,城际交通系统的建设更加重要和迫切。

"十二五"时期,我国中长期铁路网规划的大部分项目将提前完成,铁路干线网络基本建成,未来城际轨道的建设将成为重点。城际轨道在城际交通系统中作用突出,对城市群的发展至关重要,城际轨道的建设不只是要考虑人口规模和经济发展水平,满足运输需求,更重要的应考虑对区域经济发展和产业布局、对城市群空间结构的优化以及对人们出行方式选择的引导,因此,在城市居民对轨道交通票价水平具有一定承受能力或地方政府有一定财政补贴能力的条件下,应适度超前发展城际轨道交通。

"十二五"时期,国家高速公路网规划中城市群区域相关大部分线路将基本建成,但国省干线公路相对较为薄弱,城际交通应在进一步完善区域城际高速公路网络的同时,重点加强区域国省干线建设,加密城市群区域高等级公路网络,提高城市群区域公路网整体质量水平,实现城市群区域中小城市及主要城镇之间二级以上公路连接。

"十二五"时期,要以特大城市群城际交通建设为重点,进一步加强城市群区域主要大城市之间的运输能力,突出人口密集、运量规模较大地区的轨道交通发展,强化区域城际骨干网络建设,扩大城际交通网络规模,加大公共客运发展力度,提高城市群区域交通保障能力,促进城市群区域基本出行条件改善。

(一)对于特大城市群

要继续完善城际主通道建设,完成在建的城际轨道交通项目和高速公路扩容项目,建成快速、大能力、满足多样化运输需求的城际主通道；要加强中心城市到周边城市及区域内主要城市之间的城际交通网络建设，加密区域内中小城市及城镇之间的高等级公路网络；同时，强化公路基础网络与主通道衔接换乘枢纽的功能；加强三大城市群区域公共客运服务系统建设。形成区域中心城市及主要大城市间以轨道交通和高速公路连接，区域所有城市与城镇及城镇之间以高速公路或高等级公路连接的城际交通网络。城际客运以轨道交通和高速公路公共客运为主，航空客运和高等级公路公共客运为补充，同时满足多样化客运需求。城际货运以高速公路承担沿线城市及城镇间的高附加值快运货物运输，其余大部分货物运输由普通公路完成，长江三角洲、珠江三角洲城市群区域辅以水路。

（二）对于大城市群

要重点加强城市群区域城际主通道建设。启动和建设运量规模较大的城市群主通道上的轨道交通。在齐齐哈尔—牡丹江，沈阳至铁岭、抚顺和辽阳，青岛—烟台—威海—荣城，福州—厦门，郑州至开封、焦作、新郑，武汉至孝感、黄石和咸宁，长沙—株洲—湘潭、长沙—常德，合肥—安庆，西安—铜川，成绵乐及成渝等城际通道上，在建设轨道交通的同时，加快通道相关的高速公路及高等级公路建设，完善区域高速公路网络和国省干线公路网络。形成区域中心城市间及中心城市到主要大城市间有轨道交通或高速公路连接，高等级公路覆盖区域所有城市及城镇的城际交通网络。初步形成以轨道交通和公路客运为主的客运系统和以普通公路货运为主、辅以高速公路轻质高值货物运输的货运系统。

（三）对于区域性城市群

"十二五"期间，要以建成区域内发达畅通的公路网络为城际交通发展的主要目标。继续完善城市群区域高速公路网络，实现区域大城市间高速公路连接。提高区域国省干线公路网络等级,在区域中小城市间建设高等级公路,增强中心城市的辐射能力,扩大辐射范围,密切区域内大中小城市及城镇之间的联系,加速城市群的成长。

第八章　大力构建可持续城市交通系统

一、研究范畴及研究方法

（一）研究范畴

1. 研究的主要内容

城市是人类活动的聚集地，也是一个行政管理区划概念。城市交通系统的建设，需要在城市特定的行政区划范围内进行，并由城市政府作为建设的主要执行者。城市交通系统建设的目的在于适应聚集所产生的交通需求，尤其是人口和产业高度集中的中心城区（市区）的城市交通系统建设，对提升聚集效率，满足交通需求具有重要意义。城市规模、结构和功能性质等的不同，行政区划范围和层次存在的一定差异，都决定了城市交通系统建设范围、目标、内容等的不同，但无论何种类型的城市，就目前关于城市交通系统的概念而言，通常城市交通系统是指中心城区（市区）的交通系统。然而，由于城市往往是区域性经济社会活动的重要载体，中心城区必然与城市周边甚至更远的地区发生人员往来和货物流动的关系，中心城区的交通需要考虑与中心城区以外地区的交通衔接、延伸和辐射。因此，广义的城市交通系统包括中心城区交通系统、中心城区与周边地区衔接与辐射的交通系统，并具有以中心城为核心向外放射的结构形态。按城市的"圈层"区域特征，解决城市交通问题,是一个很复杂的系统工程,涉及建设四个层次的城市交通子系统,即中心城交通子系统、市域交通子系统、区域城际交通子系统、跨区域干线交通子系统。

目前,我国中心城区并没有绝对清晰的边界,往往是各个城市自己拟定的,"随着城市的发展以及郊区县城、卫星城的不断壮大,新的城市总体规划涵盖的范围包括了整个行政区域"。由于我国城市的行政辖区即市辖区要远大于城市的实体(市区)范围,若以城市行政管辖区域作为交通规划对象,城市交通系统包括中心城区和市辖区内非中心城区的交通发展。但是,城市全域范围的交通系统与城市中心区的交通在功能、结构等上是完全不同的,因此,研究中心城区的城市交通系统建设问题,必须界定相应的"城市"边界,即中心城区的边界。

本章在研究内容上采用的是广义的城市交通概念,并以中心城区的交通系统研究为重点。同时,由于"都市的空间结构一般为中心城(包括市区中心地区和边缘集团)、新城(卫星城)、市域范围的其他地区",因此,研究中心城区的交通系统必须从整体的角度考虑全市域的交通运输系统建设问题。[①] 以中心城区交通子系统为主要研究对象,涉及中心城区交通基础设施(含路网和枢纽)、技术装备和运输服务等方面的研究,也包括公交优先、私人机动化、需求管理、智能交通等重要发展领域的问题,并通盘考虑其他层次的交通运输系统与城市交通运输系统的紧密衔接。

2. 研究的基本定位

目前,我国城镇化正进入快速推进阶段,城市交通的发展对城市的健康发展影响巨大。同时,城市交通系统是城市所在区域综合交通运输体系的重要组成部分。例如全国性交通枢纽城市,是国家综合交通运输网络的重要节点。因此,对城市交通系统研究

---

① 参见罗仁坚:《中国都市综合运输系统》,人民交通出版社2009年版。

第八章 大力构建可持续城市交通系统

的基本定位是：从城市自身发展对城市交通系统提出的建设要求，以及城市作为区域综合交通运输体系的内外辐射节点等对城市交通系统提出的发展要求两个层面，对城市交通问题进行研究，并落实科学发展观，将可持续发展理念贯穿于整个研究过程中。

就城市发展而言，中心城区城市交通系统建设要满足城市生产生活的需要，充分考虑城市的空间结构、人口分布与流动、产业布局与对内对外联系等因素，建设由各种城市交通方式构成的结构合理、分工明确、衔接顺畅、功能强大、节能环保、运行高效、出行经济的城市交通系统，并从体现城市的文明发展和提高普遍服务水平的角度出发，推进公交优先发展，有效引导私人机动化交通方式的使用，促进自行车、步行等交通方式合理发展。

对于城市作为区域综合交通运输体系的节点的建设，要从两大层面进行综合考虑。一是从节点系统的角度，城市作为服务区域的交通节点，承载区域内部交通组织功能，应完善枢纽城市的系统建设，形成布局合理、分工明确的枢纽场站系统，为区域综合交通运输系统提供运行高效、服务便捷、组织化、信息化程度高的交通枢纽功能支持；二是从单体枢纽的角度，应强化衔接不同运输方式、形成高效运输服务的单体枢纽的功能，对内支撑城市交通高效运行，对外支撑区域交通便捷服务，重点在于机场、港口、火车站、公路客货运站、综合客货运枢纽等对内与对外交通连接的大型单体枢纽。

鉴于区域交通运输体系的节点涉及的枢纽问题已有专题进行研究，本章研究的关于交通运输枢纽的主要内容是从城市综合交通体系的角度出发，作为市区交通基础设施的枢纽系统，不仅包括大型单体枢纽，还包括更为基础的小型枢纽。

对于以城市为依托的交通辐射系统的建设，主要是对市域交通子系统、区域城际交通子系统、跨区域干线交通子系统三个层次的交通子系统进行研究，以便共同构成较为完整的，与我国城镇化、城市群等发展相匹配的,具有效率较高、布局合理、功能完善特征的,城市层面的综合交通运输系统。鉴于这三个层次的交通子系统已在相关章节中得以研究,本章主要考虑中心城交通子系统与这些子系统的关联发展因素。

(二)研究方法

1. 基本理念

鉴于城市交通系统的层次和构成,中心城交通系统需要综合考虑各子系统的建设和各种交通方式的协调发展,同时还需要根据城市的可持续发展的要求,形成科学的发展理念与出行方式。因此,对以中心城区为对象的交通运输发展问题的研究,与综合交通运输体系在基本理念及系统结构、发展思路等方面具有相似性,是城市区域范围内综合交通运输的发展问题,应按照综合交通运输体系的基本理念、方法进行。按照综合交通运输体系概念和构成,为体现综合交通运输和现代城市交通的发展理念,在发展的政策上落实城市交通的发展规划,城市交通系统问题从三个层面进行研究:

(1)基本架构层面

从为城市发展提供良好的交通运输服务环境支持的层面进行分析,城市交通系统由基础设施、技术装备和运输服务三大方面构成。

对于基础设施,以城市为载体的基础设施的内涵较一般意义上的综合交通运输体系的基础设施要丰富,在研究方法上必须考虑城市交通的特点。从目前的城市交通研究和发展看,城市交通的基础设施主要包括:城市内部的各种运输方式所需要的运行和静态基础设施,包括步行、非机动车辆所需要的基础设施,并且在布局上具有较高的密度和网络化要求。同时,需要考虑城市所在区位条件下的对外交通、内部交通的衔接设施等。

对于技术装备,城市视角不是单纯的运输工具问题,还包括交通标志、信号和智能系统等,是围绕人和城市交通秩序、集现代技术大成的交通技术与装备的广泛应用。城市交通装备在服务能力和范围上的替代性较强、差异性较大,尤其是在城市交通资源的占用和交通效率方面具有显著的区别,在城市发展的不同阶段和不同规模条件下,具有不同的适应性,因此,城市必须根据这种特点和交通规模的演变趋势,进行合理的选择。

对于运输服务,城市范畴的服务也较一般性交通运输服务宽泛,既包括各种运输方式依托设施和运载工具所提供的位移服务,还包括为实现交通和衔接各种交通所提供的辅助设施、信号引导和智能化等服务。城市交通的服务水平和质量,是衡量一个城市发展水平和文明程度的重要尺度,也是决定城市发展方向和发展竞争力的重要条件,因此,必须将城市交通的服务问题纳入研究的范畴,上升到进行科学引导的战略层面。交通服务水平在一定程度上取决于城市交通甚至城市的管理水平。提高对城市交通的基础设施、技术装备等的管理水平,能够提高效率,改善服务;城市交通是城市的子系统,通过对城市管理的优化,例如科学布局城市的功能分区等,能够起到改善城市交通服务的显著效果。

因此,在研究城市交通的方法上,需要按照这种综合的理念进行规划、建设、运营和管理方面的系统性研究,以便构建适应城市生产、生活的完善的综合交通运输系统,使之成为城市所在区域的综合交通运输系统的重要组成部分。

(2)发展理念层面

现代城市因人口的膨胀、私人机动化的发展,以及城市要素价格的不断提升,在大城市逐渐形成了:"城市交通改善——城市扩张——交通拥堵——再改善——再扩张——再拥堵……"的循环,城市交通拥堵问题是城市经济社会发展中的顽症。正因为如此,从这个问题出现之日起,理论和实践者投入了大量的精力进行研究,逐步形成了一些解决问题的方法。其中,除上述基本架构层面的技术性方法外,还逐步形成了通过可持续发展理念来解决城市交通顽症的方法和思路。其核心是建立全新的城市出行观念,倡导绿色出行,鼓励发展城市公共交通,实施公交优先发展,一定条件地限制使用私人机动化交通工具,等等。在这些发展理念下,逐步形成了解决城市交通问题的一些方法,虽然目前还不能作为完全成功的经验来应用,但在对城市交通问题进行研究过程中,可以因地制宜地应用,为城市交通问题的解决开辟新的途径。尤其是应用综合交通运输体系建设的相关理念和方法,从综合的角度甄别、应用不同城市在实践中形成的理念,使理念成为引导城市交通发展的重要因素。

(3)发展政策层面

既然城市交通不再是仅仅作为一般性的交通问题进行研究,城市需要综合考虑其交通体系的结构、功能和效率,以及需要按照城市特点确立相应的发展理念,城市交通的发展政策逐步进入城市交通问题研究的视野,而且政策问题的研究作为后来者,开始成为决定城市交通发展方式与内容的重要因素。由于不同国家、不同城市的发展情况不尽相同,因此,城市交通发展的政策存在较大差异,需要应用综合分析和实证分析等方法,对城市交通发展的政策进行研究。城市交通政策涉及各种交通方式从基础设施到装备再到服务的大系统的发展,因此,形成综合性的政策是决定政策效用的重要方面。

2. 研究方法

(1)既有理论方法的应用

伴随城镇化的深入和城市的发展,经过数代人的努力,城市交通已形成了包括规划、建设、运营、管理等方面的相对成熟的理论和方法论体系,因此,在研究城市交通问题的过程中,对这些理论和方法必须加以充分应用。

第八章　大力构建可持续城市交通系统

(2) 既有方法与综合方法的关系处理

与综合交通运输理念下的研究方法相比,一般性的城市交通研究方法属于具体问题的解决办法。当然,在城市交通问题的研究和解决过程中,综合的方法也始终处于应用状态,既有方法并非不考虑城市交通的综合性问题。对城市交通研究方法进行综合交通运输体系下的研究方法和一般性研究方法的划分,目的在于形成研究城市交通问题的两大层次的思路,更有利于在宏观和微观层次上解决好城市交通发展问题。

(3) 对相关问题的考虑和界定

从中心城角度研究城市交通,既是出于不同研究课题的分工,同时也是从宏观、微观两个层面上研究城市交通问题的重要切入点。中心城区交通子系统,较为集中地体现了城市交通问题的核心所在。中心城区往往是人口密集、建筑密集、交通流密集之处,旅客运输的流量大、不均衡性较强,货物运输通常具有小批量、多批次、需求分散、运营模式多样等特征,适应这些需求的难度较大,决定了交通系统的空间布局与结构、方式组合与应用、服务组织与管理等多方面的内容。因此,需要进行重点和系统的研究,以便为我国构建具有可持续发展能力的城市交通系统探索可行的方向和方式。

近年来,我国城镇化进程不断加速,私人机动化快速发展,加之土地资源、能源、环境等的约束越来越强,使得与城市发展具有极强共生性关系的城市交通问题日益突出。由于我国相当部分城市的交通先导性未充分显现,对交通发展的前瞻考虑不足,城市道路、街区和建筑等固化后较难进行交通改造,会对轨道交通等大容量公共交通发展形成一定障碍。如不能尽快在城市交通发展的基本架构、理念和政策等层面形成可持续发展的基本框架、思路和方法,城市交通将成为我国城市的进一步发展的制约。

二、发展现状分析及评价

（一）发展水平及取得的成就

1. 基础设施

"十一五"时期是我国城市交通基础设施的快速发展期，2006—2010年，全国城市道路、桥梁累计投资2.11万亿元。

（1）城市道路网络

2010年，我国城市实有道路长度从2005年的24.70万公里发展到29.44万公里，年均增长3.58%。

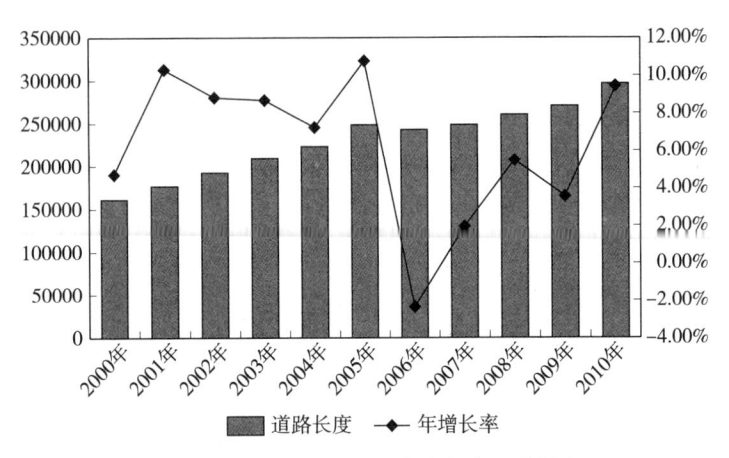

图8-1 全国城市建成区道路长度及增长率

资料来源：历年《中国城市统计年鉴》。

2010年年末，我国城市实有道路面积从2005年的39.21亿平方米，增长至52.13亿平方米，年均增长5.53%。实有道路面积增长速度大于道路长度增长速度，说明城市道路建设正在向高等级方向发展，道路宽度增加明显。

很多城市还建设环城公路，客货基本分流，减轻了过境交通对城市交通压力和负面影响。

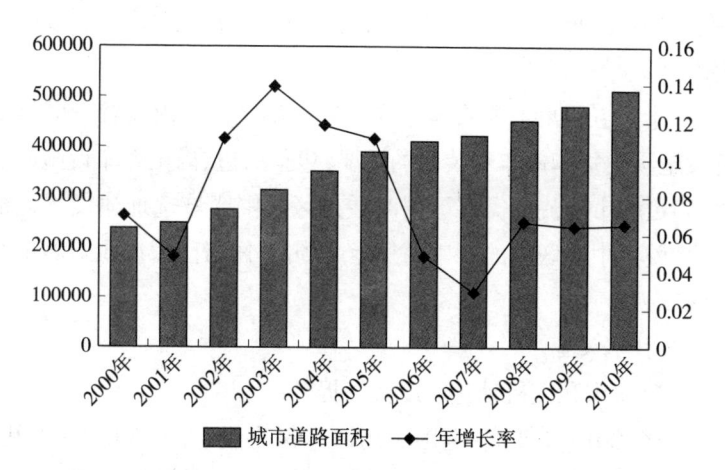

图8-2 全国城市道路面积总量及增长率

资料来源：历年《中国城市统计年鉴》。
注：2006年统计口径由建成区变成市域范围。

(2) 城市轨道网络

到2010年年底，12个城市拥有城市轨道交通，运营线路总长度约1400公里，是2005年的三倍左右。其中，国内城市轨道交通运营里程最长的上海已达420公里左右，北京达336公里，广州则达到236公里。

(3) 交通运输枢纽

枢纽可分为客运枢纽和货运枢纽，包括公铁客货运枢纽站场、机场、港口、综合客运枢纽及城市公共交通枢纽站场等。

"十一五"期间，很多城市、尤其是部分特大城市的政府逐步加大了对城市客运运输枢纽基础设施投入的力度，新建了一批综合客运枢纽、城市公共交通枢纽站场、港湾式停车站和首末站等。如上海南站、北京南站、九龙站等都是布局合理、设计先进、土地利用率高、换乘方便的立体化综合客运枢纽，体现了"零换乘"理念，在衔接内外交通中发挥了重要的中枢作用。公共交通场站和配套设施纳入城市旧城改造和新城建设计划;将公共交通场站作为新建居住小区、开发区、大型公共活动场所等工程项目配套建设的一项内容。

"十一五"期间,很多城市政府进一步在市区内设置不同类型的设施满足货车停车和装卸的需要,包括路边、内街停车设施的利用,满足城市物流的需要。同时在市区外围区域选址建设货运枢纽,将城市中心区内的港口等货运站场向外搬迁,以减少对城市交通的压力。

2. 技术装备

(1)城市私人机动化程度大幅提升

截至2010年年底,全国民用汽车保有量达到7801.83万辆,比2005年年末增长146.9%;其中,私人汽车保有量5938.71万辆。[1] 我国居民的机动化私人交通出行需求得到了进一步的满足。2010年我国的人均GDP已经达到4283美元,[2]根据国际上私人汽车化的一般规律,我国的私人小汽车将继续维持较快进入家庭的步伐。

新能源汽车得到较快发展,在部分城市具备了一定的市场。科技部、财政部、发改委、工业和信息化部于2009年1月共同启动"十城千辆节能与新能源汽车示范推广应用工程",涉及这些大中城市的公交、出租、公务、市政、邮政等领域,目前已推广到25个城市。

(2)公交运营车辆量、质直线上升

2005—2010年间,我国公共交通车辆运营数从31.33万辆增加到38.32万辆,其中公共汽电车37.49万辆、轨道交通8285辆。出租车达到98.62万辆。使用的车辆设备质量有明显提升,空调

---

[1] 数据来源:《中国统计年鉴》(2011)。
[2] 数据来源:国际货币基金组织。

车的比例有很大上升,新型燃料车也有明显增长。

(3)城市交通配套装备得到明显改善

很多城市开始加大对城市交通配套设施设备的投资,照明设施、标志标识、信号控制等信息和智能系统等得到较为明显的发展。

3. 运输服务

(1)公共交通供给及服务水平显著上升

截至 2010 年年末,我国城市公共汽电车和轨道交通运营线路长度达到49.0万公里,其中,轨道交通运营线网长度1471.3公里,已有200多个城市开辟了公交专用道(路),总长度3726公里。很多城市公共交通的线路逐渐加密,换乘更加便捷。同时,公共交通的服务品质不断提升,运输的便捷性、舒适性、安全性等进一步增强。公共汽电车客运总量从 2005 年的 483.7 亿人次增长到 2010 年的 686.7 亿人次。其中,2010 年轨道交通客运总量达到 55.7 亿人次,是 2005 年的 3.38 倍。

(2)体制机制改革进一步深化

2008 年 3 月《国务院机构改革方案》出台后,各城市的交通行政管理体制改革已经不同程度地展开,城市客运行业管理体制正在深化改革。目前,我国城市交通管理的职能主要由城市人民政府负责,委托相关的部门或公司进行专业管理,地方政府行使监管职责。截至 2009 年 10 月,全国 36 个中心城市中,有 10 个城市实行"一城一交"的综合管理模式;另有 8 个城市对城乡道路运输实行一体化管理模式。我国比较发达的城市还积极探索融资方式,拓展投融资渠道,投资主体可以通过独资、合资等多种方式将资源投入城市交通的基础设施。从近年来我国城市交通固定资产投资情况看,BOT 项目融资、PPP、证券融资、国外直接投资等融资形式的出现,有效缓解了基础设施建设资金不足的问题。

(二)存在的主要问题

在城镇化快速推进和城市发展过程中,城市交通运输问题,归根结底,是交通运输需求快速增长以及对运输质量、多样性要求不断提高与交通运输能力供给、资源环境约束、系统效率以及服务水平的矛盾。目前,我国城市交通发展中存在的问题主要表现在以下方面:

1. 基础设施总量不足

(1)城市道路网络

改革开放以来,我国各大、中城市加大了城市道路基础设施建设的投资力度,城市道路交通基础设施规模和能力有了很大提高。尽管如此,城市道路建设仍然滞后于日益增长的交通需求,2005—2010年间,城市道路铺装面积年增长率仅为5.53%,而民用汽车增长率达到了19.79%,我国人均城市道路面积甚至从2005年的10.92平方米下降到2010年的10.44平方米。路网密度相对不足,技术等级相对偏低,尤其是大城市人均拥有的道路长度和面积指标,不仅低于发达国家同类城市20平方米左右的水平,且远低于我国《城市道路交通规划设计规范》(GB50220—95)规定的国家畅通工程A类城市一等标准(大于等于16平方米/人)。大城市主干道平均饱和度达到了0.8—0.9,平均车速比十年前降低约50%。

我国城市路网容量的增长,未能与城市路网功能结构、路网等级结构和路网布局结构实现协调发展。主干道、次干道和支路间没有形成综合的道路网络系统,规模比例和结构功能不够优化;交通量分布不均衡,交通量集中在部分主干线上;线路标准不一,容易形成交通"瓶颈"。尤其是我国特大城市近几年城市道路建设的增加,主要分布在新开发的市区和郊区,相对来讲,中心区的道路面积率反而略有下降。

(2)轨道交通网络

由于经济实力和技术水平的限制,我国城市轨道交通建设起步较晚,第一条地铁于1965年动工兴建(北京地铁一期工程)。到2010年年末,仅有12个城市有轨道交通运营,同时,除北京、上海、广州等少数几个城市,大部分城市的轨道都未形成网络,线网密度低,已有轨道的城市人均拥有轨道量少,承担的出行比例偏低。以国内城市轨道交通最为发达的上海为例,2010年年末,内环线网密度为0.44公里/平方公里,万人拥有长度为0.20公里,远低于发达国家规模相似城市。

(3)交通运输枢纽

相对于交通基础设施网络的快速发展,作为客货流集散、中转换乘的枢纽站场,尤其是衔接多种运输方式的综合枢纽发展仍然相对滞后。存在的问题主要包括枢纽场站布局不尽合理,不能适应城市发展;缺少综合性、集中性较高的对外交通运输枢纽,效率不高;设计不够合理,各个环节衔接不畅,换乘/换装不便;枢纽集散方式不合理,缺乏便捷的大容量客货集散运输方式;运营组织管理不协调;综合信息共享机制滞后,缺乏公共信息平台。

2. 技术装备水平较低

城市的机动化车辆、轨道车辆等载运工具的技术水平仍然较低,能耗和排放水平较高的机动车辆占有较高的使用比例。技术研发总体上还处于跟随学习阶段,自主知识产权较少。由于历史和认识方面的原因,我国大城市中交通控制管理和交通安全管理的现代化设施很少。从停车场看,大城市中特别是中心区严重短缺停车设施,车辆大都停在道路和人行道上,加剧了拥挤堵塞和事故发生。此外,国际上正在研究并开始使用的信息化、智能化管理系统,在我国仍然相当薄弱。

3. 管理服务亟待提升

(1)交通管理理念相对落后

城市交通管理水平随着对城市管理水平、理念的提升而提升的。城市交通的发展不仅在于自身的良好发展,更重要的是在于城市交通与城市系统总体发展管理的协同上。而目前,我国的城市交通管理常常缺乏对城市交通进行点、线、面的系统整体管理以提升效率的意识,也缺乏与城市整体发展相协调的科学的整体交通战略和规划。

(2)综合管理体制尚未建立

目前,我国城市交通发展中的各种交通方式发展水平不均衡、衔接较差,除受到城市经济发展水平和交通发展理念的约束外,很大程度上是由体制问题造成的。在城市交通行政管理体制上的问题,主要表现为城市交通管理主体分散、交通行政管理部门的职能配置不合理、交通与相关部门的沟通协调机制不健全、监督机制不健全、行业发展相关的政策、法规、标准不完善等,尤其是交通规划、建设、运营管理脱节。我国的城市交通内部管理体系涉及的具体承担管理职能的主要行政机关包括城市住房和建设局、交通(运输)局或交通运输委员会、发展和改革局或委员会、公安局等,但各部门职能存在一定交叉。目前,大部分城市仍然是多部门的交叉管理,尚未实现"一城一交"。根据调研,截至2009年10月,全国36个中心城市中,有18个城市依然沿用传统的多部门(交通、城建、市政、城管、公安等部门分工)交叉管理模式。大部分"交叉管理"的城市,客运管理与综合交通之间的协调机制仍然相对薄弱甚至没有建立。

同时,各个城市对公共汽电车市场准入监管并没有统一的标准。部分城市依据地方性法规和政府规章,要求先经行业主管部门进行资质审批,核发公共汽电车经营许可证,再凭许可证办理工商登记手续,由行业主管部门核发公共汽电车车辆营运证;有的城市实行工商后置审批,要求先经工商行政主管部门注册登记,具备经营资格,再向行业主管部门提出资质申请,获取公共客运经营资质许可。国内许多城市陆续出台了有针对性的规范性文件,对公共汽电车准入标准进行核定。就公共汽电车经营权问题,我国大部分城市采用政府审批授予模式,部分城市采用公开的服务质量竞争性招投标模式;极少部分城市还保留了有偿出让模式。绝大部分城市的轨道交通线路经营权采用政府直接授予方式由国有独资的城市轨道交通公司运营;但也开始引入多样化的运营方式,例如北京4号线首次尝试了由特许经营公司承担轨道线路运营。

(3)客运交通结构有待优化

经过多年的发展,我国城市交通已从以前的"自行车+公共电汽车+步行"模式转变为现在的"轨道+公共电汽车+自行车+小汽车+步行"模式。然而,我国很多城市在交通机动化中,步行、自行车并没有向公共交通转移,反而走上了由步行、自行车向私人小汽车转移的道路。由于私人小汽车对道路时空资源利用效率低,尤其在私人机动化水平较高的经济发达城市,交通拥堵问题凸显,城市交通状况恶化,降低了城市交通效率。

尽管多个城市政府都制定了公交分担率达到30%的目标,但我国大城市公共交通出行的分担率平均不足20%,中小城市公交分担率平均不到10%,与欧洲、日本、美国等国大城市公共交通40%—70%的出行比例相比,还有很大差距。而且,我国绝大多数城市的公共交通结构过于单一,城市的大运量公共客运系统发展迟缓,线网密度低,人均拥有量少。在拥有轨道交通的城市,轨道在整个公共客运系统中承担的客运量少于20%。这种较为单一的地面公共交通形式,同世界上许多大城市的地上高架路、地下铁路、地面交通所组成的多方式、多层次立体交通系统相比,差距甚大。

三、发展形势和基本要求

从我国城市交通发展现状分析,尽管城市交通的供给能力从基础设施、技术装备到管理体制都有了很大程度的提升,但根据交通运输发展的规律,从满足需求的程度和对比发达国家的水平分析,目前,我国城市交通的整体发展水平还未能满足现阶段城市的社会经济发展要求,必须根据城市交通发展的规律和面临的形势与机遇,加快城市交通的提升与发展。

(一)城市交通发展的客观规律

城市交通发展尤其是客运交通具有较为明显的阶段性特征,与城市经济发展相对应,工业革命后,发达国家的城市交通大致经历了五个具有不同发展内容的阶段(见表 8-1),但不同国家经历的阶段也不尽相同,各阶段之间的界线并不明显。目前,国际上很多发达国家的城市大都进入了第四阶段和第五阶段。以英国伦敦为例,20 世纪 30 年代前,伦敦的机动化公共交通已经颇具规模,但基本上由各种不同的机构和大量私人投资者进行建设、运营、管理等,从 30 年代到六七十年代,城市交通尤其是公共交通事业都由一些公营大公司负责;20 世纪之后,私人汽车成为日常生活一部分,50 年代,英国最早的交通发展战略主要内容是大力建设公路以推广汽车的使用,这给城市交通造成了极大的压力,公共交通出现了一些问题;80 年代后,伦敦推行了公共交通改革,提高了效率,降低了政府补贴,这一时期需求管理理念也开始得到认可,明确只有在交通需求管理无法解决问题的情况下才进行道路改建;进入 90 年代后,英国的私家车数量进一步增加,英国政府开始对城市交通进行系统综合的治理,公交优先是其中的重要组成部分。

我国大部分城市在"十二五"期间尚处在第二、第三阶段,仅有少数进入由第三阶段向第四阶段转变期。我国的城市交通发展过程与发达国家不尽相同,但也有很多相似之处。很多发达国家的大城市在第一阶段就修建了相当数量的轨道交通,而我国的轨道交通基本是在第二、三阶段开始大规模修建的,同期私人机动化也在迅速发展。我国有自身的特殊国情,大部分城市人口密度大,人均资源少,仍然处于城镇化快速发展阶段,但已经需要考虑低碳发展等方面的要求,这都决定了我国很多城市的交通发展已经需要一定程度上引入发达国家第四、五阶段的理念、技术、手段等。因此,"十二五"期间,必须坚持从我国国情出发,明确我国城市的差异性,科学判断城市交通所处发展阶段,根据客观规律,因地制宜确定不同城市交通发展的思路。

城市的货运交通与客运交通依托的基础设施有的重叠,城市客运交通需求具有相当的优先权。尤其当城市交通进入现代化发展阶段后,客运交通需求迅速增长,货运交通受城市交通管理的限制较多,以期降低对客运交通的影响。大部分城市中心城白天对货车采取禁行限制,大多数货物在夜间运输,总体上对交通的影响相对较小。

表8-1 城市发展阶段与城市交通发展阶段

序号	城市发展阶段	城市交通发展阶段
1	城市发展初级阶段	非机动化交通为主、公共交通发展时期(公共汽电车、火车等初期阶段)
2	城市现代化快速发展阶段	私人机动化进程与大力建设城市道路等基础设施的时期
3	城市现代化综合发展阶段	公共交通再发力时期(公共汽电车、轨道交通等成熟阶段)
4	城市现代化综合发展阶段 城市平稳发展阶段	需求管理时期
5	城市平稳发展阶段	全面可持续发展阶段

资料来源:作者整理。

(二)经济社会发展的客观要求

党的十七大明确提出2020年我国人均GDP比2000年翻两番、实现全面建成小康社会的战略目标,不仅从经济总量上成为

"中等发达国家",还要在经济社会发展的各个层面成为"中等发达国家"。"十二五"时期是实现该战略的关键五年,是工业化、城镇化深化发展的时期,经济社会的发展对城市的规模、数量、形态等造成了相应的影响,将改变着居民的空间分布、社会组织形式和生活方式,形成以城镇为主体的社会、经济结构,从而对城市交通的发展在规模、质量、效益、效率方面提出了新的要求。

"十二五"时期,我国将处于工业化中期向工业化后期转变的过渡时期,工业比重可能出现下降,服务业比重上升。因此,城市需要大力发展能够为工业化提供支持的货运系统。

2010年,我国城镇化率达到49.68%,预计未来10—15年,我国城镇化仍将保持年均0.8—1个百分点的增长速度,在"十二五"期间,我国将有超过半数以上的人口居住在城镇地区,这意味着"十二五"期间我国还将增加约8000万城镇居民。这就决定了我国的城市规模将呈扩大趋势,同时在布局上产生一定的变化。很多城市以核心区带动辐射周边的发展,规模进一步扩大,将出现郊区城镇化、城乡一体化的发展态势,其城市边界逐渐模糊。北京、上海、广州等人口在千万以上或接近千万的大城市,处于郊区化阶段,城市的扩张主要集中在近郊区,要支持超大城市的进一步发展,需要形成紧凑的多中心城市,实现"大分散小集中"的精明增长,从过去的单中心、摊大饼向网络化模式转变。人口在300万以上的城市尤其是重点发展的17个大城市群的核心城市,未来发展的前景是成为区域中心城市,目前正处于人口进一步集聚、快速发展的阶段,在沿主要交通线路向外扩张的同时,也开始产生副中心,但总体上来讲还处于单核心状态,在城市扩张的这一动态化过程中,应积极引入交通引导城市精明增长的思想。300万人以下的城市规模较小,为单核心结构,在一定的边界内紧凑发展,城市交通的压力不大。

(三)城市交通需求量和质的提升需要

"十二五"期间,城市交通发展的客观规律和经济社会发展的客观要求决定了我国城市交通需求总量增加的同时,对服务质量的要求也有了显著的提升。

我国城市交通需求总量增加不仅是由于城市人口增加引起的,也是由于人均出行次数的增加而引起的。随着人民生活水平的提高,人们的消费和出行观念将发生改变,在生产性出行增加的同时,与外界的交流日益增加,导致人均出行次数的增加。预计到2015年,城市客运总量将达到900亿人次,年均增长8.4%,这对城市交通系统提出了严峻挑战。在城市交通需求总量增加的同时,出行距离也不断增加。随着城市规模的扩大,城市人员活动范围扩大,平均出行距离不断增长。例如,根据北京市调查数据,1986年平均出行距离为6公里,2003年为8公里,2005年达到了9.3公里,2010年的人均出行距离也有明显提升。

"十二五"时期,随着人民生活水平的提高,对城市交通的可达性、可靠性、时效性、安全性、舒适性、便捷性等有了更高需求。在合理引导私人机动化发展的同时,还需要提高公共交通服务的水平。

尽管这是一个总的城市交通需求的发展趋势,但在不同的城市,情况有所区别,需要在发展目标和思路上有所区别。

(四)城市交通基础设施发展的重要机遇

"十一五"后期,受全球性经济衰退的影响,国家采取了积极财政政策和适度宽松的货币政策,交通建设迎来了加快发展的机遇。由于美债危机、欧债危机的相继爆发,对世界经济产生了很大负面影响,这也将影响我国"十二五"期间的经济增长,同期,为了实现全面小康社会的目标,我国投资规模仍然会保持高位水平,城市交通将是基础设施投资的重要领域。以美国为例,20世纪90

年代之前,其交通运输的发展重点主要在于州际间交通运输。经过长期的发展,美国的大交通达到了相当高的水平。《联运地面交通效率法案1991》内容由过去的过分强调州际间交通运输,转向重视城市化区域的综合交通运输规划与统筹协调。经过长期的发展,我国的区际和城际交通运输基础设施也已经具备了相当的基础,"十二五"时期,我国的城市交通基础设施建设到了应该迅速发展的时期,建设的重点包括城市道路、轨道交通、停车设施、枢纽等。尽管总的趋势是增长的,但应同时根据我国不同城市的具体市情,各有侧重,系统化的进行投资建设。

在城市道路方面,随着城镇人口的增加,必然要求更多的城市道路,而且,我国城市道路拥有水平的人均长度和面积指标仍然偏低,分布并不均匀,因此,"十二五"期间,我国城市道路仍有较大的发展潜力。

在城市轨道交通方面,我国很多城市,尤其是大城市的土地、资源的稀缺难以满足城市道路大规模的需求,要求我国转变交通基础设施分散化的供给特征,充分开发地下空间资源,以集约型、大运量交通基础设施解决城镇化进程带来的交通需求。结合国外主要发达城市的经验,我国大城市的发展和现代化建设,必须构建以轨道为骨干的公共交通为主导的交通模式。同时,由于我国轨道交通建设起步较晚,即使是北京、上海等大城市也需要在"十二五"期间进一步建设轨道交通,布局成更为密集的网络,以缓解城市交通的巨大压力。现在全国已经有四十多个大城市进行了轨道交通的前期工作。

在停车实施方面,当前我国城市经济社会发展进程中,城市停车供需矛盾日益突出,特别是在我国城市土地资源高度紧缺和汽车拥有量快速增长背景下,由于停车设施总量严重不足、配置不合理、利用效率低和停车管理不到位而导致了严重的停车难、交通拥堵等问题,影响了城市居民生活质量,严重制约了城市可持续发展。

在综合交通枢纽方面,我国城市交通基本上按各种运输方式独立发展,按各自的运输组织要求进行设施配套,在枢纽建设中的衔接配合仍然相当欠缺。目前我国城市交通的网络建设已经初具规模,"十二五"期间,迫切需要构建综合交通运输枢纽系统,方便客货换乘、换装,以充分发挥综合交通运输体系的作用。

(五)绿色城市交通建设发展的关键时期

在过去的 30 年中,中国的城镇化进程取得了很大成就,但资源短缺、环境破坏的问题日益严重。这就要求"十二五"期间进一步发展节能减排,以实现城市的可持续发展。绿色城市交通是实现城市可持续发展的具体措施和发展方式之一。

高碳化的城市交通不仅消耗了大量的资源,也对城市的环境造成了很大的负面影响。监测表明,我国城市空气开始呈现出煤烟和机动车尾气复合污染的特点。一些地区灰霾、酸雨和光化学烟雾等区域性大气污染问题频繁发生,这些问题的产生都与车辆尾气排放相关。同时,由于机动车大多行驶在人口密集区域,尾气排放会直接影响群众健康。机动车排放的废气属于流动污染源,散布于城市交通道路各个区域,且机动车废气的排放高度主要集中在 0.3—2 米之间,对人体的健康损害较大。与此同时,交通拥堵成为越来越多城市的"顽症"。根据中国科学院对中国百万人以上的 50 座主要城市所做的研究,有 15 个城市因为交通拥堵每天损失近 10 亿元。

通过在交通运输结构、单体运输工具效率、交通需求管理三个方面进行创新,能够减少机动车尾气排放等环境污染,缓解城市交通拥堵,促进社会公平、合理利用资源等,从而建立低污染、低排放的绿色城市交通系统,改善人类生存的自然和社会环境,提高生活品质。

四、指导思想和发展目标

(一)指导思想

以邓小平理论和"三个代表"重要思想为指导,深入贯彻落实科学发展观,根据经济社会长远发展目标和城市交通自身发展规律,进一步提升、充实完善城市综合交通网络,优化运输结构和交通模式,促进城市交通发展方式的转变,加强各种运输方式衔接与协调发展,加快信息化、智能化建设,构建有力支撑促进工业化城镇化快速发展,满足人民群众更高层次交通消费要求,适应资源能源节约以及低碳经济发展方向的稳步迈向现代化的安全、高效的现代化城市交通运输系统。

(二)发展方针

按照城市交通发展的指导思想,"十二五"时期,我国城市交通发展的基本方针是:

1. 体现以人为本,建设人性化的城市交通系统

坚持"以人为本",在满足基本交通需求的现有基础上,关注交通需求的多样性,有效满足和引导个性化交通运输需求。着力推进基本交通服务均等化,支持统筹城乡发展和全面建设小康社会;同时大力提高交通运输的安全保障性、可达性、可靠性、使用的快捷性、舒适性和信息化水平,加强各种运输方式衔接,提升交通运输的可选性。从细节处入手,突出人性化交通发展理念,建设和谐的城市交通系统。

2. 贯彻科学发展,建立可持续的城市交通系统

城市交通的存在不是孤立的,需要与城市的其他在发展中互补、平衡。城市交通可持续发展在于从战略的高度出发,在城市交通发展与城市社会经济发展、人们生活质量提高、土地资源利用、

环境保护等之间确立一种协调发展的辩证比例关系。以城市发展战略目标为导向,以调整城市空间布局结构、完善城市功能为目标,设定城市交通战略,实施以交通系统建设引导城市发展的政策,从而实现城市的可持续发展。

根据城市的具体情况,判断不同人口规模、处于不同发展阶段、具有不同特点和功能的城市发展建设和交通需求特征,制定不同城市的交通战略,明确交通发展模式,引导城市交通与环境、土地使用、其他政策进行整合,使城市交通与城市发展的其他方面协调进行,分别制定近期、中期、远期城市交通系统的建设重点和建设项目计划。

3. 加快结构优化,构建一体化的城市交通系统

从系统工程角度,以构建完善的现代城市综合交通运输体系为目标,实施积极的运输结构调整和优化政策,通过增量调整和存量转移,大力推进交通基础设施网络化、一体化布局建设,完善和提升城市道路网络,合理引导私人交通方式尤其是私人小汽车的使用,在需要的情况下优先和适度超前加快发展轨道交通,进一步改善公共交通的发展,合理保障非机动化交通方式存在空间,加强枢纽建设以解决城市对外交通、内部交通及不同交通方式的衔接问题。合理有效地配置交通资源,推动节约型、集约化发展,促进各种运输方式的综合利用和协调发展,优化交通运输供给结构,提升交通系统的整体效率和服务质量。全力构建各种运输方式能力充分、结构优化、衔接有效的一体化城市交通系统,促进城市交通持续、快速、健康发展。

4. 坚持绿色发展,形成环保型的城市交通系统

"十二五"期间,要着力化解我国城市资源环境约束问题,实现交通运输业的节能减排目标,城市交通需要向低碳发展转型,必须建立根据各种运输方式的现代技术经济特征,通过政府引导和民众推动,采用系统调节体制机制和创新应用绿色技术等手段,实

现单种运输方式效率提升、交通运输结构优化、交通需求有效调控、交通运输组织管理创新等目标,最终实现城市交通的全周期全产业链的低碳发展。

(三)发展目标

"十二五"时期,城市交通发展的总体目标是:根据新形势,充分抓住城市交通发展的战略机遇,初步建成与国家、区域综合交通运输体系建设相衔接,有力支撑工业化、城镇化,与不同城市资源条件相适应,规模适当、网络发达、结构合理、衔接顺畅、功能完善,绿色安全的城市综合交通系统,较好适应不同城市的社会经济发展、人们生活水平提高和交通消费层次提升对城市交通运输的要求,减少城市交通拥堵造成的经济损失和市民的生活不便。

城市交通的发展要求应与不同城市的条件相适应,我国城市各方面的差异相当悬殊,因此"十二五"时期城市交通的发展目标不能"一刀切",需要体现不同类型城市的交通发展的差异性。根据城市人口规模,能够对城市进行简单而又有效的分类。

我国城市规划部门一般是按城市人口规模(市辖区总人口)划分城市等级与规模,分为特大城市、大城市、中等城市、小城市四个等级。特大城市,100万人以上;大城市,50万—100万人;中等城市,20万—50万人;小城市,20万人以下。《中国统计年鉴》又将100万人以上的特大城市分为400万人以上,200万—400万人,100万—200万人三类。《国务院办公厅关于加强城市快速轨道交通建设管理的通知》中规定城区人口超过300万以上的城市才可以建设地铁,城区人口超过150万以上可以修建轻轨,这其中城区的概念接近中心城区,其人口规模约为市辖区人口规模的50%。借鉴以上分类,本书根据不同人口规模城市对交通发展的需求前景,对城市进行四个层次的分类,市辖区人口100万人以下,100万—300万人,300万—1000万人,1000万人以上。

1. 基础设施规模

(1)城市道路网络

在"十二五"期间,将城市道路人均面积增加至13平方米,同时根据城市人口增长的预测,我国城市道路长度总计约能达到38万公里,60亿平方米。

市辖区人口规模超过1000万的城市人口需要向中心城外围疏导,因此新增道路将较多集中在新城。同时,应对城市建成区的道路网络系统进行优化和完善,进一步改善道路布局及等级结构,提高次干道、支路的比例,提升城市道路微循环系统。

市辖区人口在300万到1000万的城市人口将进一步扩张,需要使人均铺装道路面积有较大幅度增长,加强建设以快速路、主干路为骨架的城市高效道路网,形成能力较为充分的干线网络,使其对外通道与城市道路分离,基本实现客货分流,同时优化城市道路的干支比例。

市辖区人口小于300万的城市在"十二五"期间需要大力建设城市道路,使总量有跨越式提高。

(2)城市轨道网络

"十二五"期间,全国将有28个城市拥有轨道交通,规划线路总长约4000公里,目前在建1400公里,"十二五"时期年建设完成300公里左右,2015年建成轨道交通里程将达到3000公里。

至"十二五"期末,北京、上海、广州、深圳等特大城市建成完善的城市轨道交通网络,实现网络化运营、体现规模效应,轨道交通运营里程超过300公里,运营线路超过10条以上;市辖区人口超过300万的城市初步形成轨道交通网络主骨架;市辖区人口超过100万的城市应结合自身条件,建设大容量地面公共交通系统。

(3)交通运输枢纽

"十二五"期间,要根据不同城市的具体发展状况,构建多层次的城市客货运交通运输枢纽,提高各等级枢纽的单体效率,加大分布密度,优化布局,加强衔接。

积极推动客运枢纽标准化,实现便捷换乘;同时加强自行车、步行、公共交通等与客运枢纽的对接,实现紧密衔接。尤其对市辖区300万以上人口的特大城市实施枢纽场站的合理规划、整合,加强对外综合交通枢纽的建设,实现公交优化衔接,同时注重优化轨道交通与常规公共交通转乘枢纽的布局、衔接。市辖区人口100万以上的城市实现中心城区500米范围内公交站点全覆盖。

为适应产业外迁和城市规划要求,大型货运枢纽场站应主要布局在中心城以外,靠近城市外环,以避免货运交通频繁导致城市交通拥堵、噪声干扰和环境污染。控制城市中心城内货运枢纽的建设,逐步外迁不符合城市发展要求的货运站点,布局必要的货物配送点,以满足小批量、高频次的城市货运需求。

2. 城市客运服务

城市客运交通结构极大反映了城市客运服务的发展水平,是在战略指导下交通建设、运行、管理以及其他要素的总和。对不同类型城市的最终客运交通结构应设定不同的目标。

在人均GDP达到一定水平的条件下(大于3万美元),人口超过千万的特大城市,公共交通占机动化交通出行的比例多超过45%(东京、伦敦),但也有很多例外(巴黎)。在通勤目的的出行中,人口百万以上的城市公共交通占机动化出行的比例明显低于人口超过千万的城市。

在同一城市的不同地区和不同时段,各种交通方式所占的比例也有很大不同。以伦敦为例,中心城区内的出行,步行/自行车所占的比例最大;在城区外,私人小汽车就是最主要的出行方式;而在早高峰时段进入中心城区的交通方式90%是公共汽车、火车或者地铁。

表8-2　国外城市交通发展情况

城市	GDP（十亿美元）	人口（百万）	人均GDP（千美元）	步行	自行车	公共交通	私人机动车辆	公共交通/机动化交通	年份	出行目的
东京	1479	36.67	40.33	25%	15%	29%	31%	48%	2001	所有
伦敦	565	11.92	66.00	24%	2%	33%	41%	45%	2008	
巴黎	564	11.09	57.00	49%	1%	17%	43%	28%	2001	
巴黎	564	11.09	57.00	55%	3%	31%	11%	74%	2008	通勤
马德里	230	5.8	44.50	9%	0%	43%	48%	47%	2004	
柏林	95	4.97	28.50	30%	13%	26%	31%	46%	2008	
罗马	144	3.46	55.40	7%	0%	24%	68%	26%	2001	
里斯本	98	2.44	34.90	10%	0%	46%	40%	53%	2001	
维也纳	122	2.18	71.80	28%	5%	36%	31%	54%	2010	

资料来源：Urban Audit。

在同一城市的不同区域、时段的各交通方式所占出行比例应根据城市的具体情况进行确定，一般在中心城区，公共交通占机动化出行比例应达到60%以上。市辖区人口300万以上的城市，总体来讲交通需求量大，分布集中。公共交通占机动化交通出行比例应不低于40%，轨道交通占公交出行比例达到30%以上。需要构建以轨道交通为骨干乃至主体，常规公共交通为辅助的公交体系；以自行车及步行为主要短距出行以及公交接驳的方式；以私人小汽车为补充，对私人小汽车的使用进行有效调控，尽量降低交通出行中私人小汽车的比例；出租车作为高收入人群和特殊需要时的小众出行方式。北京、上海等市辖区人口超过1000万的特大城市公共交通占机动化出行比例达到60%以上。

市辖区人口100万—300万的城市规模会进一步增大，"十二五"期间应按照"量力而行、加快发展"的原则，建设中心城轨道交通骨干线路，加快建设快速公交系统，作为轨道交通的过渡和补充，提高常规公共交通的服务水平，形成以轨道交通和快速公交为骨干,常规公共交通为主体,干支合理衔接、配合,多种公交方式共同发展的公交体系。创造良好的行人、自行车环境,提高慢行方式所占的出行比例,尤其提倡在短距出行中使用。对私人小汽车的使用进行合理引导,作为一种中长距离的非规律性出行方式,尽量降低在通勤出行中的比例。在市辖区范围内,公交占机动化交通出行的比例应达到35%以上,中心城区内的公共交通占机动化出行比例也应达到60%以上。

市辖区人口100万以下的城市应重点发展常规公共交通,尽快构建低成本、高效率的公交体系。减缓自行车、步行等出行方式比例的下降势头;引导人们合理使用两轮机动车、私人小汽车。处理好各种交通方式的衔接和协调,最终形成公交、私人小汽车、慢行方式均衡发展的交通模式。

要实现提高公共交通在客运服务中所占比例目标,不仅要从基础设施、技术设备等硬件方面着力,还要关注提高软服务水平。包括提升公共交通的覆盖率、准点率、舒适度、换乘的便捷度等。

到"十二五"期末,我国公共汽电车运营车辆的万人拥有量应约增加到15标台,更换老旧公交车、地铁车辆,增加大容量车辆和环保型车辆;我国城市公共汽电车运营线路长度也将进一步增加,100万人口以上的城市公共汽电车运营线路覆盖80%以上的城市道路,并降低线路重复率;在100万人口以上的大城市采取构建公交专用道网络、使用智能交通系统等措施来保障公共交通的路权优先,公交专用道规划面积不低于城市道路面积的10%,实现网络化、系统化。300万人口以上的城市以及300万人口以下的城市,中心城公交站点500米覆盖率不低于90%和80%。

3. 城市货运服务

"十二五"时期,城市居民消费水平的上升,使对城市货运系统的要求也随之提高,给城市交通造成了更大压力,需要构建适应新型工业化城镇化发展要求、人民生活水平提高的城市货物运输系统。

城市道路网络在承担城市交通的同时,还承载着过境交通,尤其是过境货运任务,对城市交通会起到一定的负面影响。"十二五"时期,市辖区100万以上人口的城市应基本解决这一问题,主要通过修建绕城高速公路,来分离过境交通,尤其是过境货运,从而降低货运对城市交通的干扰。

对于城市自身所产生和吸引的货物运输,要建立和完善以货运枢纽场站为核心的物流配送系统,优化城市货运枢纽场站和物流园区的布局;优化城市货运通道,加强货物运输及货车标准的管理;建立健全对城市客运影响小的接卸、收货、配送模式及配套管理制度;同时以信息化、智能化手段加强管理,提高货运系统效率和效益。城市货运车辆基本符合标准化、不同模式货运功能和环保要求。

4. 绿色安全保障

促进城市交通的绿色转型。降低城市交通的单位能耗及排放量,优化交通运输结构,促进轨道交通、常规公共交通等节约型交通方式的发展;加强节能新技术的研发与推广应用工作,实现公路营业性车辆单位运输量能耗及碳排放下降20%;提升土地、线位等资源利用效率,公路每亿车公里用地面积下降20%。

从目前交通方面的技术发展情况看,未来10年可能产生重大影响的交通技术主要是新能源汽车的大量推广使用。新能源汽车包括混合动力电动汽车(HEV)、纯电动汽车(BEV,包括太阳能汽车)、燃料电池电动汽车(FCEV)、其他新能源(如超级电容器、飞轮等高效储能器)汽车等。"十二五"时期,以电动汽车为主的新能源汽车应较大规模的生产和使用。

提高对城市交通安全重要性的认识,加强城市交通安全预防体系的建设。控制城市交通事故发生率,降低交通事故死亡率,减少经济损失。提高应急能力,制订交通应急能力建设规划,构建与省、国家对接的应急体系,建立城市交通应急预案和处置机制,形成应急信息报送机制。

五、发展思路和规划重点

"十二五"时期是我国城市交通调整结构、转变发展方式的重要时期,要实现"十二五"时期城市交通的发展目标,必须推进城市在交通发展理念和发展模式上的转变。总体发展思路是:加快城市综合交通运输系统的建设,实现城市交通差异化多样化发展,积极扩大城市综合交通运输供给,明显提升城市交通综合管理水平,切实推进城市公共交通优先发展。

(一)加快城市综合交通运输系统建设

"十二五"时期,要以实现三个统筹为发展方向,加快城市综合交通运输系统建设,一是统筹完善城市交通系统自身的发展,通过规划引导和科学管理,实现城市交通基础设施、技术装备与交通服务有序发展,提高城市交通系统的整体发展质量和水平;二是优化城市交通与城市的协调发展,提高城市交通对城市文明发展的支撑作用,以及发挥城市交通对城市合理布局、功能改善的引导作用;三是统筹城市枢纽与区际、城际、城乡综合交通运输网的发展,提高城市交通对各个层级综合交通运输系统的支撑与衔接功能。

1. 完善城市交通系统构建

城市交通系统是一个复杂的系统,从系统结构上由基础设施、技术装备、交通服务三大方面构成,从交通方式上可以分为非机动化交通、私人机动化交通、常规公共交通、轨道交通等,从服务对象上分为客运和货运,从发展阶段上包括规划、建设、运营管理等各个环节,要加快城市交通的发展,必须完善系统建设的层面进行推进。统筹城市交通系统自身的发展,要从三个方面入手。一是在

第八章 大力构建可持续城市交通系统

城市交通发展过程中,需要统筹不同交通方式的科学发展。主要包括地面交通和轨道交通的合理协调,私人机动化交通与公共交通的良好配合,机动化交通与非机动化交通的有序合作,城市对外交通与城市对内交通的有机衔接。要实现各交通方式的有机配合和合理衔接,通过增量调整和存量升级,使各种交通方式之间的结构和城市布局逐步趋于优化,以满足不同层次的交通需求。以人为本,引导人们更好的选择适宜的出行方式,科学的使用城市综合交通系统。二是在城市交通发展过程中,需要统筹客运和货运的协调发展。客货运共同使用城市道路作为依托的基础设施,要实现二者的协调发展,就要提高城市道路的使用效率,使客货运在错开的时空维度上发展,以及在合理的运作模式下有序发展。建立货物夜间运输制度、培育快递和配送高效模式、大宗货物运输向城市外围转移等。三是在城市交通发展过程中,需要统筹规划、建设、运营管理等各个环节。由更高层次的宏观经济规划部门会同各行业规划、管理部门进行协作,提高规划的战略性、科学性、协调性,同时在建设和管理等方面协调各部门之间的关系,使城市交通规划、建设、管理成为三位一体的有机整体,强化城市交通的统筹发展。重点是高度重视城市综合交通体系规划的编制,统筹各类交通设施规划,尤其是公共交通线网及枢纽的布局。

2.优化城市交通与城市协调发展

现代城市与城市交通发展是一个有机的整体,具有极其密切的发展关系,城市繁荣必定需要发达的城市交通做支撑,交通功能强大,必然推进城市快速发展。因此,必须在城镇化水平提升和城市繁荣发展的战略层面,优化城市交通与城市的协调发展。"十二五"时期,我国城市需要加强和优化产业布局,将人口和资源环境等因素结合起来,统筹考虑区域资源环境承载能力与人口分布、经济布局,优化城市空间开发格局,以人为本、资源节约,形成各具特色的城市。这就要求提高对城市交通发展战略高度的认识,协调城市交通与城市发展,突出城市交通发展战略在城市总体发展战略中的地位和作用,将城市交通贯穿于城市规划、建设、运营整个过程中,形成宏观和微观层面的互动反馈和调整。在确定城市的发展战略时,进行交通运输与环境的整合、交通运输和土地使用的整合、交通运输与经济发展的整合、交通运输与其他政策的整合,进行合理规划,把长远规划目标同近期调整改善结合起来,提高规划的科学性、统一性。在旧城改造和新城开发中,坚持交通基础设施与土地开发同步规划、先行建设,尤其要发挥大容量公共交通在引导城市功能布局、优化调整土地、合理开发和利用等方面的作用;从而配合、支持、促进城市空间结构、人口以及功能分布的优化,逐渐发挥引导城市有序发展的作用,支撑城市的社会经济发展。

3. 统筹城市枢纽与综合交通网建设

"十二五"时期,国家、区域性综合交通运输网进入加快发展、优化结构时期,各个层级的综合交通运输系统的建设将实质性推进。城市作为各个层级综合交通运输体系的重要枢纽节点,必须加快枢纽系统的建设,充分发挥综合交通运输体系的节点组织与服务功能。其中,大城市作为国家、区域综合交通运输网的枢纽,位于综合交通运输大通道或省际和城际运输通道的交汇点,对综合交通网络的合理布局、顺畅衔接和高效运行,具有重要的作用和影响。"十二五"时期,要转变城市交通发展观念和综合交通运输体系的建设思路,将城市交通枢纽的规划建设纳入各个层级的综合交通运输体系建设中来,注重城市交通系统与对外交通系统在空间布局和运行上的协调,通过枢纽的规划、布局和建设,充分发挥枢纽连接通道的功能和作用,使城市交通系统由内部系统建设与发展,逐步向融入综合交通运输体系构建中,形成真正的"大交通"发展模式,实现城市内部、外部交通的一体化发展。

（二）实现城市交通差异化多样化发展

我国城市的社会生产力发展水平、所处的发展阶段，整个城市空间结构形态包括规模、布局等方面，都存在着很大差异，与之相对应的城市交通也存在明显的区别。"十二五"期间，我国城市交通的发展，应根据不同类型城市的具体情况，充分考虑各类城市的人口规模和结构特点，实现城市交通的差异化、多样化发展，提高城市交通的发展水平与质量，同时，提高城市交通对城市发展的支撑保障和引导能力，探索适应我国城镇化进程的城市交通发展道路。当前，我国正处于城镇化快速发展时期，城市规模以及空间结构不断更迭变化，尚难进行较为典型的结构归类。因此，鉴于发展的客观实际，在众多影响因素中，本部分研究主要以影响较为显著的市辖区人口规模作为分类研究标准。

1. 国际性特大城市

北京、上海、广州是我国地区经济总量最大、国际影响力最高、人口聚集度最高的三大国际性城市，其人口规模均在千万以上或接近千万，中心城区人口密度超过1.5万人/平方公里，从城市发展的空间格局看，呈现出典型的城市群中心城市的多组团空间布局特征，这些城市与城市群内其他城市或地区的带化联动关系紧密，城市内部中心城区与副中心地区交流频繁。目前，这三大城市的交通拥堵等"城市病"非常突出，不仅中心城区城市交通拥堵不堪，而且中心城区与副中心乃至城市群其他城市的交通联系也是问题重重。加快优化和完善符合这三大城市发展要求，特别是符合其成为具有全球影响力的国际城市战略定位的城市综合交通系统，充分发挥交通运输对于城市人口、产业、空间等布局的引导性作用，以及对于经济社会发展的服务性功能，对于全面提升城市运行效率、发展潜力和国际竞争能力，具有重要意义。

（1）在中心城大力发展以轨道交通为主体的公共交通体系

构建较为完善的多种形式的城市轨道交通网络，根据城市不同区域的交通需求以及具体条件,选择包括地铁、轻轨、市郊铁路、新型有轨电车等不同形式的轨道交通,实现轨道交通的最优配置和网络化运营,形成规模经济效应。注重轨道交通与常规公交的合理布局和有效衔接,发挥常规公共交通机动、灵活的优势,与轨道交通配合,扩大服务覆盖面,切实解决好"最后一公里"问题。规范出租车运行市场秩序,充分发挥城市出租车积极作用;改善非机动化交通方式的运行条件,为自行车及步行出行提供良好的环境;根据发展实际,采取有效手段引导私人小汽车的健康发展。

(2)在副中心形成以常规公共交通和非机动化交通方式为主的交通模式

明确城市副中心功能定位,对副中心的人口和发展空间进行规划控制,积极引导城市副中心健康发展,对中心城的功能和人口进行有效疏解,同时避免对城市体系总体的影响;各个副中心内部进行紧凑布局,提倡土地混合开发,加快推进基础设施的布局与配套,为居民提供较为完善的生活环境,减少与中心城之间的"无效"交通量,在各个副中心内部扩展多种交通方式,强调形成以常规公共交通和非机动化交通方式为主的交通结构。

(3)以快速交通联系主城区与副中心,形成组团式的多中心系统

在各个中心之间用空地或绿地保持科学的良好间隔,构建以轨道交通和快速道路系统为主的便捷交通联系,以速度拉近时空距离,在公交节点上迅速集聚人口,从而在形成多中心系统的同时,维持整体的良好运转。

(4)沿交通线路向外辐射带动城市群其他城市的发展

区域一体化是我国经济社会发展的必然趋势。这3个国家优化开发区域,在产业空间布局和城镇体系建设的发展过程中,应在政府规划的引导下将交通基础设施条件较好、具有较大发展空间的地带选择为主要发展方向,以现代化的交通设施为支撑形成伸

展轴,逐渐形成经济走廊、产业走廊和城镇连绵带。

2. 大城市群中心城市

市辖区人口在300万以上的城市,尤其是18个国家重点开发区域的中心城市,虽然总体上尚处于单核心状态,但正处于人口进一步集聚、快速发展的阶段,将面临更大的城市交通压力。在沿主要交通线路向外扩张的同时,也开始产生副中心,需要前瞻性地进行城市交通系统建设的长期规划,既满足城市快速扩张中的城市交通需求,又期望以交通系统的合理空间布局和功能结构的完善,引导城市优化发展,避免陷入第一个层级的城市目前的交通困境。

(1)形成以轨道交通为骨干,常规公共交通为主体的公交体系

对城市的交通量进行整体的分析预测,判断客流密集线路,按照"量力而行、加快发展"的原则,在客流量大的线路方向上,建设中心城区轨道交通骨干线路,提高常规公共交通的服务水平,逐渐形成以轨道交通为骨干,常规公共交通为主体,干支合理衔接、配合,多种公交方式共同发展的公交体系。创造良好的行人、自行车环境,提高慢行方式所占的出行比例,尤其提倡在短距出行中使用。对私人小汽车的使用进行合理引导,作为一种中长距离的非规律性出行方式,尽量降低在通勤出行中的比例。

(2)按照城市空间开发格局,构建交通系统轴线支撑城市发展

根据城市未来的产业功能布局,以及人口合理布局和交通流合理组织,以交通优先和超前发展为基本原则,规划能力匹配的交通干线,满足并引导城市发展。应注意寻求城市交通与城市布局发展之间良性关系的建立,按照规划控制和引导间隔各轴间的发展。

(3)以交通引导城市副中心的形成

应以第一层级的城市为参照,以发展多核城市体系为目标,以

规划为指导,有意识的布局城市副中心,同步或提前建设先进的交通设施,尤其是公共交通联系主中心与规划副中心。

3. 区域和地区性中心城市

300万人以下(包括100万人以下)的城市多为单核心结构,在一定的边界内紧凑发展,城市交通的压力不大。以我国所处的城镇化阶段判断,这些城市将会承载周边地区巨大的人口聚集任务,发展速度会较快,私人小汽车也会增长迅速,将很快产生类似第二层级城市的交通问题,在问题尚未出现之前,从城市交通引导城市布局发展的战略层面,应及时进行具备一定前瞻性的规划。

(1)尽快构建低成本、高效率的公交体系

加大发展常规公共交通的力度,提高服务水平,形成稳定且具有吸引力的公共交通系统,培养人们的公交出行习惯并加以固化。进一步改善慢行系统的运行环境,鼓励和提倡人们继续使用慢行交通方式。不对私人机动化车辆的拥有进行严格限制,但应对使用进行合理的引导。在市区范围内,尽量扩大公交和非机动方式占整个交通出行的比例。

(2)规划预留交通轴线建设用地

对城市进行产业功能布局规划时,确定主要的发展方向,形成重点建设的走廊,在建设能够满足初期发展要求的配套交通设施的同时,预留更大能力的干线交通建设用地。

(三)积极扩大城市综合交通运输供给

"十二五"期间,我国机动化、城镇化进程的高速发展决定了城市交通需求将有较快增长,需要进一步扩大城市交通供给,强化城市交通基础设施建设。"十二五"期间,需要逐步形成市场经济条件下城市交通新的投入体制,建立健全城市交通建设管理运营资金保障机制,扩大资金的来源,并确定较为合理的规划、建设、运营的城市交通管理全过程资金投入比例,从而保障城市交通供给。

但同时,我国城市人口密集,土地等资源相对贫乏,建设城市交通基础设施应强化对资源的使用效率,合理配置和使用交通资源,提升交通的承载能力,全面提高城市交通资源的整体利用效率和效益,减少资源消耗及对环境的影响。

1. 城市道路网络

我国城市的人均道路面积偏低,城市道路网络不足以满足人们出行的需要,但是各类城市的具体情况不同,需要区别对待。

处于快速扩张的城市,在"十二五"期应进一步加强城市道路网络建设,提高道路网络密度,改善道路网络质量,增加主干道建设力度,用道路的建设引导城市发展。

人口密度大、土地资源紧张的城市,中心城的空间布局和路网格局已基本成型,道路数量进一步增长的空间非常有限。因此,新建道路主要集中在新城,同时在主城区重视和加强城市道路微循环和支路网建设,改善城市交通网络功能和级配结构,从而使城市道路网络的主、次、支干道比例协调,形成合理的城市道路网络。

在加强城市道路网络建设的同时,应结合城市的交通需求,考虑轨道线网布局等具体条件,加快公交通道网络的建设。在不同的区域和时段划定公交专用道,结合公交信号优先等措施,按"快线"、"普线"、"支线"等分类划分公交通道网络结构层次,动态调整和优化公交通道网络布局。

2. 城市轨道网络

根据发达国家的经验,人口密度大、占地面积大的城市,仅靠城市道路网络难以解决城市交通的问题,城市交通应向立体化方向发展,尤其是轨道系统的构建是解决此类城市交通问题的有效途径。城市轨道交通能够承担起引导交通需求,有效调整城市发展形态以及土地利用,建立空间相对分隔但交通快速连接的新型城市结构。但轨道交通投资巨大,应在需要和有条件的城市进行建设,建设时注意资源节约,整合和有效利用既有交通资源,在适合的条件下还可用快速公交进行替代或补充。在有条件的大城市利用既有铁路资源、结合铁路新线建设和枢纽功能调整，鼓励发展市郊铁路，以解决中心城区与郊区、郊区与郊区、卫星城镇、城市带及城市圈内大运量城市交通需求问题。

对于特大城市，重点之一要将城市轨道交通与对外快速轨道交通及对外交通枢纽有机地衔接起来，实现轨道交通（内、外）的集约化、交通枢纽及场站布局的合理化、旅客运输高效化。以城市轨道网为基础骨架，并通过对外快速轨道网向外辐射，统筹考虑城市轨道交通与客运专线、普通铁路和市郊铁路等的衔接协调发展，逐步形成现代化的一体化城市轨道交通网络。

3. 交通运输枢纽

枢纽站场既是进行运输组织、客货流集散与中转的场所，也是城市内外交通衔接的"汇点"，是实现一体化衔接的关键。"十二五"时期，应根据不同城市在国家、区域综合交通运输体系中的定位，以及城市自身特点，因地制宜地从综合交通运输体系的角度出发对城市枢纽站场进行功能定位、合理布局、确定规模、交通衔接、运输组织和管理协作等。这一部分将在本书的枢纽相关章节进行阐述。

就城市自身而言，也需要从交通网络规划、组织、运营的整体出发，形成分工明确、层次分明的枢纽系统。"十二五"期间，各城市应从城市交通网络整体战略出发，坚持枢纽作为中转、集散场所的原则，确定所有枢纽的功能、规模、布局等。根据网络的功能，明确各个枢纽场站在城市枢纽网络中的功能，并划分其层次。综合考虑城市的地理形态与历史发展、现在与未来的需求模式、构建公共交通走廊及形成走廊汇点的需要，确定枢纽的布局。当高层次枢纽的运输压力过大时，可通过强化交通衔接，将其压力分散到其他较低层次的枢纽，尤其是位于非市中心、周边不拥堵的枢纽。

应将城市公用型枢纽站场作为基础设施的重要组成看待，加大政府投资,引导社会资金参与,加快建设步伐。在个体枢纽规划建设中,按照各种交通方式"无缝衔接"和"零换乘"的理念,不仅仅局限于枢纽所在建筑体,还应涵盖出发、到达、离开枢纽的全过程中的服务,从枢纽设计与布局、与周边城市区域的可达与连接、场站设施、场站形象、信息提供、信号引导、个人安全、运营安全等多个方面完善单体枢纽。实现不同方式、不同线路之间的一体化换乘,加强与枢纽站场衔接的城市交通(轨道、地面公交、出租车以及社会车辆停车场包括自行车的驻车换乘系统)的一体化规划、设计和同步建设,结合铁路、城际轨道交通、公路、民航、城市轨道交通发展规划,强化城市综合交通枢纽建设。

(四)明显提升城市交通综合管理水平

作为城市管理的重要组成,城市交通管理是城市交通可持续发展的关键问题。"十二五"时期,要明显提升城市交通管理水平,需要强化城市交通管理意识,推进城市交通管理体制改革和机制创新,把建立有效的综合交通运输协调机制作为"十二五"时期的工作重点。建立城市交通规划、建设、管理部门间的协调机制,进一步建立统一的交通管理机构,推广"一城一交"的管理方式。明确各级政府的职责和主要任务,自上而下推动城市交通的发展。中央政府和省级政府及相关部门主要行使引导职能,重点制定发展政策法规、引导性资金管理以及对下级政府的监督、考核、评价;城市人民政府作为城市交通发展的责任主体、投资主体,具体负责落实、市场监管。将城市交通发展水平纳入城市人民政府的绩效考核体系,作为"两型社会"构建的重要考核内容,并建立相应的考核评价制度。

在体制机制创新的同时,从行政管理手段和技术管理手段两个方面同时着手,重点关注交通需求管理、非机动化交通管理、机动车停车管理,优化交通运输组织与管理,从而提升城市交通系统的运行效率。

1. 交通需求管理

交通需求是社会经济活动的派生需求,各类人群的日常出行需求及物资流动需求导致的城市交通运输是城市功能实现的基本前提,片面地对其进行限制对城市的经济社会发展不利,但采取放任态度也会对城市的发展造成很多负面影响。因此,需要加强交通需求管理,进行出行管理,引导人们理智的使用有限的交通资源;在时空上平衡管理城市交通的供给和需求,创新交通运输组织与管理。

(1)交通出行需求管理

经济社会活动的空间分布性决定了交通需求总量由城市的空间形态、土地利用、人们的出行习惯等决定。减少交通出行需求能够减少交通产生的能耗和污染,因此可以通过控制交通发生源和吸引源来抑制出行,但应尽量避免对城市的经济社会发展产生负效果。"十二五"时期,要对城市进行科学规划,优化功能布局,从距离和频率最大限度地减少城市交通需求。在规划中强调更高效的土地利用,鼓励土地多种用途综合开发,注重土地、建筑的多功能混合使用,设计多中心的城市结构,发展社区商业、服务业等,缩短民众出行距离,减少出行次数。尤其要采用以公共交通为导向的城市发展模式,优先规划布局,在公共交通走廊内进行密集的土地开发,使公共交通、非机动化交通成为更便利的选择。广泛应用现代信息技术,提高城市服务水平等,例如网上办公等,从而在一定程度上降低不必要的交通出行需求。

(2)需求平衡管理

全盘统筹考虑城市交通流运行特征,通过交通需求管理,充分利用现有的交通运输基础设施时空资源,充分挖掘既有资源的潜力,使交通基础设施无论在空间或是时间方面均能得到充分高效的利用,尽可能使人流和物流均匀地分布在城市交通网络上,尽可能减少由于交通需求在时空上的过分集中而造成的拥堵。从而实现交通的资源集约节约利用,减少交通能耗和污染,推进城市交通的可持续发展。可以采用的措施包括:

错时工作计划。在交通流量较为集中的区域,实施错时上下班制度,避免形成交通干道短时期内的交通潮汐"现象",减少交通拥堵,平衡城市区域及主干道的交通需求,分散合理利用交通资源。鼓励企事业单位采取灵活的上下班时间,平衡高峰时期的交通需求等。

对城市交通基础设施进行细化设计。道路拥堵会导致更多的碳排放,浪费能源,但是一味加宽道路并不能够彻底解决这一问题,对道路节点更加注重人性化设计,设置转盘、隔离带等可能会有更好的效果。还可以采用可变车道、专用车道、单行线等措施。

对城市交通基础设施进行智能化管理。在现有的交通设施网络基础之上,主要采用信息化、智能化的手段来增强交通动态管理水平,对道路、公交等传统交通系统进行有效整合,加强各子系统之间的交互式信息交流,平衡交通流量,均衡交通分布,提升系统运转效率,提高城市交通设施使用效率,使交通网络的时间、空间资源发挥最大的效用。可以采取的技术包括:交通信号智能化管理、交通拥堵管理、智能化实时交通管理、道路行驶速度管理、集成化的物流系统,等等。重要的交叉路口、路段等是工作的重点,可采取的措施包括交叉路口渠化、信号灯配时优化设计、转向控制、机非分离等。

我国市辖区人口300万以上的城市交通基础设施建设已经初具规模,"十二五"期间,此类城市需要在城市交通信息系统、智能系统方面加大投入力度,增强交通动态管理水平,以提高城市交通系统的使用效率,打造现代化的城市交通系统,为进一步形成我国智能交通系统的产业化,与国际发达国家缩小差距打好基础。发展重点是建设公众出行信息服务系统、车辆运营调度管理系统等。

通过向城市交通使用者提供全面实时交通信息以方便出行,降低乘客在选择不同交通方式时的盲目性,利于运量与运力的合理匹配。向运营调度、服务监管、应急保障、行业管理等提供信息支持以便更高效率的进行服务和管理,加快智能型交通的发展。

2. 非机动化管理

我国目前的步行和自行车出行在大多数城市仍然占相当比例,而且在解决城市交通问题中,能够起到积极的作用,但随着机动车数量的提升,非机动化交通的空间受到挤压。"十二五"期间,应重视对自行车与行人交通的保护,突出人性化交通发展理念,在鼓励行人、自行车交通向效率高的公共交通转移的同时,完善行人、自行车专用道,改善非机动化交通的设施设备水平,加强行人、自行车交通管理,引导步行、自行车合理使用,包括与公共交通的接驳使用等。

3. 停车供求管理

我国大中城市市区停车问题日趋严重,停车场地的供给远远不能满足需求,尤其是路面停车的无序增长,占用了大量道路资源,使城市的拥堵问题雪上加霜。市辖区人口100万以上的城市,"十二五"期间应从调控停车场地供给入手,采取有效管理方法,引导合理使用私人小汽车。鼓励用市场化运营方式建设经营地下、立体停车场,对路面停车的费用应将占用道路资源的外部成本计入其中,并采取分时分段限制停车管理方式,同时加大对乱停乱占车辆的执法力度。

(五)切实推进城市公共交通优先发展

从整个社会系统看,可供城市交通使用的资源有限,需要优化配置。这就需要大力建设以公共交通为主体,高效率、资源节约型的可持续发展城市交通。优先发展城市公共交通,是有效应对城镇化和机动化快速发展,改善城市交通条件,保障大多数出行者交

第八章 大力构建可持续城市交通系统

通要求的必然战略选择,是我国城市交通发展的战略核心。

1. 增强城市公共交通可持续发展能力

"十二五"时期,要从改善民生和推进城镇化健康发展的战略高度,进一步落实优先发展公共交通战略,为城市居民提供安全、便捷、经济、舒适的公共交通服务,增强城市公共交通的可持续发展能力。保障公共交通发展资金的落实,建立以政府投入为主的投资政策,将公交建设运营纳入城市公共财政体系,拓宽资金筹措渠道,稳定资金来源,形成长效机制;逐步完善金融支持政策,与财政投入机制相配合,采取多种形式加大对城市公交企业的融资授信支持,积极促进银企合作,鼓励利用存量资产募集基础设施建设及运营资金。保障城市公共交通基础设施建设用地供给,落实用地划拨政策,已投入使用的基础设施不得随意改变用途,保证使用权稳定;制定严格的土地使用跟踪管理机制,防止公交用地功能改变用地性质或用地被侵占;完善土地开发政策,对公交场站设施用地推行以政府为主导的综合功能开发,盈利部分弥补公共交通运营亏损。保障公共交通对城市道路网络的使用权,加快公共交通专用道建设,落实地面公共交通路权优先政策。加大城市公交智能化建设力度,不断完善公交优先通行信号系统和标识,建设公众出行信息服务系统、车辆运营调度管理系统等。

2. 促进多种公共交通方式协调发展

科学定位轨道交通与地面公共交通、不同形式的轨道交通(地铁、轻轨、市郊铁路、新型有轨电车等)、快速公交与常规公交的功能,正确处理彼此之间关系,理清系统层次,优化布局结构,发挥各自优势,强化有效衔接,逐步形成较为完善的公共交通系统。加强对出租车的管理,合理平衡市区出租汽车的数量规模,规范出租车健康、有序、合理发展。

3. 统筹公共交通与私人交通发展

采取经济手段和必要的行政手段,有效鼓励公共交通的使用,合理引导私人机动化交通的使用,积极倡导自行车和步行出行方式,实现公共交通与私人交通的合理分工。发展停车换乘系统,既发挥公共交通在高密度城区的集约效能,又使人们能享受私人交通的灵活机动,实现私人交通与公共交通的顺畅衔接。

第九章　着力改善农村交通运输条件

一、农村交通运输服务属性及发展意义

农村交通运输是农村地区经济社会发展的基础和先导,对于解决"三农"问题、缩小城乡之间的发展差距、改善农村地区人们的生活条件和福利状况等具有重要作用。明确农村交通运输服务的属性定位,深刻认识当前及未来一段时期大力发展农村交通运输的紧迫性和必要性,针对性地提出改善农村交通运输条件的方向、目标、任务和举措,已成为全面构建小康社会、统筹城乡协调发展、推进强农惠农战略、落实民生工程的重大任务,必须放在战略的高度系统谋划。

(一)农村交通运输服务的基本属性

1. 农村交通运输服务的类别划分

从服务对象的角度,农村交通运输服务大体可以分为农村客运服务和农村货运服务。就我国现实国情而言,农村交通运输服务中,农民出行服务保障的问题更为突出和紧迫,其与民生的保障和改善更为直接,因此,也更受社会各界的关注,而这其中,又尤以城乡客运一体化发展的社会关注度为更高。基于本书的篇幅以及所研究问题的轻重缓急,本章对农村交通运输的研究重点着眼于

农村客运领域。

2. 农村交通运输服务的属性特征

经济学将产品分为两大类,即私人产品和公共产品。公共产品又可分为纯公共产品和准公共产品两大类,前者是指具有完全的非竞争性与排他性的产品,后者是指在一定范围内无竞争性、并能够有效做到排他的产品。对于城市公共交通的经济属性,理论研究早已明确其具有准公共产品的性质。同时,由于城市公共交通具有明显的正外部性,如城市公交保证了市民顺畅的出行,节约了时间;与私人交通相比具有节能节地、环保的优势等,这些都为政府通过财政补贴、价格规制等手段干预城市公共交通服务的提供了理论基础。与城市公共交通一样,农村运输服务同样具有准公共产品的属性和明显的公益性特征。具体体现在:

(1)农村运输服务在一定范围内具有非竞争性

对于城乡客运车辆和农村客运站来说,在未达到车辆核定载客人数和车站容量之前,增加乘客并不增加成本,也不影响其他乘客对于运输服务或车站的使用。

(2)农村运输服务具有一定的排他性

使用城乡客运服务是需要付费的,因此通过收费可以将不支付费用的人排除在消费范围之外,这一特征为借助市场化方式发展城乡客运服务提供了可能。

(3)农村运输服务可产生明显的正外部性

城乡客运是为广大农村地区居民提供出行服务的公共运输方式,与私人出行方式相比,城乡客运具有节约能源、节约土地、单位运输量环境影响小的优势;由于政府价格补贴,城乡客运的价格水平低于私人出行方式,给消费者带来了额外收益;此外,城乡客运的发展还能产生大量直接和间接社会经济效益,如促进了人口流动和城镇化发展,加快城乡一体化进程,有利于提高农村人口文化素质和健康水平等,这些都使城乡客运的社会收益远远大于私人收益,具有明显的社会外溢性。

(4)农村运输服务属于政府普遍服务的范畴,公益性特征明显

普遍服务是政府履行公共服务职能的体现,在交通运输领域,为城乡居民提供基本的出行条件和出行服务是政府应积极履行的义务。目前,我国大多数农村地区的现实情况是路况差、客流小、运价低、经营成本高,农村客运的经济效益普遍较差,经营者积极性不高。但是,农村客运作为广大农民基本出行保障服务的提供者,与城市公共交通服务于城市居民具有相同性质,同属于政府普遍服务的范畴,经济效益小于社会效益,因此具有显著的公益性特征。

综上所述,农村运输服务的经济属性可以表述为:农村运输是主要服务于农村和农业发展、服务于农民基本出行需要社会公益事业,属于市场"缺位"而需要政府"在位"的特定领域。

3.农村运输服务类型

目前,我国农村运输服务的供给主要由公交汽车与班线客运两种运行模式。传统的公交客运与班线客运的运行模式明显不同。公交客运的运行区间是市政道路,发车频率高,站距短,车速低,车辆采用低底盘车,方便乘客上下,且留有大量站位,载客量大;班线客运则遵循"点对点"的直达模式,发车频率低,一般中途不能上下客,车辆采用高底盘车,车速较高,不设站位,载客量相对城市公交客运较小。

公交客运与班线客运运行模式的差别导致两者服务功能上的差异,公交客运为面上、带上的客流提供服务,辐射范围呈带状,客流的吸引范围很广;班线客运则只能为点上的客流提供服务,辐射范围局限于围绕起、迄点一定半径的区域内,客流吸引范围较窄。公交客运在客户分类、车辆技术、运行区间、管理模式、经营特征等方面与班线客运也存在着差别,如表9-1所示。

表 9-1 农村客运服务的类型及特征

类型	需求分类	车辆技术	运行区间	管理模式	营运模式	服务范围	经营特点	管理部门
公共汽车	城市内居民通勤、通学、休闲性出行	公交车,低底盘	城市道路	定班、定时、定线、定站、定票	区域经营	线路、沿线(地毯式)	带有垄断性质,提供半公共物品服务,具有公益性	城市建委,交通运输部门等
班线客运	城市间的居民商务性、休闲性出行	公路客车,高底盘车	城乡间、乡村间公路	定线、定班、定时,强调"车进站,人归点"	线路经营	线路端点(跨越式)	经营主体曾经非常集中,但目前已比较分散,市场作用明显	

从经济发展水平比较高的区域看,城市人口扩张基本完成,城市形态、功能基本完善,公交客运和班线客运两者之间界限逐渐模糊,有些班线客运与公交客运共同服务的区域,短途班线客运的运行模式与公交客运已无明显差别。

(二) 我国农村交通运输发展的重要意义

1. 农村交通发展是统筹城乡发展的重要基础

党的十六届三中全会正式将统筹城乡发展列为完善社会主义市场经济的主要目标;2007 年 11 月,党的十七大报告将"统筹城乡发展"放在"要正确认识和妥善处理中国特色社会主义事业中的重大关系"的首要位置。中共中央国务院 2010 年 1 号文件《关于加大统筹城乡发展力度 进一步夯实农业农村发展基础的若干意见》中提出:把统筹城乡发展作为全面建设小康社会的根本要求,把改善农村民生作为调整国民收入分配格局的重要内容,把扩大农村需求作为拉动内需的关键举措,把发展现代农业作为转变经济发展方式的重大任务,把建设社会主义新农村和推进城镇化作为保持经济平稳较快发展的持久动力。统筹城乡发展在我国当前及未来的发展中具有极为重要的现实意义。

交通运输是促进农村地区相互交流的重要基础设施,农村交通发展是交通领域具体落实党中央提出的统筹城乡发展目标的重要举措,积极建设和完善农村运输系统,使农村居民能够享受到便利的公共运输服务,是城乡协调发展的重要表现,对于社会经济发展各领域全面实现统筹城乡发展目标具有重要的支撑和带动作用。

2. 农村交通发展是推进基本公共服务均等化的重要举措

长期以来,我国一直处于农业支持工业、为工业提供积累的发展阶段,随着我国改革开放的深入推进,我国国民经济发生了天翻地覆的变化,我国已经迈入了需要工业反哺农业、城市支持农村,实现工业与农业、城市与农村协调发展的阶段。农村运输属于准公共产品,具有公共服务社会化基本属性,增加城乡公共客运的财政转移支付力度,统筹城乡客运发展,使广大农民享受到便利的公共客运服务,是推进基本公共服务均等化的重要体现,是让广大农村居民公平地享受到改革开放和经济发展成果的重要举措。

城乡交通运输既具不同性质,又是统一整体。农村作为交通运输系统的网络末端,其不仅承载着城市经济产业的辐射和疏散,也为城市聚集生存和生活要素提供源头,不仅是城镇化扩展的支持,也是交通系统体现社会公平与公正,农村农民均等享受"交通权"的重要方面。

3. 农村交通发展是促进农村地区经济发展、加快农业现代化的条件

发展农村交通运输,提高农村地区的公共客运服务水平,可以加强城乡沟通,提高农业综合效益。比如,便利的农村客运服务有助于促进农村剩余劳动力更多、更快、更便捷地向外转移;有助于农民走向城镇,促进农产品销售,同时购买质优价廉生产、生活用品,降低消费成本;有助于农民更快更多地获得市场信息,按照市场需求及时调整种植结构和经营项目;有助于吸引城市居民走入

乡村,使农村地区的旅游资源得到开发,拓宽农民增收致富渠道。因此,农村运输服务离农民越近,闭塞和贫穷就会离农民越远。

4. 农村交通发展是实现交通行业全面、协调发展的内在要求

交通发展是一个需要统筹兼顾、协同并进的系统工程。从交通发展的整体性、协调性、可持续性来看,没有农村运输事业的发展,全国交通的和谐发展就无法实现;解决不好城乡居民的出行问题,我国道路运输业的全面发展也无从谈起。一方面,农村地区拥有大量的人口,蕴藏着巨大的运输需求和市场资源,蕴藏着巨大的发展潜力和市场空间,是道路运输业持续发展最主要的动力之一。另一方面,涉及道路建设及运输模式等的改变,促使部分城市道路及场站资源向班线客运班车开放,提高了资源的共享程度。随着经济发达地区的公交化班线客运与公交客运功能的趋近,两者的关联程度进一步增强。以竞争、补充或替代的形式,要求更大范围内的公路统筹规划,进行调整运力,实现更高层次的资源整合和共享。既可以使农村公路建设的效益得到最大限度的发挥和体现,也有利于充分发挥道路运输的优势,巩固道路运输在综合交通运输体系中的基础性地位。

此外,在实现农村道路运输网络化的改造中,随着城镇化发展,公路及城市道路的功能设计和建设差异将不断趋近,为运输管理一体化提供了硬件保证。为优化运输市场,改变经营方式,实现农村运输的集约化经营,提高经营主体的效率,促进规范化运营等提供基础支撑。

二、我国农村交通运输发展的状况评价

(一)我国农村交通运输发展现状

从区域上讲,农村交通运输不仅涉及农村地区,而且与城市边缘地区交叉。从发展方面看,需要城市与农村道路的有效衔接和

网络化运营,以及城市、农村的运输管理与组织。我国目前农村交通运输的基本构成如图9-1所示。

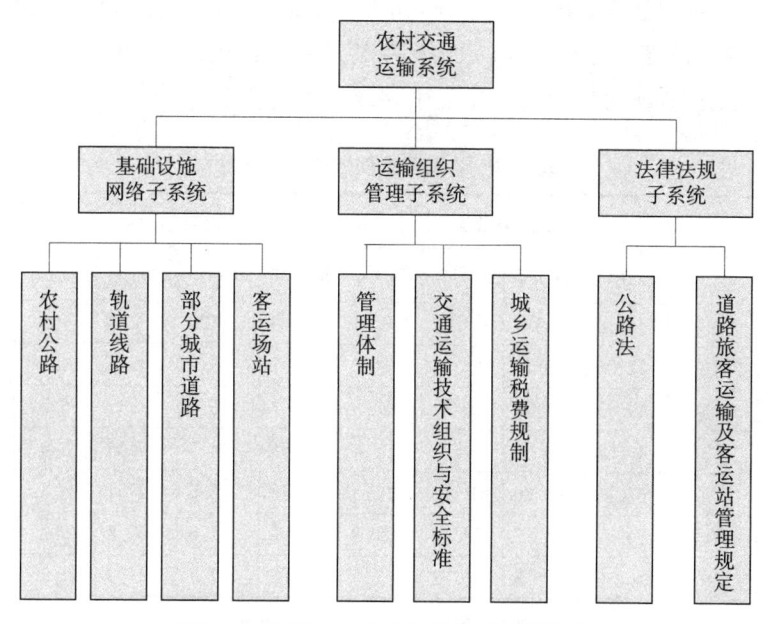

图9-1 我国农村交通运输系统基本构成

1. 农村交通基础设施网络

从路网规模来看,截至2010年年底,全国公路里程达到400.8万公里,其中农村公路里程350.7万公里,占公路网总里程87.5%。乡道、村道总里程达295.3万公里,占总里程的73.7%。乡镇和建制村的通公路率分别达到99.9%和99.2%,乡镇和建制村通沥青(水泥)路比例分别达到96.6%和81.7%,均比"十五"期末有了大幅提升。部分国道、省道公路,直接穿越乡镇和村庄而过,也构成了城乡道路网络的主骨架。全国公路网发展情况如表9-2所示。

"十一五"期间,农村道路建设明显加快,中央投入农村公路建设的车购税资金、国债资金,带动地方完成农村公路建设投资大幅增加。用于农村公路的车购税投资占车购税用于公路建设总投资的比例,由2005年的29.5%提高到2010年的45%左右。新、改建农村公路156万公里,比"十五"末提高了11.3个百分点;建制村通公路率、通沥青(水泥)路率分别达到96.3%、76.9%,较"十五"期末分别提高了2个和14.5个百分点。

表9-2 全国公路网规模发展情况

分类	里程(万公里)				占总里程(%)			
	2000年	2006年	2008年	2010年	2000年	2006年	2008年	2010年
总里程	169.8	345.7	373.01	400.82	100	100	100	100
国道	12.05	13.34	15.53	16.5	7.1	3.9	4.16	4.2
省道	19.73	23.96	26.32	26.9	11.62	6.9	7.1	6.7
县道	40.67	50.65	51.23	55.4	23.95	14.7	7.05	13.9
乡道	62.36	98.76	101.11	105.5	36.73	28.6	27.1	26.3
村道	26.39	153.2	172.09	189.8	15.5	44.0	52.8	47.2
专用公路	8.6	5.8	6.72	6.7	5.07	1.7	1.79	1.7

资料来源:《全国交通统计资料汇编》(2005、2006、2008、2010)。

2.农村交通运输服务

"十一五"期间,国家通过支持农村客运车辆和客运站发展,优化客运组织,积极发展农村交通服务。全国乡镇、建制村通班车率分别达到98%和87.8%。从农村客运组织方式来看,根据实际运行需要,呈现多样化。通过调查,目前农村运输服务主要有几种形式。

(1)农村班线型

即以县城为中心,以乡镇为结点,"定班、定点、定线",辐射绝大多数建制村的客运班线,也是目前我国城乡客运的基本型和主力型。

(2)干线串连型

即位于干线公路附近不足1公里的建制村,由干线长途班车,夜宿农村班车来承担群众出行的客运线路和班车。

(3) 公交班车型

即以城市公交车为主，在公交车原运行线路的基础上适当延伸，承担一些建制村镇的群众出行。

(4) 班车出租结合型

即距干线公路或城镇较近的断头路建制村，本村具有从事出租客车的车辆。

(5) 集会班车型

针对平时客流稀少，专发班车亏损，根据群众生活习惯，逢赶集会时定时开通的班车线路。

(6) 旅游班车型

即开往旅游景点的客运班车。

(7) 专车接送型

即学校双休日、厂矿上下班，客流量集中，客运公司与学校、厂矿签订协议开通的客运班车。

(8) 电话预约型

针对距干线远，客流量小、路面差的建制村，遇有急事急需要客运车辆时。

3. 农村交通运输管理

目前，我国农村交通运输管理部门主要包括与农村运输相关的国家运输管理部门和中心城市交通管理部门。

(1) 国家运输管理部门

从国家层面来看，我国农村运输政府管理部门涉及多个部委，其中，交通运输部、住建部及公安部直接管理地市的农村运输以及负责制定相关运营政策，国家发展改革委、财政部等部门主要负责制定农村交通运输的发展规划以及配套相关财税政策。目前我国农村交通有关的国家行政管理部门及职能如表9-3所示。

表9-3 我国涉及农村交通管理的职能机构

部门	有关交通的职能
发展改革委	提出国家的交通发展战略,衔接平衡交通行业规划和行业政策,提出交通重点行业的专项发展规划,监测和分析交通基础产业的发展建设状况,规划重大项目的布局
交通运输部	组织拟订公路、水路交通行业发展规划和有关计划;公路客货运行业管理;拟订交通行业政策、投资融资政策;负责中央投资、中央与地方联合投资以及利用外资基础设施建设项目的前期工作和后期评价工作;负责交通行业统计、预测、信息引导工作等
住房和城乡建设部	综合管理全国城市道路、公共客运交通,工作重点在政策引导、法制规范、统筹规划、国际合作和宏观监控等方面
公安部	公路、水路的场所秩序、交通工具、治安的管理;交通肇事、交通秩序的管理
财政部	管理国家交通投资项目的中央财政拨款,对国家项目的中央财政拨款使用效益进行分析、检查和监督;参与交通投资体制改革有关的工作等

(2)中心城市交通管理部门

目前,我国农村客运系统涉及的中心城市的交通管理体制主要有三种:一是由交通、城建、市政等部门对交通运输实施交叉管理的体制;二是由交通部门对城市道路客货运输实施一体管理的体制(含城市公共交通管理);三是实施"一城一交"综合大交通行政管理体制,各种体制典型特征如表9-4所示。

由表9-4可见,与管理城乡运输的中央政府层面的几大部委相对应,中心城市也大都设置了相对应的交通及城建部门对农村交通实施管理,这导致在全国大部分地区出现了城乡客运二元化的管理结构。由于管理体制的多头管理和职能交叉,造成在不同地区的农村运输发展中出现许多问题和矛盾,其根源也是由于农村客运的这种二元结构引发出现的。

表9-4 我国中心城市现行交通行政管理模式

模式类别	模式一	模式二	模式三
体制模式	由交通、城建、市政等部门实施交叉管理	实行城市(乡)道路运输一体化管理	"一城一交"综合大交通行政管理
代表城市	南京、昆明、福州、杭州	沈阳、哈尔滨、乌鲁木齐、西宁	北京、深圳、广州、重庆、武汉
典型特征	交通局作为政府的组成部门,负责城市市区以外的公路、水路交通运输市场的行业管理; 市政公用局负责城市客运的管理; 城建部门负责城市道路的规划与建设	交通局除原行政管理职能外,还对城市辖区范围内的道路运输,包括城市公共交通和出租车实行集中统一管理。但缺少对民航、铁路、邮政部门的协调职能	组建交通委员会作为市政组成部门,统一负责协调全市的公路、水路、铁路、航空和邮电等多种交通运输方式的行政管理,实现从规划、建设到运营的全方位管理新模式

从管理的对象来看,在现有管理体制框架下,目前我国农村客运行政管理的对象(即运输企业)主要分为两大类:一是由公路管理部门管理的公路汽车客运公司,二是由城建部门管理的城市公共客运公司,两者在费税承赋、财政补助、运营政策等方面存在较大差异,也一定程度上造成两者运营环境的不平等。

4.农村交通运输法规

法律是任何制度、政策和组织体系有效实施的保障依据。由于农村运输涉及班线客运及城市客运,目前的法规体系在班线客运方面,主要是依据《中华人民共和国公路法》及《中华人民共和国道路运输条例》以及《公路养路费征收管理条例》。2005年8月1日,交通部颁布了《道路旅客运输及客运站管理规定》,同时废止了以前交通部发布的《省际道路旅客运输管理办法》、《高速公路旅客运输管理规定》、《汽车客运站管理规定》、《道路旅客运输企业经营资质管理规定(试行)》、《道路旅客运输业户开业技术经济条件(试行)》，这些举措使得我国道路运输行业的法律建设取得了长足的发展与进步。在城市公共客运运营方面，主要依据《城市道路管理条例》及建设部于2005年6月1日实施的《城市公共汽车客运管理办法》。对于出租车管理，2004年6月国务院发布第412号令《国务院对确需保留的行政审批项目设定行政许可的决定》，其中第112项明确关于"出租汽车经营资格证、车辆运营证和驾驶员客运资格证核发"的实施机关为县级以上地方人民政府出租汽车行政主管部门。

目前全国大部分省、自治区、直辖市依据上述法规要求出台了有关道路客运管理及城市客运的《条例》、《办法》等。由于道路客运的一些领域分属不同的政府部门管理和不同的法律法规，客观上也给农村客运运输法制建设造成了一定障碍，不利于农村运输的发育和成长。客观而言，农村运输发展过程中，不仅要求主管交通运输的政府部门在管理职能上的转变，而且迫切需要一系列有利于农村运输在市场经济环境下健康发展的法规制度的建立和完善。

(二)我国农村交通发展存在的主要问题

1. 农村交通基础设施规模不足，深度不够，质量较差，养护水平低

(1)整体规模不足，路网密度偏低

目前除东部的一些城镇化水平较高、经济发展状况较好的省市(如北京、上海、天津、广东、海南)农村公路密度较高外，其他省、区、市的农村公路整体通达度、覆盖度有待提高，农村公路网密度偏低。中部地区的黑龙江和西部地区的甘肃、西藏、青海、新疆、

内蒙古等省区均低于10公里/百平方公里,无法满足农村经济发展的实际需求和农民群众越来越高的出行要求。另外,随着农村经济的发展,大量的自然村需要公路连接,通自然村道路存在一定空白。

(2)通达深度不够,农村公路建设任务依然艰巨

2010年年底,全国仍然有3.4%的乡(镇)和18.3%左右的建制村不通油路或水泥路。特别是在西南及西北地区公路通乡及通村的通达率也仅为90%左右,与全国平均水平差距较大。

(3)技术等级偏低、路况较差,通畅问题尚未解决

以2008年农村公路调查数据为例,我国农村公路中,二级及以上公路里程为7.6万公里,占农村公路里程的4.7%,而四级和等外公路占农村公路里程的80%以上。东部的海南、福建,中部的湖南、江西及西部的大部分省区公路等级偏低,西藏农村公路中四级及等外公路里程比重为99.2%(见表9-5)。农村公路的路面状况差,中、低级及无路面里程为166万公里,占农村公路里程的51.6%(见表9-6)。

表9-5 农村公路道路等级构成表　　　单位:万公里

农村路	等　级　路					
	合　计	一级路	二级路	三级路	四级路	等外路
县　道	51.18	0.9	6.98	15.06	23.99	4.25
乡　道	101.10	0.37	1.83	9.55	67.87	21.48
村　道	172.05	0.22	1.12	3.28	101.8	65.63
合　计	324.33	1.49	9.93	27.89	193.66	91.36
占总里程(%)	100	0.46	3.06	8.60	59.71	28.17

表9-6 农村公路路面构成　　　　　　　　单位:万公里

类　别	里　程	高级路	次高级路	未铺装路面(中低级)
县　道	51.18	23.14	14.87	13.2
乡　道	101.10	40.46	12.83	47.81
村　道	172.05	52.26	14.83	105
合　计	324.33	115.86	42.53	166.01
占比重(%)	100	35.5	12.9	51.6

(4)维护资金匮乏,养护水平低

"十一五"以来,国家加大农村公路建设力度,充分发挥国家和地方积极性,多方筹资,建设和改造了一定数量的农村道路,较好地完成通达任务,但随着道路的使用和自然条件的变化,农村公路路面损坏严重,通行条件变得较差。由于建设之后养护资金的落实和监管不到位,致使许多农村公路又回到通而不畅,甚至无法通行的状况,这一问题在中西部地区尤为突出。

2.运输服务管理主体不统一,体制问题突出,运输服务矛盾重重

我国目前在农村运输管理方面实行的是双重管理体制。按照交通运输部及住建部相关行业规定,在城市规划范围之内,城建养护的道路是公交客运的营运范围,属城建部门管理,超出该范围则是班线客运范围。同是农村运输服务的运营主体,一个是公交客运,另一个是班线客运,分别归属城建和交通两个部门独立管理,各自的经营范围都有自己行业的规定,因此,在一定程度上影响了农村客运服务的质量和水平。

同时,目前城乡二元分割的运输管理体制不仅割断了城乡客运的联系,而且出现了职能交叉等问题。特别是审批职能的重复设置,给道路客运能力的总量控制带来困难,阻碍了城乡客运事业的发展,特别是中西部不发达地区由政府政策扶植起来的城乡客

运公司,面临"办得起"但"留不住"的局面,也导致农民"进城难"的状况再度出现。

公交客运和班线客运在各自经营领域分别执行各自的行业规定和政策。两者在相关政策、待遇上存在差别,也形成了不平等竞争,其中市场准入和税费制度是最为突出的两个方面。按照市场配置资源的经济法则,客运车辆进入班线客运市场和公交客运市场本应享受同等的准入制度,但由于所属的管辖部门不同,其导入市场的法则往往存在很大的差别。

随着城镇化进程的逐步推进,城市公交公司为了扩大其经营范围而突破城区运营范围的限制向班线客运范围渗透。由于目前的二元分割的管理体制,城市公交不仅享受优惠的税收政策、免交规费,还享受政府财政扶持,负担较轻,因此票价低。而班线客运营运成本大,只能通过调高票价甚至采用超员超载、降低服务标准等方式来平衡收支,无疑形成了不平等的竞争环境,致使城市公交和城乡班线客运在运力投放、经营线路开发利用上的不对称,严重影响城乡客运的正常秩序。

3. 缺乏统一的法规规章,法制体系不完善

目前,我国仍然没有统一的法律法规对农村运输中的城市公交、出租车和道路客运进行统一的管理。交通运输部近两年分别颁布的《中华人民共和国道路运输条例》和《道路旅客运输及客运站管理规定》都只是针对道路运输的法律法规。城市公共客运和出租车则分别沿用《城市公共汽电车客运管理办法》和《城市出租汽车管理办法》。因此,造成实际工作中由于没有法律法规的保障而难以实现,甚至造成实践工作中的"混乱"。法律作为推动农村运输发展政策和措施的"源头"依据,如何克服农村道路客运发展中的法制问题,是农村道路客运过程中迫切要求解决的问题。

4. 农村客运发展缺乏必要的财政支持,企业生存面临困境

实践证明,农村客运具有明显的社会公益性。长期以来,政府

职能的错位和缺位导致城乡客运发展缺乏足够的财政支持。政府承担大量经济建设和管理职能，公共资源大量投向经济建设领域，导致包括农村客运在内的许多公共产品的供给缺乏足够财政支持，虽然近年来地方在交通规费的财政支持上也采取了一定的扶持优惠政策，但是农村客运发展仍然缺乏长效机制，资金的稳定性和可靠性难以保障。

目前我国大多数地区，特别是中西部地区农村客运面临客流小、成本高、运输频率低的客流特点，企业效益差，大部分处于保本状态，有的甚至严重亏损。从目前农村客运发展现状分析，即使在交通部门实现营运客车征稽费减半甚至有些费用完全减免的政策支持下，大部分企业依然运营困难，处于基本维持状态，农村客运班车面临是否"留得住"的问题。

三、我国农村交通运输需求及发展趋势

近年来，随着我国城镇化进程的加快，农村经济快速发展，城乡间的交流变得日益频繁，城乡客运发展迅猛。我国的部分城市群，如长江三角洲、珠江三角洲、京津冀环渤海地区等已经步入了快速城镇化、机动化时期，进一步带动城乡交流日益增长。交通与社会经济的关系越来越密切，城乡之间的交通已成为影响社会经济发展的重要因素。

（一）我国农村运输发展态势

我国城市发展及城镇化进程使得卫星城、开发区、居民小区不断在旧城区的边缘出现，又形成新的城区；有的地方，城市和乡村纵相交错，相互深入；有的地方，乡镇、县市已经连成一片。在这种情况下，城乡之间、跨区、跨县的班线客运实际上承担着近似于城市公交客运的职能。20世纪80年代初我国发展起来的城乡短途

班线客运,曾经是乡村百姓出行的主要交通工具。伴随着城市的不断扩大以及区域范围的调整,城乡客运呈现出新的发展趋势。

1.城市公交客运的客运线路呈现向外、向"下"延伸态势

目前城市公交客运突破城区范围,向整个行政区延伸直至到达市域的村镇,经营范围从城市道路逐步扩展到公路,长途公交客运出城,在市域内开展班线运输。公交客运的营运范围超出原先的城区已经成为客观现实,经常与城乡班线客运、城市间的短途班线客运渗透在一起,运行线路多有重叠,也出现竞争态势。公交客运利用公路规费优惠政策取得的"优势""下乡"不断扩张。相反,班线客运则因在城市道路、城乡公路沿线缺乏停靠站点,失去了市场先机,加上没有公交客运在规费上的优惠政策,在竞争中处于劣势,面临巨大的运营压力。班线客运与公交客运的这种不平等竞争,时常引发两者之间的矛盾与冲突。

2.班线客运与城市公交客运竞争逐步明显

过去由于我国城市发展水平不高,特别是中小城市,其道路基础设施不足,原本没有公交客运或者其服务范畴有限,居民的出行需求很大程度是借助班线客运来满足的,班线客运与公交客运之间的竞争不明显,但是随着城镇化进程的快速推进,周边卫星城镇的迅速崛起,毗邻城镇之间、城镇与中心城区之间居民的出行次数快速增加、出行范围随之扩大、出行性质也发生了变化,传统的班线客运模式很难满足这种全天候、大容量、短距离、高频度的公众出行。特别是珠江三角洲地区,这种情形在城镇密集且市镇村紧紧相连地带非常典型。此外,班线客运由于没有完善的公交客运体系接驳,公众出行非常不便,摩托车的士、人力车等接驳方式应运而生,不仅费用高、安全差,对道路客运发展不利,而且还影响城市的整体形象。

随着城市的发展,城市流动人口数量日益增加,公交客运市场客源不断充实,城乡班线客运或短途班线客运企业利用短途公路

客车的车源,"进城"营运。由于公交客运在规费、定员等方面具有优势,班线客运"进城"营运整体上处于劣势,难以取得大的市场份额,多为"顺路搭乘情况",但其边际成本极低,边际收益则很高。公交客运与班线客运之间的竞争日益明显。

(二)我国城镇化发展带来的农村客运需求变化

城镇化是由于城市工业、商业和其他行业的发展,使城市经济在国民经济中的地位日益增长而引起的人口由农村向城市集中的社会进步过程。主要包含四个方面的含义:一是人口转换,即农业人口向非农业人口的转换,城镇人口增加,农村人口相对减少。城镇人口在全国总人口中的比例不断提高,农村人口的比例不断下降;二是地域转换,即由于城市数量增多、城市规模扩大(包括城市自身的不断发展和完善),农业用地向非农业用地转换,城镇数量增加,规模扩大,形态和分布发生变化,由各自独立的状况变为紧密联系的城镇系统;三是经济结构转换,即生产要素特别是劳动力和资本等从农业部门向非农业部门转换;四是生活方式转换,即由农村生活方式转变为城市生活方式,表现为城市经济关系和生活方式的普及与扩大,使农村居民的生活方式日益接近于城市居民的生活方式。

国际上一般用城市人口所占比重来反映城镇化水平,并把城镇化划分为三个发展阶段:城市人口比重低于30%,第一产业比重在50%以上为城镇化进程较为缓慢的初级阶段;城市人口比重在30%—70%之间,第一、二、三产业结构呈三足鼎立为城镇化进程明显加速的中级阶段;城市人口比重达70%以上,第三产业占50%以上,第二产业稳定在30%左右为城镇化进入平衡状态的高级阶段。

我国目前正处于城镇化加速发展时期。自1998年以来,我国城镇化水平每年都保持1.5—2.2个百分比的增长。截至2010年年底,城镇化率已达49.7%。按照我国城镇化的总体战略目标,到2020年城镇化水平将达到58%—65%。因此,今后10年将是我国城镇化进程不断加速发展时期,由此带来城乡客运需求特征不断变化。

1.城乡短途客运需求量将快速增长

城镇化进程的加快,带来城市规模的扩大,城市人口数量的扩张,公众出行频率随之大幅增加。截至2010年年底,我国城镇化比例已达到了49.7%,城镇化已步入快速发展阶段。在这个阶段,每年有1000万—1500万人进入城市,城市形态急剧变化,城市规模不断扩大,引起人与物在城市内部空间运动规模的扩大,从而使城市内部交通需求问题日益突出。城市出行模式由原来的单纯的核心区交通活动,转变为市域内核心、向心、环绕及穿越等交通活动并存的出行模式,迫切需要相应的公共交通运输系统相配套。尤其随着城乡一体化的发展,农民不再单纯地从事农业生产活动,越来越多的农村劳动力资源向其他产业转移,导致农村居民出行日趋频繁。但目前我国农村客运市场普遍存在散、小、弱、差的问题,已不能适应当前消费者在服务质量上的需求和城镇化进程需要,因而十分有必要建立城乡公交统筹发展体系来促进整个市域,尤其农村地区的和谐发展。

与此同时,随着经济的发展,人民生活水平的提高,居民对于运输服务质量的要求越来越高,完善短途城乡客运系统,提升短途城乡客运服务能力水平,满足公众出行的交通需求,已成为城乡客运发展的必然趋势。

2.城乡客运需求将呈现多样化趋势

城乡经济协调发展一体化,人口流动是城镇化的孪生现象。大规模的流动人口不仅对城市服务产生重要影响,还直接影响到城市和区域交通出行的特征。尽管这种情况下城镇人口聚集度很高,但流动人口的真正城镇化和本地化还需要一个较长的过程。在这个过程中,人口结构、生活居住及消费方式均会发生很大的变化,这些都会影响到出行的特征。

具体而言,从出行的特点来看,相邻城市之间、市区与郊区之间、城乡之间居民的出行,基本上属于短距客运的范畴。这类出行主要有三种类型:一是日常生活出行;二是公务出行;三是短途旅游。日常生活所需的出行,是家庭中的非主要劳力围绕日常生活(如购物、逛街、上学等)所引发的出行,距离普遍较短。公务出行在出行频率和出行方式上比较固定。短途旅游是一种新兴需求,随着城乡经济的发展,城市之间、城乡之间的交流加快,以休闲为目的的短途旅游需求增加迅猛。上述三种客运需求对班线客运的依赖程度很高,致使短途客运的需求大幅度增加。以珠江三角洲为例,沿珠江口东西两岸,城镇密集,客流需求庞大。广州—东莞—深圳、广州—佛山、广州—中山—珠海等城镇带已形成了非常密集的客流通道。目前,广州至深圳、珠海的公路日客流量分别超过3万人次和1.5万人次,并将保持年均8%—10%的高增长率。这充分说明出相邻城市间的人员流动呈现快速增长的趋势。

人口流动的日常出行以务工为主要目的,流动范围多在城镇之间、周边城市之间,频率高,距离短,表现为短途客运需求随流动人口的增加而加速递增的现象。此外,还呈现出明显的假日客流特征,即周末、休息日的客流较为集中,工作日客流稀少,存在明显的周期性。随着流动人口的城镇化和本地化,流动人员的出行频率、出行距离和出行方式都会发生变化,越来越接近城市公共交通的需求。但是,这是一个渐进的过程。流动人口中聚集的是庞大的中低收入务工群体,大多选择费用低廉的城乡道路客运。

四、"十二五"时期农村交通运输发展重点

(一)发展思路

"十二五"时期是我国农村交通发展的关键时期,随着我国促

进城乡协调一体化的政策实施及城镇化的推进,对城乡交通的发展提出了新的更高的要求。针对我国城乡交通发展的现状及存在主要问题,落实统筹城乡发展,"十二五"期间城乡交通发展的基本思路是:进一步加强农村道路网络建设,形成以县城为中心覆盖乡镇、建制村的公路网络,完成通达、通畅的建设任务,注重农村公路改造和道路养护质量,优化农村公路网络,进一步提高农村公路的网络化水平。加强农村公路危桥改造和交通安全保障措施,降低安全隐患;积极发展公路、水路等运输方式,全面提升运输服务的能力与水平,以公交化发展的理念,推进农村客运班线改造,以便捷化的理念,支持城乡客运资源整合,以一体化理念,优化城乡客运网络衔接;积极落实相关政策,加大农村客运扶持力度,建立农村基础设施建设养护的资金保障长效机制。

(二)发展任务和目标

1.基础设施

(1)农村公路

围绕 2020 年农村公路发展规划,"十二五"期间,我国农村公路将全面完成"通达"工程,所有具备条件的乡(镇)、建制村通公路;加快推进"通畅"工程,东部地区和部分中部地区力争基本实现乡(镇)、建制村通沥青(水泥)路;部分中部地区和西部地区乡(镇)、建制村通沥青(水泥)路比率明显提高。加强集中连片困难地区公路建设。全国农村公路的通达深度、技术状况和服务水平得到显著提高,农民出行难的问题得到有效解决。

"十二五"期间,在全面完成"通达"工程、加快推进"通畅"工程的同时,具备条件的地区实施县乡道改造和连通工程,逐步对农村公路路网进行加密、优化,在乡镇及建制村通公路基础上,针对人口达到一定规模,经济发展、产业开发具备一定条件的自然村实施道路联通工程。其中,东部地区农村公路建设的重点是乡镇及建制村和一定条件的自然村之间网络化工程,进一步提高农村公路网密度和服务水平;中部地区农村公路建设和国家支持重点是建制村通沥青(水泥)路和部分建制村网化工程;西部地区农村公路建设和国家支持重点是乡镇通沥青(水泥)路和乡镇、建制村通公路。

与此同时,通过实施农村公路的桥涵建设、危桥改造等工程,加强农村公路的标识、标线、护栏等安全设施建设,使农村公路整体条件得到进一步提升。

到2015年,全国乡镇通公路率将达到100%,全国所有具备条件的乡(镇)、建制村均通公路。乡(镇)通沥青路(或水泥路)的比例东中部地区达到100%,西部地区达到80%以上;依此推算,"十二五"期间,全国规划新建农村公路里程50万公里。到2015年,预计我国农村公路里程为400万公里。

(2)运输站场

农村客运场站发展的目标是:站场设施,在东部地区和中部较发达地区的需要建站的所有乡镇,建成五级以上客运站,建制村建有招呼站或等候亭;中部欠发达地区和西部地区,70%以上的乡镇建有等级客运站,60%的建制村建成招呼站或候车亭。

(3)农村水运

具有水运资源的农村地区,水运资源应该有效开发利用,重点加快推进重要支流和库区的航运开发,延伸航道通达和覆盖范围,加强乡镇渡船渡口设施的更新改造。

2.运输服务

(1)农村客运

农村交通运输发展的重点是在着力加快农村交通运输设施服务整体改善的同时,统筹城乡客运一体化发展,强化客运安全保障,增加农村客运班线覆盖广度和密度,不断提高农村客运组织和管理水平,推广农村客运的片区经营模式,探索多样化运营模式,并不断提升农村货运物流的服务能力和水平。针对我国城乡运输服务长期以来形成的行政管理体制分割,法规不统一,交通基础设施条件和标准城乡差距很大,城乡交通互不衔接,运输市场人为分割,综合枢纽和现代物流业发展滞后,交通运输资源无法共享,不能适应城乡经济社会发展和人们的出行需要等问题,依据城乡运输一体化的发展目标、要求、内容及原则,对现阶段我国现有城乡运输服务存在的差异和障碍进行统筹管理与规划,使农村地区拥有便捷、安全、经济的交通基础设施条件,农民享有平等的交通出行权和享受同质化的交通公共服务。统筹管理体制政策法规及基础设施建设,创造农村客运的良好发展环境和条件。

客运服务能力显著提高。客运服务的覆盖广度、通达深度、安全水平、服务品质等进一步提高,农村客运运力全面更新为符合国家标准车型。到2015年,所有通公路的乡镇和建制村开通农村客运班车,东部和中部较发达地区乡镇和建制村客车通达率力争达100%和95%;中部欠发达地区和西部地区乡镇客车通达率达99%,建制村客车通达率达到90%。

城乡客运一体化取得进一步突破。遵循农村客运"统一管理、合理分工;方便乘客、有机衔接;站运分离、有偿共用"的原则,基本建立起符合我国城乡发展趋势和特征的三大系统,即"安全可靠、方便高效、经济舒适、沟通城乡"的道路客运运营网络系统,"分工明确、有机衔接、竞争有序、行为规范、城乡一体"的道路客运市场系统,"有效统筹管理机构、政策法规、站场规划、服务标准"的道路客运管理系统。

(2)农村货运

要把农村货运,特别是农产品物流业发展放在优先位置,加大政策扶持力度,加快建立畅通高效、安全便利的农产品货运体系,着力解决农产品货运经营规模小、环节多、成本高、损耗大的问题。

加强货运物流服务模式创新,强化城乡协调与衔接。大力发展"农超对接"、"农校对接"、"农企对接"等产地到销地的直接配送方式,支持发展农民专业合作组织,加强主产区大型农产品集散中心建设,促进大型连锁超市、学校、酒店、大企业等最终用户与农民专业合作社、生产基地建立长期稳定的产销关系。发挥供销社和邮政等物流体系在农村的网络优势,积极开展"农资下乡"配送和农产品进城配送服务。提高对农产品批发市场和农贸市场(含社区菜市场)公益性的认识,加强农产品批发市场、农贸市场的规划和建设。

加快建立城乡协调的、针对主要品种和重点地区的货运物流系统。完善鲜活农产品"绿色通道"政策,进一步加强管理,完善技术手段,提高车辆检测水平和通行效率。进一步落实鲜活农产品配送车辆24小时进城通行和便利停靠政策。提高粮食物流现代化水平,推进粮食储、运、装、卸的"四散化",加强东北产区散粮收纳和发放设施及南方销区的铁路、港口散粮接卸设施建设,推动东北地区散粮火车入关,加快发展散粮铁水联运。鼓励大型企业从事农产品物流业。

五、我国农村交通运输发展的主要任务

基于我国农村运输服务体系存在的问题和障碍,以实现农村运输一体化为目标,从基础设施建设、市场运作、管理体制、政策法规方面提出发展我国农村运输服务的主要任务。

(一)加大基础设施建设力度

1. 加快农村客运线路建设,实现客运的网络化

进一步做好全国的通路工程,实现基础设施网络化,提高全国建制村通车率,优化农村客运公路路网结构,形成由国道主干线、高速公路与国家重点公路构成的国家骨架公路网,一般国省干线

公路构成的区域干线公路网,县乡公路构成的农村公路网,进而形成以市为中心辐射到各县、以县为中心辐射到各乡镇、以乡镇为中心辐射到建制村的农村客运一体化的三级网络体系和跨市直达班线组成的省际班线客运网络体系。

2. 加快农村客运站点建设,提升客运站点的等级

客运站是客运车辆和旅客的集散地,是客运网络的连接点和客运市场的依托点,是现代城市的基础设施,是道路运输生产的生产要素,是实现农村客运一体化必备的硬件条件。合理规划客运站,加快客运站的建设,调整客运站的布局是建设农村客运一体化网络的关键。具体而言,一是科学规划合理选址,客运站点的选址一定要在居民出行调查的基础上,选择人流最集中的地方设置站点,同时,也要根据路网布局和建设发展趋势等因素合理选址。二是建立健全多元投资体制,引进现代企业制度,按照"谁投资,谁受益"的原则,加快客运站和城市公交站的建设,不断完善道路交通基础设施,增加交通输出供给以满足需求,为人民群众乘车提供方便。

3. 提高农村客运工具技术水平,整合客运运力资源

提高农村客运工具技术水平,采用收购、改造、淘汰等方式整合客运运力资源,保障农村客运一体化顺利实施。具体而言,一是鼓励农村客运企业收购现有的运营车辆,并按照一定比例更新为公交车辆,被收购的客运车的驾驶员、售票员等人员,符合要求的可以优先进入收购企业,对不符合要求的人员,收购企业一次性给予一定安置补偿费。二是鼓励农村客运车辆提升装备水平。干线班线客运及城市公交应该以大型化为主,支线应该根据客流情况选用中型车或小型车。三是根据农村客运市场准入的相关规定,对于不符合农村客运要求的车辆,坚决予以淘汰。

4. 加快农村客运信息建设,促进农村客运现代化发展

目前农村客运信息基础设施建设还相对薄弱,加快农村客运

信息基础网络设施建设,打造农村新型"数字交通",逐步实现农村道路客运信息化,使农村客运向现代化方向发展。

(二)规范农村运输市场环境

1. 顺应农村运输发展的需要,培育市场经营主体

统筹城乡运输服务,开展班线客运公交化改造,必然涉及对经营者的重新选择。在调整经营模式或者重组过程中,应因地制宜对原经营者和车辆进行科学有效的处理,确保短途班线客运公交化的顺利推进。

(1)整合运输企业

鼓励和尝试有实力的客运企业,整合线路上产权零散的客运资源,理顺产权和经营主体之间的关系,消除分散经营、各自为战、风险承担能力差、竞争过度、经营秩序差的状况,走集约化经营之路。

(2)创新组织模式

转换经营体制,按"产权明晰、权责明确、政企分开、管理科学"的要求,通过政策引导,市场推动,鼓励各省城乡客运企业之间的业务合作与经营,找出适应各自发展的组织形式和管理模式,为城乡道路客运一体化发展奠定基础。

(3)规划市场运作

按照"公平、公正、公开"的原则,采用服务质量招投标方式,投放公交化班线客运线路的经营权。企业在取得经营权后,实行公司化经营,不准单车承包或变相承包。原车主在核定的期限内允许继续经营至期满,也可兼并入股,成立股份制企业,实行统一调度、统一票价、统一核算、统一缴纳规费、统一车辆标识等。

2. 建立严格的市场准入制度,规范客运市场

要规范我国农村客运市场,就要求客运经营主体必须具备和拥有一定资本实力才能进入客运市场实施运营,所以必须建立一

系列关于客运主体的经济规范以及客运经营业主软硬件投入方面的技术规范作为农村客运市场的准入制度。

(1)规范市场秩序

规范市场竞争行为,为国企的改革、发展和不同的经营主体创造一个公平、公开、公正的良好外部环境。重点见了符合农村运输需求的客运经营者准入制度。目前我国农村客运市场还处于不成熟的阶段,市场机制不健全,市场秩序混乱,市场结构不稳定。借鉴发达国家在这一阶段的管理政策和措施,推广公司化经营,实施严格的市场准入制度。

(2)严格市场监管

采取"严格管制和规划控制"的基本政策,强化对农村客运业的调控和规划,鼓励农村客运规模化、集约化经营,强化对农村运输经营资质的规范,以淘汰个人承包,单车经营的模式。要建立营运车辆的准入制度,通过强化对农村客运企业服务质量的要求提高车辆的等级,以更好地提高农村客运的服务质量和水平。除此之外,要建立准入企业诚信机制,要求申请进入市场的企业对自己的服务质量做出承诺,制订违约责任明细条款。

3. 完善价格管理机制

根据运输的性质、质量和客运线路分布的特点,制定不同的运价规则;在实施政府制定价的基础上,允许企业根据不同层次和不同时期需求情况,在一定幅度内调整运价水平,根据市场定价,做到运价公开,有透明度。

市场价格的制定和监督检查是农村客运一体化的一个重要部分,是需要各方面相互配合的一项具体工作。价格政策和监督检查抓得好,经营者、旅客、政府,社会各界满意;反之,则会诱发各种不利因素,反响强烈。因此,运政部门、客运企业应积极配合物价部门做好价格的管理工作。

4. 构建完善的市场退出机制,促进优胜劣汰

在统筹城乡运输服务,实现城乡客运一体化过程中,需要制定出统一完善的市场退出管理政策,建立合理的市场退出机制,以优化和完善城乡客运市场。管理部门必须对城乡道路客运运营企业的运行过程进行监督与管理,定期对客运线路的经营效率、服务质量、管理规范化等进行评估,对运营资质达不到要求、运营过程中发生严重违法行为和特大、重大交通责任事故的运输经营者,要责令其退出市场,收回有关道路旅客运输经营证件,以建立优胜劣汰的市场机制。当客运企业运营到期时,管理部门应根据相关政策对到期线路进行重新招标工作,前运营企业在同等条件下享有优先权。对于到期不再经营的客运企业,管理部门可以采用收购的形式把原有企业的公交汽车、出租车、客运班车等交通工具转入新的运营企业,原客运企业的工作人员也可以通过个人申请由政府优先安置。

(二)健全农村运输管理体制

发展农村运输服务体系,管理体制改革是重点。农村运输服务的体制障碍主要来自班线客运和公交客运的分块管理,改革的方向即为班线客运和公交客运管理体制一体化。按照期望的大小、实现的难易程度,班线客运和公交客运体制上的一体化可考虑从以下几个层面获得突破。

国家层面,为贯彻落实党的十七大精神,中国共产党第十七届中央委员会第二次全体会议研究了深化行政管理体制改革问题;十一届全国人大一次会议期间,审议并通过了《国务院机构改革方案》,原交通部、中国民用航空总局、国家邮政局组建成"交通运输部",交通管理体制改革迈出了历史性的步伐。但总体而言,目前农村交通运输在国家层面的管理体制构建上还存在一定的问题,部门分割、多头为政的局面还尚未得到彻底改变,因此,"十二

五"时期,还应继续深化管理体制改革,构建符合我国农村交通运输发展要求的体制架构。

省级层面,在国家一级体制还没有彻底理顺之前,可以考虑在各行政主管部门之间的分工上做些调整,将公交客运的规划、建设、管理权划归交通行政主管部门,局部实现班线客运和公交客运营运管理体制的一体化。同样,将公安交通警察的职能定位在道路交通的安全管理上,不参与道路的使用管理。如果这一步改革推进存在困难,则可考虑先在省政府一级建立有效的协调机制,统筹交通、城建、交管之间的行政分割问题,而不是将矛盾交给"当事部门"自行解决,指望一个部门与其他部门主动协商取得成果是不太现实的,它需要主动协商部门超常的事业心和责任心。

城市层面,目前已有部分城市将公交客运行业归口交通行政管理部门管理,基本上实现了公交客运和班线客运管理一体化,如深圳、东莞、惠州、嘉兴等。但道路交通与公安公共安全交通仍存在职能交叉管理,建议省一级政府对比统一协调,全面实现了城乡道路运输一体化。

(四)完善农村运输政策法规

1. 建立农村运输法律法规体系

坚持体制改革与立法相结合,加快法律法规建设步伐,建立作用清晰、层次分明、统一完善的城乡道路运输法规体系,用以规范市场主体,维护市场秩序,促进城乡道路客运市场健康发展,实现城乡道路客运一体化。

(1)完善相关法律法规

建议调整《中华人民共和国公路法》和《城市道路管理条例》关于班线客运和公交客运这两种客运形式在道路使用、规费缴纳等方面的不协同内容;调整《公路工程技术标准》和《城市道路设计规范》关于公路和城市道路这两种道路形式在功能、结构上的差异。

(2) 统一相关标准法规

建议在同样的营运环境下,执行统一的政策、管理与技术规范,以求相互平等。也就是说,如果班线客运与公交客运的服务功能、运行线路、停靠站点等相同,应该执行相同的政策,采用一致的管理模式、统一技术标准与规范,一视同仁,改变或缩小班线客运与公交客运在法规、政策、管理上的二元格局。

(3) 健全相关规章制度

包括市场准入规则、客运车辆的生产与使用的标准与规章、城乡道路基础设施规划建设和养护的标准与规范、客运经营行为的有关规定、客运财务管理的有关规定、客运市场退出的有关规则等,使行业管理规范化。

(4) 树立法制化发展理念

树立法制化发展理念,规范农村交通运输发展的法律法规环境。同时,加大执法力度,加强市场监管,切实加强运管队伍建设,搞好职工岗位培训,强化依法行政意识,完善质量控制手段,优化队伍结构,不断提高运管队伍的整体素质,为实现城乡运输一体化提供人才保障。

2. 加大政府资金的保障力度

农村客运的公益性特征以及目前我国城乡间发展仍存在较大差距的现实,决定了政府应在推动农村客运发展上积极承担投资责任,使城乡居民特别是农民能够享有基本的、可负担得起的出行服务。具体而言,政府应在在不断完善我国公共财政体制的过程中,逐步加大对城乡客运的财政支持力度,具体而言,一是对农村客运基础设施的建设运营予以建设投资和一定的运营补贴,特别是对于经济发展落后的地区,政府应承担全部或主要的投资和补贴责任;二是对城乡客运政策性亏损(即因政府定价低于合理市场定价所产生亏损)予以补贴;三是对农村客运经营者因燃油上涨而增加的经营成本给予相应的补贴;四是对农村客运经营者经营一些社会效益明显但经济效益差的路线给予适当的财政补助;五是对农村客运经营者运输工具购置和更新给予适当的财政补助。

3. 统一客运税费制度

按照"公交优先"和"扶持农村客运"的方向,系统制定各省城乡客运税费政策。鼓励和扶持农村客运班车进行城乡客运一体化改造,出台具有指导性的公路规费征收意见,给予农村客运营运车辆规费征收优惠政策。

4. 统一客运发展规划

按照城乡一体化的总体要求,依据不同地区的经济发展及运输需求对整个基础设施网络和运输服务网络等进行整体的规划与优化,形成城乡客运资源共享、相互衔接、布局合理、方便快捷、畅通有序的客运网络运行机制。

第十章　全面推进综合交通枢纽建设

一、综合交通枢纽研究范畴及必要性

(一)研究范畴

交通枢纽有宏观层面枢纽(城市)和单体枢纽之分。单体交通枢纽是指进行运输组织、客货换乘/换装作业、中转衔接以及货物仓储等活动的建筑场所,具体包括铁路、公路、港口和机场客货运站等。宏观交通枢纽(城市)是从交通运输的角度定位城市在综合交通网中的地位和作用,指具有良好的地理交通区位条件,有广大的吸引和辐射范围,对区域内交通运输的衔接顺畅和高效运行具有全局性和重要影响的城市,是综合交通网中的重要结点。交通枢纽(城市)与运输通道相对应,两者相互依存、相互促进发展。

单体枢纽是宏观枢纽(城市)最重要的构成要素。交通枢纽(城市)主要承担城市交通与对外交通的衔接、外部交通运输在城市内中转换乘以及城市内部不同交通方式的衔接换乘等功能,在综合交通网中仍然起到客货运输集散、中转、换乘、换装以及过境等枢纽的作用。该功能的发挥依靠城市中相关交通基础设施、设备和信息系统等要素共同作用,基础设施具体包括各种单体枢纽、单体枢纽的集散系统、单体枢纽之间的联络线、城市道路与对外公

第十章　全面推进综合交通枢纽建设

路的衔接以及过境线路等。相关单体枢纽指火车站、机场、长途汽车站、港口等,不包括城市内客运出行形成的中转换乘枢纽,如轨道交通换乘枢纽、地面公交换乘枢纽等。

本章主要研究如何系统规划、建设综合交通枢纽(城市)。对综合交通枢纽(城市)进行全国性的规划研究有两个层次:一是我国综合交通枢纽(城市)的层次划分、布局及建设重点;二是针对具体的综合交通枢纽(城市),如何规划建设,即规划建设的内容和方法理念等。《综合交通网中长期发展规划》对综合交通枢纽(城市)划分了全国性、区域性和地区性三个层次,并在布局上确定了42个全国性综合交通枢纽。"十二五"时期作为中长期发展的一个阶段,是综合交通枢纽(城市)建设的起步期,应在继承该层次划分和布局的基础上,按照"零距离换乘"和"无缝化衔接"的要求,全面推进综合交通枢纽(城市),尤其是42个全国性综合交通枢纽(城市)的建设,因此本章重点对第二层次的内容进行研究。

本研究结合全国综合交通枢纽(城市)现状和未来需求,提出"十二五"时期的发展目标、主要建设任务和政策措施。由于是全国综合交通枢纽"十二五"时期规划,而非某个具体综合交通枢纽(城市)的规划,研究的角度不同,又具有时间的阶段性,因此现状和规划的内容主要围绕综合交通枢纽(城市)的构成要素,提出规划和建设的内容、需要贯彻的理念、采取的措施以及应达到的标准等。各综合交通枢纽(城市)应基于这些共性理念和措施,结合自身具体情况、特点进行独立详细规划,进而指导建设。

(二)规划研究的必要性

综合交通枢纽是综合交通运输体系的重要组成部分,是运输生产、中转集散环节的重要平台,担负着载运工具停靠、客货业务受理、换乘换装、信息与单证传递以及运行调度指挥等功能。综合交通枢纽的发展对于增加运输能力、提高运输效率和服务水平具有重要影响。

目前综合交通枢纽是综合交通运输体系的薄弱环节,影响了整体效率的发挥和运输服务质量的提升。近些年来,针对运输能力不足,我国对线路(铁路、公路、城市道路、轨道交通等)进行了大规模建设,但对运输效率和服务质量有重要影响的综合交通枢纽重视不够,投入不足。同时,综合交通枢纽建设、运营过程中,由于不同运输方式相互独立的管理体制,以及与城市主管部门协调不够等原因,导致许多枢纽场站与城市发展不协调、枢纽场站一体化和有效衔接不够、集疏运体系不合理、周边道路交通压力过大、城市交通受到较大干扰等问题。在高速铁路、高速公路和民用航空得到快速发展后,客货运输在线路上的时间大幅缩短,而枢纽中转换乘换装时间却难以压缩,甚至由于城市扩张、拥堵加剧和枢纽自身规模扩大等原因而有所增加,占客货在途时间的比重不断提高,开始出现两端时间大于中间行程时间的现象,枢纽的效率对旅客与货物全程运输效率的影响越来越大。

"十二五"时期是综合交通枢纽建设的关键期。首先,随着铁路客运专线、城际铁路等大规模建设,将要新建或改扩建一大批铁路、公路枢纽场站。根据规划,"十二五"期间将建成 100 个左右铁路、公路、城市交通有效衔接的综合客运枢纽,建设 200 个功能完善的综合性物流园区或公路货运枢纽。[①] 其次,我国许多大城市正在进行大规模的轨道交通建设,目前已经批复了 25 个城市的轨道交通规划,城市轨道交通作为客运枢纽最重要的集散方式之一,其建设对于客运枢纽的形成具有重要影响。另外,随着城市的快速发展,土地功能与产业布局在不断调整,原有的一些枢纽场站已经与城市发展不相适应,需要进行调整。

---

① 参见交通运输部:《交通运输"十二五"发展规划》,2011 年 4 月。

在综合交通枢纽建设的关键时期,进行合理规划加以引导和指导非常必要。交通枢纽场站及其集疏运线路作为一种基础设施,建成后进一步整合、调整的代价和难度很大,甚至超过相关干线网络的调整。首先,铁路、公路客运枢纽场站一般位于城市中心区内,相关建筑设施拆迁成本和难度大;其次,交通枢纽场站及其集疏运线路涉及多种运输方式和城市交通网络,管理部门多,协调难度大。因此,在其建设关键期,做好相应规划具有十分重要的意义。

二、综合交通枢纽相关规划研究现状

交通枢纽方面的规划研究可以分为全国交通枢纽(城市)层次划分与布局规划研究、交通枢纽(城市)总体规划研究和单体交通枢纽研究三类。

(一)全国交通枢纽(城市)层次划分与布局规划研究

1.《综合交通网中长期发展规划》关于综合交通枢纽的研究

在《综合交通网中长期发展规划》中,提出的综合交通枢纽是一个城市节点的概念,并明确了枢纽的层次划分和布局方法、方案。该规划根据综合交通枢纽所处的区位、功能和作用,衔接的交通运输线路的数量,吸引和辐射的服务范围大小,以及承担的客货运量和增长潜力,将其分为全国性综合交通枢纽、区域性综合交通枢纽和地区性综合交通枢纽三个层次。

全国性综合交通枢纽一般位于综合交通网的运输大通道重要交汇点,是依托于省、自治区、直辖市经济、文化和政治中心,以及在我国经济和国际贸易中地位突出的沿海及内河重要港口、大型机场所在的城市。全国性综合交通枢纽在跨区域人员和国家战略物资运输中集散、中转功能突出,有广大的吸引和辐射范围,对综合交通网络的合理布局、衔接顺畅和高效运行具有全局性的作用和影响。

区域性综合交通枢纽位于综合交通网的主要交汇点,是依托于省、自治区重要城市,以及在区域经济和贸易中起主要作用的沿海港口、干线机场所在的城市。区域性综合交通枢纽在综合交通网络格局中具有承上启下的重要作用。

地区性综合交通枢纽位于综合交通网的一般交汇点,是依托地区大中城市,以及沿海和内河港口、机场所在的城市。地区性综合交通枢纽在综合交通网络格局中具有基础性补充作用。

规划以连接交通枢纽(城市)的运输线路数量、承担的客货运量和所在城市人口数量、经济规模、功能定位、区位优势等方面指标,运用综合指标分析法进行定量分析,计算出当时已有各综合交通枢纽的权值;在此基础上,参照各种运输方式中长期发展规划以及各城市未来区位优势、经济等的发展变化,进行定性分析评价调整,最终规划确定了42个全国性综合交通枢纽。这些全国性综合交通枢纽涵盖了各种运输方式现存和规划发展的所有铁路运输枢纽、主要公路运输枢纽、重要枢纽港口及国际及国家大型枢纽机场,与"五纵五横"综合运输大通道共同构成了我国综合交通网络骨架。

专栏10-1　全国性综合交通枢纽

全国性综合交通枢纽:北京、天津、哈尔滨、长春、沈阳、大连、石家庄、秦皇岛、唐山、青岛、济南、上海、宁波、南京、连云港、徐州、合肥、杭州、福州、厦门、广州、深圳、湛江、海口、太原、大同、郑州、武汉、长沙、南昌、重庆、成都、昆明、贵阳、南宁、西安、兰州、乌鲁木齐、呼和浩特、银川、西宁、拉萨。

除此以外,学术界对于宏观综合交通枢纽的级别分类和规划理念也有一些不同理解。在级别分类方面,认为不宜分类过细,按交通运输的实际功能作用划分三个级别层次最为合理:国家级主

干运输枢纽——主要指大区域中心城市;国家级运输枢纽——主要指省会城市和主要的计划单列城市、重要港口;省级运输枢纽——主要指各省(自治区、直辖市)的重点城市和主要港口、口岸。之所以不按国家级、区域级、地区级划分,主要是枢纽都有为区域内、区域间服务的功能和要求,而且因经济规模和人口规模的特点,运输量都比较大,国家级、区域级枢纽在功能上分不清楚,也不符合运输组织规律。对于地区性运输枢纽,虽然属于整个运输网络和进行运输组织的一部分,但基本属于下一层级的内容,与大通道布局的关系不是非常密切。在规划理念方面,认为除了专用运输通道外,区域间、城际间运输大通道规划,应先分析和确定宏观交通枢纽(城市),再规划相应级别的运输通道以及在宏观交通枢纽(城市)规划建设相应级别的交通枢纽实体。[1]

另外,在环渤海地区、长江三角洲地区、珠江三角洲地区等区域和一些省市综合交通网规划中,也都对相应级别层次的综合交通枢纽(城市)进行了功能定位和布局规划。

2.《全国公路主枢纽布局规划》关于公路运输枢纽的研究

原交通部在1992年组织编制了《全国公路主枢纽布局规划》,确定了全国45个公路主枢纽的布局方案;在2004年交通运输部又组织编制了《国家公路运输枢纽布局规划》。这两个规划中,公路主枢纽、公路运输枢纽都是宏观层面上一个城市或两个城市组合的概念,与公路运输场站性质不同。《国家公路运输枢纽布局规划》中把公路运输枢纽划分为国家公路运输枢纽、区域(地区)性运输枢纽和集散性运输枢纽三个层次。

(1)国家公路运输枢纽

是位于重要节点城市的国家级公路运输中心,与国家高速公

---

[1] 参见罗仁坚:《中国综合交通运输体系理论与实践》,人民交通出版社2009年版。

路网共同构成国家最高层次的公路运输基础设施网络。国家公路运输枢纽主要由提供与周边国家之间、区域之间、省际之间以及大中城市之间公路客货运输组织及相关服务的客货运输场站组成。

(2) 地区性公路运输枢纽

地区性公路运输枢纽主要提供一定区域内客货运输服务,并对国家公路运输枢纽起集散作用。

(3) 集散性公路运输枢纽

公路运输枢纽主要是对国家公路运输枢纽和区域(地区)性公路运输枢纽起集散作用。

在确定国家公路运输枢纽时,总体上采用"多因素定量计算为基础,关键因素遴选,综合优化调整"的布局思路和方法。具体流程是:从国家公路运输枢纽的概念、功能、作用出发,根据位于高速公路网上的重要节点城市的交通区位条件和经济社会发展水平等情况,分析国家公路运输枢纽布局的主要和关键影响因素;应用综合指数法研究公路运输枢纽合理规模,并根据城市综合指数确定初选城市;采用单因素法、叠加法以及综合优化调整等在初选城市基础上拟订初步布局方案;根据城市、区域经济、交通运输一体化发展态势对初步布局方案进行整合,对相距较近、辐射范围基本重叠的若干枢纽,考虑资源的有效配置和功能互补进行适当组合,形成部分组合枢纽,确定总体布局方案。规划最终确定了179个国家公路运输枢纽,涉及196个城市。①

(二) 交通枢纽(城市)总体规划研究

1. 关于综合交通枢纽的研究

我国把交通枢纽(城市)作为一个整体,进行系统规划研究相对较少,尤其是综合交通枢纽(城市)。为推动综合交通枢纽的发

---

① 参见交通部:《国家公路运输枢纽布局规划》,2007年4月。

展,总结经验以指导全国各交通枢纽的规划建设,国家发展和改革委员会基础产业司委托综合运输研究所对武汉综合交通枢纽进行了总体规划研究。①

该规划研究在借鉴国内外典型城市交通枢纽建设方面经验的基础上,对武汉市交通枢纽现状进行了评价,基于武汉市的交通地理区位、运输需求现状及未来发展变化等因素,明确了武汉综合交通枢纽在全国的功能定位,重点对其实体交通枢纽场站进行布局和衔接规划,最后提出了相应的配套政策与措施。

在枢纽场站布局原则和理念方面,该规划研究提出总体上按照"客内货外"进行布局。主要承担对外长途客运功能的铁路、公路等大型客运枢纽场站应该"近而不进",即在满足靠近市中心的前提下,不宜进入商业中心和交通繁忙地区,应与城市中心区保持一定的距离。大型货运枢纽场站应适应产业外迁和城市规划要求,同时考虑货运交通对城市交通影响、噪声干扰和环境污染等因素,布局在主城区以外。

在枢纽场站衔接方面,该规划研究提出客运枢纽场站应"有效衔接城际轨道,增强枢纽的辐射能力"、"构建枢纽间快速联系通道,强化枢纽间换乘的便捷性"、"统筹各类衔接交通方式,改善枢纽交通结构"、"合理衔接各类型轨道交通,构建一体化的轨道交通换乘枢纽"、"科学组织设计枢纽集散,实现流线流畅、组织紧凑有序"等思路。同时提出了集疏运的具体指标和要求,如枢纽场站客流集散应以公共交通(轨道交通、地面公交和出租车)为主,公交比重不低于80%,其中轨道交通比重不低于公交的50%。在总体服务水平上,等待两车次以上公共交通的疏解客流控制在50%以内,公共交通换乘平均等待时间控制在10分钟以内。

---

① 参见国家发展改革委综合运输研究所:《武汉综合交通枢纽总体规划研究报告》,2010年8月。

近几年,人们越来越重视对城市尤其大城市的交通枢纽体系进行整体系统研究,除武汉以外,许多大城市,如广州、郑州、昆明等都在进行或已经完成了综合交通枢纽总体规划研究。

2.关于公路运输枢纽的研究

在原交通部的推动下,20世纪90年代,45个公路主枢纽城市均进行并完成了公路主枢纽总体规划;目前,《国家公路运输枢纽布局规划》中确定的179个公路运输枢纽总体规划正在进行,大部分已经基本完成。

公路主枢纽和公路运输枢纽总体规划的主要内容是各客货运场站的选址、规模和功能。《公路运输枢纽总体规划编制办法》中明确要求:公路运输枢纽总体规划的主要任务是确定公路运输枢纽规划区范围内客货运输场站的总规模、数量和布局,初步确定各场站的站址、性质、功能、生产能力、技术等级、建设规模和控制用地,并提出实施措施和建议等。根据此要求,公路运输枢纽总体规划在具体内容中,虽体现了公路运输枢纽(城市)作为一个整体的概念,明确了该枢纽在全国公路网中的定位,但也有其局限性,主要内容是根据经济社会等情况,进行需求预测,确定各公路客货运输场站的性质和功能分工、规模、布局等,对公路运输场站的集疏运网络涉及很少,与其他运输方式场站、网络的结合及一体化等内容涉及也较少。[①]

目前,国家层面上对铁路、港口、机场等枢纽研究尚未形成具体成果。

(三)单体交通枢纽研究

单体交通枢纽的研究很多,包括规划布局、集疏运体系的衔接、客运枢纽的换乘、投资运营模式、综合开发利用等多个方面,以

[①] 参见交通部:《公路运输枢纽总体规划编制办法》,2007年7月。

下为几个典型研究及其观点。

在布局规划方面,贾倩采用系统分析法对枢纽布局规划进行系统研究,改变了过分依赖数学计算的布局方法。① 首先采用"点"、"线"、"面"层次分析方法对枢纽场站备选位置进行研究,然后用定量模型对枢纽选址进行优化。根据客货流在城内运行时间最小的约束条件,建立全部客货流出城时间最小的优化模型,从而建立综合交通枢纽场站布局模型。另外,研究建立了枢纽布局方案的评价指标体系和综合评价模型,通过层次分析法对各方案进行评价,为综合交通枢纽最佳布局方案的选取提供依据。

在集疏运体系衔接方面,《综合交通网中长期发展规划》[②]中对单体客运枢纽、货运枢纽在衔接方式等方面也提出了具体要求:铁路、公路和机场客运枢纽应建立与其吞吐能力相适应的旅客集散和中转系统,与城市轨道交通、常规公交、出租车、私人交通等各种交通方式合理接驳与换乘,实现交通一体化,对于特大型城市的客运枢纽,与城市之间的联系应以快速公共交通或轨道交通为主。大型铁路货运枢纽站应与公路、水运的货运设施有机衔接并建立运营管理上的协调机制,减少换装和倒运环节;主要港口枢纽其后方集疏运应以铁路、高速公路和管道为主,并要与铁路干线和高速公路网络相联系。具备条件的,应积极发展内河集疏运体系。

在客运枢纽场站的换乘方面,孙小年等[③]从战略和规划层面,以公路客运站为切入点,对一体化运输系统、一体化客运换乘系统、公路客运换乘枢纽的内涵及其相互关系进行了探讨,并对公路客运换乘系统的发展条件、宏观布局、微观组织及其建设、运营和

---

① 贾倩:《综合交通枢纽布局规划研究》,长安大学硕士论文,2006 年 4 月。
② 国家发展改革委:《综合交通网中长期发展规划》,2007 年 11 月。
③ 参见孙小年、姜彩良:《一体化客运换乘系统研究》,人民交通出版社 2007 年版。

管理等进行了较全面研究。同时深入分析了我国当前客运换乘枢纽存在的主要问题,从投资主体、建设模式、政府作用、规划布局、标准规范等方面提出了一些意见和建议。

在交通枢纽场站的投资运营模式方面,谢芳[①]通过外部性理论的分析,将综合交通枢纽的外部效益进行分类和评估,通过不同的利益返还方式,弥补市场失效部分给运营单位带来的损失;通过项目区分理论确定各类设施的运营管理主体和收益的形式;通过产业链理论的分析,拉长运营单位的收益链,从关键价值链和衍生价值链的角度来区分交通运营的主营业务和资源开发的衍生业务,结合各类衍生资源开发策略的研究,有效地实现各衍生价值链的盈利。

在客运枢纽场站的综合开发利用方面,李睿[②]通过分析天津商业发展现状及趋势,结合国内外城市发展地铁商业和高速公路商业等先进经验,对天津现代交通枢纽型商业进行了业态选择、模式选择和选址分析。从消费者和企业的视角分析了天津快速路交通枢纽商业服务区具备的条件,并以华苑商圈为例进行了SWOT(态势分析法)实证分析。

三、我国综合交通枢纽发展现状评价

(一)我国综合交通枢纽发展现状

综合交通枢纽评价主要针对其构成要素的发展情况,即枢纽场站的布局、规模、功能划分、设计的合理性及集疏运体系的完善程度等。总体上看,我国综合交通枢纽处于发展初期,城市内枢纽

---

① 参见谢芳:《我国城市综合交通枢纽运营单位盈利模式研究》,天津大学硕士论文,2008年1月。

② 参见李睿:《天津现代交通枢纽型商业发展的研究》,天津大学硕士论文,2008年6月。

场站的布局和功能分工缺乏统筹考虑,集疏运体系和中转换乘不够完善、便捷。

1. 城市正在重构综合交通枢纽的整体格局

城市功能布局调整、铁路和城市轨道交通建设使许多城市的枢纽场站进入了一个建设与调整同步推进的时期,城市枢纽场站正在进行整体格局的重构。我国正处于城镇化快速发展阶段,城市规模不断扩大,城市的空间格局与产业布局不断调整,许多客货运输场站在城市中的相对位置和周边环境发生了较大变化,尤其是一些货运场站对城市交通与生活环境的影响日益突出,与城市发展、产业布局不相适应,正在逐步外迁。近几年,我国正进行大规模铁路客运专线和城际铁路建设,随之新建、改建了一批铁路客运站,对城市客运枢纽的整体布局和枢纽的功能分工均有较大影响。

我国私人小汽车正快速进入家庭,城市尤其是大城市的交通拥堵越来越严重。为此,许多城市优先发展公共交通,进行大规模城市轨道交通建设。截至2010年,我国内地已有北京、上海、天津、广州、长春、大连、武汉、深圳、重庆、南京等12个城市开通运营城市轨道交通线路,总里程1400公里。[①] 北京、上海、广州的城市轨道交通渐成网络,成为城市客运交通的骨干。轨道交通作为大型客运枢纽站主要的客流集散方式,其建设对城市客运枢纽站的总体布局和功能发挥具有很大影响。

2. 枢纽场站尚未形成合理布局和明确定位与功能分工

枢纽场站布局集约化程度较低,主要体现在各大城市公路客货场站数量较多,布局散乱,影响了旅客出行的便捷性,也降低了土地资源的利用效率。根据上一轮全国公路主枢纽城市总体规划,45个公路主枢纽城市共规划建设客运站329个、货运站341

---

① 参见住房和城乡建设部:《中国城市建设统计年鉴》(2010)。

个,平均每个城市7个以上客运站、接近8个货运站,有的大城市十几个,上海和广州分别有14个、20个客运站。广州市区每个方向都有两三个客运站,城市中心区北向有夏茅、永泰、嘉禾客运站;东向有火车东站汽车客运站、天河客运站和黄埔客运站;南向有芳村、海珠、西朗客运站;广州火车站附近有省汽车站、市汽车站和罗冲围客运站。目前北京南三环中路赵公口长途客运站和木樨园长途客运站,直线距离仅1公里左右;六里桥、莲花池和丽泽桥三个长途客运站都位于北京铁路西站西南侧较小区域范围内。

在功能定位和分工方面,在同一个城市中,铁路、公路场站有的根据线路方向进行功能分工,有的根据客货运输业务类型进行分工,如高速铁路车站和普通线路车站等,多种分类标准造成各枢纽场站的功能分工较为混乱。另外,枢纽场站一般仅有交通功能,相关增值服务功能较少,综合商业开发程度较低。

3. 枢纽场站基础设施发展水平滞后

从枢纽城市的场站规模能力看,火车站、公路场站、港口、机场等基本能够满足当前客货运输需求,但大城市的机场能力基本饱和,中小城市的公路客货场站发展滞后,基础设施条件相对落后。如秦皇岛山海关没有专门长途汽车站,目前租用山海关影剧院一楼作为售票厅,门前广场作为临时停车场,这种状况在全国中小城市较为普遍。

4. 客运枢纽场站较少采用一体化设计和建设

目前,各种运输方式一体化设计的综合性客运枢纽在国内部分城市已经开始出现。近几年,一些城市的铁路客运站在新建或改扩建时,加强了与轨道交通、地面公交、长途客运、出租车等的衔接和集中布局,形成了集多种运输方式和城市交通为一体、立体化的大型综合客运枢纽,如上海虹桥综合交通枢纽、北京南站、武汉火车站、杭州东站、郑州东站等。上海虹桥综合交通枢纽集火车站、机场等于一体,是国内唯一将高速铁路与机场连接的客运枢

第十章　全面推进综合交通枢纽建设

纽;铁路郑州东站集铁路客站、公路客运站等于一体,地上三层、地下两层形成五层立体化结构,引入地铁1号线和4号线两条轨道交通、机场城际铁路、地面公交、出租等交通方式。

这种综合客运枢纽在全国枢纽场站中仅占极少数,多数同一区域内的不同运输方式客运站仍相互分离、平面布置。最普遍的情况是在铁路客运站附近另行建设公路长途客运站,如石家庄火车站、宁波火车站、济南火车站、武昌火车站、秦皇岛火车站、茂名火车站等,均为邻近的铁路、公路客运各自独立建设,两个建筑体相互分离,具有明显的分界线,有的甚至相隔一条城市主干路,部分铁路客运站与城市公交站也有城市道路隔离。这既增加了旅客换乘距离,造成不便,同时,不同客流的交叉干扰还对城市交通造成较大的影响。

图10-1　北京南站剖面图

5. 枢纽场站衔接网络不畅

我国许多城市已建成的大型枢纽场站缺乏大容量集散方式。目前国内城市的客运枢纽场站客流集散以地面公交、出租车和私人小汽车为主,轨道交通比重较小,货运场站集疏运以公路为主,均产生大量道路交通流。受轨道交通建设滞后的影响,我国大部分城市大型客运枢纽缺乏轨道交通衔接。在有轨道交通的城市,

图 10-2 石家庄火车站

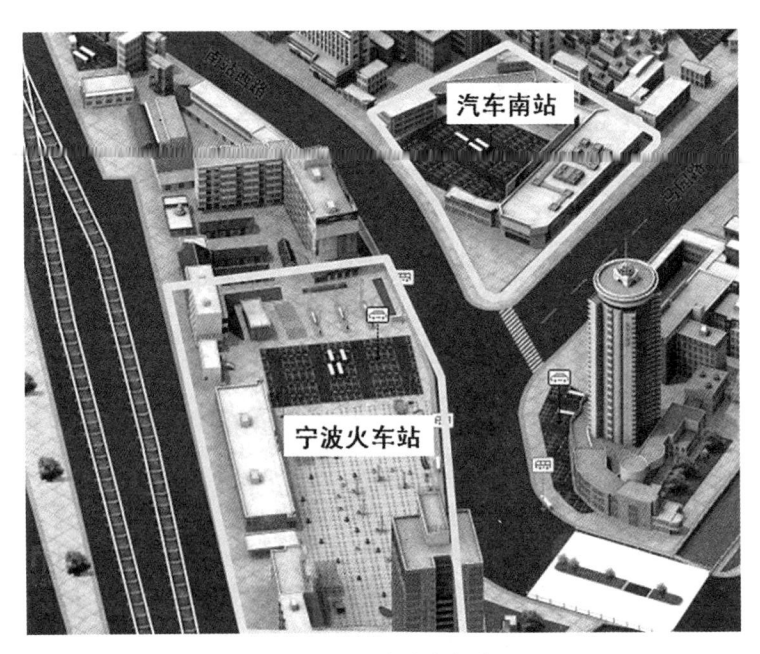

图 10-3 宁波火车站

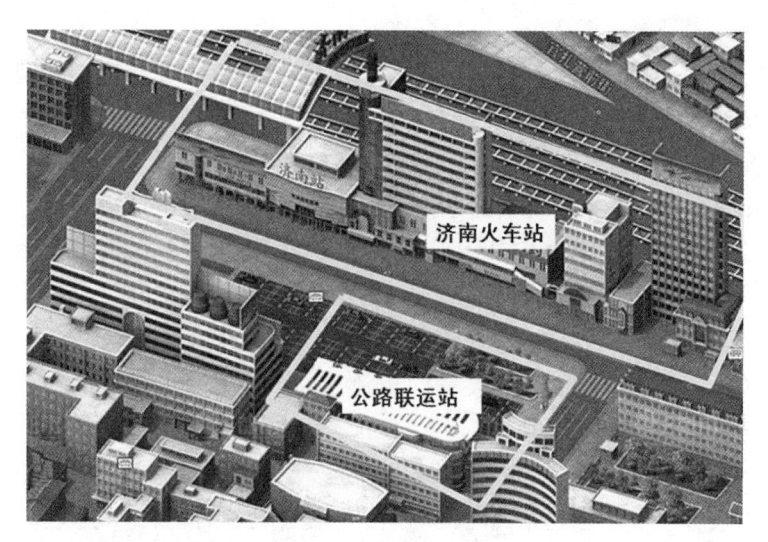

图 10-4　济南火车站

图 10-5　武昌火车站

部分大型客运枢纽场站也没有轨道与之衔接,如北京西站,日均客流量达十几万人,最高达到31万人次,①建成后十几年未与轨道交通衔接;目前国内机场仅有首都机场、上海虹桥和浦东机场、广州新白云机场有轨道交通衔接。大量客流集散依靠地面公交、出租车和私人小汽车等交通运输方式,一方面会因集散能力不足导致旅客等待时间过长,另一方面会产生大量的交通流,对枢纽场站周边的城市道路交通造成较大影响。许多港口由于铁路能力紧张等原因,大量货物依靠公路集疏运,尤其集装箱,达到了90%以上,同样也产生大量的车流量,影响着所在城市的市内交通。

主要客运枢纽场站之间缺乏直达、快速的衔接方式。大城市一般有多个客运场站,相互间往往有较大规模的中转换乘客流。根据调查,武汉市长途客运站、火车站、机场的中转旅客比例分别为10.07%、7.25%和13.57%,长途客运站与机场之间年中转客流为70.12万人,长途客运站与火车站之间为312.53万人,火车站与机场之间为54.76万人。② 各大枢纽城市在进行客运场站规划与运营时,枢纽场站间没有建立直达、快速的运输方式,对这部分客运需求的满足程度较低,旅客中转换乘的时效性与便捷性较差。具体体现在缺少直达的轨道交通、地面公共交通线路、中转换乘的摆渡车,机场巴士较少在公路和铁路客运站停靠等。目前大城市已经建成的轨道连接线有广州轨道3号线,连接新白云机场和广州东站;上海轨道2号线,连接虹桥和浦东两大机场,但该线因距离长、停靠站点多导致行驶时间长、吸引力不强。

6. 城市过境交通未得到合理分疏

全国性综合交通枢纽(城市)一般都有较好的交通地理区位,

---

① 参见《新京报》,2010年2月7日。
② 参见国家发展改革委综合运输研究所:《武汉综合交通枢纽总体规划研究报告》,2010年8月。

在综合交通网中具有重要地位。这种区位和地位使这些枢纽城市往往存在较大规模的过境运输,很多城市过境运输量甚至超过城市进出量。根据统计调查,武汉市 2008 年对外客运量 1.4 亿人次,过境客流量接近 1 亿人次;对外货运量 1.36 亿吨,而公路、铁路的过境货运量达到 1.7 亿吨。北京铁路过境运量为 2.88 亿吨,是到发量的 4 倍左右;公路过境货运量约为 8200 万吨,对外运量约为 1.1 亿吨。①

大量过境客货运输对城市发展、城市交通均带来较大影响。许多城市开始规划城市过境通道,如公路外环作为公路过境运输通道等。但仍有一部分城市,如兰州,没有实现过境交通分离,过境交通与城市交通相互影响严重,降低了枢纽的整体运行效率。

(二)我国综合交通枢纽成为薄弱环节的主要症结分析

我国综合交通枢纽发展相对落后,成为综合交通运输体系的薄弱环节,其原因有认识上的问题,也有规划和设计方面的问题,更有管理体制和协调机制方面的问题。

1. 对枢纽的重要性缺乏深刻认识与足够重视

综合交通运输体系发展到一定阶段以后,交通枢纽对综合交通运输体系的整体效率和服务水平影响越来越大。一直以来,我国受运输能力紧张的困扰,存在运输难的问题,人们对交通运输线路重要性的认识更为深刻,这也一直是我国交通运输的建设重点。随着我国高速铁路、高速公路、民航的发展,能力短缺状况逐步缓解的同时,客货在线路上位移速度越来越快,花费的时间不断缩短,而交通枢纽由于衔接不畅,各个节点上的时间消耗不断增加,导致整个运输活动运行效率低下和交通运输资源浪费,于是交通

---

① 参见国家发展改革委综合运输研究所:《北京市货运通道构建方案及社会化货物运输政策》,2007 年 7 月。

枢纽的重要性开始凸显。在以往交通发展的指导思想中,由于认识不足,没有把交通枢纽提到应有的高度。在评价一个地区交通基础设施发展水平时,一般以拥有的高速铁路、高速公路、普通铁路和公路等线路里程和等级为主要指标,交通枢纽常常被忽视,并在实践中对枢纽建设投入较少,直接影响了其发展。

2. 对综合交通枢纽(城市)缺乏整体系统的规划研究

目前我国交通枢纽仍按照铁路场站、公路场站、港口和机场分别进行独立规划,规划时虽都考虑与其他运输方式的关系,但一般更多的站在行业角度以自身利益为主,相互间难以真正的衔接和协调。城市总体规划中都有综合交通规划部分,在枢纽场站方面,有的城市涵盖比较全面,包括火车站、机场、公路场站、港口及联络线和集疏运体系,有的仅包括其中一部分,如只有公路客货场站。即使涵盖内容比较全面的城市总体规划,各枢纽场站的布局规划也基本上是各种运输方式规划结果的一种集合,而不是对整个城市交通枢纽构成要素进行统筹考虑规划的结果。这种相互独立的规划模式使不同运输方式枢纽场站缺乏统一的部署,甚至互相矛盾,难以协调。

3. 枢纽的规划、设计、建设、运营缺乏统一的责任主体和有效的协调机制

综合交通枢纽的规划、建设、管理涵盖了城市内的各种运输方式,我国不同运输方式分属于中央各部委和地方政府各部门管辖。交通管理体制的部门分割导致城市交通枢纽的规划建设与城市总体规划、城市土地利用规划等结合不够紧密,进而导致一些城市交通枢纽场站布局不合理、规模不适当、与城市交通衔接不畅、能力不匹配等问题。同时,由于管理体制的部门分割,在城市交通枢纽规划和建设中,管理主体的发展目标和所代表的利益不同,往往难以实现统筹规划,各种运输方式交通枢纽均按照自身的运输生产要求各自规划、独立建设、自成体系,在规划设计中未能充分考虑

其他运输方式的需求,各种运输方式之间难以实现高效率、高质量的"零距离换乘"和"无缝化衔接"。

四、我国综合交通枢纽发展形势要求

1. 客货运输需求的快速增长要求扩大枢纽场站规模与之相适应

运输服务的实现,除部分小汽车客运出行和门到门的公路货物运输外,大部分客货运输需经枢纽场站进行中转换乘或换装。我国目前正处在工业化发展的中期、城镇化快速演进阶段,客货运输需求均呈现高速增长态势,且这种态势将继续保持较长一段时期。未来客货运输需求的快速增长不但要求提高交通基础设施线路能力,而且要求扩大客货枢纽场站的规模,提高客货接发、吞吐能力,从而提高综合交通运输体系的总体能力,更好适应经济社会的发展要求。

2. 运输结构的变化要求调整不同运输方式的枢纽场站与之相协调

我国正在大规模建设铁路客运专线、城际铁路以及市郊铁路,随着这些线路的建成投产,铁路运输的服务范围将有较大的拓展,相当一部分中长距离的公路客货运输和民航客运将转移到铁路运输,城市群内的短途客运中,城际与市郊铁路的市场份额也将逐渐提高。这些变化使铁路运输量及在综合交通运输中的比重都将不断增加。铁路客货运输需求的增加要求铁路客货运输场站扩大规模、完善功能,而公路客运站需求将增长缓慢甚至可能减少。

3. 城市格局的演变要求调整枢纽场站布局并进行合理分工定位

我国城镇化进程还将持续较长一段时间,城市规模在此进程中将进一步扩大,产业布局也将随着城市发展而不断调整,许多现有客货运输场站将逐步与城市空间格局和产业布局不相适应,尤其是一些货运场站对城市周边环境以及城市交通有较大影响,需要调整外迁。在布局调整的同时,需要对各场站进行重新定位与功能分工,以方便旅客出行和货物集散,也便于运输组织。

4. 运输服务质量的提升要求提高枢纽场站运营效率与管理水平

"十二五"时期是我国转变经济发展方式的关键期,新型高科技产业比重越来越大,这部分企业的原材料和产品大部分为小批量、多批次、高附加值的货物,在运输安全性、时效性等方面都有较高的要求。同时,随着人们消费结构和生活水平的提高,对出行的舒适性、便捷性等要求也越来越高,尤其是休闲旅游出行。提高交通枢纽的运营服务和信息化水平可以改善运输的便捷舒适度和时间衔接的紧密度等,在快捷、舒适等方面有效提高运输服务质量。客运枢纽场站的综合性和立体化可以减少旅客的中转次数和换乘距离,是提高客运出行服务质量的重要措施。

5. 综合交通运输体系的构建要求加强综合交通枢纽薄弱环节建设

我国交通运输业发展已经从各种运输方式各自独立发展的阶段,过渡到以枢纽连接和一体化运输服务为主要特征的综合发展阶段。交通运输的连续性从先前主要在城市或地区之间的线路与通道上实现,转变为通过交通枢纽的设施、功能与业务衔接去实现。交通枢纽已经不仅仅是每一种运输方式自身线路之间的连接节点,更多的是不同运输方式线路之间的高效率连接。为解决运输能力紧张问题,铁路、公路线路是长期以来交通运输基础设施的建设重点,交通枢纽是目前综合交通运输体系发展的薄弱环节,运输网络上的节点连接问题越来越突出,不同运输方式之间的衔接、配合和关系协调成为综合交通运输发展的主要任务。在我国综合交通网加快形成的历史阶段,为了增强交通网的有效供给能力,提高整体效率和服务水平,促进综合交通运输体系的协调发展,必须加快交通枢纽建设。

五、"十二五"时期综合交通枢纽发展思路

(一)指导思想

以邓小平理论和"三个代表"重要思想为指导,深入贯彻落实科学发展观,加快转变交通运输发展方式,充分体现以人为本、资源节约和环境保护,按照客运"零距离换乘"和货运"无缝化衔接"的基本要求,以一体化为主线,加强规划引导,统筹资源配置,协调系统建设,创新运营机制,实现信息共享,强化各种运输方式的有机衔接,加快推进综合交通枢纽的发展,促进综合交通运输体系的完善,支撑国家竞争力的提升。

(二)发展思路

"十二五"时期,全面推进综合交通枢纽(城市)的规划建设,加快全国性综合交通枢纽建设。

1. 客运枢纽发展思路

重点建设以铁路、公路客运站和机场为主的大型综合客运枢纽,完善其布局和功能分工,提高客运枢纽场站的综合性、立体化、内部设计人性化;以强化衔接为核心,加强干线铁路、城际轨道、干线公路、机场等与城市轨道交通、地面公共交通、私人交通、市郊铁路等的有机衔接,形成城市内外、不同运输方式之间便捷、安全、顺畅换乘,提高枢纽场站的一体化水平和集散效率。完善邮轮、游艇、陆岛等客运码头与其他运输方式的衔接。

2. 货运枢纽发展思路

加强以铁路和公路货运场站、主要港口、机场、物流园区等为主的综合货运枢纽建设,完善货运枢纽布局和功能,促进与城市的

协调发展。依托货运枢纽,加强各种运输方式的有机衔接,建立和完善能力匹配的铁路、公路等集疏运系统和城市配送系统,实现货物运输的无缝化衔接。加大铁路在港口货物集散中的比重,降低公路集疏运对城市交通的干扰。推进集装箱中转站的建设。

(三)发展目标

1. 总体战略目标

建成适应国家经济社会发展需要,符合综合交通运输体系发展要求,布局合理、功能完善、衔接顺畅的综合交通枢纽,实现综合交通枢纽设施一体化、信息一体化、运营一体化、管理一体化。

2."十二五"时期发展目标

到"十二五"期末,基本建成42个全国性综合交通枢纽。全国性综合交通枢纽(城市)初步建立布局和功能分工合理、规模适度、衔接便捷畅通、与城市发展相协调的交通枢纽系统;以铁路、机场或公路客运站为主体,建成若干个立体化大型综合客运枢纽。

六、"十二五"时期综合交通枢纽建设任务

综合交通枢纽(城市)包括基础设施、信息系统和运营管理服务,其中基础设施构成要素包括火车站、长途汽车站、港口、机场等各种交通运输场站及其集散线路、交通运输场站之间的联络线、城市道路与对外公路的衔接以及过境线路等。"十二五"时期建设任务围绕组成部分和构成要素开展,基础设施分为宏观功能分工与布局和微观设计两个层面。

(一)完善基础设施的宏观功能分工与布局

基础设施的布局主要处理与城市发展和产业布局的协调、减少对城市交通的影响以及便于客货集散中转等问题。

第十章　全面推进综合交通枢纽建设

1. 总体按照"客内货外"的原则调整场站布局

枢纽场站的布局是在与城市发展及产业布局相适应的前提下，尽量便于旅客和货物到达场站，缩短枢纽场站与客货源点之间的运输时间。客货运输枢纽场站的位置与客货流的集散重心有密切关系，客货流集散重心在城市中的位置不同，客货运输枢纽场站的位置也不同。

客运场站中，机场由于噪声、起降条件等原因必须远离市区，铁路客运站和公路长途客运站应该在市区并且靠近市中心更为合适。客运场站主要客源点（出发点和目的地）在该城市市区，来自市域内其他地区和在此中转的客流占相对少数。同时，客运出行以务工、公务、商务和休闲旅游为主，城市的办公区、商务区、商业区一般都在城市的核心区，因此客源点主要集中在城市核心区，客源点的几何重心一定在城市核心区内或靠近城市核心区。此重心是所有旅客总出行距离、时间、成本最小、进出最方便的位置，即为客运场站的最佳位置。

从实际运营的角度看，不管铁路还是公路长途客运，旅客运输到达客运站后集散会产生相应的交通流量，与集散距离共同决定着交通周转量的规模，即对城市路网交通容量的占用量。当枢纽位于集散交通流的几何重心时，产生的交通周转量最小，对路网交通容量占用量最小。若客运枢纽场站远离城区，大量进入城区的旅客化整为零，需要公交、出租车、私人小汽车等进行接驳，会增加城市交通压力；同时增加了旅客的出行成本、出行时间以及换乘次数，与贯彻"以人为本"的理念相背。另外，城市中心区轨道交通、公交线网密集，客运枢纽站在城市中心更容易与多条轨道交通等大容量客流集散运输方式相衔接。

国外大城市的综合客运枢纽站大部分位于市中心。德国柏林中央火车站位于柏林市中心，毗邻总理府和议会大厦建筑群，离著名的勃兰登堡门、帝国议会大厦和菩提树大街很近。日本东京火车站位居东京市中心,紧邻皇宫和最大的商业区——银座;大阪火车站离市政府咫尺之遥,周边是城市的主要商业中心之一。

同理,货运场站也应是货源点的几何重心。大城市中产生大量货运需求的工业区一般在城市市区外围,因此货运场站位于市区外围更合适。

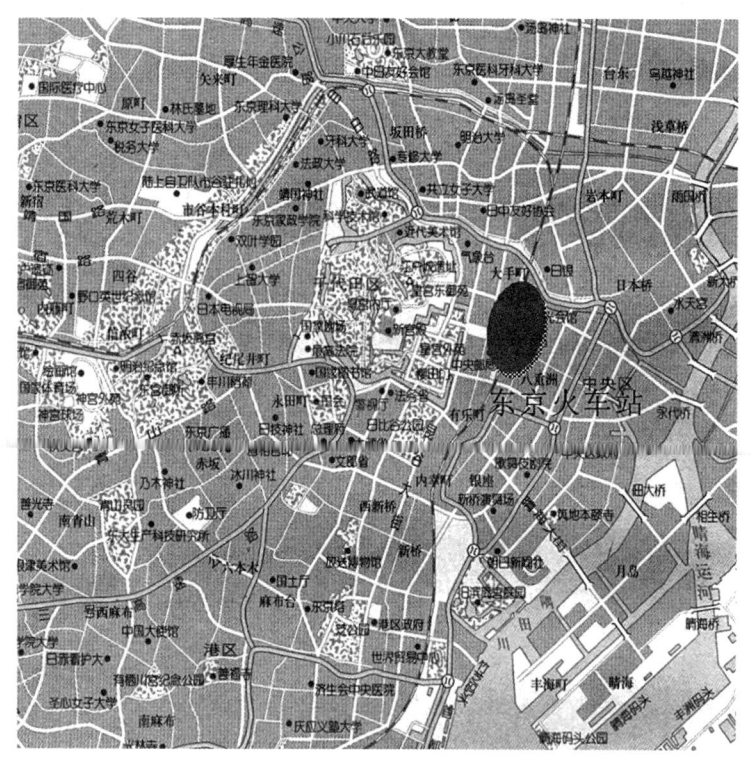

图 10-6 东京火车站在城市中位置示意图

在确定枢纽场站的具体位置时,还会考虑其他一些实际因素,如周边道路交通条件、土地的可获得性、与周边环境的协调性等。另外,枢纽场站尤其是大型枢纽场站对周边土地开发具有很强的催生效应。在目前我国城镇化进程快速发展阶段,一些城市为了拓展城市发展空间、调整城市布局,利用枢纽场站的集聚效应,把枢纽场站规划布局在建成区以外或者更远地区,促进城市副中心的形成,引导城市空间开拓利用,带动城市发展。

2. 提高客运枢纽的集中度和综合性

枢纽场站的总规模主要依据未来客货吞吐量、中转量确定,而具体需要规划建设几个场站、单个场站的规模则与集中度有关。货运场站的集中可以产生规模经济效应,客运枢纽站的集中和综合可以减少旅客换乘次数和换乘时间,还可以节约城市中宝贵的土地资源。

综合性主要体现在铁路客运站、公路客运站与机场的一体化。铁路和民航主要承担中长途客运,而公路客运是中短途,部分是为中长途运输的铁路、民航进行旅客集散,为方便旅客中转换乘,将其集中布局很有必要。目前许多城市客运站发展历程也证明了铁路与公路客运站一体化布局建设的必要性。以往城市中铁路客运站与公路客运站独立规划和建设,相互间往往相隔较远,但铁路客运站需要公路进行接驳的必要性客观存在,许多城市逐步在铁路客运站旁边新建了公路客运站,有的城市在公路客运站调整时,把其布局在铁路客运站周边。

随着高速、城际铁路的发展,其辐射范围得到逐步拓展,并在一定程度上替代了公路客运的功能,使铁路与机场的一体化逐步具有较强的必要性。欧盟提出七大"优先工程"中"PBKAL高速铁路2号工程"为欧洲第一条跨边境的高速铁路工程,用巴黎、布鲁塞尔、科隆、阿姆斯特丹、伦敦五大城市名称的首写字母缩写命名,该高速铁路将这些城市连接起来,并衔接这些城市的五大机场。当前欧洲四大枢纽机场巴黎戴高乐、法兰克福美因、荷兰史基浦及伦敦希思罗等机场均已经或计划与高速铁路衔接。

表 10-1 欧洲四大枢纽机场的典型高速或准高速轨道交通线路概况

机场轨道交通名称	始发和终到站	设计时速（公里/小时）	里程数（公里）	运行时间	与机场普通轨道关系
伦敦希斯罗机场快线	帕丁顿车站—机场	160	24	15	分线分站
法兰克福机场城际高速线	斯图加特—法兰克福机场空铁车站	330	202.7	73	分线分站
巴黎戴高乐机场TGV 和 Thalys大力士高速	布鲁塞尔米蒂车站—戴高乐机场	233.4	291.7	75	共站不共线
阿姆斯特丹史基浦机场 Thalys 大力士高速	布鲁塞尔米蒂车站—Rotterdam—Duivendrecht—史基浦机场	160	约300	132	共站不共线

枢纽场站过度集中也存在一定缺点。枢纽场站过于集中，规模过大，会导致工程难度大，造价高昂等问题；同时积聚性太强，平均集散距离过长，并且各个方向通往枢纽场站的客流和地面机动车交通汇集于相对狭小的区域内，造成局部交通组织困难。因此，也不应追求枢纽场站的过度集中，尤其对于大城市，规划建立几个客货运输枢纽场站是合理和必要的。

基于我国城市客运枢纽站现状，"十二五"期间首先要加强公路客运站自身的集中以及与铁路客运站的综合一体化。随着客运专线、城际铁路的建成运营，逐步加强铁路客运站与机场的综合一体化。同时，应注意客运站的合理规模。

3. 完善枢纽场站的功能分工

从运营组织、客货集散的便利性、城市交通的拥堵等方面考虑，大城市一般规划建设多个客货枢纽场站。如铁路枢纽方面，上海规划以上海站、虹桥站、上海南站及浦东站为主，以上海西站、松江站、安亭站为辅的"四主三辅"客站布局；北京规划以北京站、北京西站、北京南站、北京北站为主,丰台站和北京东站为辅的"四主两辅"的客站布局;武汉也规划建设四大铁路客运枢纽站。同样,一个机场已经不能满足许多大城市的需要,英国伦敦有希思罗、盖特威克、斯坦斯特德等五大机场,法国巴黎是由戴高乐和奥利机场组合成的"一市两场"模式,我国上海有虹桥和浦东两大机场,北京也将建设第二机场。

城市内规划布局两个或两个以上的客货枢纽场站时,对其进行功能分工非常必要。货运场站主要依据所服务的区域范围和业务类型,结合对外运输线路的方向进行分工。客运场站可根据具体情况采取如下方法进行功能分工:按衔接线路方向进行分工;按办理快、慢车分工;按办理中长距离、城际和市郊旅客列车分工。即使综合性客运枢纽,如上海虹桥客运枢纽,其铁路功能、航空功能也应在全市铁路运输、民航运输体系中有明确分工。

4. 大型客运枢纽站之间建立直达通道

综合客运枢纽场站之间、同种运输方式不同场站之间(多个长途客运站之间、多个火车客运站之间等)、不同运输方式场站之间(火车客运站、机场、汽车长途客运站之间)都有一定比例的旅客进行中转换乘,有必要建立有效的衔接。同种运输方式设置多个枢纽场站时,往往按照不同的集散区域或对外运输方向进行划分,中转旅客改变方向时,需要从一个场站下车到另外一个场站上车进行中转换乘。另外,当旅客全程旅行乘坐不同交通运输方式时,需要在不同运输方式枢纽场站之间进行中转换乘。最有效的换乘组织方式是提高客运枢纽站的集中度和综合性,把各个场站集合在一起,形成一个综合客运枢纽。但往往由于各种条件限制和合理规模要求,不可能全部集中在一起。有的城市能够形成综合客运枢纽,往往也不止一个,相互间同样也存在旅客的中转换乘。

这些中转换乘交通限于客运场站之间,目的明确、相对集中,与城市内部交通出行有较大不同,应为其提供快速、经济、直达的中转换乘方式。一种方式是与城市地面公交或者轨道交通相结合,在满足城市居民出行的同时,兼顾枢纽场站之间的快速、直通联络;另外一种方式是在各场站之间建立专门、独立的换乘公交线路,这种公交按一定的频率穿梭往来于各场站之间,也仅在各客运场站停靠,对中转换乘旅客来说,既明确,又快速经济。

"十二五"期间,应该首先重点考虑公路客运站与铁路客运站、机场之间的衔接;未来应逐步加强铁路客运站与机场的衔接。

5. 合理分疏过境交通

过境运输不在枢纽城市停留,与该城市的经济社会发展基本没有关系,有必要通过各种形式实现分离。分离的形式有过境铁路、绕城高速公路、过境公路等。如果受客观条件限制或从技术经济角度修建独立过境线路不够经济合理,过境交通运输需利用城市内部道路,该道路应按城市快速道路的标准建设与控制,或直接采用高架或下穿的方式过境。过境公路的路线方案应进行综合分析,既要因地制宜,远近结合,又要兼顾过境与出入境交通,通过比较来确定路线方案。有的独立过境公路线路条件差或需要绕行较长一段距离,车辆不愿选择这些线路,需要改善线路条件或通过交通管制、经济等手段加以引导,达到过境交通与城市交通分离的预期目的。

(二)优化基础设施的微观设计

交通运输枢纽基础设施微观设计主要目的是实现旅客中转换乘的方便、快捷,以及城市土地资源的集约利用等。

1. 强化枢纽场站的集疏运网络规划建设

枢纽场站集疏运网络规划建设的核心理念是干线运输与集疏运能力匹配,能够实现快速集散,并尽量减少城市交通压力。任何枢纽场站都不能独立存在,其正常运转需要周边城市交通网络的支撑。在规划建设枢纽场站时,应该对其周边区域的交通现状及未来发展有一个全面的认识,结合城市轨道交通、城市道路等建设,合理构建集疏运网络,避免在枢纽场站周边出现交通拥堵、旅客和货物滞留等现象。同时,枢纽集疏运网络建设也是为某种或多种运输方式提供增加客货流量的良机。"十二五"期间,重点针对铁路、机场客运站的改扩建,加强两者与城市、城际轨道交通以及与城市其他公共交通的衔接,方便旅客便捷换乘,同时为铁路、民航增加客流量。

(1)建立以公共交通为主导的客运枢纽衔接网络

客运枢纽站应建立以公共交通为主导,出租车、社会车辆为辅的多种客流集散方式,大型综合客运枢纽客流集散应以城市轨道交通为骨干。

公共交通是旅客集散效率最快、产生交通量少、最经济的方式。换乘高效是场站规划、设计的核心,其目标是要实现枢纽场站中所有旅客换乘总人时最少。与货物运输相比,旅客具有更强的时效性,公共交通强大的集散能力,能够较快地疏散到达旅客,避免滞留在站内;同时,公共交通还产生较少的车流量,对枢纽场站周边道路的交通影响较小;另外,公共交通经济性较强,即使是机场与市区之间的衔接,也不能完全依靠高速公路加小汽车的集散方式。

大型综合客运枢纽应结合城市、城际以及市郊轨道建设,建立以轨道交通为骨干的集散方式。以铁路、公路客运站及机场为主体的大型综合客运枢纽到发客流量较大,除配套设置地面公交、社会停车场、出租车等市内交通外,城市轨道交通的引入对提高枢纽及城市交通的整体效率非常重要。大量客流如果仅通过地面交通系统进行集散,一方面旅客等待时间会较长,另一方面还会对周边城市道路交通造成巨大压力,成为城市交通拥堵的根源之一。轨道建设应与大型客运枢纽进行衔接。

(2)加强轨道交通等大容量快速交通方式与大型机场的衔接

大型国际机场既要有轨道交通与城市轨道网相衔接,又要有高速铁路经过设站,或者与主要铁路客运站建立直接、快速的客运通道。

据调查,国内航线心理可接受的地面交通时间不超过 1 小时,心理感受舒适的交通时间不超过 45 分钟;国际航线心理可接受的地面交通时间不超过半天,心理感受舒适的交通时间不超过 3 小时。航空旅客心理可接受的交通换乘次数不超过 2 次,心理感受舒适的交通换乘次数不超过一次,最佳期望是直接通达。[1] 为了建立机场与市区的快速联系,全球大型国际机场均采用轨道交通进行客流集散。据统计,全球旅客吞吐量排名前 50 位的机场,建有轨道交通的有 36 个,占 72%,其中,排名前 10 位的机场全部建有轨道交通与城市中心区相连接。[2]

大型国际机场的辐射区域比较广,如首都机场国内航线地面辐射区域延伸至天津、承德、张家口、保定、衡水、沧州,国际航线延伸至东北、河北、山东、山西、陕西及河南。据统计,首都机场进出港旅客中,北京市以外旅客比重在 20% 以上。高速铁路、城际铁路是这些旅客重要、便捷的交通方式。目前许多机场已经建成或规划有城市轨道交通连接,但一般连接城市地铁站,旅客需要拖着大而沉重的行李辗转于火车站与地铁站之间、不同的地铁线路之间、地铁与机场之间。这种多次中转换乘难以满足旅客对出行便捷性、舒适性的要求。根据有关调查,首都机场旅客中,地面交通时间超过 2 小时、换乘次数超过 2 次的人数占到全部旅客人数的 29%。[3] 为提高

---

[1] 参见张宁:《优化以机场为主的综合交通枢纽》,《综合运输》2008 年第 3 期。

[2] 参见李一鸣:《机场地面交通案例研究及对首都机场的启示》,《综合运输》2008 年第 2 期。

[3] 参见张宁:《优化以机场为主的综合交通枢纽》,《综合运输》2008 年第 3 期。

这部分旅客到机场的便捷性，在条件可能的情况下，高速铁路、城际铁路应经过机场并设站；同时，机场应与主要铁路客运站建立直接、快速的客运通道。

对于不同规模的机场，建议采用不同的衔接方式：

设计目标年旅客吞吐量在 100 万人以下的机场应有高等级公路相连接，从运营成本的角度考虑，使用公交客运作为机场客流集散的主要方式，出租车和私家车作为辅助交通方式，距离市区边缘较远（10 公里以上）机场，可考虑开通机场巴士。

设计目标年旅客吞吐量在 100 万—1000 万人之间的机场，应有一级公路或高速公路相连接，应在常规公交、出租车、私家车的基础上增设机场巴士运营，充分利用大容量公共交通来满足进出机场乘客的需求，减轻车流量压力。有条件的机场，视需要和可能建设轨道交通或预留建设条件。

设计目标年旅客吞吐量 1000 万人以上的机场，应建设高速公路相连接，必要时可建设或连接多条高速公路，尽可能连接城市轨道或市郊铁路、高速铁路，需建设机场轨道交通与城市轨道网连接。

（3）强化铁路在港口集疏运体系中的作用

在大宗散货港口（港区）引入铁路集疏站场设施，加大铁路运输在港口货物集疏运中的比重，尽可能减少公路集疏运对所在城市的干扰。港口水运货物以大宗货物为主，且距离相对较远，铁路运输集疏运最为经济合理。由于铁路运输能力紧张以及管理等方面原因，目前公路运输承担了部分本该由铁路承担的港口货物集疏运。公路进行港口集疏运不但增加了运输成本，而且产生大量的交通流量，对港口所在城市的市内交通干扰较大。加大铁路运输在港口货物集散的比重，可以有效地减少公路交通量，缓解城市交通压力。同时，疏港公路的规划建设应参考过境运输与城市的关系，尽量进行分离，以减轻与城市交通相互的影响。另外，加强货运枢纽与产业聚集区、专业化市场等的便捷联系,完善城市配送网络。

(4)保证枢纽场站与集疏运的同步建设

我国枢纽建设过程中,存在着对集疏运重视不够、建设滞后的问题。北京西站作为当时亚洲规模最大的火车站,建成很多年仍没有与地铁衔接;北京南站建成一年后,包括地铁在内的集疏运系统仍不完善;首都机场在旅客年吞吐量达到 5000 万人次后才有轨道交通与市区相衔接。集疏运作为整个枢纽的重要组成部分,应与枢纽场站同时建设和投入使用,以发挥枢纽的整体效用。

2. 鼓励有条件的大型综合客运枢纽立体化建设

综合客运枢纽立体化设计和建设可以有效缩短旅客换乘的步行距离,节省宝贵的城市土地资源,已逐步成为综合客运枢纽发展的方向。客运枢纽立体化是通过地下、地面、地上多层结构形式,在立体空间上实现铁路、公路、航空等运输方式与城市轻轨、地铁、常规公交、出租车及社会车辆等的衔接。客运枢纽立体化可以有效减少客流与客流之间、客流与运输工具之间以及运输工具与运输工具之间的冲突、交织,提高中转换乘效率,使运输服务更安全、便捷、高效。同时,随着城镇化的发展,城市土地资源日趋紧张,客运枢纽采用立体化建设,可以充分利用地下、地上空间,减少平面布局面积,节约城市用地,在城市中心区域的客运枢纽更应该探讨采用立体化形式。

专栏 10-2　德国柏林综合交通枢纽案例

德国柏林中央车站是一个综合性的大型立体化客运枢纽。主体是一个上下 5 层贯通的换乘大厅,最上面一层是东西方向的高架站台,最下面一层是南北方向的地下站台,中间三个换乘层。往来于国内外的干线铁路高速列车和其他长途列车,柏林市的城铁、地铁、电车、巴士、出租车、自行车,甚至旅游三轮车都在此停靠与集散。

现实条件难以立体化的枢纽场站,其内部布局形式也应以缩短换乘距离和时间为根本出发点。据调查:44%的乘客不能接受100米以上的换乘步行距离,65%的乘客不能接受200米以上的换乘距离;51%的乘客可接受5分钟之内的换乘时间,另有37%的乘客可以接受10分钟之内的换乘时间。据此建议客运枢纽站内旅客平均换乘距离在200米以内,步行时间控制在5分钟以内,最长不超过10分钟。①

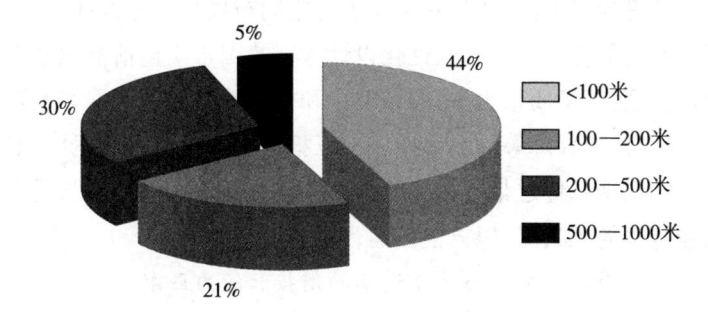

图 10-7 乘客可接受的换乘步行距离

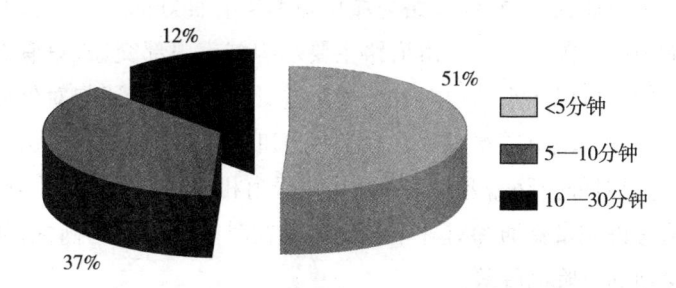

图 10-8 乘客可接受的换乘时间

缩短不同运输方式、不同线路之间换乘距离的主要措施是优化客运枢纽设计,如在机场缩短提取行李和办理登记手续的地点

---

① 参见曹荷红、张智勇:《北京综合交通枢纽调研分析》,《北京规划建设》2009年第3期。

与停车场、航站楼侧停车位置、公交站台、出租车站点、轨道交通站点等之间的步行距离。

3. 强调客运枢纽的人性化设计

客运枢纽微观设计的核心理念及目标是为旅客提供优质的中转换乘服务,方便旅客出行。因此,客运枢纽微观设计不仅要缩短换乘的步行距离和时间,还要提高旅客使用的便捷程度和舒适程度。客运枢纽的人性化设计应以旅客出行的舒适性、便捷性以及安全性等为根本出发点,对枢纽进行空间布局与功能设计,为旅客提供所需的各项服务。人性化设计考虑的因素应包括枢纽站内的拥挤程度、环境质量水平,以及站台和楼梯等的设计对乘客乘降安全、方便性的保障等。具体措施可以根据实际需要灵活运用,如设置自动扶梯和传送带等以方便步行;设置携带行李的空间、通道和搬运行李的工具等,以方便搬运行李。

4. 加强对外公路与城市道路的衔接和能力匹配

综合交通枢纽城市有大量汽车进出城区,为避免在城郊结合处出现交通拥堵,对外公路与城市道路应有良好的物理连接和通行能力的匹配。由于城市道路主要承担城市内部交通,只有部分通行能力可以用来承担对外衔接运输,因此应该保证与对外公路衔接的所有城市道路有效通行能力之和与对外公路通行能力相匹配,重要对外公路需要与多条城市主干道相衔接。另外,能力匹配还需考虑城市交通和对外干线交通流在时间上的不均衡性,如城市交通的早晚高峰等。

总之,综合交通枢纽基础设施构成要素规划建设应以强化衔接为核心,确定枢纽场站的规模并进行合理布局与功能分工,场站设计突出立体化与人性化,使城市内外交通、客货中转换乘更加便捷、顺畅,提高综合交通运输体系的整体效率和服务水平,促进交通枢纽与城市的协调发展。

（三）强化枢纽场站信息引导与衔接

枢纽场站一方面要及时准确地采集、处理、分析、存储、传输生产运行过程中所产生的各种信息，如运力分布、组织管理、生产调度、各种站内作业、机械、车辆设备运用情况等信息，并对换乘枢纽的关键作业部位进行监控；另一方面要建立信息共享机制，整合铁路、公路、水路、民航、城市交通等信息资源。在此基础上，改善枢纽信息服务，重点完善枢纽旅客出行信息服务与指引系统、货物查询跟踪系统、票务单证系统、安全监控系统和应急处理系统。为出行者、运输企业、枢纽管理者和有关政府部门提供及时、可靠的信息，满足不同对象、不同层次的需要。

1. 公众信息引导

核心理念及目标是清晰、引导性强，旅客能够全面、准确、方便的获取相关信息，具体措施为加强公众出行信息服务和枢纽站内引导标志建设。公众出行信息服务使出行者能够随时了解到各种运输方式的行车时刻和运行路线、换乘站点、周边地理信息、票价以及道路交通状况、气候条件等，公众可根据这些信息选择最佳的出行路线、运输方式、换乘方式及出发时刻，或及时变更和取消出行计划等。客运枢纽站内引导标志可以在旅客确定换乘计划后引导旅客准确、快速选择运输方式和到达换乘地点。提供交通运输信息的手段可采取多种形式，如在广场、换乘站台、等候大厅等处设置可变交通情报板、交通信息亭、交通信息终端、专用电视频道、电话 24 小时交通信息服务和基于 WEB 的网络等。

2. 运营企业信息衔接

加强铁路、公路、民航干线运输企业与轨道、公交、出租车等集散运输企业之间的信息衔接，集散运输企业根据干线运输客货流的数量、到发时间合理调度安排车辆。

3. 安全监控管理

枢纽场站运营管理企业利用信号自动控制系统、人工智能和图像处理技术等对枢纽站场内客流、车流等进行实时监控和智能化管理。

(四)加强运营衔接,提高场站服务水平

1. 完善客运枢纽综合换乘服务

客运"零距离换乘"理念在枢纽场站的具体指标为综合换乘时间,而非真正的空间换乘距离。综合换乘时间是指从到达枢纽场站到离开枢纽场站的总时间,包括在枢纽场站的票务时间、换乘步行时间、等待时间、安检时间、办理行李托运时间等。综合换乘时间既可以体现换乘距离长短(换乘步行时间),也可以体现管理、信息化的衔接程度(等待时间、安检时间等)。综合换乘时间构成中,除换乘步行时间外,票务时间、等待时间、安检时间、办理行李托运时间等均与运营服务的衔接与水平密切相关。

客运服务衔接核心理念及目标:缩短旅客办理手续时间和排队等待时间,具体措施有:一是改善客运枢纽安检、票检等运营服务的方法和手段,如通过自动化设施来完成,以提高效率,避免或减少排队。二是加强不同客运企业在运营时间方面的衔接和集散能力的匹配,缩短排队等待时间。能力匹配是指运营层面运力的匹配,如保证待客出租车的数量,增加衔接公交、机场班车、轨道交通列车的班次等。三是统一票务制式和售票机制。各种运输方式的票务制式均采用快捷、方便的自动售票和检票设备,并尽量与城市地面公交、轨道交通系统采用相同的售票机制。这样不仅可以减少旅客换乘时间,方便旅客在不同交通工具的换乘,提高出行效率,而且可以促进城市公共交通的发展。

2. 提高货运枢纽中转换装效率

货运服务以缩短货运衔接、换装时间为准则,具体措施有:一是加强运输企业之间的信息互通与共享,提高相互间运营时间的衔接;二是简化货运枢纽的各项流程与手续,减少不必要的中间环节,加速货物的接驳转运;三是采用现代化的设备工具和科学的组织安排,提高装卸效率,缩短换装时间。

(五)完善运营管理模式及制度建设,保证枢纽场站的公共性

由于枢纽场站的自然垄断性,如果运输企业掌握枢纽场站的运营,容易利用其对枢纽场站的垄断形成运输市场的垄断。这种状况不但影响运输市场的公平竞争,也会降低资源的利用效率,有必要采取一定的措施保证枢纽场站的公共性。

枢纽场站的运营管理模式有:所有者及相关部门各自独立管理、所有者及相关部门统一协调管理、委托运输企业管理、委托专业化的运营企业进行管理等。应根据不同枢纽场站的性质情况,选择合适的运营管理模式,同时应建立相应的机制和明确的制度,保证所有运输服务市场主体享有公平使用的权利。

专栏 10-3 国内外枢纽站建设运营模式

香港新建客运场站建设运营模式:建设主体通过招标来决定,政府则对场站用地予以优惠。比如 1997 年香港政府对位于九龙湾地段地下的过境巴士总站的配备(装修)、管理、营办、维修等一系列经营活动进行了招投标。其规定由政府提供场地,由具有客运服务经验的营运商参加投标,中标者须在该站启用前按投标文件规定的技术详情、服务详情、资产情况、维修备件和物料清单做好候车区、售票室等的配备装修工作,并在规定时间内完成;建好由中标者进行管理,无偿进行使用,有权保留部分发车位自用,但若收入与假定租金超过某一限度时就须开始向政府交费。

美国联合车站(union station)改扩建及运营模式:该综合枢纽站的前身为 1908 年 amtrack(全国铁路客运公司)建设的华盛顿火车站,1971 年美国国会开始接手资助。为了改善联合车站乘车环境,完善不同运输方式之间的换乘衔接设施,1983 年由 amtrack 公司、地铁公司以及其他投资商共同组建 corporation(联合公司)开始对联合车站进行重建,在重建过程中国会进行了拨款,1988 年重建完成,形成了带有 400 万英尺商铺的综合换乘枢纽站。目前整个联合车站的运营由联合组建的联合公司统一负责与协调,包括联合车站的商业开发、不同运输方式之间的换乘衔接设施的建设、信息服务平台的搭建,在整个协调运营过程中,不同运输方式的公司派人参与。

续表

德国柏林中央车站:目前德国的干线铁路和地区铁路归德铁负责,城铁和地铁则分别由柏林都市区铁路公团和柏林市公交公团负责,但在中央车站的规划和建设过程中,联邦政府、德铁、柏林市的相关机构通力合作,按比例筹集巨额资金,解决了综合客运枢纽在规划建设过程中的一系列复杂问题。

日本客运枢纽建设运营模式:各投资主体划清范围,明确相应建设费用,共同出资,由一家公司统一进行建设、管理和运营。下表为福冈县北九州市小仓站建设资金来源。

项目名称	责任主体	建设费用	出资主体及来源
枢纽建筑体扩建	北九州市	135亿日元	(1)
站前广场改建		30亿日元	(1)、(2)
公交进出通道及停靠站改建		80亿日元	(1)、(2)
行人通道改建		60亿日元	(2)、(3)
建筑体商业开发	JR九州	260亿日元	(4)

(1) 中央财政预算
(2) 地方政府自由财政
(3) 城市财政
(4) JR公司自有资金

保证枢纽场站公共性的措施和形式有多种。其中一种是枢纽场站的投资运营主体与运输服务的市场主体分离,并且前者在运营过程中不受后者的控制和影响。具体做法有:政府作为主要投资主体,拥有枢纽场站的控制权,选择枢纽场站的运营主体;或者寻求多家运输企业共同参股,相互制衡。对枢纽场站的投资、运营主体同时也是运输服务的市场主体的情况,应建立相应的机制和明确的制度,保证其他运输服务市场主体享有公平的待遇。如在日本,只要有铁路或者轨道公司希望把自己的线路引入某一客运枢纽场站,当地政府或国土交通省将出面协调或者通过强制手段保证引入,以提高枢纽的综合性和公共性。

(六)明确综合交通枢纽的责任主体,建立规划编制的审批、验收机制

1.城市政府是综合交通枢纽规划、建设、运营管理的主导者

综合交通枢纽应由政府来主导建设发展。以交通枢纽场站为主的构成要素均属于准公共物品范畴,具有一定的公益性,尤其是客运枢纽场站,公益性较强;同时,与其他交通基础设施一样,枢纽场站具有自然垄断性。公益性和自然垄断性决定了其应由政府主导进行建设。

综合交通枢纽需要有一个规划、建设、运营管理的责任主体。综合交通枢纽集各种要素为一体,具有较强的综合性和复杂性。交通枢纽的规划建设是一个复杂的系统工程,涉及各种运输方式及城市交通在运输组织、设施配套、信息化建设、技术标准、运营规则、投资方式、资金使用管理上的相互配合与共同协作,涉及铁路、交通、规划、土地、城建、商务、环保等多个部门。为了有效集合各功能要素,高度融合各组成设施,发挥枢纽在综合交通运输体系和城市中整体功能,推动综合交通枢纽的健康快速发展,必须建立有效的管理体制和协调机制,进行统一的规划设计、投资建设、运营管理,加强城市内相关部门之间,以及城市管理部门与上级行业主管部门之间的协调,共同推进综合交通枢纽的建设和发展。

城市政府最合适也有条件作为综合交通枢纽的主导责任主体。交通枢纽是交通基础设施的重要组成部分,更是城市基础设施的组成部分。铁路、公路、机场、港口等交通枢纽场站在区域及全国运输组织中具有重要的作用,但这些场站在城市中的具体位置对该功能作用的发挥影响不大。而从城市的角度看,交通枢纽主要为该城市及周边地区服务,场站往往需要布局在大型工商企业集中、人口密集的地区及周边,与城市其他基础设施联系极为紧密,其布局对城市的整体发展、运营对城市的秩序以及提供运输服务的便利性等均具有直接、重大影响。城市政府作为主导者可以

统筹考虑,更集约有效地利用土地资源,可以更好地促进客货运输设施与经济社会活动相协调,促进枢纽场站集疏运体系与城市交通相衔接和协调,有效避免和解决目前存在的问题。

2. 城市政府负责综合交通枢纽总体规划和重大项目的前期研究

城市政府依据本城市在综合交通运输体系中的地位和功能,以及各行业枢纽场站全国布局规划中对该城市中枢纽场站在规模、布局等方面的要求,在充分考虑和满足运输需求的前提下,结合城市功能、产业布局、城市交通等状况,在城市层面统筹协调规划、土地、城建、商务、环保等部门,对综合交通枢纽(城市)各构成要素进行统一规划,做好与城乡规划、城市总体规划、土地利用规划等的衔接与协调。统筹综合交通枢纽与产业布局、城市功能布局的关系,协调枢纽与通道的发展。对于大型交通枢纽场站,城市政府负责组织进行可行性研究工作,其中应明确枢纽场站的建设内容及范围(其中应把集疏运体系一并纳入)、投融资模式和构成比例,形成统一投资主体或者协调机制,保证交通枢纽场站及其集疏运系统统一设计和建设。

3. 宏观经济管理部门组织协调各行业主管部门对规划、重大项目进行审批和验收

综合交通枢纽(城市)构成要素的行业主管部门有铁道、交通、民航以及城乡建设、国土、环保等部门,这些部门均难以对综合交通枢纽(城市)规划和大型综合性单体枢纽的可行性研究进行独立审批,有必要由宏观经济管理部门来组织协调这些部门进行联合审批。全国性综合交通枢纽规划由国家宏观经济管理部门审批,区域性综合交通枢纽规划由省级宏观经济管理部门审批。

第十一章　提高交通运输装备发展水平

一、交通运输装备研究思路方法

交通运输装备系统是综合交通运输体系的重要组成部分,对综合交通运输体系的建设质量、运行效率和服务水平具有重要影响。运输装备既是确保交通基础设施水平与质量不断提升,并有效发挥运输基础设施作用与效能的重要基础,也是促进运输服务不断创新,运输服务质量和效率、效益不断提高的基本途径和保障。"十二五"期间,必须从转变交通运输发展方式的角度,加快提升交通运输装备的现代化水平。

(一)研究的必要性

1. 以往交通运输发展规划的局限

运输装备的发展与各种运输方式发展紧密相关。从规划的角度,传统的研究中往往未将其作为独立的内容去研究,而是从交通运输系统规划的角度,对提升运输装备的水平与质量,调整运输装备的技术结构、应用结构等问题进行阐述。这种规划研究的理念和方法,其基本逻辑是交通基础设施水平的提升,必然会有相匹配的运输装备的提升与发展,是以基础设施建设带动运输装备发展的模式,这种模式是相当时期内交通运输规划的基本模式,它直接导致了在相关的规划中未给予运输装备应有的地位,甚至忽略运输装备的发展问题,或以基础设施的规划与建设代替装备的发展。

2. 对运输装备发展进行规划研究的必要性

从交通运输发展的实践看,在部分运输方式的发展中(如民用航空、高速铁路等),其基础设施建设与装备发展具有很强的关联性,或装备本身的发展是运输方式发展的关键和基础,产生了设施与装备同步发展效果。但在高速公路领域,这种发展的模式并未得到充分的体现,尤其是在公路货运领域,运输装备的落后,很大程度上已经与基础设施的发展水平形成了强烈的反差,制约了运输效率和水平的提升。此外,在各种运输方式的基础设施不再成为开展运输服务的能力制约的情况下,运输方式之间的衔接对装备的功能、应用方式等也影响了联运等的发展。因此,作为我国交通基础设施建设已经提升到较高水平发展阶段的需要,也是考虑到运输装备与基础设施建设、运输服务发展等的关系,从构建综合交通运输体系的层面,对运输装备问题进行专门的研究是十分必要的。

(二)研究思路

1. 研究的视角与范围

从综合交通运输体系构建的角度对运输装备问题进行研究,其研究的角度和相应的范围主要体现在两个方面:

(1)运输装备的质量和水平提升问题

从规划的角度研究运输装备问题,并非具体的针对运输装备的技术性能等问题,而是与交通基础设施、运输服务发展相匹配的装备质量、应用效率等的水平提升问题,属于运输装备的技术政策和运营政策的范畴。

(2)运输装备的技术创新问题

按照建设创新型国家的战略部署,根据交通运输发展对运输装备创新发展能力的基本要求,运输装备的发展应沿着科技创新与装备自主发展两大主线展开,以提升适应我国综合交通运输体系构建的运输装备创新发展水平。

2.关键性问题的研究

(1)运输装备提升的关键影响因素问题

从国内外运输装备发展历程看,除了国家经济发展和安全保障两个基础性需求因素外,交通运输装备水平的提升,主要取决于运输装备制造业的发展水平和运输组织效率发展水平两大基本要素,两大要素之间是一种相互支撑与需求的关系。高水平的运输装备制造业的发展动力来源于运输服务需求的提升和运输企业对高效率装备应用的需求,同时,运输装备制造业技术创新能力和水平的不断提升,也有利于促进运输服务的创新与发展,以及运输企业经营效率与效益的提升。因此,运输装备发展问题的关键是从装备的供给与需求角度,寻求运输装备的创新与技术进步机制。

(2)运输装备提升发展的驱动力问题

运输装备的提升发展需要得到一定驱动力的支持,不能简单地从主观愿望角度推进运输装备水平的提升。从国内外运输装备的发展进程分析,目前,我国运输装备的发展动力主要来源于两个方面:一方面,考虑到我国经济社会发展总量、交通运输产业总量将支撑庞大的运输装备产业,在需求拉动下,对运输装备的技术进步具有系统性的作用,应积极应用先进的技术,提升装备制造水平;另一方面,我国交通基础设施的不断改善,也在应用上对运输装备的提升提出了要求,应鼓励运输服务企业积极应用先进的运输装备,促进运输效率的不断提升,充分发挥基础设施的功能与作用。

3.规划发展问题的研究

按照综合交通运输体系的建设需要,在基本思路上需要依据研究的视角和范围及发展的关键性问题,从建立较为系统的运输装备规划结构和内容体系的层面,对运输装备发展问题进行研究。

其基本思路是:

(1)运输装备的基础设施匹配性研究

以适应综合交通运输体系各个层次和类型的基础设施建设与发展需要,以及发挥基础设施的功能与作用。

(2)运输装备的服务适应性研究

以适应运输服务的改善和运输效率的提升要求,以及适应经济社会发展所产生的运输服务需求。

(3)运输装备的发展能力和技术水平研究

以促进先进运输装备的生产能力和国产化水平,加快运输装备的技术进步与创新发展步伐,适应交通运输现代化发展的需要。

(三)研究方法

科技进步推动交通运输的发展,是交通运输实现跨越式发展和战略性转型的核心动力之所在。目前,我国交通运输快速发展中科技进步的贡献率不高,现代交通技术的自主化水平仍然较低,影响了交通运输产业的持久进步和服务水平的不断提高。"十二五"时期,我国必须要把加快交通运输领域科技创新的步伐及其自主化发展进程作为交通运输发展的主要任务,大幅提升我国运输装备的科技含量和应用效率,积极推进运输工具的标准化、大型化、专业化和系列化,积极发展集装箱运输车、冷藏运输车、高速客运车辆、各种大型专用车辆和大型专用船舶,加速民用支线飞机的国产化,研发节能、环保、替代燃料运输装备。

鉴于运输装备发展涉及的领域较为宽泛,研究的层次较多,加之传统上不重视在交通运输规划层面对运输装备问题进行研究,其研究并未形成较为完善的框架体系和相应的方法,而且,装备问题的发展与交通基础设施建设、运输服务提升等之间缺乏全面系统的衔接。为此,在运输装备发展规划研究中,对涉及运输装备提升发展的各个相关层面的问题采取了分类研究,以便指导运输装备质量的发展。

1. 总体发展问题的分类研究

从综合交通运输体系的层面,将运输装备的发展问题作为整体进行研究,提出具有综合性和系统性的运输装备的发展规划思路,形成与交通基础设施、运输服务具有一体性和衔接性的发展。具体可分为:运输装备大型化和专业化、运输装备的技术规范与标准、运输装备制造业的发展、运输装备的引进与应用、运输辅助装备的发展等,对其分类进行规划研究。

2. 分运输方式发展问题的研究

综合交通运输体系框架下的运输装备的发展,主要涉及两大层面的发展问题。一是各种运输方式的运输装备发展问题,需要考虑不同运输方式的特点,提出符合发展要求的运输装备的提升发展路径。其基本发展理念是在综合水平获得整体提升的背景下,强化各种运输方式的发展,通过辅助技术装备的标准化和通用化强化主要运输装备之间的有效衔接,从而为各种运输方式的装备发展留出运行衔接的技术接口。二是从实现各种运输方式有机衔接,提升一体化运行水平的角度,加快有利于实现各种形式的联运、换乘、换装等运输及辅助装备的发展。

二、我国交通运输装备发展现状

历经数十年的持续努力,我国交通运输装备得到了快速发展,运输装备的拥有规模、技术性能和应用水平均取得了令人瞩目的成绩。

(一)运输装备数量

1. 铁路

"十五"时期以来,我国铁路机车车辆装备数量及水平显著提高。截至2010年年底,全国铁路机车拥有量达到1.94万台,其中内燃机车1.1万台,占56.6%,电力机车8400台,占43.1%,主要干线全部实现内燃、电力机车牵引,其中和谐型大功率电力机车3372台。全国铁路客车拥有量达到52130万辆;国铁货车拥有量达到62.23万辆,总载重3644.9万吨。

2. 公路

随着我国汽车工业的发展、公路里程的扩大和生活水平的提高,我国公路运输车辆拥有水平增幅明显。截至2010年年底,我国民用客运汽车已6124万辆,货运汽车共计1598万辆,分别比"十五"期末的2005年增长5.63%和6.13%。

3. 水路

"十一五"时期,我国水上运输船队保持平稳增长和大型化、专业化发展态势。截至2010年年末,我国水上运输船队拥有各类船舶17.84万艘,18040万载重吨,船舶总功率5330万千瓦。其中,远洋船舶运力总规模2213艘,5626万载重吨,2.04万载客量;沿海船舶运力总规模10473艘次,4979万载重吨,15.82万载客量;内河运力总规模16.57万艘,7436万载重吨,82.51万载客量。

4. 航空

截至2010年年底,我国航空公司共拥有民用飞机2405架,其中运输飞机1597架,通用飞机606架,教学校验飞机202架。运输飞机中大中型飞机1453架,小型飞机144架,分别占运输机队总量的91%和9%。与2005年相比,机队总规模年均增长13.71%,运输飞机规模年均增长13.42%,大中型运输飞机的比重基本稳定保持在90%。

(二)运输装备水平

1. 铁路

近年来特别是"十一五"期间,我国铁路机车车辆装备现代化取得了重大成果。目前,我国时速 200 公里及以上动车组已经形成国产化批量生产能力,时速 200—350 公里、8—16 辆编组的动车组将成为未来我国高速客运的主力车型。货车车辆实现由 60 吨级向 70 吨级的技术升级更新换代。完全自主研制的 9600 千瓦六轴交流传动电力机车是目前世界上单轴功率最大、性价比最优的铁路牵引动力装备,将成为我国铁路干线重载运输的主型机车之一。

2. 公路

"十一五"期间,我国公路运输车辆得到了迅猛发展,货运车辆中柴油车比重大幅提升,车辆大型化趋势明显,大型箱式货车、集装箱专用车和和大吨位平板车开始逐渐成为公路长途货运的骨干力量。同时,我国公路客运车辆的规模、种类和技术水平也逐步提升。"十一五"期间,国内交通运输企业结合车辆更新进行车辆结构调整,加快车辆技术更新速度,大批技术先进、设备完善、安全性好、舒适性高的以大型空调客车为代表的各类客车进入客运市场,公路客运车辆的整体技术水平明显提升。

截至 2010 年,全国公路营运车辆保有量 1133.32 万辆,营运货运车辆实际保有量共计 1050.2 万辆、5999.82 万吨,平均载货能力 5.71 吨/辆,其中普通货车 996.43 万辆、5223.23 万吨,平均载货量 5.24 吨/辆,专用货车 53.77 万辆、776.59 万吨,平均载货量 14.44 吨/辆。专用车辆规模占营运货车车队总量的 5.1%,载货能力占总量的 12.9%。

截至 2010 年年底,全国营运客运车辆实际保有量(不含城市公交车和出租车)共计 83.13 万辆、2017 万客位,平均载客能力 24.26 人/辆,其中大型客车 24.78 万辆、1031 万客位,平均载客量 41.65 人/辆。大型车辆规模占车队总量的 29.8%,载客能力占总量的 51.1%。

3. 水路

"十一五"期间,我国水上运输装备的整体水平得到明显提升,船舶大型化、专用化趋势明显。截至2010年,我国远洋船舶运力总规模2213艘、5626.13万载重吨,平均吨位2.54万吨/艘,拥有VLOC、VLCC、LPG和LNG等大型专用船舶;沿海船舶运力总规模10473艘、4978.87万载重吨、15.1万载客量,平均吨位4754吨/艘;内河运力总规模16.57万艘,7435.86万载重吨、82.51万载客量,船舶平均吨位449吨/艘。船队整体平均船龄有所下降,船队整体技术水平与世界航运发展基本同步。

4. 航空

由于世界大型飞机目前基本被欧美垄断,而我国航空机队的主体由进口飞机构成,因此总体技术水平基本与国际同步。从飞机来源分析,目前我国1597架民用运输飞机中,进口飞机占机队总量的98%以上,其中美国波音(含麦道)和欧洲空客两大系列产品构成我国大中型运输飞机机队的绝对主力,此外还有约100架法、加、巴、俄等国制造的中短程支线飞机。在606架通用航空飞机中,国产飞机装备数量占机队总量不足50%,主要为"运系列"国产运输机(运7、运8、运11、运12和运5)及其改进型和"直系列"国产直升机(直9和直11)以及部分国外设计定型而在我国生产的小型通用飞机和小型直升机。

(三)运输装备运营

1. 铁路

"十一五"期间,借助动车组和大功率机车的投入使用以及对运输组织的优化,铁路运输能力大幅提升,货物组车平均牵引总重、机车日车公里、旅客组车旅行速度、货车周转时间、货车静载重等指标均有不同程度的提高。

截至2010年年底,国铁日均运用机车14268.6台,货运机车平均牵引总重3467吨,货运机车日车公里489公里,货运机车日产量135万吨公里,货车静载重达到63.1吨,货车周转时间4.48天。

2. 公路

"十一五"期间,我国公路客运在客车技术水平不断提升的支持下,运输规模、运输效率以及旅客舒适度与安全性得到较大改善,已基本形成了大、中、小型相配套,高、中、低档相结合的班线运行格局。截至2010年,我国公路营运客运车辆平均单车客位数24.26人/辆,公路货运营运车辆平均吨位达到5.71吨/车。同时,在运输市场需求导向下,集装箱车、零担车、油罐车、冷藏车、大型平板车和散装货物等专用货运车辆有了较大的发展,重型货车和轻型货车比例逐年增加,以往"缺重少轻"的不利局面得到改观。

3. 水路

"十一五"时期以来,我国海上及内河船舶运力总规模快速增长,船舶大型化趋势明显,船舶技术水平进一步提高。内河船型标准化的积极实施,明显改善了内河运输船舶技术状况,内河运输的水污染、声污染和废气污染大幅减少,内河船舶的环保性能和运输安全性明显提升。此外,船舶油耗指标下降较快,节能减排效果明显,据估算,2010年全国内河货运单位能耗比2005年下降5%以上。

4. 航空

2010年,中国民航完成旅客运输量26763万人,货邮运输量563万吨,分别占全国航空运输中客运量的47%和46%;与2005年相比,旅客运输量和货邮运输量分别增长了924万人和100万吨,年均增长率分别为1.65%和9.85%,国际航线占有比例则基本相当。

表 11-1 2005—2010 年我国交通运输装备发展概况

类别	2005 年 数量	2005 年 能力	2010 年 数量	2010 年 能力	年均增长率 数量	年均增长率 能力
一、铁路运输装备						
1.机车	17473 台		19431 台		2.15%	
其中:电力机车	5122 台		8431 台		10.48%	
内燃机车	11331 台		11000 台		-0.06%	
2.国铁货车	548368 辆		622284 辆		2.56%	
3.客车	41974 辆		52130 辆		4.40%	
二、公路运输装备	3796.4 万辆		8855.02 万辆		18.46%	
1.民用货运车辆	955.5 万辆		1597.6 万辆		10.80%	
2.民用客运车辆	2132.5 万辆		6124.1 万辆		23.50%	
3.营运货运车辆	580 万辆	2282 万吨	1050.19 万辆	5999.82 万吨	12.61%	21.33%
其中:专用载货车辆	24.5 万辆	255 万吨	53.77 万辆	776.59 万吨	17.02%	24.95%
4.营运客运车辆	128.4 万辆	1859.3 万客位	83.13 万辆	2017.09 万客位	统计口径变化	统计口径变化
其中:大型车辆	13.8 万辆	541.4 万客位	24.78 万辆	1031.79 万客位	统计口径变化	统计口径变化
三、水上运输装备	207294 艘	10178.65 万吨	178407 艘	18040.86 万吨	-2.96%	12.13%
1.沿海船舶	9409 艘	2047.76 万吨	10473 艘	4978.87 万吨	2.17%	19.44%

第十一章 提高交通运输装备发展水平

续表

类 别	2005年 数量	2005年 能力	2010年 数量	2010年 能力	年均增长率 数量	年均增长率 能力
2. 远洋船舶	2082艘	3649.4万吨	2213艘	5626.13万吨	1.23%	9.04%
3. 内河船舶	195803艘	4481.49万吨	165721艘	7435.86万吨	-3.39%	10.66%
四、航空运输装备	1386架		2405架		9.71%	
1. 运输飞机	863架		1597架		13.10%	
其中：大中型客机	785架		1453架		14.47%	
小型客机	78架		144架		13.04%	
2. 通用飞机	383架		606架		9.61%	
3. 教学校验飞机	140架		202架		7.61%	

507

三、交通运输装备发展存在问题

(一)主要问题

1. 装备技术水平发展不平衡

从了解到的情况分析,目前我国各种运输方式的运输装备技术得到了很大的发展,但是在不同运输方式之间以及各自内部结构上表现出很大程度上的不平衡。航空机队由于以进口机型为主,技术水平基本与国际保持同步,但船队技术水平则有一定差距。目前我国控制船队运力规模位居世界第四,但平均吨位仅为2.89万吨/艘(国旗船队仅2.1万载重吨/艘),仅相当于发达国家的50%,我国散货运输船队中承运远程矿石、煤炭的Capesize(海岬型船)、VLOC(大型矿砂船)船型运力仅占总运力的7%。同时,我国控制船队旧船较多,平均船龄20.1年(国旗船队高达22.8年),老于世界17.1年的平均水平。

2. 部分装备技术标准执行不力

目前我国内河船型在淘汰落后、危险船型方面面临大量的工作,船型标准化特别是新造船舶的标准化工作遇到了较大困难,标准化率低,京杭运河水域船型标准化率仅30%—40%,三峡库区也不到40%。同时内河船队船舶技术状况较差,作为目前内河运输船的主体,个体和民营船舶大多采取较低技术标准或根本达不到技术标准,船舶违规配置设备、电器等,船舶硬件技术状况差,航行中存在安全隐患,某些老旧船型难以淘汰,事故率高,油耗高。由于公路货运组织水平长期在较低水平徘徊,大型运输车辆和专用车辆的制造能力难以得到应用领域的实际体现,其普及与推广的范围与速度难尽如人意,长期难以解决的道路运输车辆大吨小标问题是公路运输超载的一个重要客观因素。

3.装备运行效率偏低

相关资料显示,目前我国航运企业整体竞争力较差,船队规模与贸易规模很不相称,承运我国外贸货物份额仅维持在20%左右,在我国外贸集装箱、干散货和进口原油三个重要外贸运输领域,我国船公司的承运份额仅占到总量的20%、30%和25%,使我国货主在海运费波动方面面临更大的风险。民航企业经营亏损现象时有发生,在同等航权条件下难以开辟和维持与外国航空公司同等数量的航线,造成实际意义上的航权不平等。公路运输企业(特别是货运)集约化、规模化经营程度很低,货运站场无法充分发挥作用,运输组织效率低下直接影响了道路运输装备的运行效率和发展动力。

(二)主要问题的成因

1.制造业发展阶段的限制

目前,虽然现有各类运输装备大部分可实现国内制造,但由于我国工业化进程和制造业发展整体水平的制约,相当多种类的运输装备尤其是大型、专业化和新型装备的基础技术与核心技术积淀不够。同时,材料工业和加工制造业整体水平不高,核心部件、核心设计和核心工艺相当程度上需要进口。此外,在装备技术标准、应用标准以及新工艺、新材料等方面的完善、创新和开发工作总体上滞后于运输装备发展的要求。这一点在船舶制造和飞机制造领域显得尤为突出。

2.运输企业与市场发展水平的限制

目前,我国的民用运输市场基本处于开放状态,作为市场主体的企业营运与服务水平以及效率效益对于运输装备的配置要求(包括数量、型号、等级、规模和技术水平)具有较大的决定权(航空企业和航运企业由于相当数量和种类的装备外购于国际市场而可能不完全由企业决定)。从目前现阶段的情况分析,作为非高盈利行业,我国相当数量运输企业的服务水平与经营模式对于运输服务市场的需求的适应能力与适应程度尚不理想,运输企业的经营效益普遍不高,而大型运输装备价格不菲,特别是相当部分装备的国产化程度不高而依赖进口,两者共同导致运输企业对于新装备的购置能力并不很强。这就是目前我国国轮船队船龄相对较高和相当部分运输企业大多不具备自有营运装备(挂靠和变相挂靠成为业内普遍现象)的重要原因。

同时,由于我国资源结构与产业结构布局与发展的不平衡,我国运输需求规模的发展相对快于需求结构的发展,相当数量的运输服务需求是简单运输,能力需求整体高于效率需求,因此在很多时候,客户无法接受高效装备与先进服务模式的应用所带来的成本上升,也在一定程度上影响了运输装备的技术提升。

3. 管理及政策滞后的制约

毋庸讳言,管理环节的某些缺失是造成目前装备发展受限的重要因素。由于我国经济社会发展阶段和制造业整体水平的影响,对于运输装备的管理尚存在一些亟待解决的问题。一是国内运输装备在技术标准建设上存在问题,装备技术标准不完善,标准执行不严格,某些与运输服务脱节的装备标准长期困扰运输服务管理,大吨小标、非标装备、违章运行等情况难以根治。二是宏观调控手段乏力,区域和产业系统布局规划失衡,造成部分限制性设施的建设对于运输装备的发展构成永久性限制,新型和大型运输装备的技术优势难以发挥。三是行业引导政策的缺失造成运输企业粗放发展,管理理念和经营手段落后,发展水平低。四是相关管理监督的执法标准与执法力度差异较大,致使不同区域间和同一区域内的不同企业间所面对的发展环境不一致。五是在相关政策中缺乏对于优先发展领域的支持,对于船舶更新、改造和采用高新技术的鼓励政策尚不清晰,在装备进口、税赋结构和相关缴税模式等方面存在一些尚待改进的地方。六是现行的市场监管有待提高,监管过程中的行政许可、相关执法和行政处罚行为有待规范,存在监管不到位、法规条例执行力度不够的现象。

(三)总体评价

综上所述,伴随着我国国民经济持续快速健康发展,我国运输装备的发展整体上已经取得了令人瞩目的成绩。运输装备总量规模有了显著的增加,运输装备技术水平明显提升,运输装备安全性、速度性能以及载重能力等技术性能不断提高,基本适应了综合交通运输的发展需要。此外,随着我国制造业水平的不断提升,运输装备的自主开发能力不断提高,铁路、机车、车辆、船舶和民用/商用飞机的国产化程度也在明显提高。

因此,"十二五"和未来一个时期内,我国运输装备良好的整体发展态势不会改变,一些现存和遗留的问题,将在未来发展的进程中随着国家制造业的健康发展和行业管理水平的不断提升而逐步得到妥善的解决。

四、"十二五"时期运输装备发展思路

(一)发展思路

1. 发展原则

(1)坚持需求引领

交通运输装备发展的根本目的是提升交通运输服务的规模、效率和效益,因此,应坚持在市场需求和国家安全需求的引领下,合理选择装备配备种类和规模,同时注重在环境保护方面的技术升级。

(2)坚持科技进步

高新技术对于交通运输装备能力的发展具有决定性的意义,因此应在大力提升我国制造业产业升级的基础上,进一步明晰我

国交通运输产业发展对于相关装备现代化的发展需求,以技术进步支撑运输服务供给的规模和质量。

(3)坚持循序渐进

鉴于我国装备工业发展的阶段局限,交通运输装备发展应坚持合理平衡在技术先进性和适应性两者之间的关系,在坚持提升装备科技水平的同时,通过各种手段最大限度地发掘现有装备的潜在能力,在装备发展和水平提升的进程中合理配置,循序渐进,量力而行。

(4)坚持政策扶持

有效完善和调整现行的装备发展政策,通过政策和法律手段支持企业在条件许可的情况下主动进行装备升级和扩大配置,同时通过对购置税收、技术标准和运行监管等方面政策完善,支持交通运输企业根据市场要求的差异和特点完成各类交通运输装备的配置。

2. 总体思路

从国内外交通运输装备发展历程可以看出,除了国家经济发展和国家安全保障两个根本性基础需求因素外,装备制造业和运输组织效率的发展水平是支撑交通运输装备发展的两个基本供给要素。从现实情况分析,"十二五"时期交通运输装备的发展问题是在运输装备的大型化和专业化趋势下,依托重大项目,开展技术研发,逐步掌握重大装备的关键、核心技术,提高国产化率。

在"十二五"时期交通运输装备规划中,应根据国家运输市场发展和国家安全环境的整体要求,以运输组织效率的提升引领装备发展方向,逐步提升各类运输装备的规模和现代化水平,通过优先使用国产装备(在可能的条件下)支持我国装备制造业自主创新能力的增强和关键技术的提升。同时,按照可持续发展的要求,建立各类各型运输装备相应的技术应用标准,与拥有自主知识产权的装备制造技术标准体系建立应用联系和互动渠道,为形成种类齐全、结构合理、性能全面、特点突出、标准统一、运行衔接、相互支持、针对性强的运输装备系统提供发展空间和发展支持。

(二)主要任务

1. 提升装备的安全性和可靠性

交通运输是国民经济与社会发展的重要支持力量,其产业运行的安全、稳定对人民生活与环境保护具有重大影响。运输装备是交通运输的基本技术依托和重要运行工具,其自身的技术水平对于整个交通运输产业运行的安全可靠具有重大影响。因此,未来运输装备的技术发展应首先着眼于其安全性和可靠性,通过技术手段的进步不断提升和完善运输装备的安全保障水平和技术状态的稳定,并以此作为交通运输装备发展的内在推动力和技术进步与创新的驱动力。同时应着力加强交通安全救助装备的系列化、快速化和普及化,制订相应的应急预案和有效的应急技术手段,并应为此开发、研制和配备相应的技术装备,提升应急救助的反应速度和救助质量。

2. 推进运输装备的大型化和专业化

从目前情况分析,随着我国国民经济和对外贸易的持续健康发展,我国运输装备大型化和专业化趋势已经十分明显。从发展角度分析,运输组织的规范化、网络化和集成化发展趋势将成为运输装备大型化和专业化发展的重要支撑和保证。因此,根据运输服务规模与种类的发展要求,改善现有各类运输方式(特别是公路和水运)、运输组织与运行模式,实现高效率运输组织和高效益运行管理对于装备大型化和专业化的基础需求支持和高层技术导引,将是我国运输装备发展中的重要任务。

3. 加快运输装备的现代化

目前,我国已经建立起一整套较为完整的运输装备制造技术规范和标准,有效地保证了国产装备对于我国交通运输业发展的适应和支持。同时也应看到,由于受我国装备制造业发展阶段的限制,现有规范和标准中参照和沿用国外标准和规范的情况不在少数,一些标准和规范长期没有调整,存在更新和完善的空间,特别是随着新型装备和新型营运服务模式的逐渐展开,不同运输方式装备之间以及运输装备与相关辅助设施、装备之间协调运行和流转衔接的技术标准较为薄弱,致使现有相关技术规范和标准在实际建造和使用过程中的技术监管时有缺失(尤其是沿海和内河小型船舶制造)。因此,进一步调整、完善和细化我国现有相关装备建造和使用的技术规范与标准,是保证发挥现有装备最大效能、支持新装备尽快入役、促进运输装备现代化水平整体提升的重要任务。

4. 促进运输装备的技术进步

我国已基本具备了较为完备的自主装备制造业基础,保证了我国交通运输装备较高的国产化率。但同时也应清醒地看到,目前我国运输装备制造领域的技术水平与国际先进水平相比尚有较大差距,在低端产品基本可由国产保证的同时,相当部分的高端产品特别是其中的核心技术、核心材料尚不能完全摆脱对国外的技术依赖,具有完全自主知识产权的高端产品尚未真正成为我国运输装备的主力。因此,依托国家工业化的发展和我国装备制造业的技术进步,交通运输装备制造领域应重点关注各类核心技术、核心产品、核心材料与核心工艺的研发、应用和生产环节的技术进步,以支持我国运输装备现代化任务的完成。

5. 提升运输装备的引进与应用水平

鉴于目前国产装备尚难以完全满足运输业发展的需要,进口装备短时期内难以避免。但目前国内进口装备要承担较高的进口增值税和关税,造成运输企业在进口先进装备时面临较大压力。同时,我国现行税收政策在运输企业营业税和所得税方面的一些相关规定与国际惯例差异较大,在一定程度上加重了我国企业在参与国际竞争时的运行负担,从而引发了国旗船比例下降、船队老龄化、船队结构不合理等诸多问题。此外,由于缺乏政策倾斜,内河运输、甩挂运输等运输方式的效率与效益也因政策因素受到影响,其作用不能得到有效发挥。因此,国家相关部门系统地完善和调整现行管理政策,出台相应标准与执行细则,在政策和资金上对于具有重大意义的技术引进和装备购置给予必要的支持。同时在保证完成运输服务需求的前提下,在政策上适度放宽和扩大企业对于装备配置的自主程度。

6. 重视辅助装备的发展

从运输装备的实际应用过程分析,主要运输装备的效用发挥,除了取决于自身技术性能和运营管理水平以外,在一定程度上也受到与其运行相关的辅助装备和设施的影响。因此,在积极推进主要运输装备现代化进程的同时,还应注重对保证主要运输装备效能发挥作用的相关辅助装备,如信号装备、运(交)管装备、装卸装备、维修保障装备、信息装备以及设施建设与维护装备等,以及与设施(线路、库场、航道)的建设与升级,通过形成完备的辅助装备与设施体系,保证主要运输装备技术性能和运行效率的有效发挥。

(三)发展重点

1. 铁路运输装备

(1)客运装备

加快研制新一代高速动车组和系列动车组。逐步增加动车组数量和扩大动车组的开行范围,均衡发展 80—120 公里/小时的中低速客运列车。到 2015 年,投入运营的动车组达到 1500 列以上。继续提高空调客车比例,使空调客车占客车总拥有量的 80%左右。

(2)货运装备

以货运快捷、重载为重点,繁忙干线和主要煤运通道全面实现大功率交流传动机车牵引。加速实现货运机车车辆生产的标准化、系列化、模块化和信息化。加速发展服务于特种货物运输和公铁联运的专用车和特型车。

2. 公路运输装备

进一步推进客运车辆的先进性、舒适化和大型化发展进程,大力推广厢式货车,加快普通敞篷货车的厢式化进程,重点发展适合高速公路、干线公路的大吨位厢式半挂汽车列车,鼓励发展集装箱、冷藏、散装、液罐车等专用运输车辆、多轴重载大型车辆和城市专用中小型货运车辆,逐步实现货运车辆的大型化、专业化和节能化。依照减排要求的方向,以政策手段辅助市场手段,推广天然气和液化石油气等新型能源车型,鼓励使用柴油车,加快更新老旧车辆。

3. 水路运输装备

远洋和沿海船舶将以大型散货船、大型油轮、集装箱船、滚装船和液化气船为重点,内河船舶以内河自航船、顶推船队、江海直达船、集装箱船和滚装船为重点,向规范化、专业化和标准化方向发展;完善相关标准的建设与监管,淘汰落后船型,改善运力结构,加快老旧船舶更新,向标准化、系列化、大型化和现代化方向发展。在船舶工业发展的支持下,开展新船型开发,加速关键核心技术与装备的国产化进程。

4. 航空运输装备

依托国内外航空服务市场的相关要求,积极完善我国民用运输机队机型结构与技术水平的发展,注重飞行的安全性、舒适性、经济性和环保性,保证装备发展方向与国际化趋势继续保持同步;同时,结合国家空域管理的改革,积极发展通用航空装备与营运企业建设,重视通用飞机(包括直升机)产品系列开发、机队组织模式建设和营运与服务模式创新,满足不同层次和不同地区的差异性需求,推进我国通用航空发展。此外,通过需求引导加速新型大型飞机、支线飞机、直升机和通用飞机等航空装备向国产化方向迈进。支持航空工业在保证国产大飞机项目顺利进展的同时,丰富支线客机产品结构,形成 80 座以上（ARJ 系列）、40—80 座（新舟 60 系列）和 30—40 座系列的支线客机产品完整序列以及直升机与通用飞机装备系列。

5. 管道运输装备

根据我国管道运输的基本布局和走向特点,合理借鉴国内外的先进经验和成熟技术,大力发展 1000 毫米以上高输气压力、大管径干线天然气管道技术,提高管道材料性能,推广内涂层减阻技术,完善供气调峰技术系统建设,发展输气管道回热循环燃气轮机压缩机组。发展大口径、大流量成品油管道技术,完善成品油管道运行参数、泄漏检测、混油浓度监测、界面跟踪和油品切割的自动控制,推广管线优化运行管理系统和相关检测装备。发展原油管道的密闭输送工艺、高效加热炉、节能型输油泵和相关检测计量装备。

6. 城市交通运输装备

根据我国城镇化发展的背景要求和国外城市交通的发展经验,加速城市公交客车的现代化,加强城市轨道交通装备、新型有轨车辆（电车）等装备的研究和发展,推进产品层次水平的不断提升。城市地面公交车辆按照国家城市车辆排放要求,大力发展清洁型客车、大容量客车、低地板客车、空调客车和带自动变速箱的公交车辆,探索发展新能源客车。加快城市轨道交通车辆的交流传动系统、微机控制、诊断系统及制动系统的国产化步伐,科学发展大能力地铁车辆和中等能力的轻轨车辆,加快发展铝合金、不锈钢等新材料车辆,加速新型交流传动车辆和空调车辆快的发展。

7. 联运装备

遵循交通运输业发展的客观规律,借鉴先进国家联运发展的有效经验,结合国家物流业调整振兴规划中提出的发展要求,大力发展集装箱专用运输工艺,推进集装化装载工器具的推广使用,探索开发引进公铁联运车型、铁路双层集装箱列车等新型车辆和相关装载设备,完善相关装备的标准化,合理协调上述装备的通用化与专用化。同时,加快发展各种运输方式的运输管理信息系统,实现信息的衔接和互通,通过各类专用和通用装备、载具的合理使用,支持各种运输方式的运行组织模式之间的衔接接口和衔接方式的建立、完善,有效提高各类联运装备在各种运输方式之间的运行效率。

8. 辅助运输装备

以信息化为引领,根据各种运输方式的发展特点,继续加强和完善装卸设备、库内作业设备和单元运载装备的发展,推进装备的大型化和高效化。围绕综合运输枢纽的信息化建设,有效增强各种运输方式内部以及各种运输方式之间的相关信息的连同和交流,加快建设民航飞行和机场空管控制系统、内河水上交通航行管理系统、铁路运行调度管理系统和车流推算与调整系统、公路客货运车辆实时追踪系统、运输安全监控与紧急救助系统建设等交通运输运行管控系统,实现各种运输方式调度指挥的实时追踪、集中控制、智能决策、紧急救助和运力资源的优化配置。加快各种运输方式的装备维修基地与相关维修装备的建设,完善各类运输设施与装备维护的相关装备建设,积极推进装备与设施维护、维修的现代化。加快建设现代化的客货运输服务系统,完善客货运输业务咨询与信息发布、业务办理、电子支付、投诉受理等服务功能,积极发展电子商务和现代物流,满足社会对运输个性化信息服务需求。

第十二章　提升综合交通运输服务能力

一、综合交通运输服务内涵分析

(一)综合交通运输服务的含义

1. 综合交通运输服务的概念

综合交通运输服务是一个国家综合交通运输体系向社会和消费者提供的最终产品,它是基于铁路、公路、水运、航空、管道、城市公共交通等各种运输服务所形成的一种集成服务能力,反映了一个国家跨地区、跨行业、跨企业优化配置运输资源,以系统效率最高的方式来满足运输需求的总体能力。与综合交通运输服务相关的要素包括:

(1)综合交通运输服务主体

综合交通运输服务主体是指直接或间接向运输需求方(消费者和企业)提供运输服务和相关服务的企业、机构和组织。综合交通运输服务主体包括:各类运输市场服务主体,即各类直接或间接提供运输服务产品的市场主体,如客货运输企业、运输辅助企业、运输中介机构(如货物代理)、运输信息传播和咨询机构等;各级运输行政管理部门和机构,作为公共组织对交通运输市场进行监管,并向运输企业和公众提供公共服务;行业协会等发挥行业自律和协调作用的组织和机构,这类非行政机构在行业组织和管理方面具有独到作用。

(2)综合交通运输服务的构成

综合交通运输服务主要包括三类服务：

客货运输服务。即运输企业向运输需求方提供的客货运输服务（人和货物的空间位移）。综合交通运输体系归根结底是为各类消费者和企业提供客货运输服务，客货运输服务的效率和质量是评价综合交通运输服务发展水平的核心指标。客货运输服务是本章重点研究的服务内容。

运输辅助性服务。指各类企业或机构向运输企业提供的各种服务，如运输场站（机场、港口、客运站、货运站、物流中心等）向运输企业提供的服务、运输服务的居间服务（货运代理、客票销售代理等）、交通工具的维修检测租赁服务、运输信息的传播服务（公共信息服务等）、运输咨询服务、行业协会职能范围内的各种服务等。这些服务都是运输企业生产客货运输服务所必须或所依赖的辅助性服务，是社会分工细化在交通运输领域的体现。鉴于运输场站向运输企业提供的服务是客货运输的一个重要环节，对于综合交通运输服务具有重要影响，本章对于运输辅助性服务的研究将重点放在运输场站向运输企业提供的服务上，其他的辅助性服务不作为本次研究重点。

政府公共服务。指政府向各类运输市场主体（运输企业、运输需求方及其他市场主体）和社会公众提供的服务。政府公共服务的目的一是为各类市场主体创造一个公平竞争的市场环境，二是保护消费者和社会公众的合法权益不受侵害。公共服务的有效性对于综合交通运输服务的效率具有直接而重要的影响。

(3)综合交通运输服务的生产要素

综合交通运输服务的生产要素是指各类服务主体提供运输及相关服务所投入和使用的各种生产要素，包括各类交通基础设施（运输线路和场站）、运输工具、运输设施设备、人员、技术、信息等，亦可称为运输资源。

(4)提供综合交通运输服务所依托的场所

各类服务主体提供运输服务及相关服务、消费者和用户获得运输服务必须要依托于一定的场所才能实现。在市场经济条件下,运输服务及相关服务的提供和获得均在运输市场上进行的,因此,运输市场作为运输服务(及相关服务)交易的场所,也是综合交通运输服务发挥功能所依托的场所。

2.综合交通运输服务与单一运输服务的关系

综合交通运输服务不是铁路、公路、水路、民航、管道、城市公共交通等单一交通运输服务的简单加总。综合交通运输服务的"综合"不是"大而全",而主要体现在以下两个方面:

(1)从交通运输行业本身角度审视

综合交通运输服务是将各种运输方式视作一个整体,通过充分发挥各种运输方式的技术经济优势,优化运输组织,促进方式间的衔接和一体化运输,来实现综合交通运输效率最大化,即以最低的综合交通运输成本来支撑社会经济的发展。单一运输服务则主要是从行业自身的角度出发,来提高单一运输方式的服务效率。单一运输服务效率的最大化是实现综合交通运输效率的必要条件,但非充分条件。在交通运输业进入综合交通运输发展阶段,应将综合交通运输效率作为衡量综合交通运输体系完善程度的重要指标。

(2)从社会经济子系统角度审视

综合交通运输服务应能以最低的社会综合交通运输成本来支撑社会经济的发展。社会综合交通运输成本由两部分构成:一是在提供交通运输服务的过程中运输企业实际支出的各种经济成本,这些成本通常转化为运输需求方承担的运输费用而得到弥补;二是运输过程对第三方(运输供给者和运输需求者之外的个人、企业、社区乃至全社会)所产生的成本,即运输的外部成本,如环境污染成本、交通事故成本等,外部成本作为"市场失灵"的领域无法通过市场机制自动进行弥补。由于不同的运输方式具有不同的外部成本,综合交通运输服务的功能之一就是通过结构优化、促进方式衔接、强化节能减排等各种途径来最大限度地降低运输系统所产生的外部成本,以最低的社会综合交通运输成本支撑社会经济的发展,实现综合交通运输体系与资源环境的协调发展。

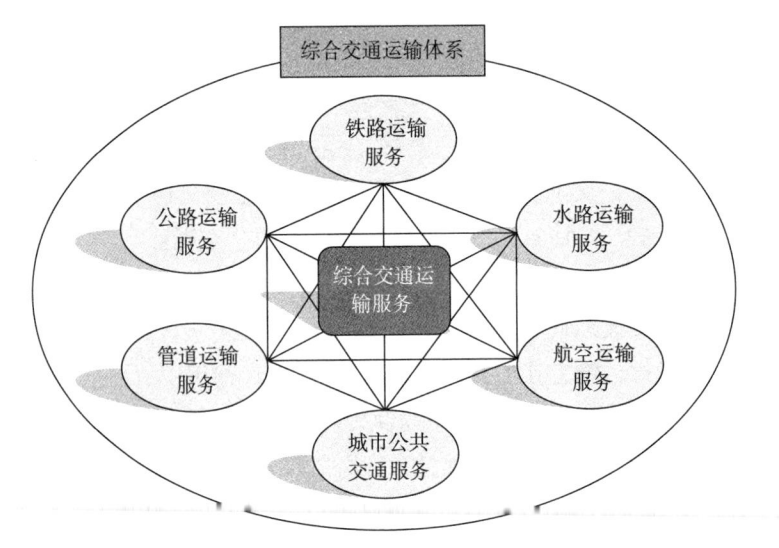

图 12-1　综合交通运输服务与单一运输服务的关系

综合交通运输服务与单一运输服务之间的关系如图 12-1 所示。随着社会经济的发展,任何一种运输方式都不是独立的、封闭的系统,都需要与其他运输方式发生联系,进行衔接和协作,在单一运输服务的基础上所形成的这种系统能力就构成了综合交通运输服务。因此,综合交通运输服务并非独立于单一运输服务之外的一种专门的运输服务形式,而是以各种单一运输服务为基础,通过设施建设、运输组织与管理、制度建设等多种手段使之成为一个有机整体而形成的一种综合服务能力和系统集成能力。

3. 综合交通运输服务与交通基础设施的关系

综合交通运输服务和交通基础设施均为综合交通运输体系的

重要组成部分,两者之间是软件和硬件、无形和有形、体现和基础的关系。即:交通基础设施是综合交通运输体系发挥功能所依托的有形的硬件条件,也是基础条件;而综合交通运输服务是综合交通运输体系发挥功能所依托的无形的软件条件,也是其功能的直接体现。也就是说,综合交通运输体系对国民经济和社会发展的支撑作用最终要体现为它所能提供的综合交通运输服务水平,只有先进的硬件设施,而没有与之相匹配的运输服务,综合交通运输体系就称不上完善。因此,完善综合交通运输体系,需要统筹考虑综合交通运输服务与交通基础设施的发展。由于综合交通运输服务的发展和完善更大程度上依赖于制度、管理、政策等因素,更依赖于市场机制的作用,因此从某种意义上说,完善综合交通运输服务是一个长期、渐进的过程,其难度可能更大于交通基础设施。

(二)政府和市场在综合交通运输服务中的作用

1. 完善综合交通运输服务需要充分发挥政府和市场两方面的积极作用

与交通基础设施大多为公共产品(Public Good)或准公共产品(Quasi Public Good)的属性不同,除城市公共交通等少数运输服务具有准公共产品属性以外,大多数客、货运输服务的经济属性为私人产品(Private Good)。① 这就意味着运输市场和市场机制

---

① 公共产品是指具有消费的非竞争性和非排他性的产品(或服务)。其中纯公共产品是指那些为整个社会共同消费的产品,如国防、外交、立法、司法、公安、环保等以及从事行政管理的各部门所提供的公共产品,纯公共产品一般由政府提供。准公共产品通常只具备上述特征中的一个,因而范围较宽,包括教育、文化、医院、科学研究、广播电视等事业单位向社会提供的产品和服务。此外,自来水、供电、邮政、市政建设、铁路、港口、码头、城市公共交通等实行企业核算的单位所提供的产品和服务,也属于准公共产品的范围。准公共产品一般由准公共组织提供,也可由私人提供。私人产品是指具有消费的竞争性和排他性的产品(或服务),一般由市场上的私人组织和机构提供。

是优化运输资源配置、提高综合交通运输效率的场所和基础性机制。发达国家近几十年来在铁路运输、民航运输等领域一直推行着放松政府管制的运输政策,使这些行业由传统的政府高度管制不断走向民营化、市场化,市场机制成为运输资源配置的主要形式和运输服务业成长的主要驱动。

在充分发挥市场机制基础性作用的同时,提高综合交通运输服务水平,仍需要充分发挥政府在运输市场监管、对公益性运输服务提供补贴等方面的重要作用,特别是对于我国这样一个由计划经济向市场经济转轨的国家而言,更需要强化政府在构建综合交通运输运输体系中的作用。这是因为:

(1) 我国所处的发展阶段要求政府发挥积极作用

我国社会主义市场经济仍处于发展过程中,市场机制对运输资源配置的基础性作用尚未得到充分发挥,需要充分发挥政府在培育运输市场体系、健全市场运行机制中的作用,为提升综合交通运输服务提供良好的市场条件和环境。这是政府所要发挥的公共运输规则制定者的作用。

(2) 在市场机制相对完善的情况下,运输市场依然存在着"市场失灵",需要借助政府这只"有形的手"加以矫正

在运输市场上,垄断(包括自然垄断、行政垄断)、信息不对称、运输外部性、公益性运输服务都是产生"市场失灵"的重要原因,需要政府进行有效的监管和干预,以促进公平竞争,提高运输资源配置效率。这是政府所要发挥的运输市场监管人的作用。

(3) 在运输市场上,与运输企业相比,消费者通常处于弱势地位,因而需要政府借助公权力加以保护

此外,由于运输企业在运输服务过程中可能会对周围的环境和居民产生负面影响,需要政府这样一个独立、公允和权威组织来进行协调。这就是政府所要发挥的公共利益保护人的作用。

政府能否扮演好上述三种角色,对于提高综合交通运输服务

效率和服务质量具有至关重要的作用,这是因为市场机制发挥资源配置的基础性作用需要政府通过制定规则和市场监管为其提供一个健康有序的外部环境,同时又由于市场机制本身具有一定的内在缺陷,因此,需要政府在提升综合交通运输服务中积极履行制定公共运输规则,对运输市场进行监管和维护公共利益的责任。从这个意义上说,完善综合交通运输服务,需要积极发挥市场和政府两方面的作用,政府这只"有形之手"应与市场这只"无形之手"互相补充,有机结合,共同促进综合交通运输服务不断发展与完善。

2. 政府在推动综合交通运输服务发展中的具体作用

根据综合交通运输服务的特点,政府在推动综合交通运输发展的过程中主要发挥以下作用:

(1)实施市场监管

政府对运输市场实施监管的主要目的一是为运输企业提供一个公平、有序的市场环境,促进公平竞争,确保运输市场有序运行;二是保护消费者和用户的合法权益。运输市场监管具体包括:

运输市场准入。运输市场准入主要是对各类运输企业(包括运输辅助服务企业)准许进入市场的程度和范围进行规范,其中包括对外国资本参与本国运输市场的程度和范围进行规定。制定运输市场准入政策的目的主要包括:一是确保各类运输服务主体符合国家规定的资质要求和经营范围;二是除特殊领域外,扩大市场准入,促进市场竞争;三是对本国运输业进行适度保护,避免国外资本过度进入。

运输价格和收费管理。在运输市场上,运输价格作为反映运输供求关系的信号,对于运输资源在不同交通行业、不同运输企业间的流动起到重要的指示器作用,同时,运输价格作为重要的经济杠杆,对于优化交通运输结构,促进运输方式之间合理分工也具有重要的作用。为保证运输价格信号的真实性,需要建立合理的运输价格形成机制。从发达国家对运输业放松管制的做法看,运输价格形成机制从政府严格规制逐渐走向市场定价机制,如《斯塔格斯法案》颁布后美国政府放松了铁路价格管制,使铁路公司在大多数情况下可以根据市场需求和竞争状况自由定价,运价改革对美国铁路货运业的复苏功不可没。因此,鉴于运输价格对于完善运输市场体系、合理配置运输资源、提高运输效率具有重要影响,运输价格管理也就成为运输监管的一个关键点。

此外,机场、港口、公路和铁路场站等向运输企业收取的各类服务费用,由于涉及客货运输站场与运输企业之间的利益关系,并最终影响到运输价格水平,其收费水平是否合理、实行政府定价机制还是市场定价机制对于运输市场体系的完善也具有非常重要的影响,因此,客货运输站场的收费管理也是政府实施运输市场监管的重点。

促进公平竞争。市场经济条件下,政府在综合交通运输服务发展中的一个重要作用就是为各类运输企业创造一个公平、有序的市场竞争环境,为市场机制发挥作用创造条件。促进公平竞争的着力点包括:

第一,保证运输企业的独立性和平等性。一要保证运输企业是独立的市场主体。从这个意义上讲,既具有行政管理职能又是运输服务提供者的体制即政企合一的体制不符合独立市场主体的要求,也无法实现与其他运输企业的平等协作。二要使不同类型、不同所有制形式、不同规模的运输企业具有平等参与运输市场竞争的机会,即机会均等。

第二,防止垄断。无论是自然垄断还是行政垄断都会造成效率损失和不公平竞争,因此,为促进公平竞争和充分竞争,提高消费者福利水平,政府应分别采取相应的措施加以治理,为运输资源的自由流动和合理配置创造条件。

第三,引导适度竞争。过度竞争和无序竞争也是导致资源配置低效率的重要原因,在一些运输领域,如公路货运和内河水运业,由于进入壁垒较弱,市场主体分散,容易产生运力盲目扩张所带来的过度竞争问题,需要政府进行积极的引导和调控,使运输市场的竞争有效、适度。

第四,消除市场分割。开放、统一的运输市场是实现运输资源流动和合理配置的前提,也是运输企业实现规模化、集约化经营,提高综合交通运输效率的重要条件。在一些运输领域如公路运输业,由地方保护所造成的市场分割已成为阻碍该行业提高运输效率的一大制约因素,消除这种市场分割也就成为提升综合交通运输服务水平的重要任务和政策目标。

第五,建立合理的运输资源配置机制。对于关系运输企业经营的重要运输资源,如航班时刻资源等,应建立公平、合理的配置机制,以确保公平竞争。

(2)进行市场协调

在促进竞争的同时,由于不同运输方式具有不同的技术经济优势,政府还需从提高综合交通运输效率的角度对运输市场进行协调,以加强不同运输方式间的分工和协作。

促进多式联运发展。实现运输过程的"无缝"衔接要求不同运输方式在发挥各自比较优势的基础上进行紧密对接和协作。集装箱多式联运作为实现无缝运输的重要组织形式,目前已在全球范围内得到了广泛的认可与使用,成为提升综合交通运输效率,乃至推动各国经济可持续发展的关键环节。为了发挥集装箱多式联运的潜能和提高集装箱多式联运的效率,世界各发达国家早在20世纪80年代就开始根据各自的地理特征和经济结构,从运输系统组织、体系与发展战略等方面推动和支持集装箱多式联运。例如,美国联邦政府在20世纪80年代通过一系列鼓励发展多式联运的法案,消除或部分消除多式联运的操作限制,如1980年《机动车辆运输承运人法案》消除公路运输中的各种操作限制,《交通运输法案》部分解除铁路公路联运业中的管制,1984年《航运法案》和1988年《航运改革法案》消除班轮公司与其他运输企业合作中的障碍,并进一步削弱班轮公会的垄断地位,1991年通过的《陆上多式联运效率法案》和1998年签署的《21世纪运输公平法案》(Transportation Equity Act for the 21st Century,TEA-21),从机制、规章和基础设施等方面推动和协调多式联运,进一步推动了美国多式联运的快速发展。美国还成立了多式联运办公室(Office of Intermodalism),以协调各种运输机构。其他国家类似的法规还包括:欧盟委员会的《共同运输政策》(Common Transport Policy,1992)、英国的《运输白皮书》(Transport White Paper,1998)以及日本的《物流政策综合规划》(Comprehensive Programme of Logistics Policies,1997),等等,这些政策为充分发挥集装箱多式联运和综合物流的整体效应,实现供应链一体化,提供了广阔的发展空间。

实现合理分工。提高综合交通运输效率要求各种运输方式按照自身的技术经济优势进行合理分工,以避免无序竞争所带来的资源浪费和效率低下。因此,在鼓励竞争与协作的同时,政府还应采取必要的措施促使运输方式间实现合理分工。例如,德国政府交通部门鼓励汽车运输业者从事短途客货运输,而对从事75公里以上运输加以限制,以便充分发挥各种运输方式的技术经济优势,提高国家整体运输经济效益。20世纪70年代末,美国政府首先解除了对铁路的管制,直到1994年才解除了对卡车的州际运输管制,保护了铁路的长途运输市场。至今,政府仍没有解除对重型卡车的载重管制,客观上扶持了铁路联合运输。此外,价格杠杆在促进运输方式合理分工方面也具有重要作用,在灵活、有弹性的价格形成机制下,价格杠杆可以起到鼓励或抑制市场需求的作用,从而借助运输需求的流动和转移促进运输方式之间形成合理的分工关系。

(3)提供公共服务

除实施运输市场监管和协调外,完善综合交通运输服务,还需要政府从提高全社会福利的角度出发,向各类运输企业和社会公众提供公共服务,弥补市场机制的不足和内在缺陷。运输公共服务主要包括以下内容:

公益性运输服务。对于市场机制无法妥善解决的公益性运输服务提供的问题,政府应通过相关政策明确政府的责任,以及履行这种责任的形式(是直接提供还是采取市场提供、政府补贴的方式,等等),以保障弱势群体、特护群体等的运输需要,促进交通公平。

技术进步。技术进步是交通运输发展的重要推动力。由于技术创新不仅需要巨额资金投入,还需要技术创新激励机制以鼓励技术研发和应用,因此需要政府发挥重要作用:从国家规划的层面激励、引导和保障交通技术进步的水平、速度以及应用的效率;建立科技创新体系,加大对交通新技术的研发投入力度,对交通科技成果转化和应用提供财政支持;通过政企合作、财税激励手段等充分调动全社会进行交通技术研发、应用的积极性。

运输安全和应急体系建设。以提高运输安全、高综合交通运输体系的应急救援能力为主要目标,消除安全事故所造成的经济损失,提高综合交通运输体系的灵活性和应急反应能力。

节能减排。以促进运输业提高能源利用效率、减少碳排放为主要目标,实现交通与资源、环境的协调发展。

消费者权益保护。以保护消费者和用户的合法权益为主要目标,促使运输企业以客户为中心,不断提高服务质量。

运输产业安全评估和应对。维护本国运输产业安全是政府一项重要的交通管理职能。政府应建立运输产业安全评价和应对政策体系,在对运输产业安全进行有效的监测和预警的基础上,健全相应的应对机制,从法律、技术等多种途径来防范各种可能威胁本国运输产业安全的各种风险因素。

（三）综合交通运输服务的功能和实现途径

1. 综合交通运输服务的经济功能和实现途径

（1）综合交通运输服务的经济功能

综合交通运输服务的经济功能，是指综合交通运输服务应能通过运输资源的合理配置，不断提高综合交通运输效率，以满足社会经济发展过程中所产生的各种客货运输需求。与这一经济功能相对应，综合交通运输服务的经济目标是要以最低的综合交通运输成本，使社会获得最大的运输服务增值。

在交通运输领域，客观上存在着社会运输需求的多样性、无限性和运输资源稀缺性之间的矛盾，因此就面临着如何用有限的运输资源去满足各类客货运输需求的基本问题，这也就意味着综合交通运输体系所要解决的基本问题就是如何实现运输资源的合理配置问题。在运输服务层面，运输资源的合理配置主要是通过建立一种公平、有效的机制来决定资源在不同交通运输行业、不同运输企业之间进行流动和分配，以实现资源配置效率和利用效率的提升，以有限的运输资源最大限度地满足各种客货运输需求。

综合交通运输效率是运输资源配置效果的最终体现，也是衡量综合交通运输服务发展水平的重要指标。综合交通运输效率包含宏观、中观和微观三个层次的效率问题：

宏观层次的综合交通运输效率。是指综合交通运输体系所提供的运输服务能否从数量和结构上适应国民经济的发展要求，它主要衡量的是综合交通运输体系与国民经济、综合交通运输体系与国民经济其他子系统之间的关系。宏观层次的综合交通运输效率要求综合交通运输体系能够以最少的运输资源占用，来满足国民经济发展过程中所产生的各种客货运输需求。

中观层次的综合交通运输效率。是指在既定的运输资源总量下，如何通过资源在综合交通运输体系内部的合理流动来提高资源的配置效率和使用效率，它主要衡量的是综合交通运输体系内部各种运输方式之间、不同运输企业之间的关系。中观层次的综合交通运输效率要求综合交通运输体系能够以既定的运输资源占用量,来最大限度地满足各种客货运输需求。

微观层次的综合交通运输效率。是指交通运输企业如何根据要素供给和市场需求合理配置资源,以实现自身经济利益的最大化。交通运输企业作为综合交通运输服务主体,其微观运行效率是提高中观运输效率和宏观运输效率的重要基础和条件。

综合交通运输效率的三个层次如图12-2所示。其中:宏观运输效率是综合交通运输效率的根本所在,提高综合交通运输效率的根本目的就是要实现以最少的运输资源占用,来满足国民经济发展过程中所产生的各种客货运输需求;中观运输效率是综合交通运输效率的关键环节,也是提高宏观运输效率的重要基础;微观运输效率则是提高宏观运输效率和中观运输效率的基础和条件,微观运输效率低下,必然影响宏观运输效率和中观运输效率水平的提高。

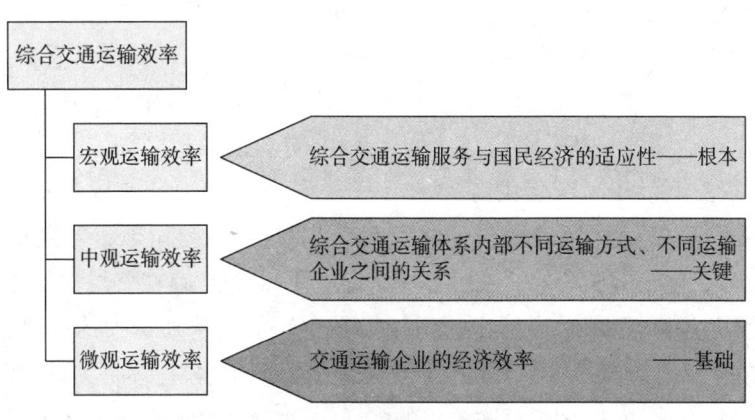

图12-2 综合交通运输效率的三个层次

(2)经济功能的实现途径

从发挥市场机制的基础性作用、提高综合交通运输效率的角

度出发,实现综合交通运输服务经济功能的具体途径包括:

运力供给规模和结构与运输需求相适应。这里的运力主要是指各类运输工具和设施设备等生产要素。要实现综合交通运输服务的经济功能,整个运输业的运力供给首先应有一个合适的总量水平,同时,各种运输方式之间、各种运输方式内部都应有一个适当的比例关系。这一总量水平和比例关系一方面由运输需求决定,另一方面则取决于各种运输方式的比较优势。

不断提高运输技术水平。这里的运输技术包括运输工具和装备技术,以及运输组织技术等。技术进步使运输物质基础得到根本改造,它是运输效率得到大幅度提高的重要原因。在技术进步的同时,信息技术与运输业固有的技术相结合,极大地改变了传统运输业的面貌,使传统运输业得到改造和升级,成为当代提高综合交通运输效率的最重要的动力之一。

保持合理的运输市场结构。按照市场竞争程度的不同,市场结构可分为完全竞争、垄断竞争、寡头垄断和完全垄断四种类型。对于一些具有明显的网络经济特征的运输行业,如铁路、民航业,形成寡头垄断的市场结构有利于规模经济的实现,节约交易成本,提高竞争效率。在西方发达国家,政府放松对运输业的管制后,运输企业间的兼并重组趋势从未停止,并有愈演愈烈之势。以美国铁路为例,1970年美国有73家Ⅰ级铁路公司,1980年美国政府颁布《斯塔格斯法案》放松铁路管制后,Ⅰ级铁路公司数量不断减少,目前已减至7家。在世界航空运输业,同样也存在着航空公司数目越来越少,单个航空公司规模和市场份额越来越大的趋势。在大企业规模不断扩张的同时,由于运输市场规模持续扩大,社会分工越来越细,加之运输需求的多样性,大量小企业以其灵活多变的优势,在运输市场中也占有一席之地。例如,除7家Ⅰ级铁路公司之外,美国还有540家左右的区域型铁路公司和地方铁路公司;民航方面,除美联航、西北航空、大陆航空、达美航空等大型航空集团外,还存在着众多中小型航空公司,如低成本航空公司(代表:西南航空公司)以及地区性航空公司(代表:阿拉斯加航空公司),这些中小企业在市场竞争中获取了一定的生存空间,在一定程度上弥补了大企业的市场缝隙。因此,运输业市场结构的发展方向是"寡头主导,大小企业共生"的市场结构,其中,寡头企业主导整个行业的发展,众多中小运输企业对运输业的发展形成必要的、有力的支撑。

保持合理的运输市场集中度,提高运输市场的集约化程度。从某种意义上说,当运输行业的集中度较高、运输企业的规模较大时,将比较有利于企业的创新和提高行业的资源配置效率。在竞争机制正常发挥作用的情况下,市场竞争的结果往往会导致效率高、竞争力强的运输企业不断扩大市场份额,以便于获得规模经济和范围经济,由此导致运输行业集中度和利润率的同步提高。而市场集中度的提高又为运输企业采用先进技术设备和管理手段,进一步降低生产成本和提高竞争力创造了条件。因此,合理的市场集中度、运输企业的集约化经营与运输业的资源配置效率、综合交通运输效率之间是具有较高相关性的。

在运输组织过程中实现不同运输方式的无缝衔接,提高运输一体化程度。实现运输一体化是提高综合交通运输效率的重要途径,它能使旅客或货物在运输方式之间中转换乘、换转时更加便捷、安全和高效。随着经济社会和运输需求的发展,一次完整的从起点到终点的运输过程难以单靠一种运输方式实现,必须依靠各种运输方式协作才能提供完整的运输链,以满足运输需求个性化、多样化的发展趋势和用户对运输速度、运输成本不断提高的要求。运输一体化首先要求交通基础设施在物理上实现"无缝"衔接,这是实现联合运输的先决条件;其次,也是更重要的条件是,在运输过程中通过提高运输组织水平、运输装备的标准化、信息传输的互联互通、单证票据的统一、法律法规的完善等手段来实现各种运输方式的协作和衔接,以实现全过程的"无缝"运输。

运输方式(企业)间建立良好的协作关系。市场竞争是提高运输资源配置效率的重要推动力,然而,光有竞争是不够的,无论是从运输需求看,还是从综合交通运输体系自身稳定健康发展的需要看,都需要不同运输方式、不同运输企业之间建立"竞争—协作"关系,以提高综合交通运输效率。不同运输方式和运输企业之间能否建立良好的协作关系对于提高运输一体化程度和实现无缝运输具有重要的影响。运输方式和运输企业之间的协作关系可以有多种表现形式:横向联合式(运输企业间建立契约关系,以进行业务衔接合作)、纵向一体化方式(通过兼并、收购等形式组成一体化的大型运输公司)、战略联盟方式(通过股权安排、许可证转让等方式建立企业联盟关系)。无论是哪种协作关系,在市场经济体制下,都需要按照平等、互利、自愿的原则使运输企业间产生合作的动力,同时要建立合理的利益分配机制以保证合作关系的稳定性。对于政府而言,其职责主要在于制定相应的法律法规体系,明确各个运输环节的相关者责任、权利和行为规范,解决利益分配问题,以降低整个运输链的交易成本,规范市场秩序,确保运输方式间建立起协作机制并有效运转。例如,美国在1991年通过了《陆上多式联运效率法案》,针对联合运输的有关问题以法律的形式明确了各方的责任和义务关系,对相关方的行为给予约束,促进了协作的广泛性。

提高运输企业的管理水平和创新能力。运输企业是面向市场提供运输服务的主体,运输企业的管理水平和创新能力决定了微观运输效率,也是提高中观运输效率和宏观运输效率的基础和前提。在一定的市场竞争压力和有效的企业内部动力机制下,运输企业能够产生加强内部组织和管理、促进企业创新和扩张、提高企业经济效率的动力,反之,如果外部缺乏公平有序的市场竞争环境,内部又没有有效的企业治理模式,运输企业就缺乏提高经济效率的动力,提高微观运输效率也就成为空谈。

2. 综合交通运输服务的社会功能和实现途径

(1)综合交通运输服务的社会功能

综合交通运输服务的社会功能,是指综合交通运输服务在不断提高综合交通运输效率、满足客货运输需求的同时,应能最大限度地降低运输外部成本,保障不同群体、不同地区在运输服务上的公平性,提高全社会的福利水平。与这一社会功能相对应,综合交通运输服务的社会目标是以最低的社会综合交通运输成本,使社会总福利水平达到最大化。

(2)社会功能的实现途径

在运输服务能力紧张、服务水平不高的发展阶段,政府运输政策的目标往往更侧重于鼓励运输企业增加供给和提高效率。随着运输市场体系的完善,市场机制能够较好地解决运输供给的效率问题,此时政府运输政策目标的重心将转向注重消费者效用和全社会福利上,这也意味着将更加注重综合交通运输服务的社会功能。从提高全社会福利的角度,综合交通运输服务的社会功能主要通过以下途径实现:

提供低价、便捷、人性化的公益性运输服务。不管经济发展到何种水平,由于市场机制的内在缺陷,总有部分公益性运输服务问题难以完全交由市场机制去解决。如城市公共交通、偏远地区的客运、残障人士等特殊群体的基本出行服务、特殊物资的运输等,这些运输服务要么涉及基本出行需要,要么服务需求方支付能力差,属于"市场失灵"的领域。对此,政府应从维护社会公平的角度出发,为公众特别是弱势群体提供低价、便捷和人性化的公益运输服务。

提高运输的安全性,建立健全灵活有力的交通运输应急救援系统。交通事故往往是机动化水平提高的副产品,交通事故不仅威胁着人们的生命安全,而且还造成巨大的经济损失。交通安全问题已成为发达国家制定交通运输发展战略、规划和政策的首要出发点,围绕提高交通安全这一战略目标,政府从法律、技术、经济等各方面推出了全面的政策保障措施。其中,建立健全灵活有力的交通运输应急救援系统能最大限度地降低交通事故、突发事件、自然灾害等所造成的人员伤亡和财产损失,尽快恢复正常的运输秩序和运输能力。

不断降低运输对环境和公众产生的负外部性。随着发展理念的转变及环境问题的日益加剧,西方发达国家已经从重视提高物质生活水平转向改进环境质量,因此,政府越来越重视通过采取税收、收费等经济手段以及一些强制性手段来最大限度地降低运输所产生的各种负外部性,以提高社会总福利水平。随着发展中国家资源环境约束日趋增强,如何降低交通运输发展的外部非经济性,促进交通与资源、环境的协调发展,也正成为政府面临的主要课题和挑战。

切实保护消费者和用户的合法权益。在运输市场上,与运输企业相比,消费者通常处于弱势地位,因而需要政府借助公权力加以保护。目前发达国家运输政策的出发点之一就是保护消费者和用户的正当权益不受侵害,以此为出发点对运输企业的行为进行监管。例如,由于担心铁路公司的进一步合并会导致垄断,带来社会福利损失,美国政府自2001年起已收紧对于铁路公司并购重组的审批;再如,发达国家对于民航运输价格一般只实行上限管理,价格管理的主要目的是保护消费者权益。

维护运输产业安全,保证运输系统安全可靠。在开放的经济环境下,一国交通运输业面临着复杂多变的国际发展环境。为使交通运输业发挥支撑本国经济增长和对外贸易发展的作用,在开放条件下,必须高度重视运输产业安全的问题,以抵御外部冲击导致的经济不稳定给运输业发展带来的不确定性,降低外资流入、跨国并购对本国运输业造成的冲击和负面影响,降低国际经济自由化对本国运输业造成的不利影响,保证本国运输系统的安全可靠。

二、综合交通运输服务发展现状

(一)综合交通运输管理现状及存在的问题

1. 尚未建立综合的交通运输管理体制

长期以来,我国不同运输方式分属于不同的行业主管部门管理。在部门分割的交通运输管理体制下,各行业主管部门在制定发展规划、部门法规、管理政策时,多局限于从本行业自身发展的需要和角度出发,相互之间缺乏衔接和协调,交通运输各行业均存在扩大投资的冲动,没有从综合交通运输体系的角度合理配置交通运输资源,这是导致重复建设和能力浪费的根源所在,同时也是造成交通装备技术标准不一、各种运输方式难以一体化发展的重要原因。

2008年3月24日,新组建的交通运输部正式挂牌,标志着我国交通运输管理体制向"大部制"方向迈出了重要的步伐。新组建的交通运输部整合了原交通部、原中国民用航空总局的职责以及原建设部的指导城市客运职责,并负责管理国家邮政局和新组建的国家民用航空局。其主要职责是拟订并组织实施公路、水路、民航行业规划、政策和标准,承担涉及综合交通运输体系的规划协调工作,促进各种运输方式相互衔接等。尽管从形式上看,目前我国交通运输管理职能由分散走向集中,行业主管部门数量整合为两家(铁道部和交通运输部),我国距离统一的交通运输管理体制已不遥远,但是,从实际来看,各部门之间离真正的融合还有一定的差距,在制定发展规划和行业监管时,仍然存在着一定程度的各自为政,互相之间的衔接机制尚不顺畅。事实上,机构的撤并与整合仅仅是形式上的措施,而能否按照市场经济下政府和市场的职能分工对政府管理职能、管理方式和管理手段进行调整,能否按照综合交通运输的理念来指导交通运输的发展,能否为运输企业按照市场经济的规则建立竞合关系创造良好的外部条件,才是深化交通运输管理体制改革所要达到的目标,也是实现各种运输方式综合发展、一体化发展的重要制度保障。

2. 综合交通运输法律法规体系不健全

与分部门管理的交通运输管理体制相对应,我国交通运输法律法规体系具有"条块结合"的特点:一方面,各行业主管部门代表国家制定全国性的法律法规和管理制度,另一方面,各省市在国家法律法规框架下制定本辖区范围内的地方性法规和管理制度。从交通运输分部门管理和划分中央、地方事权的角度看,这种法律法规体系对于规范和促进各种运输方式的自我发展、调动地方政府和全社会发展交通运输的积极性等方面发挥了积极作用。但是,随着社会经济发展对综合交通运输体系建设、对一体化运输服务发展提出了更高要求,现有的交通运输法律法规体系也暴露出一些突出的问题,不能很好地适应完善综合交通运输服务的需要。主要表现在:

(1) 缺乏综合性运输法律法规

目前,各行业主管部门颁布的行政法规构成了我国运输法律法规的主体,这些法律法规主要侧重于各运输方式内部的管理和规范,不能有效地解决不同运输方式之间的衔接和协调问题。个别协调不同运输方式发展的法律法规,如1961年交通部、铁道部发布的《铁路和水路货物联运规则》和1997年发布的《国际集装箱多式联运管理规则》,其内容与实际存在着诸多不适应之处,难以起到规范和促进一体化运输的作用。此外,由于缺少全国统一的综合性运输法律法规,各省市制定的交通运输法规和政策千差万别,有些具有明显的地方保护色彩,实质上阻碍了全国统一的运输市场的形成和发展。因此,当前我国综合交通运输政策体系中存在的一个突出问题就是缺少从促进综合交通运输发展、促进不同运输方式衔接和一体化程度的角度来规范各种关系的法律法规,一体化运输发展缺乏权威性的法律依据。

(2)现有法律法规体系权威性不够

目前,我国综合交通运输政策体系主要包括各行业管理部门或各省市出台的部门规章、地方性法规、管理规定乃至政府文件,等等,经人大通过的法律数量少,说明目前综合交通运输政策体系存在着层次低、权威性不够的问题。

(3)立法工作滞后于综合交通运输发展的需要

目前,一些与综合交通运输发展紧密相关的法律(如《道路运输法》、《航运法》)以及与法律相配套的法规仍处于待制定状态。而在关系到交通运输可持续发展、促进综合交通运输效率和公平的交通节能减排、交通安全保障和运输应急体系建设、公益性运输、运输技术进步和信息化等多个领域,目前仍存在着法律法规空白。

3. 对综合交通运输服务规划缺乏足够的重视和具有可操作性的实施机制

(1)现有规划体系重设施建设规划、轻运输服务规划

目前各行业主管部门以及各地方制定的交通运输发展规划仍主要侧重于交通基础设施的建设方面,实际上是一种建设规划,而很少涉及运输市场的监管与完善、促进运输服务质量提升、促进运输企业竞争力提升等运输服务方面的内容,这一方面客观上与我国交通运输所处的发展阶段有关,另一方面也反映了在规划层面政府对运输服务发展仍缺乏足够的重视。反观发达国家的交通运输规划,其内容更多的是从提高运输系统服务水平的角度出发,来加强运输对国家经济发展的支撑作用。如美国运输部制定的新千年交通战略规划,将21世纪的美国运输系统视为一种战略性投资,其使命是"保证运输安全,促进经济发展,提高美国人民的生活质量",交通发展的战略目标主要包括安全、畅通、经济增长、人

与环境的和谐、国家安全五大目标。

(2)缺乏统一的、突破行政区划和部门限制的一体化运输服务规划

在分部门管理的体制下,各部门对运输服务的关注点主要在于单一运输方式服务水平的提升,尽管在部门规划中也提及与其他运输方式的衔接问题,但是由于缺乏全国统一的、突破行政区划和部门限制的一体化运输服务,目前各运输方式之间的衔接与协作、一体化运输服务的实现仍缺乏高层次的规划或政策作为指导。

(3)一体化运输服务缺乏权威的、具有可操作性的实施机制

近年来,一些地区在推进区域合作的过程中,将运输市场一体化作为区域合作的一个重点领域,比如各省道路运输管理部门通过签订道路运输市场一体化协议,提出建立区域协调与合作机制的措施,道路运输一体化的发展设想以及道路运输管理业务上的合作。这种一体化仍局限于局部区域和单一运输方式内部,在实践中,由于地方保护和行业保护普遍存在,运输企业跨区域、跨行业经营面临着很高的行政成本和现实阻力,实现一体化运输困难重重。对于全国来说,如何形成全国统一开放的运输市场、如何实现不同运输方式之间的无缝衔接,目前仍缺乏权威的、具可操作性的实施机制。

4.政府对运输市场的监管"缺位"和"越位"并存

对运输市场进行有效的监管,促进公平、有序竞争,是市场经济条件下政府一项重要的交通管理职能,也是完善综合交通运输服务的重要内容。与建立统一开放、竞争有序的运输市场的要求相比,目前政府对运输市场的监管"缺位"和"越位"并存,仍存在很多不足之处:

(1)对运输市场上的垄断缺乏有效的规制

垄断是影响资源配置效率、损害公平竞争的一个重要原因,因

此,各国政府都致力于消除垄断造成的效率损失和社会福利损失。目前,行政垄断所造成的竞争不充分已成为制约我国综合交通运输效率提高的重要因素,并成为阻碍运输方式间建立协作关系的隐形障碍。

目前我国运输领域最突出的行政垄断存在于铁路运输部门。由于铁路运输业仍实行政企合一的管理体制,政府既是行政主管部门,同时又直接从事铁路建设和运营。政企合一的管理体制将政府和市场的职能混淆于一体,使政府无法从独立、公正的角度制定市场准入、运输规则等管理监管制度,这种体制至少有三方面的弊病:一是不能从维护社会福利水平最大化的角度出发对铁路运输企业的垄断行为进行有效规制;二是铁路运输企业(政府)与其他投资主体处于不对等的地位,社会资金缺乏进入铁路领域的积极性;三是铁路运输企业政企合一的特殊身份给予了其利用公权力来维护企业私权利的可能,从而会动摇制定市场规则的根本基础。因此,政企合一的管理体制明显有悖于市场经济条件下政府和市场的职能分工定位,是影响铁路运输领域市场机制建立和完善的根源。

此外,在民航领域,航油和航材供应、机场服务等方面存在的垄断经营也成为制约我国航空公司国际竞争力提升的重要因素。我国航空公司所使用的航油一直由中国航空油料集团独家经营,中航油在国内几乎完全垄断了航油资源以及全国机场的储供油设施,实行垄断定价,近五年来航油价格比国外航空公司高大约1/3,成为长期以来我国航空公司成本居高不下、缺乏竞争力的体制性原因。与中航油类似,经政府行政授权,中航材集团在国内航材供应领域保持垄断地位,其所售的航材价格高于国际水平,导致国内航空公司航材成本居高不下。另外,在机场服务方面,机场起降费水平高于国外平均水平、大型机场的地面服务被机场和基地航空公司所垄断等问题,也成为制约航空运输企业提高竞争力、提高机场服务效率的重要原因。

(2)现有运输价格管理体制不能适应运输市场体系发展的要求

在市场经济条件下,价格是引导各种交通运输资源流动和优化配置的最主要的杠杆,价格体系(包括交通运输价格体系和各种生产要素的价格体系)合理与否是影响交通运输资源配置效率的主要因素。目前,我国公路和水运业基本形成了市场定价为主的价格形成机制,而铁路和民航运价仍存在严格的政府管制,运价形成机制不合理,价格形式单一,管理权限集中,运价既不能反映运输市场供求情况,也难以发挥引导资源优化配置的作用。

(3)在某些运输领域存在着监管不到位或行政干预过多的问题

一是在运输市场发展方面,地方保护主义所形成的贸易壁垒和市场封锁阻碍了全国统一运输市场的培育,运输市场的规模经济和范围经济难以形成。二是对道路货物运输领域的准入监管不到位。目前,普通货物运输的行政许可在县级运管部门即可批准,只要达到国家规定的基本要求,申请都可以通过,进入货运行业的门槛非常低,造成了从事货运的企业众多,管理难度大,中小运输企业、挂靠个体户更是缺乏有效的监管,货运市场竞争秩序不规范已不是某个地区的个别现象。三是政府对于运输企业的经营行为仍存在着一定程度的行政干预,公权力对市场的不当介入仍时有发生。四是在运输市场监管中仍存在着行政性收费过多、乱罚款等现象,不仅加重了企业负担,而且对政府的公信力产生了负面影响。

(4)政府集决策、执行和监督职能于一身,缺乏第三方监管机构

在成熟市场经济国家,政府职能强调决策、执行和监督三者相

互分离、相互协调和相互制约。以英国为例,目前英国运输部内部只保留了一些核心部门,负责有关交通运输的政策制定、政策执行监督以及财政资助等事务,有关交通运输方面的具体事务,大多通过下面的"执行局"和非政府部门的"公共团体"来完成。再如德国,联邦政府主要负责政策的制定和政策的实施,而将行政执行、公共产品和服务的提供交给州政府和地方政府或相关协会来承担。目前,我国政府行政部门在运输管理上往往集决策、执行和监督于一身,既自行制定政策和规则,又自行执行和监督,缺乏相应的"公共团体"或独立于政府行政部门之外的行业协会等行业自律机构去实施相关政策,对运输市场进行自我监管。此外,在监管方式上,存在着以审批代替监管的突出问题,行政手段的使用范围偏大,市场监管的行政成本较高。

5. 政府的运输公共服务职能不健全

市场经济条件下政府不仅是公共事务的管理者,更是公共服务的提供者。长期以来,我国政府对运输市场主要侧重于从运输企业资质许可、运输经营行为、运输价格、交通规费征稽等方面来进行管理,而在提供公益性运输服务、推动运输业技术进步、提高运输安全和应急反应能力、推动交通节能减排、保护消费者和社会公众福利、维护运输产业安全等方面相对薄弱,存在着明显的"重管理、轻服务"的倾向。

(1) 交通公平问题亟待解决

目前,除了在交通基础设施规模和技术水平上的巨大差距,城乡之间在运输服务的数量和质量上也存在着巨大差异。最具反差效果的一个事例是,一边是城市居民享受着政府财政补贴扶持下的低票价公共交通服务,而另一边,广大农村居民仍面临着出行难、出行贵和出行不安全的问题。如果将实际收入水平的差距考虑进来,城乡居民在交通服务上的不公平性问题则更为显著。此外,社会弱势群体的交通需求长期以来处于被忽略的境地,在交通运输建设和运营中较少考虑特殊人群的出行特点和特殊要求。尽管近年来随着"以人为本"发展理念的提出,一些大城市加大了对于交通无障碍设施的投入力度,但是总体上看,弱势群体的交通需求仍远未得到满足,与发达国家相比仍有很大差距。

专栏 12-1　我国铁路运输价格存在的主要问题

1. 铁路运价总水平的构成不合理

(1)铁路基本运价总水平仍然偏低。我国铁路长期实行低运价政策,虽然国家已逐步放松对铁路运价的行政控制,但铁路基本运价水平仍然偏低。目前,我国铁路客运基价位每人公里 5.861 分,货运基价位每吨公里 8.6 分,这一水平仅相当于国外平均水平的 21.6%。

(2)铁路建设基金未能与基本运价有机结合。铁路货运价格划分为运营价格和基金两部分,按不同的标准计收。铁路建设基金针对用户占用的铁路运输能力按吨收取,没有考虑货物类别和递远递减等因素,造成货主负担不均衡,也使运价配置资源的经济功能不能得以正常发挥。

(3)运价体系复杂,价外收费过多。铁路运输业目前各项附加收费名目繁多,铁路运输杂费同主体运价的总和呈同一水平,导致广义运价总水平偏高,削弱了铁路在综合交通运输市场上的竞争力。

2. 现行铁路运价形成机制及管理体制存在的问题

(1)铁路运价形成机制行政化色彩浓厚,运价调节机制僵化。目前,国家铁路的旅客票价率和货物、包裹、行李的运价由国务院铁路主管部门拟定,报国务院批准。铁路运价调整周期长,且缺乏弹性。另外,全路实行统一运价,难以充分体现各铁路企业在运输过程中所投入的劳动和创造的价值,可能会造成不同地区运输企业之间的不公平。

(2)铁路运价调整的科学性和规范性不够。现行铁路价格制定和调整的依据主要是《价格法》和《铁路法》,在《价格法》中没有专门针对铁路定价的内容,只有对垄断行业价格相关问题的规范,《铁路法》对铁路运价的制定、调整办法也只有一些原则性规定,而没有具体的、细化的说明,而且这两个法律实施的时间久远。目前,铁路运价调整主要是以国家发改委、铁道部相关文件、通知的形式,且主要是针对一些特殊的、具体的运输方式的价格制定和调整办法,尚没有一个管理制度对制定和调整运价的方法、权限及相关信息的取得和披露等做出科学的规范。

资料来源:连义平:《我国铁路运输价格制定存在的主要问题浅析》,《商场现代化》2008 年第 4 期(上旬刊);赵新刚:《我国铁路合理运价水平研究》,《价格理论与实践》2006 年第 3 期。

专栏 12-2　铁路运价形成机制——制约我国集装箱铁海联运发展的一个重要因素

目前,我国港口集装箱集疏运主要由公路运输和水路运输承担,随着集装箱运输规模继续扩大,经济社会发展对节能减排提出更高要求,尽快提升铁路运输在港口集装箱集疏运中的比重,扩大和完善集装箱铁海联运,已经成为促进我国集装箱运输进一步又好又快发展的紧迫任务。集装箱铁海联运的发展需要多种内外部条件,其中,一个关键的因素是公路运价和铁路运价能否形成合理比价,价格杠杆能否将用户吸引到鼓励发展的铁路运输方式上。目前,国内公路和水路集装箱运价已经全面放开,运输价格随行就市,政府不再直接干预定价;而铁路运价仍由政府制定和发布,并在铁路部门建立了一套从上到下的运价执行机制。对于集装箱运输,铁路运价主要根据箱型确定运价率,按运输距离计算运费。即使对"五定"班列有"一口价"和折扣机制,也是按照事先设定的调整比率按部就班实施,第一线在操作时若有突破,需要层层上报审批。铁路和公路、水运价格形成机制的不同,使得铁路难以适应运输市场"随行就市"的运价竞争,特别是在各种运输方式都比较发达的地区,运价形成机制不同对引导用户选择铁路运输、促进集装箱港口集疏运结构合理化带来直接影响。

以深圳港盐田港区为例,港口集装箱吞吐量已超过 1000 万标箱,主要依靠集装箱卡车完成陆上集疏运,引起周边道路严重拥堵。因此,盐田国际集装箱码头公司 2007 年选择集装箱生成量比较大的大朗、黄埔地区,开辟国际集装箱海铁联运班列,以较大的集装箱运量为基础,争取到铁路部门对运价较大幅度的优惠。从实际运行情况可以看到,即使铁路部门给予了优惠,但公路运价仍有较大优势,集装箱运输公、铁运价差的存在,使引导用户"少走公路,多用铁路"的合理选择在实施中遇到很大阻力。

深圳港盐田港区公、铁两种运输方式运价比较　　　　单位:元/箱

车站	港口	铁路行程（公里）	箱型	海铁联运"门—门"运价					海公联运门—门最低运价
				货主—车站	铁路运价	车站—港区	其他收费	海铁联运总价	
大朗站	盐田港	144	20 英尺	700.0	488.0	168.0	600.0	1956.0	1500.0
			40 英尺	750.0	870.0	168.0	750.0	2538.0	2000.0
黄埔站	盐田港	116	20 英尺	400.0	468.9	168.0	600.0	1636.9	1500.0
			40 英尺	500.0	822.2	168.0	750.0	2240.2	1900.0

资料来源:交通部水运科学研究院,《加快发展国际集装箱海铁联运研究》,2009 年。

(2)交通技术进步缺乏系统的规划和推进机制

技术进步是交通运输发展的重要推动力。尤其是在信息化浪潮下,推动交通运输信息化和智能化已成为提高综合交通运输效率的一个重要途径。目前,我国对于交通技术进步,尤其是针对各种运输方式衔接和集成发展的信息化技术创新方面仍缺乏系统的规划和推进机制,各种运输方式的技术研发和应用仍处于各自为政的状态,不利于实现运输信息的对接和传输。

从西方国家得到大力推广的智能交通系统(ITS)来看,政府在智能交通系统的开发和建设过程中发挥了积极而重要的推动作用。1995年3月,美国运输部正式出版了《国家ITS项目规划》,明确规定了ITS的7大领域和29个用户服务功能,并逐步建立起相对完善的车辆安全系统、电子收费、公路及车辆管理系统、实时自动定位系统、商业车辆管理系统等。"9·11"恐怖事件后,美国进一步加强了交通安全防御、安全管理、用户安全系统方面的建设。日本组成了由四省一厅参加的全国统一ITS开发组织(VERTIS),先后研究开发了自动公路系统(AHS)、全国公路电子地图系统、车辆电子导航系统。目前,日本的ITS建设主要集中在交通信息提供、电子收费、公共交通、商业车辆管理以及紧急车辆优先等方面。欧盟19成员国为共同推进ITS发展,于1985年成立欧洲道路运输信息技术实施组织(TRICO),实施智能道路和车载设备的研究发展计划。欧盟ITS注重构建ITS基础平台,在全欧洲范围内建立专门的交通无线数据通信网,在此基础上开展交通管理、导航和电子收费系统的建设。

(3)负外部性缺乏有效解决措施,交通运输发展的资源、环境、安全成本较高

长期以来,为消除交通运输对国民经济发展造成的瓶颈制约,加快发展一直是政府交通产业政策的主要导向,可持续发展的理念并未在交通发展实践中得到真正落实,政府对于交通负外

部性的矫正缺乏足够的重视和切实有效的措施。目前,虽然政府采取了诸如交通项目环境评价等行政性手段来降低交通运输产生的负外部性,但是税收、补贴等将外部不经济性内部化的经济手段没有得到充分的利用,交通运输发展过程中的负外部性问题没有得到有效解决。特别是随着社会机动化水平的快速提高和私人交通需求的快速增长,如何有效提高运输业资源利用效率、降低对环境产生的负面影响已成为"低碳"发展模式下交通运输发展无法回避的重大问题。

专栏 12-3　关注我国物流领域的外资控制力问题

从 1984 年至今,跨国物流企业在我国的发展大致经历了起始(1984—1996 年)、初步发展(1997—2002 年)和飞速发展(2002 年至今)三个阶段。目前,在我国物流业的三个领域中,外资已经占据了短期内难以打破的垄断地位。这三个领域分别是国际快递、航运物流以及进入中国的国外制造企业、餐饮企业带来的物流业务,如汽车物流、特种钢材物流等,其中垄断现象最为明显的是国际快递领域。2005 年年底中国物流业全面对外开放后,国际四大快递巨头美国 FedEx、UPS,德国 DHL、荷兰 TNT 纷纷通过独资、并购、加盟等方式加速网点扩张,目前已经控制了中国国际快递市场 80% 的份额。

目前我国物流市场已形成了内外资两重网络:一是服务于跨国公司、外资企业的外资物流服务网络,这部分高端物流服务主要由外资控制,其 98% 的客户是外商独资或中外合资企业;二是服务于国内客户的本土物流服务网络,这部分物流企业主要是内资企业,处于市场中低端。尽管在服务对象和业务上存在很大不同,外资物流公司暂时对内资企业还没有构成威胁,但是从产业链的角度来看,外资物流企业的大规模进入将对我国产业链与供应链的安全产生极大的潜在威胁。

资料来源:国家发展改革委、商务部、中国物流与采购联合会 2006 年重点研究课题课题组:《外资进入中国物流业的影响及其政策建议》,《中国物流与采购》2007 年第 7 期。

此外,我国交通安全形势非常严峻。以道路交通运输安全为例,发达国家机动车万车死亡率一般在 2.0 人/万车以内,而我国

2010年机动车万车死亡率为3.15人/万车,远高于发达国家水平。目前,交通安全问题已成为发达国家制定交通运输发展战略、规划和政策的首要出发点,围绕提高交通安全这一战略目标,政府从法律、技术、经济等各方面推出了全面的政策保障措施。相比之下,在我国交通安全问题仍未得到充分的重视,交通安全保障及救助机制不健全,导致交通事故率居高不下,造成了巨大的社会经济损失。

(4)对运输产业安全缺乏足够的重视和有效的应对机制

随着我国经济对外开放程度不断提高,交通运输业越来越容易受到一些外部冲击的影响,而对于开放条件下影响运输产业安全的因素及其后果,目前,一方面在政府层面缺乏足够的重视,缺乏有效地应对机制,另一方面对于什么是运输产业安全、影响运输产业安全的各种风险因素、运输产业安全评价体系等均缺乏系统和深入的研究,难以起到决策支持作用。

(二)综合交通运输市场发展现状及存在的问题

1. 不同运输方式之间衔接不畅,一体化运输水平亟待提高

能否实现一体化运输是衡量一个国家和地区综合交通运输发展水平的重要指标。随着我国交通基础设施建设逐步趋向完善,推动一体化运输发展,为国民经济提供高效、便捷的综合交通运输服务应成为综合交通运输体系建设的方向和重点。目前,受规划、政策、技术、管理等方面的制约,我国运输方式之间的衔接不畅,一体化运输水平亟待提高。主要表现为:

(1)综合交通枢纽规划和建设滞后,一体化运输服务的物理衔接不畅

基础设施层面的物理衔接是实现一体化运输的必要条件。长期以来,与运输通道相比,我国综合交通枢纽规划和建设均较为滞后,各种运输方式各自规划,自成体系,相互之间缺乏科学合理的衔接。此外,由于长期以来城市间交通和城市交通又分属不同的

行业主管部门管理,两者衔接不畅也是制约一体化运输发展的重要因素。

(2)不同运输方式的市场化程度不同,一体化运输发展面临着体制障碍

一体化运输的本质是不同的运输企业作为独立的市场主体,在共同利益目标下按照自愿、平等、互利原则所建立的一种协作关系。因此,要实现一体化运输,从运输企业的角度来看必须要具有两个前提条件:一是运输企业是真正的市场主体,二是运输企业之间形成有效的利益协调和分配机制。目前,我国各种运输方式的市场化程度不同,公路、水运具有较高的市场化程度,而铁路仍实行政企合一的体制,铁路运输企业并不是真正的、独立的市场主体,这就使得铁路与其他运输企业之间很难按照市场经济的规则去建立平等的协作关系,制约了一体化运输过程的实现。

以集装箱海铁联运为例,目前我国集装箱海铁联运仅占港口集装箱集疏运量的2%左右,其余84%左右为公海联运,14%为水水联运。这与欧洲20%以上、美国30%—40%的集装箱海铁联运比重差距甚远,甚至低于印度海铁联运比例。[①] 我国集装箱铁海联运之所以难以有效开展,除却铁路运输能力紧张、集装箱箱源生成地主要在沿海地区之外,很大程度上归因于铁路政企不分的管理体制以及现行体制下运输企业不具备独立市场主体资格的困局。按照我国铁路部门目前的管理体制,中铁集装箱运输有限责任公司(简称"中铁集")具有集装箱铁路运输承运权,但是与集装箱铁路运输有关的车次时刻、车皮调度、列车编组、财务核算以及路内装卸车作业等仍由铁道部运输局和各大铁路局负责,中铁集

[①] 参见姜国玺:《铁路集装箱运输的发展与海铁联运业务的探讨》,《大陆桥视野》2011年第1期。

在集装箱铁路运输中的作用更多的是体现在开拓市场、联系用户、专业服务、协调集装箱运输过程中路局管理与用户需求之间的矛盾等方面。在现行铁路清算制度下,出于路局自身经济效益的考虑,铁路局更倾向于将运力配置给运输量大、收入高的大宗散货而不是集装箱货物。此外,作为市场运作主体的中铁集没有运价调整权,集装箱运价调整方案需层层上报,不能及时根据市场情况进行变化。这种"似企非企"的尴尬定位使中铁集无法作为一个独立的市场主体去开展集装箱运输业务,也无法与公路和水运企业建立基于市场经济规则的合作关系,从而使集装箱多式联运难以开展。

(3)一体化运输服务还受到技术、管理等因素的制约

载运、装卸工具的标准化和自动化、运输单证票据的标准化、运输信息互联互通是实现一体化运输服务的必要条件。目前,我国各种运输方式载运、装卸工具的标准化和自动化程度低、运输单证票据系统、信息系统自成体系,使一体化运输在实际操作过程中面临着技术和管理等诸多环节的制约,举步维艰。

例如,在集装箱多式联运中,水路、公路外贸集装箱运输和内贸集装箱运输以及口岸监管中均使用国际通行的国际集装箱运输单证系统,而铁路部门则使用一套基于铁路管理体系的集装箱运输单证,自备箱进行铁路运输时,必须遵守基于铁路箱管理为基础制定的规定。因此国际集装箱多式联运承运人虽然持有国际通行的多式联运单据,但使用国内段铁路运输,仍需要另行制备铁路集装箱运输单证。在信息系统方面,目前我国主要集装箱港口和航运企业已经有比较成熟的集装箱业务信息系统和达到世界先进水平的国际集装箱运输电子信息传输 EDI 系统,铁路运输管理系统 TMIS 也已覆盖全国铁路网。总体上看,港航企业的集装箱业务信息和数据相对开放,而铁路部门的集装箱业务信息对用户的透明度相对较低,尤其是海铁联运枢纽换装作业需要事先得到的班列、

车皮、装箱顺序等动态信息,路外单位无法获得。港口与铁路在集装箱业务信息运作上的不同状态,使国际集装箱海铁联运信息衔接存在障碍。①

2.部分运输领域市场结构不合理,运输资源配置效率和使用效率不高

合理的运输市场结构和市场集中度是提高运输资源配置效率的重要前提条件。目前在我国各运输行业中,只有海运业形成了较为合理的垄断竞争型市场结构:一方面存在着诸如中远集团、中海集团、中外运集团和国外大型航运集团等行业领先者,主导着行业的发展方向;另一方面也存在着为数不少中小运输企业,对该行业的发展形成了必要和有力的支撑。而在其他运输领域,市场结构还存在着这样或那样的问题,其中比较突出的是:

(1)铁路运输业基本上为独家垄断的市场结构

目前我国铁路运输领域不仅存在着一家运输企业主导运输市场的现象,而且实行政企不分的体制。这种市场结构和管理体制对资源配置效率产生着两方面的影响:一方面是使外部资源进入铁路业面临着诸多实质性障碍,从全社会范围看,资源配置的效率存在着很大的改进空间;另一方面对铁路线路和具有"弱自然垄断"属性的铁路运输业务均实行垄断经营,而且这种垄断经营是政企合一的行政性垄断经营,行政性垄断往往会导致企业组织管理效率低的问题,结果是企业实际达到的生产成本大大高于按企业能力可能获得的最小生产成本,从而存在着资源运用的低效率。

(2)道路运输业、内河水运业市场集中度低

---

① 参见交通部水运科学研究院:《加快发展国际集装箱海铁联运研究》,2009年。

> **专栏12-4　我国道路货运市场结构现状和成因**
>
> 　　我国道路货运市场结构呈现高度分散经营的特征。从经营主体来看,从业主体数量众多,但规模都十分有限,缺乏主导企业。2010年道路货物运输经营业户共686.6万户,平均每户拥有车辆1.53辆,从业人员2.53人。全国百强道路货运企业完成的货运量占全国道路货运量的比重约为1.5%,占货运周转量的比重约为4%。从道路运输产品来看,以整车普通货物运输为主,网络型道路货物运输(包括汽车零担运输、汽车集装箱运输、公路快件运输等)和特种汽车运输(大件、冷藏、鲜活等)市场份额较小,例如,零担货运量占我国道路货运量的比重还不到3%,而在美国这一比例达到70%,且零担货运市场中主要的三家企业承担的货运量占50%以上,营业收入占80%以上,形成垄断竞争的市场结构。由于不同运输业户之间的差别化程度小,运输组织化程度极低,缺乏不同性质服务之间的合理分工,我国道路运输市场过度竞争的现象十分突出。
>
> 　　造成道路货运市场主体分散、过度竞争的原因主要有:
> 　　(1)技术经济因素。整车普通货物运输是不具有规模经济的产业,进入障碍小,沉没成本小,退出容易。零担、集装箱和快速货运等网络型货物运输具有规模经济性、范围经济性与网络经济性,要求具有较高的运输生产组织化程度、运输技术和调度指挥装备技术。因此具有较大的沉没成本,进入障碍大,退出困难。
> 　　(2)政府管制因素。按照目前的管理办法,零担货运的开业条件较高,开业审批程序复杂(跨省运输线路需要两个以上的运管机关审批),形成较高的零担运输进入门槛,运输业户在不同省市建立运输网络要取得《经营许可证》和《运输证》,构成进入障碍,造成运输企业跨地区投资困难。
> 　　(3)运输市场分割。我国道路货运市场长期以来是按行政区划分的"块块"进行管理,造成的运输市场行政分割,这与道路运输网络化运输的技术经济特性不相适应,使企业难以实现网络化经营和规模经济。以部分省对零担货运班线管理规定为例:"跨省从事零担班线运输,应向起讫点所在地运管部门提出申请,由省运管部门或委托地市级运管部门与相关的省运管部门协商审定",运输企业要构建跨地区运输网络需要由多个地方运管部门之间协商之后审批,企业之间不能直接建立运输业务关系。
> 　　(4)货源垄断和信息不对称。道路运输货源分散且地区性垄断较为严重,货物运输系统中缺乏包含信息的收集、传递、使用和反馈等各环节的信息平台及相应运行保障机制,货运业者获取货源信息的交易成本较大。货运代理和中介发育不健全,大多是小型货物配载点,规模弱小、掌握的信息有限,从而导致运力信息和货源信息严重分离。
>
> 　　资料来源:马银波:《管制对道路货运市场结构的影响及对策》,《综合运输》2004年第10期;交通运输部:《2010中国道路运输发展报告》。

与铁路独家垄断的市场结构相反,道路运输、内河水运业则存在着市场主体高度分散、粗放经营、过度竞争的情况,这主要是由于市场开放的力度较大但政府对运输企业的资质维持情况、运输市场的竞争秩序等缺乏有效监管措施所致。运输市场的集约化程度低,一方面难以形成规模经济,导致单位运输成本过高,另一方面运输企业或车主为揽到业务竞相压价,造成市场过度竞争,运价低于合理水平。这样的情况不仅造成了价格信号的失真,影响了运价作为资源配置指示器作用的正常发挥,使运输市场的资源配置效率难以提高,而且是产生超载超限、过度竞争等现象的重要根源。

3. 尚未形成公平开放的市场竞争环境,社会资本进入部分运输领域仍存在障碍

改革开放三十多年来,我国交通运输业快速发展的一条成功经验就是以交通运输资源配置主体的多元化促进了资源来源渠道的多元化。放松运输市场的准入限制,吸引了各类主体投资交通运输,使得交通运输资源的范围被大大扩展。特别是外资和社会资本的积极进入进一步活跃了运输市场,运输服务产品趋向多样化,客货运输服务质量不断提高。目前,海运、物流等运输服务领域已经基本向社会资本开放,运输市场的活跃度和竞争度已经达到了比较高的程度。但是在铁路和民航运输领域,尽管名义上对社会资本不存在进入限制,但受体制、管理等因素制约,仍未形成公平、开放的市场竞争环境,社会资本进入铁路和民航运输领域仍存在着较高的进入壁垒。

(1)铁路政企合一的管理体制及高度垄断的产业组织模式是阻碍社会资本进入铁路运输业的最大障碍

目前铁路运输市场的开放程度在各种运输方式中是最低的,尽管从名义上看,民营资本和外资等投资铁路运输业几乎不存在政策上的限制,但外部资源进入铁路业仍面临着诸多障碍,这些障

碍包括:一是政企合一的管理体制使其他资本与国家铁路企业处于不对等的位置,面临着不公平的竞争环境;二是政府对铁路运输价格实行严格管制,铁路运输价格不能充分反映运输成本和市场供求状况,导致价格信号失真,制约了外部资源流入铁路的积极性;三是现行运输收入清算制度不透明,社会资本投资铁路的收益水平不能得到有效保障,也抑制了外部资源流入铁路的积极性;四是社会资本投资铁路的退出机制不完善,投资者权益不能得到有效保障。由于存在这些障碍,尽管铁路出台了不少吸引境内外投资的规章、政策,但收效甚微,外资、民营资本对于投资铁路运输业基本持观望和谨慎态度。近年来铁路投资的大规模扩张主要来源于国家财政、增发铁路债券、吸引其他国有资本以及地方政府的投入,资源的配置范围基本局限于"体制内",同时也使得大规模投资可能引发的风险滞留在体制内。

(2)民营航空公司在融资、航线审批、航班时刻竞争等方面所面临的市场环境不容乐观

改革以来,民航运输市场的开放力度呈现不断加大的态势,进入壁垒逐渐降低,特别是通过2002年以来的大规模兼并重组,民航运输市场基本形成了大型国有航空集团公司主导、地方及民营航空公司共存的市场结构,初步形成了多元化的市场主体格局。

但是,就民航运输企业的所有制结构而言,国有民航运输企业独大的局面并未得到有效改善,民营航空公司在融资、航线审批、航班时刻竞争等方面所面临的市场环境不容乐观。2008年国际金融危机爆发后,国家对于国有航空公司提供了资金支持或其他形式的经济"援助":2009年东航和南航分别从政府获得70亿元和30亿元的资金支持,东航还分别从中国银行、交通银行、浦发银行等金融机构获得1060亿元的授信额度,并由政府出面,将账面价值一度资不抵债的东航和同样亏损严重的上海地方国有企业上航进行联合重组。而同样面临巨大经营压力的民营航空公司则处

境艰难:由于其无力偿还拖欠中航油的1.4亿元、湖北机场集团的6000万元债务,成立于2005年的民营航空公司——东星航空2009年8月被武汉中院裁定破产;目前国内剩余的11家民营航空公司中,2008年仅春秋、吉祥和东海三家盈利,其余均亏损。其中,鹰联航空被国有企业四川航空收购了72%的股权;2008年12月停航的奥凯虽然复航,但美国联邦快递已经中止与其合作关系,元气大伤,最终再次停航。[1] 因此,由于在融资和经营等环节上存在着对国企的保护和对民企的歧视,不同市场主体面临的市场竞争环境实际上有失公平。我国航空运输市场主体多元化进程以及民营航空公司的发展壮大仍然有很长的路要走。

4.行政分割和地方保护普遍存在,尚未形成全国统一的运输市场

在运输市场发展方面,地方保护主义所形成的贸易壁垒和市场封锁阻碍了全国统一运输市场的培育,运输市场的规模经济和范围经济难以形成,在很大程度上阻碍了运输市场的一体化进程。这一点主要突出反映在道路货运业当中。我国道路货运市场长期以来是按行政区划进行"块块"管理,地方利益驱动和地方保护主义是造成运输市场分割的重要根源:首先是各地交通运输管理和规费政策不一致。有的地区为了鼓励和吸引运输业发展,在税费征收方面提供优惠政策,但有的地区则没有,造成运输管理和规费政策上的不一致。另外,由于规费征收制度是按行政区划设定额定范围的,企业的注册地和营业场所所在地会直接影响规费归属哪个运管部门,规费收缴多少影响部门的经济利益。在总公司所在地以外各地运输生产单位是独立法人还是分支机构,会产生规费是否缴纳和交给谁的问题。为保护本地运输企业,或增加本辖

---

[1] 参见方烨:《民航:60年规模跃居世界第二 国进民退增长乏力》,《经济参考报》2009年11月19日。

区税费征收,地方政府往往会对"外来者"设置这样或那样的障碍,阻挠道路货运企业间的跨地区业务拓展、兼并和联合,使得跨地区、网络型运输企业难以形成和发展。

5.技术进步对提高综合交通运输服务效率的贡献度低,运输增长方式仍具有粗放型特征

提高运输装备的技术水平和信息化水平,加强运输管理和组织,可以最大限度地提高运输业的服务功能和服务质量。改革以来,尽管我国运输装备的技术水平和信息化水平不断提高,但与发达国家相比,技术进步对于提高综合交通运输服务效率的贡献度仍偏低,我国运输业增长方式仍具有粗放型特征。主要表现在:

(1)运输装备技术水平偏低,结构不合理,专业化水平低

运输装备技术还不能适应社会经济和运输需求对运输速度、效率、安全、环保等方面的要求。例如,我国集装箱运输工具落后,铁路、公路专用车辆和内河专用船舶较少,吨位偏小,成为制约集装箱多式联运发展的一个重要因素。

(2)信息技术落后,运输信息化程度低

随着经济社会发展和科技进步,用现代科技和信息技术改造、提升运输装备,适应经济社会发展和人民群众对交通运输安全性、快捷性和多样化、个性化需求,是交通运输文明进步和现代化的重要标志。目前我国运输信息化方面主要存在着两方面的问题:一方面,与发达国家相比,各个运输行业的信息化水平还存在很大差距,发达国家已普遍应用的信息技术如 GPS 车载定位系统、智能交通系统等,而在我国尚处于起步阶段;另一方面,由于体制机制等因素制约,各种运输方式之间的信息还不能实现互联互通和共享。

(3)运输组织水平不高,运输装备利用率低

受运输管理和组织水平影响,各个运输行业不同程度地存在着运输装备实载率和里程利用率不高的问题,运输装备利用率亟待提高。

第十二章　提升综合交通运输服务能力

> **专栏12-5　甩挂运输发展举步维艰**
>
> 　　道路甩挂运输是一种先进的运输组织方式,是提高道路货运和物流效率的有效手段。甩挂运输在欧美、日本等国家和地区,早已成为主流的运输方式,在北美和西欧等公路网络比较发达的国家,以牵引车、拖挂半挂车组成的汽车、列车的运输量已占到总运量的70%—80%,牵引车与挂车数量比达到1∶2.5以上,美国这一比例为1∶3。而目前我国挂车数量少,拖挂比非常低,牵引车和挂车的比例约为1∶1.2。目前我国只有华东和华南的港口城市(如上海、广州、深圳和厦门等)发展了甩挂运输,其他地方,甩挂运输基本没有得到发展,公路运输仍然以普通的单体货车为主。
>
> 　　发展甩挂运输需要具备的条件包括:首先是技术装备条件,运输企业应配备拖车和挂车等先进的运输工具和装备;其次是市场条件,要有一定的运量规模和批量,运距要适宜,港口、大型铁路中转站和大型仓库的集散运输往往具有较好的市场条件;最后是规制和政策条件,这是影响甩挂运输发展的重要因素。
>
> 　　尽管国家对甩挂运输给予了鼓励和支持,但是在行业技术标准缺乏、公共物流信息平台建设滞后、车辆牌证管理、报废制度、检测制度、公路通行费征收、海关监管制度、机动车强制险制度等诸多行业内外因素的制约下,甩挂运输在我国的发展仍是裹足不前、举步维艰。
>
> 资料来源:作者收集整理。

6. 运输企业的管理水平不高,创新能力和国际竞争力弱

在市场经济条件下,运输企业是提供运输服务的市场主体,也是提高微观运输效率的载体。提高运输企业的管理水平、创新能力和国际竞争力是开放条件下优化运输资源配置、提高综合交通运输效率的重要基础和基本途径。微观层面的运输效率是提高中观、宏观运输效率的基础,也是完善综合交通运输服务的关键环节,在我国交通运输发展现阶段,必须高度重视培育和提升运输企业的市场竞争力,尤其是国际竞争力。否则,没有管理高效、竞争力强的本土运输企业,提升综合交通运输服务就失去了根基,成为空谈。

在由计划经济向市场经济转轨过程中,我国国有运输企业大多处于公司化改制进程中,由于历史遗留问题及转轨时期的制度性原因,我国国有运输企业存在着决策机构政企难分、企业治理结构不合理、管理观念和方法落后、应变能力和创新能力差等问题,运输企业规模普遍较小,大国有运输企业也存在着大而不强、国际竞争力弱的现象,已成为我国综合交通运输服务发展过程中必须高度重视和迫切需要解决的问题。

专栏 12-6　我国运输服务贸易竞争力的国际比较

1. 我国运输服务贸易存在高额逆差且这种逆差有不断增大的趋势

　　我国运输服务贸易长期逆差,多年来,运输服务贸易逆差一直是我国服务贸易逆差的最主要来源。且自 1999 年开始,运输服务贸易逆差逐年扩大,到 2006 年已高达 133.54 亿美元,这与我国每年快速增长的货物贸易量形成了鲜明的对比。另外我国运输服务贸易量占整个世界运输服务贸易量的比重多年来增长缓慢,始终低于 5%,这与我国贸易总量全球第三的地位极其不符,表明我国在全球运输服务业竞争中还处于弱势地位。

2. 我国运输服务国际市场占有率较低

　　在 1997—2006 年的国际运输服务市场上,美国的国际市场占有率一直都是最高,均保持在 10% 以上,德国、日本、法国、英国的市场占有率都保持在 5% 以上,传统的发达国家在国际运输市场上还是占据着举足轻重的地位。荷兰、丹麦、韩国这些国家在运输服务市场上的占有率也逐步达到了 4% 以上,是不可忽视的重要力量,尤其是丹麦呈现持续上升趋势。中国历年的国际市场占有率都是所有国家中最低的,一直在 3.5% 以下,但在 1998 年之后不断上升,表明竞争力有所增强。

3. 我国运输服务贸易的 RCA 指数低于 0.5,表明运输服务贸易发展非常滞后

　　显性比较优势(Revealed Comparative Advantages)指数(RCA 指数)是该产业在该国出口中所占的份额与世界贸易中该产业占总贸易额的份额之比,用以反映产业的相对优势。对于服务贸易,若 RCA 指数>2.5,则表明该国服务贸易具有极强的国际竞争力;RCA 指数介于(1.25—2.5)的区间内,表明该国服务贸易具有很强的国际竞争力;RCA 指数介于(0.8—1.25)的区间内,表明该国服务贸易具有中等国际竞争力;当 RCA 指数小于 0.8 时,则表明该国服务贸易的国际竞争力较弱。用进出口数据计算各国运输服务贸易的 RCA 指数,结果表明,丹麦的 RCA 指数最高,自 2000 年起一直都大于 2.5,2006 年更是达到了 5.51 左右,表现出了极强的国际竞争力;新加坡和韩国的 RCA 指数多年来一直介于(2.5—1.25)

续表

的区间内,运输服务贸易国际竞争力也很强;中国历年的 RCA 指数则小于 0.8,2006 年为 0.47,是运输服务贸易竞争力较弱的国家。

4. 我国运输服务贸易竞争力指数低,表明运输服务贸易的出口竞争力弱

贸易竞争力指数(TC)是某一产业净出口与该产业进出口总额的比例,用来说明该产业的国际竞争力。从出口的角度来看,该指数越接近于 1,表明国际竞争力越强。从该指数看,韩国和丹麦是最具竞争优势的国家,它们是运输服务贸易的净出口国;中国历年的 TC 指数都是负,而且始终都是这些国家中最低的,说明中国一直是运输服务贸易的净进口国,竞争力很弱。不过,中国的 TC 指数总体上呈现出明显的上升趋势,说明中国运输服务贸易的竞争力在增强。

通过上述国际比较和实证分析得出结论:丹麦、韩国运输服务贸易竞争力最强,法国、新加坡等国竞争力较强。而现阶段,我国运输服务业在国际运输服务市场上的竞争力还相当弱,与世界发达国家有很大的差距。近年来,在我国出口增长、国际运输市场进一步开放等因素推动下,我国运输服务贸易的国际竞争力整体上呈上升态势。

资料来源:肖寒霜等:《中国运输服务贸易国际竞争力研究》,《财务与金融》2009 年第 2 期。

三、综合交通运输服务发展思路

(一)综合交通运输服务的发展目标

1. 长期目标

"九五"时期以来,我国交通基础设施建设步伐明显加快,铁路、公路、水运、民航等交通基础设施无论是从总量上还是技术水平上都得到了长足发展,我国综合交通运输体系的"硬件"条件已日臻完善。但是,与快速发展的基础设施相比,我国综合交通运输服务发展仍较为滞后,已成为综合交通运输体系建设的"短板"。如果说交通基础设施反映的是国家综合交通运输体系的"硬实力",那么综合交通运输服务反映的就是综合交通运输体系的"软实力",只有发达的交通基础设施条件,而无高效便捷的综合交通

运输服务，交通基础设施就不能发挥其应有的效用，完善的综合交通运输体系也就无从谈起。因此，在加快交通基础设施建设的同时，必须加快提升综合交通运输服务水平，使综合交通运输体系的"硬件"和"软件"相匹配。

我国综合交通运输服务的长期发展目标是：按照社会主义市场经济体制要求，以健全的综合交通运输政策为保障，以开放、有序、公平竞争的运输市场环境为依托，不断提升综合交通运输服务效率和服务水平，以便捷、高效、安全、绿色、人性化的客货运输服务，为国民经济和社会发展提供有力的运输支持保障。

根据政府和市场在综合交通运输服务发展中的不同作用，要实现我国综合交通运输服务的长期发展目标，需要着重从两大方面入手：一是构建完善的综合交通运输政策体系，如前所述，这一政策体系由运输市场监管政策、运输市场协调政策和运输公共服务政策三部分组成，是市场经济条件下政府行使交通管理职能、对运输市场进行有效监管、维护社会公共利益的重要依据；二是构建完善的综合交通运输市场体系，通过转变政府交通管理职能，充分发挥市场机制在资源配置中的基础性作用，使价格机制、竞争机制成为决定运输市场资源配置的主要力量，最大限度地减少政府对运输市场的直接行政干预。

2. 阶段目标

由于综合交通运输服务发展涉及诸多制度性、体制性问题，与政府管理职能的转变密切相关，因此，提升综合交通运输服务水平是一个长期的过程，任重而道远。根据当前我国综合交通运输体系所处的发展阶段以及我国运输市场化改革进程，"十二五"期间我国综合交通运输服务的阶段性发展目标是：深化运输市场化改革，加快完善政府交通管理职能，初步形成政府有效监管、市场机制发挥基础性作用的综合交通运输服务发展机制。按照客运"零距离"换乘、货运"无缝化"衔接的要求，着力提升一体化综合交通运输服务水平。优化运输组织,创新运输服务,进一步提高综合交通运输效率和服务水平,综合交通运输服务对国民经济和社会发展的支撑作用明显增强。这一阶段性总体目标又可分解为以下三个方面的具体目标,并可以用表12-1所示的指标来衡量:

综合交通运输政策进一步完善;

综合交通运输效率和运输服务水平明显提升;

综合交通运输服务与社会发展和资源环境的适应性进一步增强。

表12-1 "十二五"我国综合交通运输服务的发展目标和评价指标

"十二五"综合交通运输服务的发展目标	测度层	评价指标
综合交通运输政策进一步完善	运输市场监管政策的完备性	定性评价
	运输市场协调政策的完备性	定性评价
	运输公共服务政策的完备性	定性评价
综合交通运输效率和运输服务水平明显提升	宏观运输效率	运输业产值/投资占GDP比重 运输服务贸易的RCA指数
	中观运输效率	运输市场集中度、联运比重、信息化程度、运输装备技术水平和利用率
	微观运输效率	运输速度、准时性、运输企业经济效益、顾客投诉情况
综合交通运输服务与社会发展和资源环境的适应性进一步增强	与社会发展的适应性	运输服务的通达性 公益性运输服务供给情况 运输事故发生率和损失情况
	与资源环境的适应性	运输业资源利用效率 运输业排放情况

(二)"十二五"加快综合交通运输服务发展的重点任务

针对当前我国综合交通运输服务存在的主要问题,按照"突出重点、循序渐进"的原则,"十二五"期间我国综合交通运输服务发展的重点任务及相应的政策措施主要有以下六个方面:

1. 以政企分开为突破口,推进铁路管理体制改革

垄断行业存在着四大行为主体,分别是政府行政主管部门(行政机关)、政府行业监督管理部门(事业机构)、国有资产监督管理部门(特设机构)和国有企业(企业法人)。四大行为主体合分情况决定了政企分开的程度,垄断行业改革的目标是最终实现四者分开。20世纪80年代中期和90年代中后期,我国对垄断行业先后进行了两轮改革。20世纪90年代中后期以来进行的第二轮垄断行业改革,力图从制度体制上削减垄断、引入竞争机制,调动各类投资者的积极性。主要的改革措施是,自上而下地从管理体制框架上实行政企分开,即有步骤地撤并垄断行业的政府管理机构,对其所属的行业按其特性进行"拆分",打破市场垄断格局,培育多个竞争主体。例如,对原来垂直一体管理的电力行业进行"横切竖割","横切"是把发电企业拆分成华能、大唐、华电、国电和中电投五大集团公司,把电网按区域拆分成国家电网公司和南方电网公司,进而又按区域再拆分为多个区域电网公司;"竖割"就是把电网、发电和辅业按业务切割,分别组建两大电网集团公司、五大发电集团公司和四大辅业集团公司,同时又设立电监会。这样,整个电力系统被拆分成"1+2+5+4"的基本格局。时至今日,我国电力行业已初步实现了四者分开,其他垄断行业也实现了"政企、政资"分开,而只有铁路仍延续计划经济体制下"政企、政资合一"的管理体制(见表12-2),改革进程严重滞后于其他垄断行业。

目前,铁路政企合一的管理体制已成为制约综合交通运输服务发展的突出问题,发展多式联运、实现运输市场结构的合理化、

提高铁路运输领域的资源配置效率等一系列问题之所以难以向纵深推进,均源于铁路目前的管理体制。因此,无论是从铁路运输业自身发展的角度,还是加强运输方式间的协作、提高综合交通运输效率的角度出发,都应尽快改革铁路现行的行政性垄断体制。

相对其他垄断行业而言,铁路管理体制改革较为复杂,且各国国情不同,没有成熟的可供我国借鉴的改革模式。此外,当前我国铁路正处于快速发展阶段,大规模高速铁路建设积累了巨额负债,铁路管理体制改革面临着许多新问题和新挑战。但是,不进行或推迟铁路管理体制改革,铁路现行管理体制所存在的政企职能混淆、运输效率和服务质量不高、国家财政负担过重等问题无法得到根本解决,反而会被铁路表面的发展速度所掩盖,待积累了大量问题后再被动进行改革,要付出更高的改革成本。因此从长远来看,从更加有利于发挥铁路在综合交通运输体系中的比较优势来看,应加快铁路管理体制改革步伐。铁路管理体制改革是一项长期任务,不可能一蹴而就,应分阶段、分步骤有序推进。"十二五"期间,应首先实现铁路领域的政企分开,还原政府的行业管理职能。在政企分开的基础上,通过完善监管制度、加大市场开放、引入适度竞争、深化企业改革等措施,逐步探索适合我国国情的铁路运输管理模式。

2. 以集装箱铁海联运为重点,推进一体化运输服务发展

集装箱多式联运在全球范围内得到了广泛的认可与使用,创建高效的集装箱多式联运模式已成为实现各国经济可持续发展的关键因素之一。2009年2月,国务院常务会议上审议并通过了物流产业振兴规划,确定了振兴物流业的九大重点工程,其中多式联运和转运设施列为首位。

表 12-2　我国垄断行业政企分开情况

垄断行业分类（根据政企分开程度）	行业	特　征
政企、政资、政监合一型	铁路	铁道部集行业主管部门、国有资产管理、企业职能于一身
政企、政资基本分开、政监合一型	电信	信息产业部为行业主管部门和行业监督管理部门,电信公司为企业,国资委履行国有资产监督管理职能
政企、政资基本分开、政监合一型	民航	国家民航局为行业主管部门和行业监督管理部门,航空公司为企业,国资委履行国有资产监督管理职能
	邮政	国家邮政局为行业主管部门和行业监督管理部门,各地邮电公司为企业,国资委履行国有资产监督管理职能
	石油	国家发展改革委为行业主管部门和行业监督管理部门,三大石油公司为企业,国资委履行国有资产监督管理职能
政企、政监、政资相对分开型	电力	国家发展改革委为行业主管部门,电监会为行业监督管理部门,电网和电力公司为企业,国资委履行国有资产监督管理职能

目前,集装箱铁海联运是我国发展集装箱多式联运的重要形式,也是一体化运输最具代表性的实现形式。从总体上看,我国已初步形成了以沿海主要集装箱港口为铁海联运枢纽,以铁路主要干线为骨架,以各大区域主要经济带为腹地,以内陆城市集装箱场站为节点,主要服务于对外贸易的国际集装箱海铁联运体系。随着我国对外贸易规模不断扩大,为了缓解港口国际集装箱集疏运主要依靠公路运输带来的一系列压力,进一步提高铁路运输在港口陆路集疏运中的作用越来越具有现实意义。但是,由于铁路运输与水路运输在管理方式、业务规则、信息共享等方面的差异和不畅,发展国际集装箱海铁联运遇到许多现实困难和障碍。同时,还应该看到,随着我国经济社会发展,服务国内贸易的内贸集装箱运

输必然进一步快速增长,由于我国地域辽阔,不但国际集装箱运输要发展铁海联运,内贸集装箱运输也需要开展铁海联运,以大连港、营口港为换装枢纽,东北地区与南方地区已经出现内贸集装箱铁海联运。因此,发展集装箱海铁联运,既是21世纪前半叶我国集装箱运输领域重要的发展内容之一,也应作为推进一体化运输服务的突破口,成为"十二五"期间完善综合交通运输服务的一项重点任务。

针对当前集装箱铁海联运发展中存在的问题,"十二五"时期可从以下几方面着手,促进集装箱铁海联运更快发展:

(1)对现有管理规定进行修订

1997年3月14日交通部、铁道部共同发布的《国际集装箱多式联运管理规则》,总体上是把集装箱铁海联运视作分段运输的串联,未涉及集装箱水路运输与铁路运输的衔接问题,特别是对集装箱铁海联运枢纽地位缺乏明确的定位和相应的管理规则。该规则颁布至今已十多年,有必要根据当前环境变化和今后发展需要对相关内容进行增加或调整,包括:铁海联运枢纽的定义、功能定位、主体构成以及本规定管理对象的设立和认定;铁海联运枢纽包括合资合作内陆集装箱铁路场站的经营实体,在铁路和港航两个管理体系中享有的权利、义务、责任;铁海联运枢纽经营和运行中涉及的定价、信息、作业交接、财务税务等的管理原则和操作办法。

(2)推动国际集装箱铁海联运港航信息和铁路信息的互联互通

港航企业集装箱业务管理系统、铁路运输管理系统(TMIS)等已经成功应用的信息系统,各自都有一套规范数据的方法。实现国际集装箱铁海联运港航信息和铁路信息互通,一种方法是分别登录各个系统,以人机互动的方式查阅信息或操作业务,另一种方法是只要登录其中的一个系统,就可以用计算机至计算机的方式,在查阅或操作本系统的信息时也可查阅或操作另一个系统的信息。标准化数据实现跨平台传输与运作,关键是建立数据转换对应关系,在科学分析和界定需要跨平台传输与运作的集装箱业务信息后,建立相应的转换标准。数据标准化是电子信息跨平台传输与运作的基础,必须及早完成相关数据标准化工作。

(3)选择典型港口推进试点工作

选择典型港口,由港航企业和铁路单位共同组织工业性试验,通过示范工程的实践,为国际集装箱铁海联运发展提供完整的、有说服力的经验和操作规范。

3. 深化运输价格改革,规范运输服务收费

运输价格和运输服务收费是优化配置运输资源的重要经济杠杆,合理的运输价格形成机制和运价比价关系对于引导资源在不同行业间流动,优化交通运输结构具有重要影响。针对目前我国运输价格和运输服务收费体系存在的主要问题,"十二五"期间应进一步完善运输价格形成机制,规范各类运输服务收费,为完善运输市场体系、合理配置运输资源、优化运输结构创造条件。

(1)推进铁路运价改革

从长远来看,我国铁路运输价格改革的方向是建立以市场定价为主、国家宏观调控为辅的运价管理体制和形成机制。"十二五"期间,在推进铁路管理体制改革的同时,应积极推动铁路运输价格改革,为铁路市场化发展创造条件。由于"十一五"期间开工的高速铁路项目大多于"十二五"期建成并投入运营,可将新建高速铁路作为铁路运价改革的试点,试行宏观调控下的浮动运价机制,给予铁路运输企业更大的自主定价权和更大的运价浮动空间,使铁路运输企业能够根据市场形势制定更具灵活性的价格策略,例如,允许铁路运输企业对团体订票给予折扣优惠,这样也有利于旅客享受到性价比更高的运输服务。通过高速铁路项目的试点探

索,为下一步铁路运价改革积累经验。货运方面,可将集装箱运价作为铁路货运价格改革的试点,在目前已经实行的"五定"班列"一口价"和折扣机制基础上,赋予铁路运输企业更大的定价权和调整权,探索实行更灵活的集装箱运价形成机制和管理制度,为铁路集装箱发展及集装箱多式联运发展创造条件。

(2)深化民航运价改革

根据2004年4月颁布的《民航国内航空运输价格改革方案》,民航国内航空运输价格改革的目标是,建立适应社会主义市场经济体制要求,政府宏观调控、企业自主有限浮动、反映市场供求变化的客货运输价格形成机制。即政府根据航空运输的社会平均成本,市场供求状况,社会承受能力合理确定基准价及浮动幅度;航空运输企业在规定的幅度内,确定具体价格。根据这一目标,民航运价改革将政府对民航运输价格的管理由原来的核定航线具体票价的直接管理,改为对航空运输基准价和浮动幅度的间接管理。通过民航运价格改革,航空运输市场秩序得到规范,政府管理过多的问题得到一定程度地解决。

目前,主要航空发达国家国内民航客运已基本实行市场调节价,允许航空运输企业根据市场供求状况和营销需要,自主制定价格,向政府申报或备案后执行。同时,各国政府机构中仍保留专门机构,根据法律的授权,对民航运价及航空运输市场实行必要的监管。监管的目的,是防止票价过高损害消费者利益,或过度竞争损害行业利益,造成民航运输业萎缩。随着我国市场经济体制的逐步完善,民航运输市场的改革开放进程不断深入,未来我国民航运输价格也将最终过渡到市场定价机制,由航空公司自主定价。但是,考虑到现阶段我国民航业发展水平和体制改革进展情况,民航运价形成机制改革将分步推进。"十二五"期间,结合民航管理体制和企业制度改革推进情况,应继续稳妥深化民航运价改革,在政府监管措施到位的前提下,进一步扩大市场调节价航线范围,使航空公司可根据自身情况建立更具针对性的多级票价体系,更好地满足应多样化市场需求。探索国内运价基准价与消费者价格指数(CPI)适度挂钩的调整机制,使国内运价基准价更好地反映航空运输行业社会平均成本的变化情况,更具灵活性和合理性。与此同时,加强政府对价格的监督和调控,完善相关法律法规体系,以维护公平竞争的市场秩序,维护广大消费者的合法权益,保证价格机制的充分发挥,实现对航空运输销售市场监管的制度化、程序化。

(3)规范各类运输服务收费

机场、港口、高速公路等基础设施向运输企业收取的各类服务费用是运输企业的一项重要成本支出,这部分成本最终将转化为运输价格由运输需求方承担,其收费水平的高低、收费结构是否合理对运输市场的资源配置和竞争秩序具有重要的影响。因此,深化机场、港口、高速公路收费改革是运输市场化改革的重要内容之一,它将有利于理顺基础设施管理(经营)机构与运输企业之间的利益关系,有利于发挥市场配置资源的基础性作用,促进综合交通运输服务发展。

"十二五"期间,机场收费改革将在分类收费的基础上,继续推进内外航收费标准的调整,以最终实现内外航空公司收费标准的"并轨"。针对港口收费中存在的不合理收费等问题,进一步规范港口的收费标准和收费结构,尤其是对合资港口码头收费标准和收费结构进行规范,避免港口利用其垄断地位损害货主的利益,维护稳定健康的市场环境。对现行的高速公路收费制度,应从平衡公路发展和降低全社会物流成本的角度出发进行再评估,使我国收费公路规模和收费标准保持在一个合理的水平,为优化道路运输业市场结构、降低全社会物流成本创造条件。

4. 完善运输市场监管,提高运输效率和服务水平

针对不同的运输市场结构和市场竞争秩序,制定相应的监管

政策,促使形成合理的市场结构和市场竞争秩序是提高运输效率和服务水平的一条重要途径,应作为"十二五"时期提升综合交通运输服务水平的一项重点任务。

(1) 加快调整和完善运输市场结构

市场结构主要表现为市场主体的数量、市场竞争格局和市场集中度等方面,从这几方面来看,当前我国部分运输市场结构还不尽合理,突出表现为:一是铁路运输领域仍实行政企合一的垄断经营,铁路运输业内部尚未引入有效的竞争机制;二是道路货运市场存在着市场主体分散、粗放经营、过度竞争的情况。对于前者,应首先实现政企分开,再按照铁路的产业特点在客货运输服务领域引入竞争机制,以此促使运输企业提高运输效率和服务质量。由于铁路管理体制改革和产业格局调整是一项长期工作,市场结构调整需视不同的改革方案设计而采取不同的解决措施,也将是一个比较长的过程,"十二五"时期应着重解决铁路政企合一的问题。对于道路货运业来说,"十二五"时期应着力提高运输的组织化程度,促进产业集中和实现规模经济,限制过度竞争,提高行业经济效益,为此,可主要从以下几方面着手解决:

提高道路货运组织化水平,加快甩挂运输等先进运输组织方式发展。制定促进道路运输规模化发展的政策,清理地方各级政府在道路运输管理方面的不合理规定;改革零担运输等网络化运输项目立项的行政审批制,改为项目审核备案制,为零担运输向规模化、网络化方向发展创造条件;改革运输规费收缴制度,打破运输市场的"块块管理"体制;推进甩挂和网络化运输试点工作,加快培育具有较强运输网络及运力资源和货源组织能力、管理规范、信息化水平较高的大型运输企业。

甩挂运输作为网络化运输的一种重要组织形式,"十二五"期间应作为政府引导的重点加快发展。第一,加快培育规模化的运输企业,对相关运输资源进行整合,使之成为发展甩挂运输的市场主体;第二,推进甩挂运输车辆装备标准化,引导甩挂运输企业运力结构调整,加强货源组织,优化网络布局,积极探索运输组织与运营管理的新模式;第三,加快物流公共信息平台建设,为甩挂运输的信息化创造条件;第四,在货运场站和物流园区建设中充分考虑甩挂运输的要求,加快建设甩挂公用型站场和专业化货运站场及配套设施,为甩挂运输发展创造设施条件;第五,针对甩挂运输中存在的问题和困难,如挂车保险负担较重、挂车检测次数及报废年限、挂车证件管理、甩挂运输车辆的通行费等问题,制定相应的扶持优惠政策,为甩挂运输发展创造良好的条件和环境。

加快物流公共信息平台建设。信息化是提高道路运输产业集中度、提高道路运输效率、促使传统运输服务向现代物流升级的重要手段。目前,我国物流信息平台基本上还处于企业级物流信息平台孤岛阶段,一些区域性公共物流信息平台正在建设过程中,尚缺乏一个跨部门、跨行业、跨地区、跨企业的全国性物流公共信息平台。应加快包括"全国性物流公共信息平台—区域性物流公共信息平台—企业物流信息平台"三层体系的物流公共信息平台建设,一方面为企业物流信息系统完成各类功能提供支撑,另一方面为政府的宏观规划与决策提供信息支持。

调整收费公路收费年限和标准,为道路运输业发展创造良好的外部环境。加大政府财政性资金对干线公路建设的投入力度,合理控制、逐步减少收费公路规模,适当降低收费标准,加强收费管理,提高收费使用透明度,为降低道路运输成本创造有利条件。

(2)强化运输方式间合作关系

控制不同运输方式之间的破坏性竞争,协调各种运输方式发展是发达国家实行运输监管的一个重要目的。随着运输技术的发展,不同运输服务之间的可替代性有加强的趋势,由此可能造成市场竞争的加剧。适度的竞争有利于运输服务质量的改进和运输效率的提升,但是,如放任各种运输方式各自发展,则有可能引发不同运输方式之间的破坏性竞争,有损于我国运输服务系统的整体效益。

"十二五"期间,随着高速铁路大规模建成投产,高速铁路客运与民航客运的竞争呈加剧之势,为避免出现恶性竞争,应积极推动航空运输与铁路运输的衔接与合作,以空铁联运实现双赢发展。空铁联运发展主要存在两个关键环节:一是实现铁路、民航在基础设施上的对接,即实现物理层面的"无缝"衔接;二是在铁路运输企业和民航运输企业之间建立有效的协调合作机制,使之按照互利共赢的原则建立合作关系。从目前来看,北京、上海、广州等国际枢纽机场具有客流量大、国际航线航班密度大的优势,同时其所在城市也是重要的铁路枢纽,具有开展国际、国内空铁联运的良好条件,应作为我国开展空铁联运的重要依托点。建议在高速铁路修建过程中,通过增加联络线,将枢纽机场直接与高速铁路网连通,使之成为集航空和铁路运输功能于一体的综合交通枢纽,更加方便旅客在航空和铁路两种运输方式之间零距离换乘。今后,随着管理体制改革的推进和企业改革的深化,以及基础设施层面实现无缝对接,可采取多种措施促进航空与铁路运输的衔接和融合。例如在票制方面,近期可加快推广空铁联程售票方式,即:乘客在售票点一次购票支付,即可预定包括火车票和机票的组合票,组合票价要低于分别购买火车票和飞机票的总价,且乘客可在机场享受优先值机。随着航空与铁路部门合作逐步深入,还可试点推行订票系统联通,通过航空公司与铁路公司订票系统的互联互通,实现车票(机票)预订信息系统的一体化,方便乘客购票;在换乘方面,可通过联合运输组织的方式为旅客提供更加便利的航空与铁路中转换乘服务,如在火车站与机场间开通直达班车,以较低的组织成本实现空铁换乘衔接。

5.加快培育综合型运输企业,提升运输企业的国际竞争力

(1)加快培育一批能够提供一体化运输服务的综合型运输

企业

　　随着运输需求的发展和社会分工的细化,综合交通运输服务发展存在着两种趋势:一是越来越趋向专业化,如专门提供某一种特殊物资的运输服务;二是根据客户的需要,提供从供应商到最终消费者的全程运输链服务,即运输服务越来越综合化并有向相关领域(仓储、分拨、加工)延伸的趋势。前者是社会分工和专业化服务在综合交通运输领域的表现,后者则体现了运输需求升级对运输过程一体化、无缝化的要求。从发达国家的经验来看,在运输市场化发展的过程中,在市场需求和运输企业自身经营需要的双重作用下,运输企业多样化经营不仅有效提高了自身的经济效益,而且为客户提供了更加高效的全程运输服务,综合交通运输服务的效率和质量得到明显提升。例如,1983年美国州际商务委员会取消了铁路公司的"专项业务原则",即铁路公司的卡车只能为本公司提供货物集疏运服务以后,铁路公司开始通过各种方式从事其他运输方式,诸如兼并汽车公司或直接建立自己的汽车公司,用于开展铁路运输的延伸服务,实现门到门运输。事实上,目前大型跨国运输企业基本上都是能够提供全程运输服务的综合型运输企业,这些企业在主业的基础上,通过开展相关运输服务和仓储、分拨、加工等延伸服务,为客户提供高效的一体化、个性化运输服务,具有极强的市场竞争能力和适应能力。

　　当前,我国综合交通运输服务领域突出存在的一个问题就是缺少能够提供全程运输链服务的综合型运输企业,一体化运输发展缺乏必要的微观企业载体。因此,提升综合交通运输服务水平,需要以大型运输集团企业为依托,加快培育一批大型综合型运输企业,这些企业能够在区域、全国乃至国际范围内配置运输资源,布设经营网络,实现集约化、规模化、网络化、一体化经营,为社会提供高效的全程运输服务和其他增值服务,并能够参与国际竞争,进一步开拓国际市场,为我国制造、商贸等产业走出去提供运输服务保障。

(2)提升运输企业的国际竞争力

随着我国运输业市场开放力度不断提高和跨国运输企业大举进入,我国运输企业在国内、国际运输市场上将面临着越来越大的竞争压力,我国的运输产业安全也备受威胁。目前,除尚未真正实现市场开放的铁路运输领域外,民航、公路、水运业均不同程度地存在着运输企业规模小、竞争力不强的问题。公路运输方面,运输企业"多、小、散、弱"的问题十分突出,高端物流服务领域基本被外资企业所控制,本土运输企业的竞争力堪忧。民航方面,与国际上一流的航空公司相比,我国航空公司的总体规模仍然偏小,国际竞争力较弱。统计数据显示,在我国航空客运市场上,中国航空公司的市场份额从2005年的45.3%下降到2010年的44%;在我国航空货运市场上,中国航空公司的市场份额尽管从2005年的23.9%提高到32%,但仍然不足国际航空货运市场的1/3。在航空自由化趋势不可逆转、全球航空运输市场竞争加剧的背景下,我国航空公司的国际竞争力将对我国民航运输业的长远发展具有至关重要的影响。对于我国综合交通运输体系来说,其成熟和完善的一个重要标志是形成一批具有较强国际竞争力的运输企业,这些运输企业对我国运输市场的发展起着主导作用,既为我国国民经济发展提供有力的运输保障,又是我国交通运输业参与国际竞争的生力军。因此,无论是从促进运输业自身健康发展的角度,还是维护我国运输产业安全,提升运输业对国民经济和对外贸易发展的支撑作用的角度,都应高度重视培育和提升运输企业的国际竞争力问题。"十二五"期间,应着手采取相应的政策措施,深化企业改革,优化运输企业的竞争环境,推动我国运输企业不断提高自身的经营能力和服务水平。

就当前我国运输领域突出存在的民航运输企业国际竞争力弱的问题,"十二五"时期应着手采取多种措施来提升我国民航运输

企业的竞争力:[①]

稳步有序地推进开放。近年来,我国国际航空运输面临的双边和区域天空开放压力越来越大,应基于我国民航运输业的发展现状和阶段特征,深化研究航空运输自由化、航空运输企业兼并重组和联盟化发展、低成本航空公司进入国际市场、航空碳排放税对我国国际航空运输发展的影响等重大问题,在国家政策层面,进一步明晰我国航空运输对外开放的总体战略,制定具有连续性、稳定性和保障性的国际航空运输政策。应确定开放的阶段及时间表,明确各阶段的开放政策,为行业提供一个可以预期的、稳定的对外开放政策环境。既要不断提高民航业开放水平,也要切实维护国家利益和行业利益。

完善国际航权和航班时刻分配机制。建立航权和航班时刻协调分配机制,保证航空公司在获得国际航权的同时获得相应的航班时刻。根据市场分析,以外航在同航线上对我国航空公司的影响最小化为原则,合理预留给予外航航班时刻,并以此为基础,争取我航空公司在对应国家机场的航班时刻。根据机场定位,合理配置国内航班和国际航班时刻比例,对开通远程国际航线的国内航空公司给予国内航权和航班时刻的配套支持,优化国际航线与国内航线衔接。

支持航空公司兼并重组,提高行业整体竞争力。支持国内航空公司实现强强联合的兼并重组,发挥规模效益,形成合力应对国际竞争。支持规模较大航空公司与规模较小航空公司的兼并重组,完善航空公司国内航线网络,为国际航线发展提供支撑。支持有条件的航空公司与国外航空公司兼并重组,扩大国际航线网络,提高国外市场营销能力,学习先进管理经验。

---

① 参见民航局综合司"提高我国民航国际竞争力的政策建议"调研组:《提高我国民航国际竞争力的政策建议》,《中国民用航空》2011年第1期。

深化改革,争取国家配套政策,优化民航发展环境。争取国际航空运输出口退税政策和补贴政策,按吨公里所包含的各类税费予以退还。协调海关和检验检疫等部门,简化通关流程,提高通关效率。深化民航领域市场化改革,在航油供应、航材引进等领域引入竞争机制,形成供应多元化、价格多层次化的竞争格局,降低民航运输企业运营成本。

6. 逐步完善政府公共服务职能

转变政府管理职能,完善政府公共服务职能既是提升综合交通运输服务水平的重要内容,也是加快综合交通运输服务发展的重要保障。完善政府公共服务职能需要一个较长的过程,"十二五"期间,应以促进交通运输节能减排、推进交通运输信息化建设、加大公益性运输服务供给为重点,逐步完善政府在综合交通运输服务中的公共服务职能。

(1) 促进交通运输节能减排

交通运输业发展需要消耗大量的土地、化石燃料等稀缺资源,并对环境造成一定的污染。今后,随着高速铁路、民航、私人机动车等高能耗水平运输方式的发展,交通运输业能耗和排放量及其在全社会能耗和排放总量中所占的比重将较快上升,交通运输节能减排任务将更加艰巨。"十二五"期间,应继续推进交通运输结构调整,对节能环保型运输方式如铁路、水运、城市公共交通发展给予政策支持,以结构优化促进交通节能减排;通过技术改造、节能技术应用提高各种交通运输工具的能源利用效率,以技术进步促进交通节能减排;改进运输组织,通过发展先进的运输组织方式(如甩挂运输、多式联运)提高运输系统的整体效率和运输工具的利用效率,以管理组织创新促进交通节能减排。

(2) 推进交通运输信息化建设

发达国家的实践表明,信息化是建设现代综合交通运输体系的必由之路。"十二五"期间,应充分利用我国在交通运输信息化方面的后发优势,以信息技术对传统的运输组织方式进行改造升级,提高综合交通运输效率与效益。例如,在国外集装箱多式联运中,通过基于互联网的电子商务系统来减少运输链中盲点和增加信息的对称以达到缓解集装箱运输中的不平衡状况已成为当前的趋势。根据国际集装箱多式联运发展趋势和我国管理体制及市场机制的实际情况,目前建立统一的运输管理机构既不现实也未必有效。在现行管理体制下,利用信息技术,实现集装箱多式联运的虚拟集成是提高集装箱多式联运效率的可行选择。集装箱多式联运的虚拟集成是指通过综合信息平台对运输和集装箱信息的及时传输和相互共享,实现运输单证在各相关部门、单位之间的电子传输和数据交换,并在此基础上根据顾客特定需求将运输链中独立的参与方组成临时性的运输企业联盟,利用其资源和能力优势进行整合,提供运输组织的决策支持功能来有效地满足顾客需求。集装箱多式联运的发展有赖于行业间信息的集成,信息技术的发展已经为这种跨行业的虚拟集成奠定了基础,因此,政府应从规划、实施各环节对这种信息集成给予政策支持,加快我国集装箱多式联运的发展。

(3)加大公益性运输服务供给

应该看到,在我国交通运输业快速发展的同时,仍有一部分地区和群体(边远地区、城乡低收入群体、残障人士等)存在着支付能力差、出行困难等问题,同时一些具有显著公益性特征的运输领域如校车运营问题也亟待进行规范管理。公益性运输服务难以单纯依靠市场机制去解决,必须充分发挥政府的作用。"十二五"期间,应加大对农村客运、城市公共交通等公益性强的运输服务领域的财政投入和政策支持力度,为城乡居民提供与其支付能力相匹配的、便捷、舒适、安全和人性化的运输服务。建立和完善多渠道筹措校车经费的机制,加大各级政府财税支持力度,进一步加强对校车运营的安全监管,保障学生上下学交通安全。

第十三章　坚持综合交通运输安全发展

一、交通运输安全问题主要研究内容

(一)现实背景

党的十六届五中全会从贯彻落实科学发展观和构建社会主义和谐社会的客观要求出发,提出了安全发展观,把安全发展纳入社会主义现代化建设的总体战略和经济社会发展的总体布局,为安全生产工作提供了强有力的政治保障。胡锦涛在中央政治局2006年第30次集体学习会上的重要讲话指出:各级党委和政府要牢固树立以人为本的观念,关注安全、关爱生命,进一步认识做好安全工作的极端重要性,坚持不懈地把安全生产工作抓细抓实抓好。我们的发展不能以牺牲精神文明为代价,不能以牺牲生态环境为代价,更不能以牺牲人的生命为代价。全面系统地阐述了安全生产的重要意义、指导原则和方针政策,明确了今后安全生产的目标和任务。

交通运输安全是安全生产工作的重要方面。伴随经济社会的发展,经济活动和社会交流日益频繁,客货运输规模不断扩大,交通事故已成为威胁人类生命安全的重要方面,给社会经济正常运行带来巨大损失。根据世界卫生组织(WHO)公布数据,[①]目前全

[①] 数据来源:World Healthy Organization, *Global Status Report on Road Safety: Time for Action*, Switzerland, 2009。

球每年约有 120 万人死于道路交通事故,受伤者多达 5000 万人,交通事故平均每天在全球导致 3000 余人死亡,约 10 万人受伤;若不采取进一步措施,到 2030 年全世界每年道路交通事故死伤人数将增至 240 万人,而中等收入和低收入国家死伤人数将会增加 80%;目前,全球因道路交通伤害造成的损失约为 5180 亿美元/年,其中中等收入和低收入国家每年损失 650 亿美元。

"十二五"时期既是交通运输大建设、大发展的重要时期,也是转变交通运输发展方式、推进综合交通运输体系建设的关键时期。经济社会以及交通运输业的不断发展,给交通运输安全和应急保障工作提出了更高要求,特别是当前和今后一个阶段影响交通运输安全稳定的不利因素依然存在,各种偶发和不可预见的事件时有发生,保障安全压力仍然十分巨大。为更好地防范交通运输安全生产事故,遏制重、特大事故的发生,有效应对各类突发公共事件的影响,发挥交通运输的基础保障作用,着力维护人民群众生命和财产安全,有必要深入研究"十二五"时期交通运输安全发展问题,使今后一个时期内我国综合交通运输安全工作取得更大的进步。

(二)内容构成

交通运输安全是涉及诸多领域的复杂系统工程,是交通运输领域需要重点关注的重大问题。概括而言,交通运输安全问题包括两个层面,即交通运输层面的安全生产问题和国家层面的交通运输安全保障问题。

1. 交通运输层面的安全生产问题

交通运输层面的安全生产问题,主要是运输生产全过程中对货物和旅客的财产和生命等方面的安全保障。具体而言,主要包括:交通运输基础设施设计、建设以及运营过程与环节中的安全问题,交通运输技术与装备的设计、制造过程与环节中的安全问题,交通运输运营服务过程与环节的安全问题等。

2.国家层面的交通运输安全保障问题

国家层面的交通运输安全保障问题,主要是从国家经济社会安全运行的角度来考量交通运输的服务和保障能力,其重点除了根据国家经济社会发展需要,配置安全有效的交通运输服务供给之外,还包括针对重大灾害等突发事件的交通运输安全应急反应系统的供给保障,在这一层面的基本要求是全力保障紧急状态下交通运输的稳定性、可靠性和机动性。

二、"十一五"时期交通运输安全发展回顾

(一)取得的成就

"十一五"时期以来,为进一步贯彻落实以人为本的发展方针,交通运输各行业高度重视交通安全工作,加大了对交通安全的综合治理,交通安全环境总体改善,安全与应急水平有了较大提高,取得了显著成就,为深化"十二五"时期交通安全工作奠定了基础。

1.安全第一理念基本树立,交通运输安全生产工作得到高度重视

"十一五"期间,各级政府以科学发展观为指引,进一步贯彻落实党的十六届五中全会提出的安全发展观,统一交通安全的认识,牢固树立"以人为本,安全第一"的理念,高度重视交通运输安全工作。特别针对重大活动、节假日等加强交通安全应急保障,针对各种重大交通违法行为,不断推进交通安全专项整治工作,取得了良好的效果,为人民群众营造了良好出行环境。

(1)铁路方面

铁道部组织全路开展了多项专项整治工作,极大地优化了出行环境。如2008年发布《关于开展无人看守道口安全专项整治的通知》(铁安监函[2008]309号),全年完成道口平交改立交308处,新建人畜通道398处,实现道口事故较上年减少43.41%,死

亡人数减少35.94%,事故损失减少34.83%;深入开展"安全生产年"活动和安全生产百日督察专项行动,扎实推进站段管理结构优化、自控型班组建设、主要行车工种队伍建设"三项工程",不断强化安全基础建设。加强高速铁路安全管理,完善提速安全保障体系,高速和提速安全持续稳定。大力开展安全生产专项整治,集中解决安全关键问题,消除了生产安全隐患。

(2)公路方面

从2004年起,国家九部委在全国组织开展了车辆超限超载集中治理工作;2007年,国务院同意在三年集中治理的基础上,从2008年起再用三年时间,加大工作力度,构建治超工作长效机制。经过三年集中整治和两年多的长效治理,治超工作取得了明显效果:车辆超限率持续下降,2008年全国道路货运车辆交通事故起数、死亡人数、直接经济损失分别比2007年降低21%、12%和13%,重特大恶性事故有所遏制,公路路网好转率、公路通行效率和道路运输企业效益明显提高。针对日益严重的酒后驾驶行为,从2009年8月15日开始,公安部在全国开展了酒后驾驶违法行为专项整治行动,截至当年年底,全国共查处酒后驾驶违法行为30.4万起,其中醉酒驾驶4.1万起,暂扣驾驶证27.3万本,行政拘留3.7万人次,因酒后驾驶导致交通事故起数、死亡人数较上年同期分别下降37.0%和39.6%。通过各种专项行动,有力打击了各种违规违法行为,营造了良好的出行环境。

(3)水运方面

交通运输部自2007年7月1日至12月31日在全国开展了防船舶碰撞、防泄漏的"两防"专项整治行动;从2010年8月1日开始,交通运输部在全国范围内开展为期一年的船舶管理市场清理整顿专项行动,进一步规范船舶管理市场,完善监管措施,提高准入门槛,提高船舶管理企业技术水平、安全标准和管理能力。此外,砂石运输船施工船安全管理、治理长江水域船舶超载运输等一项项针对性强且成效显著的专项整治活动也纷纷开展,通过这一系列专项整治行动,有效遏制了水上交通事故抬头的苗头。

(4)民航方面

"十一五"期间,民航总局陆续进行了针对航空公司运行能力、机场控制区秩序、违规运输危险品、飞行冲突、运行控制、航班大面积延误、机场鸟害防范等安全专项整治,并确定2010年为"安全体系建设年",通过专项行动,全面落实持续安全理念,推进安全体系建设,提高安全监管效能,增强综合保障能力,提升安全运行品质,保持民航安全形势平稳向好发展。

2. 交通事故率稳步下降,交通运输行业安全水平显著增强

交通运输安全是全国安全生产工作的重要组成部分,也是我国综合交通运输体系发展的基本要求,搞好交通运输安全,对于保障人民生命财产,维护社会安定,促进改革开放顺利进行,保证国民经济平稳较快发展,具有十分重要的意义。"十一五"以来,随着交通运输基础设施网络扩能升级建设大规模推进,运输工具技术性能的大幅度提高,现代化交通技术的大范围应用,我国交通事故率稳步下降,交通运输行业安全性显著增强。

(1)铁路方面

安全生产呈稳定向好趋势。全路重大以上铁路交通事故稳步下降,2006年全路共发生11起重大以上铁路交通事故,到2009年,全路无重大以上铁路交通事故,同时行车A类及以上事故较上一年度同比下降47.60%。交通事故造成的人员伤亡显著下降,2006年,路外伤亡人数高达8991人,其中死亡5749人,2008年,路外伤亡人数降至2932人,其中死亡2187人,分别较2006年下降67.39%和61.96%;路内从业人员伤亡人数从2006年的616人降低到2008年的489人,其中死亡人数由62人下降到34人,分别下降14.50%和20.62%,从业人员百亿吨公里死亡率由0.234下降到0.119,降幅为45.16%。

表 13-1 "十一五"时期铁路运输行业事故统计

年份	路外事故件数（件）	路外伤亡人数（人）	死亡（人）	路内事故件数（件）	路内伤亡人数（人）	死亡（人）	从业人员百亿吨公里死亡率（人/百亿吨公里）
2006	9208	8991	5749	545	616	62	0.234
2007	5038	5056	3143	540	581	55	0.190
2008	3171	2932	2187	466	489	34	0.119

资料来源：《中国铁道年鉴》,2007—2009。

(2)公路方面

我国公路交通事故呈逐年下降趋势。2010年我国共发生公路交通事故219521起,死亡65225人,受伤254075人,直接财产损失9.26亿元,和"十五"期末(2005年)相比,机动车万车死亡率由7.57降低到3.15,净减少4.42,10万人口死亡率由7.60降低到4.89,净减少2.71,均处于2000年以来行业最低水平。

表 13-2 "十一五"时期公路运输行业事故统计

年份	事故数量（起）	死亡人数（人）	受伤人数（人）	直接财产损失（亿元）	万车死亡率（人/万车）	10万人口死亡率（人/10万人）
2005	450254	98738	469911	18.84	7.57	7.60
2006	378781	89455	431139	14.90	6.16	6.84
2007	327209	81649	380442	11.99	5.11	6.21
2008	265204	73484	304919	10.10	4.30	5.53
2009	238351	67759	275125	9.10	3.60	5.08
2010	219521	65225	254075	9.26	3.15	4.89

资料来源：公安部交通管理局。

(3)水运方面

事故发生量下降明显,搜救成功率稳步提高。与"十五"期末相比,"十一五"期末全国水上交通运输事故件数、死亡失踪人数、沉船艘数和直接经济损失分别下降37.8%、31.3%、36.3%和34.6%,百万吨吞吐量死亡率下降68.9%,未发生一起死亡失踪30人以上特别重大水上交通事故。五年间,水上共成功救助97217人,救助遇险船舶9748艘,搜救成功率达96.2%,至今已保持了我国管辖海域连续6年中国籍交通运输船舶人员"零死亡"的纪录。

(4)民航方面

全行业安全形势总体平稳,安全飞行创历史纪录,重大飞行事故发生率较"十五"时期大幅度下降。"十一五"时期,中国民航实现了连续安全运行69个月、2150万飞行小时,创造了我国民航历史上新的安全纪录。运输飞行百万小时重大事故率为0.05,比"十五"期间降低0.14;发生重大飞行事故1起,是"十五"期的1/4;10年间民航运输飞行百万小时平均事故率约为0.11,远远低于世界0.29的平均水平。"十一五"期间,民航飞行事故征候指标也创新低,事故征候万时率和事故征候万次率均于2008年创历史最低水平,分别为0.28次/万小时和0.51次/万架次;但"十一五"期末两个征候指标均成抬头状态,又基本恢复到"十五"期末水平,这需要引起充分重视,将事故扼杀于征候之中。

3.法律规范建设力度加大,行业安全监管全面加强

为了切实加强对交通运输安全生产的组织领导,进一步做好交通运输系统安全生产的监督管理、指导协调工作,国家初步建立了横向到边、纵向到底的交通运输安全生产监管体系,先后出台了相关法律法规和规划文件,使交通运输安全管理和建设工作有法可依、有规可循。

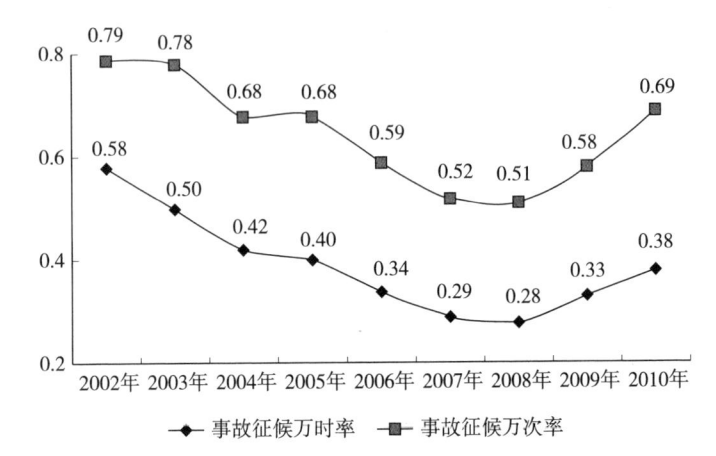

图 13-1　2002 年以来民航飞行事故征候

资料来源:《从统计看民航》,2003—2011。

(1)铁路方面

铁道部修订并颁布了《铁路交通事故调查处理规则》、《铁路安全监督管理办公室职责规定》、《铁路营业线施工安全管理办法》、《铁路建设工程质量安全监督管理办法》等规章及规范性文件,编制了《动车组运用安全管理体系》,建立了动检车和轨检车对动车组通过低端的全面检查和线路动态质量分析制度,坚持添乘检查制度,仅 2007 年全年铁路司局级以上领导干部添乘机车检查达 2400 次,各级专业干部和安全监察人员深入一线,卡控关键环节,开展集中检查,及时发现和解决危及行车安全的各类隐患,有效保证了铁路运输安全。

(2)公路方面

交通运输部、公安部等部门抓紧推进法律法规及规范性文件建设工作,先后出台了《高速公路交通应急管理程序规定》、《公路交通安全设施设置规范》(JTG D81—2006)、《公路交通安全设施施工技术规范》(JTG F71—2006)、《公路交通安全设施设置细则》

（JTG/TD81—2006）等法规和规范性文件，加强对车辆、驾驶员、交通设施的监管力度，针对酒后驾驶、机动车涉牌涉证等违法行为保持严管高压态势，强化客货运车辆超载超限、疲劳驾驶等危险驾驶行为的路面及源头安全监管，有力减少了交通事故的发生。

（3）水运方面

交通运输部直属海事系统行使中央事权水域内安全监督、防止船舶污染、船舶及海上设施检验、航海保障管理和行政执法等职责，水上交通安全监督管理由各级海事机构负责。"十一五"期间，国家制定了《中华人民共和国航运公司安全与防污染管理规定》和《国家水上交通安全监管和救助系统布局规划》，明确2010年年初步形成现代化水上交通安全监管和救助系统，到2020年以我国沿海和长江干线水域为重点，构建全方位覆盖、全天候运行、具备快速反应能力的现代化水上交通安全监管和救助体系。

（4）民航方面

国家民航局会同相关部门出台了《民用航空运输机场航空安全保卫规则》、《公共航空运输企业安全保卫规则》、《国家航空安全纲要》、《民航安全监管若干政策意见》等法律法规和规范性文件。坚持"安全第一、预防为主、综合治理"的方针，落实民航行政机关安全监督责任，强化对行业安全生产工作的监督管理，大力推进安全监管队伍体系、规章体系、历年体系和组织体系建设，积极采用先进的安全监管技术和方法，努力提高安全监管能力和水平，从源头和系统上夯实行业安全监管工作的基础，确保民航安全。

4.交通应急预案制度初步形成，应急保障能力不断提升

2003年非典之后，党中央、国务院提出了加快突发公共事件应急机制建设的重大课题；党的十六届三中、四中全会明确提出，要建立健全社会预警体系，形成统一指挥、功能齐全、反应灵敏、运转高效的应急机制，提高保障公共安全和处置突发事件的能力。交通运输应急制度是国家突发公共事件应急管理体系的重要组成

部分,其对于应对各种突发公共事件,确保交通运输安全、可靠具有重要基础支撑作用。

截至目前,在国家突发公共事件应急预案体系中,中央一级的涉及交通运输的应急预案有17个,其中属国家专项应急预案的有4个,属国务院部门应急预案的有13个;按所涉运输方式分,涉及铁路运输的应急预案有9个,涉及民航(主要是民用航空器)的为2个,涉及水路、海上及公路运输的各有1个。此外,涉及城市交通方面的有2个,涉及煤电油运综合协调的1个(见表13-3)。

表13-3 我国中央一级的交通应急预案

层级	应急预案名称	涉及领域
国家专项应急预案	国家处置铁路行车事故应急预案	铁路
	国家海上搜救应急预案	水运
	国家处置民用航空器飞行事故应急预案	民航
	国家处置城市地铁事故灾难应急预案	城市地铁
国务院部门应急预案	铁路防洪应急预案	铁路
	铁路破坏性地震应急预案	铁路
	铁路地质灾害应急预案	铁路
	铁路交通伤亡事故应急预案	铁路
	铁路火灾事故应急预案	铁路
	铁路危险化学品运输事故应急预案	铁路
	铁路网络与信息安全事故应急预案	铁路
	铁路突发公共卫生事件应急预案	铁路
	公路交通突发公共事件应急预案	公路
	水路交通突发公共事件应急预案	水运
	突发公共卫生事件民用航空器应急控制预案	民航
	煤电油运综合协调应急预案	公路、铁路、水运等
	城市桥梁重大事故应急预案	城市交通

资料来源:作者整理。

第十三章 坚持综合交通运输安全发展

根据中央一级交通应急预案的相关要求,各地方政府,各铁路局、基层站段以及各地交通部门也相继制定了地方性的交通应急预案。并在此基础上,一些地区根据不同运输方式应急保障的特殊性和不同种类的突发事件编制了应急运输预案,如《陕西省处置铁路行车事故应急预案》《湖南省铁路安全事故应急预案》、《浙江省自然灾害突发事件道路运输应急保障预案》等。

同时,交通运输主管部门初步构建了应急组织架构。如铁路系统按照"铁道部—铁路局—基层站段"的三级管理机制构建了交通应急组织架构;公路及水运系统遵循"统一领导、分级负责、条块结合、属地为主"的原则,初步构建了部、省、市、县四级应急组织架构,负责应急指挥与协调、应急日常管理、现场指挥等工作;民航系统构建了由主管部门和各地区民航管理机构组成的应急组织架构。

在日常工作中,铁路、公路、水路及民航等部门注重加强交通运输应急运行机制建设,不断强化涉及突发事件的危险源排查,着力推进突发事件预测预警、信息报告、应急响应、应急处置及调查评估等机制建设,普遍建立了 24 小时应急时期值班制度,工作例行报告制度,强化突发事件的信息报送和预警工作,确保重大突发事件及时准确上报和妥善处置;在处置过程中更加注重部门间的协调联动和资源及信息共享,着力于形成统一指挥、相互支持、密切配合、协同应对事故灾难的合力。如铁路部门以铁道部、铁路局、站段三级值班室为主体,进一步加强和完善了铁路突发公共事件信息报送机制。

经过"十一五"时期的努力,交通运输应急保障能力得到不断提高。铁路方面,一批应急重点项目完成建设,铁路应急平台、京津城际铁路防灾监控系统、综合视频监控系统、大风实时监测系统、应急培训基地等,基本建成了全路综合移动通信系统和功能完善的铁路行车安全保障体系。公路方面,交通运输部已将高速公路及普通国省干线公路养护管理部门、路政管理部门、公路经营管理单位、公路养护工程企业等纳入公路交通应急保障队伍,并结合国家应急物资储备建设,编制了交通应急物资储备方案。2009年,经国务院、中央军委批准,武警交通部队也纳入了公路交通应急救援力量,交通运输应急保障能力得到进一步提高。

5. 交通运输技术方法不断改进,交通安全保障水平大幅提高

"十一五"期间,交通运输行业管理部门及企事业单位结合实际,推进交通安全生产信息化工作,并取得了一定的成绩,主要包括:铁路方面,启动并初步完成货运计量安全检测监控系统、列车运行 CTCS-3 级列控系统总体技术方案、客运专线综合 SCADA 系统等项目建设,组织 ATIS、5T、HMIS 等信息资源共享,搭建货车技术状态信息跟踪管理和综合应用基础平台,开发完成货车检修车全过程管理系统并推广全路应用。公路方面,交通运输部联合中国气象局,共同发布全国干线公路交通气象预报预警,服务公众出行与管理决策;道路运输行业初步建成区域性道路运政管理信息系统、汽车综合性能检测站视频监控及资料远程传输系统、道路运输从业资格证管理系统,公路客运车辆安装了行车记录仪,建立了有关行车安全信息的收集、储存、分析、归类和处理系统,部分危险品运输车辆安装了卫星定位仪(GPS);公路行业在高速公路上采用了光纤通信、联网收费、安全监控等信息化手段,建立了 ETC 收费系统。水路方面,初步构建了水运市场管理系统、水上安全系统、船舶管理系统;民航方面,国家民航局投资 1.27 亿元加装飞机客舱监视系统,开展民航安全风险监测方法、机场安全管理系统(SMS)、机场网络运行设备可视化安全智能监控系统等的研究,并结合 GIS 技术、VR 技术等应用于航空安全管理中,有效提高了交通安全保障水平。

(二)存在的问题

尽管"十一五"期间交通运输安全工作成就显著,但仍不能充分适应社会经济发展的要求,在交通运输行业发展过程中长期积累的交通运输安全深层次矛盾尚未得到有效解决的同时,又出现了一些新情况、新问题。

1. 公路交通仍然是交通事故多发主体

"十一五"期间,尽管公路(道路)交通安全取得了很大进展,交通安全事故发生率和致死致伤率逐年下降,但和铁路、水运、民航相比,公路(道路)交通仍是交通事故多发领域。

"十一五"时期以来,公路(道路)交通领域交通事故致死、致伤量占全社会交通伤亡比重逐年增加,公路(道路)交通领域仍是交通事故多发主体。2006年公路(道路)交通事故死亡人数占全社会的93.19%,受伤人数占全社会的99.12%;到2008年,公路(道路)交通事故死亡73484人,致伤304919人,占全社会交通事故死亡(含失踪)总量的96.36%,致伤人数总量的99.59%。相比之下,民航安全性最高,2006—2008年民航未发生致死致伤性交通安全事故。

发生问题的原因是多方面的,但总体来看,公路交通安全基础设施欠缺、监管薄弱是导致问题发生的很重要原因。如部分省份农村道路安保工程欠账多,危桥大量存在,由于地方配套资金匮乏,导致一些地区农村道路安保工程进展缓慢,危桥整治乏力,给交通运输安全生产带来严重隐患。

2. 农村交通依然是交通安全薄弱环节

农村公路作为我国公路网的重要组成部分,对于全面建设小康社会和构建社会主义和谐社会具有重要意义。截至2010年年底,全国农村公路总里程达到350.66万公里,占全国公路总里程的87.49%;到2020年,全国农村公路总里程预计将达到370万公里。然而,农村公路建设与管理仍不能适应社会主义新农村建设

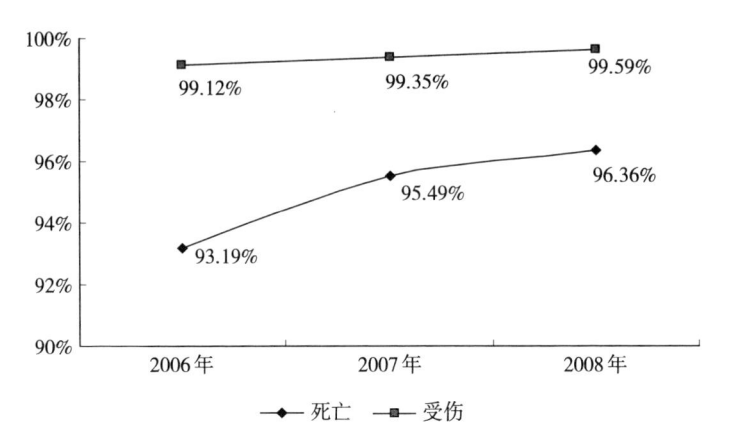

图 13-2 "十一五"期公路(道路)交通事故伤亡占交通事故总伤亡比重

注:根据《中国铁道年鉴》、《全国交通统计资料汇编》整理。

的需要,特别是交通安全问题显得尤为突出,农村公路交通事故群死群伤现象严重。根据公安部交通管理局发布的《道路交通事故统计年报(2007年度)》,2000—2007年,我国发生的345起1次死亡10人以上特大交通事故中,发生在县乡村道及等外公路上的有108起,占31.3%。除此以外,农用运输车辆肇事情况也十分严重。以安徽为例,2008年12月21日至2009年12月20日,全省仅农用运输车肇事引发交通事故就达870起,占全省道路交通事故总数的10.6%,共造成396人死亡,占全省道路交通事故死亡人数的13.5%。

水运方面,2006年全国农村地区乡镇、个体船舶共发生水上交通事故209起,占全国水上交通事故总量的47.39%,导致258人死亡(含失踪),14人受伤,分别占全国水上交通事故死亡(含失踪)、受伤总人数的68.62%和38.89%;到2010年,情况有所好转,全国乡镇、个体船舶共发生交通事故137起,较2006年下降34.29%,占全国总量的41.39%,死亡、受伤人数分别为127人和2人,分别占全国总量的38.6%和28.57%。尽管如此,农村地区乡镇、个体船舶事故仍是全国水上交通事故的主要组成部分之一,农村地区运输安全问题值得引起重视。

农村交通安全问题很大程度上揭示出目前我国农村地区交通基础设施规划、设计、建设、养护以及交通安全教育等方面的不足。在规划层面,农村公路网规划与干线公路连接的合理性、顺畅性、协调性不够,造成运营中的安全隐患;在设计层面,一些道路的设计线形标准低,路线线形差,在弯道半径的取舍、道路纵坡、横向排水等方面缺乏应有的考虑,竖曲线频繁变换,行车视距不足,公路通行能力降低,安全通行难以保证;在建设及维护层面,由于资金不足、施工监管力度不够等原因,工程质量难以保障,安保设施不足,危桥病桥数量多,存有安全隐患。在安全宣传教育层面,长期存在的重城镇、轻农村,重形式、轻实效,重学生、轻成人,重说教、轻引导等现象的存在,在一定程度上导致农村交通安全未能得到有效改善。

3. 交通事故应急与救援机制有待健全

近年来,我国综合交通运输交通安全应急保障能力得到了较大提升,有力地应对了频频发生的冰雪、冻雨、地震、海啸等极端恶劣气候和重大自然灾害的抢险救灾工作,为北京奥运会、新中国成立60周年庆典等大型活动以及"春运"、"十一"黄金周等重要时期的应急运力组织和运输安全服务提供了重要支持,但同时也暴露了一系列亟待解决的问题。比如在2008年年初的雨雪冰冻灾害中,就暴露出交通运输部门对滞留旅客疏散安置不及时、道路交通信息发布时效性不强、公路抢修力量不足等问题;"5·12"汶川大地震发生后,多地铁路、公路交通设施损毁严重,使得应急物流不得不依靠航空运输,而汶川地震的应急物流过程中,又凸显了我国航空应急运力的不足等问题。

从总体上看,我国交通应急系统建设仍不够完善,交通应急预案系统的协调性和可操作性较差,应急管理体制尚不健全,缺乏长效机制,交通事故救援与急救体系尚处于各自为政状态,缺乏统一有效的指挥机制,力量分散,职能交叉,应急救援保障机制欠缺,救援演练制度不健全,资金投入和经费保障存在缺口,既有的交通安全监管和应急救援装备设施难以有效适应交通运输快速发展的需求,总量不足、分布不均和现代化手段缺乏等矛盾比较突出,交通运输应急信息资源互通和共享机制缺乏,应对重特大灾害和事故能力较弱;同时,应急物资和运力储备不足、结构单一,布局有待进一步调整优化。另外,目前各级政府鲜有制定有效的交通应急补偿机制,不仅未在年度预算中设立应急补偿专项资金,而且也未界定补偿的范围、标准、方式和方法,更没有临时解决应急运输经费的预案,在一定程度上导致大量应急运输经费无法得到及时补偿,挫伤了参与应急的运输企业和相关救援人员的积极性,制约了应急运输保障长效机制的建立。

4. 交通运输安全监管尚不完善

目前,我国交通安全法制、体制、机制和交通安全监管尚不能完全适应综合交通运输体系发展的需求。交通运输行业安全生产和应急法规、相关技术标准规范仍不健全,中央一级的针对交通应急的立法以行政法规和部门规章居多,这虽然保证了突发事件由行政机关应急处理的特点,但由于缺少上位基本法,致使法律之间的冲突现象层出不穷。同时,受地方保护主义的影响,许多地方性法规还存在相互掣肘的问题,这大大削弱了处理突发事件的合力。城市客运的安全生产和应急立法存在空白,水运缺乏统一的水上交通安全管理法律;安全生产和应急管理机构不健全,预案体系不完善,操作性不强,专职人员不足,农村交通运输和非水网地区相应的安全应急管理机构和人员尤为缺少。

交通运输安全生产监管覆盖面不全,基础设施工程建设、运输市场运营监管和运输主体管理等方面仍然存在一些薄弱环节和漏洞。基础设施工程建设方面,盲目抢抓工期,违背科学施工现象屡屡存在,加之基础设施建设质量监管不严,监控不到位,导致一批交通基础设施先天存在安全隐患,部分设施如桥梁甚至尚未竣工便已倒塌。运输市场运营监管方面,无证无照、超速、超限、超载以及非法转包分包等交通运输非法违法生产经营行为比较突出,非法违法从事渡运、砂石运输等行为依然存在。据交通运输部统计,2010年1—10月,全国发生的重大道路交通事故中超载和非法载客就占45%,水上发生的多起重大交通事故均是因非法违法运输所致。运输市场主体管理方面,部分企业(车主、船主)安全生产主体责任未落实,部分航运企业对运输船舶存在代而不管的现象,部分道路运输企业实行营运客车承包、挂靠的管理模式,均未能充分履行安全生产监督管理责任与义务。同时,交通安全监管涉及公安、交通、铁路、建设、农机、质检、环保等多个部门,体制不顺,职权交叉,重复装备,重复执法,增加了行政成本,降低了管理效能。

5. 公民交通安全意识亟待提高

随着城镇化进程的不断推进,机动车保有量不断提高。"十一五"初期,我国民用机动车保有量为11755.08万辆,其中民用汽车保有量为3159.66万辆,民用运输船舶保有量为207294艘;到2010年年底,我国民用机动车保有量高达20706.13万辆,其中民用汽车7796.4万辆,较"十一五"期初分别增长76.15%和146.75%,民用运输船舶略有减少,为178407艘;同期,机动车驾驶员由期初的13069.52万人增长到21293.71万人,增长了62.93%。

与此同时,机动车辆交通违法违规行为十分突出,自行车、行人遵守交通规则意识淡薄,交通安全宣传教育的责任和义务还没有得到很好地落实,尚未形成全社会交通安全宣传教育工作格局。表13-4所示为2006—2010年在各种原因导致公路(道路)交通事故中事故发生数量及死亡人数的比重。从表13-4中可以看出,交通参与者安全意识单薄、交通违法是导致交通事故的主要原因,2006年因交通违法肇事及致死分别占事故总量和死亡人数的91.59%和91.99%,而2010年,已分别增至96.14%和96.05%。其中,机动车驾驶员违规违法是导致交通事故发生的最主要原因,并且因驾驶员违法导致交通事故和死亡的比重逐年增加。

表13-4 公路(道路)交通事故原因及其比重

事故原因	事故数量					死亡人数				
	2006年	2007年	2008年	2009年	2010年	2006年	2007年	2008年	2009年	2010年
机动车违法	86.74%	89.35%	90.68%	90.93%	91.08%	87.57%	90.03%	91.49%	91.82%	92.02%
机动车非违法过错	8.07%	4.97%	4.22%	3.79%	3.74%	7.55%	4.76%	4.19%	3.82%	3.75%
非机动车违法	3.22%	3.81%	3.58%	4.01%	3.98%	2.10%	2.41%	2.19%	2.33%	2.24%
行人乘车人违法	1.62%	1.66%	1.37%	1.13%	1.08%	2.32%	2.43%	1.89%	1.76%	1.79%
道路原因	0.01%	0.01%	0.00%	0.01%	0.01%	0.02%	0.00%	0.00%	0.02%	0.01%
意外	0.32%	0.20%	0.15%	0.13%	0.11%	0.44%	0.37%	0.24%	0.25%	0.19%
合计	100%	100%	100%	100%	100%	100%	100%	100%	100%	100%

资料来源:公安部交通管理局。

三、我国交通运输安全发展面临形势

"十二五"时期是我国全面建设小康社会的关键时期,是深化改革开放、加快转变经济发展方式的攻坚时期,也是综合交通运输体系发展的关键时期。在此背景下,做好交通运输安全及应急工作,保持社会持续稳定健康发展尤为重要。

(一)交通运输安全影响因素的基本态势

1. 经济社会发展

"十一五"期间,我国国民经济以高出规划目标约2.5个百分点的速度持续快速增长,城镇化水平不断提高,机动化进程加快,交通运输事业迅猛发展,车、船设备及交通流量急剧增长,交通供需矛盾日渐突出,交通基础设施压力增加,导致交通事故频发。

"十二五"时期,我国国民经济预期年均增长速度仍将保持在7%左右。通过进一步调整优化经济结构,我国将努力实现居民收入增长速度与经济发展同步、劳动报酬增长和劳动生产率提高同步,人民生活质量和水平不断提高,消费能力将进一步增强,人民群众的出行需求及其对出行质量要求也将进一步增加。

与此同时,"十二五"时期,我国将坚持走中国特色城镇化道路,科学制订城镇化发展规划,积极稳妥推进城镇化。2010年,我国城镇化率达到49.68%,城镇人口达6.66亿,[①]城镇化规模位居世界第一。"十一五"期间年均新增城镇人口约1500万人,而今后一段时间我国城镇化进程仍处于一个快速推进的时期,预计到"十二五"期末城镇化率将达到53%。城镇化进程加快必将进一步推动小汽车等机动车辆进入家庭的趋势,同时伴随着西部大开发、振兴东北老工业基地、中部崛起、主体功能区战略等一系列区域发展总体战略的持续推进,机动化进程将不断加快,机动车快速增长趋势将由东部发达地区逐步过渡到西北内陆地区,我国机动车保有水平将进一步提高。

社会经济的快速发展,城镇化的快步推进等,将使得"十二五"时期我国交通运输安全形势更为严峻和复杂。

2. 交通基础设施发展

"十一五"期间,为了应对世界经济危机,中央提出了4万亿经济刺激计划方案,其中有1.5万亿用于铁路、公路、机场、水利等重大基础设施建设和城市电网改造,占比超过1/3。

[①] 国家统计局:《第六次全国人口普查主要数据》,2011年4月28日发布。

表13-5 "十一五"期交通基础设施建设情况 单位:万公里

指标	2005年	2006年	2007年	2008年	2009年	2010年
铁路营业里程	7.54	7.71	7.80	7.97	8.55	9.12
公路里程	334.52	345.70	358.37	373.02	386.08	400.82
#高速公路	4.10	4.53	5.39	6.03	6.51	7.41
内河航道里程	12.33	12.34	12.35	12.28	12.37	12.42
民航航线里程	199.85	211.35	234.30	246.18	234.51	276.51
管道输油(气)里程	4.40	4.81	5.45	5.83	6.91	7.85

资料来源:《中国统计年鉴》(2011)。

"十一五"期间,我国交通基础设施建设成就明显。从表13-5中可以看出,和"十五"期末相比:2010年年末我国铁路营业里程达到9.12万公里,增长了20.95%,预计到2012年,铁路运营里程将达到11万公里,电气化率、复线率均达到50%以上;公路达到400.82万公里,增长了19.81%,其中高速公路7.41万公里,增长了80.73%,农村公路350.66万公里,99.97%的乡镇、99.21%的建制村通了公路,92.46%的乡镇、77.60%的建制村通了沥青(水泥)路;2010年年末内河航道里程12.42万公里,增长了0.73%,其中等级航道6.23万公里,占总里程的50.1%,比"十五"末提高0.6个百分点,通航能力大幅提高;民航航线网络结构大幅优化,服务质量进一步提高,航线里程达到276.51万公里,增长38.36%;油气管道里程净增加3.45万公里,达到7.85万公里。城市轨道交通建设方面,"十一五"期间,正式开通运营的城市累计已达12个,同时,批准了长沙、西安、哈尔滨等25个城市的建设规划,[①]另外南宁、贵阳、厦门等十余城市也正在编报近期建设规划,预计"十二五"期末,我国城市轨道交通总里程将达到3000公里。

发达的综合交通网络一方面极大地推动交通运输业的快速发

---

① 参见中国城市轨道交通年度报告课题组:《中国城市轨道交通年度报告2010》,中国铁道出版社2011年版。

展,为人民群众的出行带来极大的便捷;另一方面若交通安全监管、交通参与者素质不能同步提高,就不可避免会出现更多的交通安全事故和交通死亡。

3. 快速机动化

目前,我国大部分大城市已进入国际公认的私家车普及阶段(人均 GDP 大于 3000 美元)。"十一五"期间,我国机动化势头迅猛,2010 年年末全国民用汽车保有量达到 7796.4 万辆(不含三轮汽车和低速货车),较"十五"期末净增长 4636.74 万辆,增长幅度高达 146.74%,其中私人汽车 5938.7 万辆,较"十五"期末净增长 4090.63 万辆,增长幅度高达 221.35%。图 13-3 所示为新中国成立以来我国民用汽车保有量变化情况,从图 13-3 中可以看出,目前我国汽车保有量增长仍保持强势,预计"十二五"期间仍将保持高增长势头。

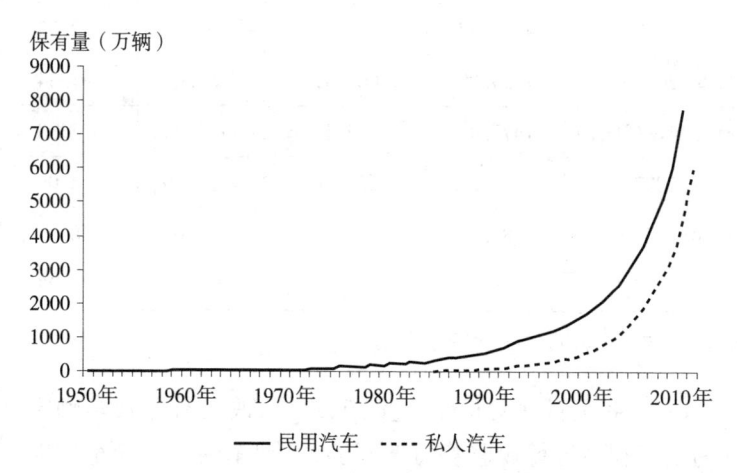

图 13-3 新中国成立以来我国民用汽车保有量变化情况

资料来源:《中国统计年鉴》(2011)。

截至 2010 年年底,我国民用汽车千人拥有量为 58.19 辆,其中私人汽车千人拥有量为 44.33 辆,和世界其他发达国家水平相比差距十分明显(见表13-6):和我国国土面积相差不大的美国,2008年汽车保有量约为2.5亿辆,是我国的3.2倍,其汽车千人拥有量为816.17辆,是我国的14倍,其中私人汽车保有量是我国的4.1倍,私人汽车保有水平是我国的18.1倍;即使汽车保有水平相对较低的新加坡,其民用汽车和私人汽车千人保有量亦分别为我国的4.4倍和3.3倍。由此可见,我国机动化总体水平仍然较低,若我国机动化水平和新加坡相当,则我国汽车总量还将翻两番,达到2.5亿辆左右。

表13-6 我国和部分发达国家汽车保有水平比较

国别(年份)	民用汽车 保有量(万辆)	民用汽车 千人保有量(辆/千人)	私人汽车 保有量(万辆)	私人汽车 千人保有量(辆/千人)
英国(2005)	3289.70	560.43	2620.80	446.47
美国(2008)	24816.47	816.17	24395.26	802.32
日本(2003)	7739.00	606.41	4866.60	381.34
澳大利亚(2007)	1477.49	744.13	1146.24	577.30
德国(2007)	5125.32	623.00	4656.39	566.00
新加坡(2008)	89.47	245.61	54.05	148.37
中国(2010)	7796.40	58.19	5938.70	44.33

资料来源:根据各国年度统计年鉴整理。

但是,我国目前对机动车生产、维修、改装行业及车辆零部件的生产和销售行业监管力度不够,机动车辆整体安全性能欠佳,机动化产品故障召回制度尚未完全建立。随着机动化进程的快速推进,若不采取相关有效措施,机动车交通事故可能会进一步增加。

4. 交通参与者素质

交通参与者的文明意识、道德水平直接影响着交通参与者遵守交通法规的自觉性。目前,交通参与者违法是导致交通事故的主要原因。长期以来,大部分行人、非机动车驾驶员甚至部分机动车驾驶员对交通安全法律法规知之甚少,尤其是农村地区的农用车、拖拉机、摩托车驾驶人,其思想上尚未真正树立起交通法制观念,以法律法规规范自己的交通行为,往往处于被动状态,而不是自觉遵守,故而在交通行为上表现为自由性、随意性,导致了许多交通事故的发生。

除交通参与者思想道德水平外,驾驶员技术水平也是影响交通安全的重要因素。"十一五"期间,我国机动车驾驶员数量显著增加,从"十五"期末的13069.52万人增加到21293.71万人,净增长8224.19万人,增幅为62.93%,其中汽车驾驶员由8017.76万人增长至15181.90万人,净增长7164.14万人,增幅高达89.35%,汽车驾驶员总量已高于"十五"期末机动车驾驶员总量(如图13-4所示)。同时,据公安部交通管理局统计,[①]目前3年以下驾龄驾驶员是交通事故高发群体,以江西为例,2009年,江西3年以下驾龄驾驶员肇事占全省私车事故总量的37.21%,车祸致死率占私车事故死亡人数的32.32%。

可以预见,随着交通安全宣传教育的不断深入和机动车驾驶员培训的不断规范,交通参与者的交通法制意识、安全素质、驾驶水平将会明显提高,交通违规违法行为将明显降低。但是,交通参与者安全意识的养成、技术水平的提高是一个循序渐进的过程,不可能一蹴而就,在短时间内,出行需求的大幅增加必然导致大量交通违规违法行为的出现,进而诱发大量交通事故。

---

① 参见公安部交通管理局:《中华人民共和国道路交通事故统计年报》(2010),2011年6月。

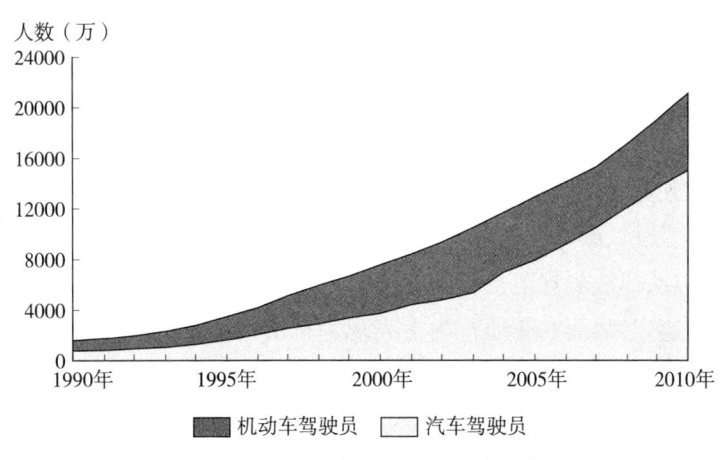

图 13-4　1990 年以来我国机动车驾驶员增长情况

资料来源：公安部交通管理局。

5. 交通安全管理水平

如前所述，目前我国交通安全法制、体制、机制和交通安全监管尚不能完全适应现代综合交通运输体系高速发展的需求，安全管理水平还有待进一步提高。部分交通运输企业挂靠经营问题突出，导致交通运输企业安全责任制度难以落实，运输企业安全监管在一定程度上存在缺位现象；部分城乡，尤其是偏远山村地区客运交通出行难，交通安全薄弱，农村拖拉机、三轮车、低速货车无牌无证、违法载人现象严重，农村公路标准较低，安全防护设施落后；交通科学管理的理念、机制、手段、方法，以及管理人员的素质、能力还不能完全适应经济社会发展的需要，人员和装备不足的问题比较突出，特别是农村和高速公路警力不足问题更加严重，一些地方处于交通安全监管空白地带；交通安全宣传教育的责任和义务还没有得到很好地落实，尚未形成全社会交通安全宣传教育工作格局，特别是公益宣传相对较少。随着社会的不断发展进步，全社会对交通安全工作的日益重视，我国交通安全管理水平将逐步提高，将有效降低交通事故的发生数量。

（二）交通运输安全工作面临的形势

1.保持经济社会平稳较快发展，构建社会主义和谐社会，要求提高交通安全保障水平

"十二五"时期是我国实现全面建设小康社会奋斗目标承上启下的关键时期，是深入贯彻落实科学发展观、构建社会主义和谐社会的重要时期。保增长、保稳定仍然是基础，转方式、调结构将成为主线，扩内需、惠民生成为新的发展主题。

"十二五"时期我国国民经济仍将保持平稳较快增长，工业化、信息化、城镇化、市场化、国际化深入发展，内需拉动作用显著增强，经济发展对交通运输的需求将继续保持强烈态势。同时，社会进步，经济发展，城镇化、机动化水平提高，人民群众对时间价值要求提高，对安全、便捷、高效、舒适的综合交通运输服务需求日益急切。此外，近年来气候及能源资源安全、粮食安全等全球性问题更加突出，部分地区局势紧张，而我国应对各种自然灾害、事故灾难、公共卫生、社会安全、重点物资运输等突发性事件形势严峻，交通运输业维护公共安全的责任更加突出。

为构建民主法治、公平正义、诚信友爱、充满活力、安定有序、人与自然和谐相处的社会主义和谐社会，交通运输业应不断提高运输服务保障能力。一方面，要在保增长、保民生、保稳定，促进社会经济发展中继续发挥基础支撑作用，确保交通运输生产力持续平稳较快发展，为人民群众提高优质服务；另一方面，要积极应对日益复杂的安全维稳形势，维护交通运输安全，确保重点物资、抢险救灾物资运输和重点时段客货运输的有序、安全、畅通，保护人民群众生命财产，打击交通违法违规行为，为经济建设保驾护航，为构建社会主义和谐社会提供坚强的交通安全保障。

2. 保障人民群众生命财产安全,缩小交通安全国际差距,要求加快交通安全系统建设

交通安全是与人民群众生活息息相关的基本民生问题之一,构建交通安全系统,加强交通运输安全监督管理,预防和减少交通事故,保护人民群众生命和财产安全,提高安全通行效益,为人民群众出行、经济建设和社会发展创造和谐、平安的交通运输环境是交通运输安全管理部门和企事业单位的基本职责。

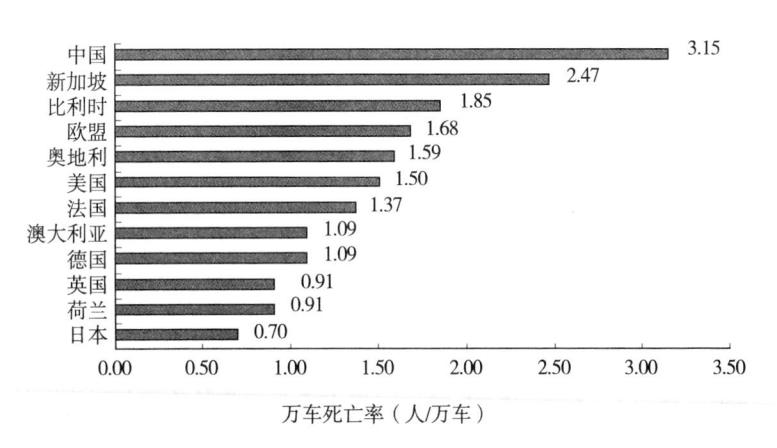

图 13-5 世界部分国家道路交通万车死亡率

国家	万车死亡率(人/万车)
中国	3.15
新加坡	2.47
比利时	1.85
欧盟	1.68
奥地利	1.59
美国	1.50
法国	1.37
澳大利亚	1.09
德国	1.09
英国	0.91
荷兰	0.91
日本	0.70

注:中国、澳大利亚分别为2010年和2007年数据,其他均为2008年数据。
数据来源:European Road Statistics 2010, State Transportation Statistics 2009, Statistics Singapore 2009, Review of Development in Transport in Asia-Pacific, Australian Transport Statistics。

从国际上来看,我国交通安全管理水平与西方发达国家存在较大差距,以道路交通运输安全为例,如图13-5所示,发达国家机动车万车死亡率一般在2.0人/万车以内,而我国在2010年机动车万车死亡率为3.15人/万车,远高于发达国家水平。因此,提高交通运输行业的发展质量,缩小交通安全国际差距,要求我们加快交通安全系统建设,确保人民群众生命财产安全。

3.交通基础设施建设速度加快,交通运输网络逐步形成,要求交通安全水平与之相匹配

党的十七大把加快构建综合交通运输体系作为一项重要的战略任务,《中共中央关于制定国民经济和社会发展第十二个五年规划的建议》同样提出要按照适度超前原则,统筹各种运输方式发展,构建网络设施配套衔接、技术装备先进适用、运输服务安全高效的综合交通运输体系。

交通运输作为经济社会生活的基本条件及其在国民经济发展中的先行地位,得到优先发展并步入了发展快车道。"十二五"时期,交通运输仍将成为我国增强综合国力、提高人民生活水平、提升国际竞争力的重要基础设施投资建设方向。"十一五"期间,交通基础设施建设抓住应对国际金融危机、刺激经济增长的四万亿投资计划,加快推进了高速铁路、高速公路、重点航道、枢纽机场和油气管道的建设,综合交通运输网络架构初步形成。"十二五"期间,我国将继续推进综合交通运输通道建设,进一步发展和完善综合交通运输体系,加强各种运输方式的衔接和协调,基本建成国家快速铁路网和国家高速公路网,积极发展水运,优化港口和机场布局,综合交通运输网络建设将实现跨越式发展。

与此相适应,我们必须抓住机遇,直面挑战,加强交通安全基础设施建设,完善交通安全监管体制,创新科技应用,切实提高并增强交通安全管理的能力和水平。

4.突发公共事件频发多样,交通应急保障范围扩大,需要更加全面系统的交通应急措施

我国是世界上受自然灾害影响最为严重的国家之一,有70%以上的大城市、一半以上的人口、75%以上的工农业产区,分布在洪水、地震、海洋等灾害严重的沿海及东部地区,灾害发生频率高、种类多、损失严重。各类自然和地质灾害造成铁路、公路、机场、港口桥梁、隧道损毁阻断,极端恶劣天气造成旅客滞留、货物受阻的

情况时有发生、并且持续时间不断延长。在发生重大自然灾害时，交通运输必须发挥抢险救灾的重要基础保障作用，任务十分艰巨。

经济社会快速发展使交通运输安全生产形势依然严峻，事故发生频率加大，后果更趋严重，事故预防与处置难度越来越大。如随着全社会对危险品的需求迅速增加，危险货物运输的种类、数量不断增长，货物的危险性质也越来越复杂，引发重特大突发环境事件、辐射事故的隐患也越来越多。根据交通运输部道路运输司2010年统计，目前我国每年汽车运输危险货物运输量超过2.5亿吨，其中，剧毒的氰化物超过80万吨，易燃易爆油品类超过1.5亿吨。大量的易燃、易爆、剧毒、剧腐蚀的危险货物在全国交通网络尤其是道路网络上的运输，形成一个个流动的潜在危险源，稍有不慎，就会给生态、环境造成严重破坏和污染，使人民生命财产遭受巨大损失且产生严重的社会影响。

同时，我国的经济结构、产业布局和资源分布格局，决定了我国北煤南运、西煤东运以及原油、铁矿石等大量进口状况将长期持续，在铁路运能紧张的情况下，电煤、原油、矿石运力紧张的局面难以在短期内得到根本缓解。"十二五"时期，我国经济将继续保持较快增长，与此同时，煤炭、石油、矿石、粮食、化肥等重点物资应急运输形势仍然十分繁重和严峻。

目前，我国交通应急预案虽已初步形成，应急保障能力不断提升，但相关机制仍有待进一步完善。因此，"十二五"期间，我们必须加大力度，建立全面系统的交通应急机制，提高突发公共事件的交通应急水平与保障能力。

5. 恐怖主义活动等非传统安全压力日益增大，给交通运输安全工作带来了新挑战

近年来，国际宗教极端主义、民族分裂主义、恐怖主义"三股势力"抬头，不断制造事端，以公共交通场所或公共交通工具为袭击目标的恐怖事件屡屡发生。如2001年美国"9·11"劫机事件、

2004年西班牙马德里火车站连环爆炸事件、2005年伦敦地铁爆炸事件、2008年以后的印度洋海盗事件、2010年莫斯科早高峰地铁爆炸事件、2010年瑞典商业街汽车爆炸、2011年白俄罗斯首都地铁爆炸等,以及北京奥运会前夕我国排除的包括密谋地铁爆炸、国际机场飞机携带炸药等8起潜在生化恐怖袭击。① 此外,气候变化异常,极端自然灾害频繁,也给交通运输安全生产带来了极大影响,非传统安全压力日益增大,如2006年台风桑美、2008年汶川地震、2010年玉树地震和舟曲泥石流等事件均直接或间接地给交通运输安全工作带来了巨大挑战。

目前,我国正处于经济社会转型的关键时期,影响经济安全和社会稳定的因素很多,恐怖袭击、人为破坏、公共安全、自然灾害等突发事件潜在发生率较高,而目前的交通运输安全生产基础相对薄弱,防范和抵御风险能力相对较低,交通运输安全生产工作面临着潜在风险和现实威胁。这就要求我们加强对非传统安全形势的研判,结合交通运输实际,加强防范措施,提高应对各类突发事件的能力,最大限度地减少非传统安全带来的不利影响。

(三)"十二五"时期交通运输安全发展趋势

交通事故的发生具有一定的偶然性,同时也具有一定的必然性,一个地区交通事故的发生与当地许多因素有关,而这些因素既涉及宏观政策,也涉及微观因素,交通事故的发生情况是这些因素共同作用的结果。然而,这些因素与交通事故本身之间的关系是复杂的,甚至多数是不明确的。在结合"十一五"时期我国交通运输安全现状和相关政策措施的基础上,对"十二五"期间我国交通运输安全发展主要趋势做出基本判断如下:

---

① 参见 Jin A. P., Arne L., Hans T, *The Health Legacy of the 2008 Beijing Olympic Games: Successes and Recommendations*, World Health Organization, 2010。

1. 总体判断

(1) 交通安全事故呈现一定的规律性

从国内外以及我国交通运输发展的历程来看,交通安全事故一般遵循上升期、高峰期、下降期、波动期和平稳期的发展规律。"十一五"时期是我国交通安全事故和死亡人数由上升到降低转变的关键时期,若"十二五"时期继续加强"十一五"时期相关交通安全政策与措施,并继续出台各种新的政策与措施,我国交通安全事故发生量将会逐渐步入下降期。

"十二五"期间,若国家在延续"十一五"相关交通安全政策与措施的基础上,进一步强化在交通安全工程建设与管理、交通安全监管与制度建设、事故急救与应急系统构建、交通安全教育与宣传、交通安全研究与工程技术应用等方面的综合措施和行动,将会进一步降低我国交通安全事故发生数量与死亡率,有效保持"十一五"时期交通安全状况明显向好趋势。

(2) 交通应急管理将面临新的转变

与新的形势和需求相适应,交通应急管理也将逐步发生深刻变革,基本实现交通安全应急管理模式应由"事后处置"向"全程循环"转变,交通安全应急管理机构应由临时性向常设性、综合性、专业化转变,交通安全应急管理主体应由"政府独揽"向"社会广泛参与"转变,应急管理行为由非程序化向规范化、法制化、常态化转变。

2. 具体分析

"十二五"期间,我国社会经济将继续保持稳定增长,必将进一步带动交通运输业的快速发展,铁路、公路(道路)、车辆、船舶、航道、航线、飞机和驾驶员数量以及交通客货运输总量和周转量仍将大幅增加,而制约我国交通安全工作的诸多因素在一段时期内仍将存在。根据社会经济发展水平、交通基础设施状况、机动化情况与车船性能、交通参与者素质、交通安全管理水平和正常发展规律,"十二五"时期我国交通事故发生数量与死亡人数将有所下降,但下降幅度较小,可能局部地区还会出现上升状况;衡量国家和区域交通安全整体水平的相对指标如万车(船)事故发生率、万车(船)死亡率、万人(吨)公里事故率、万人(吨)公里死亡率等下降较为明显;公路(道路)交通仍是交通事故多发主体。

(1)铁路方面

全路重大以上铁路交通事故发生量有效减少,行车A类及以上事故较"十一五"时期进一步下降,路外伤亡人员和路内从业人员伤亡人数继续下降,从业人员百亿吨公里死亡率进一步降低。

(2)公路方面

事故发生数量和死亡人数总量会有小幅降低,但随着机动化进程的加快和"村村通"工程的基本完成,偏远山区和农村地区交通事故发生数量和死亡人数有可能呈增加趋势,并将成为重特大交通事故的潜在发生地,偏远山区和农村地区仍是交通安全薄弱环节;随着经济的发展,城市外来务工人员不断增加,由于其安全意识相对较低,将成为城市交通事故发生的主要群体之一。

(3)水运方面

全国水上交通运输事故件数和死亡人数保持下降趋势,搜救成功率稳步增高,将创我国管辖海域中国籍交通运输船舶人员"零死亡"新纪录;农村地区乡镇、个体船舶事故数量和死亡人数有所降低,但仍是全国水上交通运输事故的主要组成部分;远洋运输面临海盗、恶劣气候等非传统安全压力进一步增大。

(4)民航方面

将实现"十二五"时期的"零事故"飞行,飞行百万小时平均事故率基本稳定在"十一五"平均水平,飞行事故征候进入稳定期,事故征候万时率和事故征候万次率相对稳定。

四、"十二五"时期交通运输安全发展目标

(一)指导思想

以邓小平理论和"三个代表"重要思想为指导,贯彻落实科学发展观,在交通运输规划、设计、建设、运营各阶段坚持"安全发展"的指导原则,牢固树立"安全第一"的理念,以保障人民群众生命财产安全为根本出发点,以提高交通运输安全管理水平为宗旨,以建立交通运输安全长效机制、减少人员伤亡为目标,以遏制和减少重特大事故为重点,基本实现交通运输安全法制化、监督和管理科学化、教育和培训规范化、设施和装备现代化,构建"政府统一领导、部门依法监管、企业全面负责、群众监督参与、社会广泛支持"的交通安全格局,全面提高交通运输安全性、可靠性和应对自然灾害、突发事件的保障能力,推动我国交通安全状况持续向好,为构建"和谐社会"提供交通安全保障。

(二)发展目标

1. 总体目标

"十二五"期间,我国交通运输行业安全工作的总体目标是:抓好三项行动,加强三项建设,实现三个提高,形成三个系统。即:抓好交通运输安全生产执法行动、治理行动、宣传教育行动,切实加强交通安全生产法制体制机制建设、安全生产保障能力建设、安全生产监管队伍建设,实现交通安全基础设施保障能力、交通安全管理水平和交通安全科技水平的提高,基本形成较为完善的交通安全法律法规和技术标准系统、监管系统和应急救援系统,确保我国水上、空中交通安全持续稳定,公路(道路)、铁路运输事故逐年下降,危险化学品运输事故得到有效控制,实现全国交通系统安全状况的持续改善。

2. 具体目标

(1) 综合方面

全面建成分方式交通安全应急救援系统,初步建成综合交通运输应急救援系统。

形成相对完善的交通安全监管系统,实现交通安全监管水平大幅提高。

(2) 铁路方面

铁路道口事故数量和死亡人数年均下降10%。

基本杜绝货物列车重大及以上责任事故。

机车走行百万公里事故率控制在1.0以内。

(3) 公路方面

公路营运车辆万车公里事故数和死亡人数年均下降3%。

公路运输万车死亡率低于3.0。

城市客运百万车公里事故数和死亡人数年均下降1%。

城际客运和旅游客运车辆、危险品运输车辆、应急保障车队车辆的GPS安装率达到100%,营运车辆GPS安装率达到40%,重载普通货物运输车辆GPS安装率达到50%。

二级及以上公路客运站危险品安全检测仪配置率达到100%,货运源头治超覆盖率达到95%。

(4) 水运方面

①船舶每万吨事故死亡率控制在0.5以下。

②百万吨港口吞吐量事故数和死亡人数年均下降5%,特别重大事故实行零控制。

(5) 民航方面

①飞行百万小时重大事故率(五年累计)低于0.2。

②飞行事故征候万时率和事故征候万次率不高于0.6和0.3。

表13-7 "十二五"时期交通运输安全发展主要指标表

类别	指标	2010年	2015年	属性
铁路	铁路道口事故数量和死亡人数年均下降(%)	—	10	约束性
	机车走行百万公里事故率	1.3	1.0	预期性
公路	公路(道路)运输万车死亡率	3.15	<3.0	约束性
	营运车辆万车事故件数和死亡人数年均下降(%)	—	3	约束性
	城市客运百万车公里事故数和死亡人数年均下降(%)	—	1	约束性
	公路货运源头治超覆盖率(%)	—	95	约束性
	城际客运和旅游客运车辆、危险品运输车辆、应急保障车队车辆的GPS安装率	—	100	约束性
	营运车辆GPS安装率(%)	6.2*	40	约束性
	重载普通货物运输车辆GPS安装率		50	约束性
	二级及以上公路客运站危险品安全检测仪配置率	70.5*	100	约束性
水运	百万吨港口吞吐量事故数和死亡人数年均下降(%)		5	约束性
	船舶每万吨事故死亡率	—	<0.5	约束性
民航	民航运输飞行百万小时重大事故率(五年累计)	0.05	<0.2	约束性
	飞行事故征候万时率	0.58*	<0.55	约束性
	飞行事故征候万次率	0.33*	<0.3	约束性

注：* 为2009年数据。

五、"十二五"时期交通运输安全建设重点

(一)加强交通安全宣传教育,提高交通参与者基本素质

1.深化交通运输安全发展的认识

交通运输安全发展事关人民群众生命财产安全,事关改革开

放、经济发展和社会稳定大局,事关党和政府形象和声誉。交通运输在我国经济社会发展中的地位和作用,决定了交通运输安全生产工作长期性、复杂性和艰巨性。各级政府及有关部门要从以人为本、执政为民的高度,充分认识做好综合交通运输安全工作的重要性和紧迫性,把对交通运输安全的认识和对现阶段综合交通运输体系发展的认识、对综合交通运输体系内部统筹发展的认识和对经济社会与综合交通运输体系协调发展的认识统一起来,正确处理好安全与生产、安全与效益、安全与发展、安全与速度之间的关系,在交通运输规划、设计、建设、运营及管理的全过程中,牢固树立"安全第一"、"以人为本"的发展理念,进一步明确并落实各单位、各部门的安全责任,要研究解决影响综合交通运输安全的突出问题,狠抓各项安全措施的落实,将交通安全水平纳入地方政府的重要议事日程和考核指标。要从法制、体制、机制等方面加强对综合交通运输安全问题的研究,制定相关政策措施,落实财政预算,执行好预算资金。大力加强基层交通安全执法监管力量建设,广泛听取人民群众和社会各界的意见建议,着力解决交通安全工作中的热点、难点问题。

2. 完善政府主导的安全教育系统

在"十一五"时期工作基础上,继续完善由政府主导,公安、交通、铁路、农业、司法、教育、质检、宣传、文化、广播影视等部门有明确职责,党政机关、企事业单位、学校、社区有明确要求的全社会共同参与的全民交通安全教育、宣传,逐步建成由专业教育、职业教育、企业教育构成的交通运输安全生产培训和宣传教育系统。各级单位要推行"岗前三级教育[①]、岗中系列教育、岗后继续教育",不断增强交通运输安全管理组织者、执行者、参与者的责任意识和管理能力。

---

① 三级,指公司级(单位级)、部门级、班组级。

3. 建立交通安全宣传的长效机制

各级政府制订交通安全宣传教育计划,定期开展交通安全宣传活动,深入开展交通安全宣传教育活动进农村、进家庭、进社区、进单位(企业)、进学校活动,充分发挥网络、博客、微博等新媒体作用,普及交通安全法律法规和知识教育,提高人民群众的交通安全意识,实现"十二五"期交通安全宣传教育60%进农村,70%进家庭,80%进社区,90%进单位(企业),100%进学校目标,建立交通安全宣传教育的长效机制,实现交通安全宣传经常化、制度化。

4. 树立交通安全的终身教育理念

树立交通安全终身教育理念,建立广泛的交通运输安全公共教育计划,将交通运输安全知识学习和教育纳入亲子教育、学前幼儿教育、小学、中学和大学的教学大纲,成为在校学生必修课程,将学生遵守交通安全法规状况纳入德育评价;在东中部地区逐步建立、西部地区试点建立专业化交通安全教育培训基地,加强社区学校、老年大学在交通安全教育中的作用。

5. 切实加强驾驶员培训考核工作

积极强化机动车船驾驶员培训制度改革工作,坚持驾驶员培训市场化运行与严格监管和资质管理相结合,针对不同类型驾驶员开展具有针对性的培训工作,把遵守交通安全法律法规和培养安全文明驾驶意识作为驾驶员培训与考核的首要标准,全面建立机动车驾驶员培训学时计时(IC卡)管理制度,以省、直辖市、自治区为中心,实现全省(直辖市、自治区)驾培数据集中。建立严格、高效的驾校、教练员、考官的培训、考核、监督与管理机制,形成完善的低驾龄(驾龄不足3年)驾驶员交通死亡事故与驾校、教练员、考官责任关联机制与管理办法。加大对违法办理和非法持有驾驶证的打击力度,构建全国统一的机动车辆管理信息系统和交通违法违规处罚管理信息系统,进一步健全交通违法积分审核制度,积分周期内累积计分达到12分驾驶员参加学习考试率达到

95%以上,对于拒不参加学习且再次违法违规人员,当场吊销驾驶证,情节严重者终身禁驾。

(二)进一步完善交通安全规章制度,强化交通安全监管机制

1.进一步完善交通安全规章制度

(1)构建运输安全保障系统

"十二五"期间,要适应经济社会和综合交通运输体系快速发展的新要求,加快交通运输安全生产和应急相关法规的制订修订工作,强化高速铁路、高速公路、大型桥梁隧道、城市轨道交通和管道等建设、运行、管理方面的安全生产技术规程、管理制度的建设,研究制定航空飞行、高速铁路、高速公路等高速运输方式的安全技术标准、规范,完善相关标准规范和应急预案,构建综合交通运输安全保障系统。要进一步健全国家、省、市、县四级交通运输安全生产和应急管理体制,推进乡镇交通运输安全监管机构和人员设置;各交通运输企业要按照安全生产准入标准,设立安全生产和应急管理的机构和专职人员。加强与相关部门、军队、武警的沟通协作,建立健全安全生产和应急协调机制。积极推进交通运输安全法律法规,完成《城市公共交通条例》、《公路安全保护条例》、《水路运输管理条例(修订)》、《海上交通安全法(修订)》等法律法规的立法与修订工作。大力提升安全服务能力和水平,加快建设交通运输安全生产和应急综合信息系统,加强重点桥隧、港站、"四客一危"船舶(客渡船、旅游客船、高速客船、滚装客船和危险品运输船)、"两客一危"车辆(长途客车、客运包车和危险货物运输车)监测监控系统建设,加强重点营运车辆和治超系统的联网联控,逐步建立高速公路全国监控、公路联网和不停车收费系统,不断完善城市公交智能调度和出租车管理信息系统,积极推进全程动态监管信息系统建设,全面提高交通运输安全生产和应急管理现代化水平。要强化重点时段(春节、国庆黄金周、小长假等)、重点地区

（农村、边远山区、重大活动举办地、事故多发地等）、重点领域（酒驾醉驾、超载超限等）、重点环节的安全监管，加强对客运和货物危险品运输企业、运输工具、从业人员、站场枢纽、空港码头的源头管理和全程动态监管，严厉打击车船非法载人、营运客车超速超员、非法夹带和从事危险品运输的行为，强化各有关部门和区域间的协调配合，加大联合执法力度，深入开展安全隐患排查和治理。建立健全高铁安全保障系统，确保高铁安全持续稳定。推进国家航空安全纲要建设，开展安全绩效管理试点，加快新一代空管系统和飞行标准监管系统（FSOP）建设，实施安全管理系统（SMS）审核。要加快构建本质安全型行业、部门和企业，特别是要把安全文化建设作为重要内容纳入企业文化建设，提升交通运输安全保障软实力，倡导以人为本的安全理念，宣传普及安全生产法律和安全知识，逐步推行国际性职业安全及卫生管理体系（OHSMS），利用安全文化的功能，形成"关爱生命、关注安全"的良好氛围。

(2) 深化建设工程安全保障

加强交通基础设施建设工程消防安全源头管理，深化建设工程安全保障。强化组织领导，落实安全生产责任制，全面落实企业安全生产主体责任活动。秉承交通建设工程质量是行业生命的理念，坚持质量和安全并重，推行交通建设工程安全审计制度，实行全寿命周期成本控制，从预防交通事故、降低事故产生的可能性和严重性入手，对项目建设的全过程，即规划、勘察、设计、施工、监理和服务期各环节进行全方位的安全审核，抓好重大交通建设工程项目特别是桥梁、隧道施工安全、技术安全和设备安全，加强雷管炸药管理。切实规范和加强农民工的教育培训，提高从业素质和技能，严格施工操作规程，杜绝违章操作。在调整和完善交通建设工程安全监管体制和机制的基础上，积极引导高速铁路、城际轨道、高速公路、跨江大桥、干线公路、地方道路、城市轨道、农村公路、航道、港口等不同类别工程的管理部门和从业单位积极投身工程安全管理和技术研究的活动中,强调工程项目安全生产工作"全方位、全过程、全员参与"思想,突出强化建设单位的工程安全管理总体责任。

(3)构建严密安全责任系统

严格落实"两个主体责任",各级交通运输部门要全面履行安全监管的主体责任,进一步夯实交通运输安全发展基础,依法强化安全监管,切实提高安全监管水平;要认真督促企业正确处理安全与发展、安全与效益之间的关系,严格执行各项安全生产规章制度和操作规程,不断改善安全生产条件,切实把安全生产主体责任落到实处。要严格落实全员安全责任制,进一步建立健全各级交通运输管理部门和企业的安全责任链,做到安全责任分解到部门、细化到岗位、落实到个人,特别要落实"一把手"第一责任人的责任,其他人员实行"一岗双责"。要建立安全生产责任考核和责任追究制度,加大考核和责任追究力度,对在安全生产工作中有失职渎职行为的,要按照有关规定加大问责力度;对发生事故的,要严格按照"四不放过"(事故原因未查清不放过、责任人未受到处理不放过;事故责任人和周围群众未受到教育不放过;整改措施未落实不放过)的原则,进行严肃的处理。

2.进一步健全交通安全监管系统

(1)加强交通安全监管法治建设,确保监管工作有法可依

要适应现代综合交通运输体系的发展需要,全面确立交通行业主管部门和质监(或安监)机构交通工程市场主体的安全监管责任,不断创新交通安全管理模式,进一步扩大安全监管覆盖面,加强交通安全监管法治建设,规范执法监管行为,确保交通安全监管工作扎实有效、落到实处。健全交通运输法律法规系统,全面梳理现有铁路、道路、水运、民航运输安全法规和规章,结合综合交通运输、现代物流、城乡和区域运输一体化、节能减排、新农村建设等新要求,进一步完善相关规定和内容。进一步推动交通运输行业

立法计划,创新铁路、民航安全管理制度与方法,确保水运内河和海运安全法规的统一性,加快城市客运、出租汽车、汽车租赁、载运工具维修、货运代理等专项法制建设,加强地方性道路运输法制建设,重点规范农村客运、包车客运、旅游客运、汽车租赁、出租客运等子行业的管理。协调政府相关部门,系统解决阻碍甩挂运输、网络化运输、无车承运等先进运输组织模式发展的法制障碍。进一步建立健全交通安全生产的技术标准和行业标准,强化市场监管、公共服务、安全和应急管理职能,切实履行好铁路、公路、水运、民航客货运输市场监管职责,加快相关法律法规、技术标准与国际接轨速度,为交通运输安全监管提供法律依据和标准。

(2)强化交通安全人才队伍建设,深化安全生产责任落实

以强化单位"一把手"安全管理责任,强化行业管理部门的安全监管责任,强化安全管理机构和人员的配置,强化安全监管装备的配备,强化安全管理经费的投入,强化安全奖罚制度的执行,安全应急管理工作情况,强化安全生产教育培训工作等"八个强化"为核心,按照"一岗双责"规定,全面落实政府部门安全生产的监管责任,建立健全各级主管部门安全生产监督机构,加强交通安全监管队伍建设,提高安全生产监管覆盖面,尤其关注农村和边远山区交通监管队伍建设,确保监管设施装备到位,进一步落实交通管理部门的行业安全监管责任和交通企业的安全生产主体责任,全面建立运输企业安全生产评估系统和绩效考核制度。

加强综合交通运输安全监督和管理队伍建设。结合机构改革和职能变化,协调有关部门研究出台综合交通运输管理机构编制管理的指导性意见,加强运管人员编制管理。制定和完善综合交通运输管理人员准入条件与标准,建立健全人员考试录用、考核奖惩机制,不断优化队伍结构。完善运管人员经常性教育培训机制,逐步建立运管人员培训登记制度。加快统一运输行政执法装备,加强队伍规范化建设,提升队伍形象。加强对各级干部、工作人员

的安全与应急管理知识培训，提高各级干部特别是领导干部对交通安全与应急工作重要性的认识，熟悉交通安全与应急工作的体制、机制和法规政策，提高交通安全及应急管理能力和应急指挥决策水平。

强化交通运输从业人员职业资格管理，加强运输企业等基层单位和人员的培训。建立健全交通运输从业人员考试、注册管理、继续教育制度，完善从业人员职业资格管理系统，强化从业人员职业素质建设，建立和完善危险货物运输从业人员、长途客运驾驶员和出租车驾驶员职业资格制度，统筹规划载运工具检测维修专业技术人员职业水平评价制度和载运工具维修技术人员从业资格制度，建立交通运输经理人从业资格制度，研究建立物流从业人员职业能力评价制度。组织推广使用运输从业人员从业资格电子证件。在重点地区和基层组织，开展有针对性的交通运输安全和应急演练，使交通运输从业人员能够基本掌握防灾自救和应对突发事件的知识和技能，提高基层第一线工作人员现场应急应对能力。

(3) 增强交通安全监管网络建设，提升交通安全监控水平

依靠科学技术，提高交通安全监管能力和监控水平。到"十二五"期末，全国基本建成重点营运车辆 GPS 联网联控系统和道路交通动态监控平台，引导各交通运输营运企业建立企业动态监控平台，城际客运和旅游客运车辆、危险品运输车辆、应急保障车队车辆的 GPS 安装率达到 100%，重载普通货物运输车辆 GPS 安装率达到 50%。进一步完善源头安全管理系统，全国二级及以上公路客运站危险品安全检测仪配置率达到 100%，部分有条件地区应逐步实现三级客运站安检机配备，货运源头治超覆盖率达到 95%，海洋运输船舶防撞自动识别系统安装率达到 100%，60 马力以上机动渔船防撞自动识别系统安装率达到 95% 以上。铁路、民航客货运输安检全覆盖，加强重点城市轨道交通安全检查工作。动静结合，加强铁路尤其是高速铁路安全监控，静态监测方面，进

一步完善三维精测网、探地雷达、视频监控、应力检测等网络监控手段,准确掌握铁路设备状态;动态检测方面,充分利用高速综合检测列车、轨检车、车载检测装置、探伤车、网检车、电务检查车等检测装备,实现对设备质量状况不间断的检查监测;建立健全铁路设备质量信息处理工作机制,形成检查监测、综合分析、质量整治、反馈销号的闭环管理。加快实施国务院批准的《国家水上交通安全监管和救助系统布局规划》,以沿海和长江干线水域为重点,加快推进沿海近岸水域和长江干线的甚高频(VHF)安全通信系统建设,优化调整现有中高频海岸电台布局,基本建立全方位覆盖、全天候运行、具备快速反应能力的现代化水上交通安全监管系统。以地理信息平台为基础,融合重点水域船舶交通管理系统(VTS)、船舶自动识别系统(AIS)、闭路电视监控系统(CCTV)、水文气象、航标遥测、海道测量产品数据库(HPD)等系统,大力开发和应用海事动态监管和可视化巡航救助指挥智能平台,将应急指挥系统和航海保障系统融合在一起,逐步建设成为"听得见、看得出、查得到、控得住"的指挥枢纽。实施经营资质年度审核,以客船、危险品船的管理为重点,建立经营资质预警和动态监管制度。推动各种运输方式信息系统的互联互通,提高运输监管能力与水平。

(4)切实加强道路交通安全监管工作

道路交通是交通事故重灾区,在"十二五"期间要把道路交通安全监管列为工作重点,落实各项工作措施,消除各类事故隐患,进一步降低道路交通事故发生率和致死致伤率。积极发展公路专用运输车辆、大型厢式货车、多轴重载大型车辆和城市配送车辆,推进客、货车辆结构升级和节能化进程,加快老旧车辆更新工作。加强对安全带、安全帽使用情况和疲劳驾驶的监督管理,加大打击超载超限行为、套牌和遮挡车辆号牌的违规违法行为的力度,严厉打击醉驾酒驾、飙车等危险驾驶行为,采取定点设卡、流动巡逻等措施,强化路面执法,做到不漏管、不失控;强化营运车辆安全检验制度,严格执行营运车辆技术评定检测、机动车强制报废、驾驶员培训考试登记注册等制度;规范载重车辆的安全装载,确保载重车辆的运输安全;切实加强对危险货物运输的监管,严格市场准入制度,加强危险货物运输企业和从业人员的资质考核、审查,加大道路、水路和铁路危险货物运输的安全监督检查,严厉打击和取缔"大吨小标"、假牌假证、非法拼装、超装超载、无证营运等违法违规的危险化学品运输行为,危险货物运输车辆卫星定位车载终端安装率达100%;切实加强中小学校(幼儿园)校车安全监管,建立、健全和严格执行校车及其驾驶员的管理制度,严格监管校车的运行,防范群死群伤交通安全事故的发生,保障广大师生的生命安全。强化对道路运输场站、危险货物运输、汽车维修场所、道路旅客运输监管,一、二级客运站场全面配备现代化安检设施设备。

(三)增强基础设施安保能力,整体提升运输服务安全水平

1.加强铁路安全设施建设,提升铁路安全管理水平

继续推进公路铁路交叉口"平改立"工作,扎实开展铁路防洪安全、营业线施工安全、供电设备、货物装载加固和危险品运输、自轮运转设备和特种车辆、道口和路外安全、惯性违章违纪和查危防爆8项安全生产专项整治,着力解决危及运输安全的突出问题。抓好曲线、道岔、桥隧和线桥结合部等处所的病害整治,强化走行部、接触网等关键部位专项整治工作,加强信联闭设备检查,整治道岔、电缆、列控系统等设备隐患。铁路工程尤其是高铁工程建设单位要坚持关口前移、过程控制,健全设备质量源头保障系统,保证铁路工程质量全面达到设计施工标准。积极推进铁路车站安检设施建设工作,实现安检仪、安全门等设备铁路车站全覆盖,加强隧道、桥梁、公铁交叉口、治安复杂区段等部位视频监控系统建设,使主要行车设施设备处于全方位受控状态。在主要铁路枢纽加快建设综合维修、检修基地,加大高速铁路运营安全投入,提高通信

信号及运输调度指挥现代化水平,认真构建客运专线、区级干线安全监控、防灾预警系统。

进一步加强铁路安全管理,不断提升运输安全管理水平,要针对铁路尤其是高速铁路快速发展带来的新情况和新变化,对安全规章制度办法进行全面梳理,研究制订细化方案和推进计划,加大落实力度。落实安全管理长效机制,强化技术保障,切实强化专业技术管理,进一步加强检查监督,并严格责任追究。全面落实"三项工程"①建设目标,进一步优化站段管理结构,确保自控型班组动态达标,落实主要行车工种队伍建设任务。突出抓好铁路安全保护区、行政许可、危险品运输、事故处理和建设施工等关键环节的行政执法工作,完善机车车辆验收工作制度,定期对合资、地方铁路和专用铁路进行监督检查,确保运输安全。积极探索建设集仓储、交易、维修、配送为一体的危险货物物流园区,"十二五"期末实现重大危险源监控率达到95%以上,有效率达到98%以上。

2. 继续推进公路安保工程,加强道路安全保障能力

继续加强国道、省道安保工程建设,逐步向农村和边远山区公路延伸;对新建、改建道路要做到交通安全设施与公路(道路)建设主体工程同时规划、同时设计、同时施工、同时验收、同时投入使用,进一步完善已实施安保工程的国省干线新增安全隐患点的安全设施水平,杜绝出现新的安全隐患。整治规范国家干线公路标志设置,重点逐步推进通往重点风景名胜古迹的农村公路安保工程,加强农村公路的标识、标线、护栏等安全设施建设,切实落实农村公路的养护和看管责任。基本消除干线公路上危(病)桥,加快农村地区桥涵建设、危(病)桥改造工程,实行危桥改造时限责任制和挂牌督办制度,到"十二五"期末,实现农村公路危桥数量较

---

① 指铁道部在2009年全路安全生产工作会议提出的"优化站段管理结构、加强自控型班组建设、加强主要行车工种建设"三项工程。

上期末下降50%。推进公路交通线网灾害防治工程,提高交通线网抗灾能力,在自然灾害频发的县区试点生命线工程,努力实现东中部县市拥有至少2个方向上抗灾能力较高的公路,西部县市拥有至少1个方向上抗灾能力较高的公路。

3. 推进水路安全设施建设,提高水运安全保障水平

加强引航设备、消防设施、防台风设施和保安设施建设,建设集装箱危险货物作业专用场地及其他安全基础设施。开展高等级航道建设,实施主要干流航道整治工程;加快推进农村公路渡口改造和渡改桥工程,对重点渡口、码头实施电子监控,确保人民群众生命财产安全。

水上安全要继续抓住"四区一线"重点水域、"四客一危"重点船舶、"四季三节"重点时段和"四船一链"重点环节[①];海上搜救要突出人命救助理念,坚持"关口前移、站点加密、动态待命、随时出击"的工作思路和"三精两关键"(即"人员精干、装备精良、技术精湛、在关键时刻能起关键作用")的队伍建设思路;进一步加强水运经营者的资质管理,严格控制安全准入条件。

加快推进内河船舶标准化,加速淘汰老旧船舶,积极提升远洋、沿海、内河运输船舶整体技术水平,优化船队结构,提高港口现代化装备水平。着力提高航道养护水平,保障内河水运畅通安全,坚持分类养护,以长江干线等高等级航道为重点,全面提高航道养护和应急保通能力,加强界河航道养护和管理。

4. 完善民航安全基础设施,推进航空安全纲要建设

积极把握低空空域改革有利时机,加强民航通航安全基础设

---

① "四区一线"重点水域,范围指渤海湾水域、舟山群岛海域、琼州海峡水域和西南山区的内河水域以及长江干线水域。"四客一危"重点船舶,指客船、客滚船、客渡船、高速客船和危险品船舶。"四季三节"重点时段,指春季防雾、夏季防台、秋季防火、冬季防风,严防"五一"、"十一"和春节发生群死群伤事故。"四船一链"重点环节,指船公司是主体,船舶是基础,船员是重点,船长是关键,四者通过安全管理体系形成管理链。

施建设,重点关注飞行区、候机楼、消防设施的建设与运营工作,促进重点机场围界的加固、助航灯光和供电系统改造以及消防设施设备更新等工作的顺利完成,积极完善飞行区围界报警和安全监控系统。加强对支线机场空管、安全等基础设施建设的扶持力度,提高支线机场安全和运营保障能力。

推进国家航空安全纲要建设,开展安全绩效管理试点,加快飞行标准监管系统(FSOP)建设,实施安全管理体系(SMS)审核;建立与国际接轨的航空安保法规和标准,完善空防安全监管制度,逐步开展航空安保审计。指导机场和航空公司建立航空安保质量控制系统;加强空中安保力量建设。适度扩大安全员队伍,提升机组和安全员处置反恐和突发事件的能力。建立空警执行急难险重任务的勤务运行机制;加快航行新技术应用步伐,提高安全运行裕度,加快包括所需导航性能(RNP)在内的基于性能的导航(PBN)航行新技术的应用,积极推进机场实施RNAV、RNP等飞行程序,以及ADS-B和EFB的相关工作。定期开展危险品运输专项治理工作,加强对航空货运销售代理企业的安全监管,加强对航空货物的安全检查,实施100%过机检查。

5. 注重弱势群体安全设施,提高公交安全服务水平

积极推进城市地区居民出行环境整治工作,构建无障碍出行系统,重点加强医院、公园、学校等场所无障碍交通环境建设,提高盲人、肢残人士、老人、儿童等弱势群体出行安全性。合理规划布置行人交通指示标志、隔离和保护设施、人行横道、信号灯、地下通道、过街天桥,选择若干城市,试点建设区域慢行交通系统。积极推广使用儿童汽车安全座椅。

加强城市公交车辆的安全检测工作,提高车辆安全性能。加快对老旧车辆的更新改造步伐,禁止安全条件和技术条件达不到要求的营运车辆进入城市公交行业,提高车辆的安全技术标准。参照道路运输场站建设标准,完善车辆段、停车场、保养场、首末

站、换乘站等设施。重点解决公交车辆停车场严重不足,大量车辆在场外停放的问题。按照有关反恐怖防范标准,建立源头管理、动态监管和应急处置相结合的安全防控系统。加强轨道交通运营安全保障工作,积极推进轨道交通屏蔽门配置工作,逐步建立并不断完善轨道交通指挥中心,提供应急调度指挥、事故预警和信息发布以及动态出行信息服务等功能。

6.加大安全生产建设力度,创新资金投入保障政策

加大安全生产和应急体系建设投入。各级政府、交通运输主管部门、交通运输企业应加大对安全生产和应急体系建设的投入,将交通运输安全生产和应急工程建设投入纳入交通运输基础设施建设总体和年度预算;将安全生产和应急方面的运行维护、科学研究、宣传教育、培训演练、应急补偿等资金纳入各级政府财政预算和企业的专项支出。按照事权划分原则,交通运输安全生产和应急工程建设项目由中央、地方和企业分别承担,并积极引导社会资金投入。

创新资金保障政策,专项资金适当向西部地区、边远山区、农村地区交通安全基础设施建设倾斜。积极探索扩大并充分利用好各种投融资渠道,切实加大综合交通运输交通安全方面的资金投入。加大车船购置税资金对道路、水路运输安全监管与应急保障、运输节能减排、运输信息化建设的投入,扩大成品油消费税返还交通的增量部分对交通安全及应急保障的投入比例;增加机场建设费、燃油附件费对机场、民航安保设施更新改造的资助,适当提高铁路建设专项基金等专项基金对铁路安全设施改造与建设的倾斜力度。此外,尽快建立健全合理的灾害保险保障机制,促使各类灾害保险逐步在市场上运行。在此基础上,可以使我国交通应急资金的保障在继续加强公共财政支持的基础上,向商业部门以及社会捐赠资金来拓宽资金来源渠道。

研究制定营运车辆技改补助政策,加大对老旧车辆淘汰更新

的资金引导;推动将交通运输节能减排纳入各级政府节能减排专项行动计划,争取财政专项资金支持;加快落实中央"三农"政策要求,将农村客运补贴补助统一纳入各级政府公共财政,提高农村客运安全性。探索建立城乡公共客运发展专项资金,专项用于对城乡客运场站及配套设施建设、车辆和装备更新、智能化建设等项目的财政资金补助。积极开辟多元融资渠道,规范引导民间资本投资。

投入专项资金,逐步搭建交通安全国家级研究平台,全面、系统、长期地进行交通安全理论、政策法规与技术标准研究,并积极开展高新技术应用开发,进行交通事故预防工作。

(四)加快构建应急救援服务系统

1. 积极完善交通事故快速抢救联动机制

继续完善在东部沿海地区高速公路建立的由公安、交通、卫生等部门及紧急救援公司共同组成的,包括事故快速反应和信息传输系统、经济救援与救护原系统、紧急救援与救护"绿色通道"的道路交通事故紧急抢救联动机制,在中部和西部地区逐步建立该机制。在此基础上,根据《公路交通突发事件应急预案》的要求,建立部、省、市、县四级道路运输应急管理组织系统,明确各级管理机构的职责,建立全国道路运输应急指挥调度中心和地方道路运输应急指挥调度中心,实现信息互通和共享,提高应急响应速度和指挥调度能力。不断深化改革,创新工作机制,积极协调交通、公安、外交、农业、国土、水利、安监、环保、国防、武警等部门在安全应急工作中的协调联动,完善国家交通运输应急救援力量系统建设,进一步推进综合交通运输事故快速抢救联动机制建设。

2. 抓紧推进综合交通运输应急救援平台建设

推进综合交通运输应急救援平台建设。在现有交通领域应急预案的基础上,各地交通运输主管部门结合辖区内突发事件的类型和特点,针对不同性质的突发事件以及涉及经济运行安全和国家组织的重大社会活动的事件分门别类地科学制定应对性较强的交通应急保障预案和专项处置预案,完善交通应急预案系统。重点做好对各类机构的职责权限、应急保障队伍建设、应急物资储备、响应流程和集结时效、处置技术与手段、安全防护措施等的细化和明确工作,同时注重与国家、地方及相关部门的应急预案有效衔接。积极建设国家级安全监管和应急指挥系统,抓紧推进省级(含部属一级单位)交通安全应急指挥系统建设,完善铁路、公路、水路、民航、城市客运及交通工程建设等方面的安全应急专项指挥系统建设,整合交通安全与应急信息,实现信息统一报送和统计,确保与政府、行业、部门内部信息平台互联互通和共享。充分利用社会资源,加强国家专业救助力量建设,并注重发挥全社会综合救助的优势,在国家应急指挥系统内,统筹考虑、优化配置、整合专业力量与政府公务力量(包括公安、民航、海关、农业、海洋等系统)、军队武警力量和社会力量,不断创造条件,逐步改变现行行业分立、各自为政的状况,基本建立覆盖全国的综合交通应急运输服务保障系统,基本建成功能完备、信息互通的应急指挥平台和统一指挥、专兼结合、保障有力的应急运输保障队伍。

3.切实提高综合交通运输应急服务保障能力

完善应急保障机制,提高应急服务保障能力,着力构建国家、省、市、县四级综合交通运输应急架构,建立跨区域交通应急信息报送和区域联动协调机制;加大重点路段和危桥、重点港口和水域以及民用机场的监视、监测和预警系统建设,完善四级交通应急指挥平台;部署公路交通应急物资储备中心,在高速公路网重点路段、内河重要航段、主要港口和机场建设应急保障物资储备点;重点加强干线公路抢通、危险货物运输、桥隧事故、客运枢纽、重点水域救捞和公共交通、轨道交通等复杂条件下应急反应能力的培养。要加大监管救助船舶、飞机、基地投入,加强内河海事和搜救一体化建设,加快区域性国家公路、水路应急救援和保障中心建设,提高安全生产和应急保障实力。提高城市轨道交通应急处置能力,开展城市轨道交通运营安保工程,改造运营控制中心,增配安检设备;组织开展城市轨道交通应急演练,提高城市轨道交通的安全防范水平和应急保障能力。安排计划性资金,强化应急救援演练,编制年度主题演练计划,积极开展水上防污染应急演练、船闸消防演练、危货运输企业应急救援演练、抢修路桥演练、车内应急逃生和落水救生演练等应急演练,进一步增加演练的类型和次数,提高突发事件应急处置能力。建立应急运输征用补偿机制,按照"谁征用、谁补偿"的原则,建立以政府公共财政资金为保障的运力征用补偿赔偿机制,切实保护被征用车辆、船舶以及其他物资的合法权益和参与应急保障的积极性,形成综合交通运输应急保障的长效机制。建立应急运输工具和应急装备购置、组织应急运输培训演练、客货运输站场等基础设施应急功能建设补助制度。

4. 注重加强广大人民群众应急急救水平

积极开展紧急救援与自救的基础知识教育与培训工作,重点针对驾驶员、交通警察、交通协管员、列车员、空乘人员、船员以及公用事业人员开展经常性急救训练,保证交通线路沿线居民中有一定比例人口接受过基础医疗知识学习和急救演习,积极推进"户外救生员"培训进学校、进社区、进驾驶培训机构,到"十二五"期末,实现"户外救生员"占应届毕业生总量比重不低于30%,占新取得驾照人员的比重不低于60%的目标。

5. 提高综合交通运输应对自然灾害防控能力

建立健全灾害易发区域和重点区域预测预警机制,依据交通运输领域的国家专项预案、部门预案和各地方交通应急预案的预警条件,建立完善的四级预警系统,形成规范的预警信息发布、更改、解除程序,并制定和完善违规责任追究制度;及时收集突发事件的各种信息,形成信息筛选、统计、分析机制,提高信息分析研判能力和预测预警水平。加强与气象减灾部门的沟通联系,建立铁路、公路、水运、民航气象灾害预警机制,实现对公铁线路、水运航道、民航航线沿线灾害性天气的全方位、实时监测和预警。加强基础设施防御能力建设,采取有效的工程手段,对水害、冻害、沙害比较严重的区段,探索整治规律,加大整治力度,提高交通基础设施抗灾能力。建立和完善综合交通运输防灾系统,确保交通运行安全。根据季节性特点和区域性灾情发生规律,有针对性地强化应急能力建设,完善各类应急预案,配齐配强应急装备和物资,开展应急培训和实战演练,强化应急指挥和处置能力。

(五)积极推进交通安全科学研究

1. 加强交通安全生产与应急管理研究

进一步加强交通运输行业安全生产和应急管理科研,鼓励有关交通院校设立安全生产和应急相关学科。加大对交通运输生产和应急管理理论和关键技术研究开发力度,重点支持相关标准规范的制修订和防灾抗灾、应急抢险的科学研究。加强信息技术在综合交通运输安全管理中的应用,不断完善交通运输事故管理信息系统,针对当前影响和制约治安、消防、道路交通安全工作的基础性、源头性问题,组织专家成立课题小组,深入开展专题调研,加强民用爆炸物品安全管理,加快消防技术标准规范制修订进程,完善消防技术标准系统,研究加强高速铁路、公路客运车辆特别是超长途公路客运车辆、农村客运以及校车的安全管理措施。

2. 推进交通安全技术理论及应用研究

积极鼓励和支持研究、开发交通运输安全生产和应急领域的新产品、新工艺和新技术,实现交通运输安全生产和应急方面核心技术与重大装备研制的突破,促进科研成果的转化和推广应用。加大对智能交通技术、车辆主动安全技术和被动安全技术的研究力度,研究通过综合应用各种高新技术改善综合交通运输网络安全性和运载工具的安全性,特别是机动车辆、高速铁路、国产大飞机、大型船舶的安全性能,积极构建基于智能技术的综合交通运输系统。加大对交通执法设备和装备研究资金投入和应用,加强新型、高效、使用执法装备如测速执法系统、酒精检测仪等的开发、升级与推广应用。加快交通地理信息系统、全球定位系统、交通电视监控系统、数字化指挥调度系统、网络通信技术等科技在交通应急中的应用,并促进其他交通应急科研成果的转化。加大国家对交通应急的科技资金投入。重点支持交通防灾减灾技术、道路安全保障技术、车辆安全技术、特殊气候条件下的交通安全技术、恶劣气候和海况条件下人命快速搜救技术、深潜水救助打捞成套技术、水上安全保障技术、空中安全管理技术、交通设施保安技术、交通应急处理技术、交通安全风险评价与管理技术、超限运输治理技术和公路水路安全技术标准等方向的技术开发,大力推进多点定位系统(MLAT)、航空电信网/空管服务信息处理系统(ATN/AMHS)等成熟新技术在交通运输生产中的应用,全面提高我国交通安全保障技术水平,从技术上能够支撑建立一个更安全可靠的综合交通运输系统,降低交通事故死亡率,减少损失。

第十四章　切实推进绿色交通系统建设

一、绿色交通基本内涵及其构成

（一）绿色交通的含义

1. 绿色交通概念的提出及其内涵

（1）概念的提出

随着全球城镇化进程的不断推进,世界各国的城市交通问题越来越突出,城市交通拥堵、生态环境破坏、大气噪声污染等问题困扰着许多城市的发展。虽然目前我国在汽车环保、车辆出行等方面采取了积极措施,但随着城市交通需求的不断上升,这些问题将有可能进一步加深。因此,如何使城市交通系统的发展符合未来环境保护、健康、安全的要求已逐渐成为人们关注的焦点。在这样的大背景下,与国际社会经济可持续发展运动(1992年全球联合发布《里约环境与发展宣言》)遥相呼应,在世界各国交通转型发展研究过程中,绿色交通(Green Transportation)理念应运而生。

（2）内涵的形成

关于绿色交通的含义目前尚无一致说法。1994年,加拿大学者克里斯·布拉德肖(Chris Bradshaw)首次提出了绿色交通的等级层次(Green Transportation Hierarchy),并阐释了绿色交通理念,即"通过优化发展绿色交通工具,减少交通拥堵,净化城市出行与居住环境,降低能源消耗"。2000年,我国建设部城市交通工程技术中心等机构联合举办"绿色交通"行动,旨在满足城区人们出行需求大幅增长的同时,力求将交通堵塞和空气污染降到最低。由此开始,国内学者开始结合我国交通实际问题,从不同视角阐述绿色交通的内涵并形成了相对成熟的理论研究体系。2003年,建设部和公安部发出《关于开展创建"绿色交通示范城市"活动的通知》,首次明确绿色交通的内涵是"适应人居环境发展趋势的城市交通系统",即以安全、便捷、高效率、低消耗、低污染为目标,运用科学的方法、技术、措施,构建以公共交通为主导的多元城市交通系统,推动城市交通与城市建设协调发展,营造与城市社会经济发展相适应的城市交通环境。

(3) 内涵的演进

上述关于绿色交通内涵的表述主要是针对城市交通而言。事实上,绿色交通是在交通运输领域内实现经济社会与资源生态环境协调发展的一种革新理念,是可持续发展战略和理念与中国国情的融合,蕴涵中国文化的形象表达。本质上,绿色交通是适应社会经济发展与自然资源环境承载力要求的可持续交通,其核心是交通运输系统与资源、环境之间的兼容、和谐发展。发展绿色交通,就是要求在满足经济社会发展所产生的交通需求的前提下,兼顾人与自然的和谐发展,形成社会经济发展与交通低碳化的动态平衡,促进人口、资源、环境、社会的良性循环。

2. 发展绿色交通的目的与意义

(1) 发展绿色交通的目的

发展绿色交通的根本目的是建立一个通达有序、安全舒适、低能耗、低污染、持久高效的交通系统,以达到减轻交通拥挤、降低交通污染、促进社会交通需求公平发展的目的,使人们获得一个安全、便捷、舒适的交通运输服务。其最终目标是实现四个"和谐",即:交通与环境的和谐(包括生态环境和心理环境),交通与资源的和谐(建立资源节约型交通),交通与社会的和谐(提供安全、公平的服务,满足人们多样化的交通需求),交通与未来的和谐(有利于交通的远景发展)。

(2)发展绿色交通的意义

当前,我国各种运输方式处在大发展时期,综合交通运输体系正在构建过程中,构建一个什么样的综合交通运输体系,不仅对于交通运输行业本身意义重大,而且关系到国民经济和社会发展的质量及可持续性。党的十七大和"十二五"规划《纲要》等都把建设和发展综合交通运输体系作为未来促进我国国民经济健康发展的一项重要任务,要求加快我国交通运输发展方式的转变,积极构建资源节约型和环境友好型的综合交通运输体系。绿色发展作为交通运输发展的一种新理念,是可持续发展理念在交通运输领域的具体运用,一是要充分发挥各种运输方式的比较优势,在有效满足运输需求的情况下,合理利用资源,减少浪费,实现社会整体的经济性;二是要坚持和贯彻可持续发展理念,促进交通运输与自然、生态、环境发展相协调,注重生态保护,减少污染排放,实现交通运输可持续发展。

(二)绿色交通系统构成

绿色交通概念与内涵应用到广义上的综合交通运输体系建设发展领域后,交通运输发展进程中面临的不仅仅是理念的应用问题,而是如何建设具有绿色发展特点与能力的交通运输系统问题,绿色交通系统建设成为转变交通运输发展方式的重要任务和具体体现。

1.绿色交通系统的概念

绿色交通系统是交通运输领域一切有利于资源节约集约利用、节能减排和生态环境保护的交通运输系统的统称。

2.绿色交通系统的空间构成

从空间构成上看,绿色交通系统不仅包括"适应人居环境发展趋势的城市交通系统"(狭义的绿色交通系统),而且还应包括资源节约型和环境友好型的区际、城际和农村交通系统。

3.绿色交通系统的内容构成

从内容构成上看,该系统不仅包括结构合理的交通基础设施系统,而且还包括安全高效、节能环保的运输装备系统和管理服务系统。

二、我国绿色交通发展现状评价

(一)交通运输能源消耗现状分析

1.交通运输、仓储和邮政业能源消耗

在现有统计资料中,交通运输业能源消耗没有单独列项,而是被列在了"交通运输、仓储和邮政业"项下。

20世纪80年代至90年代中后期,我国交通运输、仓储和邮政业能源消费量占全社会能源消费量的比重一直保持在4%左右,"九五"期末该比重快速上升,2000年达到7.3%,近十年来一直都保持在7%以上。

2010年,我国交通运输、仓储和邮政业共消费能源27853万吨标准煤,占全社会能源消费量的7.7%。2000—2010年交通运输、仓储和邮政业能源消耗年均增长率约为11%,比同期全社会能源消费平均增长率高出近1个百分点。

2.交通运输综合能耗水平

交通运输综合能耗是交通运输系统(包括铁路、公路、民航、水运和管道等子系统)能源消耗量的总和,主要由各种运输方式的交通工具牵引能耗和客货运输涉及的各类辅助设施设备以及生产经营活动的能源消耗量两部分组成。

各种交通运输工具是能源消耗的主体,交通运输工具的规模及使用结构直接影响能源消耗的水平和结构。截至2010年年底,我国拥有铁路机车19431台,民用汽车保有量7801.83万辆,民用机动船155624艘,民用飞机2405架。根据现有统计口径下不同运输方式的能源消耗水平及结构,[1]可以测算出2010年全年各种交通运输工具的牵引能耗量约为27594万吨标准煤。

目前,除铁路统计的总能耗包括牵引以外的场站作业能耗,其他运输方式均只统计运输工具能耗,如果把港口能耗和计算在内,[2]则2010年我国交通运输综合能源消耗量约为28766万吨标准煤。

(二)交通运输领域主要气体排放状况

1. 交通运输与其他部门排放关系

交通运输是能源特别是石油消费的主要领域之一,各种运输工具在消耗化石燃料的同时,不可避免地会排放二氧化碳(CO_2)

---

[1] 现有统计口径下,历年国家铁路机车万吨公里能耗水平数据可查《全国铁路统计资料汇编》。2010年国家铁路机车单位运输工作量能耗为65kg/换算万吨公里;道路车辆和水运船舶能耗水平为2005年数据,2005年以后交通部取消该指标的统计工作。基于历史数据和近年来换算周转量变化趋势,估计2010年道路营运货车耗汽油7公升/百吨公里、耗柴油5.5公升/百吨公里,道路营运客车耗汽油12公升/百吨公里、耗柴油11公升/百吨公里;船舶综合单耗为3.5千克/换算千吨公里。民航分机型统计每飞行小时耗油量,2010年数据参考《从统计看民航》(2010)。另外,不同燃料类型的运输工具能耗统一折算,折算系数分别为:原煤:1kg=0.7143kgce;柴油:1kg=1.4571kgce;汽油:1kg=1.4714kgce;电力:1kWh=0.1229kgce。

[2] 港口装卸作业能耗消耗是水运能耗的重要组成部分,由于目前缺少系统的全行业统计,只能通过相关数据进行推算。根据国家发展改革委综合运输研究所《交通运输系统节能减排方向与途径研究》成果,2006年长江20个主要港口所生产用能综合单耗4kgce/万吨吞吐量,全年全国港口能源消耗约302万吨标准煤。结合"十一五"时期我国港口发展规模和吞吐能力,预计2010年全国港口能源消耗350万吨标准煤。

以及其他有害污染物。联合国政府间气候变化专门委员会（IPCC）在《国家温室气体清单指南》中指出：在发达国家，能源系统贡献了75%的温室气体排放量和90%以上的CO_2排放量；能源部门排放的温室气体中，95%为CO_2，其余的为甲烷（CH_4）和氧化亚氮（N_2O）；在能源部门中，道路和其他交通造成能源部门约25%的排放量；在道路运输部门中，CO_2、N_2O和CH_4一般分别贡献CO_2等量排放的大约97%、2%—3%和1%。除排放CO_2等温室气体外，交通运输活动还排放二氧化硫（SO_2）、氮氧化物（NOx）和微粒物（PM）等其他大气污染物。

2. 交通运输部门的CO_2排放水平

根据《中华人民共和国气候变化初始国家信息通报》，1994年我国按照CO_2当量估算的温室气体总排放量（净排放）水平为3649517千吨/年，其中CO_2排放量2665990千吨/年（折合约7.27亿吨碳），约占温室气体排放总量的73%。全部交通运输业（国内和国际）CO_2排放量为176417千吨/年，占全国CO_2排放量的6.6%，占全国CO_2当量折合总排放水平的4.82%。根据全国能源消费增长和交通运输能源消费水平与结构，国家发展改革委综合运输研究所推算得出2007年全国交通运输业CO_2排放量约为6.3亿吨，占全国CO_2当量排放水平的10%左右[1]。按此计算方法进一步推测，2010年全国交通运输业CO_2排放量约为6.9亿吨。CO_2的排放水平与其能源消费总量直接相关，其中交通运输领域CO_2排放量占总排放量比重与其能源消费比重大体相当。当然，除了统计口径上的原因外，由于车辆技术、排放政策、交通能源消费结构的不同也会带来一些影响。预计2010年交通运输领域CO_2排放水平仍将在10%左右，2015年上升至12%左右。

---

[1] 国家发展改革委综合运输研究所：《交通运输系统节能减排方向与途径研究》，2009年。

3. 交通部门其他气体排放水平

除排放 CO_2 外,交通运输部门还排放其他气体和污染物,如:碳氧化物(CO_x)、氮氧化物(NO_x)、碳氢化合物(HC)和微粒物(PT)等。这些排放物与燃油质量、发动机水平及其工况环境有直接的关系。各类道路机动车是主要污染物排放源,主要为各种车辆在运行过程中的污染物排放,包括 CO、CH_4、N_2O、SO_2 和 PM 等。民航飞行器、铁路内燃机车、船舶在运行过程中也排放出 CH_4、N_2O、SO_2 和 PM 等污染物,但与道路机动车相比排放水平要低。

(三)交通噪声现状分析

噪声污染作为交通运输行业对环境污染的主要因素之一,时刻都在干扰人们正常的工作、睡眠和娱乐,甚至会影响人们的生理和心理健康。目前,我国交通噪声污染均在控制范围内。高速公路、一级公路、城市快速路、城市轨道交通(地面路段)、内河航道两侧区域昼间噪声控制在 70 分贝以内,夜间噪声控制在 55 分贝以内;铁路边界昼间噪声控制在 70 分贝以内,夜间噪声控制在 60 分贝以内;机场周边一类、二类区域噪声分别控制在 70 分贝和 75 分贝以下;城市交通中机动车的噪声影响较大,我国城市中心区噪声平均在 75 分贝左右。

2010 年,在监测的 331 个城市中,68% 的城市道路交通声环境质量为好,29.3% 的城市较好,1.2% 的城市为轻度污染,1.2% 的城市为中度污染,0.3% 的城市为重度污染。与上年相比,全国城市道路交通声环境质量好的城市上升了 0.9 个百分点,较好的上升了 1.8 个百分点,轻度污染的下降了 3.0 个百分点,中度污染的上升了 0.3 个百分点,重度污染的与上年持平。环境保护重点城市道路交通噪声平均等效声级范围在 63.6—73.3 分贝(A)之间,道路交通声环境质量好的城市占 56.6%,较好的占 40.7%,轻度污染的占 1.8%。

(四)交通运输领域水环境污染现状

在交通基础设施建设过程中,施工人员将产生一定量的生活污水和垃圾。铁路或公路建设人均产生生活污水约为 0.03 立方米/天,化学耗氧量(COD)浓度 250 毫克/升;沿海港口、内河航道和机场建设人均排放生活垃圾分别约为 0.5 千克/天、0.3 千克/天和千克/天[①]。在设施设备运营期内,铁路污水主要来自机车、车辆检修及整备产生的含油生产污水、洗车污水、列车高浓度集便污水、集装箱站和沿线车站排放生活污水等;公路路面废弃物沿路面进入沿线地表径流,对沿线水域会产生不同程度的污染;沿海港区和内河船舶各种含油污水、作业区含煤污水、含矿污水、集装箱洗箱污水等的排放,以及船舶生活垃圾及污水的倾倒和排放,可能会污染航道和停泊区域的水环境;机场在运营中产生的生活污水也会对周边环境产生一定影响。

三、我国绿色交通发展基本思路

(一)指导思想

深入贯彻科学发展观,坚持以人为本和可持续发展,全面落实节约资源和保护环境基本国策,切实加快推进以低碳为特征的绿色交通系统建设,加大节能减排力度,集约节约利用资源,促进资源循环利用,加强生态和环境保护,实现交通运输绿色发展。

1. 坚持以人为本,维护人的基本权益和提高生活质量水平

交通运输发展的根本目的是不断满足人民群众对安全、便捷、舒适出行的需要,这是"以人为本"思想在交通运输领域的具体体现。发展绿色交通应尊重生命、保障旅客高品质出行的基本权益。

---

① 参见国家发展改革委综合运输研究所:《"十二五"综合交通运输体系规划环境影响评价》,2010 年。

减少交通事故的发生,注重交通与自然、心理环境的和谐发展。此外,促进交通绿色发展还应兼顾公平。交通运输发展不仅需要考虑到正常人的出行需要,还要考虑到老弱病残等弱势群体的特殊需要,努力创造一个公平、平等的社会环境。

2.坚持可持续发展,促进自然资源生态环境与社会经济协调发展

从供需结构看,未来我国不断增长的交通能源需求与有限的能源供给及环境容量之间的矛盾日趋尖锐,能源供给短缺和环境容量趋紧已经构成交通运输发展的现实约束。因此,未来我国交通运输发展不可能追求无限满足高能耗、高排放的运输需求,而是要从长远出发,充分考虑到交通运输与自然资源生态环境和社会经济环境协调发展,坚持走资源节约和环境保护的道路。

(二)实现途径

从绿色交通基本内涵出发,按照交通运输体系综合发展的基本要求和资源优化配置的导向性和可操作性,宏观层面上主要通过结构调整、节能减排、技术推动和制度创新等途径来实现交通运输的绿色发展。

1.以综合协调为核心,加快交通运输结构调整,积极推动交通运输发展方式向资源节约型、环境友好型转变

加快交通运输发展方式转变,就是要充分发挥各种运输方式的比较优势,加强对高能效、低排放运输的建设。同时,积极科学地引导交通运输使用者优先使用资源节约型和环境友好型的交通运输方式,优化交通运输结构,实现各种运输方式的优势互补和有效衔接,全面提高交通运输系统效率,走资源节约型、环境友好型发展道路。

2. 以集约节约为重点，优化交通运输资源配置，大力推进节能减排，有效保护和改善生态环境

在当前资源约束和环境容量限制的条件下，单纯依靠大量消耗和占用资源进行交通运输基础设施建设、换取交通运输供给较快增长的路子已经难以为继，这就要求交通运输发展必须考虑资源、环境的承载力。坚持以土地、能源的合理有效利用为重点，提高交通用地承载力的节约潜力，提高载运工具燃油的利用效率，统筹利用综合交通运输体系中通道资源和枢纽资源。积极探索交通运输循环经济实现方式，加强各种运输方式生产、生活污水的综合处理能力，大力开展路面材料、废旧材料等资源的再生、循环和综合利用，实现对资源的少用、用好、循环用。

3. 以技术进步为动力，发展先进适用的节能技术，提高各种运输工具的能源利用效率

依靠科技创新，加快成熟交通节能技术的应用步伐。加强交通建设的科技水平，从规划、设计、建设等方面降低能源消费和排放，加强运输工具节能减排技术的研发和应用，鼓励使用清洁能源，逐步淘汰落后技术和高能耗低效率的运输设备，提高各种运输工具能源利用效率和减少排放。随着人类科学技术的飞速发展，各类交通新技术将不断涌现并在实际应用中发挥作用，未来交通技术的发展在不断追求更安全、更舒适、更快的同时，将向更节能、更环保的方向迈进。

4. 以制度创新为手段，提高运输组织和管理水平，构建交通运输业能源管理与排放控制长效机制，形成有利于绿色交通发展的环境

加强交通运输组织和管理方式创新，加强信息技术在交通运输领域的应用，提高运输组织和需求管理水平，通过优化运输组织管理水平、充分发挥交通设施设备的利用水平、减少运输供给，全面提高运输组织效率。同时，建立相应的节能减排监督与管理机

制,加强对不同运输领域和重点耗能企业节能减排工作的考核,加强交通运输行业节能减排队伍自身建设,构建交通运输业能源管理与排放控制长效机制,形成有利于绿色交通发展的环境。

四、"十二五"时期绿色交通发展目标

(一)发展目标

1. 总体目标

"十二五"时期是我国综合交通运输体系构建的关键时期,面对日益严峻的资源环境约束,我国在继续推进各种运输方式网络完善大发展的同时,将全面推进各运输方式内部和之间更深层次的综合发展,促进交通运输资源节约,与环境协调发展,逐步构建形成畅通高效、安全优质、节能环保的综合交通运输体系。为了全面促进综合交通运输体系可持续发展,"十二五"期间我国将切实推进绿色交通系统建设,总体目标是:交通运输行业能源利用效率明显提高,CO_2排放强度明显降低,资源节约集约程度显著提高,交通状况和环境污染明显改善,初步建立以低碳、环保为特征的绿色交通运输系统。

2. 控制性目标

交通运输行业能源消耗在全社会能源总消耗中的比重控制在9%以内,新增能源消耗年均增速控制在5%左右;交通运输行业CO_2排放贡献率控制在12%以内,年均增速控制在5%左右。

(1)关于能源消耗预测及目标值确定

"十二五"期间,伴随着工业化和城镇化进程的不断推进,我国交通运输业仍将处于大发展阶段。在运输需求增长强力拉动下,交通运输能源需求将呈现出加速态势。预计2015年,我国交通运输、仓储和邮政行业能源消耗占终端能耗的比重在目前水平下提高1—2个百分点,为9.5%左右。根据国家发展改革委能源

所《"十二五"时期能源发展问题研究》,预计2015年我国一次能源消费总量控制在38亿吨标煤左右,按此计算,2015年我国交通运输、仓储和邮政业能源消耗量约为36226万吨标准煤。

分交通运输方式看,按照乐观情景估计,预计"十二五"期间铁路、公路、民航和水运新增能源消耗7948万吨标煤,2015年总能耗将达到36700万吨标准煤左右,增速在5%左右。由于不同方式的能耗增长速度不同,到2015年主要运输方式的耗能结构将发生变化,其中道路机动车耗能占交通运输总耗能的比重将提高到80%以上,民航运输耗能占交通运输总耗能的比重将提高到7.5%左右,而铁路和水运船舶耗能占交通运输总耗能的比重将会下降,各占5%左右。

(2)关于CO_2排放预测及目标值确定

交通运输领域CO_2排放与能源消耗直接相关。未来随着道路机动车、民航飞行器、电力机车等运输工具规模的快速增长,交通运输领域能源消耗量和污染物排放量也将快速增长。按照乐观情景估计,预计到2015年,道路铁路、机动车、水运船舶、民航的总能耗将达到36700万吨标准煤。按照交通能耗增长趋势与结构,预计到2015年交通运输领域二氧化碳总排放量将达到8亿吨左右,"十二五"期间新增CO_2排放1.9亿吨,年均增速约5%。

(二)**主要任务**

"十二五"期间,我国绿色交通发展将以节能减排为重点,着力提高能源利用效率,减少污染排放,加强生态保护和污染治理,完善节能环保监控体系。

1. 继续加大交通运输节能减排力度

(1)优化交通运输结构,实现交通运输系统节能减排

充分发挥各种运输方式的比较优势,发挥综合运输大通道的集约功效,促进多式联运发展,避免不合理运输。如煤炭运输应按

第十四章 切实推进绿色交通系统建设

照"北煤南运"的特点,以通道中铁路及水铁联运为主,限制汽车长途运输;进口铁矿石和油气运输应建立以大型专用船舶——深水专用泊位中转——铁路或管道运输的联运系统;加快集装箱多式联运步伐,充分发挥铁路在多式联运中的作用。

加强高能效、低排放交通运输系统建设,促进轨道交通、水运等资源节约型、环境友好型交通运输方式的发展。加快发展以轨道交通为主的公共交通系统,重视并充分发挥内河航运的节能优势。优先发展城市公共交通,引导居民绿色出行。

(2)发展先进适用的节能减排技术,提高运输工具能源利用效率

依靠科技创新,发展先进适用的节能技术,提高能源利用效率和减少排放,是实现交通运输各领域节能减排的微观基础。"十二五"期间,我国应进一步加强交通建设科技水平,加强运输工具节能减排新技术的研发和应用,采用新型、节能的运输工具和推行较高排放标准,鼓励使用清洁能源,逐步淘汰落后技术和高能耗、低效率的运输设备,提高各种运输工具能源利用效率,降低污染物排放水平。

加速淘汰高耗能老旧汽车,发展柴油车、大吨位车和专业车,推广厢式货车,发展集装箱等专业运输车辆;加快运输企业集约化进程,优化运输组织结构,减少车辆不合理运输产生的能源消耗。铁路要开发交一直一交高效电力机车,推广电气化铁路牵引功率因素补偿技术等节电措施,采用高效柴油添加剂和各种节油技术,逐步取消柴油发电车。通过制定船舶技术标准,加速淘汰老旧船舶,鼓励企业发展大宗散货专业化运输船舶,优化运力结构,提高船舶平均载重吨位。

(3)提高运输组织和管理水平,保障节能减排取得实效

加强对运输生产经营过程的管理和运输有效性的控制对于提高运输组织效率,进而提高能源利用效率和减少污染排放十分关

键。从一定意义上讲,运输结构的优化和节能技术水平的提高只是实现节能减排的基础条件,节能减排要取得实效主要是通过有效的组织管理把结构优化和技术进步的节能潜力最大限度地发挥出来。目前,全国货运车辆空驶率高达40%左右,如果货运车辆空驶率降低10个百分点,则可相应减少公路货运能耗6%左右。[①] 因此,"十二五"期间我国应大力加强运输需求管理,把握客货流量、流向及其时空分布规律,科学组织运输活动,合理投放、调配运力,使运力供应与客货流合理有效衔接,以提高运输工具载重量(客座)利用率,降低空驶率,加速运输工具周转,提高运输组织效率,从而提高运输活动的能源利用效率,减少污染排放。

2. 节约集约利用资源,积极探索资源循环利用模式

(1)合理利用土地资源,引导集约用地,提高土地利用效率

在交通线网规划和线位选择过程中,尽可能选择既有铁路和公路线位,共用走廊,特别是规划通道穿越城镇化地带,应避免线路多次分割同一城市和人口密集区,有利于所在地区合理规划沿线土地资源,减少占地面积。在交通项目建设的立项和可行性研究阶段,要根据社会和经济发展需要和未来交通需求,本着少占地、避免占用耕地的原则,合理确定建设规模和技术标准,合理确定线位走向和主要控制点,达到满足交通功能要求与减少建设用地的统一。在工程设计阶段,要创新设计理念,优化设计方案,提高设计水平,优先选用能够最大限度节约土地、保护耕地的方案,充分利用荒山、荒坡地、废气地、劣质地进行建设。在建设施工阶段,建设单位、施工单位和监利单位要统筹考虑工程建设用地问题,尽可能利用荒坡、废气地作为施工场地。

---

① 参见国家发展改革委综合运输研究所:《交通运输系统节能减排方向与途径研究》,2009年。

(2)积极探索交通运输资源循环利用的发展模式

在交通基础设施建设和运营中,推广使用交通废弃物(废水)循环利用的新材料、新工艺、新设备,倡导标准化设计及工厂化预制,提高资源再利用水平。加强各种运输方式生产、生活污水循环利用,大力开展路面材料、施工废料、弃渣、港口疏浚土等资源的再生和综合利用,建设资源循环利用试点工程。以工程应用急需的高性能材料、工艺和装备为重点,积极推广废旧路面材料冷再生、热再生等循环利用技术和施工工艺。推广航空水资源综合再生利用技术,促进航空垃圾资源化利用。充分利用粉煤灰等工业废渣作筑路材料,减少交通线路取土占地。对交通建设中废弃的旧线路和站场尽可能造地复垦,不能复垦的尽量绿化。

3. 积极开展环境恢复和污染治理

(1)进一步加强水土保持和耕地复垦工作

积极采取措施,加强水土流失治理、监督和保持工作。水行政主管部门应加强对新建交通项目水土保持工作的"三权"监督管理,认真执行水土保持方案审批和"三同时"制度;项目建设单位应在项目总投资中列入水土保持投资,统筹安排资金,在项目筹建期间即应成立实施水土保持方案的专门机构,自觉接受地方水行政主管部门的监督检查。项目完建验收时,当地水行政主管部门应同进验收水土保持设施,水土保持设施验收不合格的,建设项目不得投入使用。此外,在交通建设过程中合理取土,及时整理、复垦、开发、补充耕地。

(2)注重生态保护,积极开展生态环境恢复工作

合理设计项目线路走向和场站选址,尽可能避绕水源地、湿地、风景名胜、重点保护文物、饮用水源、重要生态功能区等环境敏感区域。加强公众参与,充分尊重公众和有关利益方对环境保护的意见。坚持保护优先、影响最小化的原则,妥善处理有关法律程序,完善保护措施。对因无法避绕而产生的环境影响,要采取完善

的缓解措施,消除或减小不良影响,最大限度地恢复原有环境质量。

注重景观恢复,充分保护、利用自然景观。积极推动生态恢复工程和绿色通道建设,逐步恢复和改善交通建设中遭破坏的生态环境和自然景观。对于规划实施的区际通道和城际快速通道,应同步实施成为绿色通道,对于贯穿西部地区的通道,穿越风沙灾害严重线路,应结合沙化治理采取合理的绿化措施。

(3)减少污染物排放,加大污染防治力度

实施环境污染物达标排放,加大机动车的初检、年检、路检、抽检力度,逐步淘汰落后、污染严重的运输工具,推广清洁环保车辆。

降低交通噪声污染,尽量采用低噪声设备。交通线路两旁设置必要的绿化隔声带和隔声屏。

大力推广采用环保新技术,促进废气、废水和固体废物的循环使用和综合利用。鼓励运输企业清洁生产工艺,加强交通运输领域工业"三废"和生活废物的资源化利用,积极开展烟气脱硫除尘、机动车尾气净化工作。

4.加强环境管理,完善环境监控体系

(1)加强建设项目全过程的环境管理

依照有关环境保护的法律法规,加强建设项目全过程的环境管理。项目立项阶段,应严格执行项目审批和土地、环保准入制度;在项目前期设计、建设施工及运营全过程中实施环境监控,坚持保护优先、影响最小化原则,对建设中占用或损毁的湿地、林地、草场、水保设施等具有重要生态价值的资源采取妥善的恢复、补偿措施。在建设和运营期间产生的噪声、废水、废气和固体废弃物等对环境的影响,要采取相应的环境措施,在项目选线、选址中尽量避让环境敏感区。

(2)建立起完善、统一、高效的环境监测体系

交通运输系统内应建立高效的环境影响监测网络,规范管理

制度和检测标准与方法,加强对各项环境监测的数据分析、整理与归档,注重数据的完整性与准确性,建立环保档案,搞好数据积累工作,建立环境管理及环境质量数据库。

(3)进一步加强环境影响评价工作

在建设项目实施过程中,应依照《中华人民共和国环境影响评价法》和《建设项目环境保护管理条例》的规定及相关环保法规和条例,认真编写环境影响报告书,切实落实建设项目的环境评估和保护工作。实行审批制的建设项目,建设单位应当在报送可行性研究报告前完成环境影响评价文件报批手续;实行核准制的建设项目,建设单位应当在提交项目申请报告前完成环境影响评价文件报批手续;实行备案制的建设项目,建设单位应当在办理备案手续后和项目开工前完成环境影响评价文件报批手续。

第十五章 健全综合交通运输发展政策

一、政策的主要功能及政策制定的环境因素

(一)政策的主要功能

政策是推进经济社会及相关领域发展的重要手段,具有约束、引导、调控和分配等多种政策目标匹配的功能。

1. 约束功能

政策作为一种行为准则,是根据相应的规则对其他主体行为实行的一种干预,对社会成员的行为具有管理、限制、管束、制约等作用。

2. 引导功能

政策为社会的发展、人们的行动确定方向,包括价值观的引导、行为的引导,即指导人们在特定的时间内做特定的事情或去做社会需要的事情。

3. 调控功能

从宏观层面作出社会发展战略部署,调节和控制社会整体的平衡发展,调节和控制社会公共事务中所出现的各种利益矛盾以及人与人、人与社会、人与自然之间的关系。

4. 分配功能

包括资源在政府和社会之间、中央和地方之间、地区之间、不

同行业或产业之间、不同社会群体之间的分配。主要通过公共财政的收入项和支出项两个方面来实现,从而改变人们之间的利益分配关系,达到分配的目的。

(二)政策制定的环境因素

政策制定的环境因素是影响政策产生、存在和发展的一切因素的总和,分为社会内部环境和社会外部环境两方面因素。社会内部环境包括生态系统、生物系统、个人系统以及社会系统;社会外部环境是某社会本身以外的系统,包括自然环境和社会环境。自然环境主要是指一国的地理位置、面积大小、气候条件、山川河流、矿藏资源等,自然环境是人类赖以生存的场所和创造文明的自然前提,对一国的内外政策具有影响或制约作用。社会环境主要包括政治状况、经济社会状况、文化状况、教育状况、法律状况、人口状况、科技状况,等等,它对政策起着更为直接而重要的影响。对于政策环境的分析主要从以下几方面展开:

1. 经济社会状况

经济社会状况或发展水平是一国或地区制定政策最为重要的依据之一。政策方案首要和根本的出发点就是本国或本地的实际情况,尤其是经济社会发展的现实基础。

(1)经济社会状况是政策制定的基本出发点

一个国家或地区的社会经济条件如何,它处于何种发展阶段上,综合实力如何,是一国或地区政府的公共决策必须首先加以考虑的。正确合理的政策必须符合经济社会发展的实际。

(2)经济实力是政策制定和实施的基本物质条件

政策实施过程不仅有其经济的根本动因,而且这一过程本身也必须与经济整体发展相一致,才能获得贯彻实施所需的财力、物力等各种经济资源的充分支持,同时它影响着国家的基本政策倾向和政策实施效率。

(3)社会物质经济利益的分配调节是确定一定历史时期政策的主要根据

对生产资料占有的差异、所处的经济地位,以及职业、身份、收入、居住区域的不同,首先表现为对经济生活和各种经济条件需求的不同,根植于社会经济关系中,或受其制约的诸多矛盾的存在与解决,便成为经济社会政策制定的动因。

2. 制度体制条件

政策总是在一定的经济和文化体制或制度下制定和实施的。制度是正式或非正式的人类社会运行规则。体制是国家机关、企事业单位的机构设置、隶属关系、和权责划分等方面的体系和制度的总称。体制或制度为公共政策提供外部组织环境。体制类型多种多样,但影响政策最重要的是政治体制、法律体制和经济体制。政治体制是以政治权力的运作为核心的政治设置的综合,为决策过程提供政治组织环境。法律体制是以宪法为核心内容的法律体系,它为人们的活动创造一种可预见的环境,并提供了解决各种争端的程序。经济体制是以经济政策为核心内容的政策形成的组织环境,它规定了国家经济政策基本倾向和特点,是政策制定和运行的平台。体制或制度条件对政策系统及其过程的影响主要表现在:

(1)体制在政策制定过程中起着十分重要的作用

对政策形成的制约首先表现在某项政策是否可行,即使可行,其实现过程也受到体制的制约。政策的制定机关涉及各个部门、各个层次,它们之间横亘着一条条组织界线,各自所要解决的问题以及关心的利益不同,使得政策制定过程成为一个复杂的利益、权力划分的过程。

(2)体制与政策的决策密切相关

作为决策者要考虑到政策的执行及其所要达到的预期目标,考虑各执行机关与决策机关的关系及它们的管理权限、部门利益等,体制上容纳的可能性决定了政策选择的结果。

(3)体制影响着政策的制定、选择、认识和执行

体制制约着政策的执行,如果政出多门、政策上出现不一致,那么政策很难得以真正贯彻。政策方案与执行机构的利益是否协调也在很大程度上影响政策的执行。两者利益一致时,政策执行机构的积极性就高,政策执行就会很顺利;相反,政策的推行就会受阻,政策难以落实。

3.政治文化

政治文化是属于人类政治生活中的主观意识范畴,是人们对有关政治方面的信仰、理论、感情、情绪、评价和态度等历史和现实的总和。主要包括三个层次:政治意识、政治价值观和政治理想等。

(1)政治意识

政治意识有两种形态:一种是内在的心理形态,另一种是外在的文化形态。心理形态是其文化形态的基础和内化,文化形态是对其心理形态的升华和外化。首先,政治心理是一种潜在的社会力量,它通过一定社会实践主体起作用。人们对政治的态度、情绪、动机等心理态势,直接影响到人们的政治行为。因此,现代社会政策的制定往往十分重视对社会政治心理的了解和分析。一定的社会政治心理状况是一定的社会政治经济形势的晴雨表。占主导地位的社会政治心理,诸如社会情绪、社会思潮、公众的社会舆论等,往往是某种社会变革、政治和经济危机的预兆,是制定政策的一种重要依据。其次,文化形态的政治意识对政策过程直接发生影响的是政治理论和政治意识形态。政治理论是政策的行动指南,反映和表达阶级及其政党根本利益和愿望的政治意识形态,构成政策的价值取向和行动准则。

(2)政治价值观

政治价值观是政治意识形态的核心内容,是政治主体对客观

存在的政治价值关系和政治价值创造活动等的反映。它对政策的具体影响主要表现在以下三个方面：一是影响政策目标的确定和方案的制订。在政策过程中，政策主体总要以一定的价值观和价值尺度去认识和衡量政策问题，认识要解决的政策问题所面临的各种利害关系，从而形成解决问题的价值取向、政策的目标和方案。由于政治价值观不同，对同一政策问题的解决会形成迥然相异的政策方案。二是影响对政策方案的评价。政策方案的分析和评估，在一定意义上也就是用特定的政治评价标准和价值尺度对政策方案进行价值分析并做出价值判断。评价标准不同，对方案利弊得失的评价也不同。三是影响方案的选择。政治价值观能影响政策主体对政治价值的创造和选择活动，政策主体对某种方案的政治价值属性持肯定态度，就会选择这一方案，否则，就会放弃该方案。

（3）政治理想

政治理想是政治主体对政治体系、政治活动和政治发展所寄予的希望和对未来的设计，在政治社会化的作用下转化为政治信仰，成为政治社会的定向因素和精神支柱，从而规定了政策的动机、基本目标、基本方向和指导原则。

4. 国际环境

全球化、世界经济一体化和信息化，使世界上各个分散的部分或因素形成紧密联系的世界性网络，形成了不以各国的具体环境、地域、制度、意识形态模式等为转移的发展趋势，各国（地区）的经济、政治、军事、科技和文化等方面呈现出越来越密切的联系与相互作用。这对一国或地区的政策产生了极为深刻的影响，使得各国或地区在制定经济社会政策时，都必须时刻考虑世界经济局势的发展变化。国际环境成为各国公共决策的一个重要参数，脱离国际环境，无视国际经济、政治、科技文化的发展趋势的公共政策，要取得预期结果是不可能的。

二、综合交通运输发展政策研究的基本内容

（一）政策研究范畴和基本特征

1. 政策研究范畴

综合交通运输发展政策是因现实生活中各种交通运输问题的存在而产生的。就综合交通运输本身的定义而言，"综合"是指将已有的关于研究对象各个部分、方面、因素和层次的认识联结起来，形成对研究对象的统一整体的认识；"交通"是指车辆或行人在一个地区或路线的运动准确状态及与此种运动有关的设施；"运输"是指使用运输工具将人、货物从一地移送至另一地的一种过程或行为。其中，"交通"与"运输"多被认为是同一过程的两个方面，"交通"偏重于运输工具和交通参与者的流动情况，目的是如何使交通工具在交通网络上的流动状况处于最佳状态，以提高线路通过能力和防止交通事故，它通常不关心交通工具上是否装载以及载运量的多少；"运输"除了考虑交通流状况外，更关心的是流动中运输工具上的载运情况，目的是"多、快、好、省"地完成客货运输任务。"交通"主要是一种手段，"运输"是目的。而"综合"是要探求和实现构成"交通"和"运输"的各个部分、方面、因素和层次之间的相互联系与协作，它不是对各个构成要素的认识和实现的简单相加，而是从结构、方式的机理和功能上，形成一种新的整体性的认识、发现和实现。

结合对词汇的理解以及中国交通运输管理模式的现实背景，综合交通运输发展政策可以概括为，涵盖五种运输方式，调节各个部分、方面、因素和层次之间的相互关系，促进方式间的分工协作与全面协调，实现交通运输可持续发展的政策。从交通运输的基本方式上看，交通运输政策涵盖了铁路、公路、水运、民航和管道五种运输方式；从空间范围来看，包括了国家层面、区域层面以及城

乡层面三个层次的交通运输政策。而对于能源、通信、环境以及国土开发等领域，在政策措施中不单独涉及，但在交通运输政策的设计过程中，严格遵循以国民经济整体利益为出发点的原则，对交通运输与技术进步、能源优化利用、环境保护、城乡协调发展、区域开发等政策保持协调统一予以充分考虑，而不是孤立地看待交通运输自身的发展。

2. 政策基本特性

（1）综合性

综合交通运输体系是一个巨系统。国民经济与交通运输之间、交通运输各方式之间、交通运输方式内部存在着支撑、交叉和相互的关系。综合交通发展政策必须从交通运输的建设、管理和服务等多方面、多层次入手，应用规划、投资、土地、税费、价格等多种手段形成"组合拳"，发挥政策的组合效能。防止政策短板造成的"木桶效应"，充分发挥组合政策的整体作用。

（2）前瞻性

政策是未来一段时期内的行动方案，必须预先考虑到未来一定时期内的经济、社会、制度等环境的变动和发展趋势，并留出一定的余地，以应对计划外的波动。在交通运输产业中，从制定政策到筹集资金、形成项目、建设完工，往往需要较长的实施周期，项目形成以后再到供需关系调整，达到项目设计能力又需要较长的时间。因此，综合交通运输体系发展政策在引导运输资源分配的同时，还应保障交通运输具有满足未来不可预测需求的科学性和灵活性，做到适度超前。

（3）引导性

综合交通运输体系发展政策是引导交通运输发展所需要的资金、土地、人力、能源等各种资源要素配置的行为准则，往往决定了各种运输方式在未来一定历史阶段的发展规模、等级水平和分担比例，还决定着不同区域在较长时期内交通运输的发展程度，构成对市场需求的一种引导。与其他一些产业相比,市场机制在交通运输领域中存在着大量"失灵"现象,也需要政府对交通运输的发展进行干预与引导。

(4)指向性

综合交通运输体系发展政策对于交通运输服务的供给具有特别显著的调节作用,在具体内容上主要着眼于交通投资条件的改善、交通技术的进步以及交通方式结构的协调,这些政策都服务于资源配置的优化和交通运输产业效率的提高,有利于交通运输供给能力的增强。

(5)适应性

交通运输作为社会经济活动中实现空间位移的载体,关系到国家经济能否繁荣昌盛、人民生活水平能否显著提高,如今已经成为衡量一国整体竞争能力的重要指标。由于交通运输自身的基础产业特性,决定了综合交通运输体系发展政策的实施所产生的收益,不能从纯市场的角度,运用财务分析的方法进行计量,资源投入与否、资源使用效率如何,不能仅依据财务表现进行判别,而必须从国家利益的角度来考虑,并与国家不同阶段的整体发展战略相配合,必须符合国家在能源、国防、环境等领域的战略目标。

(6)协调性

在交通运输产业中,五种运输方式都有着各自不同的技术经济特点,每种运输方式内部也存在着基础设施、运输装备以及各种硬件软件等相互衔接配合的问题,因此综合交通运输体系是一个复杂的巨系统,方式间、方式内、城市间、城市内的交通系统都有着千丝万缕的联系。综合交通运输体系发展政策也是一个复杂的政策体系,包含多层次、多方面的内容,应从全面系统的视角来审视。在宏观层次上要考察运输需求与供给总量的关系,在中观层次上主要促进技术结构的调整与进步,在微观层次上通过各种形式调整运输产业组织,维护市场秩序,保证有效竞争。

(7)一贯性

交通基础设施一旦投入,往往就不能转移而形成沉没成本,综合交通运输体系发展政策在影响资源配置的决策过程中,一旦发生偏差,纠正失误所需付出的成本将十分巨大,必须在政策制定阶段审慎研究,保证政策的稳定、连续、长久,在执行过程中保持前后一致。

(二)政策基本原则和理论支撑

1. 政策制定原则

(1)落实国家发展战略

建设和谐社会的发展战略要求逐步缩小区域差距,增强落后地区的发展能力。综合交通运输体系发展政策把调整交通运输区域结构作为重点之一,在扩大能力的同时,进一步缩小区域和城乡差别,保证交通运输投资、布局向落后地区倾斜,提高交通网络设施的覆盖面与通达度,实现交通运输的普遍服务促进区域协调发展。

(2)服务和满足经济社会发展需要

发展是第一要务,交通运输是经济社会发展的前提和基础条件,综合交通运输体系发展政策的制定要使交通运输满足经济社会发展的需求,尽快完善基础设施网络,健全运输服务网络,发挥系统整体效率,提高交通运输总体能力,通过发展交通促进经济社会发展。

(3)以市场化为导向

以市场为资源配置的基本方式是我国改革的基本方向,也是我国的基本国策之一。交通运输不同方式、领域和产品具有不同的自然、社会属性,综合交通运输体系发展政策应针对不同交通运输方式、领域和产品属性特点,使用不同的政策,但总体的方向以市场化改革为主,顺应市场机制,反映供需特性。

第十五章　健全综合交通运输发展政策

(4) 促进结构合理化

交通运输各方式具有不同的技术经济特征,也存在不同的优势领域,综合交通运输体系发展政策制定应考虑整个系统的完整性,使各运输方式发挥各自特性,形成优势互补的交通运输结构。

(5) 促进创新发展

综合交通运输体系发展政策应把技术、体制、机制、管理等的创新作为推进交通运输发展的根本动力,走合作、引进、消化、吸收、再创新的道路,全面提升交通运输自主创新能力。

(6) 提高安全性与保障能力

综合交通运输体系发展政策应贯彻以人为本的基本理念,树立安全第一的思想,针对交通运输规划、设计、建设、运营的各阶段制定安全监管与保障政策,全面提高运输的安全性、可靠性和应对自然灾害、突发事件的保障能力。

(7) 实现绿色发展

综合交通运输体系发展政策应坚持绿色发展。把建设资源节约型、环境友好型综合交通运输体系作为交通运输可持续发展的根本举措,优先发展轨道交通、水路运输等环保型运输方式,节约集约用地,强化节能减排,降低运输成本,推进绿色发展。

2. 政策理论支撑

在综合交通运输体系发展政策制定过程中,要综合运用系统协调发展理论、产业技术创新理论、社会福利理论、可持续发展理论等理论工具,实现交通运输的区域协调发展、创新发展、平衡有序发展、可持续发展,还有一些体现交通运输产业特征的重要理论工具可供参考。

(1) 公共产品理论

运输产品的准公共属性是交通运输业的核心属性,也是制定综合交通运输体系发展政策的重要理论基础。不同运输方式和不同类型设施的公共性是不同的,公共产品理论要求我们在分析交通运输业的特性时,要针对具体运输方式以及我国的经济发展状况、技术发展状况,进行比较科学的分析。在制定综合交通运输发展政策时,应该针对具体产品的特性制定政策,做到既消除市场失灵,又消除政府失灵,从而实现社会福利最大化。

(2)自然垄断理论

交通运输业具有规模性和范围经济性,并存在大量的沉没成本,总体上属于自然垄断产业。然而,并不是交通运输业中的所有领域都具有自然垄断性,需要针对不同领域的具体特点进行细致分析,使自然垄断领域和非自然垄断领域相分离,分别进行市场化经营和核算,这是综合交通运输体系发展政策的一种目标导向。

(3)外部性理论

按照庇古的外部性理论,通过征收"庇古税"即可解决外部性问题;按照科斯的外部性理论,通过界定产权在交易成本比较低的情况下可以解决外部性问题。我国交通运输外部性体现在两个方面:一是由于制度缺位,某些交通运输稀缺资源没有建立有效的产权制度,使得这些资源的使用价格难以确定,造成过度消费和供给不足;二是没有建立合理的价格体系来反映外部性,造成私人净收益和社会净收益的背离,这种背离使资源无法得到有效配置和合理利用。这启示我们,交通运输外部性问题必须通过组合政策来解决。要以市场化为导向,建立有效的产权制度;要利用市场机制的作用,建立合理的价格体系,并且通过征收燃油税、排污费、拥挤税以及许可证交易等经济手段来解决交通外部性问题。

(4)制度变迁理论

我国交通运输业的制度变迁伴随着我国经济体制的改革,主要是实行供给强制性制度变迁模式,并结合了渐进性制度变迁方式。按照制度变迁理论,矫正被扭曲的制度,根据建立综合交通运输体系和市场化改革的要求,进一步完善市场机制和运输管理体制,发挥市场在资源配置中的作用,确保企业在运输市场中的主体地位,加强企业技术创新的作用,是我国未来综合交通运输体系发展政策制定的重要内容。

三、"十二五"时期综合交通运输发展政策目标

(一)总体政策目标

综合交通运输体系发展政策的最终目标是通过有效的政策措施,加速构建综合交通运输体系,实现我国交通运输的健康发展,为经济的繁荣、社会的进步、资源环境的可持续等提供更有力的支撑与保障。制定"十二五"时期综合交通运输体系发展政策,必须明确我国"十二五"时期综合交通运输体系发展的总体目标,即初步形成交通网络设施配套衔接、技术装备先进适用、运输服务安全高效的综合交通运输体系,总体适应经济社会发展需要。

围绕"十二五"时期综合交通运输体系发展目标,"十二五"时期我国综合交通运输体系发展政策的总体目标是:以国家经济社会发展的战略目标和核心价值取向为导向,遵照市场经济发展的基本规律和交通运输发展的目标,制定有利于交通运输综合发展、有利于节约资源和保护环境的产业政策,为构建和完善综合交通运输体系提供有力的政策支持与保障。

(二)重点政策领域

"十二五"期间,我国面临工业化、城镇化、低碳经济、资源约束以及经济全球化等多种挑战,需要努力构建综合交通运输体系,全面统筹区际、城际、城市、城乡不同层次的交通运输综合发展,为区域协调发展、主体功能区形成和城镇化进程提供支撑。因此,综合交通运输体系发展政策(诸如规划审批、项目立项、资金保障、土地供应、综合协调等)应将以下四个具有结构创新特点的方面作为重点政策领域,完善政策、形成体系、推进综合。

1. 区际综合交通运输

(1)"四纵四横"铁路客运专线为骨干的国家快速铁路网建设政策;

(2)区际干线、西部干线、煤运通道、区域开发性新线、集装箱运输系统的建设政策;

(3)加快高速公路瓶颈路段、剩余路段建设,尽快建成国家高速公路网,发挥整体网络效益,加大国省干线公路改造力度等相关政策;

(4)航运中心建设,沿海北煤南运、集装箱运输系统建设,提高进口原油码头、铁矿石专业化码头能力,长江、西江、京杭运河等干线航道治理、扩能与建设政策;

(5)北京首都机场、上海浦东机场、广州新白云机场等枢纽机场以及昆明、成都、西安、乌鲁木齐等主要干线机场建设,构建并完善以枢纽和干线机场为骨干的机场网络,推进支线机场建设,加快通用机场及配套保障能力建设以及航空应急救援、工农业生产等多元服务的通用航空作业体系建设政策;

(6)跨区域和连接周边国家、地区的油气运输通道建设政策;

(7)邮政网络布点的加密以及邮路通达深度的拓展政策。

2. 城际综合交通运输

(1)京津冀、长江三角洲、珠江三角洲三大城市群以轨道交通为主的城际交通网络建设政策;

(2)重点开发区域城市群的城际快速通道建设,构建都市交通圈等方面的政策;

(3)经济发达和人口稠密地区的城市间高速公路通道建设,以及拥挤路段的扩容改造政策。

3. 城市综合交通运输

(1)城市道路和公交系统建设,重点包括市区人口超过1000万的城市轨道交通网络的建设和完善,市区人口超过300万的城

市轨道交通网络主骨架建设,具备条件的市区人口超过100万的城市大容量地面公共交通系统建设等政策;

(2)综合交通枢纽、物流园区和城市货运通道规划与建设政策;

(3)机动车等停车系统与公共交通设施的接驳系统建设,自行车、步行等交通系统建设政策;

(4)城市智能交通系统建设政策;

(5)城市快速通道及绕城高速公路的建设政策。

4.农村综合交通运输

(1)保障农村公路的通达深度、覆盖广度和技术标准的提高,落实农村公路的养护和管理等政策;

(2)农村交通运输的普遍服务政策;

(3)偏远农村地区水运资源的开发利用政策;

(4)农村交通与城镇交通的有机衔接政策。

四、"十二五"时期综合交通运输发展政策措施

(一)投资政策

1.政策导向

建设与综合交通运输建设体系发展要求相适应的投融资体制,尽快打破传统主要依靠政府信用担保、财政支撑等的政府主导型投融资模式,逐步缩小政府融资平台的规模,充分发挥政府和市场两种力量,上下结合,拓宽民间融资渠道,创新投融资方式,促进政府和市场在交通基础设施有效供给中的合理分工和科学管理,实现各类交通基础设施的高效供给和使用。

(1)综合交通运输发展

协调各种运输方式的发展关系,引导各种运输方式的有机衔接,优化交通网络的配置布局,促进交通运输综合发展。除规划引导、价格调控等机制手段外,必须开拓资金渠道,固定资金来源,设

立交通运输综合发展产业投资基金,解决促进交通运输综合发展没有引领式"抓手"问题。

加大政府、企业、社会资本对综合交通枢纽的投入,建立稳定的投融资渠道和来源,探索以企业为主体、资本为纽带的投融资方式。创新盈利模式,鼓励社会资本进入。

(2)加强对交通枢纽的投资建设

作为综合交通运输体系的重要组成部分,交通枢纽的发展对于增强运输能力、提高运输效率和服务水平具有重要影响。由于原来对交通枢纽的认识和重视不够,以及各部门独立规划建设等原因,交通枢纽成为影响综合交通运输体系的薄弱环节,影响了其整体效率的发挥和运输服务质量的提升。

"十二五"时期是我国经济社会发展的转型期,社会生产和人们生活对运输质量提出更高要求,迫切要求改善交通枢纽与之相适应。同时,"十二五"期间,铁路客运专线、城际铁路的大规模建设带来一大批铁路枢纽场站新建或改扩建,机场建设工程、城市轨道交通建设、城市土地功能与产业布局的调整等,均导致交通枢纽大规模的调整和整体格局的重构。交通枢纽场站建成后进一步整合、调整的代价和难度极大,有些硬件设施建成后已无增加方式间衔接的余地,在其重构的关键时期,非常有必要进行合理规划予以引导和指导。

(3)各种运输方式发展

从实施综合交通运输体系发展规划的层面,各种运输方式发展中的投融资政策导向上主要是铁路、公路、水运、民航等方面。着力完善多元化投融资体制,充分发挥市场政府企业各方积极性,研究基础设施建设和经营分开的投资政策。政府应重点加大公共性设施、服务的资金投入和保障力度。

铁路。有效解决铁路建设资金总量不足、投资主体单一、筹资方式单一、筹资大量依靠举债等问题。

公路。在进一步完善多元化投融资体制的基础上,逐步摆脱在经营性项目领域资金对政府投入的依赖,加强对农村及贫困地区公路建设的政府扶持力度,加强公共产品领域的政府职能管理。解决大部分银行贷款以政府信用为担保、个别高等级公路盲目建设造成的效率和投资效益不高、公路收费所引发的矛盾,以及建设贷款偿还高峰期到来,燃油税费改革后,普通公路和农村公路的建设、养护以及债务资金压力进一步增大等问题。

水运。强化中央政府对大型项目统筹规划权,以及地方政府和港务管理当局的行政管理权,在巩固多元化投融资渠道的基础上,吸引更多社会资本尤其是民营资金,通过市场化运作整合现有港口资源,避免低水平重复性建设。解决港口基础设施结构性矛盾、大型码头布局不完善、专业化程度不高、老码头等级低以及沿海主要港口航道水深不足等问题。

民航。以削弱政策约束、建立面向市场的多元化投资体制为基础,扩宽投融资渠道,扩大资金来源,建设以区域性中枢机场为核心,新建和改造部分中小型机场,完善功能,逐步形成枢纽、干线、支线机场配套、规模适宜、布局合理的机场网络,同时加强西部地区的支线机场建设。解决过度依赖政府投资、投资主体单一等问题,加大资金投入,优化资金使用,改变机场密度偏低、资源空间不平衡等状况。

除此之外,在城市交通领域,也应根据其服务的属性类别,实施差别化的投融资政策,重点加强政府对于公益性领域的资金保障力度,同时,要不断拓宽融资渠道,积极吸引和鼓励社会资本进入城市公共交通建设与运营领域。

2. 政策措施

(1)积极鼓励、引导扩大各类资本投入

分类区别对待放宽准入限制,建立多元化、多渠道、跨领域交通投融资体制,加强对外合作,促进投资主体、投资渠道与投资方式多元化,拓宽资金来源与渠道;清理各类有碍形成多元化投资主体和方式的政策与法规;进一步扩大利用外资的范围、规模和渠道,包括外国政府和国际金融组织贷款,外商直接对项目投资以及BOT方式等。

(2)积极鼓励、引导扩大社会化经营

推动建设、养护管理体制的市场化。经营性项目本着谁投资、谁经营、谁养护的基本原则,明确经营主体的养护管理责任;公益性项目由政府管理机构进行社会化招标,政府管理机构负责养护维修的调查、计划、招标和工程监督等管理工作,降低基础设施使用的直接收费比例。

(3)充分发挥资本市场的融资作用

鼓励和支持交通投资企业上市和发行企业债券,增加向社会直接融资的比例,降低融资成本。

(4)深入改进和加强政府投资管理

除发挥必要的引导作用外,政府应逐渐从经济发达地区、有盈利能力的高等级公路、城际客运铁路、地方铁路、煤运铁路、港口和机场枢纽等经营性较强的领域率先撤出。对已滞留在经营性项目领域的政府资金以股权出让、租赁、拍卖形式,合理、稳步、有序退出。发挥中央政府统筹规划和协调职能,通过规划理顺各级政府对交通运输的职责和事权划分,协调地区间的利益冲突,消除个别地方盲目建设、条块分割的现象。加强对车购税、铁路建设基金、民航建设基金、车船使用税等使用的管理与调配,保证交通专项资金来源。以转型发展、优化结构的思路,为保障国家综合交通枢纽建设和跨地区通联干线的配套衔接,建立和完善交通产业投资基金制度,发行中长期债券吸引社会资金。鼓励并逐步实施枢纽场站投资建设主体法人化。

(5)适度提高政府投资比重,加大对公益性设施和中西部地区倾斜力度根据不同运输方式发展需要,明确政府的有效投资领域;继续实行政府交通建设专项财政资金的政策,扩展政府资金来源与投入方式;优先保证国家财政资金对公益性基础设施的投入,重点加强西部干线铁路、支线机场、农村公路、内河航道等基础设施的政府投入力度;按照社会公平原则,加大地区间财政补贴和转移支付力度,对落后地区给予适当的政策倾斜,加大对西部地区交通建设的支持力度,对西部地区交通设施在资金、土地、审批等方面给予更优惠的政策。

(6)深化交通投融资体制机制创新

积极探索交通投融资模式的创新和改革,在科学合理审视交通基础设施属性定位的基础上,进一步理顺交通基础设施产权关系,通过有效的手段规避交通建设发展中的各类风险,提高交通运输发展的可持续能力。重点针对燃油税费改革后,普通公路建设和养护资金紧张的问题,尽快研究出台合理有效的普通公路融资政策,建立新的普通公路投融资体制和机制,促进普通公路的可持续发展。进一步深化铁路投融资机制创新,全面推进铁路的可持续发展。

(二)市场政策

1. 政策导向

(1)综合交通运输发展

交通运输业的市场化改革得到切实推进,建立起统一、开放、竞争、有序、各种运输方式具有平等地位的交通运输大市场,优化交通运输业的组织和管理,规范市场准入,完善市场秩序,加强市场监管,促进市场有序竞争,使交通运输企业能够成为真正的市场微观主体。加强市场化管控,打破垄断,减少行政性干预,使市场竞争与政府有效监管在运输资源配置过程中合理分工又紧密合作,为企业创造公平、公开、有序的竞争环境,使市场配置资源的作用得到充分发挥,使各交通运输市场之间以及各交通运输市场内部的竞争机制得以有效建立,行业整体素质和运营效率切实提升,运输市场得以健康发展。

(2)各种运输方式发展

从市场化推进的重要性和紧迫性层面,政策导向性主要体现在铁路、公路、水运、民航、管道等几个方面。

铁路。要解决铁路运输市场中市场主体缺位以及行业主管部门的市场化监管职能缺位、铁路市场开放不够、运价管制过严、形式单一和信息反馈迟缓等问题。

公路。要解决运输总量增长过快与服务质量提高过慢、常规运力相对过剩与高端运力有效供给不足、大大改善的道路基础设施与相对落后的运输装备、运输需求层次提高并呈多样化的趋势与运输供给相对单一且档次低等结构性矛盾。

水运。解决水运企业规模小、竞争力不强等问题,强化港口企业的市场主体地位,改变大部分内河航运船舶船型结构单一、船舶吨位小、超龄服役率高、高消耗、高维修、低效率等问题。

民航。使国内航空运输市场更加开放,监管更加完善,航空运输企业服务水平、经营效益和国际竞争力显著增强。

管道。进一步完善管道运输市场,形成符合市场经济发展要求的原油、成品油、天然气运输市场运行机制。

城市公共交通。根据城市公共交通不同运输服务的经济属性,建立分类、分层的市场化管理体制,加大政府对于公益性领域的服务供给和支持力度,进一步更为有序地放开具有准公共物品属性和较强市场运行能力的服务领域,加强政府对该领域的市场监管力度。

2.政策措施

(1)继续推进市场化管理体制改革

铁路运输市场管理体制改革是要实现"政企分开",生产经营职能与行业管理职能分离,建立起产权清晰、权责明确、管理科学的现代企业制度,打破行业垄断,降低市场进入壁垒,在转变政府职能的同时,促进市场竞争主体的形成。公路运输市场管理体制改革主要任务是提高行业运行效率与供给层次,加快运力结构调整、组织创新、技术创新和公路运输市场一体化建设。内河水运市场要规范市场竞争秩序,优化市场运力结构;远洋运输企业要提升国际竞争力,提高行业运行效率与供给层次。航空运输市场要进一步开放国内市场来促进市场的有序竞争,采取竞争策略,建立符合多层次市场需求的多级票价体系,开发潜在需求,提供差异化产品和服务来满足高端旅客的需求,推进航空上、下游产业发展,提高行业运行效率与服务质量,提高航空运输企业的国内竞争力和国际竞争力。

(2)完善和加强行业监管

加强法律法规建设,加强执法力度,发挥社会舆论、公众参与的作用,完善和加强行业外监督机制。明确界定政府职能范围,保证企业拥有充分自由的决策权。加强行业协会建设,充分发挥其在从业规范、资格管理、自律监管、运行机制维护等方面的重要作用,形成行业自律管理与监督机制。

(3)积极引导、帮助运输企业提高竞争力

建立科学合理的市场准入与退出的标准、机制和要求,打破行业垄断和地区封锁,鼓励企业跨方式经营和联合,向规模化、集约化、网络化、信息化、低碳化方向发展,培育一批具有国际竞争力的综合性运输企业,促进运输组织方式的创新和服务水平的提高。通过培训、检查,帮助和督促企业提高运输服务质量,为旅客提供更为安全、快捷、方便、舒适的服务。加强现代物流产业发展,扩大交通运输企业业务范围,打造新型产业链,遏制行业低端同质化竞争。加大对运输企业的支持力度,包括政策支持、资金支持、税费支持、科技支持等,鼓励、培育和扶植可发挥示范作用的企业做大做强,有效推进全行业企业的节能减排和安全生产,全面提升我国交通运输企业的发展能力、社会服务能力和国际竞争能力。

(4)尽快完善市场价格形成机制和体制

进一步完善以市场形成价格为主,政府指导价格相结合的运价形成机制,并对运输价格分类指导、分类管理。推进铁路运价管理体制改革,适当放松对货运价格的控制,使价格调整基本反映运输市场供求情况。航空运输要推进价格监管体系的完善,对价格调整幅度的监管要适应市场的变化,推进真正意义上的多级票价体系形成,以适应不同层次的需求。

(三)管理政策

1. 政策导向

推进管理体制改革,消除由于政企不分形成的制约铁路自身发展的体制性障碍,使政府回归应有的行业管理职能。公路管理体制得到完善,建立起促进公路持续健康发展的机制。空管体制改革向前推进,空域管理模式和运行机制实现创新,空域资源配置使用效率有效提高。邮政体制改革继续深化,普遍服务与竞争性业务分业经营、分账核算,行业管理和市场监管得到加强。建立起油气管道与运营监管机制。在此基础上,建立和完善综合交通管理体制,为综合交通运输体系的协调发展提供体制保障。使综合交通运输体系发展成果惠及人民。提高交通运输的普遍服务水平,尽可能地满足广大农村地区、经济欠发达地区的交通需求,为更多的出行者尽可能提供更为完善、便利和高质量的交通服务。

2. 政策措施

(1)建立综合交通运输管理体制机制,完善行业管理

加快建设和完善综合交通管理体制,建立综合交通运输宏观调控与协调机制,推进综合交通运输体系建设,确保安全高效运转。通过深化改革,理顺各方面的关系,为交通运输发展创造良好的体制机制环境。

(2)完善综合交通运输体系各行业管理

积极推进铁路管理体制改革,实现政企分开,加强和完善政府的行业管理职能。根据国家宏观体制改革进程以及随着公共财政体制的逐步完善,按照事权和财权相对称的原则,进一步理顺各级政府在公路养护管理、路政管理、高速公路运营管理中的关系;改革道路交通管理体制,进一步明确交通部门和公安部门在道路交通安全管理上的管理权限和职责分工,提高道路交通安全管理水平;结合成品油价格和税费改革,理清公路事权,研究建立符合交通运输市场运行规律的运价机制,促进交通运输行业与企业的自主发展。进一步提升政府对水运市场监管的水平,促进水运市场的规范运行;加强对港口基础设施的规划管理,依据市场运行的需要,科学合理的布局港口设施。按照"政事分开、运行一体化"的总体思路进一步理顺民航空管管理体制,提升保障能力,建立与民航发展相适应的民航空管管理体制和运行机制;加快低空空域开放进程,促进通用航空发展。

(3)强化政府行业管理和公共服务职能,为运输企业参与全球竞争创造条件

不断强化政府在运输市场准入和运行监管、运输安全管理、提供基本公共交通服务等方面的职能,使交通运输业更好地服务于经济社会发展的需要。同时,针对目前我国交通运输企业整体国际竞争力较弱的情况,采取必要的扶持政策,支持我国运输企业做大做强,为运输企业参与国际竞争创造良好的外部环境。促进与运输业相关的现代物流、金融、保险、货代等服务行业的发展。

(4)加大财政转移支付力度,普遍提高交通运输均等化服务水平

中央政府要加大对偏远和贫困地区的转移支付力度,由中央或地方政府为用户提供补贴,保障大多数人的出行权利。提高农村道路通达率和道路质量,逐步完善农村交通工具信贷和保险机

制。在基础设施设计、建设、运营与运输工具的研发中充分考虑伤残人士、老年人和儿童等特殊人群的出行要求。

（四）法规政策

1. 政策导向

按照社会主义市场经济的要求，完善交通运输的法律法规、规划以及标准体系。研究出台铁路、城市轨道交通、公路、水运、民航行业规划、建设、管理等方面的法律法规。实施差异化支持政策，包括区域差异化、投资差异化、方向差异化、项目差异化等政策措施。通过法律法规体系的完善，以及管理标准和执法力度的规范统一，打破交通运输发展中的壁垒性制约，充分发挥市场的积极作用和政府的引导作用。

2. 政策措施

（1）突出规划对交通基础设施建设发展的作用

加强规划编制的科学性和合理性，引导综合交通的有序发展，重点解决综合交通的能力提升和协调发展等问题。适时调整和完善相关中长期规划，将部分未列入相关规划的地方高速公路、桥梁隧道、机场、港口等纳入国家相关中长期规划中统筹考虑，进而更好的保障其建设进度及其网络功能效用的充分发挥。在通盘考虑国家及区域经济发展战略、产业布局分工、土地政策和城市规划等基础上，科学制订"十二五"交通运输发展的综合性规划，并考虑中长期的发展需要，从整体角度谋划建设规模总量、布局情况和进度安排。

（2）研究、制订和落实针对不同运输方式自身的专项发展规划

包括航运业发展规划、航空业发展规划、道路运输业发展规划、铁路运输业发展规划、城市交通发展规划以及综合交通枢纽规划等，进一步明确不同运输方式的分工定位，加强专项规划衔接，更好地指导交通运输企业的有序发展和运输资源的优化配置。

（3）建立完善的一体化衔接与配套标准体系

积极参与相关国际技术标准的制定,增加我国在国际标准制定上的话语权。加强装备领域的技术标准体系建设。加快信息化标准体系建设,重点是信息平台、物联网标准。进一步推进交通安全技术标准体系建设。

（五）技术政策

1. 政策导向

（1）在综合交通运输体系关键技术领域取得突破

在国家自主创新战略的指导下,通过科技攻关,掌握更多交通基础设施建设和装备制造等领域的核心和关键技术,力争在交通运输装备技术、交通运输工程技术、交通运输管理与控制技术以及交通运输网络规划技术等方面取得重大突破,接近或达到同期国际先进水平,为我国交通运输现代化建设提供强大的技术支持。开发出我国交通运输技术装备低能耗、少污染或无污染的技术,提高技术装备的清洁化与现代化水平,提高各种运输方式的安全性和生产效率。智能交通系统建设出现实质性进展,带动我国交通运输装备制造工业的发展。

（2）综合交通运输体系信息化与智能化水平显著提高

在信息化与智能化方面通过采用先进的信息技术改造传统交通运输的生产、管理和服务,逐步形成一种以信息资源为基础的智能化、高效化的新型综合交通运输体系。通过推进交通运输智能化进程,建成我国较为完善的智能交通系统,并在较大范围内得到推广与应用,使我国智能交通技术逐步接近或达到国际先进水平。健全交通运输业信息化管理体制,进一步完善信息化发展的规划、政策措施、技术标准以及运行规则等。

（3）完善综合交通运输体系科技创新的体制机制

在科研体制方面,以市场需求为导向,逐步建立起以政府为主导、企业与科研机构为主体的交通技术创新体系,同时包括各类培训机构、中介机构、金融服务机构等相关主体,完善科技成果转化机制,提高交通运输业的自主创新能力和科技成果的产业化、市场化能力,使交通科技成果推广率、转化率和交通科技进步对运输经济发展的贡献率明显提高。解决科研机构内部的人事、分配机制等一些深层次问题,特别是行业自主创新体系的建设问题等。

2. 政策措施

(1)大力推进交通技术创新和科技成果产业化、市场化

鼓励企业应用新成果,引导企业和科研机构积极参与交通科技产业化进程。高起点引入国外先进技术,尤其注重消化吸收,形成具有我国自主知识产权的实用交通技术。建立以企业为主体、市场为导向的科技交易市场,促进交通科技的推广。发挥科研机构的智力优势,开展以应用基础研究、高新技术应用研究与开发为重点的科学研究工作。鼓励产学研之间建立形式多样、机制灵活的技术创新合作形式,推进创新机制的建立与完善。

(2)主动引导和带动我国交通运输装备制造工业发展

针对机车、船舶和飞机制造等庞大的交通运输装备市场,充分利用市场资源,通过引进、消化、吸收、再创新的路径带动,培育一批中国制造企业崛起。吸引世界各大制造企业,如波音、空客、欧洲宇航、西门子、庞巴迪、阿尔斯通等进入国内市场。提升我国装备制造的技术水平和自主创新能力,研发和完全掌握核心与关键技术,壮大如哈飞集团、空客天津、唐山客车、青岛四方客车、长春客车、株洲机车及主要几个汽车、船舶制造等企业规模和技术实力,使交通运输装备制造业与交通运输业、物流业发展相互促进,实现交通运输业与制造业的互动与协调发展。

主要是增强轨道、汽车等产业核心竞争力、提升产业结构层次,加快提高设备国产化率。汽车产业需要积极拓展海外市场。轨道交通产业方面,由国家有关部门统一组织领导,通过引进技

术、吸收消化、合作研制、集中力量、自我开发等手段发展我国轨道交通设备产业,积极参与国际竞争,逐步实现生产本地化,设备国产化、现代化。

(3)积极推进智能交通技术标准框架的制定、修订、推广和贯彻工作,加快智能交通系统建设进程

加强各方式信息通信系统的建设,提高管理信息化水平。加强各运输方式间信息系统协作,建立和完善多式联运管理信息系统。建立全国性的信息网络,对综合交通运输体系资料进行全面收集和管理。抓紧研究智能交通发展的战略方向和重点,出台智能交通发展总体规划;推进智能交通技术标准的制定、修订、宣传、推广和贯彻工作;积极开展智能交通技术的科技攻关工作。

研究制定我国城市轨道交通技术政策和标准规范,结合行业发展实际需要,加快强制性国家标准规范和自愿性标准的制订,提高国际标准的采标率,建立完整的标准体系,标准规范与合格评定程序相结合,建立国家认可的城市轨道交通行业的产品认证检验机构,建立轨道交通市场准入制度,继续加强技术装备国产化的工作,促进我国自主知识产权的产品和产业链发展,为扩大国产技术装备市场份额创造条件。还要加强信息化、智能化技术的自主创新,实际应用等。

(六)结构政策

1. 政策导向

(1)促进综合交通运输体系的结构优化

通过优化方式结构、整合运输网络,实现有限运输资源下的运输能力最大化,减少能耗,形成各方式系统协调建设的局面。在方式结构优化上,应发挥各方式的技术优势,提高各方式内部路网等级,协调干线与支线的关系,发展占地少、能耗低、污染小的集约型综合交通运输体系。在货物运输方面,提高铁路和水运在中长途

运输中的比例;在旅客运输方面,提高铁路的中长途运输比例。在方式整合上,应形成全国性的综合交通网络规划,主要港口、机场形成相对完善的集疏运体系,增加多式联运的比例。大力推进综合交通枢纽的建设,包括沿海港口、机场以及城市综合交通枢纽等,充分发挥综合交通枢纽在一体化运输服务衔接、优化和组织过程,特别是城市内外交通和各种交通方式之间衔接转换的功能与作用。在现有运输枢纽基础上,融合其他方式组建大型现代化综合枢纽,提高现有枢纽的管理组织技术水平。

(2)引导区域城乡间交通运输的协调发展

更好地发挥综合交通运输对于区域社会经济均衡发展的支撑作用,平衡和提高城市之间、城乡之间、城市中心区与郊区之间交通基础设施建设以及运输服务供给总量和品质。缩小中西部地区同东部地区的路网密度差距,加强西部地区铁路运输和支线航空等薄弱环节。加大区域间客运专线和重点货运通道的建设力度。稳步推进公路建设,重点加强国省道干线的建设、维修和养护,提高高速公路主通道能力。大力推进内河航运发展,充分发挥水路运输的技术经济优势。提高城市公交服务水平与出行比例,加强城市轨道交通的建设力度,进一步提升轨道交通的网络化规模和功能水平,提高轨道交通在公共交通出行中的分担率。使农村公路的通达度和通行能力得到进一步改善。

2. 政策措施

(1)在要素投入上对铁路与内河航运给予一定倾斜,大力发展集约型综合交通运输体系

优化方式比例结构,根据各种运输方式的技术特性确定各方式的网络布局与比例关系,使各方式之间、各运输环节之间形成分工协作关系,在要素投入上对铁路与内河航运给予一定倾斜,加快铁路改革步伐,拓宽资金渠道,使公路、铁路协调发展。在实施过程中,合理安排各种运输方式的建设时序,使土地、资金、人力等资

第十五章　健全综合交通运输发展政策

源得到合理配置。在各方式内部,铁路在繁忙线路上实行客货分离,强化客运专线、能源通道和城际铁路的地位,在同一线路上注意区分不同的路段进行电气化或复线改造。公路应增加主干线系统高等级公路的比重,疏通大动脉,加快支线交通发展,形成快捷方便的微循环系统。港口应提高深水泊位的比例,对港口地位进行统一规划,形成枢纽港和支线港相互协作的局面。水运应改善产业密集区和重点开发区的河流通航条件,构建各主要水系通航标准统一、干支线直达、江湖河海贯通的内河运输体系。民航应强化枢纽机场地位,干支线结合,完善支线机场网络,合理利用空域资源,通过内部挖潜和发展平行航路等手段进一步拓展空域空间,加快推进低空空域开放,将其打造为新的经济增长点。

(2)整合既有和规划的运输网络

提高枢纽管理与协调技术水平,建立网络设施整合的协调机制,各方式主管部门加强沟通,保证设施有效整合。各方式在线路的选择上必须与其他方式统筹考虑,鼓励协作,避免方式间的盲目竞争。在路网的设计上注重区间性和区域性的联络路线的建设,建设沟通现有干线的新线,使综合运输网络得到优化,节约运输里程与时间。提高港口、机场集疏运设施的系统能力,铁路、公路干线与港口、机场主枢纽紧密衔接。各方式的主枢纽节点建设必须预留与其他运输方式的接口。加强大型城市中心区和城乡结合部的客运换乘枢纽建设,建立高效、便利的换乘系统。拓展交通枢纽的服务领域,加快物流园区建设,尤其应发挥港口优势,大力拓展临港工业和港口物流。发展多式联运,提高运输装备的标准化水平,健全和完善多式联运管理信息系统,研究制定多式联运的法律法规。建设综合交通运输管理信息平台,加强各种运输方式信息网络"节点"的信息化建设,实现铁路、公路、航空交通信息互联、资源共享,提高客货联运效率、服务质量和安全性,借鉴发达国家的管理经验,提高运输枢纽的客货流程设计和管理水平。

(3)落实公交优先战略,发展城市与城际大容量交通系统

在经济水平较发达的都市圈和城市带发展城际快速轨道网,以适应高密度大流量的城际旅客运输需求。提高城市交通管理水平,建设大城市、特大城市的大容量快速交通系统,合理把握地铁、轻轨等设施的建设规模、速度和建设标准。建设现代化的立体客运枢纽,加强城间与城市交通系统的有效衔接。将郊区道路建设纳入城市总体规划,加强城郊道路的疏通与开发力度,改善城乡结合部的运输系统状况。统筹考虑交通基础设施建设与城市空间合理布局的关系,加强对交通需求侧的引导。应用现代科技手段改善城市交通管理水平。

(4)增加农村公路及运输服务投入比例

增加农村公路投入比例,提高乡镇、行政村的通达度,提升农村公路等级,并与城市、国省主干线相连接,重点加强资源产地、风景区、民族聚居区的连通路建设。改革农村公路养护体制,确保农村公路养护资金的来源。加大农村运输保障力度,调整补贴和税费制度,扶持农村客运发展。

(七)绿色政策

1. 政策导向

实现交通运输的可持续发展。降低交通运输单位运输量的能耗,综合发挥各种运输方式的经济特性及其在能耗、土地占用、环境污染等方面的特点,节约土地资源,大力发展铁路运输,充分发挥水运在长距离、大运量货物运输方面的优势,治理环境污染,逐步形成环境友好型的综合交通运输体系结构。

"十二五"期间,政府应进一步加强宏观调控和资源配置引导作用,综合运用经济、法律和行政手段,积极推进绿色交通系统建设。

2. 政策措施

统筹考虑资源与环境的约束条件,引导、鼓励发展绿色交通。

在综合考虑各种运输方式的能源、土地等资源占有量以及环境污染成本等因素的基础上,推动运输组合方式的优化,构建资源节约型、环境友好型的综合交通运输体系。

(1)研究制定我国绿色交通发展整体战略和实施计划

加强我国绿色交通发展战略研究,制定绿色交通发展总体规划。结合交通运输节能减排工作,研究制定"十二五"我国绿色交通发展专项规划,并将其纳入综合交通运输体系发展规划之中。将交通运输规划与国土资源开发、区域与城市布局以及环境发展规划等统筹考虑,实现同一空间内不同交通运输方式的合理组合。对铁路、水运等低能耗、低排放的运输方式予以适当的政策倾斜,加快其发展。在人口稠密、对外交流频繁的东部城市及城市圈,鼓励公共交通系统的发展,克服交通拥挤对效率、能源的重大浪费。

(2)健全绿色交通发展相关政策法规和制度标准体系

建立和完善与《中华人民共和国节约能源法》相配套的交通运输行业政策法规与标准体系;健全交通运输能耗统计制度和指标体系;制定和实施强制性的运输工具燃油效率标准。

(3)建立和完善有利于绿色交通发展的财税激励政策

制定一系列的价格优惠政策,并配套相应的财税激励政策,通过政府直接投入、财政补贴、贷款贴息、税收优惠、奖励等措施鼓励绿色交通发展。在投资政策导向上,建议调整投资结构,推动政府投资和有效引导社会资金向资源节约和环境友好型的交通运输方式倾斜。

(4)推动交通运输领域节能环保技术的研发与示范

加大绿色交通科技投入,鼓励交通运输领域节能环保技术创新,加强节能新技术和替代能源的研发,加快新能源工具的示范推广和先进运输组织管理技术的应用,以期实现交通运输节能环保技术产业化和市场化发展,提高各种运输方式的资源使用效率。同时,通过技术创新,有效降低交通运输废气排放、废物排放、噪声等对环境的污染和对生态的破坏。

(5)引导居民绿色出行,促进交通运输可持续消费

加强交通需求管理,通过行政和经济手段,包括经常性的节能减排宣传和教育培训活动,有效引导与调节人们交通行为方式和消费观念,减少低效和不合理的交通需求,促进交通运输可持续消费。

(八)安全政策

1. 政策导向

交通安全问题直接影响到使用者的人身安全和财产安全。在自然灾害等各种重大突发事件频繁发生的背景下,越发要求交通运输具备迅速反应、保证物资和人员运输的职能。在交通安全方面,基本建立起跨行业的交通安全预防监控体系,控制交通事故发生率,降低交通事故死亡率,减少经济损失。在国家经济安全方面,基本建立交通应急反应体系,提高预防和应对重大灾害及突发事件的能力,保障紧急状态下的机动性。

2. 政策措施

(1)高度重视和加强交通安全软环境建设

强化交通安全的法制保障,强化和普及出行者的交通安全意识,把交通安全教育纳入教育体系,提高全民的安全意识。加强驾驶员的培训,推行多级驾驶证制度,实行严格的驾驶证审验制度。考虑自行车、行人和摩托车的特殊安全需要,鼓励交通参与者使用新型交通安全设备和自觉采取安全措施。深入贯彻《道路交通安全法》,并逐步形成各方式统一的交通安全行业基本法,严格检查使用安全带保护乘坐者,严惩酒后驾车及使用禁用药品后驾车。将资源控制、环境保护、国家安全和交通运行等功能适当合并,建立统一协调的综合交通安全保障机制,做到交通部门和公安部门合理分工、紧密协作。通过更加有效的反应机制、救援技术,并加强与运输企业和各级政府的合作,降低交通安全事故造成的损害

和不良影响。

(2)全面加强交通安全管理和加快交通安全技术进步

加强交通安全领域的科研投入,鼓励研究机构开展各种运输方式的安全问题研究。鼓励组建从事交通安全技术研究的公司,加快研究和应用新的安全设施、设备和车辆技术。引导采用并实施更加严格、更加协调的交通安全标准。在基础设施建设、运营和养护中充分考虑交通安全的要求。加强安全风险管理,严格开展危险货物运输等领域的安全检查与监管。

参 考 文 献

[1] Paterson D. A., Swarts D. J., *New York State Highway Safety Strategic Plan FFY 2010*, New York State Governor's Traffic Safety Committee.

[2] Transport of Canada, *Canada's Road Safety Targets to 2010*, 2002.

[3] Transport of Canada, *New Wave Marine Safety Strategic Plan 2009-2015*, 2008.

[4] United Nations, *Review of Developments in Transport in Asia and the Pacific 2009*, New York, 2009.

[5] Utah Safety Leadership Team, *Utah Comprehensive Safety Plan*, Utah Department of Transportation, 2006.

[6] World Healthy Organization, *Global Status Report on Road Safety: Time for Action*, Switzerland, 2009.

[7] Ziegler F. G., Butts L., Jackson G., Mongeon K., *2010 Highway Safety Plan*, North Dakota Department of Transportation Traffic Safety Office, 2009.

[8] David Banister, Kenneth Button, *Transport, the Environment and Sustainable Development*, E&FN Spon, 1993.

[9] EEA, *Transport and Environment: on the Way to a New Common Transport Policy*, 2007.

[10] Yuval, B. Flicstein, D. Broday, "The Impact of a Forced Reduction in Traffic Volumes on Urban Air pollution", Atmospheric Environment, 2008, 42(3).

[11] 王庆云:《交通运输发展理论与实践》,中国科学技术出版社 2006 年版。

[12] 张国伍:《交通运输系统分析》,西南交通大学出版社 2004 年版。

[13] 罗仁坚:《中国综合运输体系理论与实践》,人民交通出版社 2009 年版。

[14] 荣朝和:《综合交通运输的体制与研究方法》,经济科学出版社 2010 年版。

[15] 胡思继:《综合运输工程学》,北方交通大学出版社 2005 年版。

[16] 王庆云:《中国交通发展问题研究:交通发展观》,中国科学技术出版社 2004 年版。

[17] 罗仁坚、郭小碚等:《综合运输体系构建的基本性问题与"十二五"建设发展》,人民交通出版社 2011 年版。

[18] 陈佳贵、黄群慧、钟宏武、王延中等:《中国工业化进程报告——1995—2005 年中国省域工业化水平评价与研究》,中国科学文献出版社 2007 年版。

[19] 国家发展改革委综合运输研究所:《"十一五"综合运输发展思路研究》,中国科学技术出版社 2004 年版。

[20] 杨洪年:《发展我国的综合运输体系》,《技术经济》1991 年第 2 期。

[21] 荣朝和:《综合运输:到了从制度层面根本解决的时刻》,《综合运输》2008 年第 1 期。

[22] 罗仁坚:《现代综合运输体系的发展思路》,《宏观经济管理》2004 年第 2 期。

［23］王庆云:《综合运输体系的建设与发展》,《交通运输系统工程与信息》2002年第3期。

［24］郭小碚:《交通设施建设与经济增长》,《上海经济》2010年第5期。

［25］汪鸣:《综合运输的实现途径问题》,《综合运输》2009年第9期。

［26］汪鸣:《国内综合运输症结何在》,《运输经理世界》2006年第5期。

［27］国家发展改革委综合运输研究所:《"十二五"综合运输体系发展思路研究》2009年第12期。

［28］综合交通规划的理论与方法课题组:《综合交通规划概念及基本框架》,《综合运输》2005年第6期。

［29］徐宪平:《2010:完善交通基础设施构建综合运输体系》,《综合运输》2010年第1期。

［30］黄民:《关于我国交通运输发展若干问题的思考》,《综合运输》2010年第5期。

［31］荣朝和:《推进综合交通规划的方法创新》,《综合运输》2010年第1期。

［32］毛保华、孙全欣、关伟、邵春福:《区域综合运输体系发展规划理论与关键技术》,《综合运输》2011年第5期。

［33］吴群琪、李兆磊:《运输需求视角的综合交通规划理论研究框架》,《交通运输系统工程与信息》2011年第1期。

［34］谢雨蓉:《"十一五"综合运输协调发展问题》,《综合运输参考资料》2004年第32期。

［35］谢雨蓉:《国外交通运输增长阶段分析及对我国的启示》,《综合运输》2007年第2期。

［36］秦凤华:《"十二五"应转变运输发展方式》,《中国投资》2010年第8期。

[37]谢雨蓉:《交通运输发展中应着力解决的公平性问题》,《综合运输》2008年第4期。

[38]谢雨蓉、陆华:《社会弱势群体面临的交通公平问题及对策》,《综合运输》2008年第9期。

[39]谢雨蓉、陆华:《公共交通与私人机动化之间公平性问题及对策》,《综合运输》2008年第12期。

[40]谢雨蓉、陆华:《我国区域间交通公平问题及对策》,《综合运输》2009年第8期。

[41]石京:《交通公平的衡量角度与模型描述》,《铁道工程学报》2009年第1期。

[42]国家发展改革委综合运输研究所:《中国交通运输发展改革之路——改革开放30年综合运输体系建设发展回顾》,中国铁道出版社2009年版。

[43]国家发展改革委综合运输研究所:《交通运输节能减排方法与途径研究》,2009年12月。

[44]国家发展改革委综合运输研究所:《北京市货运通道构建方案及社会化货物运输政策》,2007年7月。

[45]彭宏勤:《综合交通运输体系下的"十二五"水路运输发展战略的思考——"交通7+1论坛"第十七次会议纪实》,《交通运输系统工程与信息》2010年第1期。

[46]国家发展改革委综合运输研究所:《"十一五"综合交通运输发展评估研究》,2009年12月。

[47]谢雨蓉、樊一江:《我国综合运输发展的适应性分析》,《综合运输》2011年第2期。

[48]谢雨蓉:《改革30年:我国物流业发展的回顾与总结》,《综合运输》2008年第10期。

[49]卢中原:《把握经济发展新周期》,《经济日报》,2003年12月18日。

［50］刘世锦:《对中国进入新重化工业阶段的解析》,《经济前沿》2004年Z1期。

［51］王开明:《重化工业阶段福建工业发展特征与重点》,《发展研究》2004年第4期。

［52］李亚莉:《基本判断:重化工时代来临》,《中国科技财富》2004年第4期。

［53］赵振全、于震:《论中国经济增长的新阶段》,《经济学动态》2004年第3期。

［54］李悦:《产业经济学》,中国人民大学出版社1998年版。

［55］国家发展改革委宏观经济研究院课题组:《"十二五"时期我国产业结构调整战略与对策研究》,2009年12月。

［56］程选、岳国强:《"十二五"国内外发展环境的变化和经济可实现的增长水平》,《中国投资》2010年第2期。

［57］崔凤安、祝昭:《区域交通网承载运输量的推算方法研究》,《综合运输》2006年第5期。

［58］谢雨蓉、罗仁坚:《公路水路运输量统计数据存在的问题及对策》,《综合运输》2009年第10期。

［59］国家发展改革委对外经济研究所:《金融危机后国际经济环境变化及我国的应对策略研究》,2009年12月。

［60］国家发展改革委产业所课题组:《"十二五"期间增加农民收入与扩大农村消费对策研究》,2009年12月。

［61］国家发展改革委宏观经济研究院课题组:《"十二五"时期扩大消费需求的思路和对策研究》,2009年12月。

［62］樊一江:《我国交通运输基础设施60年发展回顾与展望》,《综合运输》2009年第10期。

［63］谢雨蓉:《新中国60年交通运输发展战略与规划思路演变历程及未来展望》,《综合运输参考资料》2009年第6期。

［64］李海鸥:《从10个中央"1号文件"看农村改革30年的

政策演进》,中国网,2008年4月14日。

[65]李连成:《"十二五"区域协调发展对交通发展的要求》,《综合运输》2009年第11期。

[66]谢雨蓉:《交通运输发展中的社会公平问题研究》,2007年。

[67]荣朝和:《运输化理论》,中国社会科学出版社1993年版。

[68]马凯主编:《"十一五"规划战略研究》,北京科学技术出版社2005年版。

[69]张国伍:《交通运输系统分析》,西南交通大学出版社1992年版。

[70]张文尝、金凤君、樊杰:《交通经济带》,科学出版社2008年版。

[71]管楚度:《交通区位论及其应用》,人民交通出版社2000年版。

[72]张之:《运输布局学》,西南交通大学出版社2005年版。

[73]刘强、陆化普、王庆云:《区域运输通道布局优化三层规划模型》,《清华大学学报》(自然科学版)2010年第6期。

[74]国家发展改革委交通运输司课题组:《我国综合交通网络布局规划研究》,《综合运输》2005年第10期。

[75]谢潇、虞昌彬:《中部六省交通网络的地理学分析》,《学习月刊》2008年第8期。

[76]曾明华、李夏苗:《多层次多模式综合交通网络设计研究》,《交通运输系统工程与信息》2010年第2期。

[77]刘建军:《关于综合运输通道的发展设想》,《综合运输》2005年第10期。

[78]彭辉:《综合交通运输系统理论分析》,长安大学博士学位论文,2006年。

［79］黄承锋、宾雪峰:《试论运输通道的概念》,《重庆交通学院学报》(社会科学版)2001年第12期。

［80］国家发展改革委综合运输研究所:《我国能源运输通道体系建设研究》,2010年。

［81］中国石油天然气集团公司:《天然气需求预测与对策研究》,2010年。

［82］国家发展改革委综合运输研究所:《我国管道运输现状分析研究》,2010年。

［83］中国石油经济技术研究院:《国内外油气行业发展报告》,2010年1月。

［84］国家发展改革委综合运输研究所:《我国管道运输发展趋势研究》,2010年。

［85］戚爱华:《综合运输体系中管道运输的发展状况》,《综合运输》2009年第12期。

［86］朱和、金云:《我国炼油工业发展现状与趋势分析》,《国际石油经济》2010年第3期。

［87］严绪朝:《中国能源结构优化和天然气的战略地位与作用》,《国际石油经济》2010年第3期。

［88］IGU,天然气行业研究:《解决能源需求与环境挑战的可用方案》,2010年。

［89］国家发展改革委能源研究所:《天然气在我国能源低碳化发展中的地位和作用》,2011年。

［90］罗仁坚主编:《中国都市综合运输系统》,人民交通出版社2009年版。

［91］赵晓雷主编:《城市经济与城市群》,上海人民出版社2009年版。

［92］王士君:《城市相互作用与整合发展》,商务印书馆2009年版。

[93]边经卫:《大城市空间发展与轨道交通》,中国建筑工业出版社2006年版。

[94]郭小碚:《论构建和谐的城市交通系统》,《综合运输》2007年第10期。

[95]汪鸣:《建立中心城市现代化交通运输体系》,《宏观经济管理》2005年第6期。

[96]罗建科、房新智:《我国城市交通发展模式探讨》,《交通企业管理》2009年第2期。

[97]熊文、陈小鸿:《城市交通模式比较与启示》,《城市规划》2009年第3期。

[98]罗仁坚:《城市交通运输系统发展思路与建议》,《宏观经济管理》2009年第3期。

[99]傅彦、周涛、高志刚:《浅谈重庆市城市结构与城市交通》,《山西建筑》2009年第5期。

[100]陈燕:《城市交通结构现状分析以及发展思路浅析》,《交通财会》2009年第4期。

[101]叶茂、过秀成、王谷:《从单核到组团式结构:带形城市的交通模式演化与选择》,《现代城市研究》2010年第1期。

[102]广晓平、马昌喜、汪海龙:《河谷型城市道路交通研究》,《城市道桥与防洪》2006年第6期。

[103]崔叙、赵万民:《西南山地城市交通特征与规划适应对策研究》,《规划师》2010年第2期。

[104]过秀成、孔哲、杨明、叶茂:《城市交通分区体系建构研究》,《现代城市研究》2010年第1期。

[105]汪洪涛:《城市发展模式比较研究》,《统计研究》2005年第11期。

[106]郑思齐、丁文捷、陆化普:《住房、交通与城市空间》,《城市问题》2009年第1期。

［107］邹晶:《国外城市交通与土地利用关系研究》,《黑龙江科技信息》2009年第17期。

［108］李海峰、张卫华:《我国城市交通模式发展研究》,《华中科技大学学报》(城市科学版)2009年第2期。

［109］涂婷、孙斌栋:《单中心与多中心视角下的上海城市交通问题与改善策略》,《城市公用事业》2009年第3期。

［110］杨少辉、马林、陈莎:《城市和城市交通发展轨迹及互动关系》,《城市交通》2009年第4期。

［111］杨少辉、马林、陈莎:《城市空间结构演化与城市交通的互动关系》,《城市交通》2009年第5期。

［112］刘魏巍、陈国伟、潘海啸:《城市交通对常州城市空间演化的影响研究》,《现代城市研究》2009年第10期。

［113］吴琛、程琳:《以公共交通为主导的城市交通发展模式的研究》,《城市公共交通》2009年第11期。

［114］郭亮、贺慧:《城市交通结构优化与土地利用模式相关性的比较》,《城市规划学刊》2009年第5期。

［115］陈立芳、郑卫民:《城市交通与城市空间互动影响探索》,《中外建筑》2007年第10期。

［116］单刚、鹿斌佐、王晓原、王凤群:《城市交通与城市空间结构演变》,《交通科技》2007年第5期。

［117］王春才、赵坚:《城市交通与城市空间演化相互作用机制研究》,《城市问题》2007年第6期。

［118］过秀成:《城市集约土地利用与交通系统关系模式研究》,东南大学博士学位论文,2000年。

［119］潘海啸等:《轨道交通与城市公共活动中心体系的空间耦合关系》,《城市规划学刊》2005年第4期。

［120］徐琳、刘晨阳:《城市空间结构与城市交通互动关系及启示》,《山西建筑》2008年第1期。

［121］杜亮：《重庆城市交通发展模式探讨》，《交通运输》2008年第45期。

［122］黄建中：《我国大城市用地发展与客运交通模式研究》，同济大学博士学位论文，2003年。

［123］郭笑撰：《西方城市化理论、实践与我国城市化的模式选择》，武汉大学出版社2006年版。

［124］宿凤鸣：《浅析我国城市发展中的交通模式选择》，《综合运输》2010年第12期。

［125］郭文龙：《山西省城乡客运一体化调查报告》，《宏观经济研究》2009年第6期。

［126］郭文龙、杨文捷：《统筹城乡运输服务体系研究》，国家发展改革委宏观经济研究院内部资料，2008年。

［127］腾文建：《农村客运网络化面临的问题与对策》，《交通世界》2007年第6期。

［128］吴公勇、胡光明：《城乡公交一体化实施探讨》，《城市交通》2007年第2期。

［129］陈引社、宋金鹏：《我国城乡道路客运一体化发展研究》，《综合运输》2004年第3期。

［130］慧丽：《以农村客运网络化建设促使城乡客运一体化》，《内蒙古公路与运输》2005年第4期。

［131］陈方红、赵月：《城乡道路运输一体化的基本途径》，《综合运输》2005年第5期。

［132］蔡少渠、赵全立：《城乡客运要迈过割裂门槛》，《运输经理世界》2006年第10期。

［133］钱晓明、张玉珍：《发展农村客运的切入点》，《公路运输文摘》2004年第9期。

［134］程世东：《城市型综合运输枢纽的内涵及其规划理念》，《综合运输》2006年第4期。

［135］程世东:《日本综合客运枢纽特点与启示》,《综合运输》2009 年第 12 期。

［136］程世东:《城市主导:加快推进综合运输枢纽建设发展》,《综合运输》2010 年第 9 期。

［137］程世东:《综合运输枢纽规划研究内容及分析方法》,《综合运输》2010 年第 11 期。

［138］罗仁坚等:《构建昆明国际区域性交通运输枢纽研究》,国家发展改革委综合运输研究所研究报告,2010 年 10 月。

［139］贾进等:《武汉综合交通枢纽总体规划研究》,国家发展改革委综合运输研究所研究报告,2010 年 8 月。

［140］荣朝和:《德国柏林中央车站的建设理念与启示》,《综合运输》2007 年第 3 期。

［141］欧阳杰:《首都第二国际机场的综合开发模式》,《综合运输》2007 年第 11 期。

［142］李一鸣:《机场地面交通案例研究及对首都机场的启示》,《综合运输》2008 年第 2 期。

［143］张宁:《优化以机场为主体的综合交通枢纽》,《综合运输》2008 年第 3 期。

［144］黄志刚、荣朝和:《北京城市客运交通枢纽存在的问题及分析》,《综合运输》2008 年第 6 期。

［145］陈佩虹:《一体化交通规划从概念到现实的途径》,《综合运输》2009 年第 5 期。

［146］欧阳杰:《空铁联运:首都第二机场交通布局发展思路》,《综合运输》2009 年第 5 期。

［147］王书贺:《把铁路客站建成城市综合交通枢纽》,《综合运输》2009 年第 6 期。

［148］孙小年、姜彩良:《一体化客运换乘系统研究》,人民交通出版社 2007 年版。

[149]曹荷红、张智勇:《北京市综合交通枢纽调研分析》,《北京规划建设》2009年第3期。

[150]贾倩:《综合交通枢纽布局规划研究》,长安大学硕士论文,2006年4月。

[151]李睿:《天津现代交通枢纽型商业发展的研究》,天津大学硕士论文,2008年6月。

[152]谢芳:《我国城市综合交通枢纽运营单位盈利模式研究》,天津大学硕士论文,2008年1月。

[153]姜国玺:《铁路集装箱运输的发展与海铁联运业务的探讨》,《大陆桥视野》2011年第1期。

[154]中国民航局综合司调研组:《提高我国民航国际竞争力的政策建议》,《中国民用航空》2011年第1期。

[155]中国城市轨道交通年度报告课题组:《中国城市轨道交通年度报告2010》,中国铁道出版社2011年版。

[156]匡敏:《运输效率论》,中国铁道出版社2005年版。

[157]国家发展改革委综合运输研究所课题组:《交通运输资源优化配置方式和手段研究》,2009年。

[158]交通部水运科学研究院:《加快发展国际集装箱海铁联运研究》,2009年。

[159]樊桦:《改进政府交通管理职能研究》,国家发展改革委综合运输研究所2008年度基本业务费课题,2008年。

[160]任乐:《道路运输服务体系评价指标体系研究》,长安大学硕士学位论文,2004年。

[161]连义平:《我国铁路运输价格制定存在的主要问题浅析》,《商场现代化》2008年第28期。

[162]赵新刚:《我国铁路合理运价水平研究》,《价格理论与实践》2006年第3期。

[163]孟祥春:《美国铁路的货运与客运》,《理论学习与探

索》2008年第4期。

［164］马银波:《管制对道路货运市场结构的影响及对策》,《综合运输》2004年第10期。

［165］方烨:《民航:60年规模跃居世界第二　国进民退增长乏力》,《经济参考报》2009年11月19日。

［166］肖寒霜等:《中国运输服务贸易国际竞争力研究》,《财务与金融》2009年第2期。

［167］于剑:《提升我国民航运输产业竞争力的政策建议》,《综合运输》2008年第11期。

［168］公安部交通管理局:《中华人民共和国道路交通事故统计年报》(2010年度),2011年6月。

［169］徐宪平:《统筹协调　优化配置　着力推进综合交通运输体系建设》,《综合运输》2011年第1期。

［170］李健:《加强体系建设　增强保障能力　努力推进民航安全发展上新水平——在2010年全国民航工作会议上的讲话》,北京,2010年。

［171］李盛霖:《扎实做好安全生产工作　促进交通运输安全发展》,《中国交通报》2009年6月18日。

［172］李盛霖:《抓住机遇　迎难奋进　推动交通运输安全生产工作再上新台阶——在2010年全国交通运输安全工作暨全国海事工作电视电话会议上的讲话》,北京,2010年。

［173］刘明君、单连龙:《"十一五"我国交通安全发展回顾》,《综合运输》2011年第4期。

［174］冯浩:《交通运输领域突发公共事件应急预案的制定与实施》,《综合运输》2006年第10期。

［175］李静、安实、崔建勋:《道路交通应急保障体系研究》,《哈尔滨工业大学学报》(社会科学版)2009年第6期。

［176］李妮:《我国道路交通危机应急管理体制问题研究》,

《交通企业管理》2008年第11期。

［177］闪淳昌：《构建中国特色的应急管理体系》，《中国浦东干部学院学报》2008年第5期。

［178］王子洋、程晓卿、秦勇、贾利民：《国家级应急预案体系构建特点分析与两维度铁路应急预案体系构建方法》，《物流技术》2010年第7期。

［179］肖殿良、田雨佳：《公路应急运输保障体系现状及对策》，《交通企业管理》2009年第1期。

［180］徐连胜、胡玉昌、蓝钧：《水路交通应急体系建设》，《水运管理》2010年第5期。

［181］周海峰：《运用信息技术提升民航应急处置能力》，《空中交通管理》2007年第5期。

［182］熊文、陈小鸿等：《行之绿——绿色交通刍议》，《可持续发展的中国交通——2005全国博士生学术论坛（交通运输工程学科）论文集》（上册），2005年。

［183］向爱兵、宿凤鸣：《"十二五"我国发展低碳交通的基本途径》，《综合运输》2010年第12期。

［184］刘冬飞：《"绿色交通"：一种可持续发展的交通理念》，《现代城市研究》2003年第1期。

［185］国家发展改革委综合运输研究所：《交通运输系统节能减排方向与途径研究》，2010年。

［186］国家发展改革委综合运输研究所：《"十二五"综合交通运输体系规划环境影响评价》，2010年。

［187］舒扬、覃琳、李少明：《政策学概论》，求实出版社1989年版。

［188］樊一江：《关于交通运输政策基础性问题的分析》，《综合运输》2010年第2期。

［189］樊一江：《综合发展：我国综合运输体系构建的政策取

向》,《综合运输》2010年第12期。

［190］樊一江:《"十一五"我国综合运输发展政策评述》,《综合运输》2011年第13期。

［191］［美］詹姆斯·E.安德森:《公共政策制定》,中国人民大学出版社2009年版。

［192］［英］H.K.科尔巴奇著:《政策》,张毅、韩志明译,吉林人民出版社2005年版。

后　记

"十二五"时期将是我国综合交通运输体系建设与发展的关键时期，无论是提升运输服务经济社会的能力与水平，还是交通运输本身的发展，均需要贯彻和落实科学发展观要求，推进交通运输发展方式的转变。但是，如何才能通过基础设施布局与建设、运输装备水平的提升发展和运输服务的创新实现这些发展要求，有诸多的理论与实践问题需要深化研究，本书在很大程度上涉及这些问题，但距离给出满意的理论解释和具体问题的解决方案，还存在较大距离。我们衷心希望能与业界同仁在综合交通运输发展阶段的判断，满足不同需求的综合交通运输体系发展框架、发展内容，综合交通枢纽的规划、布局与一体化运输服务的发展，运输普遍服务等相关理论与实践方面，携手进行深入研究，为丰富和完善我国综合交通运输体系的理论、方法作出贡献。

在本书编写过程中，各省（区、市）、计划单列市和副省级城市的发展改革委给予了大力支持。人民出版社为本书的编辑出版做了大量细致的工作。在此，对有关单位的大力支持、对参编人员的辛勤工作和无私奉献表示衷心感谢。

责任编辑:刘彦青 郑牧野

图书在版编目(CIP)数据

我国综合交通运输体系构建的理论与实践/徐宪平 主编.
—北京:人民出版社,2012.11
ISBN 978－7－01－011194－0

Ⅰ.①我… Ⅱ.①徐… Ⅲ.①综合运输-交通运输建设-研究-中国 Ⅳ.①F512.3

中国版本图书馆 CIP 数据核字(2012)第 213351 号

我国综合交通运输体系构建的理论与实践
WOGUO ZONGHE JIAOTONG YUNSHU TIXI GOUJIAN DE LILUN YU SHIJIAN

徐宪平 主编

人民出版社 出版发行
(100706 北京市东城区隆福寺街99号)

涿州市星河印刷有限公司印刷 新华书店经销

2012 年 11 月第 1 版 2012 年 11 月北京第 1 次印刷
开本:880 毫米×1230 毫米 1/32
字数:591 千字 印张:23

ISBN 978－7－01－011194－0 定价:50.00 元

邮购地址 100706 北京市东城区隆福寺街 99 号
人民东方图书销售中心 电话 (010)65250042 65289539

版权所有·侵权必究
凡购买本社图书,如有印制质量问题,我社负责调换。
服务电话:(010)65250042